SOCIÉTÉ ARCHÉOLOGIQUE
DE TOURAINE.

COLLECTION DE DOCUMENTS

SUR

L'HISTOIRE DE TOURAINE.

TOME I.

RECUEIL

DE

CHRONIQUES DE TOURAINE

PUBLIÉ

Par ANDRÉ SALMON

MEMBRE DE LA SOCIÉTÉ ARCHÉOLOGIQUE DE TOURAINE, ARCHIVISTE HONORAIRE
DE LA VILLE DE TOURS, ANCIEN ÉLÈVE DE L'ÉCOLE DES CHARTES.

TOURS

IMPRIMERIE LADEVÈZE, RUE ROYALE, 39 BIS.

M DCCC LIV.

AVANT-PROPOS.

La Société Archéologique de Touraine, désireuse de favoriser le mouvement qui entraîne tant de nobles esprits vers l'étude approfondie de l'histoire nationale, commence par ce recueil des chroniques de Touraine une série de publications de documents originaux sur cette ancienne province.

La première idée de ce travail remonte à l'année 1846, où dans sa séance du 29 janvier, après la lecture d'une notice qui donnait seulement l'indication des principales chroniques tourangelles, la Société chargea de leur publication l'auteur du projet. Du reste, il a été puissamment aidé par deux membres de la Société Archéologique. M. l'abbé Bourassé a bien voulu collationner sur les manuscrits les chroniques de Marmoutier, pag. 292 à 373, déjà publiées en 1610 par Laurent Bochel. M. Victor Luzarche, de son côté, rétablissait en entier et annotait le texte de la chronique Pierre Béchin, pag. 1 à 63.

Les chroniques exposent les faits passés, suivant l'ordre des temps. Elles ne sont pas toujours la base la plus sûre de l'histoire, parce que souvent pour les époques anciennes elles admettent sans examen les traditions les plus fabuleuses; mais, lorsqu'elles arrivent aux temps où vivait l'auteur, elles acquièrent une très-grande autorité et nous initient à une multitude de petits faits, qui sans elles nous eussent été entièrement inconnus. Cependant toutes leurs données doivent être contrôlées avec soin par les chartes, actes officiels et contemporains où l'erreur et la fraude se glissaient difficilement, tandis que pour les chroniques, outre la critique qui souvent manquait à l'auteur, elles étaient l'œuvre de religieux auxquels on a pu reprocher quelquefois un amour trop passionné pour leur monastère.

Pour établir un ordre dans notre publication, nous avons commencé par les chroniques générales et terminé par celles qui concernent spécialement un monastère. Nous avons renoncé au système des notes explicatives ou rectificatives au bas des pages. Après avoir commencé notre travail sur ce plan, nous avons trouvé que nos remarques et surtout la discussion des dates nous entraînaient à des notes plus longues que le texte. Nous avons donc laissé ce travail aux érudits, nous bornant à donner un texte aussi pur que possible. Pour arriver à ce but, les voyages ne nous ont point effrayé, et les bibliothèques d'Italie et d'Angleterre ont été mises à contribution par nous. Cependant la critique n'a point été entièrement mise de côté; nous plaçons en tête de notre volume des notices sur chaque chronique aussi complètes que nous avons pu le faire. Nous avons tâché d'y faire connaître : 1° l'espace de temps embrassé par la chronique, et l'époque de sa rédaction ; 2° ce que l'on sait de l'auteur ; 3° le style de l'écrivain, sa méthode, dans quels auteurs il a puisé, le degré de confiance qu'il mérite pour les faits et pour les dates ; 4° un court résumé des événements mentionnés par la chronique ; 5° l'examen des manuscrits qui contiennent la chronique et des éditions qui en ont été publiées. Enfin, notre volume se termine par deux tables indispensables à tout travail de ce genre, la première donne tous les noms des personnes citées dans nos chroniques, et la seconde tous les noms de lieux et de peuples. Pour résumer en quelques mots notre volume, nous publions seize chroniques de Touraine, dont six sont entièrement inédites, deux sont éditées seulement par courts fragments et les huit autres ont été déjà intégralement imprimées.

On nous reprochera peut-être de n'avoir pas fait entrer dans ce recueil des chroniques de Touraine, celles qui concernent les comtes d'Anjou, qui ont pendant longtemps possédé notre province, et surtout les chroniques de la ville et des seigneurs d'Amboise ; elles feront partie du recueil des chroniques d'Anjou, qui doit être publié cette année même par la Société d'Histoire de France.

NOTICES

SUR

LES CHRONIQUES DE TOURAINE.

I.

CHRONIQUE DE PIERRE BÉCHIN.

La chronique de Pierre, fils de Béchin, pag. 1 à 63, écrite sous le règne de Louis le Gros, remonte à la création du monde, et finit en 1137 ; cependant elle mentionne encore la mort de l'antipape Pierre de Léon, arrivée le 25 janvier 1138. Un auteur resté inconnu l'a même continuée jusqu'à l'année 1199, mais nous ne pouvons publier ces additions, parce que le manuscrit unique qui les contient est égaré depuis quelques années.

Pierre Béchin ne nous est connu que par son ouvrage qui nous apprend peu de chose sur lui. Il dit seulement son nom et celui de son père, puis il fait connaître qu'il a rédigé la partie de sa chronique qui s'étend depuis l'empereur Héraclius, jusqu'à l'an 1137 : *ab Heracleo usque ad hoc tempus additum est a Petro Bechini filio*, pag. 62. Il était contemporain, et probablement parent de Geoffroy Béchin, auteur d'une chronique malheureusement perdue, dont se servit le moine Jean pour écrire l'Histoire abrégée des comtes d'Anjou, dédiée à Henri II, roi d'Angleterre (1). Lorsqu'on lit notre chronique, il est impossible de ne pas reconnaître dans l'auteur un chanoine de Saint-Martin de Tours, comme ont fait Dom Bouquet, dans son grand recueil des Historiens des Gaules, et les Bénédictins, auteurs de la *France Littéraire*, tom. XII, pag. 80. En effet, tous les faits tourangeaux qu'il mentionne, sauf ceux qu'il a puisés dans Grégoire de Tours, concernent presque exclusivement la célèbre collégiale de Saint-Martin. Il en raconte les divers incendies, il énumère toutes les donations qui lui ont été faites par des rois de la race Carlovingienne, et en mentionne même plusieurs dont les diplômes étaient inconnus au dix-huitième siècle ; enfin, dernier trait caractéristique, lorsqu'il parle de la guerre survenue en 1122 entre les chanoines de Saint-Martin et les bourgeois de Châteauneuf, armés contre le chapitre pour se faire octroyer une commune, il traite les bourgeois de rebelles, *burgenses rebelles* (page 62). Du reste, nous devons noter que nous n'avons pu retrouver le nom de Béchin dans

---

(1) *Ex chronicis Gaudefredi Bechini aliqua*. D'Achéry, Spicilegium, in-fol., tome III, pag. 255.

aucune des chartes du chapitre de Saint-Martin de Tours.

La chronique de Pierre Béchin est écrite de la manière la plus sèche, et sans aucun ornement de style ; les faits sont mentionnés le plus brièvement possible et sous la forme d'une simple énonciation. Comme presque tous les chroniqueurs, il a largement emprunté à ses prédécesseurs, en y ajoutant seulement quelques événements mentionnés dans les archives de son chapitre, ou qui se sont passés de son temps. Du reste, il a eu la bonne foi d'indiquer presque toujours à quelles sources il a puisé. Ainsi, il dit à la page 6, que, depuis la création du monde jusqu'à la vingtième année du règne de Constantin I, il a suivi Eusèbe de Césarée : *huc usque scribit Eusebius Pamphilus contubernalis usque ad vigesimum Constantini annum.* Pierre Béchin a puisé également dans saint Jérôme, continuateur d'Eusèbe : *Hieronimus vero addit usque ad XV. Valentis annum quod interiit*, page 6. Il confirme, page 10, cet emprunt lorsqu'il arrive à la quinzième année du règne de l'empereur Valens, en ces termes : *huc usque Hieronymus; ab Orosio additum est.* Paul Orose est donc le troisième auteur consulté par Pierre Béchin. Isidore de Séville fut aussi mis à contribution par notre auteur, et l'aveu qu'il en fait est encore plus explicite que pour les autres. Voici en effet les propres paroles dont il se sert : *Isidorus Hispalensis episcopus claruit, usque ad Heraclium hujus chronicæ scriptor et plurimorum librorum* (page 31). Ainsi depuis la création jusqu'à l'an 325 de l'incarnation, Pierre Béchin puise dans l'histoire d'Eusèbe de Césarée ; de 325 à 378 dans saint Jérôme et Paul Orose, et jusqu'à l'année 626 dans Isidore de Séville. Non content de ces auteurs qui forment comme la base de son travail, et qu'il copie presque toujours textuellement, Béchin s'est servi de la même manière de beaucoup d'autres historiens. Ainsi, quoiqu'il ne cite Grégoire de Tours qu'aux pages 6 et 12, il le copie mot à mot pour tout ce qui concerne les faits tourangeaux mentionnés dans son *Histoire des Francs*. Il emprunte également à Sulpice Sévère les principales circonstances de la vie de saint Martin. Béchin parle encore de deux écrivains, Sulpice Alexandre et René Frigilidus, dont on ne connaît jusqu'ici que les fragments cités par Grégoire de Tours, aux chapitres 8ᵉ et 9ᵉ du second livre de l'*Histoire des Francs*. Béchin, ne faisant des deux personnages qu'un seul, dit que Sulpice Alexander ou René Frigilidus écrivit son histoire dans la première année de l'empereur Valentinien III (page 14), c'est-à-dire en 435. Les citations de René Frigeridus par Grégoire de Tours, se rapportent aux années 406, 409, 440, 411, 424, 454 et 455, et celles de Sulpice Alexander aux années 388, 389, 392 et 393 ; on voit combien peu nous devons avoir confiance dans les assertions de notre chroniqueur. A partir de l'année 626, où se termine la chronique d'Isidore de Séville, Pierre Béchin semble un historien original, si l'on s'en rapporte à la phrase que nous avons déjà citée, page VI. Mais il n'en est rien, et nous avons remarqué de fréquents emprunts faits à saint Odon, qu'il cite page 40, à Frédégaire et ses continuateurs, aux *Annales des Francs*, publiées par Dom Bouquet au tome V des Historiens des Gaules, et aux autres chroniqueurs français et anglais. Du reste, quand même on ne retrouverait pas tous les auteurs où a puisé notre chroniqueur, le désordre extrême dans lequel les événements sont placés dans son ouvrage, suffirait pour prouver que ce n'est qu'une compilation dans laquelle il prenait de toutes mains sans s'attacher à l'ordre chronologique tout ce qu'il trouvait à placer sous un règne. Nous en donnerons un exemple frappant en résumant les faits qu'il range sous le règne de Charlemagne. Il commence par mentionner la nomination d'Alcuin par Charlemagne à la dignité d'abbé de Saint-Martin, vers 796. Il nous parle ensuite de l'abbé Ithier prédécesseur d'Alcuin, et dit qu'en 790 il y avait encore des moines à Saint-Martin. Puis il passe à l'introduction des moines dans l'abbaye de Cormery, vers l'an 800, et enfin nous fait connaître qu'en 796 il y avait des chanoines à Saint-Martin. Béchin revient ensuite à l'avénement de Charlemagne et de Carloman en 768, pour suivre alors la série chronologique des faits.

Pierre Béchin a pris pour ère chronologique la création du monde, et rien ne sera plus facile que de convertir en dates de l'incarnation celles que donne notre chroniqueur. Cependant nous devons faire observer auparavant la manière assez peu commode, dont il s'est servi pour classer les événements. Il commence par accumuler sans beaucoup d'ordre, comme nous l'avons dit, divers faits survenus sous le règne d'un empereur romain ou d'un roi de France, en les datant ordinairement des années de leur avénement, puis il place à la fin la date de la mort du prince, avec le nombre d'années qu'il a gouverné. Le lecteur est donc obligé d'abord de recourir à cette date de la mort du prince, d'en conclure celle de son avénement et par suite celle des diverses années de son règne, puis enfin de convertir cette dernière qui n'est que la date de la création du monde, en celle de l'ère vulgaire ou de l'incarnation, qui est la forme suivie dans toutes les autres chroniques, et la seule adoptée aujourd'hui.

Nous revenons maintenant à la manière de faire cette conversion; et pour cela nous n'avons qu'à constater à quelle date du monde il place la naissance de Notre-Seigneur.

Dans la partie de notre chronique dont les événements sont antérieurs à l'empereur Decius, et que nous avons laissée inédite parce que ce n'était qu'une compilation, n'intéressant en rien la Touraine, but spécial de notre travail, Pierre Béchin place la naissance de Notre Seigneur dans la 42ᵉ année du règne d'Auguste, l'an 5196 de la création du monde. Du reste, les concordances qu'il donne assez souvent pour les règnes des rois de France entre les ères de l'incarnation et de la création donnent toutes cette différence, sauf dans deux endroits. Le premier est pour la mort du vénérable Bède, dont la date est fixée par notre chroniqueur (page 37) à l'an de

J.-C. 736, ou l'an 5930 de la création du monde : la différence des deux dates donne l'an 5194 du monde comme concourant avec l'année de la naissance du Christ. La seconde différence encore moins sensible que la première se trouve à la page suivante (page 38). Suivant Béchin, Charles Martel meurt l'an du monde 5938, et l'an 741 de l'incarnation : ce qui reporterait la date de la naissance du Christ à l'an 5197 de la création. Ainsi, sauf ces deux cas, il suffira de retrancher 5196 de la date du monde donnée par Béchin, pour obtenir la date de l'ère vulgaire dont nous nous servons aujourd'hui. Et c'est ainsi que nous avons procédé dans notre résumé chronologique, afin d'éviter au moins pour les faits tourangeaux, ce travail fastidieux à nos lecteurs. Il ne s'ensuivra point que la date donnée par Béchin, et ramenée par nous à l'ère de l'incarnation, sera la date véritable et incontestée des faits : ce sera seulement un des points que devra discuter la critique. Il est rare, en effet, que notre auteur ait eu assez de jugement et de sagacité pour découvrir quelle est la date que doit suivre de préférence un bon historien, et du reste, il ne pouvait qu'en être ainsi, puisqu'il puisait ses faits dans des auteurs différents, qui, surtout pour les temps anciens, sont rarement d'accord pour donner la même date au même fait. On ne devra donc se servir qu'avec la plus grande réserve des dates données par Pierre Béchin. J'en excepte cependant celles qui concerneront les faits tourangeaux, et plus spécialement ce qui regarde l'église Saint-Martin de Tours, surtout à partir de Charlemagne, parce qu'il a puisé presque toutes ces dates soit dans les chartes et diplômes, soit dans les autres documents conservés dans les riches archives de son abbaye.

Les faits contenus dans la chronique de Pierre Béchin doivent être soumis à un examen aussi sévère que les dates; son témoignage, presque nul pour les événements qui n'intéressent point la Touraine, à moins qu'ils ne lui soient contemporains, acquiert une tout autre autorité pour les faits qui concernent son pays et son église.

Si nous voulons parcourir pendant quelques instants la chronique de Pierre Béchin, en ne nous arrêtant qu'aux faits tourangeaux, notre attention sera particulièrement frappée de quelques-uns.

Jusqu'à la mort de Grégoire de Tours, Pierre Béchin a puisé presque tout dans cet historien. Nous ne trouvons pour cette époque, en dehors de cet auteur, que la dédicace de l'église de l'Écrignole, la 12ᵉ année des règnes de Childebert I et de Clotaire I, en 524 de J.-C. suivant notre auteur. Encore cette date nous semble-t-elle beaucoup trop reculée. Si, en effet, c'est bien le monastère de Notre-Dame-de-l'Écrignole qui a été fondé par Ingeltrude, et dont parle Grégoire de Tours, sans le nommer, la dédicace n'eut lieu que sous l'épiscopat de Grégoire de Tours, c'est-à-dire plus de cinquante ans plus tard. (*Historia ecclesiastica Francorum* lib. IX, cap. 33 et l. X, cap. 12). Privé de ce guide éclairé, Béchin ne trouve à mentionner depuis la fin du vi⁰ siècle jusqu'à Charlemagne, que le privilége d'exemption du pape Adéodat et de l'archevêque Zérobert, en faveur de l'abbaye de Saint-Martin. A partir de Charlemagne, les archives de Saint-Martin donnent des faits plus nombreux et des dates plus certaines. Nous remarquons la fondation du monastère de Cormery par Alcuin (p. 40); l'établissement des chanoines à Saint-Martin par Charlemagne (p. 40); de nombreuses donations par les rois de France (p. 40, 43, 44), par les abbés de Saint-Martin (p. 45, 47, 48) ou par de simples particuliers (p. 45, 46, 47); les incursions des Normands en Touraine (p. 43, 44); le recensement des domaines de Saint-Martin (p. 43); les voyages et le retour du corps de saint Martin (p. 44); les divers incendies de la basilique et de Châteauneuf (p. 45, 46, 51, 59, 62); la dédicace de l'église bâtie par Hervé (p. 54); les guerres des comtes de Blois et d'Anjou (p. 54, 55); diverses notices sur la généalogie des comtes d'Anjou, leurs mariages et leurs morts (p. 55, 68, 61, 62); une honorable mention du célèbre Béranger (p. 57), et enfin la visite de la basilique de Saint-Martin de Tours par le pape Urbain II (p. 61).

La chronique de Pierre, fils de Béchin, n'a jamais été publiée en entier, et dans cette nouvelle édition, nous avons commencé seulement à l'empereur Decius, parce que le premier fait de l'histoire de Tours, mentionné par le choniqueur, appartient au règne de cet empereur; mais nous avons donné le texte entier à partir de cette époque. Elle devra se compléter avec les additions qui vont jusqu'à l'année 1199, lorsque le manuscrit unique qui les contient aura été retrouvé.

Duchesne publia le premier de courts fragments de cette chronique (*Historiæ Francorum scriptores* tom. III, pag. 365-372), qui ont été reproduits par Dom Bouquet (*Galliæ scriptores*, tom. III, V, VI, VII, VIII, X, XI et XII); ils commencent dans ces deux recueils à Pépin, duc des Francs, p. 35, et vont jusqu'à la fin.

Nous avons établi le texte de cette édition sur le manuscrit n° 2825, fonds latin de la Bibliothèque Impériale de Paris, d'une écriture du xii° siècle La chronique n'est pas entière, elle ne commence ici qu'à l'empereur Marc-Aurèle, pour se terminer à la mort de Louis le Gros en 1137. Nous avons collationné notre chronique sur les manuscrits n°ˢ 561 et 609 du fonds de la reine Christine, à la bibliothèque du Vatican. Le manuscrit 561 (1) d'une écriture de la fin du xii° siècle (f° 101 r° à

---

(1) Il nous est impossible de laisser subsister le grave soupçon d'altération malveillante, dont le nouvel éditeur de la chronique de Pierre, fils de Béchin, accuse le manuscrit de la bibliothèque du Vatican, par rapport à Béranger. Le manuscrit 561 *Regina* porte bien, en effet, écrit en toutes lettres *Beatus Ingarius* au lieu de *Beringarius* ; mais il est très-facile de se rendre compte de l'erreur du copiste, qui n'est pas plus infaillible que les éditeurs modernes. Il avait sans doute sous les yeux un manuscrit où le mot *Beringarius* était écrit ainsi : *B*, au-dessus de la ligne l'abréviation de la syllabe *er*, puis *ingarius*. Or, tous ceux qui ont l'habitude des manuscrits du xii° siècle savent la ressemblance très-grande qu'il y a entre les deux abréviations par lesquelles les scribes d'alors rendaient les syllabes *er* et *us*; de *B*ᵘˢ *ingarius*, qu'il lisait au lieu de *B*ᵉʳ *ingarius*, le copiste a fait *Beatus Ingarius*.

108 v°), commence à la mort de Valens et de Valentinien, et se termine par la mention de l'incendie de l'église de Saint-Martin en 1422 (p. 62). Le second manuscrit, coté 600, est un peu plus ancien que le précédent, c'est-à-dire, du milieu du xii° siècle, et contient le texte entier de la chronique, à partir de la création du monde. Il serait donc un des plus importants à consulter, si les lettres n'en étaient tellement effacées, qu'il est le plus souvent impossible d'en rien déchiffrer. La chronique occupe les folios 1 à 21 recto du manuscrit.

Nous n'avons pu recourir au manuscrit de la bibliothèque du président de Thou, dont se servit Duchesne, parce que nous ignorons sa destinée. Mais nous regrettons surtout le manuscrit 4999ª, fonds latin de la Bibliothèque Impériale, écrit au commencement du xive siècle, et qui contenait la chronique de Pierre, fils de Béchin, depuis la création du monde, avec des additions d'un écrivain inconnu jusqu'à l'année 1199. Ce manuscrit n'a pu jusqu'ici être retrouvé sur les rayons de la Bibliothèque Impériale, malgré le zèle mis à le rechercher.

Il existe aussi à Angers, parmi les manuscrits de l'ancienne collection Grille, achetés par la bibliothèque de la ville, une copie du xiiie siècle de notre chronique ; mais elle est trop incomplète, et nous a été signalée trop tard pour avoir pu nous servir.

II.

GRANDE CHRONIQUE DE TOURS.

La Grande Chronique de Tours (p. 64 à 161), embrasse l'histoire des événements qui se sont passés depuis la création du monde jusqu'à l'année 1227. S'il faut en croire le Père Labbe (1), elle se serait d'abord terminée à l'année 1225, puis des additions l'auraient continuée jusqu'en 1227.

Deux faits semblent venir à l'appui de la conjecture du savant jésuite : le premier et le plus décisif est que tous les manuscrits du xiii° siècle de la Petite Chronique de Tours, qui n'est que l'abrégé de celle-ci, s'arrêtent à l'année 1224, le second que le manuscrit 4920ª de la Bibliothèque Impériale, qui contient notre chronique, se termine à l'année 1225. Ce manuscrit est, il est vrai, d'une écriture de la fin du xiv° siècle, tandis que le seul manuscrit entier du xiii° siècle de notre chronique va jusqu'à l'année 1227 et semble l'œuvre d'un seul copiste ; mais notre argument n'en subsiste pas moins, car le manuscrit du xiv° siècle ne peut être que la copie d'un manuscrit antérieur qui se terminait comme lui

---

(1) *Alliance chronologique.* Paris, 1651, tom. II, p. 648.

à l'année 1225. Quoique les raisons que nous venons d'exposer induisent à supposer que la chronique s'est d'abord arrêtée à l'année 1225, cependant tout nous porte à croire que le reste de la chronique appartient au même écrivain ; c'est la même méthode et le même style. Aussi, quant à la seconde assertion de Labbe, que cette addition est l'œuvre d'un moine de Saint-Julien de Tours, quoiqu'elle soit appuyée de l'autorité de Mabillon (1) et de M. Victor Le Clerc (2), elle nous paraît beaucoup plus contestable, et aucun des événements des années 1226 et 1227, rapportés par notre chroniqueur, ne vient l'appuyer. Le manuscrit du collége de Clermont, dont se servit le père Labbe, a bien été écrit dans l'abbaye de Saint-Julien, mais cela ne donne rien à préjuger sur l'auteur.

Nous pensons que notre chroniqueur a commencé à rédiger son ouvrage dès les premières années du XIIIe siècle, et qu'il y inscrivit ensuite les événements à mesure qu'ils arrivaient ; du moins, à partir de cette époque, trouve-t-on plus de détails, et les faits principaux portent-ils souvent la date du jour. Nous ne trouvons rien dans la chronique qui puisse nous faire connaître le nom de son auteur. Chalmel, il est vrai, dans son *Histoire de Touraine* (tom. IV, p. 253), l'attribue à Jean, moine de Marmoutier, sur la foi d'un manuscrit de la Bibliothèque Impériale de Paris. On retrouve, en effet,

---

(1) *Acta Sanctorum ordinis Sancti Benedicti*, tom. IX, p. XXXVIII.
(2) *Histoire littéraire de la France*,, tom. XXI, p. 679.

cette mention sur le folio de garde du manuscrit 4931 fonds latin, dans une note inscrite par Paschal Robin Dufaux, auteur angevin de la fin du XVIe siècle. Mais tout prouve, au contraire, que la Grande Chronique de Tours fut l'œuvre d'un chanoine de Saint-Martin de Tours, et non d'un religieux de Marmoutier. Cette dernière abbaye n'est mentionnée que deux fois dans tout l'ouvrage, tandis qu'on y rencontre presque à chaque page des faits qui concernent la célèbre collégiale de Saint-Martin de Tours. Il est impossible, du reste, d'hésiter un seul instant quand on voit dans la chronique la manière dont il parle des archevêques de Tours, qui ont attaqué les priviléges de son église (p. 126, 128, 137, 150). Une fois ce point bien établi, si nous cherchons parmi les chanoines de Saint-Martin, qui vivaient vers cette époque, quel put être l'auteur de notre chronique, nous ne trouvons qu'un seul écrivain auquel on doive l'attribuer. Péan Gatineau, *Peain Gatineau*, *Paganus Gatinelli*, était d'une famille noble de Touraine, dont nous retrouvons quelques membres vivant à la même époque. Jean Gatineau, chevalier, seigneur de Chaumussay, paraît dans une charte de l'année 1225, et son frère Guillaume est également qualifié de chevalier dans une charte de 1240 (1). Une note recueillie par Michel Vincent, archiviste du chapitre et continuateur de l'*Histoire de l'église de Saint-Martin de Tours* par Raoul Monsnier, nous fait con-

---

(1) B. I. Collection Dom Housseau, tom. XII, nos 6825 et 6829.

naître que Péan Gatineau fonda en 1227 son anniversaire dans l'église de Saint-Martin de Tours (1).
M. Paulin Pâris, membre de l'Institut, en réunissant les matériaux du huitième volume des *Manuscrits Français* de la Bibliothèque Impériale, ouvrage si précieux par ses recherches consciencieuses, et dont tout le monde regrette l'interruption, découvrit dans le manuscrit 7333 du fonds français, une vie de saint Martin en vers, dont l'auteur se fait connaître dans les derniers vers du poème :

> Conté vos a moult longuement
> Son conte Peains Gatineaus ;
> Mes il ne pot plus estr ineaus,
> Car trop avoit longue matere
> Qu'il vos a conté tot à tire
> L'estoire si com el s'en set ;
> Or s'en test ci, car plus n'en set.

C'était le premier ouvrage en vers que faisait Péan Gatineau, comme il le témoigne au début du poème :

> Oez trestout un noviau conte
> Que uns noveaus conterres conte ;
> Novex est, c'ommes ne conta.
> Mes sachiez bien qu'en sen conte a
> De saint Martin de Tors la vie.

Nous laisserons à la science si compétente de M. Pâris à faire apprécier aux amateurs de l'ancienne littérature française les mérites de ce poème. Nous nous contenterons de l'indiquer ici, d'après les notes qu'il a bien voulu nous communiquer, en ajoutant seulement que

---

(1) Bibl. de Tours, n° 751 des manuscrits, p. 451.

cet ouvrage n'est qu'une traduction paraphrasée des traités de Sulpice Sévère, de Grégoire de Tours et d'Herberne, sur la vie et les miracles de saint Martin de Tours. Outre ce poème, par lequel Péan Gatineau voulut satisfaire sa dévotion envers le patron de son église, il rédigea, dans les premières années du xiiie siècle, un rituel pour son chapitre. Ce rituel était intitulé : *Consuetudines ecclesiæ Beati Martini Turonensis*, mais le souvenir reconnaissant des chanoines ne l'appelait jamais autrement que *le Péan Gatineau*. Nous connaissons trois copies manuscrites de ce rituel : les deux premières sont conservées à la bibliothèque municipale de la ville de Tours (n°s 751 et 710 des manuscrits); et la troisième à la Bibliothèque Impériale, fonds Baluze, arm. III, pag. 4, n° 2. Ce rituel, très-curieux, est divisé en deux parties : la première traite de la manière de dire et de célébrer l'office pendant toute l'année; la seconde fait connaître les droits et les devoirs de tous ceux qui se rattachaient par un lien quelconque au chapitre de Saint-Martin. C'est surtout ce dernier ouvrage qui nous entraîne à attribuer à Péan Gatineau la Grande Chronique de Tours. Dans la partie que nous avons omise parce qu'elle ne regarde point spécialement la Touraine, l'auteur fait de fréquentes mentions de l'origine de certains rits et de certaines prières; pour son église, il se garde bien d'omettre l'institution des chanoines (p. 94), le refus du chapitre de Saint-Martin de Tours de recevoir processionnellement les légats du pape (p. 126), les divers règlements pour le chapitre (p. 143 et 144), les contestations pour la juridiction de l'église (p. 150 et 151), et l'institution des vicaires (p. 154). Enfin, on reconnaît dans l'auteur de la Grande Chronique de Tours, un chanoine de l'église Saint-Martin, aimant à mentionner tout ce qui intéresse la liturgie, et mourant vers l'année 1227, et Péan Gatineau nous semble le seul auquel conviennent toutes ces particularités.

L'auteur, quel qu'il soit, de notre chronique, ne parle jamais de lui-même, et ne dit nulle part qu'il a été témoin d'un fait qu'il raconte. Cependant les détails qu'il donne sur la prise et le pillage de Châteauneuf par les Cotereaux, font présumer que ces faits se sont passés sous ses yeux, et le doute n'est plus permis si l'on se rappelle qu'il était chanoine de Saint-Martin de Tours.

Notre écrivain écrit assez purement le latin, et son style a la clarté et la simplicité qui conviennent à la chronique. Il raconte ordinairement les faits froidement et sans les juger, quelquefois cependant il s'anime, surtout lorsqu'il s'agit de son église ou de Châteauneuf; on devra remarquer avec quelle chaleur il a décrit la prise de cette ville par les Cotereaux, les ravages de l'incendie, le pillage et le massacre des habitants (p. 148-150). Du reste, on ne doit chercher le style propre de notre historien, que dans ce qui concerne la Touraine. En effet, jusqu'à l'année 1220, en dehors des faits tourangeaux, il a presque toujours copié mot à mot la chronique d'Auxerre, composée par Robert

Aboland, et comme cette chronique a été publiée en entier (1), nous avons cru que, dans un travail spécial à la Touraine, nous ne devions publier que les faits particuliers au pays, et du reste, qui forment seuls la partie rédigée par le chanoine de Saint-Martin. En parcourant l'ouvrage de Robert Aboland, on remarquera que notre chroniqueur s'en est servi comme d'un canevas, dans lequel il intercalait les faits tourangeaux. Le chanoine de Saint-Martin de Tours a pris même sa préface; et c'est ainsi que, dans l'ignorance où nous étions de l'ouvrage d'Aboland, nous avions donné des louanges que nous croyions dues à notre auteur pour sa critique (2), tandis qu'elles doivent être reportées à Robert Aboland, ou peut-être même à un auteur antérieur auquel celui-ci l'aurait empruntée. Quant aux auteurs où notre chroniqueur, ou plutôt Robert Aboland a puisé, voici ce qu'il dit dans sa préface. Il a pris Hugues de Saint-Victor pour guide, en ce qui concerne la chronologie; pour les faits, il a suivi Eusèbe de Césarée et son continuateur saint Jérôme jusqu'en 378, et ensuite Sigebert de Gemblou jusqu'à l'année 1172; enfin, il a complété et rectifié les renseignements fournis par ces historiens au moyen d'Orose, Gennadius, Cassiodore, Isidore de Séville, Hugues de Fleury et Réginon. Pour les faits tourangeaux, les guides du

---

(1) *Chronologia seriem temporum continens usque ad annum* 1200... Trecis, 1608, in-4°.

(2) *Mémoires de la Société Archéologique de Touraine*, tom. III, pag. 26 et 27.

chanoine de Saint-Martin de Tours, ont été Sulpice Sévère, Grégoire de Tours, l'auteur du *Traité de la réversion de saint Martin*, les *Gestes des comtes d'Anjou*, l'*Histoire de Saint-Julien de Tours*. Comme Pierre Béchin, il a puisé l'indication de beaucoup de donations et de faits dans les riches archives de Saint-Martin de Tours. Enfin, il nous semble un écrivain original à partir de l'an 1220, où il a cessé de copier l'ouvrage de Robert Aboland. Dans la seule phrase de sa préface qu'il n'ait pas copiée dans Robert Aboland, il confesse avec une naïve simplicité le peu de certitude que lui présentait la chronologie de certains faits. « Nous avons seulement noté, dit-il, les archevêques « de Tours, mais sans beaucoup d'ordre, parce que « nous n'avons pu trouver leurs dates ni leurs ac- « tions : *Turonenses præterea archiepiscopos notavimus « sed minus quidem ordinate, quia annos eorum et gesta « minime potuimus invenire.* » Cependant la réputation de notre chronique a été assez grande pour qu'on en ait fait un abrégé que nous publions dans ce volume à la suite de celle-ci, et pour que le célèbre historien Guillaume de Nangis l'ait copiée le plus souvent à partir de l'année 1113.

Notre chroniqueur nous semble l'un des meilleurs guides de l'histoire de Touraine, et à partir de l'an 1155 c'est le seul que nous ayons pour les faits généraux, ou même particuliers, en tout ce qui n'intéresse pas les abbayes qui ont eu des chroniques spéciales. Malgré ces qualités, nous ne saurions trop recommander à nos lecteurs de discuter ses dates avec une grande sévérité, et nous ne disconvenons pas que surtout pour les temps anciens, presque toutes les fois que nous avons pu les éclaircir au moyen des auteurs originaux ou des documents contemporains, nous avons trouvé notre historien en défaut. Du reste, les erreurs de notre chroniqueur viennent beaucoup de la manière dont il date les événements. A partir de l'incarnation de Notre Seigneur, il se sert bien de cette ère chronologique, mais il y rattache le plus souvent fautivement la série de empereurs romains d'abord, puis à partir de Charlemagne, celle des empereurs d'Occident et d'Allemagne, auxquels viennent se joindre les rois de France : chaque règne forme une ère nouvelle dans laquelle se rangent les faits arrivés sous tel empereur ou tel roi ; mais le fondement portant à faux, l'édifice est peu solide.

A partir de l'an 1200, où il semble avoir rédigé jour par jour les événements qui se passaient sous ses yeux, notre chroniqueur sous semble une des autorités les plus fortes que nous ayons à produire, soit pour les faits, soit pour les dates.

La lecture de la Grande Chronique de Tours nous apporte un si grand faisceau de faits intéressant notre histoire locale, qu'il ne nous est possible d'en donner ici qu'une mention très-succincte.

Le premier fait mentionné par notre chroniqueur (p. 64), la mission de saint Gatien en Touraine, par le pape Anaclet, sous le règne de Domitien, soulève la grave question si controversée de l'origine des églises de France : c'est un des témoignages, mais non pas le plus ancien et le plus considérable, en faveur de la mission de saint Gatien aux temps apostoliques; du reste, notre impartial chroniqueur met en regard de cette opinion, celle de Grégoire de Tours. Depuis cette époque jusqu'à la mort du célèbre évêque qui a été nommé le Père de l'histoire de France, notre chronique ayant toujours suivi ce guide si indispensable pour elle, nous passerons sur toute cette partie. Nous laisserons également de côté la série des archevêques de Tours, parce que le chanoine de Saint-Martin a presque toujours copié la chronique qui leur est spéciale. Nous remarquerons alors le privilége d'exemption concédé à l'église de Saint-Martin par le pape Adéodat (p. 90), et confirmé par les archevêques de Tours (p. 91) et les conciles (p. 101). Sont mentionnés ensuite successivement la fondation de l'abbaye de Cormery (p. 93); l'établissement des chanoines dans l'abbaye de Saint-Martin de Tours (94), la nomination d'Alcuin comme leur abbé (p. 94, et sa mort (p. 95); le concile tenu à Tours en 813 (p. 95); les priviléges des rois de France en faveur de Saint-Martin de Tours (p. 96, 101); les donations faites à ce célèbre chapitre (p. 96, 101, 103, 106, 107, 110); les incursions des Normands (p. 97, 98, 99); les translations du corps de saint Martin pour le soustraire à la destruction des barbares (p. 99), et son retour dans son église (p. 103). On peut y étudier les principaux événements dans lesquels parurent les ancêtres de Hugues Capet, abbé et protecteur du chapitre de Saint-Martin (p. 101, 102, 105, 106, 107, 109, 110, 114, 115), et les comtes d'Anjou, dont nous voyons la puissance s'étendre peu à peu, jusqu'à la confiscation de leurs belles provinces pour crime de forfaiture (p. 98, 101, 102, 103, 104, 105, 110, 112, 113, 114, 115, 116, 117, 119, 120, 121, 122, 123, 125, 126, 129, 130, 131, 132, 133, 136, 137, 138, 139, 144, 145, 146). En reprenant l'ordre chronologique des faits, nous trouvons la mention d'un recensement des domaines de Saint-Martin, en 861 (p. 101), document important qui ne nous est point parvenu; les divers incendies de l'église de Saint-Martin et de la ville de Châteauneuf (p. 107, 116, 129, 132, 140, 148, 149); la fondation et restauration de l'abbaye de Saint-Julien de Tours (p. 113); la réédification de l'église de Saint-Martin par le trésorier Hervé (p. 116), et la dédicace de la nouvelle basilique en 1016 (p. 119); la construction de l'église de Saint-Côme par Hervé (p. 117), la concession de cette église et du domaine qui en dépendait, à Marmoutier à charge d'un cens annuel (p. 149); la fondation de l'abbaye de Beaumont (p. 117); la fondation de Montrichard, par Foulques Nerra, en 1006 (117); la fondation de l'abbaye du Saint-Sépulcre de Beaulieu, par Foulques Nerra, à son retour de la Terre-Sainte (p. 118); celle de la collégiale de Saint-Florentin d'Amboise, par Sulpice d'Amboise et Foulques Nerra (p. 118); la mort d'Hervé, trésorier de Saint-Martin (p. 119). En 1015, Sulpice d'Amboise bâtit à

Amboise une tour en pierre, si élevée qu'on pouvait apercevoir du sommet la ville de Tours (p. 110). En 1017, bataille de Pontlevoy, construction du fort de Mont-Boyau, et prise de Saumur, par Foulques Nerra (p. 119). En 1042, Geoffroy II Martel fait prisonnier Thibault, comte de Blois, et reçoit pour sa rançon les villes de Tours, Chinon et Langeais (p. 121). En 1044, fondation de Château-Renault, par Geoffroy, père de Renaud (p. 122.) En 1046, fondation de l'abbaye de la Trinité de Vendôme, et de l'église de Saint-Georges (p. 122). En 1055, Geoffroy II Martel, comte d'Anjou, partage, en mourant, ses comtés à ses deux neveux, et laisse à Geoffroy le Barbu la Touraine et Château-Landon, et à Foulques Réchin l'Anjou et la Saintonge (p. 123). Longue note sur la vie de Béranger, écolâtre et chambrier de Saint-Martin de Tours, ses rétractations, sa profession de foi, sa mort en 1088 dans l'île de Saint-Côme (p. 123, 124, 125, 127, 128). Conspiration des barons angevins contre le comte d'Anjou (p. 125). Destruction de Marmoutier par Geoffroy III le Barbu (p. 125). Il est fait prisonnier par Foulques Réchin, devient fou, et est retenu pendant 30 ans, dans un cachot, à Chinon (p. 125). Le comte Foulques possède seul l'Anjou et la Touraine (p. 125). Prise du château d'Amboise en 1069 (p. 125). Disputes entre l'archevêque Raoul I et le chapitre de Saint-Martin (p. 126, 127). Plusieurs chanoines de Saint-Martin de Tours se retirent dans l'île de Saint-Côme pour y mener une vie plus sévère (p. 128). Enlèvement de Bertrade, femme du comte Foulques Réchin par le roi Philippe (p. 129). Concile de Tours en 1096, et incendie de l'église de Saint-Martin (p. 129). Fondation du prieuré conventuel de Saint-Côme, en 1102 (p. 130). Montrichard est rendu à Hugues de Chaumont par le comte Foulques (p. 131.) Guerre entre les chanoines de Saint-Martin et les bourgeois de Châteauneuf, par suite de laquelle l'église et la ville sont brûlées (p. 132). Fondation de l'église du Grès (p. 135). Eléonore d'Aquitaine, après sa séparation d'avec Louis VII, se réfugie à Tours et de là en Aquitaine (p. 135). Traité de paix en 1154 entre Louis VII, roi de France, et Henri II, roi d'Angleterre et comte de Touraine (p. 137). Concile de Tours de 1163, présidé par le pape Alexandre III (p. 137). Raoul de Faye et Hugues de Sainte-Maure sont les instigateurs de la rébellion des enfants de Henri II contre leur père, en 1172 (p. 138). Traité de paix de Montlouis, en 1174, entre Henri II et ses enfants (p. 139). Le 24 février 1185, la commune des bourgeois de Châteauneuf est cassée (p. 140). Le 24 juin 1188, incendie de Châteauneuf (p. 140). En 1189, prise de Tours par Philippe-Auguste (p. 141). En 1191, règlement pour les chanoines de Saint-Martin de Tours (p. 143). En 1194, prise de Loches par Richard, roi d'Angleterre (p. 144). Le 11 juin de la même année, Richard exile les chanoines de Saint-Martin qui se réfugient à Suèvres (p. 144). En 1197, second règlement pour les chanoines de Saint-Martin (p. 144). En 1200, Jean Sans Terre, roi d'Angleterre met des garnisons à Chinon et à Loches.

Arthur, comte de Touraine vient à Tours aux fêtes de Pâques. Les environs de Tours sont ravagés par les barons poitevins le 21 mai; le lendemain, Guillaume des Barres les poursuit en vain (p. 145). En 1201, Philippe vient à Tours au secours d'Arthur (p. 146). En 1202, Arthur, avec le secours de Philippe-Auguste, envahit la Touraine et l'Anjou; il est fait prisonnier le 1er août au siége de Mirebeau par son oncle qui le met à mort un peu plus tard. Hamelin de Roorte, gouverneur de Tours pour le roi de France, abandonne la ville; Jean Sans Terre s'en empare. Philippe Auguste fait le siége de Tours et s'en rend maître. Le roi Jean aidé des Cotereaux la reprend le 31 août et incendie le cloître de Saint-Martin et le bourg de Châteauneuf, depuis l'église Saint-Hilaire jusqu'à l'église Notre-Dame-la-Riche (p. 146, 147, 148, 149). Vers la Toussaint 1202, Sulpice d'Amboise, qui servait alors le roi de France, brûle la ville de Tours et met garnison dans Châteauneuf (p. 149). En 1203, prise de Tours par Philippe Auguste (p. 150). En 1205, Philippe Auguste s'empare de Loches, de Chinon et de toute la Touraine; il donne Loches à Dreux de Mello et ses héritiers (p. 150). En 1206, Géoffroy de la Lande, archevêque de Tours, conteste à l'église Saint-Martin de Tours sa juridiction sur l'abbaye de Beaumont-lez-Tours (p. 150). En 1208, contestation sur l'élection de l'archevêque de Tours; Jean de Faye est nommé et attaque la juridiction de Saint-Martin sur diverses églises (p. 151). En 1211, au mois d'août, la rue de la Sellerie à Tours est dévorée par un incendie (p. 152). Fondation de l'abbaye de Moncé en 1212, et consécration de l'église le 7 juin 1217 (p. 152). En 1222, mort de Guillaume des Roches, sénéchal d'Anjou (p. 153). En 1222, institution des vicaires dans l'église Saint-Martin de Tours (p. 154). En 1223, le roi Louis VIII vient à Tours (p. 155). Le 8 mars 1224, Jean de Brienne, roi de Jérusalem, prend le bâton de pèlerin dans l'église Saint-Martin de Tours et part pour Saint-Jacques de Compostelle, d'où il revient la même année, (p. 155, 156). En août 1224, fondation des Frères Mineurs à Tours (p. 156). Le 18 octobre 1224, le feu dévore toute la paroisse de Saint-Simple de Tours (p. 156). Le 24 février 1225, l'église de Saint-Julien de Tours s'écroule (p. 156, 157). Le 2 mai de la même année à Chinon, prolongation de la trève entre le roi de France et Haimeri, vicomte de Thouars (p. 157). Le 25 juillet, la plus grande partie de la ville de Tours est dévorée par un incendie (p. 157). En 1226, le 16 mai, la foudre tombe sur la tour Saint-Nicolas de l'église Saint-Martin de Tours (p. 158). En 1227, le 27 février, le roi Louis IX est reçu solennellement à Tours, le lendemain il va à Chinon et de là à Loudun (p. 159).

Tels sont très en abrégé, et en mentionnant seulement les plus importants, les faits intéressant l'histoire de la Touraine, qui sont contenus dans notre chronique; et ils suffiront pour faire ressortir toute l'importance du document.

La *Grande Chronique de Tours* n'a jamais été publiée en

entier, tous ses éditeurs ayant vu, comme nous, que, sauf les faits tourangeaux, elle a copié presque toujours soit Robert Aboland, soit d'autres chroniqueurs antérieurs.

André Duchesne a le premier publié quelques fragments de notre chronique. En 1619, il inséra dans son ouvrage intitulé: *Historiæ Normannorum scriptores*, (p. 25 et suiv.), un assez long extrait embrassant depuis l'année 841 jusqu'à 893. Il fait une citation tirée de la même chronique pour l'année 1149, dans ses preuves de l'*Histoire généalogique de la maison de Dreux* (Paris, 1631, p. 226).

Peu après le père Labbe en publiait, dans son *Abrégé de l'alliance chronologique de l'histoire sacrée et profane*, (Paris, 1651, 2 vol. in-4°), plusieurs fragments assez considérables. Au tome II, p. 591 et suiv., un long extrait comprend depuis l'an 1072 jusqu'en 1136; à la page 644, on trouve un second extrait qui comprend les vingt-deux premières années du xiii° siècle; enfin à la page 648, on trouve un fragment sur l'année 1225, qui, suivant le père Labbe, aurait été ajouté à la chronique primitive, par un moine de Saint-Julien de Tours. Il a inséré également pour cette même année, et également d'après cette addition prétendue du moine de Saint-Julien, un autre fragment dans la *Nova bibliotheca manuscriptorum* (Paris, 1653, p. 5). Il en cite également quelques extraits dans la grande collection des conciles qu'il publia avec Gabriel Cossard.

Enfin Dom Martène comprit cette chronique précieuse dans son *Amplissima Collectio* et l'inséra presque en entier, à partir de la mission de saint Gatien en Touraine sous l'empereur Decius, jusqu'à l'année 1227 (tome V, page 917 à 1072).

Les savants éditeurs des Historiens des Gaules ne pouvaient oublier une chronique aussi importante dans leur recueil. Voici l'indication des fragments que nous y retrouvons : tome IX, p. 45 à 55; tom. X, p. 280 à 284; tom. XI, p. 346 à 349; tom. XII, p. 461 à 478; tom. XVIII, p. 290 à 322.

Quant à nous, après avoir constaté que notre chronique n'était originale jusqu'à l'année 1200 que pour les faits tourangeaux, et qu'à partir de cette époque jusqu'à la fin, elle avait été publiée en entier par les continuateurs de D. Bouquet, nous avons cru que notre travail devait comprendre seulement les événements qui intéressent la Touraine ou les provinces qui lui sont limitrophes.

Le manuscrit le plus complet de notre chronique, et celui sur lequel a été publiée cette édition, fait partie de la magnifique collection de sir Thomas Phillipps baronet, à Middlehill, comté de Worcester. Il nous a été communiqué avec la plus gracieuse courtoisie par le savant bibliophile, toujours heureux de faire part de ses trésors inédits aux amateurs de la science. Ce manuscrit fut écrit dans la première moitié du XII° siècle, par un moine de Saint-Julien de Tours, comme le prouve la rubrique *noticia abbatie Beati Juliani*, écrite en marge du manuscrit, vis-à-vis le texte qui raconte la fondation de l'abbaye de Saint-Julien, f° 181 v° du ms·

et page 112 de cette édition. Au xiv° siècle, ce manuscrit était conservé dans le même monastère, et l'on doit au religieux de ce couvent qui fit dans la première moitié du xiv° siècle des additions à la *Chronique Abrégée de Tours*, la mention d'Arnoul, archevêque de Tours, que nous avons transcrite à la page de 79 de cette édition, note 1re. Au xvi° siècle, il appartenait à *n'Angelier de Saint-Brieu*, dont il porte la signature au premier folio. De là il passa entre les mains du poète Philippe Desportes, abbé de Tiron de 1582 à 1603. Ce manuscrit entra alors dans la bibliothèque du célèbre collége de Clermont tenu par les Jésuites à Paris, il y fut d'abord classé sous le n° 88 et ensuite sous le n° 645, comme on le voit dans le catalogue qui en fut imprimé en 1764. Les colléges des Jésuites ayant été supprimés en France en 1762, on vendit leurs biens après inventaire, et c'est à ce titre que nous lisons sur le premier folio de notre manuscrit cette note curieuse : *Paraphé au désir de l'arrest du 5 juillet* 1763; signé : *Mesnil*. Meerman acheta la même année presque la totalité de cette précieuse collection ; et lorsqu'on fit la vente de sa bibliothèque en 1824, notre manuscrit que nous retrouvons sous le n° 745 de son catalogue (Bibliotheca Meermanniana, *Hagæ Comit.* 1824, 4 tom. in-8°), fut acheté par sir Th. Phillipps ainsi que beaucoup d'autres de la même origine. Aujourd'hui il est conservé à Middlehill, dans la bibliothèque de ce savant amateur et catalogué sous le n° 1852. C'est d'après ce manuscrit que les pères Cossard et Labbe donnèrent les fragments dont nous avons parlé. Il fut aussi communiqué à Pierre Carreau qui en fit une copie pour s'en servir dans son *Histoire de Touraine*. D. Martène moins heureux ne put parvenir à le voir, les Jésuites auxquels il le demanda, l'ayant assuré qu'il leur avait été dérobé et qu'ils ne le possédaient plus (1); cependant il reparut trente ans plus tard, lors de la vente de la bibliothèque du collége de Clermont. Comme ce manuscrit contient plusieurs chroniques tourangelles, et que vu sa distance il est difficile à consulter, nous allons donner la liste des divers ouvrages qu'il contient. C'est un petit in-4° sur parchemin de 265 folios, écrit sur deux colonnes de 33 lignes à la page. Nous y trouvons 1° la Chronique Abrégée de Tours sous se titre : *Hii sunt anni qui computantur ab incarnatione Domini, et ea que in eis acciderunt*, du f° 1 au f° 11 r°, depuis Jésus-Christ jusqu'à l'année 1224 ; les f^{us} 11 v° et 12 r° contiennent le commencement des additions faites au xiv° siècle à cette chronique ; ici nous nous arrêtons à l'année 1251; 2° aux folios 12 v° et 13 r', *Hic est origo regum Francorum et nomina eorum*; 3° au f° 13 v°, *Hii sunt XII pares Francie, Hii sunt duces Normannie, Hii sunt a quibus comites Andegavi processerunt, Reges Britannie Majoris;* au folio 14 v°. *Hii ceperunt Anglici regnare, Hii sunt reges Latinorum a quibus imperatores exierunt;* au f° 15 v°, *Hii sunt reges Ytalie, Imperatores Constantinopolitani;* 4° *Nomina cardinalatuum, patriarchatuum, archiepiscopatuum, episco-*

---

(1) *Amplissima Collectio*, t V, pag. 917.

patuum Romano pontifici subditorum, du f^r 16 r° à 23 r°;
5° *Nomina pontificum Romanorum et notabilia facta eorum, Patriarche Jerusalem, Patriarche Antioche, Patriarche Alexandrie*, qui occupent les f°s 23 r° à 29 v°; 6° *Nomina archiepiscoporum Turonensium a Beato Gregorio Turonensi edita*, c'est la Chronique des archevêques de Tours, éditée dans ce volume; elle se termine à ces mots *Johannes : iste consecratus est anno Domini MCCVIII°*, et occupe les f°s 29 v° à 33 v°; 7° les folios 33 v° à 36 r°, contiennent les listes des évêques du Mans, d'Angers et de Nantes, des archevêques de Bourges, des évêques de Poitiers, des archevêques de Sens, des évêques d'Auxerre, de Troyes, de Nevers et de Paris; 8° fin des additions de la Chronique Abrégée de Tours, c'est-à-dire de 1256 à 1337 ; l'écriture est de deux scribes, le premier qui s'arrête à l'année 1316, et le second qui embrasse de 1317 à 1337 après avoir fait une intercalation pour l'année 1298 ; ces additions remplissent les f°s 36 v° à 38 r°; 9° enfin après deux folios blancs commence sans titre, au folio 40 r°, la Grande Chronique de Tours, qui occupe jusqu'au folio 265 et dernier, c'est-à-dire tout le reste du manuscrit.

Le second manuscrit comme antiquité est celui de la Bibliothèque Impériale de Paris, fonds latin, n° 4991, écrit vers la fin du xiiie siècle : il a été coté autrefois sous les n°s 1437 et 9853. C'est celui sur lequel D. Martène fit son édition, en déplorant les deux grandes lacunes qui existent dans le manuscrit par la perte de plusieurs cahiers. Ces lacunes embrassent les années

1089 à 1159, et 1219 à 1227; le savant bénédictin les combla au moyen de la copie de Pierre Carreau. Ce manuscrit contient les mêmes matières que le manuscrit de sir Th. Phillipps, et elles y sont rangées dans le même ordre. Au f° 27 r° commence la Grande Chronique de Tours. Nous transcrivons sur ce manuscrit et ses propriétaires quelques indications curieuses, qui ont été écrites sur le premier folio de garde. La première que voici : *Hermannus de Vienna, parisiensis, decanus Beati Martini andegavensis, anno Domini MCCCCLXIV*, capitulo dictæ ecclesiæ andegavensis multa dedit volumina manuscripta, ex bibliotheca Majoris Monasterii transcripta*, semble indiquer que ce manuscrit fut copié d'après un autre qui était conservé à Marmoutier. Voici les autres annotations: *Guerinus Denys dicti capituli notarius, anno Domini MCCCCLXIV hunc librum possedit ex capitulo eodem sublatum. Magister Guillelmus Horvo, principalis collegii ferrator., andegavensis, anno Domini MDXVIII tenuit. Dominus Johannes Victor, doctor theologus, andegavensis, custodiebat ab illo tempore. Anno Domini millesimo quingentesimo septuagesimo, Paschasius Robinus Delfius, andegavus, Gesta comitum andegavensium priscorum perquirebat, cum tandem hi annales generales per annos digesti a quodam Johanne monacho Majoris Monasterii, ut alia exemplaria probant, in manus illius forte venerunt.* (signé) *Paschal Robin Dufaux* 1570. Ce dernier a publié en 1582 à Paris, chez Richard, un volume intitulé: *Brief discours sur l'excellence, grandeur et antiquité du pays d'Anjou et des princes qui y ont commandé et en sont sortis.*

Après ces deux manuscrits capitaux, nous mentionnerons le ms. 4920ª, fonds latin de la Bibliothèque Impériale, que l'on désigne ainsi que le ms. 4991, dans le catalogue imprimé des manuscrits de la Bibliothèque Impériale, comme contenant la chronique de Guillaume de Nangis, quoique ce soit bien la Grande Chronique de Tours. Elle s'étend depuis la création du monde jusqu'à l'année 1225, mais l'écriture n'est que de la fin du xiv⁼ siècle, et nous en avons extrait seulement quelques variantes peu importantes. La même bibliothèque contient encore une copie du xvii⁵ siècle de notre chronique, conservée dans le 46ᵉ vol. des Mélanges de Colbert. Il existe aussi des extraits de notre chronique, faits au xviiᵉ et xviiiᵉ siècles, dans le vol. 57 des mss. Duchesne, et le n° 1224 supᵗ latin, à la Bibliothèque Impériale.

Enfin, nous terminons en disant que les diverses chroniques tourangelles désignées par le père Lelong dans la *Bibliothèque historique de la France*, sous les nᵒˢ 5545, 16770, 16787, 16788 et 16789, ne sont autres que la Grande Chronique de Tours par un chanoine de Saint-Martin de Tours, dont nous venons de parler.

Nous ignorons la destinée de deux manuscrits consultés par nos devanciers: l'un était conservé à la bibliothèque de l'église cathédrale de Nantes et avait servi à Carreau; l'autre faisait partie de la bibliothèque du président de Thou et a été vu par le copiste du manuscrit 1224 du supplément latin.

CHRONIQUE ABRÉGÉE DE TOURS.

La Chronique Abrégée de Tours, (p. 162-200), commence à la naissance du Christ et se termine à l'année 1338. Elle est l'œuvre de trois auteurs. Le premier, qui s'arrête à l'année 1224, n'a pas fait autre choses que d'analyser aussi brièvement que possible la Grande Chronique de Tours, et ne peut également être qu'un chanoine de Saint-Martin de Tours, à cause de la prédilection avec laquelle il mentionne les événements qui concernent cette église. Le premier continuateur a écrit les événements qui se sont passés depuis 1225 jusqu'en 1316, mais aucun des faits tourangeaux qu'il mentionne ne peut faire supposer ce qu'il était ; cependant nous sommes porté à croire que cette addition est l'œuvre d'un moine de Saint-Julien de Tours, parce que le manuscrit unique qui la contient, écrit au milieu du XIIIe siècle dans ce monastère, s'y conservait encore en 1337. La seconde addition de 1317 à 1337, a été certainement rédigée par un religieux de cette abbaye, car il a pris soin d'intercaler dans le texte de son prédécesseur l'élection d'un abbé de Saint-Julien en 1298, et il mentionne l'élection de tous les abbés qui gouvernèrent ce monastère depuis 1317 jusqu'en 1338 où se termine sa chronique.

Nous n'avons rien à dire sur la partie de notre chronique antérieure à 1225, puisque ce n'est qu'un abrégé aussi sec que possible de la chronique précédente. Les deux additions qui la terminent sont écrites simplement. Originales et contemporaines des événements qu'elles relatent, c'est assez dire qu'elles sont dignes de foi et ont tout droit d'être consultées avec fruit, plus pour les faits cependant que pour les dates, pour lesquelles elles sont souvent en contradiction avec les continuateurs de Guillaume de Nangis.

Les additions ne nous font connaître que quelques faits tourangeaux, dont l'exposition sera courte. Nous mentionnerons d'abord le pillage de Tours par les Pastoureaux en 1251 (p. 196). Nous remarquerons ensuite la manière dont l'auteur relate à la date du 30 juin 1278, la mort de Pierre de la Broce, chambellan du roi Philippe le Hardi, seigneur de Langeais et originaire de Touraine. « Cette année fut pris et pendu, chose « douloureuse à dire, par sentence des barons envieux « de lui, et contre la volonté du roi, dit-on, Pierre de « la Broce. » Ce témoignage favorable à notre compatriote devra être rapproché du passage d'une chronique en vers de la fin du XIIIe siècle, mentionnée par M. Jubinal dans sa brochure sur la complainte et le jeu de Pierre de la Broce (Paris, 1835 in-8°), page 17 :

« Contre la volonté le roy
« Fu il pendu; il fu deffet
« Plus par envie que par fet. »

Les seuls autres événements concernant la Touraine, mentionnés ensuite dans la Chronique Abrégée de Tours, sont l'expulsion des Juifs de la ville de Tours, le 24 août 1306 (p. 198), et la rupture des ponts de Tours en 1309 à la suite d'une inondation (p. 198). Le dernier continuateur de notre chronique nous fait connaitre les dates des élections de quatre abbés de Saint-Julien, Pierre de Châteaurenaud en 1298, qui construisit le réfectoire des moines, Jean Roguet, le 16 janvier 1318 (n. s.), Jean de Savion le 25 novembre 1326, et Guillaume le Beau (*Belli*) le 1ᵉʳ janvier 1338 (n. s.).

Les faits généraux racontés par nos chroniqueurs sont nombreux et devront attirer l'attention des historiens ; nous devons nous abstenir ici d'en faire une mention plus expresse.

Dom Martène avait publié dans son *Thesaurus novus Anecdotorum*, tom. III, pages 1379 à 1391, la partie de cette chronique qui embrasse depuis 889 jusqu'à 1079 ; mais il l'indique à tort comme faisant partie de la chronique de Saint-Aubin d'Angers. C'est donc pour la première fois qu'elle est publiée dans son entier et sous son véritable titre.

Nous avons pris notre texte dans le manuscrit 1852 de sir Th. Phillipps que nous avons déjà mentionné. C'est le seul manuscrit où elle existe, avec toutes ses additions. Elle occupe les folios 1 recto à 12 vᵒ et 36 vᵒ à 38 rᵒ du manuscrit. La première partie s'étendant jusqu'à l'année 1224, a été écrite dans la première moitié du xiiiᵉ siècle comme le reste du manuscrit ; les deux continuations sont de deux mains différentes de la première moitié du xivᵉ siècle.

Le manuscrit 4991 latin de la Bibliothèque Impériale contient aussi une copie du xiii° siècle de notre chronique, mais elle s'arrête à l'année 1224. Elle occupe les folios 1 r° à 10 r°. Le manuscrit 4955 latin contient, aux folios 92 r° à 95 v°, le fragment de notre chronique de l'année 889 à 1083 qui a été publié par Dom Martène, d'après ce manuscrit. C'est de ces deux manuscrits que nous avons tiré quelques variantes.

Enfin, nous mentionnerons ici quelques copies moins anciennes, dont nous ne nous sommes pas servi pour cette édition. On trouve à la fin du manuscrit de la bibliothèque de Tours, intitulé *Statuta et juramenta ecclesiæ Turonensis*, une copie du xiv° siècle de notre chronique; et la Bibliothèque Impériale renferme encore trois copies du siècle dernier de la Chronique Abrégée de Tours : l'une dans le manuscrit 1090 fonds Saint-Germain latin, l'autre dans le 20° volume de la collection Dom Housseau, la troisième dans le fonds Baluze, d'après le manuscrit du collége de Clermont, aujourd'hui de sir Thomas Phillipps, comme nous l'avons déjà dit.

CHRONIQUE DES ARCHEVÊQUES DE TOURS.

La Chronique des archevêques de Tours, (p. 201-217), commence à la mission de saint Gatien en Touraine, la première année de l'empereur Trajanus Decius, suivant Grégoire de Tours, et se termine dans notre édition à Bouchard Daye ou Dain, qui occupa le siége de Tours de 1285 à 1290; mais dans presque tous les manuscrits, elle s'arrête à la consécration de Jean de Faye en l'année 1208. Elle fut en effet écrite sous son épiscopat.

Cette chronique se compose de deux parties bien distinctes : la première, est la reproduction textuelle du dernier chapitre du livre X de l'*Histoire Ecclésiastique des Francs*, par Grégoire de Tours et se termine à ce prélat; la deuxième contient la série chronologique de nos évêques avec la durée de leur pontificat, depuis Peladius en 593 jusqu'à Jean de Faye, et les noms seulement des six évêques qui ont succédé immédiatement à celui-ci.

Cette chronique nous semble offrir la transcription des diptyques des évêques de l'église métropolitaine de Tours. C'était, en effet, un pieux et antique usage de conserver dans les églises cathédrales des diptyques sur lesquelles étaient inscrits les noms des prélats qui les avaient gouvernées, avec la durée de leur pontificat. Il est facile d'en conclure combien doivent être authentiques ces précieux monuments, écrits sous les yeux et par l'ordre d'un clergé qui avait vécu sous l'administration du prélat dont on notait la mémoire. Deux vers de Fortunat, évêque de Poitiers (1), nous prouvent qu'à la fin du VI° siècle, on

---

(1) *Nomina nostra legat patriarchis atque prophetis*
  Cui hodie in templo diptychus edit ebur:

lisait le nom de saint Martin sur les diptyques de l'église de Tours ; et tout porte à croire que cet ancien usage se conserva dans cette église.

Ce sera donc le fondement principal sur lequel devra être établie la chronologie des archevêques de Tours, celle qui est la plus importante et la clef de toutes les autres, pour notre province. Il ne faut pas cependant croire qu'au moyen d'une simple addition on parviendra toujours à fixer l'époque de l'épiscopat de tel ou tel évêque ; les diptyques omettent toujours de mentionner la durée de la vacance du siége entre chaque évêque, et quelquefois ce temps était considérable : ainsi, les chartes font connaître que le siége de Tours resta vacant pendant quatre ans, après la mort de Barthélemi I en 1068. De plus, la manière dont se faisaient ces diptyques devait être une cause fréquente d'erreurs. En effet, les diptyques étaient le plus souvent deux tablettes d'ivoire ou de bois, enduites de cire à l'intérieur, et se refermant l'une sur l'autre ; et tout le monde comprendra avec quelle facilité l'écriture et les chiffres, écrits avec un style sur une matière aussi molle, devaient s'altérer par l'usage et le temps. Joignez à cela la difficulté de déchiffrer ces caractères à demi effacés, et vous aurez la raison des erreurs que les copistes ont commises, comme aussi des variantes que l'on remarque dans les divers manuscrits, soit pour les noms, soit pour les dates.

Les chartes seront donc aussi, pour cette partie si

capitale de l'histoire de notre province, la pierre de touche avec laquelle on appréciera et on corrigera les renseignements fournis par notre chronique; elles nous donnent en effet, souvent avec la date de l'incarnation, celle de l'année de leur épiscopat, et ces dates combinées avec la durée assignée par la chronique, établiront de la manière la plus authentique la chronologie de nos évêques.

Il est bon de remarquer qu'un des manuscrits contenant la durée de chaque épiscopat, offre de fréquentes et nombreuses variantes avec tous les autres; cette copie était transcrite dans un des anciens cartulaires de l'église de Saint-Martin de Tours, la Pancarte Noire, et nous a été transmise par Baluze. Nous rassemblons ici dans un seul tableau ces variantes de date importantes à étudier, en faisant observer que les évêques que nous y omettons ont la même durée d'épiscopat dans tous les manuscrits.

MANUSCRIT BALUZE.	MANUSCRIT SIR PHILLIPPS ET 4991 BIB. IMP.
Sigilaicus, 2 ans, 3 mois.	Sigilaicus, 2 ans, 9 mois.
Bertus, 5 ans, 11 mois.	Bertus, 15 ans, 11 mois.
Peladius II, 4 ans, 10 jours.	Peladius II, 4 ans, 3 m., 10 j.
Ibo, 9 ans.	Ibo, 8 ans.
Rigambertus, 27 ans, 5 mois.	Rigambertus, 8 ans, 5 mois.
Eusebius, 20 ans.	Eusebius, 16 ans.
Herlingus, 18 ans.	Herlingus, 27 ans.
Landrannus, 14 ans, 6 mois.	Landrannus, 4 ans.
Ursmarus, 11 ans, 6 mois.	Ursmarus, 10 ans, 6 mois.
Landrannus (p^r la 2^e fois) 4 ans, 4 mois.	(*Omis*).

SU LESR CARONIQUES DE TOURAINE. XLV

Amalricus, 4 ans, 11 mois.	Amalricus, 2 ans. 11 mois.
Actardus, 3 ans, 1 mois, 21 jours.	Actardus, 2 ans, 1 mois, 21 jours.
Adalardus, 26 ans, 2 mois.	Adalardus, 16 ans, 2 mois. 13 jours.
Robertus 3 ans, 3 mois.	Robertus, 23 ans.
Theotolo, 13 ans, 4 mois.	Theotolo, 13 ans, 4 mois, 12 jours.
Froterius, 3 ans.	Froterius, 5 ans.
Hardoinus, 18 ans, 10 mois.	Hardoinus, 18 ans, 10 mois, 9 jours.
Archembaldus, 18 ans.	Archembaldus, 21 ans, 8 jours.
Hugo I, 18 ans 2 mois, 8 jours.	Hugo I, 10 ans, 5 mois, 9 jours.
Arnulfus, 31 ans, 10 mois.	Arnulfus, 31 ans, 10 mois, 8 jours.
Bartholomeus I, 13 ans, 6 mois.	Bartholomeus, 21 ans, 6 mois, 11 jours.
Radulfus I, 21 ans, 10 mois.	Radulfus I, 17 ans, moins 18 jours.
Radulfus II, 17 ans, 18 mois.	Radulfus II, 26 ans, 10 mois, 4 jours.
Engelbaldus, 9 ans, 3 mois, 2 jours.	Engelbaldus, 8 ans, 3 mois, 2 jours.
TOTAL. . 320 ans, 8 m., 11 j.	341 ans, 1 mois, 8 jours.

Différence : 20 ans, 4 mois, 27 jours que comptent en plus le manuscrit de sir Th. Phillipps, et le manuscrit 4991. Nous croyons qu'on doit suivre, sauf les rectifications exigées par les chartes et documents authentiques, la chronologie et les dates indiquées par ces deux manuscrits, préférablement à celles que nous fournirait le cartulaire de Saint-Martin de Tours. Le chapitre de Saint-Martin n'avait point en effet le même intérêt que l'église cathédrale de Tours à conserver fidèlement la mémoire des archevêques de Tours, de la juridiction desquels il était exempt et avec qui il eut de longs et fréquents démêlés.

Notre chronique n'a jamais été publiée, malgré son importance chronologique. Elle était cependant connue de Maan, qui l'appelle *Computus Ecclesiæ Turonensis manuscriptus*, et dit qu'elle s'arrêtait à l'archevêque Jean de Faye (1). L'historien de l'église de Tours s'est servi pour déterminer la durée de l'épiscopat des prélats de Tours, d'un manuscrit aujourd'hui perdu, et qu'il appelle le *Catalogue d'Amboise*, du nom de la ville où il était conservé. Les durées qu'il assigne à l'administration de chaque évêque diffèrent le plus souvent de celles de nos manuscrits, quoiqu'en général elles se rapprochent plus de celles de la Pancarte Noire. La dernière citation qu'il en fait est à la mort de Jean de Montsoreau en 1285 (2). Nous ajouterons ici en note (3),

---

(1) *Sancta et metropolitana ecclesia Turonensis*, p. 134.

(2) Id. pag 142.

(3) Pag. 53. Landrannus, annis viginti et mensibus sex.

Pag. 55. Ursmarus, annis decem et sex mensibus.

Pag. 59. Landrannus (iterum), annis II et sex mensibus.

Pag. 74. Josephus II, annis undecim, mensibus duobus, diebus octodecim.

Pag. 75. Harduinus annis, XIX, et tribus mensibus.

Pag. 82. Hugo I, annis octodecim, mensibus quinque et diebus decem.

Pag. 88. Bartholomæus I, annis tredecim, mensibus quinque et diebus duodecim.

Pag. 132. Godofredus, anno uno et tribus mensibus.

Pag. 137. Jubellus, annis sex et decem, mensibus sex.

Pag. 138. Petrus, annis quinque.

Pag. 142. Johannes, II annis quatuordecim et diebus decem.

les mentions données par Maan, que nous avons négligé de relever comme variantes du texte de notre chronique; elles nous semblent trop importantes pour les laisser de côté. Du reste, nous avons été assez scrupuleux pour ne transcrire ici que celles qu'il dit expressément tirées du *Catalogue d'Amboise*, quoiqu'il soit assez présumable qu'il y ait fait des emprunts, même quand il ne le cite pas.

Nous avons fait cette édition d'après le manuscrit 1852 de la bibliothèque de Middlehill, qui a déjà été notre meilleur guide dans les deux chroniques qui précèdent. Nous y joignons le manuscrit 4991, f° 22 v° à 25° de la Bibliothèque Impériale, qui lui est peu inférieur comme antiquité. Le XV° volume de la collection de D. Housseau, et le volume XLVI° des Mélanges de Colbert, donnent des copies modernes de notre chronique, d'après le manuscrit 4991.

Enfin nous avons relevé avec soin les variantes très-importantes de la Chronique des archevêques de Tours, qui était autrefois transcrite dans la Pancarte Noire de Saint-Martin de Tours, l'un des précieux cartulaires, aujourd'hui perdu sans espoir, de la célèbre abbaye. Heureusement le savant Baluze a fait la copie de notre chronique, et nous l'avons découverte à la Bibliothèque Impériale, fonds Baluze, armoire III, paquet 2, n° 2, au f° 328.

Nous avons à regretter la perte de deux manuscrits, conservés autrefois, le premier dans les archives de l'église cathédrale de Tours, et le deuxième à Amboise;

Maan s'en est servi pour son Histoire des archevêques de Tours.

Pour compléter notre travail sur les archevêques, nous avons relevé avec soin les variantes d'orthographe des noms de nos prélats, d'après plusieurs catalogues et listes chronologiques d'archevêques de Tours, ne mentionnant que leurs noms, sans indiquer la durée de leurs pontificats. La Bibliothèque Impériale nous offrait plusieurs manuscrits importants que nous avons consultés.

Le plus ancien est conservé dans le fonds Saint-Germain latin, n° 1049; la liste s'arrête à Barthélemi I, mort en 1068, et a été en effet écrite vers cette époque. Ensuite vient le manuscrit 4955, fonds latin, qui contient au f° 102 v°, un catalogue qui s'arrête à l'archevêque Barthélemi II, mort en 1206; l'écriture remonte aux dernières années du XIIᵉ siècle; une autre main très-peu postérieure a ajouté les noms de Geoffroy et de Jean I, ses successeurs immédiats.

Nous avons aussi trouvé dans la bibliothèque du Vatican, fonds de la reine de Suède, deux manuscrits où se trouve le catalogue des archevêques de Tours. Ces deux listes ont été écrites au commencement du XIIIᵉ siècle, avec quelques additions qui conduisent, celle du manuscrit 450 jusqu'à Vincent de Pirmil, et la seconde du manuscrit 711ᵃ jusqu'à Bouchard Dain.

Enfin nous avons complété notre travail en prenant pour les noms les variantes fournies par la copie du cartulaire de l'archevêché de Tours, conservée dans les archives du département d'Indre-et-Loire.

V.

CHRONIQUE DE SAINT-MARTIN DE TOURS.

La très-courte Chronique de Saint-Martin de Tours (p. 218, 219), a été écrite à la fin du xii° siècle, par un chanoine de cette église. Elle commence à l'an 542 et se termine à l'année 1199.

Cette chronique, outre quelques faits concernant l'histoire générale, contient peu d'événements intéressant la Touraine. On y remarquera surtout la destruction des diptyques des évêques et des abbés de Saint-Martin par les Normands en 863. Nous y trouvons encore, en 956, la mort de Hugues, abbé de Saint-Martin; en 997, le grand incendie de Châteauneuf; en 1015, la dédicace de l'église de Saint-Martin; la réception solennelle du pape Urbain IV, en 1096; les morts de Geoffroy V le Bel, comte de Touraine, le 13 septembre 1149, de Henri II en 1189, et de Richard Cœur-de-Lion en 1199; enfin, l'expulsion des chanoines de l'église Saint-Martin, par le même Richard, en 1194. Quelques-unes de ces dates ne sont pas très-exactes.

Cette chronique était conservée à la fin de la Pancarte Noire de Saint-Martin de Tours. Aujourd'hui, il n'en existe plus que deux copies, que l'on trouve à la Bibliothèque Impériale. Dom Housseau, vol. XIII, n°ˢ 8724 à 8735, nous en donne un extrait; mais nous la trouvons plus complète dans le fonds Baluze, arm. III, paq. 2, n° 2, f° 327.

Nous avons cru devoir ajouter à la chronique, d'après Monsnier (*Ecclesiæ Sancti Martini Turonensis jura propugnata*, p. 90 et 176), des fragments d'une chronique très-ancienne et manuscrite de l'église de Saint-Martin de Tours.

Enfin, c'est probablement la chronique indiquée par Lelong, sous le n° 35650, comme conservée à la Bibliothèque Impériale, dans la collection Duchesne : on ne l'y retrouve plus aujourd'hui.

VI.

HISTOIRE ABRÉGÉE DE SAINT-JULIEN DE TOURS.

L'Histoire du monastère de Saint-Julien (p. 220-234) commence à son origine, c'est-à-dire au berceau de la monarchie française; cette abbaye serait en effet, suivant une tradition consignée dans le martyrologe de cette église, un témoignage de la reconnaissance de Clovis, vainqueur des Visigoths à Vouillé. Le texte que nous publions s'arrête à l'année 1040; mais il n'est point complet. En effet, dans la partie qui est parvenue jusqu'à nous, l'auteur nous promet (p. 230) la description de l'église de Saint-Julien, et nous ne la retrouvons point dans notre chronique; de même, il annonce (p. 231) qu'il racontera plus en détail les événements survenus sous l'abbé Richer, et on ne les lit point dans son récit. Il est probable que son histoire s'arrêtait avant la mort de Barthélemi I, puisque c'est le dernier archevêque qu'elle nomme (p. 227), et cela sans préciser, comme elle le fait pour ses prédécesseurs, le nombre d'années qu'il occupa le siége de Tours.

Nous ne savons rien sur l'auteur de l'Histoire de Saint-Julien, sinon qu'il était moine de cette abbaye, qu'il appelle son monastère *nostrum monasterium* (p. 225.)

Son style a toute la simplicité et la clarté requises. Il raconte les fait tels qu'ils lui ont été transmis par les anciens religieux, *ut a nostris majoribus audivimus*, ou que les archives de l'abbaye et de l'église métropolitaine de Tours les lui ont fait connaître, *et in archivis ecclesiæ annotatum reperimus…, ut antiquissimis Turonicæ ecclesiæ invenimus polegiis* (p. 220).

Nous retrouvons dans notre auteur cette excellente méthode déjà ancienne, et suivie depuis avant tant de science, par les Bénédictins, de publier les documents à l'appui des faits exposés. Cette chronique sera donc le premier et le plus sûr guide pour étudier l'histoire de Saint-Julien de Tours. Nous y signalerons cependant quelques erreurs de dates, imputables plutôt au copiste qu'à l'auteur. C'est ainsi qu'on lit (p. 223) que le commencement de la reconstruction de l'abbaye eut lieu en 937, la 2ᵉ année du pontificat de Théotolon. Théotolon fut ordonné le 16 décembre 931, comme nous l'avons prouvé ailleurs, l'année 937 est donc la 7ᵉ de son pontificat, et non la 2ᵉ. La charte qui énumère les donations faites par Théotolon et Gersende, sa sœur, le jour de la dédicace de l'église (p.223), donne une fausse date de mois. Cette dédicace eut lieu, en effet, le 16 des calendes de septembre (17 août) de l'année 943, 8° année du règne de Louis d'Outremer. Or, notre charte est datée du mois d'avril. La copie, dont s'est servi D. Martène, portait *mense aprili*, au lieu de *mense augusto*. Du reste, cette erreur se trouve corrigée dans le texte publié par D. Martène lui-même, dans le *Thesaurus Anecdotorum* (t. I, p. 35). Mais, Baluze a pu transcrire d'après l'original cette charte si curieuse, dont la chronique ne donne que l'abrégé. Cette copie, faite par Baluze lui-même, et conservée aujourd'hui à la Bibliothèque Impériale, fonds Baluze, arm. III, paq. 2, n° 3, f° 84 r° et v°, contient la date exacte, *mense augusto ineunte*, et *anno incarnationis dominicæ* DCCCCXLIII. De plus, elle est complète, et contient une foule de détails précieux négligés par notre historien, comme aussi la liste complète des témoins de la charte. Elle servira à ne point ranger, comme le fait notre historien, parmi les dignitaires et chanoines de la cathédrale de Tours, mais bien à restituer à l'église de Saint-Martin, Nefingus doyen, Guntelmus, Arbertus préchantre, et Herlannus sous-doyen, et non sous-diacre.

Nous n'avons à relever que quelques erreurs. Foulques Nerra, qui ne fut comte d'Anjou qu'en 987, ne fonda pas, trois ans auparavant, le château de Langeais, pas plus qu'il ne s'empara de Tours, en

984 ; la bataille de Pontlevoy est placée trois ans trop tard par l'historien ; et la mort du roi Robert arriva le 20 juillet 1031, et non pas au mois de décembre 1032.

Pour les événements qui concernent son monastère, l'écrivain est plus exact, et, sauf les deux corrections que nous avons indiquées, on doit ajouter foi à sa chronologie.

Nous allons exposer succinctement et en suivant uniquement notre historien, la série des faits qui intéressent le monastère de Saint-Julien de Tours.

Longtemps avant Grégoire de Tours, il existait dans le lieu où fut bâti depuis le monastère de Saint-Julien, deux églises, l'une dédiée à la mère de Dieu (1), et l'autre à saint Julien. Celle-ci avait été fondée par des moines venus de l'Auvergne ; et ce fut à leurs prières que leur compatriote Grégoire y déposa des reliques de leur patron.

(1) Le martyrologe de Saint-Julien de Tours, écrit en 1469, et conservé parmi les manuscrits de la bibliothèque de Tours, nous a transmis la tradition suivante sur la fondation de cette église de Notre-Dame, que l'on attribue à Clovis.

« *L'an de grâce environ Vc le roy Clovis en venant de Saint-Martin
« de Tours mercier ledit glorieux sainct de la victoire qu'il avoit eue
« sur Alaric roy des Goths et sur les gens hérétiques arri ns sur le
« fleuve de Clein, monta sur son cheval qu'il avait lessé au cloistre dudit
« Saint-Martin, et mist couronne d'or sus sa teste. Et en allant par la
« vile de Tours, s'arresta en la place où a esté depuis fondé le monas-
« taire de saint Julian le martir, laquelle estoit lors vuide, et illec
« présent le peuple, respendit et donna quantité d'or et d'argent.* »

Cette note est écrite au f° 80 r° immédiatement avant le commencement de la chronique.

Après Grégoire de Tours, on construisit, en l'honneur de saint Aubin, une troisième église, qui plus tard fut réunie, avec tous ses biens, au monastère de Saint-Julien. Or, voici quel était le domaine de Saint-Aubin : la vigne qu'on appelait le Clos-Saint-Aubin, la rivière de Loire qui coule devant ce clos et l'église de l'une à l'autre rive, les vergers de l'église Saint-Julien avec la terre qui s'étend jusqu'au faubourg de la ville, et de plus la vigne de Juneuil avec les prés et la terre, et la moitié du Cher, et la chaussée qui est devant le port. Du monastère de Saint-Julien dépend la Loire, du côté du pont, avec l'autre rive et avec les îles, soit qu'elles lui appartiennent en propre, soit qu'elles soient accensées par lui. Enfin, la rue Neuve, jusqu'à Saint-Saturnin, le bourg de Saint-Pierre et la moitié de la Loire sont en partie du patrimoine de l'archevêque Théotolon, et en partie du domaine allodial de Saint-Aubin.

Le monastère de Saint-Julien, avec les églises qui en dépendent, est entièrement détruit dès la première invasion normande, sous Hasting, vers 843. Les invasions se succèdent : Harold et Rollon brûlent ce qui a été épargné par Hasting.

Enfin, en l'an 937, la 7ᵉ année de son épiscopat, Théotolon fait sortir de ses ruines le monastère de Saint-Julien, demeuré désert depuis sa destruction. Il me à la tête de la nouvelle congrégation de moines, Odon, abbé de Cluny, non moins célèbre par sa science que par sa sainteté. Les donations abondent. Théotolon et sa généreuse sœur donnent l'exemple, les chapitres de Saint-Maurice et de Saint-Martin y contribuent à l'envi.

Au mois de mai 942, Hugues, duc des Francs, donne, à la prière de son vassal Robert, aux moines de Saint-Julien de Tours, la chapelle de Saint-Martin sise à Chanceaux, avec tous les revenus et dépendances de cette église et toute la terre située entre la Ronce, les Verreries et le Villeray, avec toutes les dépendances; le tout situé dans le pagus de Tours, viguerie de Chanceaux. La donation est faite à la charge par l'abbaye de payer tous les ans à la saint Martin d'hiver cinq sous à Robert ou à son successeur.

Le 17 août 943, l'église est consacrée par Théotolon en l'honneur de Notre Dame et de saint Julien. Le même jour, Théotolon et sa sœur Gersende font donation au monastère de divers domaines provenant d'héritage ou d'achat, savoir : la vigne de Palfeint sise dans le voisinage de l'église, un pré de neuf arpents à l'Estappe, à Cerelle en deçà de la Loire l'église de Saint-Pierre avec l'Aunaie et la Ballière qui en dépendent, et leurs biens à Chanceaux, et la villa de Kersion avec son église, et dans l'Hiémois Mont-Edrale et ses deux chapelles et ses moulins et dépendances, et Sauriac, Mauvau et Mont-Dadon, et enfin tout ce dont ils héritèrent de leurs oncles Jérôme, Sigebert, Ogier et Raimbaud.

La réputation de sainteté de saint Odon avait attiré nombre de moines, et sept ans après sa fondation, la congrégation naissante comptait déjà quarante religieux.

Cependant le vénérable abbé sentant sa fin prochaine, se retire dans son monastère de Saint-Julien, afin de reposer non loin de saint Martin son vénéré patron. Le 11 novembre, suivant l'usage établi par Théotolon, il se rend à l'église de Saint-Martin à la tête de ses moines pour y chanter l'office des matines. Là, il se sent pris de la fièvre, et après l'office retournant au monastère, il repose ses membres malades dans un vestibule de l'église Saint-Aubin. Sur son lit de douleurs, il compose des hymnes en l'honneur de saint Martin. A cette nouvelle, Théotolon s'empresse d'accourir, et comme il ne pouvait retenir ses larmes en pensant à la mort prochaine de son ami, saint Odon le console par ses paroles. Et le huitième jour de sa maladie le pieux abbé se sentant mourir, reçoit le saint viatique, se fait porter dans l'église de Saint-Aubin, et y expire le 18 novembre 944. Le corps est enterré dans la crypte de l'église de Saint-Julien, sous l'autel du patron de l'abbaye, à droite. Après sa mort, les restes de Théotolon sont déposés auprès de celui qu'il aima.

Georges succéda à l'abbé Odon. L'historien du monastère place sous son administration deux donations, dont l'une est antérieure à cet abbé, et la seconde postérieure. La première est celle de Chanceaux en 942, que nous avons fait connaître La seconde est la concession du port de Cordon par le même Hugues le Grand, sous le règne de Lothaire. Si nous ajoutons foi aux autres historiens de notre abbaye, Georges mourut en 947, bien avant le règne de Lothaire ; on devra donc reporter ce fait à Ingenaldus troisième abbé de Saint-Julien.

Nous ne connaissons de celui-ci que sa mort tragique, arrivée dans les Alpes, à son retour d'un voyage fait au monastère de Saint-Paul de Rome dont il était aussi abbé.

Bernard, quatrième abbé de Saint-Julien, fit construire en entier la grande tour, située devant la porte de l'abbaye.

Evrard, successeur de Bernard, apporte de Brioude à Tours le chef de saint Julien, que l'on conservait, du temps de notre historien, dans une châsse d'or sur l'autel de Saint-Julien.

Gauzbert I, sixième abbé de Saint-Julien de Tours, gouverna aussi les abbayes de Marmoutier, de Bourgueil, de Maillezais et de Saint-Pierre du Mans, qu'il enrichit toutes des biens de Saint-Julien. Dans un voyage qu'il fit à Rome, il obtint du pape Silvestre II pour son monastère un privilége écrit sur papyrus, encore conservé dans les archives du monastère, du temps de notre chroniqueur. Déjà l'an 996, la première année de l'abbé Gauzbert I, Archambaud, archevêque de Tours, avait exempté, du consentement de son chapitre, toutes les églises de son diocèse qui appartenaient à Saint-Julien, de tout devoir envers l'église cathédrale, et donné à cette abbaye toutes les coutumes de ces églises.

A Gauzbert I succéda en 1006 Gauzbert II. Celui-ci, adonné aux belles-lettres et à l'étude de la philosophie, enrichit la bibliothèque du monastère de manuscrits qu'il écrivit lui-même. Ses soins vigilants embrassent tout ; des ornements d'église riches et précieux, des châsses d'or, des tables d'autel sculptées par Gauzbert lui-même, viennent remplir les trésors de l'abbaye. Une nombreuse et florissante jeunesse vient s'y former à la science et à la vertu. Il fait la découverte d'une ancienne châsse où gisaient ignorées les reliques de beaucoup de saints, et une des sandales de Notre-Seigneur, suivant l'écrit qui l'accompagnait. Enfin il achète le monastère de Saint-Pierre de Preuilly et fait confirmer cet achat par le roi Robert ; mais après Gauzbert II les archevêques de Tours soustraient Preuilly à la domination de Saint-Julien de Tours. Gauzbert mourut en 1025 après avoir gouverné pendant 18 ans son abbaye.

Après Gauzbert II, Arnoul, archevêque de Tours, impose son père Albert pour abbé aux moines de Saint-Julien ; ceux-ci l'expulsent du siége abbatial au bout de trois ans.

Frédéric gouverne ensuite pendant deux ans l'abbaye et a pour successeur Évrard.

A Evrard, qui fut abbé pendant un an succède l'abbé Richer. Celui-ci reconstruit en 1040 le monastère de Saint-Julien qui tombait de vétusté. Il achète pour son abbaye la terre et l'église de Dierre, de Tescelin du Perrier, avec le consentement d'Isambard, évêque, et du chapitre d'Orléans, dont elles relevaient, moyennant 100 livres de deniers et une livre d'or.

Ici s'arrêtent malheureusement les textes parvenus

jusqu'à nous de cette histoire d'un monastère dont les débris sont aujourd'hui un des beaux et anciens monuments de la ville de Tours.

Nous compléterons la notion que nous donnons de cette chronique en indiquant sommairement les autres faits tourangeaux qu'elle mentionne.

Ce sont d'abord les trois invasions des Normands, la première sous les ordres d'Hasting, la seconde commandée par Harold et la dernière par Rollon. L'auteur de la chronique raconte les divers événements qui s'y rapportent, sans faire aucune distinction entre les époques diverses de ces irruptions terribles; il mentionne le siége de Tours et sa délivrance par l'intercession de saint Martin, la dévastation des monastères de Saint-Martin et de Saint-Julien, la translation à Auxerre des reliques du patron de la Touraine, son retour après de longues années, la reconstruction de sa basilique, et la construction d'une enceinte fortifiée destinée à la protéger contre une surprise (p. 222).

Nous remarquerons et nous comparerons la durée assignée par l'historien de Saint-Julien aux pontificats de Théotolon (p. 227) et de quelques-uns de ses successeurs, avec les époques données par la Chronique des archevêques.

L'année 984 nous est signalée comme l'époque de plusieurs faits très-importants pour notre histoire, la fondation du château de Langeais et la prise de Tours, par Foulques Nerra, ce puissant comte d'Anjou, si célèbre dans nos annales (p. 228). En l'an 994, l'église de Saint-Martin est dévorée par les flammes. Le pieux Hervé jette aussitôt les fondements d'une nouvelle basilique, qu'on met 20 ans à construire : la dédicace par l'archevêque eut lieu en 1014 (p. 229).

La bataille de Pontlevoy, mal datée de l'an 1019, les morts du trésorier Hervé en 1022, de l'archevêque Hugues en 1022, de Eudes II, comte de Touraine en 1037 et de Foulques Nerra en 1040, sont ensuite les seuls faits à recueillir.

La copie manuscrite la plus ancienne qui existe maintenant de notre chronique est contenue dans le martyrologe de Saint-Julien de Tours, aux folios 80 et 81. Ce manuscrit qui fait aujourd'hui partie de la bibliothèque municipale de la ville de Tours, a été rédigé au mois de juillet 1469, d'après les anciens obituaires et registres du monastère. Il sera facile en le comparant avec notre édition de voir que la copie de notre chronique n'y est donnée que par extraits et que de plus son texte s'arrête à la mort de Théotolon.

Plus authentique, plus ancienne et plus complète était la copie insérée aux folios 19 et suivants du cartulaire de Saint-Julien de Tours ; mais on ignore la destinée de ce précieux manuscrit, qui a disparu comme tant d'autres documents dont la perte est irréparable. Heureusement Baluze, exilé de Paris à cause de certaines peccadilles généalogiques, vint passer à Tours un ou deux ans. Là, il s'adonna avec passion à la lecture et à la transcription des chartes et des diplômes, et quatre ou cinq volumes conservés aujourd'hui à la

Bibliothèque Impériale, où les recueils manuscrits qu'il a laissés forment un fonds spécial, attestent l'opiniâtreté et la sagacité de ses recherches. Le cartulaire de Saint-Julien fut soumis à son examen, et nous avons retrouvé dans le fonds Baluze, armoire III, paquet 2, n° 3, folios 85 à 88, une copie faite par lui-même d'après ce manuscrit. Venue trop tard à notre connaissance pour qu'il me fut possible d'en insérer les variantes dans notre édition, je dois me contenter de signaler ici cette copie dont la leçon est préférable au texte de D. Martène que nous avons reproduit.

Nous avons en effet établi notre texte d'après l'édition qu'en avait publié D. Martène, tome V, pages 1072 à 1079 de l'*Amplissima Collectio*. Nous y avons ajouté seulement, et d'après une copie autographe de D. Housseau, tome I, n° 171. la fin de la chronique, c'est-à-dire la charte de donation de l'église de Chanceaux par Hugues le Grand en 942, (p. 231 à 234), que n'avait pas donnée D. Martène. Du reste cette charte avait déjà été publiée par Mabillon, tome III des Annales Bénédictines, page 709, et ensuite reproduite par D. Bouquet, t. IX, page 722 des Historiens des Gaules.

VII.

CHRONIQUE RIMÉE DE SAINT-JULIEN DE TOURS.

La Chronique Rimée de Saint-Julien de Tours (p. 235-256) embrassait à peu près la même période de temps que l'histoire en prose de la même abbaye, que nous venons d'analyser. L'ouvrage divisé en deux livres, exposait dans la première partie la fondation du monastère, sa destruction par les Normands, son rétablissement par Théotolon, et enfin l'histoire de l'abbaye jusqu'à la mort de Gauzbert II en 1025; le second livre donnait la continuation de la chronique, dont le manuscrit incomplet s'arrête aujourd'hui à l'abbé Richer qui gouvernait l'abbaye de 1032 à 1042. Nous n'avons trouvé aucun indice certain qui puisse nous faire connaître jusqu'à quelle époque notre chronique se prolongeait; seulement l'écriture du manuscrit unique qui la contient, le style redondant et la phrase coupée en rimes de notre chronique, ne permettent pas de la reculer plus loin que la fin du xi° siècle. Notre fragment commence à l'année 1006 et se termine en 1042. Comme la chronique précédente, elle n'a pu être l'œuvre que d'un moine de Saint-Julien, et l'on en trouve des témoignages à chaque page.

Le moine de Saint-Julien a écrit cette chronique de ce style redondant et plein d'antithèses dont on trouve nombre d'exemples dans le xi° siècle. Les consonnances ou rimes que l'on y remarque, ne forment point des vers réguliers soit par le nombre égal des syllabes soit par la mesure des pieds, cependant elles ont été cherchées pour faire un effet que nous avons rendu sensible à l'œil, en faisant les séparations qu'elles indiquaient ; du reste, les exemples de chroniques, de vies et même de chartes écrites en consonnances ne sont pas très-rares dans ces siècles d'une littérature bien abâtardie.

La Chronique Rimée de Saint-Julien, un peu postérieure à l'histoire en prose de la même abbaye, a beaucoup puisé dans celle-ci, mais elle ajoute des détails curieux aux notions données par celle qui l'a précédée. Nous n'aurons qu'un mot à dire sur la manière dont l'auteur a daté les événements; les mentions d'années y sont très-rares, mais du moins elles concordent assez bien avec les autres données historiques. Ce sera donc un second et excellent guide à ajouter au précédent pour ceux qui voudront étudier l'histoire de Saint-Julien de Tours.

Nous parcourrons rapidement la série des faits exposés par notre historien, nous arrêtant seulement aux événements non mentionnés dans la première chronique. Notre fragment commence à l'administration de l'abbé Gauzbert II, comme nous l'avons déjà dit.

Ce pieux abbé fit en 1006 la découverte d'une châsse très-ancienne, contenant la sandale de Notre-Seigneur avec les reliques de beaucoup de saints. Hugues, archevêque de Tours vint les vénérer. Une fête annuelle est instituée au jour anniversaire de l'invention des reliques, dans l'octave de la Pentecôte. Des miracles accompagnent cette découverte. Un serviteur de l'abbaye est guéri de la fièvre quarte. Une femme originaire de Normandie est guérie d'une maladie qui durait depuis un an. Plusieurs aveugles recouvrent la vue, et la raison est rendue à des fous. Il y a deux opinions sur l'origine de ces reliques. Les uns, s'appuyant sur d'anciens historiens, prétendent qu'elles ont été autrefois données par les archevêques de Tours et enfouies avec un crucifix. Selon les autres, elles ont été cachées par les moines alors qu'ils se réfugièrent à Tours, au moment de l'invasion des Normands.

Outre ces reliques on conserve encore les corps de plusieurs saints, entre autres ceux de Bleviliguet, évêque de Vannes au xe siècle, et de Laure, fondateur d'un monastère en Bretagne au viie siècle ; le chroniqueur raconte la légende de ces saints, mais nous l'omettons comme n'intéressant pas la Touraine.

Le corps de saint Antoine repose aussi dans l'église de Saint-Julien. Quoique le lieu de son origine soit incertain, saint Antoine habita la Touraine. Il s'était retiré dans un lieu entouré de bois ; là existait une chapelle avec deux autels, creusée dans le roc. Aucune femme ne s'approchait de la fontaine qui coulait dans la chapelle : une d'elles ayant voulu braver la défense du saint, fut frappée de mort. Enfin après de longues années passées dans son ermitage, saint Antoine mourut. Or après sa mort, il apparut à un porcher et lu commanda de dire aux religieux de Saint-Julien de venir chercher son corps. Mais comme le porcher n'obéissait pas à l'ordre du saint, il fut frappé de cécité et ne recouvra la vue qu'après avoir accompli son message. Les moines s'empressèrent de venir chercher le corps du saint.

La commune de Saint-Antoine-du-Rocher, qui a pris

le nom du saint qui l'habita jadis, conserve encore aujourd'hui la chapelle creusée dans le roc dont parle l'historien du xi° siècle : on y montre la grotte où il se reposait. La fontaine d'eau pure et limpide communique avec la chapelle, et l'on vient encore boire de cette eau sanctifiée par l'ermite et à laquelle on attache des vertus merveilleuses.

D'autres reliques de saints restés inconnus existaient encore à Saint-Julien. Lorsque les chanoines de l'église cathédrale font une station dans l'abbaye de Saint-Julien, ils font mémoire de saint Simple, quoiqu'on ignore s'il y existe de ses reliques. L'autel de saint Aubin contient une caisse pleine de reliques. Dans la nuit de Noël, ceux qui veillent voient souvent des personnages vêtus de blanc se promener dans le cimetière des moines avec des cierges allumés; ce sont les âmes des religieux qui sont morts dans le Seigneur et viennent visiter ceux qui leur ont succédé.

Après cette longue digression sur les reliques conservées à Saint-Julien, l'auteur revient à l'histoire de Gauzbert II. Cet abbé achète l'abbaye de Preuilly, puis le domaine de Rançay qui appartenait à l'abbaye de Notre-Dame sise dans le cloître de la cathédrale.

Or, dans ce temps, l'abbaye eut beaucoup à souffrir des guerres. Geoffroy II Martel s'était fortifié dans l'abbaye de Saint-Julien, et de là assiégeait la ville de Tours, qu'il conquit enfin sur le comte Thibault.

Gauthier, chevalier, à son retour des lieux saints

donne à Saint-Julien de Tours l'abbaye de Saint-Loup avec toutes ses dépendances.

Ainsi se termine le premier livre de notre chronique.

Le second s'ouvre par le triste tableau du monastère soumis à un intrus. Arnoul, archevêque de Tours, avait imposé par force Albert son père comme abbé de Saint-Julien. Les moines abandonnent l'abbaye et se réfugient à Montboyau, emportant avec eux par la Loire du pain et tout ce qu'ils peuvent enlever. Les moines de Marmoutier se font donner par l'archevêque les prieurés de Saint-Julien qui les avoisinent. Un d'eux étant au bain meurt frappé d'un coup de lance par un homme de Saint-Julien qu'il avait traité de *colibert*. Tous ces désordres furent la suite de l'intrusion d'Albert. Cependant Hugues de Vendôme se désista entre ses mains de ses prétentions sur les églises de Vaubouan et de Beaumont-la-Chartre. Enfin Albert est chassé au bout de trois ans et a pour successeur Frédéric.

Celui-ci nomme pour prieur Richer, que sa douce administration faisait chérir de tous les religieux, mais qui leur est bientôt enlevé par son élévation à la dignité d'abbé de Saint-Lomer de Blois.

A Frédéric succède Évrard et au bout d'un an Richer. Celui-ci gouverna en même temps l'abbaye de Saint-Lomer et celle de Saint-Julien. Originaire de Bretagne, il vint en France étudier les belles-lettres, et fut d'abord prêtre de l'église Notre-Dame-la-Pauvre à Tours. Il se présenta ensuite pour être chanoine de Saint-Martin, mais il fut refusé par le doyen; on dit qu'inspiré alors d'un esprit prophétique il répondit au doyen qu'il serait chanoine malgré lui et s'assiérait sur son siége. Et, en effet, de prêtre il se fit moine à Marmoutier, puis il devint abbé de Blois et enfin abbé de Saint-Julien de Tours. Or, lorsqu'il entra pour la première fois au chapitre de Saint-Martin, il s'assit dans le stalle de l'abbé. Interrogé pourquoi il avait agi ainsi, il raconta ce qu'il avait dit autrefois au doyen. Cependant comme il était inquiété à Blois par le comte, il abandonna cette abbaye et donna tous ses soins à Saint-Julien. Dans la suite, il revint à Saint-Lomer dont il trouva le monastère détruit par le comte et l'abbé nommé par le comte. Il s'appliqua alors à le restaurer et continua à administrer avec une égale vigilance ses deux abbayes.

Ici se terminent les fragments trop courts de cette chronique. Outre les faits spéciaux à l'origine de Saint-Julien, nous y trouvons à peine mentionnés quelques faits, tels que la bataille de Pontlevoy gagnée en 1016 par Geoffroy II Martel, suivant notre historien, quoiqu'il ne fût alors âgé que de dix ans, suivant les auteurs de l'*Art de vérifier les dates* ; ses victoires sur les comtes de Blois et de Poitiers, qui lui valurent son surnom ; les morts d'Hervé, trésorier de Saint-Martin, et de Hugues, archevêque de Tours, en 1022.

Un de ces hasards heureux, qui arrivent souvent à ceux qui vont puiser les documents historiques aux sources originales, nous fit découvrir il y a quelques années cette chronique rimée dans les cartons de la Bibliothèque Impériale. Elle faisait partie des documents rassemblés à Saint-Germain-des-Prés, par la docte congrégation de Saint Maur, pour terminer le *Gallia Christiana* et l'*Histoire de l'ordre de saint Benoît*. Notre manuscrit fait partie du carton 159, paquets 94 95 du résidu Saint-Germain. Il se compose de 4 folios de 36 lignes à la page, écrits à toute ligne sur parchemin vers la fin du xi° siècle. Le premier folio est très-endommagé et déchiré à moitié ; nous avons hasardé quelques restitutions que nous avons mises entre parenthèses.

Cette chronique citée par Mabillon dans les *Acta sanctorum ordinis Sancti Benedicti*, (sæculum V, page 134), qui en donne quelques extraits ainsi que dans les *Annales ordinis Sancti Benedicti* (tome I, page 238, tom. III, page 310, tom. IV, page 249-354), a été aussi connue de D. Martène. Celui-ci publie le fragment de la Chronique Rimée de Saint-Julien de Tours qui concerne l'abbé Richer, dans une note de la page 1079 du tome X de l'*Amplissima collectio*. Nous devons remarquer que sa citation s'arrête au dernier mot du manuscrit tel qu'il existe encore aujourd'hui, preuve que la perte des feuillets qui complétaient le manuscrit est antérieure aux travaux du savant bénédictin.

Enfin le Père Lelong a mentionné sous le n° 12578 notre Chronique Rimée dans son précieux ouvrage de la *Bibliothèque historique de France*, qui doit toujours servir de point de départ à ceux qui veulent connaître les sources de l'histoire de France.

VIII.

HISTOIRE DE L'ABBAYE DE FONTAINES-LES-BLANCHES.

Péregrin abbé de Fontaines-les-Blanches a écrit l'histoire de son monastère (p. 257-291), depuis sa première origine sous les ermites, vers l'an 1127, jusqu'à la douzième année de sa prélature, en l'an 1200.

Péregrin ne nous a fait connaître ni sa patrie ni ses parents, mais tout fait présumer qu'il était originaire de Touraine. Il entra comme novice dans l'abbaye de Fontaines-les-Blanches en 1170, sous l'abbé Thibaud. La nature l'avait doué d'un esprit curieux et investigateur ; il aimait à s'entretenir avec les plus anciens religieux de son monastère, il les interrogeait sur ce qu'ils avaient vu, et sur ce qu'ils avaient appris de leurs prédécesseurs touchant leur abbaye. Robert de Fousseau reçu à Fontaines-les-Blanches dès son enfance, avait fait profession en 1150, et avait vécu pendant 15 ans avec sept des compagnons de Geoffroy, premier ermite de Fontaines ; en l'année 1200, sa mémoire fidèle retraça à l'abbé Péregrin tous les renseignements, tous les faits et toutes les dates. Guillaume infirmier de l'abbaye depuis 1170, et moine depuis 1158, avait aussi vécu avec cinq des ermites de Fontaines. Péregrin recueillit aussi le souvenir de trois religieux qui vécurent sous Gilbert, deuxième abbé de Fontaines-les-Blanches. L'un d'eux, Hugues des Brandeaux devint abbé du monastère de la Boissière. Le second, Alexandre, fut le cinquième abbé de Fontaines. Osmond qui fut le cinquième moine de son abbaye auquel s'adressa Péregrin, parvint jusqu'à un âge très-avancé. Ce fut en consultant ces traditions vivantes qu'il étudia et composa l'histoire de son abbaye avec une fidélité et une exactitude remarquables.

Du reste, s'il se prépara à ce travail pendant les dix-huit années qu'il passa dans l'abbaye avant d'être investi de son administration, il ne se mit à l'œuvre que lorsque sa parole eut acquis une plus grande autorité par la dignité où son mérite le fit élever. Ses vertus et ses talents lui avaient déjà valu la confiance de Robert, sixième abbé de Fontaines; Péregrin était à Vendôme, chargé par son abbé d'une mission importante et déjà s'en retournait joyeux de l'avoir accomplie, lorsque la nouvelle inattendue de la mort de Robert vint le frapper. Il le pleura comme un maître et comme un père.

Cependant un chapitre général est convoqué par Guillaume, abbé de Savigny, et tous les religieux ainsi que quatre abbés du même ordre élisent d'un consentement unanime Péregrin, le 29 juin 1188. Celui-ci accepte avec peine la dignité qui lui est imposée; mais il montra bientôt combien il en était digne.

Sa vigilance à faire observer la discipline, et la haute réputation de sainteté dont jouit l'abbaye sous son administration, attire à Fontaines-les-Blanches un nombre considérable de donations. L'humilité de Péregrin l'a empêché de nous en parler dans son histoire, mais les archives de l'abbaye en ont conservé des preuves nombreuses et irrécusables. Nous ne pouvons donner ici l'analyse de trente-quatre chartes embrassant l'époque de sa prélature qui sont parvenues jusqu'à nous. Nous en ferons connaître seulement les plus importantes, afin de mettre en lumière la haute influence qu'il exerça sur les puissants du siècle, et sa sollicitude constante pour les intérêts de son abbaye.

En 1191, Louis, comte de Blois, prend sous sa sauvegarde les métayers des moines de Fontaines et ceux qui cultivent des terres pour le couvent, et leur permet de prendre dans ses bois ce qui leur sera utile pour la nourriture de leurs bestiaux, et pour le chauffage et la bâtisse.

Barthélemi II, archevêque de Tours, fait en 1192 un accord entre Péregrin et l'abbé de Bonneval, au diocèse de Chartres.

L'année suivante, le même Barthélemi de Vendôme ratifie la donation faite par son parent Lancelin de Vendôme à l'abbaye de Fontaines de deux deniers de cens, que les religieux lui devaient annuellement. Lancelin en investit *le vénérable abbé* Péregrin, en présence de Joscelin Bocel, chevalier, et de l'archevêque.

En 1194, Sulpice seigneur d'Amboise, et sa mère Mathilde, et tous ses frères et sœurs, Hugues et Jean, Elisabeth, Agnès et Denise donnent dans leur forêt de Gâtines aux moines de Fontaines, pour l'usage de leur grange de Crément près Vendôme, tout le bois vif et mort qui leur sera utile.

Par une charte très-curieuse et très-importante,

donnée à Chambord le 11 mai 1196, Louis, comte de Blois et de Clermont, du consentement de Catherine sa femme, de son fils Thibaud, de son frère Philippe et de ses sœurs Marguerite et Isabelle, confirme toutes les donations faites dans son fief par ses prédécesseurs, et les seigneurs de Château-Renault à l'abbaye de Notre-Dame de Fontaines. Il fait poser des bornes pour fixer les délimitations de ces propriétés des moines par Thibaud son chancelier et autres personnages de distinction, en présence de l'abbé Péregrin et de son prieur. Il ne retient sur toutes ces terres que la justice pour le rapt, le meurtre et l'encis, et se réserve également le droit de chasse au sanglier, à la laye, au cerf et à la biche dans les bois du monastère.

L'année suivante, l'archevêque de Tours le nommait juge d'un différend entre le chapitre de Saint-Florentin d'Amboise et le curé de Saint-Denis de la même ville.

La réputation de régularité des moines de Fontaines-les-Blanches attirait ainsi de nombreuses donations, au moyen desquelles les bienfaiteurs de l'abbaye étaient associés aux prières des religieux. On était surtout jaloux de faire enterrer ceux qu'on avait aimés, soit dans le cimetière du couvent, soit dans l'église, afin qu'ayant sous leurs yeux ces sépultures, les moines pensâssent plus souvent à prier pour eux. Mais cette faveur était réservée pour les familles puissantes ou pour les bienfaiteurs insignes. Une charte de 1202 de Bouchard IV, comte de Vendôme, nous apprend que sa fille Agnès femme de Pierre de Montoire, reposait dans le cime tière de l'abbaye de Fontaines. Sulpice d'Amboise obtenait qu'on enterrât sa mère Mathilde le 3 février 1202 dans la chapelle de Saint-Michel, placée dans l'infirmerie du couvent : les restes d'Elisabeth, comtesse d'Angoulême, furent déposés dix ans plus tard auprès de sa mère.

Enfin Barthélemi, archevêque de Tours, voulant donner un dernier témoignage de son estime à l'abbé Péregrin, désigna pour sa sépulture l'église de Fontaines et y fut enterré en effet à la fin de l'année 1206.

Les abbayes ne restèrent point témoins impassibles de ce prodigieux enthousiasme qui produisit les croisades, non contentes d'y engager les grands et le peuple par des prédications, et par des prières qu'elles faisaient pour les croisés, elles y contribuèrent souvent soit par des prêts faits aux chevaliers, soit par des achats très-onéreux qu'elles contractaient envers eux pour leur procurer de l'argent. C'est ainsi qu'en 1202, après avoir accepté une moitié de la dîme de la Lande et quelques donations de Philippe de la Lande, les moines de Fontaines achètent de lui la seconde moitié de la même dîme, moyennant cent livres de monnaie angevine, somme énorme pour le temps. Philippe de la Lande était un chevalier blaisois qui partait pour la Terre-Sainte à la suite de son suzerain, Louis comte de Blois. Catherine de Clermont, comtesse de Blois, confirmait en effet la même année une donation au monastère de Fontaines, à condition que les moines prieraient pour son mari, qui était parti pour la conquête de la

Terre-Sainte, où il devait trouver la gloire et la mort.

En 1209, Renaud de Chantelou vendait quelques fonds de terre aux mêmes moines pour 20 livres et 10 sous de monnaie tournoise, et partait pour la croisade contre les Albigeois.

Au mois d'avril 1207, Thibaud VI, comte de Blois, et sa femme Clémence donnent aux moines de Fontaines pour leur nourriture pendant le carême 500 harengs et une demi-somme d'huile à prendre chaque année sur la sénéchaussée de Château-Renault dans la première semaine de carême.

Enfin une charte de 1211 nous apprend que Girmond, chevalier, se retira dans l'abbaye de Fontaines et s'y fit moine après la mort de sa femme. De tels exemples étaient fréquents dans ces siècles de foi, mais on choisissait toujours les monastères où régnait la régularité et la ferveur.

Toutes ces chartes nous font connaitre de quelle estime jouissaient l'abbaye de Fontaines-les-Blanches et son vénérable abbé Pérégrin. Les archevêques de Tours le désignaient pour juge des différends graves qui surgissaient entre des églises; les évêques de Chartres, les comtes de Blois et de Vendôme, les seigneurs de Château-Renault et d'Amboise l'enrichissaient à l'envi de leurs donations.

On croit que Pérégrin mourut vers l'an 1211.

L'histoire de l'abbaye de Fontaines-les-Blanches est écrite d'un style simple, qui se lit avec plaisir. On y remarque surtout une grande sincérité, et quand on fait attention au peu de temps qui s'écoula entre la fondation de l'abbaye et l'historien, et à la tradition qui lui est transmise fidèlement par plusieurs des moines qui avaient vécu avec les premiers ermites, il est impossible de ne pas lui accorder une confiance entière. Péregrin donne très-peu de dates dans son histoire, mais nous croyons qu'elles sont authentiques, et qu'il n'a donné que celles dont il était sûr.

Il a divisé son histoire en deux livres. Dans le premier, il expose l'origine du monastère sous les ermites, son érection en abbaye, la série et les actions des abbés qui l'ont précédé. Dans le second, il s'attache à prouver les libertés et priviléges de son abbaye, par les bulles des papes et les chartes des seigneurs, et il démontre par les actes de donation et de confirmation l'authenticité des droits de son couvent sur les divers biens qu'il possédait.

Il termine son histoire en priant ses successeurs de continuer son ouvrage. Il est certain qu'aucun d'eux n'eut assez de zèle ou de talent pour le faire. Cependant ils remplirent au moins un de ses vœux en faisant continuer le cartulaire qu'il avait commencé; la mention la moins ancienne que nous y ayons trouvé remonte à l'année 1216.

Nous allons suivre le chemin qu'il nous a tracé, et exposer succinctement d'après lui l'histoire de son abbaye.

Le lieu où fut bâti l'abbaye prit le nom de Fontaines à cause des nombreux ruisseaux qui arrosent cette vallée. Cet endroit était couvert de bois et fort redouté à cause des voleurs qui y avaient fixé leur demeure.

On remarquera sans doute que notre abbaye porte très-rarement dans notre texte le nom de Fontaines-les-Blanches, *Fontanæ Albæ*, surnom que lui a mérité la limpidité des eaux qui y coulent.

Geoffroy fut le premier ermite qui vint vers 1127 habiter Fontaines; Geoffroy Bullon se joignit bientôt à lui. Ils étaient tous deux originaires de Montlouis. Guillaume le Clerc, Lambert le Vieux, chevalier flamand, Lambert le Jeune, Girard de Locumne, Hervé de Galardon, David le Laïc, habile agriculteur, et le prêtre Ascelin sont les principaux de ceux qui s'associèrent avec Geoffroy. Or sept des compagnons de Geoffroy vécurent sous l'abbé Thibaud pendant quinze ans avec Robert de Fousseau, et cinq avec Guillaume infirmier qui fit profession huit ans après Robert.

Les ermites de Fontaines habitèrent d'abord près de Pont-Rune un terrain pierreux qui domine l'abbaye actuelle. Mais comme on trouva le lieu peu commode à habiter, on se transporta à l'endroit où s'élève maintenant le monastère. Les ermites y érigèrent une chapelle en bois d'une grande beauté en l'honneur de sainte Marie-Madeleine, à la fête de laquelle se rendait un grand concours de peuple.

Vers l'année 1130, Guillaume le Clerc se rendit à Jérusalem, avec la permission de l'ermite Geoffroy et de l'archevêque de Tours. Or comme il assistait dans l'église du Saint-Sépulcre à l'office du samedi saint, pendant lequel Dieu renouvelait chaque année un miracle en donnant le feu nouveau, le cierge de Guillaume se trouva allumé par un effet de la puissance divine. Les anciens du clergé l'interrogent sur sa profession et sa patrie, il répond qu'il vient de la Touraine et qu'il était ermite de Fontaines. Et comme le siége de Jérusalem était vacant, le clergé et le peuple d'un commun accord l'élisent patriarche. Les ermites de Fontaines en apprenant ces nouvelles s'en réjouirent et louèrent Dieu.

Or, peu après, Lambert le Vieux demande au maître Geoffroy sa bénédiction, et se rend à Jérusalem pour y visiter les lieux saints et le patriarche Guillaume. Il arrive et tous deux s'embrassent en pleurant. Puis le patriarche s'informe de Geoffroy leur père commun et de tous ses anciens compagnons, et il donne à Lambert l'hospitalité pour le temps de son séjour à Jérusalem. Quand le moment du retour fut arrivé, Guillaume appelle Lambert et lui remet un petit reliquaire en argent, fait en forme de croix et contenant un fragment de la vraie croix. Il lui donna aussi des tablettes de bois dans lesquelles était enchâssée une pierre merveilleusement gravée, représentant les saintes femmes venant au tombeau avec des parfums, et l'ange étendant la main et leur disant : *voici le lieu, mais il n'y est plus, car il est ressuscité.* On y voit encore un assez gros morceau de la pierre du Saint-Sépulcre surmonté d'une croix faite avec du bois de la vraie croix ; autour sont rangées beaucoup de reliques de saints. Il lui donna aussi l'autel sur lequel il avait l'habitude de dire la messe; on le conservait encore dans l'abbaye du temps de Péregrin. Le patriarche fait renfermer ces reliquaires avec des ornements sacerdotaux dans une cassette précieuse et recouverte de pourpre; puis il recommande à Lambert de donner ces reliques à l'abbaye de Fontaines-les-Blanches, lui en atteste l'authenticité et le prie d'en rendre témoignage. Guillaume fait venir alors les compagnons de Lambert, dont le premier par sa naissance était fils d'Evraud, seigneur du Coudray, au territoire d'Amboise, et il leur enjoint d'attester en France l'authenticité des reliques qu'apportera Lambert. Enfin il paie les dépenses de Lambert, et l'embrassant ainsi que ses compagnons il les bénit et leur souhaite un heureux voyage. Lambert revint en effet avec tout ce que lui avait donné le patriarche Guillaume. Les ermites de Fontaines accueillirent avec joie Lambert et les reliques, et ils en rendirent grâces à Dieu.

Cependant le nombre des ermites grossissait tous les jours et les frères pressaient Geoffroy de les réunir à un ordre religieux; comme il était malade, ils lui proposent de les affilier soit aux bénédictins de Bonneval ou de Marmoutier, soit à des chanoines réguliers, soit enfin au monastère de Savigny. Enfin ils lui arrachent la permission de se rendre à Savigny, ils y volent et ramènent avec eux Geoffroy, abbé de Savigny, et Hildebert, archevêque de Tours. Rainaud de Château-Renault, seigneur du lieu où a été fondé le couvent, se rend aussi à Fontaines. Il fut résolu d'un commun accord que Fontaines serait érigé en abbaye. Et le même jour Hildebert reçoit comme moines douze des ermites, et bénit pour abbé Odon, moine de Savigny, qui était venu avec son abbé Geoffroy. Telle fut la fondation de l'abbaye de Fontaines, qui eut lieu le 11 novembre 1134.

Plusieurs des ermites ayant refusé de se faire moines, les religieux de Fontaines leur permirent de s'établir où ils voudraient, et leur concédèrent la jouissance pendant leur vie des biens ou domaines de l'abbaye qu'ils désireraient. Le maître Geoffroy se retira en deçà du Cher, dans la forêt d'Aiguevive, où fut érigée plus tard une abbaye de chanoines réguliers. Il mourut à Montrichard, mais il fut rapporté à Aiguevive et enterré dans le cimetière des moines. Le prêtre Ascelin habita avec un autre Geoffroy le lieu de la Lande et y mourut. Geoffroy Bullon vint terminer sa vie dans l'abbaye de Fontaines, et fut enterré dans le cloître des moines. Ainsi finirent les ermites de Fontaines.

Odon, premier abbé de Fontaines-les-Blanches, redouta beaucoup la pauvreté pour ses moines, car les ermites ne laissèrent aux moines que l'abbaye, et de cette terre pierreuse autant que quatre bœufs peuvent en labourer; sa tombe est dans le chapitre des moines.

Gilbert, successeur d'Odon, vint aussi du monastère de Savigny. Après avoir supporté pendant quelque temps le fardeau de la pauvreté, il abdique sa dignité et vient mourir à Savigny.

Or, vers ce temps-là, Sulion, abbé de Savigny, soumit son abbaye et toutes celles qui en dépendaient au monastère de Cîteaux. Fontaines se trouva du nombre. Saint Bernard qui dirigeait alors l'ordre de Cîteaux envoie aux moines de Savigny pour prieur, et pour les instruire dans sa règle, un de ses religieux nommé Thibaud. Originaire d'une famille noble du Perche, celui-ci avait commencé par être moine et infirmier dans l'abbaye de Saint-Denis, avant de suivre saint Bernard. Lorsque Thibaud eut formé les moines de Savigny à la règle de Cîteaux, il fut envoyé à Fontaines pour succéder à l'abbé Gilbert.

Thibaud, troisième abbé de Fontaines, sut se faire bien voir des grands et en obtint beaucoup de donations. Jusque-là l'abbaye avait conservé sainte Marie-Madeleine pour patronne, mais quand elle entra dans l'ordre de Cîteaux elle fut dédiée à la Vierge. Après avoir administré sagement son monastère pendant 21 ans, Thibaud abdiqua vers la Toussaint de l'année 1170 et se retira à Savigny. De là, il alla se cacher dans l'abbaye de Clairvaux, où son mérite le fit découvrir, pour gouverner l'abbaye de Clermont en Lorraine. Au bout de deux ans, il se démit de sa nouvelle dignité, et revint à Clairvaux et de là à Fontaines, sous l'abbé Robert, et y vécut encore de longues années. Or il arriva qu'Alix femme de Thibaud V, comte de Blois, manda l'abbé Thibaud à Châteaudun où elle était sur le point d'accoucher. Près d'elle était aussi Geoffroy, abbé de Gastines. L'abbé Thibaud tombe malade et meurt ; son corps est rapporté à Fontaines et enterré au milieu du cloître, devant la porte de l'oratoire.

Hébert, quatrième abbé de Fontaines, naquit à Vouvray-sur-le-Loir de parents nobles. Instruit dans les belles-lettres et la scolastique, il avait été prieur de Clermont. L'ardeur de son zèle le faisait paraître dur; aussi se démit-il de sa charge au bout de deux ans, parce qu'il convenait peu aux moines de Fontaines, et parce qu'il était mal vu de Thibaud V, comte de Blois, auquel on persuada qu'il s'était ligué contre lui dans la guerre entre Henri II, roi d'Angleterre, et ses enfants. Un jour qu'il était chargé de parler à Thibaud pour l'abbaye, le comte le reçut fort mal et le renvoya sans avoir rien obtenu. Hébert plein de tristesse se rend à Savigny et abdique sa dignité. Il se retira ensuite à Clermont, dont les moines le nomment prieur, puis abbé. Enfin le clergé de Rennes le choisit pour son évêque, et il gouverne saintement cette église pendant de longues années.

Les moines de Savigny virent avec peine la démission d'Hébert, ils différèrent le plus qu'ils purent l'élection d'un nouvel abbé. Enfin ils envoyèrent à Fontaines-les-Blanches Simon, abbé de Saint-André, avec ordre de ne point consentir à l'élection du prieur Robert. Celui-ci ayant été en effet choisi par les religieux de Fontaines, fut rejeté par Simon. Enfin, dans une seconde réunion, on élut Alexandre, autrefois religieux à Savigny, mais établi depuis quelque temps dans l'abbaye de Fontaines, où il exerçait la charge de portier.

Alexandre, successeur d'Hébert, était né en Angleterre. La faiblesse de sa santé ne lui permit pas de conserver sa dignité ; il manda Guillaume de Toulouse, abbé de Savigny, et abdiqua entre ses mains. Le même jour les moines élisent de nouveau Robert, qui est agréé par Guillaume. Alexandre vécut encore trois ans, et il fut enterré à Fontaines entre le grand oratoire et la chapelle de l'infirmerie.

Robert, sixième abbé de Fontaines, fut zélé pour les intérêts de son monastère et pour la solennité de l'office divin dans son abbaye, qu'il administra pendant plus de douze ans. Il repose dans le chapitre, à droite d'Odon, premier abbé de Fontaines. Robert eut pour successeur l'abbé Péregrin, dont nous avons esquissé la vie.

Nous arrivons à la seconde partie de l'histoire de Fontaines-les-Blanches, c'est-à-dire aux bulles qui établissent les priviléges de l'abbaye et aux chartes qui prouvent la légitimité de ses possessions. Nous allons les faire connaître aussi succinctement que possible.

Les trois premières bulles concernent les ordres de Cîteaux ou de Savigny, auxquels Fontaines-les-Blanches fut soumis successivement, comme nous l'avons vu. Elles ne contiennent que des priviléges généraux pour l'élection libre des abbés, l'exemption de payement des dîmes, etc., que nous n'analyserons pas davantage. La bulle du pape Alexandre III, donnée à Tours le 11 novembre 1162, est adressée à Thibaud, abbé de Fontaines. Elle confirme toutes les possessions de l'abbaye, à savoir, Fontaines avec le bois de Theulin et les Alleux et les terres adjacentes; la métairie de la Noue-Sèche; les terres de Villaine et de Travaillerie; la Lande et ses dépendances; le moulin, la terre, la roche et les vignes, à Limeray; la terre de Prinçay; la terre de Champ-Breton; la métairie de Puré; Gié avec ses dépendances; la métairie de Rougeriou et la terre de Tronchettes. L'évêque du diocèse ne pourra s'opposer à l'élection de l'abbé, ni interdire le service divin à Fontaines, à moins d'une faute publique de l'abbé ou des moines.

Le pape Luce III exempte par sa bulle du 15 octobre 1184 l'abbaye de Fontaines des dîmes et des novales.

La première charte par ordre de date est celle d'Hildebert, archevêque de Tours, du 7 août 1127. Il y confirme les donations faites entre ses mains par Renaud de Château-Renault, Renaud d'Aucher et Hugues le Villain à l'église de Fontaines. Renaud d'Aucher, Hugues le Villain et son beau-frère Helduin de Conan concèdent le lieu de Fontaines, appelé les Alleux par les habitants, avec tout ce qu'ils y possèdent en terre, prés et bois. Renaud de Château-Renault avec ses enfants confirme ce don, et y ajoute la viguerie, la forfaiture du sang et tous ses autres droits sauf la chasse qu'il se réserve. Si quelqu'un de la famille des moines retient un cerf, un sanglier, ou quelque autre bête semblable, le seigneur de Château-Renault en aura sa part. Il donne aux moines dans la forêt de Blimars tout le bois dont ils auront besoin, et la glandée pour leurs porcs. Il ratifie aussi toute donation ou vente faite aux religieux sur ce qui relève de son fief.

Robert de Grateloup et Rahier de Montbazon avaient donné à l'église de Fontaines, du consentement de leurs enfants, deux charrues de leur terre de la Châtre, et un quart de pré, et dans leur bois pendant cinq ans ce dont les moines auront besoin pour bâtir, et après ces cinq ans tout le bois mort qu'ils voudront et le pacage de tous bestiaux sauf les porcs au temps de la paisson. Cette donation est confirmée, sous l'abbé Gilbert, par les gendres de Robert, et les deux charrues sont limitées.

En 1131, Thibaud IV, comte de Blois, confirme la donation de Renaud faite en 1127. Il concède lui-même aux frères de Fontaines, dans la forêt de Blimars, le panage de leurs porcs, et le bois de la forêt suivant leurs besoins. Il leur abandonne aussi le droit de brenage sur la terre de Lancelin de Cangé, qui leur avait été aumônée par celui-ci. Le comte donne aux moines le lieu de Gié dans la même forêt.

Par une charte de 1140, Renaud de Château-Renault donne à Geoffroy ermite, après qu'il s'est séparé des moines de Fontaines, le lieu de la Lande avec la forfaiture du vol et du sang, et de plus le droit de panage dans la forêt de Blimars et le bois qui sera nécessaire à Geoffroy pour bâtir ou pour se chauffer. Thibaud, comte de Blois, et Geoffroy, évêque de Chartres, confirment cette charte.

Goslen, évêque de Chartres, à la prière de saint Bernard, concède à l'abbé Gilbert et aux moines de Fontaines, pour y faire une métairie, le lieu de la Lande, situé près de l'abbaye et donné autrefois à Geoffroy, évêque de Chartres, son prédécesseur.

Il paraît que ce lieu de la Lande ne resta point sans contestation à l'abbaye, car Robert, successeur de Goslen, anathématise dans une charte tous ceux qui s'en empareront ou voudront y faire quelque changement sans son consentement. Cependant nous retrouvons ce domaine dans l'énumération des possessions de l'abbaye donnée par la bulle de 1162.

La dîme de la Noue-Sèche et quelques terres sises en ce lieu et à Autrèche furent aussi données vers ce temps au couvent de Fontaines par Rainaud Rabel et sa femme Pétronille.

Il paraît que la règle de Cîteaux interdisait aux moines de célébrer la messe dans des chapelles privées, et nous en retrouvons la preuve dans deux lettres, l'une de Jean, évêque de Chartres, l'autre de Henri, légat du Saint-Siége, pour empêcher qu'on exigeât ce service des religieux de Fontaines.

En 1186, Thibaud V, comte de Blois, confirme les donations faites aux moines de Fontaines-les-Blanches par son père Thibaud, par Renaud de Château-Renault, et par Lancelin de Cangé, et de plus Prinçay, la Brumenderie et Champ-Breton. Le comte leur accorde la justice haute et basse et l'exemption de tout service séculier, sur toutes ces possessions. Il se réserve le droit de chasse au sanglier et au cerf dans tous les bois et garennes du couvent, et dans les acquêts faits à l'avenir par le couvent trois cas de justice, le meurtre, le rapt et l'encis.

Philippe de Lancelin donne en 1190, sous l'abbé Péregrin, tout ce qu'il possédait à la Goute en pré et en bois, et une rente de deux sous de cens à Moncé.

Enfin Guillaume des Roches, plus tard sénéchal de Touraine, par une lettre adressée à l'abbé Péregrin lui concède une rente annuelle de deux setiers de froment.

Nous terminons ici l'analyse de l'ouvrage de l'abbé Péregrin, qu'il suffira de compléter avec quelques chartes pour en tirer une histoire très-complète de son abbaye jusqu'à l'an 1200.

Nous ne connaissons aucun manuscrit ancien de cette chronique, nous avons donc fait notre édition d'après celle que donna d'Achery dans son *Spicilége* (in-fol., tom. II, page 573, et in-4°, tom. X, page 367), en faisant quelques corrections d'après un manuscrit du XVIII° siècle conservé chez le propriétaire actuel de l'abbaye aujourd'hui entièrement détruite.

Nous avons ajouté aussi deux chartes importantes et qui se rattachaient de la manière la plus intime à l'histoire de l'abbaye.

Tout fait présumer, quoique nous ne puissions en apporter une preuve irrécusable, que l'ouvrage de Péregrin commençait le cartulaire de Fontaines-les-Blanches.

IX.

TRAITÉ DE L'ÉLOGE DE LA TOURAINE, DES ÉVÊQUES DE TOURS, DES ABBÉS ET DU MONASTÈRE DE MARMOUTIER.

L'auteur du Traité de l'éloge de la Touraine, p. 292-317, semble avoir pris pour but, dans son ouvrage, d'écrire une histoire ecclésiastique de la Touraine depuis l'apostolat de saint Gatien jusque vers 1210, époque de la rédaction de cet ouvrage.

L'objection de ceux qui faisaient descendre la rédaction de cette chronique à la fin du XIV° siècle, parce que le jeu de cartes y aurait été mentionné, tombera devant deux observations : la première est, que tous les manuscrits donnent pour leçon : *In catis, aleis et avibus cœli ludunt* (p. 296), et nullement, comme l'a imprimé Laurent Bochel, *in chartis;* la seconde, que la copie de notre chronique qui se trouve dans le manuscrit 732 du fonds Saint-Victor de la Bibliothèque Impériale, a été écrite dans les dernières années du règne de Philippe le Bel, longtemps avant l'invention du jeu de cartes.

L'ouvrage que nous examinons a été composé par un moine de Marmoutier, et nous en trouvons des preuves nombreuses dans sa chronique; ainsi appelle-t-il *prior noster* Bernard Ponce, prieur de Marmoutier (p. 314), ainsi se sert-il des expressions *monasterium nostrum*, *cœnobium nostrum*, *nos*, pour désigner Marmoutier et ses moines (p. 315). Enfin, nous pensons que ce religieux de Marmoutier ne peut être un autre que l'auteur de l'Histoire de Geoffroy V dit le Bel, comte d'Anjou ; nous voulons dire Jean, moine de Marmoutier. En effet, outre une très-grande conformité de style, nous remarquons que les quinze premières lignes du panégyrique du comte Geoffroy V font aussi le début du Traité de l'éloge de la Touraine. Les époques de rédaction de deux ouvrages conviennent également. Une telle réunion d'analogies nous semble suffisante pour justifier notre attribution.

Jean, moine de Marmoutier, naquit à Tours ou à Châteauneuf, dans les premières années du règne du Louis le Jeune. Cette date repose sur ce qu'il dit lui-même dans l'histoire du comte Geoffroy, mort le 7 septembre 1151, qu'il n'a pas connu son héros et qu'il a écrit sa vie sur les témoignages de plusieurs des contemporains du comte. Il nous fait connaître assez clairement sa patrie, quand nous voyons avec quelle complaisance il nous décrit la ville de Châteauneuf et ses maisons fortifiées (p. 298), et les riantes campagnes arrosées par le Cher et la Loire (p. 294), ou quand nous lisons le portrait des habitants de Tours et l'éloge de la beauté des tourangelles (p. 298-299).

Sans vouloir discuter à fond ici la valeur des arguments que l'on a mis en avant pour attribuer ou dénier au moine Jean divers ouvrages, nous indiquerons très-sommairement les raisons qui ont motivé nos opinions.

Le seul ouvrage qui porte le nom du moine Jean est l'histoire de Geoffroy V, dit le Bel, comte d'Anjou. Il a été publié par Laurent Bochel avec une pagination séparée, à la suite de l'Histoire des Francs de Grégoire de Tours, qu'il donna en 1610. Voici le titre qu'il porte : *Joannis monachi Majoris Monasterii, qui rege Ludovico Juniore vixit, historiæ Gauffredi ducis Normannorum et comitis Andegavorum, Turonorum et Cœnomannorum, libri duo. Parisiis*, 1610. Il n'est pas très-facile de fixer l'année dans laquelle le moine Jean termina cet ouvrage, quoiqu'il soit évident aux yeux de tous qu'il a été écrit sous le règne de Philippe-Auguste. Ce qu'il y a de plus constant, c'est qu'il est postérieur d'une vingtaine d'années au moins à la mort de son héros, arrivée le 7 septembre 1151, car il ne rapporte rien pour l'avoir vu lui-même. Son histoire est dédiée, il est vrai, à Guillaume de Passavant, qui administra l'église du Mans de 1142 à 1186 ; et il semble certain qu'elle fut commencée sous son pontificat. Mais la qualification qu'il donne à Guillaume de *piæ recordationis* à la fin du Ier livre, me semble assez concluante pour prouver que lorsqu'il le termina Guillaume était mort. Les autres indications fortifient cette opinion : parmi les personnages ayant vécu avec le comte Geoffroy V, dont le moine de Marmoutier interrogea les souvenirs, nous trouvons Mathieu, doyen de l'église d'Angers de 1162 à 1177, et Injuger ou Enjuger, seigneur de Bohon, un des justiciers du duc Geoffroy en Normandie, qui avait écrit une histoire, *Ingengerius de Bohon nobis legit,* qui n'est point parvenue jusqu'à nous ; celui-ci mourut vers 1180. De même nous trouvons que Osbert de la Heuse était bailli de Philippe Auguste en Normandie, et vivait encore en 1180. Jourdain Taisson mourut en 1178. L'histoire de Geoffroy V fut donc écrite, selon nous, vers l'année 1186 ou 1187.

Le second ouvrage qui appartient encore incontestablement au moine Jean est l'*Histoire abrégée des comtes d'Anjou*, publiée par d'Achery dans son Spicilége, éd. in-fol. tom. III, pages 234-237 et dans l'édition in-4°, tom. X, pag. 399-407. Nous faisons remarquer de suite les limites que nous assignons, d'après tous les manuscrits anciens, à cet ouvrage, confondu à tort par d'Achery avec le *Gesta consulum Andegavensium*. Le manuscrit d'après lequel d'Achery publia cette histoire, ne portait point, il est vrai, le nom de l'auteur ; il se qualifie lui-même ainsi : *frater Majoris Monasterii humillimus monachorum et pars ima clericorum*. C'est la même pensée qu'il reproduit en d'autres termes dans son histoire de Geoffroy : *frater Joannes Majoris Monasterii humillimus monachorum et per ipsum clericorum modicum id quod est*. Du reste, et ce qui tranche entièrement la question, c'est qu'on trouvait le nom de Jean, *Joannes*, écrit en toutes lettres dans le manuscrit dont se servit l'abbé de Marolles pour sa traduction de cet ouvrage, et qu'il communiqua ce manuscrit à de Goussainville (*Notæ in epistol. Petri Blesensis*, p. 702). Aussi ne faut-il point s'étonner de la conformité du style et de la reproduction de phrases dans ces deux ouvrages. L'Histoire abrégée des comtes d'Anjou fut composée de 1167 à 1169 après la mort des frères de Henri II roi d'Angleterre et lorsque ce prince eut partagé ses états entre ses fils. C'est donc évidemment l'ouvrage auquel fait allusion le moine Jean dans son prologue de la chronique de Geoffroy V lorsqu'il parle d'histoires d'autres princes, qu'il a écrites antérieurement : *cum multorum aliorum principum historias collegerimus, circa hunc offectuosius immoramur.*

Nous avons déjà exposé les motifs qui nous portent à attribuer au même auteur l'Éloge de la province de Tours dont nous nous occupons ici spécialement.

Maintenant il nous reste à mentionner les ouvrages que quelques critiques lui attribuent, mais à tort, selon nous.

Le premier, connu sous le nom de *Gesta consulum Andegavensium*, est l'ouvrage divisé en trois livres, le premier traitant de la construction du château d'Amboise, le deuxième des comtes d'Anjou et le troisième des seigneurs d'Amboise. Cet écrit a été publié par d'Achery, dans son Spicilége, mais dans un ordre très-défectueux. Voici l'ordre dans lequel le texte du *Gesta Consulum* se trouve dans tous les manuscrits anciens : édition de 1655 à 1677, in-4°, tom. XI, p. 511-535, p. 409-509, p. 536-584; édition de 1723, in-folio, tom. III, p. 266-273, p. 237-266, p. 273-286. Le savant bénédictin, suivi par tous les critiques qui sont venus après lui, n'a fait qu'un seul et même ouvrage de l'*Histoire abrégée des comtes d'Anjou*, dédiée à Henri II roi d'Angleterre, et du *Gesta consulum Andegavensium*. Or rien n'était plus facile que d'éviter cette méprise, en lisant attentivement le prologue de l'*Histoire abrégée des comtes d'Anjou*. Le moine Jean y dit en termes formels qu'avant lui on a écrit de courtes chroniques dont il cite deux phrases (1). Or ces deux phrases sont tirées du *Gesta consulum Andegavensium* (Spicil. t. X, p. 534, éd. in-4°, et t. III, p. 272, éd. in-fol.) qui sont par conséquent d'un écrivain antérieur à lui. Une seconde observation prouve la même vérité d'une manière aussi évidente. Le *Gesta consulum Andegavensium* a été écrit en 1154 par un historien qui raconte plusieurs choses pour les avoir vues; et le moine Jean qui écrivait la vie de Geoffroy V le Bel vers 1186 était obligé d'écrire la vie de ce comte, mort en 1151, d'après les écrits antérieurs ou les traditions orales.

La Grande Chronique de Tours serait, d'après Chalmel, Histoire de Touraine, t. IV, page 253, de Jean, moine de Marmoutier; mais nous avons déjà prouvé qu'elle ne peut être l'œuvre que d'un chanoine de Saint-Martin de Tours.

Ménage, dans son Histoire de Sablé, p. 139, donne un récit de la cérémonie de la prise de la croix par cent

---

(1) Licet quidam ante me breves chronicas scripserit, et in proœmio ipsas præcedente hujusmodi verba præmiserit de consulibus Andegavorum : *Quæ scripta nimis confuso rudique sermone reperi, quam verissime potero paucis verbis breviter et commode enucleabo. Nos autem moderni antiquorum æmuli, cum vita brevis sit, memoriam eorum quam maxime longam efficere debemus, quorum virtus clara et æterna habetur.* Spicil. in-f°, tom III, p. 234.

huit chevaliers du Maine en 1158, écrit en 1162 par Jean moine bénédictin; quelques critiques ont cru y reconnaître le moine de Marmoutier, tandis que dans son récit l'auteur déclare lui-même qu'il était religieux du prieuré de Saint-Mars-sur-la-Fustaye, au diocèse du Mans.

Enfin nous lisons dans le Gallia Christiana, tom. VIII p. 1149 que Jean de Sarisberg, évêque de Chartres, légua à son chapitre un manuscrit intitulé : *Historiæ Joannis Turonensis*. Nous ne savons pas exactement à quel ouvrage du moine Jean se rapporte cette attribution; du reste, le manuscrit n'existe pas à la bibliothèque municipale de Chartres, qui a dû se former de celles du chapitre et des autres communautés religieuses du diocèse.

Le martyrologe de Notre-Dame du Ronceray à Angers place au 14 mars la mort de Jean moine de Marmoutier (1); nous pensons qu'on n'a pu désigner ici que l'auteur de la Vie de Geoffroy V et de l'Histoire des comtes d'Anjou.

En résumé nous pensons que Jean, moine de Marmoutier, naquit vers 1140 et termina sa carrière vers 1210, après avoir écrit l'Histoire abrégée des comtes d'Anjou de 1167 à 1169, la Vie de Geoffroy V vers 1186, et l'Éloge de la province de Tours vers 1208 ou

---

(1) *II idus marcii obiit Johannes monachus Sancti Martini Majoris Monasterii.*

1209 (1). Nous n'entrerons pas ici dans une étude plus approfondie des ouvrages de Jean de Marmoutier, la réservant pour l'édition des Chroniques d'Anjou, dont nous avons été chargé par la Société d'histoire de France, avec notre ami Paul Marchegay.

Nous continuons maintenant nos remarques sur notre livre de l'Éloge de la province de Tours.

Le style de cet ouvrage se sent beaucoup du mauvais goût du siècle, il est emphatique et rempli de recherche et de redondances. Le moine de Marmoutier consulta sans doute les chroniques qui lui furent antérieures et les archives de son monastère, mais avec bien peu de discernement, comme il est facile de s'en apercevoir. Il a copié presque littéralement deux des chroniques insérées dans ce recueil, la première est la relation de la dédicace de la basilique de Marmoutier en 1096, écrit fait par un témoin oculaire et digne de foi, la seconde, qui est l'histoire du rétablissement de Marmoutier sous l'observance régulière, est au contraire pleine d'erreurs.

Je relèverai ici seulement les méprises les plus grossières, et en laisserai beaucoup d'autres, afin de ne pas trop allonger cette notice.

L'auteur assigne à la province de Touraine des limites, que viennent contredire tous les autres docu-

---

(1) Une note prise dans un manuscrit ancien, mais que nous n'avons pu retrouver, malgré de longues recherches, nous avait fait penser que *Rapicaud* était le nom patronymique de notre moine Jean; nous ne donnons donc cette indication que sous toutes réserves.

ments. Il est également certain que les villes de Marson, La Chartre, Troo, Montoire et Lavardin n'ont jamais fait partie du comté ou du diocèse de Tours. Nous remarquons aussi de nombreuses erreurs, provenant probablement du copiste, dans la partie de l'ouvrage qui concerne l'église de Saint-Martin de Tours. Ainsi la basilique élevée sur le tombeau de saint Martin par Perpétue, fut érigée la 64° et non pas la 44° année après la mort de saint Martin. La description de l'église, ses dimensions, et le nombre des colonnes, diffèrent des textes de Grégoire de Tours. Le premier incendie de l'église eut lieu en l'année 570 et non pas 170 ; l'auteur date de l'année 803 au lieu de 903 l'incendie de Châteauneuf par les Normands. Dans l'histoire spéciale de Marmoutier sur laquelle l'auteur se plaît à s'étendre, et où il devrait être exact, il commet des erreurs plus graves et plus nombreuses. Ainsi, dans la liste qu'il donne des abbés de son couvent, il en omet plusieurs. Enfin il suit dans toutes ses erreurs l'auteur du Livre du rétablissement de Marmoutier par le comte Eudes, confondant, comme lui, Eudes I comte de Blois avec son fils Eudes II, appelant Hugues archevêque de Bourges le fils du comte Eudes I, tandis qu'il en était le frère, plaçant sous le roi Robert II un événement qui se passe en 981. Non content de ces erreurs empruntées à un auteur qui écrivait avant lui, il en ajoute d'autres qui ne peuvent être reprochées qu'à lui-même. Ainsi il dit qu'un pape Étienne donna l'habit de religieux au comte Eudes, et aucun des deux comtes de

Tours du nom de Eudes ne vécut sous le pontificat d'un pape du nom d'Étienne. Enfin le moine de Marmoutier semble faire tous ses efforts pour persuader à ses lecteurs que jamais Marmoutier ne fut soumis à Cluny, et que saint Mayeul ne fut point abbé de Marmoutier. Nous pouvons croire la première assertion, mais une charte authentique prouve la fausseté de la seconde. Enfin le rétablissement de l'observance régulière dans l'abbaye date de l'année 982 environ, et non pas de l'année 1005.

Après ce rapide énoncé, qui prouve avec quelle circonspection on doit se servir de notre auteur, nous allons faire un court résumé de son ouvrage, qui mérite cependant d'être consulté pour nombre de faits.

Le moine Jean a divisé son ouvrage en quatre parties. Dans la première, il fait la description et l'éloge de la Touraine; il en donne les limites, et en nomme les villes et les rivières, mais avec assez peu de critique. Il se complaît ensuite à faire une description poétique de la Touraine et surtout des bords du Cher et de la Loire; il vante la bonté de l'eau de cette dernière rivière et son efficacité pour la santé.

La seconde partie donne le catalogue des archevêques de Tours depuis saint Gatien jusqu'à Jean de Faye, qui fut sacré en 1208. C'est une simple liste qui ne contient aucun autre fait que le retour du corps de l'archevêque Théotolon, qui mourut à Laon et fut enterré dans l'église de Saint-Julien de Tours. Il est digne de remarque que l'auteur donne indifféremment

à la ville métropolitaine, le nom de Tours ou de Martinopole : *sublimatur Martinopolis*, *quæ et Turonis*, *metropolitanæ dignitatis excellentia* ; tandis qu'il appelle constamment Châteauneuf, *Castrum Novum*, la ville bâtie autour du tombeau de saint Martin. Matthieu de Vendôme, écrivain du même siècle, appelle aussi Tours, *Martinopolis*. L'auteur trace ensuite un portrait des habitants de Châteauneuf et de Tours, trop curieux pour ne point être retracé ici. « Les habitants de Châ-
« teauneuf, dit-il, sont riches et fastueux, ils s'habil-
« lent avec les étoffes et les fourrures les plus précieuses.
« Leurs maisons crénelées sont ornées de tours
« élevées. Toujours dans les festins, ils boivent dans
« des coupes d'or et d'argent. Leurs jeux sont les
« chats, *in catis*, les dés et la chasse à l'oiseau. Ils
« élèvent des églises en pierre avec des arcades
« sculptées, et jettent sur la Loire, le Cher et les
« rivières voisines des ponts en pierre. Les Touran-
« geaux sont fidèles à leurs promesses, modestes,
« affables, instruits, constants, courageux, ne s'enor-
« gueillissant pas dans la prospérité et ne s'abaissant
« pas dans le malheur. La beauté des femmes est mer-
« veilleuse. Elles se fardent le visage et portent des
« vêtements magnifiques. Leurs yeux allument les
« passions, mais leur chasteté les fait respecter. »

« Mais, ajoute l'auteur, le vrai trésor des Touran-
« geaux est saint Martin dont le corps repose dans
« une châsse émaillée, renfermée dans une seconde
« châsse en métal placée dans l'intérieur d'un autel en

« pierre : une grille artistement composée d'or et de
« pierres précieuses est placée dans l'autel devant le
« corps. »

L'auteur fait ici l'histoire de la basilique de Saint-Martin qui forme la troisième partie de son ouvrage. Il n'y raconte que des faits très-connus, puisés dans Grégoire de Tours et les chroniqueurs qui ont écrit après lui. La première basilique fut élevée par saint Brice et la seconde par saint Perpet. Celle-ci est brûlée en 570 et rebâtie par saint Eufrône. En 903, la basilique de Saint-Martin, la ville de Châteauneuf et vingt-huit églises sont incendiées par les Normands. Ils avaient assiégé la ville de Tours, mais avaient été repoussés par les mérites de saint Martin, dont le corps avait été porté dans l'intérieur de la ville ; alors ils brûlèrent la basilique et en massacrèrent les moines et les clercs. Le corps de saint Martin est transféré à Auxerre, puis ramené à Tours trente-six ans après l'invasion de Rollon et d'Hasting. Cinq clercs et bourgeois de Châteauneuf reconstruisent alors l'église et l'entourent de murs et de tours. En 994, la basilique de Saint-Martin est de nouveau brûlée ainsi que Châteauneuf depuis Saint-Hilaire au levant jusqu'à Notre-Dame-la-Pauvre, et depuis la porte Pétrucienne au midi jusqu'à la Loire. Hervé trésorier de Saint-Martin jette les fondements d'une nouvelle église, qui existait du temps de l'auteur. Pendant cette construction qui dure vingt ans le corps de saint Martin est déposé dans une chapelle située dans l'intérieur du cloître. Un quatrième incendie dévore de nouveau la ville et la basilique en 1122, pendant la guerre entre les bourgeois et le chapitre. En 1157 l'église échappe à un nouvel incendie qui consume Châteauneuf. Enfin en 1175, les nobles et les riches bourgeois commencent à reconstruire l'église de Saint-Martin, à moitié détruite par les incendies et la vétusté.

L'auteur arrive enfin à la quatrième partie de son ouvrage, à l'histoire de son monastère.

Les premiers tourangeaux qui se convertirent au christianisme, suivant l'histoire et la tradition, se réfugièrent dans les cavernes qui avoisinent le lieu où fut fondé Marmoutier, et y bâtirent une église sous le patronage de la Vierge et de Notre-Seigneur. Ils s'y réunissaient à l'heure de la prière et de la messe, puis retournaient dans leurs grottes s'abandonner à la contemplation et à la pénitence. Plus tard ils se rangèrent sous la conduite de saint Martin, qui donna lui-même à son couvent le nom de Marmoutier, le Grand Monastère. On peut donner trois raisons pour expliquer ce nom. La première, c'est qu'il était le plus grand des trois monastères fondés par saint Martin. La seconde, vient de ce que les quatre-vingts moines qui servaient Dieu sous saint Martin passaient toute la semaine dans leurs cellules et ne se réunissaient que le dimanche dans le couvent, qui était grand par rapport aux cellules. Enfin la troisième raison est que le monastère de saint Martin était le plus célèbre de toute la Gaule. A saint Martin succède l'abbé Gilbert choisi et béni par saint Martin lui-même. L'auteur donne ensuite la liste de cinquante-neuf abbés, qui gouvernèrent cette abbaye jusqu'à Herberne. Pendant la prélature de celui-ci, les Normands sous la conduite d'Hasting et de Rollon s'emparent de Marmoutier et le réduisent en cendres. Ils tuent cent seize moines, et se saisissent de l'abbé qu'ils torturent afin qu'il leur livre les trésors de l'église et vingt-quatre moines qui s'étaient cachés dans des cavernes. Lorsque les Normands furent éloignés, les chanoines de Saint-Martin amènent à Châteauneuf l'abbé Herberne et les vingt-quatre moines, leur donnant une maison attenant à l'église de Saint-Martin et ayant une entrée dans la basilique. Cependant après six mois de tranquillité, au bruit de l'approche de Rollon, les chanoines envoient le corps de saint Martin à Orléans, sous la garde d'Herberne, des vingt-quatre moines de Marmoutier et de douze chanoines du chapitre. Douze bourgeois de Châteauneuf chargés de pourvoir à leurs besoins les accompagnent. Herberne revint à Tours avec le corps de saint Martin, et peu après monta sur le siége métropolitain de Tours. Le roi envoie alors des chanoines séculiers à Marmoutier.

Or un jour le comte Eudes I vint à Tours avec sa femme Ermengarde, et comme ils suivaient la rive droite de la Loire, la comtesse se dirige vers l'église de Marmoutier pour y faire sa prière. Elle trouve à l'entrée une jeune femme qui ayant déposé à terre son enfant sonnait la cloche. Elle l'interroge et la femme répond qu'elle est la concubine du chévecier de l'abbaye, que son fils est né de cette union et qu'elle sonne la cloche parce que les serviteurs sont absents. La comtesse pénétrée de douleur va se jeter aux genoux de son mari et en obtient la promesse de demander au roi le renvoi des chanoines, afin d'y substituer des moines.

La même année, le roi Robert se trouva à Tours avec Eudes, et Hugues, fils du comte. Et comme le roi eut promis à Hugues de lui accorder la première faveur qu'il souhaiterait, celui-ci demande l'abbaye de Marmoutier. Le roi convoque alors le chapitre de Saint-Martin et en obtient l'abandon de Marmoutier qu'il donne aussitôt à Hugues, qui plus tard devint archevêque de Bourges.

Le comte Eudes fait donc venir de Cluny treize moines à Marmoutier, et ceux-ci élisent l'un d'eux pour abbé. Le pape Étienne bénit le nouvel abbé et donne l'habit au comte Eudes. Enfin le pape Étienne et Robert, roi de France, exemptent l'abbaye de Marmoutier de toute subjection, sauf celle du pape. Alors les moines de Cluny, se prétendant lésés, envoient à Marmoutier leur abbé Mayeul. Celui-ci réprimande les religieux de s'être ainsi soustraits à la domination de Cluny. L'abbé répond qu'ils ont obéi au roi et au pape. Alors saint Mayeul reconnaît leur privilége d'exemption et retourne en Bourgogne.

Nous donnerons plus loin le récit de la dédicace de l'église de Marmoutier par le pape Urbain II en 1096, lorsque nous analyserons le traité spécial de cette cérémonie, écrit par un contemporain et que le moine Jean n'a fait que copier ici.

L'auteur termine par la mention de la consécration de l'autel matutinal de l'église de Marmoutier par le pape Calixte II et de la confirmation des priviléges d'exemption de l'abbaye par Calixte II et Innocent III, et enfin par l'éloge de Marmoutier et de la religion de ses moines.

L'ouvrage qui est soumis à notre examen n'avait été imprimé qu'une fois ; Laurent Bochel l'avait publié avec d'autres chroniques et des chartes concernant l'abbaye de Marmoutier, a la suite de l'*Histoire des Francs*, de Grégoire de Tours, dans l'édition qu'il donna en 1610.

Notre édition a été faite sur le manuscrit 732 fonds Saint-Victor de la Bibliothèque Impériale, d'une écriture du commencement du xiv° siècle. L'ouvrage du moine Jean s'y trouve en entier et occupe les folios 15 r° à 32 v°. Il est suivi de la chronique des abbés de Marmoutier, f° 32 v° à 36 r°. On lit ensuite la lettre de Guibert de Gembloux qui se trouve en tête du Livre du rétablissement de l'observance régulière à Marmoutier par le comte Eudes, f° 36 r° à 36 v°. Le volume commence par un recueil des miracles et révélations advenus à Marmoutier, qui a été publié par Mabillon dans les *Acta sanctorum ordinis Sancti Benedicti* vi° siècle, deuxième partie, pag. 391. Du f° 40 r° à 55 v° on trouve un fragment du *Gesta consulum Andegavensium*. Enfin le manuscrit se termine par une traduction latine du livre d'Aristote *des Secrets* et par une vie de la Vierge Marie. Au dernier folio du manuscrit on lit ces deux notes qui indiquent sa provenance.

Liber iste est de librarta communi insignis monasterii Beatissimi Martini Majoris Monasterii. Verum est. Voici la seconde note d'une main postérieure : *Petrus Heinault monachus et præcentor ejusdem monasterii, anno Domini millesimo quadragesimo sexto, mensis julii die sexto, post fratrem Stephanum Bourdays, qui obiit eodem anno et mense;* signé : *Henault.*

Nous nous sommes également servi du manuscrit 1070, fonds Saint-Germain latin, qui appartient aussi à la Bibliothèque Impériale. Ce manuscrit fut écrit vers le milieu du xvie siècle, dans l'abbaye de Marmoutier. Il appartenait en 1598 à René Dugué, prieur de Marmoutier, suivant une note écrite sur le feuillet de garde ancien, qui a été enlevé depuis une dizaine d'années lorsqu'on relia le manuscrit. Voici cette note : *Frater Renatus Dugué quartus prior Majoris Monasterii prope Turones, XVII calendas januarii MDXCVIII.* Au verso du second feuillet on lit une note encore plus importante et qui est de la même main que le reste du manuscrit : *Iste liber est sancti Martini Majoris Monasterii : si quis eum inde abstulerit, aut vendiderit, aut secum detinuerit, sciat se a Sancto Martino accusandum et a Deo cum sacrilegis dampnandum. Factus est liber iste in tempore Guillermi armarii, anno ab incarnatione Domini MCLXXXVII°, anno decimo Hervei abbatis, anno regni Philippi regis Francorum VIII°, anno vero etatis sue XXII°, anno vero Henrici senis regis Anglorum XXXIV°, anno vero etatis sue LV°. Sex volumina hujus modi facta sunt in tempore Guillermi armarii preter epistolas, antiphonaria, gradualia et psalteria que sunt in conventu.* Il en ressort que ce manuscrit est la copie d'un autre plus ancien écrit en 1187, auquel on a pu cependant faire des additions. Il contient en outre plusieurs ouvrages hagiographiques ou mystiques destinés à être lus tout haut pendant les repas, et diverses chroniques sur Marmoutier dont voici l'indication. Du folio 25 recto au folio 31 recto on trouve un traité portant ce titre : *De religione Majoris Monasterii et de miraculis, sive revelationibus, sive visionibus divinitus mihi per merita beatissimi Martini factis.* Il a été publié en entier, sauf les deux premiers paragraphes, par Dom Mabillon (Acta Sanctorum ordinis sancti Benedicti, seculum VI, pars secunda, p. 391). Le *Liber de restructione Majoris Monasterii per Odonem comitem* occupe les folios 31 recto à 35 recto. On trouve à la suite le livre *De commendatione Turonicæ provinciæ* qui occupe les folios 35 recto à 42 verso. La *Chronique des abbés de Marmoutier* suit immédiatement et s'étend jusqu'au f° 47 v°. Le manuscrit contient encore un traité *De tribulationibus et angustiis et persecutionibus Majoris Monasterii monachis injuste illatis*, du f° 47 v° à 51 r°. Enfin on y lit encore : *Auctoritas regalis et episcopalis de pace et quietudine Majoris Monasterii*, aux folios 51 et 52. Nous n'avons point reproduit dans ce recueil ces deux opuscules intéressants, parce qu'ils se rattachent aux chartes et non aux chroniques. Le manuscrit ne renferme plus rien sur la Touraine.

On trouve aussi dans le volume XV° de la collection

de D. Housseau, f° 326 r° à 352 v°, une copie écrite au xvi° siècle du Livre de l'éloge de la ville de Tours.

Enfin le manuscrit 2036¡64 du supplément français de la Bibliothèque Impériale contient quelques notes sur l'ouvrage que nous venons d'analyser.

Dom Gérou dans sa *Bibliothèque des auteurs de Touraine* a donné pour notre chronique une notice que l'on trouve dans les volumes XXIII et XXIV de la collection D. Housseau.

X.

CHRONIQUE DES ABBÉS DE MARMOUTIER.

Laurent Bochel a publié, à la suite de l'Éloge de la province de Tours et comme ne faisant avec cet ouvrage qu'un seul et même tout, une chronique des abbés de Marmoutier commençant à l'abbé Gilbert successeur de Mayeul vers l'année 986, et se terminant à la mort de l'abbé Guy de Lure en 1426.

Cette chronique (p. 318-337) est l'œuvre de deux moines de Marmoutier. Le premier écrivit sous Hugues de Chartres, et s'arrête à la mort de cet abbé en 1227 ; son continuateur, après avoir omis les trois abbés qui succédèrent à Hugues de Chartres, poursuit la liste des abbés de Marmoutier jusqu'en 1426 où il termine son histoire à la mort de Guy de Lure. On peut supposer avec assez de vraisemblance, que le moine Jean est l'auteur de la première partie ; s'il naquit vers l'an 1140, comme nous croyons l'avoir démontré, page LXXXVIII, il n'y a aucune impossibilité à ce qu'il vécût encore en 1227. Nous pouvons conjecturer également que la seconde partie a été composée par Jean Tirel, gardien des chartes de Marmoutier, qui rédigea, en 1426, suivant Dom Martène, un rituel de Marmoutier, inscrit sous le n° 682 des manuscrits de la bibliothèque de Tours.

Le style de nos deux auteurs est simple et se lit avec plaisir. Ils ont puisé leur récit dans des historiens anciens qui se sont perdus, dans les obituaires et surtout dans les archives de l'abbaye. Leur histoire est remplie de faits très-importants, nous allons l'analyser en relevant les erreurs qui s'y sont glissées.

Gilbert, premier abbé de Marmoutier après la réforme établie par Mayeul abbé de Cluny, repose sous le porche droit de l'église, devant la tombe de l'abbé Bernard.

Sichard, deuxième abbé, et Évrard son successeur ont été enterrés auprès de l'abbé Gilbert.

Albert, quatrième abbé, a été déposé dans la nef droite de l'église, près de l'autel de saint Maurice. Pendant son administration, Guillaume I roi d'Angleterre fait construire le dortoir des religieux et donne à l'abbaye les deux plus beaux chandeliers qu'elle possède et un calice en or du poids de soixante-dix onces. On doit à sa femme Mathilde le réfectoire des moines et la plus belle chape du couvent. Nous devons remarquer que Guillaume I ne monta sur le trône d'Angleterre que deux années après la mort de l'abbé Albert.

Barthélemy, successeur d'Albert, repose près de l'autel des Apôtres dans la partie gauche de l'église ; il administra l'abbaye pendant vingt ans depuis l'année 1004 jusqu'en 1024 et mourut le 24 février. En corrigeant d'après les chartes, sa prélature embrassa les années 1064 à 1084. Sa vie et ses miracles avaient été écrits et se conservaient dans les archives de l'abbaye.

Bernard, sixième abbé, gouverna pendant treize ans l'abbaye, et mourut en 1036 suivant la chronique, et en 1099 d'après les chartes. Il fut enterré sous le porche de l'église, à droite. De son temps Hubaud, chanoine de Saint-Martin et frère du célèbre Béranger, fit don à l'abbaye de la table d'or placée devant le maître-autel, d'une châsse très-riche, et de douze mille sous pour acquérir des terres.

Hilgode fut d'abord évêque de Soissons, puis abbé de Marmoutier. Il obtint des rois d'Angleterre une rente annuelle de trente marcs d'argent. Il mourut le 15 octobre, après avoir gouverné l'abbaye depuis l'année 1036 jusqu'en 1048 (de 1100 à 1104, suivant nous) ; il repose près de l'autel de saint Antoine, à droite, à l'entrée de l'église.

Guillaume, successeur d'Hilgode, gouverna l'abbaye pendant dix-sept ans de l'année 1048 à 1064 (ou en corrigeant d'après les meilleurs critiques, de 1104 à 1124) ; son corps repose dans le côté droit du chapitre entre la colonne et le siége abbatial. Il fait construire ou réparer les bâtiments de l'abbaye, et entourer de murs élevés l'enclos du monastère. Il acquit à son couvent beaucoup de prieurés et le laissa sans aucune dette à sa mort.

Odon, neuvième abbé, réunit aussi plusieurs prieurés à son monastère, qu'il administra pendant vingt ans, de l'année 1064 à 1084 (ou mieux de 1124 à 1136), et mourut le 29 juin. Son corps fut enterré sous le porche de l'église à droite, en haut, près du tombeau de l'abbé Bernard.

Garnier, abbé de Marmoutier, répara tout le couvent, et fit la cellerie, la cuisine, le dortoir et la moitié du cloître des infirmes. Il commença l'infirmerie et mourut le 23 mai au commencement de la dix-neuvième année de sa prélature; il fut enterré dans le chapitre près de l'abbé Gilbert. De son temps, Bernard, prieur du couvent, fit bâtir la chapelle des infirmes, qui n'a pas son égale dans l'univers.

Robert Ier de Megueri, originaire de Bretagne, onzième abbé, acheva la cuisine et le cloître de l'infirmerie, commencés par son prédécesseur. Il gouverna l'abbaye pendant dix ans et mourut le 29 août; il repose dans le chapitre, à droite, près de l'abbé Garnier.

Robert II de Blois fit construire la chambre de l'abbé et la chapelle, qui resplendit de clarté et d'élégance. Sous cet abbé, Rainaud le Manceau, pelletier, remet à l'abbaye soixante-cinq mille sous qu'il lui devait. Robert mourut après dix ans de prélature et fut enterré près de l'abbé Guillaume.

Pierre, originaire de Gascogne, mourut à Tavant après avoir gouverné l'abbaye pendant un an, moins deux jours. Son corps fut transporté par la Loire à Marmoutier, et fut inhumé dans l'église devant l'autel du crucifix. Sous son administration Robert de Bonneval, grand prieur, commença à bâtir la belle chambre qui est entre le dortoir et l'infirmerie ; mais il ne put l'achever, étant mort quinze jours après l'abbé Pierre. Robert fut enterré entre cette chambre et la bibliothèque.

Hervé de Villepreux, quatorzième abbé de Marmoutier, était d'une famille noble. De son temps le prieuré de Lehon fut donné à son monastère avec la maison de Bailleul et ses dépendances, mais il coûta plus de trente mille sous au couvent parce que toutes ses propriétés étaient engagées. La troisième année de sa prélature, Hervé fait construire moyennant vingt-trois mille sous devant l'église une grande salle avec des greniers au-dessus, afin de séparer les moines du commerce des étrangers. Il signale aussi son zèle en défendant les propriétés de l'abbaye ; il fait raser la tour que Guy de Garlande avait fait élever dans le cimetière de l'église de la Celle-en-Brie, et obtient la confirmation de la maison de Bonne-Nouvelle, qui était contestée aux moines par le chapitre d'Orléans. Il fait de grandes dépenses pour la construction de ce prieuré. Hervé échange avec un de ses neveux une maison sise sur la Loire à Blois et très-coûteuse aux moines, contre une maison à Villepreux. Guillaume, évêque du Mans, fonde dans sa ville épiscopale un prieuré de Marmoutier, il y bâtit et dédie une chapelle ; l'abbé y fait construire une maison qui coûte trente mille sous. Enfin après avoir exercé pendant dix ans la charge d'abbé, Hervé donne sa démission et se retire aux Sept-Dormants, où il vit encore seize ans dans la retraite et la pénitence. Après sa mort, on l'enterra dans le chœur de l'église devant les portes de fer.

Geoffroy I, d'une famille noble de Bretagne, donne sa démission comme son prédécesseur.

Hugues, successeur de Geoffroy, était originaire de Chartres. Il fit faire dans le monastère et le prieuré de très-grandes constructions : ce fut lui qui fit élever les deux grandes portes de l'abbaye avec les maisons et les granges qui y tiennent. Il construisit également la grange de Mellay avec le porche, le colombier et les murs de ce manoir. Au Louroux, il bâtit une salle et une grange et les murs du manoir. Enfin dans l'abbaye, il fait élever la chapelle Saint-Michel et commencer la construction de l'église actuelle; sous sa prélature on construit le premier pignon avec les deux tours qui y touchent et les quatre premières travées de l'édifice. Les moines le font enterrer magnifiquement dans leur chapitre, sous une tombe sculptée, où il est représenté sans crosse et sans mitre.

Ici s'arrête avec le manuscrit 732 Saint-Victor la partie de la chronique écrite au xiiie siècle ; nous n'en trouvons la continuation que dans le manuscrit 1070|3 Saint-Germain.

Le continuateur commence par donner une seconde notice détaillée sur l'abbé Hugues, mais il omet les trois successeurs immédiats de celui-ci et passe de suite à Geoffroy III de Conan qu'il compte comme le dix-septième abbé depuis la réforme par saint Mayeul.

Geoffroy III, originaire du Blaisois, continua les travaux de l'église commencée par Hugues, et avança l'église jusqu'aux grands piliers qui sont devant le Repos de saint Martin. De son temps, le comte de Blois vint à Marmoutier et réclama un repas et un gîte qu'il prétendait lui être dûs chaque année. Furieux du refus de l'abbé, le comte fait briser les portes par ses gens et frapper les religieux. Il fait saisir dans le Blaisois et la Touraine les revenus de l'abbaye. Il arrête entre Fontaine-Mesland et Chouzy deux moines et les fait précipiter du haut d'un rocher, d'où on les relève à demi morts. Enfin il fait enlever l'abbé lui-même, et il le tient enfermé pendant sept ans dans le château de Guise. Enfin un jour un cuisinier de l'abbé étant venu dans ce château, est aperçu par Geoffroy III qui se fait reconnaître de lui. Le serviteur rapporte aux moines de Marmoutier la position de leur abbé, et ceux-ci envoient aussitôt au pape et au roi de France pour demander justice. Le comte sachant alors qu'on a découvert son prisonnier, le fait jeter pieds et poings liés dans un fossé près du prieuré d'Épernon. Le prieur venant à passer, l'abbé l'appelle, est reconnu du prieur et conduit au prieuré. Le prieur voulut alors lui donner des chevaux et des habillements, mais Geoffroy refuse et dit qu'il veut se présenter devant le pape et le roi dans l'état misérable où l'a mis le comte. Enfin Geoffroy mourut peu après sa délivrance et fut enterré près de la porte de l'aumônerie.

Son successeur Étienne gouverna l'abbaye pendant sept ans, et s'occupa surtout à poursuivre la réparation de l'injure faite à son prédécesseur.

Robert III, dix-neuvième abbé, n'accepta sa dignité que sur la prière du pape Martin IV, qui lui confirma le droit de porter la mitre et de célébrer pontificalement. Robert acheva le chœur de l'église et poursuivit l'œuvre jusqu'à la chapelle de saint Louis. Il fit quelques règlements pour l'habillement des moines. Il fit bâtir à ses frais la chapelle de Maintenay. Robert, étant allé en Angleterre pour visiter les dépendances du monastère, fut retenu pendant quelque temps prisonnier par le roi. Enfin Robert fut enterré dans la chapelle de Notre-Dame, située au chevet de la grande église.

Odon II de Braceoles, d'une famille noble, trouva dans le trésor dix mille livres tournois amassées par son prédécesseur. Mais, sur l'ordre du pape, il fut obligé d'aller à Rome et y fit de grandes dépenses. Il fit achever la chapelle de saint Louis, et y fut enterré à sa mort en 1312.

Jean de Mauléon, né en Poitou d'une famille noble, acheta le manoir de Mauny et commença la construction des porches qui sont devant la porte de l'église. Il y eut entre l'abbé et Odon de Berardois, prieur de Saint-Martin-du-Val à Chartres, un différend qui coûta plus de dix mille livres à l'abbaye. Jean résigna en 1330 son monastère à Simon le Maye, chambrier, et mourut un an après; il fut enterré devant le crucifix, dans la chapelle de la Croix, fondée par lui.

Simon le Maye, abbé de Marmoutier, était originaire de Touraine. A Rougemont, il fit bâtir la chapelle, une partie du cloître et le mur de clôture qui sépare ce manoir de l'abbaye. Il fit faire les vitres neuves qui sont dans la chapelle de l'abbé, dans la chapelle Saint-Benoît et dans le réfectoire, et acheva les porches de l'église. Simon fit éloigner le chemin public qui passait entre les Sept-Dormants et Rougemont. Il fit faire de ses deniers la petite table du maître-autel. Enfin il fit élever deux belles maisons dans le collége de Marmoutier à Paris. Il fit renouveler les priviléges de l'abbaye et les défendit avec énergie. Simon gouverna l'abbaye pendant vingt-deux ans, puis il fut successivement évêque de Dol et de Chartres. Par son testament il légua au couvent mille royaux d'or et soixante-douze marcs d'argent en vases et ustensiles. Il laissa en outre deux cents royaux d'or à la chapelle de saint Martin fondée par lui, et deux cents royaux au prieuré d'Épernon. Enfin il mourut le 21 juin, et fut enterré à Marmoutier entre le grand autel et le pupitre où se lit l'évangile.

Pierre du Puy, originaire du Limousin, était abbé de Saint-Florent de Saumur, lorsque le pape Clément V le nomma à l'abbaye de Marmoutier. La guerre qui survint entre les rois de France et d'Angleterre en 1355, le força de se réfugier à Tours. Or un jour, les bourgeois de la ville se rassemblent en armes sur la place Saint-Gatien, située devant la maison de l'archevêque, disant qu'ils voulaient détruire Marmoutier, parce que les Anglais voulaient s'en emparer. L'archevêque Philippe Blanche, revêtu de ses habits pontificaux, prononce alors du seuil de sa porte une sentence d'excommunication contre ceux qui détruiraient Marmoutier. Enfin les bourgeois confus se retirent dans leurs maisons. Pierre gouverne l'abbaye pendant environ onze ans et meurt le 6 août 1363 : il fut enterré dans la chapelle de saint Florent qu'il avait fondée.

Géraud I du Puy, succéda à son frère Pierre dans l'abbaye de Marmoutier, et s'empara de tout son argent, quoiqu'il appartînt en entier à l'abbaye, sauf neuf marcs d'argent que possédait Pierre lors de sa nomination. Ce trésor se composait de trente-deux mille florins et de neuf cent quatre-vingts marcs d'argent en vases et ustensiles. Le pape Urbain VI avait concédé au couvent cet argent, sauf douze mille florins qu'il réclamait ; mais l'abbé ne voulut point s'en dessaisir. Ensuite Géraud, désirant être promu au cardinalat, se rendit à Avignon, emportant, outre ces trésors, plusieurs joyaux de l'église ; on dit qu'il perdit tout en Italie. Lorsqu'il fut fait cardinal, il ne restitua rien à Marmoutier, seulement en mourant il institua l'abbaye son héritière. Mais les moines ne purent obtenir de ses exécuteurs testamentaires que quatre volumes et une très-belle croix qu'il avait enlevée autrefois à l'abbaye. Géraud administra l'abbaye pendant environ douze ans et fut enterré à Avignon.

Géraud II Paute, Limousin, était abbé de Saint-Benoît-sur-Loire, lors de sa nomination à l'abbaye de Marmoutier. Il eut des démêlés avec ses moines à cause de la mauvaise administration des bois. Quatre ans avant de mourir il permuta avec Hélie d'Angoulême pour l'abbaye de Saint-Serge d'Angers : mais cette permutation causa entre l'abbé et les religieux un schisme qui dura trois ans et demi. Alors Géraud II resta sans bénéfice et mourut au bout de six mois tellement pauvre, malgré l'inscription de sa tombe, qu'il laissa à peine de quoi ensevelir son corps. Cependant quelque temps avant de mourir, il avait donné au couvent une belle mitre et une crosse précieuse, et il lui légua aussi pour son anniversaire une rente annuelle de vingt sous tournois et deux chapons de rente annuelle. Sa prélature dura environ dix-neuf ans, et il fut enterré dans le chœur de l'église de Marmoutier.

Hélie d'Angoulême, né dans l'évêché de Périgueux, succéda à Géraud Paute par une permutation qui coûta à Marmoutier plus de douze mille florins. A son avénement les moines lui donnèrent un bel encensoir, des joyaux et des reliques. Il donna lui-même au couvent six coupes d'argent du poids de neuf marcs. Enfin après une administration de vingt-quatre années, il permuta avec Guy de Lure pour Saint-Serge, sa première abbaye. Il y mourut le 29 septembre 1418, après avoir donné depuis quelque temps sa démission.

Guy de Lure, Limousin, fut reçu abbé de Marmoutier le 10 août 1412. Les grandes guerres de l'époque le forcèrent d'habiter Tours. Il acheta un moulin et l'étang des Roseaux au Louroux. Il fit faire dans le même lieu l'Étang Neuf. Enfin il tint en bon état tous les édifices et possessions du monastère. Il laissa le couvent approvisionné pour deux ans en blé et en vin, les métairies fournies de bestiaux et le grand étang du Louroux rempli de poissons. Sous sa prélature, les Écossais du roi brûlèrent la grande grange de Meslay, remplie de blés, de vins et de fourrages, dans la nuit du 13 septembre 1422. Guy de Lure donna au couvent de Marmoutier trois pièces de soie rouge cramoisi pour faire des ornements et des chapes. Il laissa aussi cinquante-deux marcs en vaisselle d'argent pour la fondation de son anniversaire. Il mourut à Tours le samedi 21 octobre 1426, après avoir gouverné l'abbaye de Marmoutier pendant environ quatorze ans. Son corps fut apporté à Marmoutier et enterré sous la tombe en cuivre de l'abbé Géraud II Paute, son oncle.

Nous avons déjà fait connaître le manuscrit 732 fonds Saint-Victor, qui, écrit dans la première moitié du xiii° siècle, s'arrête à la mort de l'abbé Hugues vers 1227. On trouve le texte de cette chronique aux folios 32 verso à 36 recto.

Le manuscrit Saint-Germain latin 1070[3, que nous avons aussi mentionné déjà, contient la chronique en entier. Le texte se trouve aux folios 42 v° à 47 v°.

XI.

TEXTE DE LA DÉDICACE DE L'ÉGLISE DE MARMOUTIER.

La narration de la dédicace de l'église de Marmoutier (p. 338-342), a été écrite par un moine de l'abbaye, témoin oculaire de ce qu'il raconte. Ce récit, aussi important pour l'histoire de Marmoutier que curieux sous le rapport de la liturgie, mérite que nous en donnions ici l'analyse.

L'an 1096, le 3 mars, le pape Urbain II, après avoir confirmé l'année précédente au concile de Clermont les priviléges de l'abbaye de Marmoutier, vint dans le monastère lui-même, afin de terminer le différend qui existait depuis dix ans entre les religieux de Marmoutier et les chanoines de la cathédrale de Tours.

Le dimanche 9 mars, après avoir célébré la messe, le pape, accompagné d'un grand nombre de cardinaux, d'archevêques et d'évêques, monte sur une estrade dressée sur le bord de la Loire, et y parle à la multitude accourue de toutes parts pour l'entendre. Il commence par faire l'éloge des religieux de Marmoutier, puis, et condamnant les longues persécutions des chanoines de Saint-Maurice, il proclame l'innocence des moines, et déclare que nul ne pourra les excommunier sans la permission du pape. Enfin, donnant sa bénédiction à Foulques le Jeune, comte d'Anjou, aux seigneurs et à toute la multitude, il absout ceux qui protégeront les moines et anathématise leurs ennemis. Après ce discours, le pape dîne dans le réfectoire avec ses cardinaux, deux archevêques et un évêque. Le même jour Bruno, évêque de Segni, consacre, par ordre du pape, la chapelle des infirmes et y dépose les reliques qui devaient servir à la cérémonie du lendemain.

Le lundi 10 mars, le pape, assisté de Hugues, primat des Gaules et archevêque de Lyon, de Raoul II d'Orléans, archevêque de Tours, de Rangier, archevêque de Reggio, fit avec toute la pompe désirable la dédicace de la grande basilique. Hugues et Raoul vont chercher les saintes reliques dans la chapelle de l'infirmerie, et les apportent dans l'église sur leurs épaules. Alors Raoul trace l'alphabet latin, tandis que Rangier écrit l'alphabet grec, et ils imposent avec les saintes huiles le signe de la croix sur les murs de l'église. Ensuite l'archevêque de Tours consacre l'autel du Crucifix, et sur l'ordre du pape il place de ses mains les reliques dans le maître-autel. Or, voici quelles étaient ces reliques : le sacrement du corps de Jésus-Christ, une parcelle de la vraie Croix, des vêtements de la Vierge, des cheveux et de la barbe de saint Pierre, des vêtements de saint Jean l'Évangéliste, et des ossements de plusieurs saints et saintes. L'église et l'autel furent consacrés par le pape en l'honneur de la Croix, de la Vierge Marie, des apôtres saint Pierre et saint Paul et de saint Martin.

Après la cérémonie, le comte Foulques, Robert des Roches, Hugues de Chaumont et beaucoup d'autres seigneurs, dotèrent l'abbaye, à la prière du pape, et lui promirent conseil et protection. Parmi ceux qui assistèrent à cette solennité, on remarque, outre les prélats que nous avons nommés, les cardinaux Albert, Theston, Grégoire de Pavie et Jean Garcel, chancelier de l'église romaine. Le légat Amat, à la sollicitation duquel le pape fit cette dédicace, ne put y assister parce qu'il était malade. Bernard, abbé de Marmoutier, et Othon, abbé de Preuilly, furent aussi présents à la cérémonie.

Le même jour Bruno et Rangier consacrèrent, en présence du pape, le cimetière qui s'étend depuis le cimetière des moines jusqu'au chemin qui conduit aux moulins.

Le lendemain le pape consacra le cimetière de Saint-Nicolas en l'aspergeant d'eau bénite; et par son ordre, les archevêques de Lyon et de Reggio consacrèrent le cimetière en en faisant le tour et aspergeant par le bord de la Loire jusqu'à la croix de bois qui est au-dessus du moulin des moines, et de là par le chemin qui va à l'église de Saint-Jean jusqu'au cimetière bénit la veille, et de là vers le couchant entre le verger des moines et la vigne jusqu'au chemin qui va de Saint-Nicolas à la porte de l'abbaye, et ensuite par la vigne jusqu'au bourg, et par le pré et la vigne en dehors du bourg jusqu'auprès de l'église de Saint-Gorgon, et de là ils retournèrent à la Loire d'où ils étaient partis.

Ainsi se termina cette dédicace, dont la pompe et la solennité laissèrent un long souvenir dans l'esprit des moines.

Aussi, non contents d'en laisser à leurs successeurs le récit contemporain que nous venons d'analyser, et qui a été copié presque textuellement par le moine Jean, dans son Éloge de la Touraine, en firent-ils une ère chronologique avec laquelle ils datèrent, pendant un quart de siècle, les chartes de leur abbaye.

Nous avons reproduit le texte publié par Laurent Bochel (*Gregorii Turonensis, Historiæ Francorum, Parisiis*, 1610, in-8°; *pars* II, pag. 125-129), n'ayant trouvé cette narration dans aucun manuscrit.

XII.

LIVRE DU RÉTABLISSEMENT DE MARMOUTIER PAR LE COMTE EUDES, ET DE LA DÉLIVRANCE DE L'AME DU COMTE PAR SAINT MARTIN.

Cet ouvrage (p. 343-373) comprend l'histoire du rétablissement de l'observance régulière dans l'abbaye de Marmoutier, par Eudes Ier, comte de Blois et de Touraine en 982, de la mort inopinée de Eudes II, son fils, en 1037, à la bataille de Bar-le-Duc, et de la puissante intercession de saint Martin qui délivre l'âme du comte Eudes II des mains des démons, à cause des bienfaits dont le comte a comblé l'abbaye de Marmoutier pendant sa vie.

Le manuscrit 1070|3 fonds Saint-Germain est, comme nous l'avons dit page civ, la copie d'un manuscrit qui remonte à 1187, la dernière année de la prélature de l'abbé Hervé de Villepreux. Ce fait va servir à nous faire découvrir l'auteur de l'épître qui sert d'introduction à l'ouvrage que nous examinons. Dans cette lettre,

p. 343-350, le frère G. dit à l'écolâtre R. qu'il a dessein de réunir en un seul ouvrage le récit des miracles opérés par saint Martin; il presse donc R., qui est dans son sixième lustre, de consacrer les prémices de sa plume à l'aider dans ce travail, et de mettre par écrit les miracles qui n'ont point encore été publiés. Il est impossible de ne pas reconnaître dans le frère G. le célèbre Guibert de Gembloux, qui vint, vers l'année 1181, passer huit mois à Marmoutier et au tombeau de saint Martin, et qui visita Candes et Ligugé afin de recueillir sur les lieux illustrés par le séjour de saint Martin, toutes les traditions et tous les miracles opérés par le saint patron, dont il joignit le nom au sien dans son ardente dévotion. Nous avons déjà fait connaître à la Société archéologique de Touraine, une lettre de Guibert dans laquelle il raconte plusieurs miracles qui n'avaient point été recueillis jusqu'à lui. Il préludait ainsi à la vie de saint Martin en vers, qu'il écrivit plus tard. La vie de saint Martin par Guibert de Gembloux, ainsi qu'un grand nombre de lettres intéressantes de lui, se trouvent dans un manuscrit de la bibliothèque royale de Bruxelles.

Il n'est point aussi facile de dire quel est le personnage auquel est adressée l'épître de Guibert. Le titre de *scholasticus* qui lui est donné par Guibert, la comparaison qu'il fait de R. avec un auteur célèbre, dont il cite un passage : *Unde et quidam, sed non tui similis, licet sœcularis, licet forte et scholasticus*, p. 344; l'allusion qui est faite à ses occupations ordinaires, *qui in scholis tuis semper argumentaris*, p. 348, nous font penser que R., dont nous connaissons seulement la lettre initiale du nom, était un professeur séculier de scolastique, attaché à l'une des grandes écoles de Tours.

Nous sommes réduits à ces simples conjectures sur l'auteur du Livre du rétablissement de Marmoutier, car c'est bien celui à qui Guibert avait écrit qui lui adresse son traité avec sa réponse.

Quoiqu'il dise qu'il n'ornera point son récit des fleurs de la rhétorique, mais qu'il se bornera à raconter simplement les faits, nous trouvons qu'il a écrit d'un style ampoulé, plein d'antithèses et de figures de mauvais goût. De plus il confond les époques, les faits et les personnages de la manière la plus incroyable. Ainsi le roi Robert qui ne fut associé au trône par son père qu'en 988, ne put nullement concourir en cette qualité au rétablissement de l'observance régulière à Marmoutier, qui eut lieu, d'après les chartes et les meilleurs critiques, vers l'an 982.

L'auteur fait demander au roi Robert l'abbaye de Marmoutier par le fils du comte Eudes Ier, Hugues, encore enfant et plus tard archevêque de Bourges ; or, Hugues n'était pas fils de Eudes Ier, mais bien son frère ; comme lui, il naquit de Thibaut le Tricheur et de Luitgarde. Enfin Hugues avait succédé, dès l'année 950, à son oncle Richard sur le siége de Bourges. Il est cependant présumable que c'est à sa haute influence que son frère Eudes eut recours auprès du roi pour retirer Marmoutier de la domination du chapitre de Saint-Martin, et le faire rétablir dans la régularité par saint Mayeul.

Les religieux de Marmoutier faisaient encore au siècle dernier l'anniversaire de Hugues, archevêque de Bourges, au 16 janvier, comme d'un abbé de Marmoutier.

Enfin, comme nous l'avons déjà dit, Eudes I*er*, le restaurateur de l'abbaye, mourut en 995 dans l'abbaye même sous l'habit de religieux, et ce fut son fils Eudes II qui fut tué à Bar-le-Duc dans la bataille gagnée sur lui par Gothelon, duc de Lorraine.

Notre mission n'est point de contrôler la vision de l'ermite Egée. Nous devons seulement observer qu'Ermengarde, femme d'Eudes II, était, contrairement à l'assertion de notre auteur, près de son mari à la bataille de Bar-le-Duc, puisqu'elle vint reconnaître sur le champ de bataille le cadavre mutilé de son mari,

Enfin, quelque erronés que soient les faits de cette chronique, nous en donnerons cependant le résumé.

Nous avons déjà fait connaître la lettre de Guibert de Gembloux à l'auteur R.

L'auteur, dans sa réponse, dit qu'il ne se plaindra point des reproches de Guibert sur sa lenteur à faire paraître son ouvrage, parce qu'ils prouvent son affection pour lui.

Après avoir fait un long éloge du comte Eudes et de sa femme, il raconte leur voyage à Tours. Or la comtesse, en passant devant Marmoutier, entre dans l'église pour y invoquer saint Martin; et lorsque sa prière finie elle visite la petite basilique, naguère reconstruite et encore inachevée, elle s'informe et apprend que les anciens moines ont été remplacés, du consentement du roi, par des clercs nommés par les chanoines de Châteauneuf, et que ces clercs vivent avec des concubines. Pénétrée de douleur, la comtesse se rend à Tours, et se jetant aux genoux de son mari, elle proteste qu'elle ne se relèvera point qu'il n'ait promis d'obtempérer à sa demande; le comte l'ayant fait, elle se lève et commence par dire combien la piété fleurissait autrefois à Marmoutier, puis elle raconte la destruction de l'abbaye par les Normands et l'intrusion des clercs dans ce lieu; elle termine en suppliant le comte de rétablir l'abbaye dans son premier état. Eudes répondit que sa demande était juste, et qu'il mettrait tous ses soins à soustraire l'abbaye à ceux qui la tenaient, et à la remettre entre les mains des moines.

Peu de mois après, le roi Robert vient à Tours et y trouve le comte, la comtesse et Hugues, leur fils, encore enfant, qui devint plus tard archevêque de Bourges. Le roi, charmé de la bonne grâce de Hugues, son filleul, lui promet de lui accorder la première faveur qu'il sollicitera. Hugues, conseillé par ses parents, demande qu'on lui donne, par concession royale, Marmoutier avec toutes ses dépendances. Le roi le lui accorde et, moyennant le don d'un bénéfice d'égale valeur, il retire l'abbaye de Marmoutier de la domination des chanoines de Saint-Martin, et la donne à son filleul en présence de toute la cour. Dès lors la comtesse s'applique à reconstituer l'abbaye de Marmoutier dans la régularité et dans ses propriétés.

Cependant le comte Eudes s'abandonne à l'ambition

et aux passions du monde, et est tué dans un combat près de Bar-le-Duc par Gothelan, duc de Lorraine. Cependant avant de mourir, il se repent de ses fautes et implore la miséricorde divine. Alors le démon le voyant mourir sans confession, sans pénitence et sans avoir reçu le saint viatique, s'empare de l'âme du comte. Mais Dieu, se souvenant des bienfaits d'Eudes envers Marmoutier, envoie saint Martin pour le protéger et le secourir : celui-ci réclame en effet des démons l'âme du comte dont ils se sont injustement emparés, puisqu'elle ne leur a point été adjugée par la sentence divine. Les démons objectent ses péchés, saint Martin oppose la foi du comte et ses charités envers Marmoutier. Les démons demandent alors qu'on pèse dans une balance ses péchés et ses bonnes œuvres. On met donc dans le plateau gauche de la balance tous les péchés d'Eudes, et sous la gravité de ses actes le plateau gauche descend tandis que l'autre remonte jusqu'au haut; alors saint Martin et l'ange gardien d'Eudes, réunissant toutes ses bonnes œuvres et son amour pour Marmoutier, les déposent dans le plateau droit qui redescend et fait équilibre avec l'autre. Saint Martin ajoute alors toutes les prières et les messes dites à Marmoutier pour l'âme du comte, et le plateau droit descend jusqu'en bas. Saint Martin arrache donc l'âme du comte Eudes des mains des démons, la conduit dans le purgatoire et remonte lui-même au ciel.

Or toutes ces choses furent montrées à un serviteur de Dieu nommé Égée, qui habitait dans le creux d'un rocher situé près du lieu où Eudes mourut. Égée raconta sa vision à un chevalier du même pays que le comte et lui enjoignit, au nom de Dieu, de le répéter à la femme du comte ; celle-ci fait aussitôt enlever le corps de son mari, et après l'avoir déposé dans un cercueil bien scellé, on le conduit à Marmoutier. La comtesse raconte alors comment son mari a été sauvé par saint Martin, et elle donne au monastère plusieurs biens situés dans le diocèse de Reims, afin qu'on prie pour l'âme du défunt. Enfin elle ordonne qu'on écrive le récit du miracle, et qu'on le conserve dans le couvent. L'auteur termine en disant qu'il tient ce récit d'un homme religieux et digne de foi, et qu'il l'a rapporté afin d'accroître la dévotion envers saint Martin.

Nous avons déjà fait connaître, pages CII-CIV, les deux manuscrits 732 fonds Saint-Victor, et 1070|3 fonds Saint-Germain latin, dans lesquels nous avons retrouvé le texte de cette histoire déjà publiée par Laurent Bochel, p. 159 à 193, dans la deuxième partie du Grégoire de Tours de 1610. Nous avons seulement à ajouter que le manuscrit de Saint-Victor ne contient que la lettre de Guibert de Gembloux, tandis que le mauuscrit de Saint-Germain ne commence qu'au récit du rétablissement et omet entièrement les deux intéressantes épitres qui le précèdent.

XIII.

SUPPLÉMENT A LA CHRONIQUE DES ABBÉS DE MARMOUTIER.

Cet ouvrage (p. 381-390) n'est que la continuation de la précédente chronique des abbés de Marmoutier. Après avoir indiqué seulement les noms des quatre successeurs immédiats de Guy de Lure, dernier abbé mentionné par le moine du xve siècle, l'auteur commence à donner une notice sur chaque abbé à partir de François Sforce, qui fut nommé en 1504 au siége de cette abbaye. La série des abbés s'arrête à François, cardinal de Joyeuse, qui mourut en l'an 1600 ; cependant on y nomme ses deux successeurs, et on y fait mention de quelques réparations et donations sous Sébastien Galligaï qui fut abbé de 1610 à 1617. On voit donc que notre chronique embrasse l'histoire de Marmoutier pendant tout le xvie siècle.

Quant à l'auteur, tout ce qu'il raconte de lui, c'est que sous l'abbé Sébastien Galligaï, on fondit à ses frais, ainsi qu'à ceux du moine Deniau, la cloche nommée Bénoît. Seulement cette mention, qui occupe les six dernières lignes de notre chronique (Dom Housseau, tome XV, f° 361 v°), a été écrite de la même main que la fin de la Chronique des prieurés de Marmoutier (Ibid. f° 369 v°), c'est-à-dire par Dom Jacques d'Huisseau, grand prieur de Marmoutier, dont nous parlerons seulement dans la notice de la chronique suivante. En effet d'Huisseau, après avoir averti que ce qu'il rapportera a été recueilli dans les anciens monuments, ou transmis par des moines dignes de foi, ou enfin vu par lui-même, ajoute que la plus grande partie de sa chronique a été par lui traduite du français en latin des ouvrages de Gilles Robiet, prieur des Sept-Dormants.

L'histoire de Marmoutier écrite en français par celui-ci ne nous est point parvenue, nous en connaissons seulement des fragments cités par D. Martène dans son histoire inédite de Marmoutier. Elle existait encore à la fin du xviii° siècle dans la bibliothèque de ce célèbre monastère, et était inscrite sous le n° 157 du catalogue des manuscrits ; nous ne l'avons pas retrouvée parmi ceux qui sont conservés aujourd'hui à la bibliothèque municipale de la ville de Tours. Il y existe cependant un manuscrit autographe de Gilles Robiet, intitulé, *De l'origine et antiquité de l'abbaye de Mairemoustier*, dédié à Charles, cardinal de Lorraine, abbé de Marmoutier. Ce livre écrit vers l'année 1564, peu de temps après le pillage de l'abbaye par les protestants, était inscrit au catalogue des manuscrits de Marmoutier sous le n° 158. Dans la dédicace, Robiet nous apprend qu'il a été commis par Charles de Lorraine *à la charge et garde du thrésor des chartes et notices de la maison de Mairemoustier*. Il eut donc toutes les facilités désirables pour composer ces deux ouvrages. Le traité de l'origine de l'abbaye est assez faible et suit dans toutes leurs erreurs le moine Jean et l'auteur du rétablissement de Marmoutier par le comte Eudes. Nous aimons à croire que dans son second ouvrage il a été plus exact pour les temps moins anciens, et qu'il était digne de confiance pour tout ce qui regardait le xvi° siècle, dont les événements se passèrent sous ses yeux. Gilles Robiet fit sa profession à Marmoutier le 4 mai 1543. En 1545 il faisait imprimer chez Mathieu Chercele, à Tours, un bréviaire de Marmoutier très-abrégé, pour la commodité des voyageurs. Il disait dans sa préface que son bréviaire avait été revu par Adrien Gautier, abbé d'Absie, au diocèse de Maillezais, autrefois moine et bailli de Marmoutier, qui avait mis en ordre le grand bréviaire de Marmoutier, publié en 1535 à Tours chez le même imprimeur. Il est à croire que Gilles Robiet quitta la garde des archives de l'abbaye, pour devenir prieur des Sept-Dormants, selon notre chronique, et qu'il mourut à Marmoutier dans un âge avancé.

Nous revenons à notre Chronique des abbés de Marmoutier. Elle est écrite très-simplement et nous semble très-digne de foi, puisque Gilles Robiet et son traducteur ou continuateur furent contemporains, sinon témoins de tout ce qu'ils rapportent.

Nous donnerons, suivant la méthode que nous avons adoptée jusqu'ici, l'analyse succincte des faits exposés par notre auteur.

Il commence par la liste des abbés de Marmoutier à partir de Gillebert, vers 984, d'après la chronique des abbés, et donne pour successeurs à Guy de Lure, Pierre Marques, Guy Vigier I, Guy Vigier II, Louis Pot et François Sforce. Il ajoute ensuite quelques détails sur Simon le Maye et Pierre du Puy à ceux donnés par l'auteur qu'il ne fait que continuer.

Selon lui, on doit à Simon le Maye les beaux murs qui forment l'enceinte du monastère et les deux cours du couvent.

Quant à Pierre du Puy, il rapporta des lieux saints un morceau de la roche de Jéricho, et la mesure de la hauteur du Christ. Il fit reconstruire aux frais des prieurs la grande arcade du chœur. On voit ses armes dans le dortoir des officiers qu'il a fait faire.

François Sforce, trente-deuxième abbé de Marmoutier, était neveu et héritier du duc de Milan, qui fut vaincu par François I. Françoiss fut emmené captif en France et forcé de prendre l'habit monastique à Marmoutier. Peu après, il en fut nommé abbé par le roi, mais il mourut bientôt, à la fleur de l'âge, d'une chute à la chasse (1).

Matthieu Gaultier, successeur de Sforce, permuta avec Philippe Hurault son abbaye de Marmoutier contre celle de Bourgueil. Il était oncle d'Adrien Gaultier, bailli de Marmoutier, auteur du livre intitulé : *Æquilibrium virtutum beatorum Pauli et Martini*.

Philippe Hurault mourut à Paris peu de temps après

---

(1) François Sforce, fils de Jean-Galéas-Marie Sforce, duc de Milan, fut envoyé au roi Louis XII par sa mère Isabelle de Naples, afin de le soustraire à la fureur sanguinaire de son oncle Ludovic-Marie Sforce, qui, pour parvenir au trône, avait déjà empoisonné Jean-Galéas-Marie. Le jeune duc François fut abbé de Marmoutier de 1504 à 1511.

sa permutation, et fut enterré dans l'église des Mathurins.

Jean, cardinal de Lorraine, successeur de Philippe Hurault, fut le premier abbé commendataire de Marmoutier. Son administration fut désastreuse pour la régularité et pour la fortune de l'abbaye. Il remplaça par ses protonotaires les moines qui étoient à la tête des prieurés conventuels, et fit abattre et détruire les bois de l'abbaye et des prieurés. Jean mourut en 1555 et fut enterré à Saint-Germain-en-Laye.

Charles, cardinal de Lorraine, succéda à son oncle. Renommé pour son éloquence, il signala son zèle dans des controverses contre les Luthériens. Il fit paver le chemin qui conduit des ponts de Tours à la place de la sacristie, devant Marmoutier, et répara les cellules du dortoir des moines. Ce fut sous sa prélature qu'eut lieu le pillage de l'abbaye par les protestants. Nous laisserons parler ici Gilles Robiet, témoin oculaire, et dont l'histoire a été, comme nous l'avons déjà dit, traduite en latin par notre chroniqueur.

« Du temps du cardinal Charles de Lorraine fut du
« tout pillée la dite abbaye de Mairemoustier par les
« huguenots, dont étoit le chef du pillage le comte de
« la Rochefoucault, qui vint ceans avec force envahir
« tous les thrésors de l'église, et signamment la table
« du grand hostel, où estoient les treize apostres élevez
« en bosse, le tout d'argent doré; et fut emporté trois
« chartées d'argenterie des reliquaires d'or et d'argent,

« et autres richesses qui furent brisées en la ville de
« Tours en lingots et monnoyes pour payer les Alle-
« mands qui étoient venus au secours des dits hugue-
« nots en France. Les ornemens de l'église qui étoient
« en si grand nombre que lors y avoient trois cens
« chappes, dont la moindre étoit de taffetas, les autres
« étoient de drap d'or et drap d'argent, toille d'or et
« toille d'argent, que ces misérables faisoient brûler,
« que infinité d'autres ornemens, comme chaisubles,
« tuniques, tapis, ornemens, tapisseries, aulbes et autres
« semblables ustensilles furent tous volez et emportez.
« Les livres de l'église, qui étoient beaux et riches à
« merveille, furent par les dits huguenots brûlez et
« déchirez. Toutes les vitres de l'église qui étoient
« riches de portraits et peintures furent entièrement
« toutes cassées et abattues; les barres et barreaux de fer,
« verges et goupilles furent ravies et emportées, le plomb
« pareillement; où tombèrent trois ou quatre de ces
« misérables en les cassant et abattant, qui se tuèrent.
« A la tour où estoient les grosses cloches s'efforcèrent
« à coups d'arquebuze casser les dites cloches, mais
« l'on y avoit prévu par le moien que l'échelle fut
« coupée, et n'y purent monter pour les casser. Les
« orgues furent toutes rompues, brisées et cassées.
« Brief tout ce qu'ils purent faire de mal et ruine fut
« fait. Les ustensilles de toute sorte qui étoient en la
« dite abbaye pour l'usage commung des frères furent
« tous emportés, ravagés et perdus. Les provisions de
« l'abbaye furent toutes dissipées et emportées. Somme

« qu'il fut perdu la valeur de deux cens mille ducats.
« Et cependant les moines de l'abbaye en fuite, les
« uns chez leurs parens, les autres chez leurs amis, où
« ils s'étoient réfugiez, et lors ne se faisoit aucun
« service divin en la dite abbaye pour la fureur des
« dits huguenots qui dura depuis la feste de Quasi-
« modo jusqu'à la fin du mois de juin ensuivant,
« durant lequel temps ne se fit aucun service en l'é-
« glise, comme dit est. Et ce que dessus fut fait en
« l'an 1562. Et n'eust été quelques vieux et anciens
« religieux, qui ne bougèrent de la dite abbaye, qui
« prièrent les genoux en terre les chefs des dits hugue-
« nots, leurs soldats eussent bruslé tous les titres,
« papiers et antiquitez de l'abbaye, ensemble eussent
« sappé les quatre gros piliers du mitan de l'église pour
« la faire ruiner et tomber, comme ils avoient fait
« l'église de Sainte-Croix d'Orléans. Entre ceux qui
« volèrent l'église de Marmoutier, un pendard de
« savetier, nommé Chastillon, fit beaucoup de méchan-
« cetez et se faisoit appeler abbé de Mairemoustier,
« disant qu'il vouloit avoir l'abbaye pour sa part, et
« demeura quelque temps en la dite abbaye avecques
« nombre de brigans comme lui. Mais après l'on lui
« fit prendre possession, non de l'abbaye, mais d'une
« roue sur quoi il fut rompu, où il fut plus de dix ans
« estendu sur icelle près la croix Feu-Maistre, tout
« contre Mairemoustier (1). »

(1) Citation de G. Robiet par Martène, dans son *Histoire de Marmoutier*, t. I, pag. 452, 453, manuscrit 678 de la bibliothèque de Tours.

Peu après ces tristes événements, Charles de Lorraine ne pouvant supporter la ruine de son abbaye, s'en démit en faveur de Jean de la Rochefoucaud, frère du chef des pillards de Marmoutier.

Le nouvel abbé s'appliqua à réparer les désastres de l'abbaye. Il fit murer la moitié des fenêtres de l'église et poser des vitraux dans la partie supérieure. Il donna beaucoup d'ornements d'église et une grande croix d'argent doré. Il restaura le maître-autel avec ses quatre colonnes de bronze ou de cuivre, placées aux quatre coins de l'autel. Il fit aussi imprimer des livres de chant pour l'église. Ses armoiries se voient sur les granges qui menaçaient du côté de la cour et des portes de l'église, et qu'il fit réparer. Suivant un conseil funeste à l'abbaye, il fit couper les grands bois de l'île qui était du côté de Marmoutier, sur le bord du fleuve, et en fit arracher les racines, de sorte que le lit du fleuve s'est porté près de l'entrée de l'abbaye, à son grand détriment. La charité de Jean lui valut le surnom de Père des Pauvres. Il mourut au château de Verteuil, en Angoumois, le 5 mai 1582, et fut enterré près de la fenêtre de la Sainte-Ampoule, à gauche du maître-autel; son sarcophage appuyé sur deux banquettes reposait sous une arcade construite pour le recevoir. Il avait légué à la manse des moines la somme de quatre mille livres tournois, pour la fondation d'un anniversaire.

Jacques d'Avrilly, fils d'un sergent d'Orléans, dut la charge d'abbé à la faveur dont jouissait son frère auprès de François de Valois. Mais ce prince étant mort en 1583 à Château-Thierry, d'Avrilly résigna entre les mains du roi Henri III (et non pas Henri IV, comme l'écrit notre auteur).

François, cardinal de Joyeuse, successeur de Jacques d'Avrilly, fit construire, aussitôt après sa nomination, la chapelle de Rougemont près des jardins. Il réédifia les murs du grand pré, qui avaient été abattus par les eaux. Peu après, il fut envoyé à Rome par le roi pour soutenir les priviléges de l'église gallicane. Ensuite vinrent les guerres civiles, dans lesquelles l'abbaye eut beaucoup à souffrir, de la part même des abbés. Un jeudi, veille du chapitre général de Marmoutier, en l'année 1591, une tour de l'église fut brûlée par la négligence d'un des sonneurs, nommé Tranchon, qui s'endormit en laissant une lumière allumée sur sa couchette. Le feu se communiqua du lit aux poutres de la tour, dont la flèche en pierre s'écroula sur la chapelle des Sept-Dormants qui avoisinait l'église.

Cette tour fut reconstruite en entier sous l'abbé Sébastien Galligaï, successeur de Charles de Bourbon, aux dépens de l'abbé et des moines. Aux quatre cloches coulées aux dépens des moines, on en ajouta deux autres, dont l'une nommée Benoît fut coulée en l'année 1608 aux frais de D. Deniau et de Jacques d'Huisseau, l'auteur de cette chronique.

Le seul manuscrit que nous ayons trouvé de cette histoire, existe dans le volume XV de la collection Dom Housseau, f° 352 v° à 361 v° à la suite de l'Éloge de la province de Tours. Il a été écrit par un des contemporains du traducteur, qui a écrit seulement de sa main les six dernières lignes.

XIV.

CHRONIQUE DES PRIEURÉS DE MARMOUTIER.

Cette chronique (p. 391 à 399) expose l'histoire de l'institution des prieurés de Marmoutier plutôt que des faits qui s'y rattachent.

Elle remonte donc à la fondation de l'abbaye, pour ne s'arrêter qu'au temps où écrivait l'auteur, vers 1625.

Cette notice d'abord écrite en français, fut traduite en latin par l'auteur lui-même, et écrite sous sa dictée par le frère Charles, moine de Marmoutier comme l'auteur lui-même, Jacques d'Huisseau.

Jacques d'Huisseau, d'une famille noble, que nous présumons appartenir à la Touraine, naquit vers le milieu du XVIe siècle, et entra jeune encore dans l'abbaye de Marmoutier. Il s'occupa avec zèle des études ecclésiastiques et se fit recevoir docteur en droit canon. Son mérite ne tarda pas à le faire distinguer, et il remplissait la charge importante de garde des chartes de son monastère, lorsqu'il fut choisi avec Isaye Jaunay, quart prieur de Marmoutier, pour accompagner Matthieu Giron, sacristain de Marmoutier, chargé de transporter à Chartres la Sainte-Ampoule, conservée dans l'église de Marmoutier, pour servir au sacre de Henri IV. Cette auguste cérémonie eut lieu le 27 février 1594. La même année d'Huisseau était élevé à la seconde dignité de son monastère : il était nommé grand prieur. Ce fut en cette qualité et par son crédit que Noël Mars, l'un des plus saints religieux de l'ordre de Saint-Benoît au XVIIe siècle, entra sans dot dans l'abbaye, et fut reçu novice le 5 octobre 1594. Nous retrouvons dans la correspondance de Noël Mars une lettre du 18 novembre 1595, dans laquelle le jeune religieux exprime à Jacques d'Huisseau sa pieuse reconnaissance, et proteste qu'il l'aimera toujours comme un père. Jaloux de conserver les droits du couvent et de maintenir la discipline même dans les prieurés, Jacques d'Huisseau, dans le chapitre général de Marmoutier, tenu le 24 septembre 1596, s'oppose à la nomination du prieur de Saint-Venant de Maillé, par l'abbé François de Joyeuse, qui avait désigné quelqu'un en dehors de la communauté. Cette contestation ne trouble cependant que pour peu de temps la bonne harmonie entre l'abbé et le grand prieur, car nous trouvons Jacques d'Huisseau en 1604, agissant en qualité de vicaire général du cardinal de Joyeuse, donner l'habit et recevoir la profession de plusieurs religieux à Marmoutier.

Cependant le relâchement s'était peu à peu glissé dans cette abbaye jadis si célèbre par sa régularité, et quelques esprits ardents et pleins de ferveur voulurent y porter remède avec un zèle peut-être un peu outré. Isaye

Jaunay et Noël Mars furent les plus fervents promoteurs de cette réforme, contre laquelle Jacques d'Huisseau, grand prieur de Marmoutier, crut devoir s'opposer avec un grand nombre de ses religieux. Il est bien difficile, à une aussi grande distance des événements, et avec une connaissance imparfaite des faits, de décider qui eut tort ou raison; le bien se trouverait peut-être entre les deux extrêmes : *in medio stat virtus*. Quoi qu'il en soit, nous exposerons seulement ici les faits qui concerneront spécialement Jacques d'Huisseau.

Le 4 mars 1604, celui-ci nommait son ancien protégé Noël Mars prieur claustral du prieuré de Lehon. Les religieux de Marmoutier avaient en effet abandonné ce prieuré aux réformateurs, avec faculté d'y établir dans toute sa sévérité leur nouvelle règle; mais d'Huisseau et les moines qui étaient restés à Marmoutier étaient bien résolus à ne point s'y soumettre, et à repousser toute tentative faite dans ce sens. Aussi quand Isaye Jaunay, général de la congrégation des exempts, et Matthieu Renusson, visiteur de l'ordre de Saint-Benoît dans la province de Tours, voulurent, en mai 1604, entrer dans Marmoutier pour en faire la visite, le grand prieur et les moines s'y opposèrent-ils de tout leur pouvoir. Alors le visiteur prononça, le 21 mai de la même année, une sentence d'excommunication contre Jacques d'Huisseau et tous ceux qui avec lui s'opposaient à la réforme, lui ôtant sa charge de grand prieur et déliant les moines de l'obéissance qui lui était due. Le crédit des réformateurs fut même assez grand pour obtenir le 11 août, du conseil privé, un arrêt qui défendait au grand prieur de Marmoutier de troubler les Pères de la réforme de Lehon. Malgré la sentence de Matthieu Renusson, contre laquelle il y eut appel comme d'abus, d'Huisseau conserva jusqu'à la fin de sa vie, le titre et l'autorité de grand prieur de Marmoutier.

C'est en cette qualité que René Gautier, secrétaire de Lehon, lui adresse une requête, en date du 24 septembre de la même année, contre Noël Mars, son prieur, disant que celui-ci veut l'astreindre à suivre une règle différente de celle qu'il a professée. J. d'Huisseau enjoignit à Mars de ne plus inquiéter R. Gautier; mais il fut facile au prieur de Lehon de démontrer, par la peinture de la vie scandaleuse de R. Gautier, combien ses reproches étaient fondés. L'affaire n'en resta pas là. En février 1605, le général de la congrégation réformée de Bretagne, Isaye Jaunay, excommunie R. Gautier à cause de ses désordres, et le proclame déchu de ses bénéfices; celui-ci appelle de cette sentence devant le grand prieur de Marmoutier. Jacques d'Huisseau, par une lettre en date du 13 mars, cite donc, pour comparaître devant le chapitre général de Marmoutier, Noël Mars, sous peine d'excommunication; celui-ci consulte aussitôt Isaye Jaunay, Le général de la congrégation de Bretagne lui répond, le 22 avril 1605, une longue lettre dans laquelle il l'autorise à ne point obéir à la citation, se fondant principalement sur ce que le grand prieur de Marmoutier est sous le coup de l'excommunication lancée par Matthieu Renusson, et sur ce que J. d'Huisseau n'a point qualité pour excommunier Noël Mars, vicaire du général de la congrégation de Bretagne. D'Huisseau n'en prononce pas moins, le 5 mai suivant, une sentence qui assigne Noël Mars à comparaître dans un mois à Marmoutier, sous peine d'excommunication majeure ; le prieur de Lehon répond que le grand conseil est saisi de l'affaire. Néanmoins, René Gautier obtient de Jacques d'Huisseau une seconde sentence le 21 juillet suivant, par laquelle Noël Mars est excommunié et suspendu de sa charge. Mars appelle aussitôt de cette sentence comme d'abus. Isaye Jaunay lui envoye, le 12 septembre, un mandement par lequel il déclare nulle la sentence d'excommunication prononcée par Jacques d'Huisseau (qu'il qualifie de simple profès de Marmoutier) contre les membres de la congrégation réformée de saint Benoît en France. Enfin toutes ces longues procédures se terminent le 20 décembre 1605 par un arrêt du grand conseil, qui condamne René Gautier. Celui-ci se convertit enfin et mourut bientôt dans le prieuré de Lehon.

Les esprits s'étaient peu à peu envenimés dans ces querelles incessantes, par ces procès dans lesquels la charité est toujours mise de côté, et par ces sentences d'excommunication lancées de part et d'autre ; enfin on en vint à ce point que les religieux de Marmoutier, afin d'éviter de tomber sous le régime redouté des reformés de Bretagne, implorèrent des archevêques de Tours la faveur d'être soumis à leur juridiction. Il nous reste de tous ces démêlés un curieux *Plaidoyé de M° Denis Bou-*

thillier, *advocat en la cour du Parlement, pour les religieux du monastère de Marmoustier, contre le visiteur et scindic de la congrégation des Bénédictins* (Paris, 1606).

Enfin, débarassé de toutes ces contestations, Jacques d'Huisseau ne s'occupa plus que des affaires de son monastère, et d'y entretenir l'esprit de piété. Ce fut ainsi qu'en 1607, il publiait à Tours un recueil de prières pour le monastère de Marmoutier, sous le titre de *Enchiridion precum*. Dans l'année 1608, durant le chapitre général, on fondit pour l'abbaye quatre cloches, dont l'une, nommée Benoît, fut payée par le grand prieur Jacques d'Huisseau et un autre religieux nommé Deniau (p. 390). Ce dut être vers ce temps que pour occuper ses loisirs il publia le Supplément à la chronique des abbés de Marmoutier (pag. 381 à 390), et ensuite la Chronique des prieurés de Marmoutier (p. 391 à 399.) Il s'était sans doute préparé à ces travaux historiques, lorsque avant son élévation à la dignité de grand prieur de Marmoutier, il occupait la charge de garde des chartes de l'abbaye.

Un des anciens registres de Marmoutier nous montre Jacques d'Huisseau recevant, en qualité de grand prieur de Marmoutier et de vicaire général de l'abbé Sébastien Galligaï, plusieurs novices en 1615. C'était une protestation contre la tentative des pères de la société de Bretagne pour faire entrer la réforme dans l'abbaye de Marmoutier. En cette même année, en effet, Dom Jaunay, leur général, avait obtenu de l'abbé Galligaï la permission d'introduire à Marmoutier douze pères réformés, avec défense aux autres religieux de recevoir des novices. Les réformés avaient été installés à Rougemont dans le logis abbatial; mais, un jour qu'il étaient tous sortis, les autres religieux s'emparèrent de leur appartement et ne voulurent plus les laisser entrer. En 1623, Alexandre de Vendôme, successeur de l'abbé Galligaï, choisit J. d'Huisseau pour son vicaire général, et plusieurs religieux firent profession devant lui. Enfin, le 24 septembre 1626, s'endormit dans le Seigneur le vénérable frère Jacques d'Huisseau, prieur primecier de Marmoutier, et provincial de la congrégation bénédictine des exempts en France. Le couvent lui fit les obsèques dues à son rang et à son mérite; on fit son absoute dans le cloître et dans le chapitre, et on l'enterra dans la chapelle de Notre-Dame; sur sa tombe on voyait un écusson à ses armes, de... à trois larmes de... Enfin la communauté, reconnaissante de ses bienfaits et de son zèle à défendre ses droits, arrêta que l'on célèbrerait tous les ans un grand service en son honneur, et l'inscrivit à la date du 25 septembre dans le martyrologe des abbés et bienfaiteurs insignes de l'abbaye. En 1626 et 1627 nous trouvons la mention de deux dignitaires du monastère, qui sans doute étaient de sa famille; l'un, Laurent d'Huisseau, était chambrier de Marmoutier; le second, Jean d'Huisseau, fut prieur claustral du prieuré de Saint-Sauveur-de-Béré (1).

(1) Nous avons puisé les éléments de cette biographie dans divers ouvrages imprimés et manuscrits sur l'abbaye de Marmoutier, mais notre

Jacques d'Huisseau a écrit son ouvrage d'un style simple et sans recherche. Il a consulté les chartes authentiques, comme il le dit lui-même ; mais il est fâcheux qu'il n'ait point rejeté les chroniques antérieures remplies de fables. Ainsi a-t-il suivi entièrement l'auteur du rétablissement de la régularité dans Marmoutier et le moine Jean, dans la confusion qu'ils font des deux comtes Eudes, et des personnages qui vivaient de leur temps. Tout ce qui, au contraire, a été écrit d'après les chartes, comme l'histoire d'un ou deux prieurés, les dates de fondation, est très-exact et digne d'une foi entière.

Une courte analyse de l'ouvrage nous le fera mieux connaître.

Le monastère de Marmoutier resta intact depuis sa fondation par saint Martin, jusqu'à sa destruction par les Normands. Il ne fut rétabli que 80 ans après par le comte Eudes le Jeune et sa femme Ermengarde, qui placèrent leur fils Hugues pour premier abbé. Les abbés de Marmoutier, successeurs de Hugues, s'appliquèrent à faire fleurir la religion, à enrichir le monastère, et à le rendre exempt de la juridiction des archevêques de Tours. Les uns poursuivirent la répression des torts faits à l'abbaye, les autres élevèrent des édifices magnifiques ; ceux-ci enrichirent l'église d'ornements précieux, ceux-là par leur renommée attirèrent au couvent de

principale source a été l'Histoire de cette abbaye par D. Martène, dont on conserve le manuscrit autographe à la Bibliothèque Impériale, et une copie à la bibliothèque de la ville de Tours.

nombreuses donations qui, d'abord à peine suffisantes pour la nourriture des moines, s'accrurent peu à peu. Tout restait alors en commun, et les revenus des prieurés et du couvent s'employaient pour les besoins de tous. Cet état de choses dura jusqu'au pape Alexandre IV, qui statua que les bénéfices et les offices jusqu'alors à la libre disposition de l'abbé deviendraient perpétuels et irrévocables. Et ainsi ce qui était commun à tous devint particulier. L'abbé y suppléa par ses revenus, puis on réunit à la manse abbatiale plusieurs prieurés; tels furent ceux de Saint-Sulpice du Louroux, de Fontcher, de Saint-Vincent de Lavaré, de Saint-Laurent de Gâtines, de Neuville et de Notonville. Mais par la suite des temps, les abbés s'attachèrent aux richesses et s'affranchirent des charges de leur dignité.

Les abbés devaient en effet pourvoir, suivant l'usage ancien, à la nourriture et à l'habillement des moines, aux aumônes des frères qui se faisaient publiquement trois fois par semaine, pendant sept mois de l'année, à l'entretien du culte, au luminaire, et aux soins des moines malades. Ils abandonnèrent aux moines pour leur nourriture, certains domaines et revenus avec lesquels ils se procuraient des aliments pour les mercredi, vendredi et samedi et les autres jours de l'année où la viande est interdite; ces domaines sont Sapaillé, et les métairies de Parçay et de Chahaignes. Les abbés chargèrent en outre l'office de la chambrerie des habillements des moines, celui de l'aumônerie du service des aumônes quotidiennes, celui de la sacristie de l'entretien du culte, et celui de l'infirmerie du soin des malades ; et ils attachèrent des prieurés à chacun de ces offices. La chambrerie eut les prieurés du Sentier, de Breneza:, du Pray et de Sainte-Gemme de Meslay. L'aumônerie eut les obédiences de Négron, de Nazelles, de la Grange-Saint-Martin et de Saint-Jean de Monnaye. On donna à la sacristie Semblançay, Sonzay et Villiers-Charlemagne. L'infirmerie eut le seul prieuré de Rivière, autrefois célèbre par les visites de saint Martin, mais très-pauvre et rapportant à peine cent quatre-vingt dix livres. Les abbés, affranchis de toutes charges, s'attribuèrent alors tous les autres domaines et revenus de Marmoutier.

A Marmoutier on distingue des prieurés de quatre espèces : les prieurés conventuels, ainsi appelés de la réunion (*conventus*) des moines qui y sont au nombre de quatre au moins, outre le prieur, et quelquefois jusqu'à douze comme dans le prieuré de Lehon ; les prieurés adultérins, qui sont inférieurs en revenus et en moines aux prieurés conventuels ; les prieurés sociaux, où il existe un seul moine avec le prieur ; et les prieurés simples qui dépendent des grands prieurés dont ils sont les fillettes. On compte seize prieurés conventuels : Notre-Dame de Tavant, au diocèse de Tours ; Saint-Martin-au-Val, Saint-Thomas d'Épernon et Bazainville, dans le diocèse de Chartres ; Notre-Dame-des-Champs, à Paris ; Saint-Thibaud, au diocèse de Soissons ; la Celle-en-Brie, au diocèse de Meaux ; Saint-Martin du vieux Bellême, au diocèse de Séez ; Saint-Hippolyte de Vivoin, Saint-Guingalois de Château-du-Loir et Notre-Dame-de-

Gehard, dans le diocèse du Mans; Notre-Dame de la Roche, ou de Mortain, au diocèse d'Avranches; Bohon, au diocèse de Coutances; Béré, au diocèse de Nantes; Lehon et Notre-Dame de Combourg, au diocèse de Saint-Malo. Anciennement presque tous les prieurés étaient adultérins, maintenant il n'en reste plus que sept: Pierrefonds, au diocèse de Soissons; Sainte-Céline, au diocèse de Meaux; Chouzy, au diocèse de Chartres; la Roche-sur-Yon, au diocèse de Luçon; Chantoceaux, au diocèse de Nantes; Fougères, au diocèse de Rennes; et Vitry, au diocèse de Thérouannes. Parmi les prieurés simples, Châtelaudren, Lavaré et Saint-Martin de Morlais, sont fillettes de Lehon; Montaudin et Lincé dépendent de Fontaine-Géhart; Aiguefeuille, du prieuré de Château-du-Loir; Ortillon, du prieuré de Rameru; Neuf-Fontaines, du prieuré de Pierrefonds et autres. Parmi les prieurés non-sociaux on classe le prieuré des Sept-Dormants, situé près de l'église, dans l'enceinte des murs du monastère: ses revenus sont très-modiques. Ce lieu fut habité d'abord par saint Gatien qui y bâtit une église pour les premiers chrétiens. Les sept dormants, cousins de saint Martin, y vécurent pendant de longues années et y moururent; c'est d'eux que ce lieu tira son nom. Vivoin, abbé de Marmoutier, restaura ce prieuré en l'an 711, et lui assigna des revenus et des terres près de Tavant, pour l'entretien de six religieux (1). Mais tous ces revenus sont disparus par le temps et les guerres, et le prieuré ne possède plus que vingt livres de rente léguées par Louis Cerclet, prieur des Sept-

(1) La charte de l'abbé Vivoin est du premier janvier 845.

Dormants et de Bellême, et en outre la maison, les jardins, trois quartiers de vigne et un demi-quartier de pré ; de plus le prieur est exempt de toute charge et de toute réparation.

A quatre milles de Marmoutier, sur la cime d'une colline, existe Saint-Venant de Maillé, autrefois prieuré conventuel, mais tellement ruiné par les guerres qu'il n'a plus conservé que son nom. Il fut fondé vers l'an 1054 par Hardouin de Maillé ; et dans ce temps il possédait de beaux édifices et des biens considérables. Les bâtiments actuels ont été construits par de Montar, prieur de Saint-Venant et grand prieur de Marmoutier. Ce prieuré possède en tout soixante arpents de terres, quatorze de prés et six de vignes, mais il est grevé de lourdes charges envers l'abbaye, envers l'archevêque et le seigneur de Maillé, auquel il doit chaque année des galettes ou feuillées en pur froment et un quart de vin.

Le prieuré de Fontcher fut fondé par le comte Eudes II et sa femme Ermengarde.

Sapaillé fut donné à Marmoutier par Geoffroy, vicomte de Châteaudun, du temps de l'abbé Albert.

Vers l'an 1058, Geoffroy Barbu, comte de Touraine, donne à Marmoutier le prieuré de Saint-Sulpice du Louroux.

L'obédience de Négron est donnée à Marmoutier, en 1062, par Gaultier de Dox et Archambaud.

Adelin, seigneur de Semblançay, et Roharde, sa femme, font donation du prieuré de Semblançay à Marmoutier, en 1081.

C'est aux seigneurs de Preuilly, que l'on doit la fondation du prieuré de Saint-Vincent de Lavaré.

La métairie de Chahaignes fut donnée à Marmoutier en 1363, sous l'abbé Géraud Paute, par Jeanne de Bourgogne, reine de France, qui avait alors l'administration des biens de Catherine de Maillé.

Cette chronique restée jusqu'ici inédite, n'a pas été connue par Dom Martène, l'historien de Marmoutier. Elle fut recueillie par Dom Housseau, et se conserve aujourd'hui à la Bibliothèque Impériale, dans le XV° volume de sa collection, f° 362 r° à 369 v°. Les cinq dernières lignes de la chronique, p. 399, sont écrites et signées par Jacques d'Huisseau; tout le reste de la chronique est écrit de la main de Dom Charles, moine de Marmoutier,

XV.

CHRONIQUE DE L'ABBAYE DE GATINE.

La chronique de l'abbaye de Gâtine (p. 374-375) consiste dans le récit de six ou sept événements intéressant l'histoire de la Touraine et de ce monastère, qui ont été sans doute écrits par un religieux de cette maison, sur un manuscrit qui contenait une chronique de l'abbaye de Saint-Évroul. Le premier fait tourangeau qu'elle cite remonte à l'an 1173 et elle se termine à l'an 1226.

D. Bouquet et ses continuateurs ont donné cette chronique avec l'addition du moine de Gâtine dans le tome XII, page 774, et le tome XVIII page 322 des Historiens des Gaules. Nous ignorons la destinée du manuscrit qui leur servit.

Cette chronique mentionne la mort d'Alain premier abbé de Gâtine à l'année 1173, et lui donne pour successeur Geoffroy.

En 1226, sous Jean, sixième abbé de Gâtine, l'abbaye est dévorée par un incendie.

Le moine de Gâtine donne aussi, quoique d'une manière qui ne concorde pas toujours avec les autres chroniques et les chartes, la date de la mort de plusieurs archevêques de Tours; nous remarquons Joscius en 1174 auquel succède Barthélemi II.

Celui-ci meurt en 1207 et a pour successeur en la même année Geoffroy de la Lande, archidiacre de Paris.

Geoffroy est remplacé en 1209, année de sa mort, par Jean de Faye, doyen de Tours.

Juhel de Mateflon, doyen de Tours, succède en 1226 à Jean de Faye sur le siége métropolitain de Tours.

Le chroniqueur cite encore l'écroulement de l'église de Saint-Julien le 24 février 1226, et deux jours après la chute d'un hêtre élevé qui servait de loin de signal aux voyageurs.

XVI.

CHRONIQUE DE L'ÉGLISE NOTRE-DAME DE LOCHES.

Le fragment de chronique de l'église de Loches, que nous publions dans ce recueil, p. 376-380, nous fait connaître quelques faits qui se rapportent à la fin du XIe siècle et surtout au XIIe siècle.

Rédigée par un chanoine de cette église vers la fin du XIIe siècle, elle semble n'avoir été écrite que pour bien fixer la limite des droits du prieur et des chanoines, dans le partage des prébendes. Du reste elle est assez impartiale et sincère, et donne les textes des deux titres authentiques qui servirent à terminer ce différend.

Quelques lignes serviront à résumer les notions transmises par notre chronique.

Pendant la vie du comte Geoffroy Ier Grisegonelle, fondateur du chapitre de Loches, il n'y eut dans l'église de Notre-Dame que douze chanoines, selon le nombre des apôtres.

Du temps de Foulques III Nerra, un homme riche, nommé Marco, demanda aux chanoines de recevoir son fils comme treizième chanoine, leur promettant de faire des donations au chapitre, s'ils lui accordaient sa demande; les chanoines y consentirent et la donation fut faite. Il fut statué que sur les treize chanoines, neuf seraient prêtres et les autres diacres; le prieur devait être choisi parmi les prêtres, et assez instruit pour pouvoir être utile à la communauté. Anciennement le prieur n'avait qu'une prébende comme tous les autres chanoines, mais il avait la première place au chœur et faisait au chapitre les propositions et les conclusions.

Après la mort du prieur Rogon, sa dignité resta pendant quelques années vacante. Enfin le comte Foulques V, qui devint plus tard roi de Jérusalem, nomma prieur de Loches Thomas Pactius, son notaire.

Longtemps après sa nomination, Thomas Pactius vint habiter Loches, et enrichit son église avec les revenus de sa charge de prieur, et avec ses propres deniers, car il était riche. Il fit d'abord faire des livres pour son église, deux volumes de la Bible, quatre passionaux, un Bedda, un missel, un évangéliaire, un épistolaire et un martyrologe. Il bâtit la tour et les moulins de Corberi, le four de Beaulieu, la maison, l'étang et le moulin de Gisors. Il achète des prés et des terres à Gisors; Brice lui vend la motte de Corné(?) *Contumacum*, avec ses dépendances et la moitié du four; et il fait don à l'église de Loches de toutes ces acquisitions. Vers la fin de sa vie, voyant que le plafond du milieu de l'église composé de solives peintes et consumées par la vétusté menaçait ruine, il fit enlever ces bois et couvrit le milieu de l'église qui est entre les deux clochers d'une façon merveilleuse avec deux tours que l'on appelle dômes, *dubœ*; il fit aussi faire les arcades de pierre et les colonnes qui soutiennent les dômes avec son argent et celui que les nouveaux chanoines donnèrent pour cette œuvre, à leur réception. Le pape Eugène III confirma par une bulle les donations de Thomas Pactius.

Enfin Thomas, parvenu à une extrême vieillesse, voulut se démettre de sa charge, en gardant tous les revenus qu'il avait donnés au chapitre, mais les chanoines s'y opposèrent. Alors Henri II roi d'Angleterre termine le différend par un mandement adressé à Thomas et au chapitre de Loches, par lequel il concède à Thomas, à cause des grands biens dont il a enrichi l'église, deux prébendes, à savoir celle qui, donnée par Marco, est moindre que les autres, et une seconde prébende de même revenu que celle des autres chanoines ; Thomas sera astreint à la résidence, et les revenus de l'église seront administrés par le prieur et les chanoines d'un commun accord.

Ce mandement daté, dans le manuscrit dont nous nous sommes servi, de l'année 1088, doit être reporté aux premiers mois de l'année 1168 ; puisque ce fut le 27 avril de cette année que mourut Thomas Pactius d'après l'obituaire de la collégiale de Loches.

Après la mort de Thomas, Geoffroy de Brice son successeur vint trouver le roi Henry II le priant de lui confirmer ce qu'il avait accordé à Pactius. Mais le roi répondit qu'il n'en serait point ainsi ; il ordonne que tous les revenus de l'église appartiendront aux chanoines, qui en disposeront d'un commun accord avec le prieur. Celui-ci aura deux prébendes, de même que Pactius, mais s'il ne réside pas, il n'aura que la prébende de Marco.

Cette chronique était contenue dans le cartulaire de l'église collégiale de Loches, écrit en 1514, et qui existait encore en 1789 ; nous ignorons sa destinée, quoique tout porte à croire qu'il a été anéanti à cette malheureuse époque comme tant d'autres manuscrits si intéressants pour l'histoire. Les fragments que nous publions avaient été copiés par Dom Housseau, et nous les avons recueillis dans le volume XI n° 6145 à 6148 de sa collection, conservée à la Bibliothèque Impériale.

CHRONICON
PETRI FILII BECHINI.

(*Ab A. J. C.* 250 (1) *ad A.* 1137) (2).

Christianorum septima persecutio a Decio facta, ob odium Philippi.

Romæ, xxii^{us} episcopus Cornelius, annis ii. Exstant ad eum Cypriani epistolæ. Antonius monachus claruit.

Gatianus Turonis mittitur, et sedit annis L, et cessavit episcopatus annis xxxvii.

---

(1) La chronique de Pierre, fils de Bechin, commence à la création du monde et finit à l'année 1137. Nous la publions seulement à partir de l'avènement de Trajan Dèce, parce que le premier fait de l'histoire de Touraine, mentionné par le chroniqueur, appartient au règne de cet empereur.

(2) Le manuscrit n° 4999^a, fonds latin de la Bibliothèque nationale, renferme la chronique de Pierre Bechin, depuis la création du monde, avec des additions jusqu'à l'année 1199, par un écrivain inconnu. Malgré nos démarches réitérées, et le zèle tout particulier que l'on a mis à le rechercher, nous avons le regret d'annoncer, après avoir longtemps suspendu notre travail, dans l'espérance d'en publier les variantes et les additions, que cet important manuscrit n'a pu nous être communiqué et a échappé, jusqu'à ce jour, à toutes les recherches de messieurs les conservateurs de notre grand dépôt littéraire.

Decius cum filio occiditur. Sub eo passi sunt Abdon et Senes.

A. M. VMCCCCL. — DECIUS (1) ANNO I.

Gallus rex et Volusianus ejus filius.

Romæ, Lucius XXIII^{us} episcopus, mensibus XVI; post quem XXIV^{us} episcopus Stephanus, annis III. Exstant ad utrumque Cypriani epistolæ (2).

Origenes, LXX° ætatis suæ anno, Tyro sepultus est. Novatus (3) hæresim condidit.

A. M. VMCCCCLII. — GALLUS (4) ANNIS II.

Galienus et Valerianus. Anno imperii eorum quarto, christianorum octava persecutio a Valeriano, qui, a Sapore Persarum rege captus, miserabiliter consenuit.

Romæ, XXV^{us} episcopus Sixtus, annis II, mense I. Hic et Laurentius passi sunt sub Decio cæsare. Cyprianus martyrio coronatur.

Romæ, XXVI^{us} episcopus Dionysius, annis IX.

Romæ, XXVII^{us} episcopus Felix, annis V.

Galienus christianis pacem reddidit, et post Mediolani occiditur.

A. M. VMCCCCLXVII. — VALERIANUS (5) ANNIS XV.

---

(1) Trajanus Decius.

(2) Manuscrit 2825, fonds latin de la Bibliothèque nationale. Cette phrase est omise dans le manuscrit du Vatican n° 609, fonds de la reine de Suède.

(3) Novatus, presbyter Carthaginiensis, docuit non esse in ecclesia potestatem remittendi peccata post baptismum commissa, et secundas nuptias esse illicitas.

(4) Trebonianus Gallus.

(5) Valerianus, pater vel senior.

Claudius Gothos ab Illyrico expulit; sub eo obiit Dionysius papa.

A. M. VMCCCCLXIX. — CLAUDIUS (1) ANNIS II.

Anno Aureliani v°, christianorum nona persecutio. Sancta Columba sub eo passa est. Aurelianis ab eo nomen accepit, quæ prius Ginabum (2) dicebatur.

Romæ, xxviii^{us} episcopus Ethitichianus (3), mensibus viii, post quem xxix^{us} episcopus Gaius, annis v. Ante pedes Aureliani fulmen cecidit, et post occiditur.

A. M. VMCCCCLXXVI. — AURELIANUS (4) ANNIS V.

A. M. VMCCCCLXX. — DACIUS (5) ANNO I.

Manichœorum (6) hæresis orta est. Galli vitem colunt. Probus occiditur.

A. M. VMCCCCXXXI. — PROBUS (7) ANNIS VI.

Carus regnat cum filio Carino et Numeriano. Carinus victus in prœlio occiditur. Numerianus a socero suo Apro (8) occiditur. Carus de Persis triumphat et super Tigrim fulmine ictus obiit.

A. M. VMCCCCLXXXI. — CARUS (9) ANNIS II.

(1) Claudius Gothicus.
(2) *Genabum*, J. Cæsar; *Cenabum*, Peutinger.
(3) Eutychianus. Nous n'avons pas besoin de faire remarquer que toute cette chronologie des évêques de Rome est pleine de grossières erreurs.
(4) Lucius Domitius Aurelianus.
(5) On doit évidemment lire Tacitus, cependant le manuscrit du Vatican n° 609 et le n° 2825 de la Bibliothèque nationale portent Dacius.
(6) Manes docuit duo esse principia coæterna, unum bonum, alterum malum; nihil esse vero spirituale, sed omnia esse corporalia, etc.
(7) Marcus Aurelius Probus.
(8) Arrius Aper, préfet du prétoire, son beau-père.
(9) Marcus Aurelius Carus.

Diocletianus Dalmata, scribæ filius, divinis libris adustis, martyria fecit et primus gemmas in vestibus misit. Anno Diocletiani xix°, christianorum decima persecutio. Legio Thebæorum, duce Mauricio, interempta est.

Romæ, xxx⁸ episcopus Marcellinus, annis ix.

Diocletianus in consortium Regni assumpsit Herculium (1) Maximianum et Galerium Constantium. Galerius vero filiam Diocletiani Valeriam duxit. Constantius (2) vero Theodoram, privignam Herculii, duxit, ex qua sex filios habuit. Constantinum vero ex concubina Helena habuit.

Sub eo Anastasia virgo passa est et Sebastianus martyr et beata Agnes et beata Agathes. Marcellinus papa et Ciriacus diaconus passi sunt sub Maximiano et xvii (3) millia, mense uno. Gervasius et Protasius passi sunt Mediolano. Gorgonius, Cosmas et Damianus, Quintinus Virmendensis, Grisogonus, Lucia.

Romæ, xxxi⁸ episcopus Marcellus, annis v (4), mensibus vii. Hic instituit titulos Romæ propter baptismum et pœnitentiam.

A. M. VMDIII. — DIOCLETIANUS ANNIS XX.

Anno persecutionis secundo, Diocletianus Nicomediæ, Maximianus Mediolani deponunt purpuram.

Romæ, xxxii⁸ episcopus Eusebius sub quo inventa est crux Domini, annis vi, mensibus viii. Post quem xxxiii⁸ episcopus Melciades, annis iiii.

---

(1) Tous les manuscrits écrivent ainsi ce mot. A. M. Valerius Maximianus, vulgo Hercules vel Herculeus.

(2) Constantius Chlorus.

(3) Le manuscrit du Vatican porte xxvii.

(4) Le manuscrit du Vatican, annis ii.

Maximinus et Severus a Galerio cæsares facti sunt. Constantius Britones qui de suo erant exercitu constituit in occidentali parte Galliæ, ubi sunt usque ad hunc diem. Imperii autem anno xvi° moritur, post quem Constantinus filius ejus regnum invasit.

A. M. VMDV. — GALERIUS ANNIS II.

Nicena synodus congregatur cccxviii episcoporum contra Arium, sub Julio papa.

Crux Christi ab Helena, matre Constantini, reperitur (1).

Severus cæsar occiditur. Licinius a Galerio fit imperator.

Herculius Maximianus, detectus a filia sua Fausta, quod dolum marito suo Constantino faceret, Massiliæ occiditur.

Galerius moritur.

Romæ, xxxiiii^{us} episcopus Silvester, annis xxii. Hic statuit chrisma ab episcopo confici et baptismum confirmari, et dalmaticis indui, et sacrificium in lineum pannum involvi.

Maximianus cæsar, persecutione in christianos facta, moritur.

Maxentius, filius Herculii Maximiani, a Constantino victus, occiditur.

Diocletianus moritur.

Anno Constantini viii°, pax christianis reddita.

Crispus et Constantinus, filius Constantini, et Licinius adolescens, filius Licinii et Constantiæ, sororis Constantini, cæsares facti. Constantinus, filius Constantini, cæsar factus.

---

(1) Jerusalem reperitur (manuscrit du Vatican).

Alexander, episcopus Alexandriæ, Arium (1) ab ecclesia ejecit.

Constantius Julianum Apostatam cæsarem fecit.

Ut Gregorius Turonensis refert, Martinus natus est anno imperii Constantini xi°. Ipse inter scholares alas sub rege Constantio, dehinc sub Juliano cæsare, militavit. Cum esset annorum x fit catechumenus; cum esset annorum xv in armis fuit; cum esset annorum xviii baptisatus est; post baptismum per biennium militavit (2); sub Juliano, apud Vagionum (3), militiæ renuntiavit.

Licinius senior occiditur.

Crispus et Licinius junior occiduntur.

Huc usque scribit Eusebius Pamphilus contubernalis, usque ad xx^{um} Constantini annum. Hieronymus vero addit usque ad xv^{um} Valentis annum quod interiit.

Nicholaus episcopus claret. Constantinus Faustam uxorem suam occidit.

Dedicatur Constantinopolis, omnium pene urbium nuditate.

Romæ, xxv^{us} episcopus Marcus, mensibus viii; post quem xxxvi$_{us}$ episcopus Julius, annis xvi.

Edicto Constantini templa gentilium subversa sunt.

Constans, filius Constantini, provehitur ad regnum. Constantinus, vitæ tempore, ab Eusebio, Nicomedense episcopo, baptisatus, in arianum dogma declinat et juxta Nicomediam moritur, anno vitæ lxvi°.

---

(1) Arius, presbyter Alexandriæ, docuit Filium Dei esse creaturam, non esse coæternum Patri, non esse coessentialem Patri.

(2) Perambiavit (manuscrit du Vatican).

(3) *Worms*. Apud Vangionum civitatem (Sulpicius Severus, *de B. Martini vita*, cap. iii).

Rogatu Constantini, Juvencus (1) evangelia versibus scripsit.

Corpora Andreæ apostoli et Lucæ et Timothei a Constantino Constantinopolim translata sunt.

A. M. VMXXXVI. — CONSTANTINUS ANNIS XXXI.

Post Constantinum tres filii ejus, Constantius et Constans et Constantinus, augusti appellantur. Dalmatius, a Constantino patruo suo consors regni cum filiis factus, occiditur. Constantinus junior, bellum fratribus inferens, occiditur.

Vario eventu adversum Francos a Constante pugnatur, III° anno imperii ejus, sed, in v° anno, pax cum eis facta est.

Martinus Hilarium petiit et, visis parentibus, Mediolani mansit.

Hilarius tunc temporis, et Eusebius Vercellensis (2), et Dionysius Mediolanensis episcopi a Constantio (3) exilio sunt damnati.

Ausentius Martinum a Mediolano expulit.

Athanasius, Alexandriæ episcopus, profugus habetur.

Sapor, rex Persarum, christianos persequitur.

Romæ, XXXVII[us] episcopus Liberius, annis VI. Quo in exilium ob fidem truso, Felix papa ordinatur; sed post ejectus est, quia Liberius, exilii tædio victus, hæresiæ pravitati subscribens, Romam regressus est.

---

(1) C. V. Aquilini Juvenci *Historiæ evangelicæ libri IV*. On a donné un grand nombre d'éditions de cet ouvrage.
(2) Ucellensis (manuscrit du Vatican).
(3) Constantius secundus.

Magnentio (1) apud Augustodunum (2) arripiente imperium, Constans haud longe ab Hispania occiditur, anno vitæ xxx°.

Vetranion Ursæ, Nepotianus Romæ imperatores facti; sed Nepotianus occiditur. Vetranioni a Constantio (3) diadema detrahitur.

Magnentius Lugduni seipsum occidit et Decentius, frater ejus, laqueo se suspendit apud Senonas.

Gallus a Constantio, patruele suo, cæsar factus, post ab eodem occiditur.

Victorinus rhetor et Donatus grammaticus, magistri Hieronymi, Romæ clarent.

Antonius monachus, cv° vitæ anno, in heremo (4) moritur.

Gratianus oritur.

Hilarius, jussu Constantii, Pictavis redit, cui Martinus iterum conjungitur.

Constantius moritur anno vitæ xlv°.

Anno imperii Constantis primo, Lidorius, secundus episcopus Turonis fuit, annis xxxiii; sepultus in basilica sui nominis.

Anthropomorphitarum hæresis (5) oritur.

Victorinus rhetor, extremo vitæ tempore, baptisatus est.

Romæ, xxxviii^{us} episcopus Felix secundus, anno uno.

A. M. VMDLX. — CONSTANTIUS ET CONSTANS ANNIS XXIV.

---

(1) Flavius Magnus Magnentius.
(2) Autun.
(3) Constantius Gallus.
(4) Manuscrit du Vatican, in Betuna.
(5) Vadius, Anthropomorphitarum auctor, docuit Deum habere formam humanam.

Julianus in Persas profectus, cum fame et siti apostatam exercitum perdidisset, ab Obivo quodam, hostium equite, conto ilia perfossus, interiit.

Sub quo blanda persecutio undecima magis illiciens ad sacrificandum quam impellens. Hic ex christiano paganus efficitur; cujus rogatu scripsit Priscianus de octo partibus (1).

Julianus Pigineum episcopum, magistrum suum, pro Christo in Tiberim necavit.

Romæ, Johannes et Paulus fratres passi fuerunt.

A.M VMDLXII. — JULIANUS ANNIS II.

Jovianus iterum christianus effectus est. Moritur autem, vitæ anno xxxiii°, factus imperator ex primicerio (2).

A. M. VMDLXIII — JOVIANUS ANNO I°.

Valens, et Valentinianus major frater ejus, primo tribunus.

Romæ, xxxix^{us} episcopus Damasus, annis xviii. Hic instituit psalmos die noctuque cani.

Valens ab Euxodio, Arianorum episcopo, nostros persequitur.

Gratianus, Valentiniani filius, Ambianis fit imperator.

Apud Trabatas lana pluviæ mixta de cœlo fluxit.

Hilarius moritur.

Aitavaricus (3), rex Gothorum, christianos persequitur.

---

(1) Prisciani grammatici *Liber de octo partibus*. Un grand nombre d'éditions.
(2) Premier officier du palais de l'empereur Julien.
(3) Manuscrit du Vatican, Aganaricus.

Eusebius Vercellensis moritur.

Post Ausentii seram mortem, Mediolani Ambrosio facto episcopo, Italia ad fidem convertitur.

Eodem fere tempore quo Martinus episcopus datus est, adiit Valentinianum majorem cujus regiam sellam ignis operuit, quia Martino adsurgere non est dignatus.

Valentinianus moritur.

Gratianus cum Valentiniano fratre suo juniore et patruo Valente regnat.

Valens monachos militare jussit; nolentes vero interfecit.

Gens Hunorum Gothos devastat.

Valens nostros de exilio revocat.

Valens in Thracia, a Gothis fugiens, incensus in casa est.

Hilarius moritur, IIII° Valentis anno.

Tertius beatus Martinus Turonis præfuit, anno Valentis VIII°, et transtulit sanctum Gatianum juxta sanctum Lidorium.

Colliguntur, a XV° Tiberii anno usque ad XV^{um} Valentis annum, anni CCCLIIII; ab urbe condita, anni MCXXXIII. Hoc modo, sub regibus, anni CCXL; sub consulibus, anni CCCCLXIIII; sub augustis, anni CCCCXXIX. Ab Abraham et regno Nini IIMCCCXCIII; ab Adam vero, anni VMDLXXVIII (1). Huc usque Hieronymus; ab Orosio additum est.

Gothi hæretici efficiuntur.

VMDLXXVIII. — VALENS ET VALENTINIANUS MAJOR ANNIS XV.

Gratianus regnavit cum Valentiniano juniore fratre suo et Theodosio, qui Orienti præficit.

---

(1) Ce relevé chronologique est ici établi suivant le texte du manuscrit 2825, fonds latin de la Bibliothèque nationale, le texte du manuscrit du Vatican étant moins clair.

Anno III° Gratiani imperii, cum Maximinus per tyrannidem in Britannia assumpsisset imperium, synodus apud Trevero acta est in qua, propter Priscilliani hæretici (1) necem et Itacii communionem, Martinus injuriatus est. XVI postea vivens nullam synodum adiit, sub Gratiano III, sub Valentiniano VII, sub Theodosio IIII, sub Arcadio II annis.

Maximus Gratianum apud Lugdunum occidit.

Secunda synodus Constantinopolitana, CL patrum, contra Eudosium et Macedonium (2), sub Damaso papa.

Romæ, XL^{us} episcopus Siricius, annis XV. Hic præcepit pœnitentibus ultimum viaticum non negari, et addidit in canone *communicantes*.

A. M. VMDLXXXIIII. — GRATIANUS ANNIS VI.

Valentinianus junior, occiso fratre suo Gratiano, pulsus Italia a Maximo, ad Theodosium in Oriente fugit; cujus auxilio Maximum intra Aquileæ muros occidit captum, quod Martinus Maximo prædixerat.

A Valentiniano Trojani, intra Pannoniam habitantes propter cæsos Halanos, Franci, a duritia vel audacia cordis, attica lingua, sunt vocati. Hi a tributo Romanorum se liberaverunt.

Valentinianus apud Viennam (3) occubuit. Hieronymus in Bethleem prædicatur.

A. M. VMDXCI. — VALENTINIANUS JUNIOR ANNIS VII (4).

---

(1) Priscilianus docuit animas esse ejusdem substantiæ cum Deo.
(2) Macedonius, episcopus Constantinopolitanus, docuit Filium Dei esse Patri per omnia similem, sed Spiritum sanctum esse creaturam.
(3) Vienne, dans la Gaule Narbonnaise.
(4) Annis VII (manuscrit du Vatican).

Ferramundus, filius Sunionis ducis, in regem a Francis elevatur.

Johannes anachoreta claruit.

Tertia synodus Ephesina, cc patrum, contra Nestorium episcopum, sub Celestino papa.

Theodosius Arcadium filium Orienti præfecit; alterum filium Honorium Italiæ, Africæ, Galliis ordinavit, et post Mediolani moritur.

Theodosius Eugenium tyrannum cepit et occidit, et Arbogastis qui Eugenio faverat seipsum occidit. Theodosius de illis triumphavit, turbine venti adjuvante; unde poeta :

O nominum dilecte Deo cui militat œther,
Et conjurati veniunt ad classica venti (1).

Romæ, XLI^{us} episcopus Anastasius, annis III.

A. M. VMDXCV. — THEODOSIUS MAGNUS ANNIS IV.

Anno II°, cum Arcadius et Honorius pariter regnarent, Martinus, Turonorum pontifex, migravit ad Dominum, anno vitæ LXXXI°, episcopatus vero XXVI°.

A passione Domini usque ad transitum beati Martini, ut refert Gregorius Turonensis, anni CCCCXII computantur; juxta vero computum Isidori et Hieronymi sunt anni CCCLXIX.

Anno II° Arcadii, Bricius, civis Turonicus, Turonis præfuit quartus, annis XLVII. Sepultus est in ecclesia quam ipse fecit super beatum Martinum.

Johannes Chrysostomus claret.

---

(1) Claudianus, *De tertio consulatu Honorii augusti.*

Corpora prophetarum Abacuc et Micheæ reperta sunt.
Romæ, XLII*us* episcopus Innocentius, annis xv.

A. M. VMDCVII. — ARCADIUS ANNIS XII.

Clodio, filius Ferramundi, regnavit annis xx. Hic Turnacum, dehinc Cameracum, expulsis Romanis, recepit,

Anno Honorii vii°, Lucianus presbyter reliquias sancti Stephani invenit.

Augustinus claruit.

Anno Honorii xii°, Hieronymus obiit, anno ætatis suæ xci°.

Honorius, post mortem Arcadii, Theodosium filium ejus orientalis imperii consortem habuit.

Anno ab urbe condita MCLXIIII°, Roma per Alaricum, regem Gothorum, capta et pars ejus est incensa.

Constantinum cum filiis, Jovinum cum Sebastiano fratre, Athalum Gothorum viribus fultum, Maximum Hispaniæ purpuratum, aliosque tyrannos exstinxit et Constantium, Placidiæ sororis suæ maritum, consortem imperii fecit, qui cito interiit.

Honorius Ravennæ morbo interiit.

Romæ, XLIII*us* episcopus Zozimus, anno i.

Romæ, XLIIII*us* episcopus Bonefacius, annis iii.

Romæ, XLV*us* episcopus Celestinus, annis ix.

Hic instituit officium ad missam. Antea enim, tantum epistola et evangelio recitatis, missa celebrabatur ab offerenda usque *ite missa est*.

A. M. VMDCXXVII. — HONORIUS ANNIS XX.

Meroveus, de genere Clodionis, regnum Francorum accepit. Id temporis, Anianus episcopus, veniente Othio (1),

---

(1) Il faut évidemment lire Aetio.

patricio Romanorum, et Tursomodo, rege Gothorum, Aurelianum ab Athila, duce Hunorum, auxiliante Christo, liberavit.

Beatus Augustinus, Hipponensis episcopus, anno ætatis suæ LXXVI°, clericatus vero vel episcopatus ferme XL°, obiit.

Ellidius, Alvernensis episcopus, claret.

Sepulchra duorum amantium conjuncta sunt.

Theodosius Valentinianum nepotem suum, filium Placidiæ, anno transacto post mortem Honorii, cæsarem facit et imperio Honorii præfuit, Johannem vero, qui tyrannidem occupaverat, Ravennæ occidit.

A Valentis XV° anno usque ad II^{um} Theodosii annum, id est Valentiniani primum, anni LI sunt; igitur, ab Adam, VMDCXXIX.

In hoc tempus, historiam pertexit Sulpicius Alexander sive Renatus Frigilidus.

Anno Theodosii XVIII°, quintus Eustochius Turonis præfuit annis XVII. Sepultus in basilica beati Martini quam Bricius ædificaverat; hic fecit ecclesiam sanctorum Gervasii et Protasii.

Nestorius (1) hæresiarca existit.

Romæ, XLVI^{us} episcopus Sixtus tertius, annis VIII.

  A. M. VMDCLX. — THEODOSIUS JUNIOR ANNIS XVI.

Anno Marciani II°, Chilpericus (2), filius Merovei, regnum Francorum accepit regnavitque annis XXIV. Hic, quia luxuriosus erat, ejectus est a Francis et Thoringiæ

---

(1) Nestorius, episcopus Constantinopolitanus, docuit Virginem non esse matrem Dei; in Christo esse duas personas, unam divinam, alteram humanam.

(2) C'est le Childéric des historiens français.

regem Byssinum (1) petiit. Franci vero Egydium, Romanum magistrum militum, vIII annis regem habuerunt; sed, post, Chilpericus rediit, Francis pacatis, accepta parte solidi quem cum amico suo, in signum redditus, dimiserat. Basina vero, uxor Basini, ad eum venit quam duxit et, ex ea, Clodoveum genuit.

Sidonius, Alvernensis episcopus, claret. Hunc duo presbyteri arcebant; sed unus eum ejecturus emisit interna per posteriora, alter, eo mortuo, dum in locum episcopi ad cœnam sederet, pincerna narrante visionem in qua eum Sidonius vocabat ad judicium ante judicem, mortuus est.

Quarta synodus Chalcedonensis, DCXXX patrum, contra Eutychem abbatem, Leone papa.

Germanus Autissiodorensis, et Lupus Trecassinus episcopi Britanniam, quæ nunc Anglia dicitur, venerunt hæresim Pelagianam impugnantes.

Eo tempore, Saxonum infestabant Britones Pictorumque gens quam Germanus, dux belli, cantu *Alleluia*, in fugam vertit.

Idem Ravennæ veniens a Valentiniano socio Marciani et a Placidia, matre ejus augusta, ibidem susceptus obiit. Corpus ejus Autissiodorum delatum est.

Etius (2) Hilæ patricius quondam terror a Valentiniano occiditur.

Germanus Genovefam virginem sacravit, et Parisius sepulta est.

Caput Johannis Baptistæ ab ipso duobus monachis revelatum est.

(1) Il faut lire Basinum comme plus bas.
(2) Il faut lire Aetius et construire la phrase ainsi : *Aetius patricius, Athilæ quondam terror*. Tous les manuscrits contiennent le texte comme nous l'avons imprimé.

Romæ, xlvii**us** episcopus Leo Magnus, annis xxi.

A. M. VMDCLX. — MARCIANUS ANNIS VI.

Egyptus errore Dioscorus latrat.

Anno Leonis ii°, Sextus Perpetuus propinquus Eustochii, Turonis præfuit, annis xx. Sepultus est in basilica quam ipse fecit super sanctum Martinum, amota priori basilica, et in ea transtulit corpus beati Martini, angelo annuente, anno lxiiii° post ejus obitum.

Anno Leonis v°, et anno Verbi incarnati ccccLxix°, venere Angli et Samnsones Britanniam, quæ nunc Anglia dicitur, ad defendendum Britones a Scothis, rege Britanniæ Urgerno, duce Anglorum Angesto.

Omnis terra quæ sub septentrione jacet vocatur Germania, quia tantum virorum germinat, et Angli et alii multi dicuntur Germani.

Egelbirtus, quintus rex Anglorum, accepta in uxore filia regis Francorum, per prædicationem Augustini episcopi credidit.

Filia Leonis imperatoris a Nicetio (1), Lugdunensi episcopo, a spiritu immundo curata est, cum esset archidiaconus, ob quam rem imperator dimisit tributum Lugduni, et calicem et patenam et capsam evangelii ex auro Nicetio transmisit; sed nuntius ea de aurato deaurata reddidit, quo a terra absorpto, verus calix redditus est.

Romæ, xlviii**us** episcopus Hilarius, annis vii.
Romæ, xlviiii**us** episcopus Simplicius, annis xv.

A. M. VMDCLXXVI. — LEO MAJOR ANNIS XVI.

---

(1) Niceto (manuscrit du Vatican); ce nom n'est pas compris dans la liste des archevêques de Lyon des auteurs modernes.

Acephalorum (1) hæresis orta.

Sanctus Mamertus, Viennensis pontifex, ante Ascensionem letanias instituit.

Septimus Volusianus, propinquus Perpetui, Turonis præfuit, annis VII, mensibus II. Hic a Gothis suspectus, quod se Francis subdere vellet, exilio pulsus, Tolosæ obiit martyr.

Octavus Virus Turonis præfuit, annis XI, diebus octo. Hic, propter supra dictam causam, a Gothis pulsus, exilio obiit.

Anno Zenonis IIII°, Clodoveus, filius Chilperici, regnum Francorum accepit.

Clodoveus, anno V° regni sui, Siagrium, filium Egidii, Suessioni sedem regni habentem, vicit, et, ab Alarico, apud quem Tolosæ fugerat, per legatos suos eum accepit et occidit. Adhuc gentilis urceum quem prædaverat legatis cujusdam episcopi reddidit Suessionis et, in sequenti anno, Francum qui ei urceum habere extra partem negaverat cum securi occidit.

Clodoveus uxorem accepit Clochildem, filiam Chiperici, fratris Gondobaldi, regis Burgundionum, quem Gondobaldus occidit cum uxore. His fuerunt fratres Godigisilus et Godomarus, filii Gundeuchi, ex genere Anataraci (2), regis Gothorum, christianorum persecutoris. Hos fratres Clodoveus sibi tributarios fecit.

Clodoveus filium habuit ex concubina Theodoricum, et, decimo anno regni, Toringos subjugavit.

Corpus sancti Barnabæ ab ipso revelatum est.

Romæ, L^{us} episcopus Felix tertius, annis VIII.

---

(1) Acephali duarum in Christo substantiarum proprietatem negabant, et unam in ejus persona prædicabant naturam.

(2) Anatharici (manuscrit du Vatican); probablement Athalaricus, roi des Goths, dont on a des monnaies.

Romæ, LI^m episcopus Gelasius, annis IV.

A. M. VMDCXCIII. — ZENON ANNIS XVII (1).

Fulgentius episcopus prædicatur.

Nonus Licinius, primum abbas ecclesiæ ubi sanctus Venantius jacet, Turonis præfuit annis XII, mensibus II, diebus XV (2); sepultus in basilica sancti Martini.

Clodoveus, anno regni XV°, pro Alamannorum victoria, suadente regina Clochilde (3), a sancto Remigio Remensi et Solemni Carnotensi episcopis, primus in Francorum regibus baptisatus est.

Clodoveus et Alaricus sub Ambaziaco collocuti sunt. Postea, a Clodoveo Alaricus arianæ sectæ devictus, occisus est anno regni sui XXII°, Clodovei vero regni XXV°. Filius ejus Amalaricus Hispaniam fugit regnum patris accipiens.

Clodoveus inde rediens Turonis venit et multa beato Martino obtulit; equum etiam suum quem ante pugnam dederat; datis C solidis, nullatenus movit, sed, datis aliis C, statim solutus est. Tunc rex ait: *Vere beatus Martinus bonus in auxilio et carus in negotio.* In eadem ecclesia coronatus est Licinio Turonensi episcopo.

Inde Parisius veniens, ibi sedem regni constituit. Regnum etiam Germanorum accepit, occiso Sigeberto, consilio filii sui Cloderici, qui primus in arca ubi erant thesauri patris inclinans occisus est.

Inde Regnacarium (4), parentem suum, regem Came-

---

(1) XVIII (manuscrit 2825); le chiffre XVII inscrit sur le manuscrit du Vatican est plus exact. Zenon, associé à l'empire dès l'année 474 de l'ère chrétienne, est mort en 491.

(2) XXV (ms du Vatican).

(3) Nos ms écrivent ce nom de trois manières: Clochildis, Clochiidis, Colchildis; nous avons adopté la première.

(4) Regnarium (ms du Vatican).

raci (1), cum fratre ejus Richario occidit et fratrem eorum Rignomarum occidere fecit. Regnacarius habuit consiliarium Farronem, proditoribus cujus, qui leudes et fideles fuerant, c armillas et baltheos æreos deauratos pro aureis Clodoveus dedit, quibus de hoc conquerentibus ait : *Merito tale aurum accepit qui dominum suum ad mortem deducit.*

Anno Anastasii xvi°, Clodoveus mortuus est, anno regni xxx°. Sepultus Parisius, in ecclesia sancti Petri apostoli, quam ipse fecerat, quæ nunc in honore sanctæ Genovefæ, ibi etiam sepultæ dicitur.

A transitu beati Martini usque ad transitum Clodovei fuerunt anni cxii; anno Licinii Turonensis episcopi xi°.

Clochildis post mortem Clodovei, Turonis beato Martino deserviebat, raro Parisius visitans.

Mortuo Clodoveo, filius Clotarius sedem habuit Suessionis, habens Normanniam et Flandriam; Childebertus habuit sedem Parisius, habens Turonum et Aquitaniam; Clodomiris habuit sedem Aurelianis, habens Burgundiam; Theodoricus habuit sedem Remis, habens gentes quæ sunt ultra regnum. Hic habuit filium Theodebertum. Hic sanctum Quintianum episcopum, a Ruthena ejectum, Alvernis præfecit.

Dani Gallias infestantes a Theodeberto devicti (2) sunt.

Mortuo Gondebaudo, Sigismundus, filius ejus, rex fuit Burgundionum; ejus filiam accepit Theodoricus.

Sigismundus monasterium Agaunensium martyrum ditavit et juge psallentium ibi instituit, pœnitens pro filio quem occiderat consilio novercæ.

Sigismundus ad Agaunenses fugiens, a Clodomire

---

(1) Camerici (ms du Vatican), *Cambray.*
(2) Occisi sunt (ms du Vatican).

captus Calumna (1), Aurelianensi vico, cum uxore occisus est et filiis. Clodomiris vero Godomarum, insequens fratrem Sigismundi, occisus est, juxta quod ei sanctus Avitus, abbas Aurelianensis, prædixit. Sigismundus vero, apud Agaunenses sepultus, multis signis se sanctum esse ostendit.

In monasterio Agaunensi, propter filium mortuum ipsius ecclesiæ monachum, mulier plorans, a sancto Mauritio per visum consolata, vocem filii inter psallentes audiebat omni vita sua.

Romæ, LII^{us} episcopus Anastatius secundus, anno I.

Romæ, LIII^{us} episcopus Symmacus, annis XV. Hic constituit *Gloria in excelsis* cani per festos dies.

Romæ, LIIII^{us} episcopus Hormisdas, annis IX.

A. M. VMDCCXX. — ANASTATIUS ANNIS XXVII.

Acephalorum hæresis abdicatur. Anno Childeberti et Clotarii XII°, ecclesia Scrinioli dedicata est, habens mansos DCC.

Decimo loco, Theodorus et Proculus (2), jubente Clochilde, Turonis præfuerunt, de Burgundia propter eam pulsi, annis II, sepulti in basilica sancti Martini.

Undecimus Divinius, Burgundia veniens, jubente Clochilde, Turonis præfuit mensibus X; sepultus in ecclesia sancti Martini.

Duodecimus Martius (3), ex civibus Alvernis, præfuit

---

(1) *Coulmier*, dans l'Orléanais. Vide Greg. Tur., *Historia Francorum*, lib. III., cap. VI.

(2) L'auteur de la chronique fait exactement occuper le siége episcopal de Tours par deux prélats à la fois, et ne les compte que pour un seul dans l'ordre numérique.

(3) Ommatius. Greg. Tur., *Hist. Francorum*, lib. III., cap. XVII.

Turonis annis IIII, mensibus V; sepultus in basilica Sancti Martini. Hic incipit ecclesiam Sanctæ Mariæ infra muros.

Tertius decimus Leo præfuit Turonis mensibus VI, primum abbas Sancti Martini. Faber lignarius faciens turres tectas holochryso et toto aurato; sepultus in basilica Sancti Martini.

Quartus decimus Francilio Turonis præfuit annis II, mensibus VI; civis Pictavus, habens conjugem Claram, filios non multos, agros ecclesiæ Martini dederunt; in basilica Sancti Martini sepultus.

Clotharius et Theodoricus Toringiam vastaverunt. Clotarius Radegundim, filiam Bertarii, regis Toringorum, duxit et post fratrem ejus occidit. Ipsa quoque Pictavis sanctimonialis effecta est.

Childeberto eunti in Hispaniam, sanctus Eusitius (1), Biturici pagi incola, victoriam prædixit, nolens L aureos accipere ab eo. Super eum defunctum rex ecclesiam fecit.

Chidebertus Amalaricum, regem Hispaniæ, filium Alarici, arianum occidit, et uxorem ejus et sororem catholicam adduxit; sed, in itinere mortua, juxta patrem est sepulta. Ab Hispanio attulit patenas XV, calices LX, capsas evangeliorum XX, omnia ex auro et gemmis, quæ dedit ecclesiis.

Mundericus se regem faciens a Theodorico occisus est.

Clotarius et Childebertus, Parisius, filios Clodomiris duos Teodovalium et Guntarium occiderunt; tertius Clodovaldus presbyter factus migravit ad Dominum.

Gregorius Lingonensis episcopus claruit, cujus nepos Attalus, a Leone coquo, a potestate barbari Treverici furatus est.

---

(1) Saint Eusice, abbé de Celles, mort vers 542.

. Tempore Justini, cum Theodoricus Valamer, rex Gothorum, per tyrannidem Romam invasisset, Simmachum et Boetium occidit, ipsum et Johannem papam, anno II° pontificatus, et post ipse moritur.

Benedictus abbas claruit.

. Romæ, LV^{us} episcopus Johannes, annis II.

Romæ, LVI^{us} episcopus Felix quartus, annis IIII. Hic ecclesiam Cosmæ et Damiani Romæ fecit.

A. M. VMDCCXXVIII. — JUSTINUS ANNIS VIII.

Quintus decimus Injuriosus Turonis præfuit annis XV, mensibus XI, diebus XXVI, civis Turonicus de Inferioribus populi. Hic peraedificavit ecclesiam Sanctæ Mariæ infra muros urbis. Hic etiam constituit Tertiam et Sextam dici in ecclesiam. Sepultus in basilica Sancti Martini.

Qui Martinus, licet apostolorum tempore non fuerit, apostolicam tamen gratiam non effugit; nam quod defuit ordine, suppletum est in mercede: quoniam sequens gradus illi nihil substrahit, quem meritis antecellit.

Martini precibus, Vitalina virgo, apud Artonam (1), Avernensem vicum, sepulta, quæ sexta feria caput abluerat, meruit præsentiam Domini. Hæc Vitalina, in festo suo, Eulalio archipresbytero esocem piscem dedit, Edatioque presbytero trientem ad vinum coemendum.

Vuandali in Africa extinguntur.

Quinta synodus Constantinopolitana contra Theodorum, Vigilio papa.

Theodoricus anno regni XXIII° obiit, cujus regnum Theodebertus filius ejus accepit. Huic sanctus Aredius,

---

(2) Artonne, en Auvergne. On trouve dans Grégoire de Tours : Arthonam et Arthonensem vicum. Greg. Tur., *De gloria confessorum.*

primo traditus, post a Nicetio Travarisensi episcopo clericus factus, ccciesias in Lemovico ædificavit, Pelagia matre possessiones procurante.

Theodebertus et Childebertus Clotarium occidere voluerunt, sed Clochildis sepulcrum beati Martini adiit orans pro eis; tunc tempestas super Childebertum et Theodebertum cecidit, quod commoti pœnituerunt; super Clotarium vero gutta pluviæ non cecidit.

Childebertus et Clotarius Cæsar-Augustam (1) obsiderunt, sed, pro reverentia tunicæ sancti Vincentii, eam non destruxerunt, maximam tamen partem Hispaniæ ceperunt. Childebertus, afferens stolam sancti Vincentii, in ejus honore Parisius ecclesiam fecit.

Theodebertus Italiam et Siciliam per Bucilenum (2) acquisivit, obiitque anno regni xiiii°. Theodovaldus, filius ejus, regnavit pro eo.

Anno imperii Clotarii xxxvii°, tempore Injuriosi, Turonici episcopi, Clochildis Turonis obiit, Parisius juxta Clodoveum sepulta.

Sanctus Medardus Suessionis episcopus obiit, super quem Clotarius ecclesiam construxit.

Sextus decimus Baudinus (3) Turonis præfuit annis v, mensibus x, ex referendario Clotarii episcopus factus. Hic instituit mensam canonicorum; sepultus in basilica Sancti Martini.

Post mortem Clodovei Britones, qui in occidentali parte Galliam habitant, sub Francis fuerunt, non reges, sed comites dicti.

Anno Justiniani xxix° et anno Verbi incarnati DLXI°, apud Nortanimbros, qui sunt populi Anglorum, regni

---

(1) *Sarragosse*, capitale du royaume d'Aragon.
(2) Buccellinus. Greg. Tur., **Historia Francorum**, lib. iv., cap. ix.
(3) *Saint Bauld*.

Alle anno xxx°, hujus tempore, venales pueri Romam sunt adducti, ad quos postmodum papa Gregorius prædicatores misit.

Clotarius de Ingunde habuit Guntarium, Childericum, Caribertum, Guntrannum, Sigebertum et Closindim; de Arunde (1), sorore Ingundis, Chilpericum; de Consena Crannum.

Sanctus Gallus, Alvernensis episcopus, obiit, patruus Gregorii Turonensis. Cato presbyter invasit episcopatum, sed Cautinus archidiaconus a Theodobaldo rege episcopus factus est. Post ad Turonicum episcopatum, jubente Clotario, Cato electus eum respuit, et post habere voluit, sed Eufronius electus erat. Caintuus Anastasium presbyterum vivum sepelivit, sed evadens cuncta regi nuntiavit.

Theodobaldus obiit, anno regni vii°. Regnum ejus accepit Clotarius, qui Toringos et Saxoniæ partem delevit.

Childebertus obiit anno regni xlv°. Parisius sepultus est in ecclesia Sancti Vincentii, quam ipse fecit.

Septimus decimus Turonis præfuit Guntarius (2), primum Sancti Venantii abbas, vir prudens, inter reges Francorum legationem faciens; sed, episcopus factus, vino fuit deditus. Hic, dum erat abbas, si casu præteriret juxta oratorium in quo sæpius oravit beatus Martinus, quod est apud Martiniacum (3), ibi orabat; episcopus vero factus præteriens oratorium distulit orare, sed equus illius, caput ad oratorium conversus, tamdiu restitit loris, etiam verberatus, donec sacerdos oravit. Sedit autem annis ii, mensibus x, diebus xxii; sepultus

---

(1) Aregunde (ms du Vatican).
(2) Gontran ou Gonthaire 1er.
(3) In Villa Martiniacensi, Gregorius. Tur. *De gloria confessorum*, cap. viii°. *Martigni.*

in basilica Beati Martini, et cessavit episcopatus anno I°, propter Clotarium qui in Saxonia erat.

Anno Clotarii XLVII°, octavus decimus Turonis præfuit Eufronius presbyter, nepos sancti Gregorii Lingonensis episcopi. Hujus tempore, ecclesia Sancti Vincentii ædificata est. Hujus tempore, urbs Turonis cum ecclesiis incensa est, de quibus duas reparavit, tertiam seniorem relinquens desertam. Hic etiam Beati Martini, propter peccatum Vileaterii (1), incensam basilicam, quam fecit Perpetuus, a stanno texit, opitulante rege Clotario, qui illic elegantiam ut prius reparavit. Sedit autem annis XVII, ætate septuagenaria, sepultus in basilica Sancti Martini, et cessavit episcopatus dies XVIII.

Vivente Clotario, filii ejus Guntarius et Childericus obierunt; Crannus vero a patre in Britannia occisus est cum uxore et filiis, incensis in una domo.

Anno Clotarii L°, Clotarius sepulchrum beati Martini expetens, et, pro peccatis suis orans, Compendium obiit, anno regni LI°. Suessionis delatus a filiis, sepultus in ecclesia Beati Medardi, quam ipse fecit, anno regni Justiniani XXXII°.

Romæ, episcopus LVII^{us} Bonefacius secundus, annis II.

Romæ, LVIII^{us} episcopus Johannes secundus qui et Mercurius, annis II.

Romæ, LIX^{us} episcopus Agapitus, mensibus XI, diebus XIX.

Romæ, LX^{us} episcopus Silverius, anno I, mensibus X, diebus XI.

Romæ, LXI^{us} episcopus Vigilius, annis XVII.

Romæ, LXII^{us} episcopus Pelagius, annis XI.

A. M. VMDCCLXVII. — JUSTINIANUS ANNIS XXXIX.

---

(1) Wiliacharius. Greg. Tur., *Historia Francorum*, lib, X, cap. XVIII.

Mortuo Clotario, filii ejus inter se regnum diviserunt. Chilpericus regnum patris accepit, Sigebertus regnum Theodorici, Caribertus regnum Childeberti, Guntrannus regnum Clodomiris.

Huni Gallias infestantes a Sigeberto fugati sunt.

Caribertus Navicellis (1) Beato Martino abstulit, sed equi ejus qui in ea pascebantur mortui sunt; hanc post ea Sigebertus Beato Martino, ad suggestionem Eufronii, reddidit.

Obitum Cariberti beatus Eufronius prædixit suis qui eum ad regem ire compellebant. Caribertus obiit anno regni nondum x°; Blavio Castello (2), in ecclesia Sancti Romani sepultus.

Regni ejus partem unam, Turonum, et alia quædam Sigebertus habuit, sed reliqua Guntrannus.

Sigebertus Brunichildem, filiam Athanagildi, regis Hispaniæ, duxit, et sororem ejus Galsuintam duxit Chilpericus. Sed post, consilio Fredegundis, concubinæ et ancillæ, eam suggillari fecit. Audoveram etiam reginam, ex qua tres filios Chilpericus habebat, Theobertum, Meroveum, Clodoveum, Fredegundis decepit, suadens ei ut filiam de sacro fonte lavaret. Fredegundem vero post factam reginam Chilpericus duxit.

Mummolus, a Guntranno factus patricius, tres reges Longobardorum Burgondias infestantes vicit.

Clodoveus, filius Chilperici, urbes Sigeberti, id est, Turonum et reliquas ultra Ligerim, contra jusjurandum, pervadit, incendit, fuitque in ecclesiis major gemitus quam tempore Diocletiani.

---

(1) Nazelles, sur la Cisse. Vide Gregor. Turon. *Miracula sancti Martini*, liber I, cap. XXIX.

(2) *Blaye*. Est autem sepulcrum ejus contiguum Blaviensi Castello, super littus annuis Garonnæ. Gregor. Tur., *De gloria confessorum*, CAP. XLVI.

Bellum civile inter fratres, virtute beati Martini, sedatum est; iterum motum est.

Theodebertus, ab hominibus Sigeberti occisus, Helcolinensi (1) in urbe sepultus est. Anno Chilperici et Sigeberti xii°, Turonis præfuit Gregorius Turonensis. Hic ecclesiam Turonicam in ampliori fastigio reædificatam, xvii° (2) ordinationis suæ anno, dedicavit, post obitum beati Martini anno cxc°. Hic ædificavit (3) ecclesiam Sancti Saturnini, ponens ibi reliquias sancti Saturnini Julianique martyrum, et Martini et Elidii confessorum. Globus igneus cellulam tunc replevit; sedit autem annis xxi°; sepultus in basilica Sancti Martini.

Sigebertus, dum a gentibus rex elevaretur, a duobus pueris missis a Fredegunde occiditur. Chilpericus apud Tornacum inclusus, hoc audiens, eum Lambruscum (4) sepelivit, sed post in ecclesia Sancti Medardi juxta patrem sepultus est; hanc a patre inchoatam perfecerat. Obiit autem ætatis suæ anno xl°, regni vero xiv°, post mortem Theodeberti nepotis diebus xviii. Pro eo regnavit Childebertus, filius ejus, vix lustro ætatis peracto.

Childepericus Brunichildem, uxorem Sigeberti, apud Rotomagum exilio transit et filias ejus Meledunis (5), Childebertus vero auxilio Gundoaldi evasit.

---

(1) Manuscrit du Vatican et n° 2825 de la Bibliothèque nationale. *Angoulême*. On lit dans les différents manuscrits de Grégoire de Tours, Ecolismensem, Colosinensem, Ecolinensem et Ecolunensim.

(2) xviii°, m⁵ du Vatican.

(3) Dedicavit, m⁵ 2825.

(4) *Lambres*, petite ville sur la Scarpe, département du Nord, **Apud Lambros**, Gregor. Turon, *Hist. Francorum*, lib. vi, cap. lii.

(5) Greg. Tur., *Meldis* vel *Meledis*. Meaux en Brie.

Meroveus Brunichildem duxit, et ab ea a patre Chilperico est separatus.

Anno Chilperici xv°, beatus Martinus multas virtutes fecit, quas Gregorius scribit.

Eodem anno, sanctus Senoch, genere Theiphalus (1), pagi Pictavi, Lucas castro obiit, et Patroclus in pago Biturico reclausus, et Bragio (2) abbas, quondam Sigivaldi servus.

Anno Chilperici xv°, Germanus Parisiorum episcopus obiit; sepultus in ecclesia Sancti Vincentii, quam fecit Childebertus, quæ nunc in honore ejus dicitur (3).

Anno Chilperici xvi°, Meroveus a patre tonsoratus, dum Aninsula (4), ubi sanctus Carilefus jacet, dirigeretur, consilio Guntranni Bosonis, ad basilicam Beati Martini fugit; sed, quia pater res Beati Martini vastabat, ad Brunichildem fugit; sed post a patre occisus est apud Taranabanses.

Germanus Parisius episcopus corpus sancti Ursini vitibus tectum, ipso revelante, adhuc incorruptum Bituricas, in ecclesia, transtulit. Propianius erat Bituricæ episcopus et Augustus erat abbas Sancti Symphoriani. Hic contractus sanatus est, cum posuisset reliquias sancti Martini in ecclesia quam apud Brias fecerat de eleemosynis.

Romæ, LXIII^{us} episcopus Johannes tertius, annis XII.

A. M. VMDCCLXXX. — JUSTINUS MINOR (5) ANNIS XIII.

---

(1) De *Tifauges*, ville située sur la Sèvre, en Poitou. Une peuplade, originaire de Scythie vint s'établir, vers le cinquième siècle de notre ère, dan cette partie de la Gaule et donna son nom à cette petite ville.

(2) *Bracchio* vel *Brachio*. Greg. Tur. *Vitæ Patrum*. cap. XII.

(3) L'église de St-Germain-des-Prés.

(4) Aujourd'hui, Saint-Calais (Sarthe), nom dérivé de *Sanctus Carilefus*, fondateur d'un monastère dans cette localité.

(5) Justinus secundus vel minor.

Longobardi Italiam capiunt. Armeni fidem Christi suscipiunt. Tiberius, accepta Sophia augusta (1), thesauros dedit pauperibus, quos Justinus agregaverat, et auferens crucem de pavimento, secundam et tertiam crucem invenit, quibus ablatis, thesaurum reperit et thesaurum Nasiti, ducis Italiæ, prodente sene, invenit.

Clodoveus, instigante noverca, a Chilperico occidi jussus est.

Anno Chilperici xix°, Martinus Galliciensis obiit, xxx° episcopatus fere anno; natus de Pannonia, apud Galliciam episcopus factus, cum reliquiæ beati Martini a legatis Chararici regis illic sunt allatæ. Anno Chilperici xx°, Eparchius, reclausus Engolismensis, anno reclusionis xliiii° obiit.

Fredegundis cum Landerico adulterium exercens, Chilpericum de venatione venientem occidere fecit, quia hoc compererat; sepultus vero est Parisius in ecclesia sancti Vincentii; obiit autem anno regni xxiii°, Tiberii vero iii°. Fredegundis regnum in manu Guntranni posuit et Clotarium filium iiii mensium. Claudius Eberulfum in atrio beati Martini occidit.

Gundovaldus filium Clotarii et regem faciens se, in Gallia quæ ultra Garunnam est, ad Connenas (2) urbem obsessas traditus, a Mummolo occiditur.

Anno Clotarii iii°, Radegundis beata obiit Pictavis. Hæc fuit filia Bertarii, regis Toringorum, uxor Clotarii, filii Clodovei, cujus sepulturæ Gregorius Turonensis affuit.

Romæ, lxiiii^{us} episcopus Benedictus, annis iv.

Romæ, lxv^{us} episcopus Pelagius secundus, annis x.

A. M. VMDCCLXXXVII. — TIBERIUS, ANNIS VII.

---

(1) Justini minoris uxor.
(2) La ville de *Comminges*, en Guienne.

Anno Clotarii v°, Ingoberga, uxor Cariberti regis, obiit anno vitæ septuagesimo, quædam sancto Mauritio, quædam sancto Martino, quædam ecclesiæ Cenomannenci derelinquens. Crodiertis, Cariberti filia, et Basina, Chilperici filia, egressæ de Pictavo, pedestri itinere Turonum venerunt, ad regem Childebertum pergentes, et accusantes abbatissam.

Childebertus Longobardos in Italia manentes vicit ad Mediolanum. Hæc civitas condita est a Gallis, Tarquino Prisco rege Romanorum, Josia vero rege Judæorum.

Anno vi° Clotarii, vii idus martii, Ingarudis anno vitæ obiit lxxx°. Hæc religiosa in atrio sancti Martini monasterium puellarum constituit.

Clotarius, anno regni sui vii° baptisatus, a Guntranno patruo de fonte suscipitur.

Anno Clotarii vii°, Sulpicius Bituricensis episcopus obiit.

Anno Clotarii vii°, Aredius, Lemovicensis episcopus, obiit, a Turonis rediens.

Dæmoniaca exclamante : *Currite cives, exilite populi, exite obviam martyribus et confessoribus*, et post sanata est.

Aredius cœnobium, ubi monachos ex propria familia instituerat, basilicæ beati Martini dedit.

Guntrannus obiit anno regni xxi° Cabilumno (1), sepultus in basilica sancti Marcelli martyris, et ipse confessor.

Childebertus, filius Sigeberti, duos filios habuit, Theodebertum, regem Austriæ, et Thedericum, regem Burgundiæ. Duces ejus fugati sunt a Fredegunde et suis ramos portantibus; obiit anno regni sui xviii°. Fredegundis obiit Parisius; juxta virum sepulta.

---

(1) Châlon.

Theodericus, consilio Brunichildis, aviæ suæ, cum Clotario pugnavit, eumque fugavit. Theodebertum fratrem, a se fugatum, in Colonia occidere fecit, et ipse, a Brunichilde dato veneno, mortuus est, et filios ejus ipsa occidit. His mortuis, Clotarius monarchiam tenuit, et Brunichilde quasi ad conjugium vocata, et ab equis indomitis discerpta, ossa ejus comburere fecit. Gothi catholici effecti sunt.

Romæ, LXVI^{us} episcopus Gregorius, annis XIII. Hic augmentavit in canone *dies nostros* usque *grege numerari*.

A. M. VMDCCCVIII. — MAURICIUS (1) ANNIS XXI.

Romani cæduntur à Persis.

Romæ, LXVII^{us} episcopus Savinianus, anno I.

Romæ, LXVIII^{us} episcopus Bonefacius tertius, mensibus VIII, diebus XXII. Hic obtinuit a Phocate ut romana sedes caput esset omnium ecclesiarum, Constantinopolitana id sibi usurpante.

Romæ, LXVIIII^{us} episcopus Bonefacius quartus, annis VI, qui quartus, a beato Gregorio, a Phoca impetravit Pantheon fieri ecclesiam.

A. M. VMDCCCXVI. — PHOCAS ANNIS VIII.

Isidorus Hispalensis episcopus claruit, usque ad Heraclium hujus chronicæ scriptor et plurimorum librorum. Anno Heraclii V°, et Sisebuti principis IIII°, in Hispania Judæi christiani efficiuntur. Heraclius crucem a Cosdroe, rege Persarum, recepit, et, cum esset astrologus,

---

(1) Mauricius Tiberius.

videns in astris regnum suum a circumcisa gente esse vastandum, quare mandavit Dagoberto, regi Francorum, ut Judæos præciperet baptisari; quod impletum est. Saraceni vero, arma sumentes, qui et circumcisi sunt, provincias Heraclii vastant et cl millia militum Heraclii resistentium occidunt. Heraclius vero portas Caspias, quas Alexander Macedo clauserat, aperuit et cl millia milites, auro loricatos, adducens, cum exercitu suo Sarracenos qui erant cc millia pugnare volebat, sed de exercitu Heraclii lii millia, gladio Domini instrata, mortua sunt. Tunc Heraclius, tristis effectus, Eutychianus (1) factus, febricitans mortuus est. Hic sororis suæ filiam duxerat. Clotarius, filius Chilperici, Dagobertum, filium suum, regem Austriæ et Alemanniæ fecit. Dagobertus, auxilio patris sui, Saxones rebellantes vicit et ducem eorum Beltoaltum Clotarius occidit et populum, nullo juvene majore *spata* sua, id est, ense, relicto.

Clotarius obiit anno regni sui xliiiº, regni Heraclii xiº.

Romæ, lxxus episcopus Deus-dedit, annis iii.

Romæ, lxxius episcopus Bonefacius quintus, annis xv.

Romæ, lxxiius episcopus Honorius, annis xiii.

Romæ, lxxiiius episcopus Severinus, annis x, mensibus ii.

A. M. VMDCCCXLIIII. — HERACLIUS (2), ANNIS XXVIII.

Romæ, lxxiiius episcopus Johannes quartus, annis ii.

A. M. VMDCCCXLVII. — HERACLEONAS (3), CUM MATRE SUA MARTINA, ANNIS II.

---

(1) Eutyches abbas docuit in Christo unam esse personam et unam naturam.

(2) Heraclius primus vel senior.

(3) Heracleonas, Heraclii primi et Martinæ filius.

A. M. VMDCCCXLVII. — CONSTANTINUS (1), FILIUS HERACLII, ANNO I.

Dagobertus, filius Clotarii, judex severus, primus censum de fisco palatii ecclesiis dari jussit, habuitque ex regina Bathilde Saxona duos filios; Sigebertum majorem Austriæ fecit, et Clodoveum, regem Franciæ. Dagobertus febricitans mortuus est Spinogilo (2), Parisiaco vico; in basilica sancti Dionysii sepultus. Obiit vero, anno regni sui XLIIII°, regni vero Constantini anno XXIV°. Sigeberto filio Dagoberti mortuo, Grimaldus dux filium ejus Dagobertum totundit, filium suum regem Austriæ faciens; fratre (3) Sigeberti comprehensus, Parisius obiit in carcere.

Anno Constantini IV°, facta est synodus a Martino papa, contra Cyrum et Paulum hæreticos (4). Sed post a Theodoro exarcho ductus est Bizantium et in Chersonam, in exilium mortuus. Constantinus obiit, anno regni XXXVI°; sed duo anni hic prætermissi sunt.

Constantinus (5), filius Constantis, annis XVII.

Sexta Synodus Constantinopolitana, CL patrum, contra Pyrrhum et Paulum, Agathone papa.

Justinianus (6), filius Constantini, annis X. Hic pacem cum Saracenis fecit X annis, Sicilia ab eis liberata, sed

---

(1) Constans vel Constantinus, vulgo Constans secundus, Heraclii et Gregoriæ filius.
(2) Epinay.
(3) Clovis, second fils de Dagobert et de Nantilde.
(4) Cyrus et Paulus, monothelitarum auctores, docebant in Christo unam tantum fuisse voluntatem et unam operationem, ex quo sequebatur unam tantum fuisse naturam.
(5) Constantinus quartus, vulgo Constantinus Pogonatus.
(6) Justinianus secundus, filius Constantini quarti et Anastasiæ.

Africa adhuc subjugata. Hic Sergium papam voluit capere et post a regno expulsus est.

Leo (1), annis III. Sergius portionem crucis invenit, et in die Exaltationis ejus adorare instituit.

Tiberius (2), annis VI.

Justinianus item cum filio Tiberio, annis VI. Hic Leonem et Tiberium (3) imperatores occidit, auxilio regis Terbelli Vulgarorum (4), et a Philippico victus et occisus est.

Philippicus (5), anno I, mensibus VI. Hic hæreticus fuit et picturas synodorum de urbe regia, id est, Constantinopoli auferri jussit, sed in porticu sancti Petri Constantinus papa eas fieri jussit.

Anastasius (6), annis III. Hic Philippicum captum oculis privavit nec occidit.

Theodosius (7), anno I. Hic Anastasium vicit et presbyterum fecit. Hic picturas sex synodorum restituit.

Leo (8), annis IX. Constantinopolis tribus annis a Saracenis est obsessa, sed per Dei auxilium liberata.

Luidbrandus, rex Longobardorum, ossa sancti Augustini ex Sardinia in Ticinis juxta Papiam transtulit empta pretio, et illic, propter barbaros, translata.

Romæ, LXXV[us] episcopus Theodorus, annis VI.

Romæ, LXXVI[us] episcopus Martinus, annis VI; in exilio mortuus apud Chersonam.

Romæ, LXXVII[us] episcopus Eugenius, annis II.

---

(1) Leontius secundus, usurpator.
(2) Tiberius quartus, Justiniani secundi et Theodoræ filius.
(3) Tiberius quintus, vulgo Tiberius Absimarus, usurpator.
(4) Tous les manuscrits portent Vulgarorum.
(5) Philippicus, vel Filepicus, Nicephori patricii filius, vulgo Bardanes.
(6) Anastasius secundus, vulgo Artemius.
(7) Theodosius tertius, vulgo Adramytenus.
(8) Leo tertius, vulgo Leo Isaurus.

Romæ, LXXVIII⁰ˢ episcopus Vitalinus, annis XIV.

Romæ, LXXVIIII⁰ˢ episcopus Adeodatus, annis IV.

Hic et Zerobertus (1), archiepiscopus Turonensis, basilicam beati Martini omni jure archiepiscopali quietam fecerunt, monachis ibidem habitantibus.

Romæ, LXXX⁰ˢ episcopus Domnus, anno I.

Romæ, LXXXI⁰ˢ episcopus Agatho, annis II.

A. M. VMDCCCLXXXIII. — CONSTANTINUS, FILIUS CONSTANTINI (2), ANNIS XXXVI.

Anno Verbi incarnati CCCCXXV°, Franci primum habuere regem Ferramundum, cujus proles regnavit usque ad DCLXXXVII⁰ˢ annum Verbi incarnati. Tunc enim Pipinus, filius Ansigili, princeps Francorum fuit, cujus progenies est ita. Ausbertus, senator, ex filia Clotarii regis, patris Dagoberti, Blitilde, genuit Arnaldum; Arnaldus genuit Arnulfum, Metensem episcopum; Arnulfus genuit tres: Frodulfum qui genuit Martinum, quem occidit Ebroinus; Galchisum qui genuit Gaudregisilum abbatem, et Ansigilum, qui genuit Pipinum.

Clodoveus, filius Dagoberti, brachium sancti Dionysii abscidit; regnum ejus Francorum concidit pestiferis casibus. Clodoveus, omni vitio plenus, obiit, anno regni sui XVI°, principatus vero Pipini anno IV°.

Lotharius senior, filius Clodovei, regnavit cum matre Mathilde, annis IV.

Eo mortuo, Theodoricus, frater ejus, regnavit in Austria.

---

(1) C'est le Rigobert ou Ragobert des auteurs modernes, trentième archevêque de Tours.

(2) Il faut lire : Filius Leonis tertii. Cette erreur existe dans tous les manuscrits. Il s'agit ici de Constantin, cinquième du nom, appelé vulgairement *Copronyme*. Il était fils de Léon III et de Marie.

Franci vero postea Theodoricum de regno ejiciunt, Childericum fratrem ejus regem facientes, et Ebroinum tondunt et Luxovio monasterio in Burgundia dirigunt, consilio Leodegarii, Augustidunensis episcopi, et Gerini, fratris ejus.

Childericus, ab Odilone franco, quem ad stipitem tensum cædere præceperat, est occisus, una cum regina prægnante.

Ebroinus, egressus a Luxovio cum armorum apparatu, Franciam venit, hoc consilium a beato Audoeno audiens: *De Fredegunde tibi subveniat in memoriam*. At ille hoc intelligens, insidiatores suos occidit, et principatum recepit, revocans regem Theodoricum. Sanctum vero Leodegarium ferire jussit, et Gerinum, fratrem ejus, dura pœna damnavit. Martinus et Pipinus, filius Ansigili, et sanguinei principes Austriæ, a Theodorico et Ebroino fugati sunt. Martinus, Lauduno-Clavato (1) inclusus ab Ebroini nuntiis super vacuas capsas deceptus jurantibus, ab eodem, Arcreco villa, est occisus. Pipinus autem in Austria fugit.

Ebroinus ab Ermenfredo occiditur, qui ad Pipinum fugit.

Theodoricus obiit, anno regni xix°.

Beatus Audoenus, Rotomagensis episcopus, obiit.

Romæ, LXXXII^{us} episcopus Leo Junior, annis x, mensibus x.

Romæ, LXXXIII^{us} episcopus Benedictus junior, mensibus x, diebus xii.

Romæ, LXXXIIII^{us} episcopus Johannes quintus, anno i.

Romæ, LXXXV^{us} episcopus Cenon, mensibus xi.

Romæ, LXXXVI^{us} episcopus Sergius, annis xiii. Hic

---

(1) *Laon*, ville de l'Ile-de-France.

statuit in fractione **Agni dei** decantari, et portionem crucis in sacrario beati Petri a se inventam in die Exaltationis adorari.

Romæ, LXXXVII^{us} episcopus Johannes sextus, annis III.

Romæ, LXXXVIII^{us} episcopus Johannes septimus, annis II.

Romæ, LXXXIX^{us} episcopus Sisinnius, diebus XX.

Romæ, XC^{us} episcopus Constantinus, annis VII.

A. M. VMDCCCCX. — PIPINUS PRINCEPS, FILIUS ANSEGILI, ANNIS XXVII.

Hic incipit regnum Francorum.

Anno Karli XX°, Ceulsi autem, regis Angliæ, IV°, anno etiam incarnati Verbi DCCXXXVI°, ætatis vero suæ sexagesimo, Beda moritur, plurimorum librorum scriptor.

Karlus Saxones, Alamannos, Suavos, Baugarenses, occupavit; Frixones navali prælio vicit; Burgundiam subjugavit; Gothorum urbes, Narbonam, Nemausam, Agathen vastavit; omnem regionem provinciæ acquisivit.

Gregorius papa claves et vincula sancti Petri ad Karlum direxit, quod ante factum non erat. Karlus primogenito Karlomanno Austriam, id est, Alamanniam et Toringiam, Pipino juniori Burgundiam et Neustriam (1), et Provinciam promisit.

Karlus dictus Martellus multa munera sancto Dionysio tribuens obiit XI kal. novembris; sepultus in basilica sancti Dionysii. Hic primus decimas abstulit

---

(1) Noristriam (manuscrit 2825).

ecclesiis. In sepulcro ejus serpens inventus est; corpus vero ejus non post repertum.

Romæ, xcr[us] episcopus Gregorius secundus, annis xv. Hic festum omnium Sanctorum kalendis novembris instituit.

Romæ, xcii[us] episcopus Gregorius tertius, annis x. Hic claves de confessione beati Petri Karolo (1) misit principi.

A. M. VMDCCCCXXXVIII. — KARLUS PRINCEPS, FILIUS PI-PINI, ANNIS XXVII, OBIIT, ANNO VERBI INCARNATI DCCXLI°.

Pipinus et Karlomannus, filii Karli, Bovariam et Saxoniam conquisierunt. Anno ducatus Pipini v°, Karlomannus Romam perrexit, et in Serapte monte (2) ecclesiam in honore sancti Silvestri fecit, et apud Cassinum in ecclesiam sancti Benedicti, monachus factus est.

Pipinus, anno principatus x°, jubente Zacharia papa, in regem unctus est Suessonis a Bonefacio archiepiscopo.

Anno regni Pipini xii°, Stephanus papa in Franciam ad Pipinum venit, adjutorium contra Haistulfum regem Longobardorum quærens. Et Karlomannus monachus venit ad Pipinum fratrem, jussu abbatis, ad conturbandam petitionem papæ, et post Vienna urbe obiit. Stephanus papa Pipinum, et duos filios Karolum et Karlomannum inunxit in regem, in ecclesia sancti Dionysii. Stephanus papa ægrotans, in ecclesia sancti Dionysii ab apostolis Petro et Paulo, et Dionysio visitatus, sanatus est, et dedicavit ibi altare in honore Petri et

---

(1) On lit dans nos m[s] ce mot écrit de trois manières : Karlus, Karolus et Carolus.

(2) Le mont Soracte, aujourd'hui Monte-Tresto, à vingt-six milles de Rome

Pauli. Pipinus cum Stephano papa, Italiam pergens, apud clusas (1) Haistulfum vicit, et papa a missis Pipini Romam reductus est. Haistulfus in Papia inclusus, pollicitus est facere justitiam sancto Petro, et, xl obsidibus acceptis, Pipinus in Franciam reversus est. Sed Haistulfo promissa non implente, Pipinus eum iterum apud Papiam obsedit, et justitiam papæ repromittere fecit, et Ravennam et Pentapolim (2) papæ tradidit. Haistulfus volens sacramenta iterum irrumpere, dum venaretur, Dei judicio, obiit.

Bonefacius archiepiscopus in Frisia martyr effectus est.

Constantinus imperator misit Pipino cum aliis donis organum. Pipinus sexies contra Waifarium, ducem Aquitanorum, qui injuriam ecclesiis Franciæ inferebat, perrexit, et cepit Burbunnum, Cantelam, Clarmontem, Lemovicas, Bituricas, Thoarcium, Cardurcum, Narbonam, Tolosam, Albiensem.

Tassilo, dux Baiorum, non tenuit sacramenta quæ Pipino avunculo suo fecerat.

Pipinus, ultimo anno regni et vitæ suæ, apud Sanctonas cepit matrem, et sororem, et neptas Waifarii : et domna Berthanade regina, uxore sua, apud Sanctonas relicta, Petragoricum (3) perrexit. Et, occiso Waifario, cum triumpho Sanctonas reversus, ibi ægrotans, assumpta regina, per ecclesiam beati Martini rediens, apud sanctum Dionysinm obiit, anno Verbi incarnati DCCLXVIII°.

(1) Les défilés ou pas des Alpes.
(2) L'exarchat de Ravenne comprenait Ravenne, Bologne, Imola, Faenza, Forli, Césène, Béobie, Ferrare et Adria ; la Pentapole se composait de Rimini, Pesaro, Donca, Fano, Sinigaglia, Ancône, et de quelques autres petites villes moins considérables.
(3) *Périgueux.*

Romæ, xciiii^us episcopus Stephanus secundus, annis v.

Romæ, xcv^us episcopus Paulus, annis x; et cessavit episcopatus, anno i, mense i, Constantino id sibi usurpante.

A. M. VMDCCCCLXIV. — PIPINUS REX, FILIUS KARLI PRINCIPIS, ANNIS XXVII.

Alcuinus a Karolo ecclesiæ beati Martini prælatus, de Anglia venit rege Merciorum. Sunt enim in Anglia iv regna : regnum Merciorum, regnum West-Saxonum, regnum Cantuariorum, regnum Nortanimbrorum. Sed regnum West-Saxonum, aliis subjugatis, permansit usque ad Normannos. Anno regni Karoli xxii°, adhuc erant monachi, Hiterio abbate, apud sanctum Martinum.

Albinus abbas monachos constituit apud Cormaricum, quem Hiterius abbas prædecessor dederat.

In dormitorio beati Martini duo angeli ingressi sunt, unus extendebat indicem, alter monachum quem ille ostendebat percutiebat. Unus solus vigilans evasit, dicens: *Adjuro te per nomen Omnipotentis ne me percutias.* Monachi illi, ut refert sanctus Odo, nimis deliciose vivebant, et sericis induebantur vestibus ; calceamenta erant vitrei coloris.

Anno regni Karoli xxviii°, jam erant canonici apud sanctum Martinum. Karolus dedit beato Martino Solarium, et alias res Italiæ.

Karolus, vii° id. octobris in Noviomo (1) urbe, et Karlomannus in Suessione, filii Pipini, elevati sunt in reges.

Anno ii°, rex Karolus, pergens in Aquitaniam contra

---

(1) *Noyon*, en Picardie.

Hulnaldum, ducem Aquitaniæ, ipsum cepit cum uxore, et reversus est in Franciam.

Anno III° regni, Karolus synodum habuit apud Warmatiam.

Anno IV° regni, Karolus synodum habuit apud Valentianas, et frater ejus Karlomannus rex apud Salmociacum (1) pridie nonas decembris obiit. Uxor vero Karlomanni in Italiam perrexit.

Anno regni V°, Karolus Saxoniam pergens, Erisburgum cepit et apud, Herminsul fanum destruxit, aurum et argentum eripiens, et, laborante exercitu siti, divina gratia, aquæ in torrente effusæ sunt, et Saxones ei XII obsides dederunt, et reversus est in Franciam.

Anno regni V°, dum Karolus Theodone palatio esset, missus Adriani papæ ad eum venit per mare usque Massiliam, et inde pedestri itinere, quia viæ erant clausæ Romanis a Longobardis, postulans ut contra Desiderium, regem Longobardorum, auxilium papæ ferret. Qui concilium apud Genuam (2) tenens, misit Bernardum avunculum suum cum exercitu per montem Juvem (3). Ipse perrexit per montem Cenisium (4) et, Desiderio a clusis fugato, obsedit eum Papiæ, celebrans Natale Domini in castra, Pascha vero in Romam. Anno regni VI°, Carolus Papiam cepit, et Desiderium, et thesauros ejus, et omnem Italiam; et Algilsus, filius Desiderii, Constantinopolim fugit. Saxones eodem anno victi sunt.

Anno regni VII°, Karolus bis Saxones rebellantes vicit.

In Italiam pergens, Rogaudum Longobardum rebellem cepit et Pascha celebravit in Taurusium urbem,

---

(1) *Samoncy*, ancienne résidence royale près de Laon.
(2) Genève.
(3) Le mont Jou.
(4) Le mont Cenis.

anno regni octavo, et synodum apud Warmatiam tenens, Saxones iterum rebelles baptisare fecit, in locum ubi Lipia consurgit; datis obsidibus, inde reversus est in Franciam.

Anno regni ix°, Karolus synodum apud Paterbrunnem cum Saxonibus habuit; sed Vindochinus cum paucis in Normanniam fugerat rebellis, et ad Karolum Saraceni de Hispania venerunt et Natale apud Dociacum in Aquitania, Pascha apud Cassinogdum celebravit.

Anno regni x°, Karolus, Pampilona destructa, Hispanos, Wascones, Nabarros subjugavit, et Saxones, consilio Vindochini rebelles, missa una scarra Francisca.

Anno regni xi°, Karolus a Saxonibus obsides accepit.

Anno regni xii°, Karolus Saxones et Sclavos disponens, orationis gratia Romam pergens, cum Hildegarde regina uxore apud Papiam Natale celebravit.

A. M. VIMIX. — KAROLUS MAGNUS, FILIUS PIPINI REGIS, ANNIS XLV, OBIITQUE ANNO VERBI INCARNATI DCCCXIII°, IMPERII VERO SUI XIV°.

Lodovici anno regni xxiiii°, incarnati Verbi DCCCXXXVIII°, Ethelulfus, quem et Athulfum vocant, rex West-Saxonum, toti Angliæ imperavit. Hic tributum sancto Petro, coram Leone quarto papa, Romæ obtulit, quod hodie Anglia solvit, id est, unaquaque domo unum denarium argenteum. Quarto anno etiam Roma rediens, Judith, filiam Caroli Calvi, uxorem duxit; sed ex ea filios non habuit.

Anno Verbi incarnati DCCCXVI°, Lodovici anno III°, concilium habitum Aquis Grani (1).

---

(1) Aix-la-Chapelle.

Lodovicus dedit beato Martino Adrisiacum.

xcix^{us} papa Stephanus quartus, mensibus vii. Hic Franciam veniens, a Lodovico honorifice susceptus est.

c^{us} papa Paschal, annis vii. Ad hunc Lodovicus misit Romæ Lotharium, filium suum.

ci^{us} papa Eugenius, annis iii.

cii^{us} papa Valentanus, xl diebus.

ciii^{us} papa Gregorius quartus, annis xvi.

Lodovicus ex Ermengarde genuit tres: Lotharium, a quo Lotharingia nominata est; Pipinum, Lodovicum; ex Judix (1) autem Carolum Calvum.

Lotharius Lodovicum patrem et Judix et Carolum Calvum cepit; sed post reconciliatus est.

LODOVICUS PIUS, FILIUS KAROLI MAGNI, ANNIS XXVI. OBIIT ANNO VERBI INCARNATI DCCCXXXIX°.

Anno Caroli xxxiii°, et incarnati Verbi dccclxxii°, Elfredus, filius Etelulfi, Danorum partem Angliam infestantem ad fidem convertit. Cœteri infideles cum Hasten, duce eorum, Gallias, annis xiii, infestantes, beatum Martinum Autissiodorum canonicos transferre compulerunt; sed post ab Ernulfo imperatore redire in Angliam compulsi sunt.

Rogatu Elfredi, Johannes Scotus rediit a Francia, ubi erat cum Carolo Calvo. Carolus, anno regni xxxvi°, a Johanne papa imperator factus est.

Anno Verbi incarnati dccclvi°, Caroli autem xvii°, Hilduini abbatis iii°, facta est descriptio villarum sancti Martini, cujus corpus nondum translatum erat Capleiæ(2);

---

(1) On lit dans les m^s Judith et Judix.
(2) Chablie ou Chablis.

sed, anno ejus xxxviii°, adhuc erat ibi, Hugone abbate, propinquo ipsius Caroli.

Carolus dedit beato Martino Capleiam, Miliacum, pro anima Judith, augustæ matris suæ, et villam Montis.

Anno incarnati Verbi DCCCLXXIII°, Carolus Calvus, anno regni xxxiv°, Normannos apud Andegavim obsedit, Salomone, rege Britonum, cum exercitu sibi adjuvante; sed pecunia sibi a Normannis data, egressum præbuit eis, hoc pacto, ut amplius Gallias non infestarent; quod illi nequaquam tenuerunt.

Dani Suevique, quos Theotisti *Norman*, id est, Aquilonares, appellant, a Turoni beati Martini precibus fugati sunt, tempore Caroli Stulti. Hi, per XL annos, nunc Ligerim, nunc Sequanam invehebantur, urbes vastantes. Eo anno emerserunt, quo quatuor fratres, Lotharius, Pipinus, Lodovicus, Carolus Calvus, Fontanidos campos multo sanguine fædaverunt christianorum.

CIIII^{us} papa Sergius.

CV^{us} papa Leo quartus, annis VIII.

CVI^{us} papa Benedictus tertius, annis II.

CVII^{us} papa Nicholaus, annis IX, et cessavit episcopatus, annis VIII.

CVIII^{us} papa Hadrianus secundus, annis V.

CIX^{us} papa Johannes octavus, annis X, diebus II.

A. M. VIMLXXIII. — CAROLUS CALVUS, FILIUS LODOVICI PII, ANNIS XXXVIII. OBIIT ANNO INCARNATI VERBI DCCCLXXVII°.

Lodovicus dedit beato Martino Mellaum, Saldoam, Novientum, Hugone abbate, propinquo suo. Corpus beati Martini, anno xxxvi°, relatum est Turonis.

A. M. VIMLXXV. — LODOVICUS BALBUS VEL NIHIL-FECIT, FILIUS CAROLI CALVI, ANNIS II, OBIITQUE ANNO VERBI INCARNATI DCCCLXXIX°. COMPENDIUM.

Anno Verbi incarnati DCCCCI°, Eduardus, rex Angliæ, Effredi filius, Edivam filiam suam dedit Carolo fratri illius Lodovici qui Normannos vicit sed non expulit (1), filio vero Lodovici Nihil-fecit, filii Caroli Calvi. Hic Carolus Calvus dedit Normanniam Rolloni (2), cum filia sua Gisla. Hic non est dignatus pedem Caroli osculari, nisi ad os suum levaret. Cumque sui comites illum ammonerent, ut pedem regis in acceptione tanti muneris oscularetur, lingua anglica respondit, *ne se bigoth*, quod interpretatur, non per Deum. Rex vero et sui illum deridentes, et sermonem ejus corrupte referentes, illum vocaverunt Bigoth; unde Normanni adhuc Bigothi dicuntur (3). Rollo, cum esset gentilis, a Carnoto fugatus est, visa camisia beatæ Mariæ, quam Carolus Calvus detulit a Bizantio. Rollo obiit Rotomagum, anno ducatus XLII°, regnante Carolo. Odo, filius Hugonis, frater Roberti abbatis et comitis, obiit anno regni sui X°, et anno Verbi incarnati DCCCXCVII°.

Guido et Ama, uxor ejus, dederunt beato Martino Votnum (4), in pago Turonico. Petrus et Gaburgis dederunt beato Martino, in pago Lemovico, Birbiniacum (5) et Betimvag.

Robertus abbas dedit concessionem præbendarum decano et canonicis, quam abbates soli dare solebant, anno Verbi incarnati DCCCCIV°.

Anno incarnati Verbi DCCCCIII°, pridie kal. Julii, festo sancti Pauli, regnante Carolo, filio Lodovici Balbi, post

---

(1) Cette phrase a été omise par Duchesne.

(2) Duchesne écrit Rolloni, mais nos deux manuscrits portent Rolloli, dans cet endroit, et plus bas Rollonis; ces variantes sont bonnes à recueillir.

(3) Ces détails manquent dans nos trois manuscrits.

(4) Votinum, ms du Vatican n° 564.

(5) Barbiniacum, ms du Vatican n° 564.

obitum Odonis regis, in anno vi°, et Roberti abbatis anno xv°, iterum succensa est basilica beati Martini cum xxviii aliis Ecclesiis, ab Heric et Baret Normannis, cum toto castro.

cx^{us} papa Marinus, anno i, mensibus v.

cxi^{us} papa Hadrianus tertius, anno i, mensibus iv.

cxii^{us} papa Stephanus quintus, annis v, diebus iv.

cxiii^{us} papa Formosus, annis v, mensibus vi.

cxiv^{us} papa Bonefacius sextus, annis xv.

cxv^{us} papa Stephanus sextus, anno i, mensibus iii.

cxvi^{us} papa Romanus, mensibus iii, diebus xii.

cxvii^{us} papa Theodorus secundus, diebus xx.

cxviii^{us} papa Johannes nonus, annis ii, diebus xv.

cxix^{us} papa Benedictus quartus, annis iii, mensibus v, diebus xv.

cxx^{us} papa Leo quintus, diebus.

cxxi^{us} papa Christophorus, mensibus vii.

cxxii^{us} papa Sergius tertius, annis vii, mensibus iii, diebus xvi.

cxxiii^{us} papa Anastasius tertius, annis iii, mensibus ii.

cxxiv^{us} papa Lando, mensibus vii, diebus vi.

cxxv^{us} papa Johannes decimus, annis xiv, mensibus ii, diebus iii.

Robertus abbas, frater Odonis regis, uno anno regnans, a Carolo Stulto occisus est in prælio, in quo ante Robertus victor exstiterat; Carolus Parronæ (1) jacet.

Garnegandus et Helena dederunt sancto Martino ecclesiam sancti Martini apud Sodobriam, et ecclesiam

---

(1) *Peronne*, ville du Vermandois. Perrona Viromanduorum.

sancti Dionysii in villa Voginato, anno Verbi incarnati DCCCXCV°.

A. M. VIMCVIII. — CAROLUS STULTUS VEL CAPET, FILIUS LODOVICI, ANNIS XLIII, OBIITQUE ANNO VERBI INCARNATI DCCCCXXII°.

Hugo abbas, filius Roberti abbatis, postea regis, dedit sancto Martino Castellionum (1) in pago Biturico, et Marciniacum (2) in pago Turonico, anno Rodulfi VIII°. Rodulfus, filius Richardi, ducis Burgundiæ, a Carolo vivente rex constitutus est, consilio Hugonis Magni, filii Roberti regis.

CXXVI^{us} papa Leo sextus, mensibus VII, diebus XV.

CXXVII^{us} papa Stephanus septimus, annis II, mense I, diebus XII.

CXXVIII^{us} papa Johannes undecimus, annis IV, mensibus X.

A. M. VIMCXXXIII. — RODULFUS, ANNIS XV, OBIITQUE ANNO VERBI INCARNATI DCCCCXXXVII°.

Hujus anno VII°, Guillelmus, filius Rollonis, ducis Normanniæ, a Balzone Curto in medio Sequanæ occisus est, propter mortem Riulfi et filii sui Anchetilli, anno Verbi incarnati DCCCCXLIV°.

Garumbaldus et uxor ejus Ragintrudis dederunt sancto Martino Odonis Curtem.

Anno Verbi incarnati DCCCCXL°, rogatu Tetholonis (3), archiepiscopi Turonensis, præbenda data est sancto

---

(1) Castellonum, m^s du Vatican, n° 564.
(2) Martiniacum, m^s du Vatican n° 564 et n° 609.
(3) Thetolonis, m^s du Vatican n° 564. C'est notre Théotolon, restaurateur de l'église de Saint-Julien.

Juliano a Nefingo decano, et Firmano Edituo (1), anno III⁰ Lodovici.

Hugo abbas dedit sancto Mauricio Luchiacum et Sexanas, cum Haude uxore.

Anno Verbi incarnati DCCCCLXXXIV°, erat annus tertii Othonis regis Italiæ primus.

CXXIX⁰˚ papa Leo septimus, annis III, mensibus VII, diebus X.

CXXX⁰˚ papa Stephanus octavus, annis III, mensibus IV, diebus XV.

CXXXI⁰˚ Martinus secundus, annis III, mensibus VI, diebus XIII.

CXXXII⁰˚ Agapitus secundus, annis X, mensibus VII, diebus X.

A. M. VIMCLII. — LODOVICUS ULTRAMARINUS, FILIUS CAROLI STULTI, ANNIS XIX, OBIIT ANNO VERBI INCARNATI DCCCCLVI°.

Lotharius (2) dedit regnum Lothariense Othoni et Henrico, filiis Hugonis Magni, cujus filius etiam Hugo Capet, dux Francorum.

CXXXIII⁰˚ papa Johannes duodecimus, annis IX, mensibus IV.

CXXXIV⁰˚ papa Benedictus quintus, mensibus II, diebus V.

CXXXV⁰˚ papa Leo octavus, anno I, mensibus II, diebus XIII.

CXXXVI⁰˚ papa Johannes decimus tertius, annis V, diebus V.

CXXXVII⁰˚ papa Benedictus sextus, anno I, mensibus VI.

---

(1) Etituo, mˢ 2825.
(2) Tous les manuscrits portent à tort Lodovicus.

CXXXVIII^{us} papa Donus secundus, anno I, mensibus VI.
CXXXIX^{us} papa Bonifacius septimus, mense I, diebus XII.

A. M. VIMCLXXXIII. — LOTHARIUS, FILIUS LODOVICI ULTRAMARINI, ANNIS XXXI, OBIITQUE ANNO VERBI INCARNATI DCCCCLXXXVII°.

Hugonis anno IV°, Richardus, filius Guillelmi, ducis Normanniæ, filiam suam Emmam dedit Elfredo, regi Angliæ. Obiit anno ducatus LII°. Hic fecit Fiscannum cœnobium.

Anno incarnati Verbi DCCCCXXI°, Richardum, ducem Normanniæ, et Edelredum, regem Angliæ, pacificavit Johannes quintus decimus papa.

Hic, et Girbertus qui apud Floriacum monachus primo, post in Hispaniam, apud Hispalim, multa didicit. Hic Gallias rediens, habuit discipulos Robertum, postea regem Franciæ, qui dedit ei archiepiscopatum Remis, et Othonem, imperatorem Alamanniæ, qui fecit eum archiepiscopum Ravennæ, et post papam. Hic in ecclesia Jerusalem, quæ Romæ est, mortuus est, et Romæ præfuit, mensibus X.

Hoc tempore mira facta sunt, ut de juvene qui factus est asinus per incantationem duarum anuum.

Hugo Capet fuit filius Hugonis, abbatis beati Martini, filii Roberti abbatis, postea regis.

CXL^{us} papa Benedictus septimus, annis IX.

A. M. VIMCLXXXVII. — HUGO CAPET, ANNIS IV, OBIITQUE ANNO VERBI INCARNATI DCCCCXCI°.

Richardus, dux Normanniæ, filius Richardi, ad quem Effredus (1) cum Emma uxore sua, sorore Richardi,

---

(1) On lit dans le même manuscrit Effredus, Edelfredus et Edelredus.

et filiis in Normanniam fugit. Richardus vero obiit anno ducatus xxviii°, anno vero Roberti regis xxvi°. Hic Richardus habuit duos filios, Richardum qui uno anno post patrem vixit, et Robertum, e Judita filia Conani, comitis Britanniæ. Hic dicitur veneno necasse Richardum fratrem suum. Quare, vii° anno ducatus sui, nudipes Hierusalem abiit, et Bithiniæ obiit. Robertus vero genuit Guillelmum ex concubina.

Anno incarnati Verbi dccccLxxxiv°, regni vero Edelredi, qui etiam Effredus dicitur, xv° anno, Suanus, rex Danorum, in Angliam veniens, Edelredum, filium Engari regis, in Normanniam fugavit ad Richardum cujus sororem habebat; sed, mortuo Suano, rediit et Cnutonem (1) in Danamarchia Suani fugavit. Sed Cnuto post rediens Edelredum apud Londoniam obsedit, ubi etiam mortuus est. Hic etiam cum baptisaretur stercore suo aquas infecit, et a candelis a matre verberatus, eas videre non poterat.

Eadmundus (2) vero, filius Edelredi, non ex Emma, sed ex concubina, aliquandiu cum Cnutone pugnavit, sed post, pace facta, et Anglia partita, a cubiculariis occisus est,

Anno Verbi incarnati mvii°, Cnuto toti Angliæ imperavit, et regnavit annis xx. Hic Emmam, uxorem Edelredi duxit, dante ei fratre ejus; sed Effredus et Eduardus, filii Emmæ et Edelredi, in Normannia tota vita Cnutonis manserunt. Hos in Angliam restituere voluit Robertus, dux Normanniæ, sed ventus prohibuit. Cnuto, anno xv°, Romam profectus est, et multa Fulberto, episcopo Carnotensi, ad construendam ecclesiam beatæ

---

(1) Canut le Grand.
(2) Edmond Côte-de-fer.

Mariæ dedit. Hic etiam occisores Eadmundi interfecit.

Anno Verbi incarnati DCCCCXCVII°, anno regni Roberti VI°, incensum est castrum beati Martini, et ipsius basilica, cum XXII ecclesiis, VIII kal. augusti, ab oriente, a fine sancti Hilarii usque ab sanctam Mariam pauperculam; et, a meridie, a porta sancti Petrutionis usque ad Ligerim.

Anno incarnati Verbi MXV°, et anno Roberti XXIV°, ecclesia beati Martini quæ adhuc manet dedicata est.

Anno incarnati Verbi MXVI°, prælium Pontilevis factum est inter comitem Blesensem et Andegavensem.

Robertus vir eleemosynis deditus fuit, et fecit responsum *Judæa et Hierusalem*, et sequentia : *Sancti Spiritus adsit nobis gratia*. Hic habuit filios; Odo erat major, sed, quia stultus erat, non fuit rex, Henricus vero regnavit, auxilio matris et Roberti, ducis Normanniæ.

CXLI^{us} papa Johannes decimus quartus, mensibus VIII.

CXLII^{us} papa Johannes decimus quintus, mensibus IV.

CXLIII^{us} papa Johannes decimus sextus, annis V vel IV, mensibus VI, diebus X.

CXLIIII^{us} papa Gregorius quintus, anno I, mensibus V.

CXLV^{us} papa Johannes decimus septimus, mensibus X.

CXLVI^{us} papa Sylvester secundus, annis IV, mense I, diebus IX.

CXLVII^{us} papa Johannes decimus octavus, mensibus V, diebus XXV.

CXLVIII^{us} papa Johannes decimus nonus, anno I.

CXLIX^{us} papa Sergius quartus, annis III.

CL^{us} papa Benedictus octavus, annis XI, mense I, diebus XXI.

A. M. VIMCCXVII. — ROBERTUS, FILIUS HUGONIS, ANNIS XXX, OBIITQUE ANNO VERBI INCARNATI MXXI°.

Anno Henrici xv°, Verbi autem incarnati MXLVI° (1) Haroldus, filius Cnutonis, non ex Emma, regnavit annis IV. Hic expulit novercam, cum ei Godoinus esset auxilio. Hæc apud Balduinum, comitem Flandriæ, mansit triennio, qui fuit Philippi filii Henrici tutor.

Mortuo Haroldo, Ardenutus, filius Cnutonis ex Emma, qui in Danamarchia fugerat, regnavit annis IV; inter pocula mortuus. Hic Eduardum, fratrem suum ex Emma, filium vero Edelredi, benigne secum aliquandiu habuit, nam major Effredus à Godoino occisus fuerat, post mortem Haroldi, antequam Ardenutus rex esset. Hic etiam sororem suam Guinildam, filiam Cnutonis ex Emma, dedit Henrico, filio Corradi, imperatori Alemanniæ; sed insimulata adulterii et purgata, succiso poplite accusantis et in duellio victi, sanctimonialis effecta est.

Hic Henricus bellicosus erat et facetus, ut de clerico qui sororem suam equitavit et de illo qui evangelium legere noluit, quos episcopos fecit. Sed, Pentecostem apud Magotium celebrans, cum ibi abbas Fuldensis cœnobii, quod est in Saxonia, sancti Galli corpore insigne, esset qui præbet imperatori L millia equitum in hostem, orta causa est inter famulos abbatis et archiepiscopi, cum utrorum dominus juxta cæsarem sederet, ecclesia sanguine respersa est, sed ab episcopis mundata, et post ultimum usum sequentiæ *hunc diem gloriosum fecisti*, dæmon ab aere exclamavit dicens: *Hunc bellicosum ego feci*. Imperator vero iterare sequentiam jussit et totum convivium pauperibus dari. Hic triduo æger episcopatum cuidam clerico abstuli quem ei pollicitus erat puer, propter fistulam argenti sibi datam, cum fistula dæmones urebant eum ægrum; sed beatus Lau-

---

(1) MXXVI m⁸ 2825 et 564.

rentius aquam in calice ei aureo dabat. Obiit vero xviii° imperii anno; apud Spiram conditus. De eo dictum est:

Cæsar tantus erat quantus et orbis.

Anno domini mxxii°, Herveus, archiclavis beati Martini, moritur.

Anno incarnati Verbi mxlii°, Eduardus, filius Edelredi, regnavit xxiii. Hic, mortuo Ardenuto, auxilio Goduini cujus filiam duxit, regnum accepit; sed Goduinus dum se purgaret de morte Effredi, fratris Eduardi, in convivio offa suffocatus est, et sub mensa a filio suo Haroldo extractus.

Eduardus, quia liberis carebat, Guillelmo, duci Normanniæ, cognato suo, filio Roberti, dedit regnum, Haroldo, filio Goduini, hujus rei legato. Ferunt quidam Haroldum vento Normanniam actum, finxisse se legatum esse, cum a Guidone comite Pontivi captus esset; sed a Guillelmo liberatus, juravit ei regnum Angliæ.

Eo tempore fuit papa Gregorius sextus ante dictus Gratianus, qui, occisis Romanis prædonibus, sanguinarius a multis est vocatus; cui etiam mortuo fores ecclesiæ sancti Petri obseratæ sponte apertæ sunt.

In Anglia evenit ut mulier veneficiis dedita, in sepulcro catenis ligata, a dæmone, videntibus omnibus, duceretur extra ecclesiam.

Romæ etiam fuit Palumbus presbyter, qui annulum dœmoni reddere fecit juveni qui illum in digito statuæ Veneris posuerat, dæmone inclamante : *Deus omnipotens, quandiu patieris nequitias Palumbi presbyteri;* sed Palumbus, hoc audito, truncatis membris, pœnitens defunctus est.

Romæ, corpus Pallantis, filii Evandri, incorruptum repertum est; hiatus vulneris quatuor pedibus et semis mensuratus est; corpus muri altitudinem vincebat. Lucerna ad caput ejus inventa, quæ nec flatu nec aliquo liquore exstingui poterat; sed, foramine subtus flamma cum stylo facto et introducto aere, exstincta est.

In confinio Normanniæ et Britanniæ, fuit una, vel potius, duæ mulieres; duo erant capita, quatuor brachia, omnia gemina usque ad umbilicum; inferius duo crura et omnia singula. Una loquebatur, edebat, ridebat; altera esuriebat, tacebat, flebat; una defuncta, altera supervixit.

CLI^{us} papa Johannes vigesimus, annis IX, diebus IX.

CLII^{us} papa Benedictus nonus, annis XIII.

CLIII^{us} papa Sylvester tertius, diebus XV.

CLIIII^{us} papa Gregorius sextus, annis II, mensibus VI.

CLV^{us} papa Clemens secundus, mensibus IX, diebus VII.

CLVI^{us} papa Damasius secundus, diebus XXIII.

CLVII^{us} papa Leo nonus, annis V, mensibus II, diebus VII.

CLVIII^{us} papa Victor secundus, annis II, mensibus III, diebus VII.

CLVIIII^{us} papa Stephanus nonus, annis VII, diebus XXIX.

A. M. VIMCCLVI. — HENRICUS, FILIUS ROBERTI, ANNIS XXIX, OBIITQUE ANNO INCARNATI VERBI MLX°.

Rex Eduardus die Natalis Domini Londoniæ coronatus est, die Theophaniæ ibidem sepultus. Haroldus, ipsa die, diadema arripuit.

Eodem anno, Arvegre, rex Noricorum, et Tostinus Flandrensis, Angliam devastantes, ab Haroldo devicti et occisi sunt. Haroldus de præda nil militibus largitus est. Unde, post ix menses et aliquot dies destitutus a pluribus, a Guillelmo, duce Normanniæ, est devictus.

Rollo genuit Guillelmum, Guillelmus Richardum, Richardus Richardum, Richardus Richardum (1), qui uno anno dux fuit, et Robertum ; Robertus genuit Guillelmum ex concubina.

Hic primo in tutela Henrici, regis Francorum, postea multa ab eo perpessus est, et a Gaufredo (2) Martello, qui devicit comitem Pictavensem, et Theaubaudum Blesensem, anno Verbi incarnati MXLII°, Turonis pro redemptione accipiens.

Hic fuit filius Fulconis, et filios non habuit, sed comitatum reliquit nepotibus, Barbato et Fulconi Richin, qui Barbatum in vincula tenuit. Hujus Richin uxorem Philippus, rex Francorum, abstulit, de qua filium Richin habuerat Fulconem, qui postea rex fuit Hierusalem, et Gaufredum Martellum ex alia uxore habuit. Qui, quia probus erat, insidiis suorum occisus est Cande Castro, anno Verbi incarnati MCV°.

Fulco, rex Hierusalem, genuit Gaufridum, qui Mathildem filiam Hainrici, regis Angliæ, filii Guillelmi, uxorem duxit.

Henrico rege Francorum mortuo, Balduinus, comes Flandriæ, tutor fuit Philippi regis parvuli, cujus amitam duxerat. Hic Balduinus dedit in uxorem filiam suam Mathildem Guillelmo.

Guillelmus Cenomannum concedente sibi Herberto accepit, et Britanniam ab eo Alanus comes ut a suo domino suscepit. Britanniam quippe calumnia-

---

(1) Sic mˢ 2825.
(2) Gaufrido, mˢ 2825.

batur, quia Carolus eam Rolloni cum filia sua Gisla dederat.

Paucis ante hoc annis, Guischardus Normannus Apuleiam, Siciliam et Calabriam cum quindecim millia Normannis cepit, Venetos devicit, Alesium (1) imperatorem Bizantii vicit et Henricum, regem Alemanniæ, a Roma expulit, Hildebrandum papam restituens, expulso Guiberto. Jacet Venusi Apuleiæ; hoc epitaphium ejus :

Hic terror mundi Guischardus, hic expulit urbe
  Quem Legures regem Roma Lemannus (2) *habet ;*
Parthus, Arabs Macetumque phalans (3) *non texit Alexim,*
  At fuga; sed Venetum, nec fuga, nec pelagus.

Guillelmus, anno ducatus xxx°, vexillo sibi a papa Alexandro misso, in Angliam apud Hastinguas appulit, xv diebus ibi se pacifice agens. Haroldum devicit et occidit, et die Natalis Domini apud Londoniam coronatus, anno Philippi vi°, et incarnati Verbi mlxvi°.

Guillelmus in Normannia monasterium fecit Cathomi in honore sancti Stephani, ubi et Lanfrancus fuit abbas, post Cantuariæ (4) archiepiscopus; alterum in Anglia apud Hastinguas, in honore sancti Martini, ubi fuit bellum. Filios habuit Robertum, comitem Normanniæ, et Richardum qui adolescens obiit, et Guillelmum et Henricum, postea reges; filias vero, Ceciliam Cadomensem abbatissam, et Constantiam, uxorem Alani, comitis Britanniæ, et Adelam, uxorem Stephani Blesensis. Ma-

---

(1) Alexius primus, vulgo, Comnenus.
(2) Sic pro Alemannus.
(3) Sic pro phalanx.
(4) M⁵ 2825.

thildis vero, uxor Guillelmi, iv annis ante eum defuncta, Cadomi in ecclesia sanctæ Trinitatis, quam ipsa fecerat, sepulta est. Guillelmus ossa patris Niceæ condita transferebat; sed, audita ejus morte, Apuleiam resederunt. Matrem dum vixit honorifice habuit. Fratres ex ea Robertum comitem Moretonii fecit, Odonem vero Bajocensem episcopum comes fecit, comitem vero Cantiæ rex. Unde post dixit: *Se non episcopum, sed comitem prendere.*

Extremo vitæ derisit eum Philippus dicens eum jacere ut mulierem puerperam, purgaverat enim ventrem potione ; cui Guillelmus respondit : *Cum ad missam iero, centum millia candelarum ei libabo.* Unde, mense augusto, Medantium (1) cremavit; sed a calore morbum contraxit. Roberto Normanniam dedit, Guillelmo Angliam, Henrico maternas possessiones; obiit viii idus septembris, anno regni xxii°, ducatus vero lii°, vitæ lix°, Verbi incarnati mlxxxviii° : Rotomagi mortuus, sed Cadomi sepultus est. Henricus (2) sepulturæ affuit, qui calumnianti locum sepulturæ c libras argenti dedit.

Fuit hoc tempore Beringarius (3) Turonensis, amator pauperum.

---

(1) *Mantes*. Meduantum Castrum. mˢ 564.

(2) Le mˢ 564 ajoute le mot *Solus* qui ne se trouve pas dans le mˢ 2825.

(3) Honorable mention de notre Bérenger, le célèbre archidiacre d'Angers. Le mˢ 564 du Vatican nous fournit une curieuse variante recueillie avec soin par M. Salmon. L'ecrivain de ce manuscrit ou peut-être un correcteur officieux, a substitué au nom propre *Beringarius* les deux mots *Beatus Ingarius*, créant ainsi un saint nouveau, dans le seul but de détruire un témoignage contemporain favorable au célèbre hérésiarque Tourangeau. Duchesne, de son côté, a entièrement omis cette phrase ainsi qu'une multitude d'autres passages d'une grande importance que nous avons religieusement rétablis d'après les manuscrits.

In provincia quæ Ros vocatur inventum est sepulcrum Galueni, qui fuit nepos Arturis ex sorore, expulsus a fratre et nepote Angesti a regno quod adhuc Galueia vocatur. Sepulcrum Arturis nunquam fuit inventum, unde putatur vivere. De eo usque hodie nugæ Britonum delirant. Hic Artur, auxilio Dominicæ Matris cujus imago in clypeo ejus depicta erat, plurimam hostium multitudinem fugavit.

Anno Verbi incarnati MLXVI°, fit proditio apud Andegavem, proditores perimuntur : tunc Gaufridus de Pruilliaco occisus est.

Mortuo rege Guillelmo, filius ejus Guillelmus, natus antequam rex pater esset, adjuvante Lanfranco, archiepiscopo Cantuariæ, festo sanctorum Cosmæ et Damiani, coronatus est.

Vivente Lanfranco virtuti deditus, sed, eo mortuo, et vitiis et virtuti serviens, primo liberalis, mox prodigus. Hic Anselmum, Cantuariæ archiepiscopum, fugavit. Ejus diebus religio Cistellensis incepit.

Anno Verbi incarnati MXCV°, a papa Urbano secundo, Concilium apud Clarummontem fuit, mense novembri, ubi ad Hierusalem promissum est, assistente ibi Buamundo, filio Guischardi, qui filiam Henrici, regis Francorum, accepit, et in medio mense martii incœptum est iter.

Tunc Robertus comes, Normanniam invadente Guillelmo, fratre suo, anno ducatus IX°, pro decem millibus marcis argenti ei reliquit et Hierusalem profectus est.

Anno peregrinationis Hierosolimitanæ quarto, post captam Nicheam tertio, post Antiochiam captam II°, Hierusalem obsessa est, et in septima die obsidionis capta est, die decima quarta Julii, anno Verbi incarnati MC.°

Guillelmus, rex Angliæ, Cenomannum ditioni suæ subjicit, et dum in Anglia esset, nuntiatum est ei eam obsessam; qui, vento contrario, mare turbidum ingressus est, dicens : *Se nunquam audisse regem naufragio perisse.* Heliam comitem cepit, et eum nocere sibi si posset permisit.

Guillelmus, rex Angliæ, in silva a Gauterio Tirel insciente, pro cervo, sagitta percussus obiit, anno Verbi incarnati MC°, regni XIII°, major quadragenario; apud Guintoniam sepultus.

Anno Verbi incarnati MXCVII°, Philippi regis XXXVII°, VIII idus aprilis, combusta est ecclesia beati Martini, cum Castro.

Henricus, anno regni patris sui Guillelmi III°, natus est in Anglia; XXI° ejusdem regni, ætatis vero suæ XIX°, a patre sumpsit arma in Pentecostem. Mortuo vero fratre Guillelmo rege, quarta die post obitum fratris, nonæ augusti, Londoniæ coronatus est, et, die sancti Martini, accepit Mathildem filiam Malcolmi, regis Scotorum, et abneptem Eduardi, regis Angliæ, ex fratre Eadmundo. Eodem anno, Robertus frater ejus, accepta filia Guillelmi, de Conversana (1) rediens a Hierusalem Normanniam recepit.

Henrici anno II°, Robertus Angliam intravit, mense augusto, volens eam eripere fratri suo; sed Henricus fecit cum eo pacem, tria millia marcarum argenti quotannis verbotenus daturus, quas, posteriori anno, Robertus, precibus Mathildis reginæ, libens condonavit.

Henricus Anselmum (2), archiepiscopum a fratre Guillelmo ejectum, Cantuariæ redire fecit.

---

(1) Conversano, ville du royaume de Naples.
(2) St Anselme de Canterbury, dont Gerberon a publié les œuvres en un volume in-folio. Paris 1675 et 1721.

Henricus, anno regni v° vel vi°, die sancti Michaelis, Robertum fratrem cepit, et Guillelmum comitem Moretonii, Normanniamque ut suam habuit. De illo bello, Robertus de Belesmo evasit, sed a rege captus est. Roberti comitis uxor mortua erat antequam captus esset, de qua filium habuit Guillelmum, qui filiam comitis Andegavensis, postea regis Hierusalem, duxit, sed ab illa, propter cognationem separatus, sororem reginæ Franciæ, uxoris Lodovici regis, duxit, data ei Flandria, post obitum Caroli comitis. Sed Guillelmus non diu vixit, lancea manu percussus.

CLX[us] papa Benedictus decimus, mensibus ix, diebus xx.

CLXI[us] papa Nicolaus secundus, annis ii, mensibus vi, diebus xxv.

CLXII[us] papa Alexander secundus, annis xi, mense i.

Hildebrandus, ab Alexandro cancellis apostolorum præfectus, Ugoni, abbati Cluniacensi, quæ Ugo cogitaverat dixit, id est, quia pro tali honore Hildebrandus tumebat; et, eidem mortalitatem, quæ in quadam urbe post fuit, prædixit. Episcopum simoniacum, qui, proposita conditione, dicere non potuit, *et Spiritui Sancto*, cum dixisset : *Gloria Patri et Filio*, deposuit. Hic Hildebrandus post Alexandrum papa fuit.

CLXIII[us] papa Gregorius septimus, annis xii.

Hic ab Henrico, filio Henrici, imperatoris Alemanniæ, anno papatus xi°, a Roma expulsus est, inducto Gumberto, quia eos excommunicabat qui annulum et baculum de manu laica acciperent.

CLXIV[us] papa Victor tertius, mensibus iv, diebus vii.

Hic dictus est abbas Desiderius Cassinensis; fertur eum ad primam missam obisse, veneno hausto in calice.

CLXV⁰ˢ papa Urbanus, annis XII, mensibus V, diebus XVIII. Hic primo remansit Odo dictus, prius prior Cluniacensis, inde Ostiensis episcopus.

Henricus filius Henrici regnis annis L, habuit filios : Conradum, qui, Italia subjugata, apud Aretum Tusciæ obiit, et Henricum, qui ipsum patrem regno expulit. Hic, ut pater, Urbanum Roma expulit.

Urbanus, in Galliam veniens, iter ad Hierusalem prædicavit capiendam, et orationis gratia limina sancti Martini expetiit, anno Verbi incarnati MXCVII°, pontificatus autem IX°, per apostolica scripta præcipiens, ut nemo in ecclesia beati Martini, præter papam et regem, et archiepiscopum Turonensem, semel in omni vita sua cum processionis honore reciperetur.

CLXVI⁰ˢ papa Pascalis secundus, annis XVII. Hic ab Henrico imperatore captus fuit ; sed, concessis investituris ecclesiarum per baculum et annulum, liberatus est et in Gallias venit.

A. M. VIMCCCIII. — PHILIPPUS, FILIUS HENRICI, ANNIS XLVII ; OBIIT ANNO VERBI INCARNATI MCVII°.

Henricus, rex Angliæ, habuit ex Mathilde Guillelmum, qui filiam Fulconis comitis Andegavis duxit, accepto comitatu Cenomannico, et Normanniam, a Lodovico, rege Francorum, facto sibi hominio, suscepit; sed, XVII° ætatis suæ anno, rediens in Angliam periit, et multi cum eo : Richardus, filius regis nothus, comitissa Pertici filia regis notha, et soror Theobaldi, comitis Blesensis, quorum cadavera inventa non sunt.

Henricus, rex Angliæ, filiam Mathildem, ex Mathilde natam, dedit Henrico, imperatori Alemanniæ, qui quintus imperator ejus nominis Paschalem papam cepit.

Ex ea prolem non habuit. Quo mortuo, Mathildis in Angliam rediit, data postea Gaufrido, comiti Andegavis, filio Fulconis, de quo prolem, vivente patre suo, suscepit. Henricus, mortua uxore Mathilde, et apud Westmonasterium sepulta, ubi per XVII annos et semis relicto regno vixerat, aliam duxit uxorem Adalam, filiam comitis de Luvanio.

Anno Verbi incarnati MCXXXV°, regni vero sui XXXV°, Henricus, rex Angliæ, obiit Rotomagum ante Natalem; sepultus in Anglia. Henrico rege mortuo, Stephanus, comes Moretonii, frater Theobaldi comitis, nepos ejus, die Natalis Domini coronatus est in Anglia, Normanniam etiam in suo dominio retinens.

Anno Verbi incarnati MCXXXVII° (1), siccitas magna fuit a martio usque in septembre.

Anno Verbi incarnati MCXXII° ecclesia beati Martini combusta est, et Castrum (2), propter guerram quæ inter burgenses rebelles et canonicos fuit, in festo sancti Gregorii (3).

Ab Heracleo usque ad hoc tempus additum est a Petro Bechini filio.

CLXVII^{us} papa Gelasius secundus, paucis mensibus et diebus. Hic Johannes Garanus dictus, cancellarius fuit Pascalis, et ab Henrico Roma expulsus, inducto Burdino, apud Cluniacum obiit, veniens in Gallias.

CLXVIII^{us} papa Calixtus secundus, annis VI.

Hic primo fuit Viennensis episcopus Guido, et Burdinum in cava monachum fecit. Hic in Gallias venit, anno Verbi incarnati MCXIX°.

---

(1) MCXXVII° m^s du Vatican n° 564.
(2) Pro Castrum-Novum. Le Château-Neuf ou la Martinopolis.
(3) In festo sancti Georgii, m^s du Vatican, n° 609 et 564.

CLXIX⁰ˢ papa Honorius secundus, annis v; anno Verbi incarnati MCXXIX° obiit.

Hic primo Ostiensis episcopus, dictus Lambertus.

CLXX⁰ˢ papa Innocentius secundus, annis IX.

Hic Gregorius dictus est, cardinalis tituli Johannis et Pauli. Petrus Leonis se papam faciens eum Roma expulit qui in Gallias venit; sed, auxilio Lotharii, imperatoris Alemanniæ, Romæ rediit, Rogerio, duce Apuleiæ, ab Apuleia pulso, qui Petro Leonis favebat. Lotharius, Roma reversus obiit, et Petrus Leonis, anno antipapatus nono, uti dignum erat, obiit, anno Verbi incarnati MCXXXVIII°, pontificatus Innocentis IX°.

Johannes de temporibus vixit annis CCCLXI, a tempore Karoli magni cujus armiger fuerat.

Lodovicus rex, mortuo filio suo Philippo rege, alterum filium suum Lodovicum Francorum, etiam ducem Aquitaniæ fecit. Mortuo enim apud sanctum Jacobum Guillelmo, Pictavense comite, ejus filiam duxit. Cumque in celebrandis nuptiis in Aquitania moraretur, pater ejus mortuus est; sepultus apud sanctum Dionysium.

A. M. VIMCCCXXXIII. — LUDOVICUS FILIUS PHILIPPI, ANNIS XXX, OBIITQUE ANNO VERBI INCARNATI MCXXXVII°.

EXPLICIT

PETRI FILII BECHINI CHRONICON.

CHRONICON
TURONENSE MAGNUM.

(*Ab anno J. C. 84 ad annum 1127*).

Anno incarnationis Domini LXXXIV (1), Domitianus, tempore Cleti et Clementis, imperat annis XVII.

Anno Domitiani XI°, Cletus papa martyrizatus Sanctum Clementem habuit successorem, qui plures doctores ecclesiæ in diversas partes misit, scilicet, Fotinum Lugduno, Paulum Narbonæ, Dyonisium Areopagitam Parisius, et Gatianum Turonis; sed, sicut refert Gregorius Turonensis, Sanctus Gatianus missus est Turonis anno Decii imperatoris primo.

Anno Domini CCLIX, Decius in imperatorem electus imperat annis III, tempore Fabiani et Cornelii.

---

(1) Nous avons conservé scrupuleusement la chronologie de notre chroniqueur anonyme, quelque erronée qu'elle soit; la rectification par des notes nous entrainant à des discussions et à des dissertations hors de portée avec cette publication, nous avons cru devoir nous en abstenir.

Sicut dicitur in historia passionis Sancti Saturnini martyris, missi tunc fuerunt septem episcopi ordinati ad prædicandum in Gallias, scilicet, Tolosanis Saturninus, Turonicis Gatianus, Arelatensibus Trophymus, Narbonæ Paulus, Parisiacis Dyonisius, Arvernis Stremonius, Lemovicinis Martialis (1).

Anno Domini cccxvi° Constantinus Magnus, filius Constantii imperatoris et Helenæ, tempore Marcelli, Eusebii, Melciadas, Silvestri, Marci, imperat annis xxx, mensibus x.

Constantinus, viii° imperii sui anno, a Silvestro papa baptizatur. Post hoc, Florum autem patrem Beati Martini (2), filium Flori regis Hungariæ quem intererat, militem fecit, Constantiam filiam fratris sui ei in uxorem dedit, de qua natus est Beatus Martinus, in Sabaria civitate Pannoniæ, et Paulo Constantinopolitano episcopo nutriendum tradidit; qui eum diligenter instruens, anno ætatis x, catechumenum fecit (3).

Anno Domini cccxlvii°, Constantinus cum Constantio et Constante fratribus, tempore Marci, Julii, Liberii, imperat xxiiii annis.

Horum fratrum anno imperii primo, erant elapsi xxxvii anni a transitu Sancti Gatiani (4), qui in urbe Turonica per L annos resederat, ubi multitudo gentilium morabatur, de quibus nonnullos convertit ad Domi-

---

(1) Gregorius Turonensis, *Historia Francorum,*, lib. 1, cap. 28.
(2) Gregorius Turonensis, *Historia septem Dormientium*, cap. 2 et 3.
(3) Sulpicius Severus, *Vita Beati Martini*, cap. 2.
(4) Gregorius Turonensis, *Historia Francorum*, lib. x, cap. 31, § 1.

num : sed interdum occultabat se ab impugnatione potentium, eo quod eum sæpius injuriis et contumeliis affecissent, et in latibula cum paucis christianis divina clanculo celebrabat. Et sic eo migrante ad Dominum et sepulto in ipsius vici cimiterio, Sanctus Lydorius ordinatur Turonensis episcopus (1). Fuit autem de civibus Turonicis, valde religiosus, et ædificavit ecclesiam primam infra urbem Turonicam, ex domo cujusdam senatoris.

Constans imperator per v annos Beatum Martinum nutrivit, et eum militem fecit anno ætatis xv° (2). Qui virtute Dei armatus, Galliam ingrediens apud Ambianis seminudo Christo sub persona pauperis tempore hiemis partem clamidis erogavit. Sed, nocte sequenti, Christus boni non immemor, ei per somnum apparuit, et de cœlis angelis ei astantibus exclamavit : « Martinus « adhuc catechumenus hac me veste contexit. » Quo audito, Beatus Martinus egrediens, Constantinopoli a Paulo ejusdem urbis episcopo, qui eum catechumenum fecerat, baptizatur, anno ætatis xviii° (3).

Constantius imperator anno xix° imperii Julianum patruelem suum, fratrem Galli, cæsarem facit, et Constantiam sororem suam ei conjugem dedit, et contra barbaros eum ad Gallias destinavit. Qui edicto milites stipendarios apud Garmasiam evocavit (4), inter quos Beatus Martinus Turonensis, Juliani cognatus, adhuc in militia vivens, ibi advenit; sed fide catholicus Juliano catholicos opprimenti ait : « Christi sum miles, pugnare

---

(1) Gregorius Turonensis, *Historia Francorum*, lib. x, cap. 31, § 2.
(2) Sulpicius Severus, *Vita Beati Martini*, cap. 2.
(3) Id., ibid, cap. 3.
(4) Id., ibid, cap. 4.

« mihi non licet. » Quem Julianus audiens de metu sui corporis reprehendit. Quo audito, Beatus Martinus ait : « Ego signo crucis, non clypeo protectus aut galea, « hostium cuneos penetrabo securus. » Sed divina clementia suos ubique et semper custodiens, et eos qui rebelles erant imperatori reconciliavit, et Beatum Martinum sanum et incolumem conservavit.

Anno Domini CCCLXXI°, Julianus Apostata, tempore Liberii, imperat anno uno, mensibus VIII.

Beatus Martinus militiæ renuntians anno II° postquam baptizatus fuerat (1), Gallias ingreditur, Pictavim venit (2), Beato Hilario se jungit, qui eum statim exorcistam fecit. Deinde ammonitione angeli in patriam redit, matrem baptizat, patre in errore relicto. Et inde Mediolanum venit (3), ibique prædicans, et paululum in eremo commorans, ecclesiam construxit, seb ab Auxentio hæretico postea fugatus est.

Anno Domini CCCLXXIII°, Jovinianus ab exercitu imperator creatur, tempore Liberii; imperat mensibus VIII.

Tunc Beatus Martinus a Mediolano fugatus, Pictavis redit (4), et iterum Sancto Hilario se conjunxit. Deinde apud Legudiacum in eadem diœcesi monasterium construxit, ubi catechumenum mortuum suscitavit, ubi etiam vigiliis, orationibus et jejuniis intentus, vixit usque ad

---

(1) Sulpicius Severus, *Vita Beati Martini*, cap. 3.
(2) Id., ibid., cap. 5.
(3) Id., ibid., cap. 6.
(4) Id., ibid., cap. 7.

tempus quo Dominus eum ad regendam Turonensem ecclesiam evocavit (1).

Anno Domini CCCLXXIV, Valentinianus Magnus consensu militum imperator creatus, tempore Liberii et Damasi, imperat annis XIIII.

Anno imperii Valentiniani III°, Valentinianus Junior filius ejus Ambianis fit imperator.

Anno imperii Valentiniani Junioris (2) VIII°, Beatus Martinus Turonibus datur episcopus (3), non sponte sed coactus. Fide catholicus, caritate ineffabilis, ultra humanum pius, virtute mirabilis, infirmantium sanitas et claritas orbatorum, hic, Beato Lydorio Turonensi episcopo anno XXXIII° episcopatus defuncto, in episcopum ordinatus est anno ætatis LV°, ubi populum ab errore gentilitatis et hæretica pravitate liberavit, et miraculorum signis mirabilibus Gallias illustravit. Et quia consortia hominum ad eum tota die venientium respuebat, vitamque solitariam diligebat, prope ripam Ligeris cellam ligneam construxit (4), quæ nunc Majus Monasterium nuncupatur, in qua orationi et jejunio vacans LXXX monachos collocavit.

Tunc Beatus Martinus Valentinianum Majorem adiit (5); sed in domo intrare non potuit, uxore Valentiniani ariana hoc agente. Quo viso, revertitur, et jejunans cinere et cilicio conspergitur, et post monitione angeli iterum domum adiit, et portæ divinitus aperiuntur. Quo

---

(1) Sulpicius Severus, *Vita Beati Martini*, cap. 9.
(2) Tous les manuscrits portent *Junioris* par une erreur manifeste du copiste, pour *Majoris*.
(3) Gregorius Turonensis, *Historia Francorum*, lib. x, cap. 31, § 2 et 3.
(4) Sulpicius Severus, ibid., cap. 10.
(5) Sulpicius Severus, *Dialogus* II, cap. 5.

in palatium intrante, Valentinianus ei assurgere dedignatur, donec regiam sellam ignis operuit et ex parte qua sedebat afflaret incendium, et ita superbus solio excussus, Beato Martino invitus assurgit. Hæc facta sunt Turonis, in loco ubi fundata est postea ecclesia, quæ Sancti Martini Basilica nuncupatur.

Anno Domini ccclxxxviii°, Valens cum Gratiano et fratre Valentiniano nepotibus, tempore Damasi, imperat annis quatuor.

Anno Domini cccxcii°, Gratianus cum Valentiniano et Theodosio, post mortem patrui, tempore Damasi, imperat annis vi.

Interea cum Theodosius subactis barbaris Thraciam liberasset filiumque suum Arcadium ad imperium promovisset, vir quidam strenuus, nomine Maximus, in Britannia invitus ab exercitu est imperator creatus. Deinde Maximus in Gallias transiit ubi Gratianum augustum dolis circumventum occidit, fratremque ejus Valentinianum simulato pacis fœdere per triennium ab Italia expulit. Qui, nece fratris audita, ad Theodosium in Oriente fugit, qui eum et paterne suscepit et imperio reformavit.

Sanctus Florentius abbas claret, qui cæcæ visum reddidit et filium ejus in Vigenna submersum vitæ restituit. Claret etiam Sanctus Maurilius Andegavensis episcopus, qui Sanctum Renatum post vii annos a morte ejus elapsos suscitavit. (Clarent) Sulpitius, Maximus, et Gallus, et Postumianus, et Clarus, et Brictius Beati Martini Turonensis discipuli. Tunc Sancta Maura cum novem filiis, scilicet, Lupone, Beato, Benigno, Hyspano, Marcelliano, Messano, Genitore, Principino et Tridorio, a Beato Martino·baptizata, ab Auripino rege Gothorum martyrio coronatur.

Anno Domini cccxcv°, Maximus, fugato Valentiniano et Theodosio in Oriente imperante, tempore Damasii et Syricii, in Gallia, Ytalia, Alemannia, Germania et Britannia imperat duobus annis.

Tunc orta est hæresis a Priscilliano quodam episcopo Hispaniæ. Et (Priscillianus) Romæ veniens a Damaso papa et Sancto Ambrosio repudiatur, et post in synodo Burdegalensi a Sancto Martino Turonensi et aliis episcopis hæreticus judicatur. Quo comperto, imperatorem Maximum appellavit; a quo auditus et episcopatu pulsus, ab Evodio præfecto Treveris occiditur, ejusque complices a Maximo imperatore occidi jubentur. Pro quo Itacius et Usacius episcopi, qui eum accusaverant, communione ecclesiæ privantur, Maximo et aliquibus episcopis eos defendentibus; et hac de causa Beatus Martinus a Maximo molestatur, eo quod illis communicare nolebat. Postmodum in synodo Treverensi eis communicavit, ea conditione, quod Maximus priscillianitas non occideret (1). De quo ab angelo increpatus pœnituit, nec postea alicui synodo interfuit.

Deinde Theodosius imperator, pro nece Gratiani, Maximum, qui Treveris sedem imperii statuerat, aggredi parat. Quo audito, Maximus Alpium ac fluminum aditus occupat, sed incaute servat. Et ita Theodosius Alpes transmeans, Aquileiam venit, et Maximum imperatorem ibi inclusum cepit et occidit; quod Beatus Martinus Turonensis eidem Maximo diu ante prædixerat (2).

---

(1) Sulpicius Severus, *Dialogus* III, cap. 12 et 13.
(2) Id., *Vita Beati Martini*, cap. 20.

Anno Domini cccxcvii°, Valentinianus, frater Gratiani, Theodosio in Oriente imperante, tempore Syricii imperat v (1) annis.

Anno Domini ccccv°, Theodosius Magnus, tempore Syricii, imperat solus annis vi.

Anno Domini ccccxi°, Archadius cum Honorio fratre suo, tempore Syricii, Anastasii, Innocentii, imperat xiii annis.

Anno autem Archadii et Honorii secundo (2), Beatus Martinus Turonensis episcopus, plenus virtutibus et sanctitate, anno ætatis lxxxi°, episcopatus xxvi°, apud Candatam diœcesis suæ vicum migravit ad Dominum, media nocte dominica, Attico Cæsareoque consulibus. Cujus caro quam cilicium et cinis semper obtexerant, ita post mortem resplenduit, quod veram resurrectionem jam in eo completam populis nuntiaret. Multi etiam in ejus transitu audierunt voces dicentium in sublimi : « *Iste* « *vitro purior, lacte candidior, carne quoque monstratus est* « *gemma sacerdotum.* » Et in hora mortis ejus, audivit Beatus Severinus, Coloniæ episcopus, in cœlo angelos ejus animam deportantes, voce dulcisona decantantes. Sanctus etiam Ambrosius Mediolanensis episcopus, missam Mediolano celebrans, super altare accubuit, et miraculose in spiritu apud Candatam Turonensis diœcesis ivit, et ibi multis videntibus divinum officium in ejus

---

(1) Les copistes ont écrit v au lieu de viii.
(2) Gregorius Turonensis, *Historia Francorum*, lib, i, cap. 43; lib. x, cap. 31 ; § 3 et 4. — Id., *de Miraculis Sancti Martini*, lib. i, cap. 3, 4 et 5.

funere celebravit. Beato itaque Martino ita defuncto, Pictavi populi Candatam veniunt, et a Turonicis multis rationibus corpus ejus requirunt. Sed Turonici super hoc evidentibus rationibus se defendunt, et ita altercatione durante, nox supervenit. Pictavi igitur ante corpus in ecclesia excubantes, vino madefacti, obdormiunt: quo comperto, Turonici corpus per fenestram extrahunt et per Ligerim fluvium cum hymnis et laudibus usque Turonis perduxerunt, et eum in publico polyandro sicut jusserat sepelierunt. Super quem Beatus Brictius, qui ei in episcopatu successit, parvulam ecclesiam construxit, cujus fundamenta apparent adhuc in claustro Beati Martini. Et secundum Gregorium Turonensem, a passione Domini usque ad transitum Sancti Martini anni ccccxii computantur; sed secundum numerum dierum imperatorum, ab incarnatione Domini usque ad transitum ejus anni ccccxii, tantummodo sunt inventi. Sequenti anno obiit Sanctus Ambrosius.

Anno Domini ccccxxiv°, Honorius cum Theodosio filio Archadii, tempore Innocentii et Osinii Bonefacii, imperat annis xv.

Tunc claret Beatus Sulpicius Severus, Bituricensis (1) archiepiscopus, vir litteris et genere nobilis, paupertatis et humilitatis amore conspicuus, Beati Martini Turonensis discipulus, cujus vitam et alia multa scripsit. Sed in senectute sua a pelagianis deceptus et agnoscens loquacitatis culpam, silentium usque ad mortem tenuit,

---

(1) Sulpice Sévère, disciple de saint Martin, mourut un peu avant l'an 430, tandis que l'évêque de Bourges du même nom, avec lequel il a souvent été confondu, ne termina sa vie que vers l'an 591.

ut peccatum quod loquendo contraxerat tacendo penitus emendaret.

Tandem Honorius tricennalibus suis de pompa capti Maximi Ravennæ celebratis, morbo mortuus est. Tunc septem Dormientes cognati Beati Martini Turonensis (2), apud Majus Monasterium in Domino dormierunt. Hi namque septem, scilicet, Clemens, Primus, Letus, Theodorus, Gaudens, Quiriacus et Innocentius, de duobus fratribus Beati Martini nati, omnia prædia vendiderunt et pauperibus erogaverunt, et Evangelii non immemores, scilicet, *qui renuntiaverit omnibus quæ possidet*[1], omnia reliquerunt, et ad Beatum Martinum Turonensem pervenerunt; qui eos ad sacros ordines promovens, in abbatia Majoris Monasterii sub monachica regula collocavit. Cumque obitum suum prænoscens Condatensem vicum adiret, eos osculans benedixit, et tunc ibi Galbertum primum abbatem constituit. Quo mortuo anno promotionis suæ xxiii°, Aichardus successit. Cujus anno secundo, et post transitum Beati Martini xxv annis elapsis, in crastino festi Beati Martini hiemalis, apparuit eis omnibus Beatus Martinus dicens eis, ut abbati vitæ seriem enarrent et audita missa sanctæ Trinitatis viaticum reciperent. Quo facto, genibus flexis, sani et incolumes ante altare in Domino dormierunt, statimque cellula illa ineffabili odore suavitatis adimpletur, duravitque per septem dies, quibus super terram fuerunt, ibique omnes languidi sanabantur. Septimo autem die abbas Aichardus, vocato Sancto Brictio episcopo, eos, sicut erant vestiti, in eadem cellula sepelivit ante altare a Beato Martino antistite consecratum, et crucis et

---

(1) Gregorii Turonensis opera, edente Th. Ruinart; *Vita septem Dormientium*, col. 1271-1282.

sepulcri Domini, et sepulcri Beatæ Mariæ, et vestimentorum ejus, et apostolorum Petri et Pauli et Sancti Jacobi fratris Domini reliquiis decoratum.

Anno Domini ccccxxxix°, Theodosius, Archadii filius, nepos Honorii, tempore Bonefacii, Celestini, Syxti, Leonis, imperat xxvi annis.

Anno vii° Theodosii, Celestinus papa ad Scothos credentes Palladium primum episcopum misit. Quo mortuo ab eodem papa ibi mittitur Sanctus Patricius, genere Brito, filius Conches sororis Beati Martini Turonensis (1); qui in baptismo primum dictus est Stuchar, post a Sancto Germano Magonnius, post a Celestino papa Patricius, a quo archiepiscopus Scothorum ordinatus, per lx annos signis, sanctitate et doctrina clarus totam Hiberniam convertit ad Christum.

Tunc Brictius Turonensis episcopus a civibus Turonicis episcopatu pulsus, Romam petiit, ibique quod in Beato Martino deliquerat deflevit, sed post vii annos cum auctoritate papæ rediit, Justiniano et Armentio sedem episcopalem interim regentibus.

Anno Theodosii xx, obiit Sanctus Brictius Turonensis episcopus, anno episcopatus xlvii°, et in ecclesia Beati Martini Turonensis sepultus est; cui successit Beatus Eustochius (2).

Anno Domini ccccLxv°, Valentinianus cum Marciano, tempore Leonis, imperat vi annis.

---

(1) Chronica Martiniana.
(2) Gregorius Turonensis, *Historia Francorum*, lib. ii, cap. 1, et lib. x, cap. 31, § 4.

Anno Domini ccccLxxi°, Leo Major cum Avito, tempore Leonis, Hylarii, Simplicii, imperat annis xvii.

Anno Leonis iv°, Sanctus Eustochius Turonensis episcopus migravit ad Dominum anno episcopatus xvii°, et in ecclesia Beati Martini a terra levavit, et in loco ubi nunc adoratur miro opere construxit ecclesiam ubi corpus ejus, anno a transitu illius lxiv°, honorifice collocavit (1).

Arturus in regnum Britanniæ est electus, anno ætatis xxiv°. Qui regnum adeptus Saxones qui Britanniam vastaverant vicit et fugavit, et manu propria cccc occidit. Noruciam quoque, Daciam, Hiberniam, et cœteras maritimas insulas acquisivit. Insuper Flandriam, Boloniam, Normanniam et magnam partem Franciæ, Turoniam, Andegaviam, Pictaviam, Arumniam et Gasconiam, Hoel comite Minoris Britanniæ sibi adjuvante, subjugavit. Sed Andegaviam dedit Quex senescallo suo, et Bedeuro baticulario Normanniam, et Haldanno Boloniam, et Borello Cenomannicum.

Anno Domini ccccLxxxviii°, Zenon, tempore Simplicii, Felicis, Gelasi, imperat xvi annis.

Franci itaque cum Childerico rege Gallias appetunt, Coloniam capiunt, et multos Romanorum fugato Egidio qui rex Francorum fuerat occidunt. Deinde Treverim capiunt. Post hæc mortuus est Egidius, cui successit Syagrius filius ejus, et sedem regni constituit Suessionis.

---

(1) Les manuscrits donnent une leçon incomplète du texte qui doit être ainsi restitué : « *Sanctus Eustochius Turonensis episcopus migravit ad* « *Dominum anno episcopatus XVII, et in ecclesia Sancti Martini* « *sepultus est. Cui successit Sanctus Perpetuus. Hic corpus Sancti* « *Martini sepultum in ecclesia Beati Martini à Sancto Brictio ædifi-* « *cata a terra levavit....*, etc. »
Gregorius Turonensis, *Hist. Franc.*, lib. ii, cap. 14 ; lib. x, cap. 31, § 5 ; et *de Miraculis Sancti Martini*, lib. i, cap. 6.

Quo audito, Childericus rex Francorum commoto exercitu Aurelianum destruxit, et usque Andegavis veniens urbem incendit, et Paulum comitem qui ibi erat occidit.

Tunc Childericus rex Francorum obiit, anno regni xxiiii°, cui successit Clodoveus filius ejus.

Clodoveus rex Francorum Siagrium ducem Romanorum apud Suessiones vincit; qui Tolosam ad Alaricum fugit, a quo Clodoveo reposcenti remissus perimitur. Post Clodoveus quicquid Galliarum erat sub Romanis transfert ad jus et dominium Francorum.

Sollempnis Carnotensis episcopus claret.

Zenon imperatore mortuo successit ei Anastasius cum Lucio Yber per electionem.

Tunc Sancto Perpetuo Turonensi episcopo defuncto, et in ecclesia Beati Martini quam ipse construxerat tumulato, anno episcopatus xxx°, Volusianus propinquus ejus successit. Hujus tempore, Clodoveo regnante, hic episcopus suspectus est a Gothis, quod se Francis subdere vellet, et ob hoc apud Tolosam exilio relegatur et ibi postea obiit (1).

Anno Domini div, Anastasius cum Lucio Yber, tempore Gelasii, Anastasii, Symachi, Hormisdæ imperat annis xxvi.

Anno Anastasii vii°, Volusianus Turonensis episcopus apud Tolosam moritur, cui Virus successit, pro simili causa a Gothis exilio condemnatus (2).

Clodoveus in fide confirmatur (a baptismate) anno regni xv°.

---

(1) Gregorius Turonensis, *Historia Francorum*, lib. x, cap 31, § 6 et 7.
(2) Id., ibid., § 7 et 8.

Tunc Viro Turonensi episcopo defuncto, anno episcopatus xi°, Licinius (1) civis Andegavensis et abbas Sancti Venantii successit (2).

Lucius Yber in Franciam veniens, per duodecim senatores ab Arturo rege Britanniæ tributum requirit. (Hic) exercitu adunato Gallias ingrediens, Lingonas venit ubi Lucium imperatorem in bello victum interfecit, et Romanis caput pro tributo Britanniæ destinavit. Et Quex senescallum suum, qui ibi vulneratus fuerat, in Turoniam apud Caynonem quod Quex ædificaverat remisit; qui de plagis non multo post moriens, prope Caynonem, juxta Ucerum, in quadam parva ecclesia Sancti Pauli sepelitur.

Alaricus rex Gothorum fœdus quo Clodoveo regi Francorum tenebatur, violat. Quo facto, Clodoveus contra eum arma parat et Turonis veniens (3), equum suum Beato Martino misit. Cumque rex esset Dominum deprecatus ut si propitius ei esset et ei gentem incredulam subjugare vellet, hoc ei in ingressu Beati Martini revelaret, accidit quod nuntiis ejus intrantibus ecclesiam, hic versus decantaretur : *Præcinxisti me, Domine, virtute ad bellum, supplantasti insurgentes in me subtus me, et inimicorum meorum dedisti mihi dorsum, et odientes me dispersisti.* Quod nuntii audientes domino retulerunt; quo audito, lætior effectus, hostem insequitur. Cumque ad Vigennam fluvium venisset, et vadum non inveniret, cerva miræ magnitudinis divinitus veniens, vadum eis ostendit, et prior transiit. Veniens autem rex Pictavis,

---

(1) On trouve aussi dans les mss. *Lucinius*.
(2) Gregorius Turonensis, *Historia Francorum*, lib. x, cap. 31 § 8 et 9.
(3) Id., ibid., lib. ii, cap. 37.

longe ab ecclesia Sancti Hilarii fixit tentoria, et ea nocte, virtute Beati Hilarii visa est (pharus) ignea ab ecclesia eadem exisse, et super Clodovei tentoria descendisse, pro quo rex inhibuit ne aliquid de ipso pago tollerent. Deinde in agro Vogabunse (1) super Dinum (2) fluvium x° milliario ab urbe Pictava Alarico occurrit, et Gothis fugientibus eum interfecit. Sed Amalricus filius Alarici evadens in Hispaniam fugit; et Clodoveus filium suum Theodoricum versus Arverniam per Albigensem dirigit, qui pertransiens totam terram a finibus Gothorum usque in Burgundiam subjugavit. Clodoveus vero in illo anno Burdegalis hiemavit, et thesauros Alarici de Tolosa recepit; et cum postea ad Engolismam civitatem venisset, muri urbis per miraculum corruerunt. Qua obtenta, Turonis rediit (3), et Beato Martino multa munera dedit, et matriculariis ecclesiæ pro equo quem dederat, centum solidos misit. Sed virtute sancti, equus moveri non potuit, tunc rex ait : « Date alios centum « solidos. » Quibus datis, statim equus solutus abiit. Quo viso, Clodoveus ait : « Vere Beatus Martinus bonus est in « auxilio, sed carus in negotio. » Deinde ab Anastasio imperatore codicellis acceptis pro consulatu (4), tunica baltea (5) indutus, auream coronam habens in capite, ascenso equo per ecclesiam Beati Martini ita deambulans aurum et argentum spargebat, et ab ea die consul et augustus appellatus est.

---

(1) Dans Grégoire de Tours, on lit *Vogladense* ou *Vocladense*, Vouillé.

(2) Dans Grégoire de Tours, on lit *Clinum*, le Clain.

(3) *Gesta regnum Francorum*, cap. 17. — Aimonius, *de Gestis Francorum*, lib. i, cap. 22

(4) Gregorius Turonensis, *Historia Francorum*, lib. ii, cap. 58.

(5) Ainsi écrit dans tous les manuscrits, pour *blatea*.

Anno regni Clodovei xxviii°, Sanctus Arnulphus in Gallia claret, qui postea in silva Parisiorum Aquilina martyrizatur (1).

Clodoveus Parisius moritur anno regni xxx° et Anastasii imperatoris xxii°, et in ecclesia Sanctæ Genovefæ sepultus est. Post quem quatuor filii ejus regnum inter se diviserunt : Clotarius habuit Normanniam et Flandriam et sedem Suessionis, Childebertus habuit Turoniam et Aquitaniam et sedem Parisius, Clodomiris habuit Burgundiam et sedem Aurelianis, Theodericus habuit gentes quæ sunt ultra Rhenum et sedem Remis; sed Clotarius omnibus his supervixit, et regnum solus obtinuit. Mater (2) autem eorum Chrotildis ad sepulcrum Beati Martini Turonensis Domino serviebat, raro visitans Parisius.

Anno xxvi° Anastasii obiit Lucinius Turonensis archiepiscopus, qui prius civis Andegavensis et post abbas Sancti Venantii in archiepiscopum est electus et sedit annis xxii, mensibus ii, diebus xxv. Cui successit Theodorus et Proculus insimul, jubente Chrotilde regina; qui senes de episcopatibus pulsi, eam de Burgundia secuti fuerant (3).

---

(1) Le moine de Saint-Julien de Tours, auteur de la continuation du *Chronicon Turonense breve*, a écrit au xiv° siècle, sur la marge du manuscrit de sir Th. Phillipps, vis-à-vis de notre texte, ces lignes qui mériteraient une discussion approfondie. *Iste Arnulphus Turonensis archiepiscopus fuit per annum et (menses) X et septem dies, ut in legenda legitur, licet in cathalogo Gregorii de ipso (non) fiat (mentio).* Les mots entre parenthèses avaient été enlevés par le couteau du relieur, nous avons cru devoir les restituer.

(2) Gregorius Turonensis, *Historia Francorum*, lib. 2, cap. 43.

(3) Gregorius Turonensis, *Historia Francorum*, lib. x, cap. 31, § 9 et 10. Grégoire de Tours donne 12 ans 2 mois et 25 jours de durée à l'épiscopat de Licinius.

Anno Domini DXXX, Justinus Senior, tempore Hormisdæ, Johannis, imperat annis VIII.

Anno secundo Justini imperatoris, obierunt Theodorius et Proculus, qui insimul duobus annis rexerunt ecclesiam Turonensem, et sepulti sunt in ecclesia Beati Martini; quibus successit Dinifius de Burgundia natus (1).

Anno III° Justini imperatoris, Dinifio Turonensi archiepiscopo mortuo, et in ecclesia Beati Martini sepulto, Ommatius ei successit, natione Arvernus, dives valde (2).

Anno VIII° Justini et Clotarii regis Francorum XII°, ecclesia Scrinioli Turonis dedicata est. Et eodem anno obiit Ommatius Turonensis archiepiscopus, anno episcopatus V°, et sepultus est in ecclesia Beati Martini. Cui successit Leo abbas basilicæ Beati Martini, prius faber lignarius (3).

Anno Domini DXXXVIII, Justinianus Justini ex sorore nepos, vel filius secundum quosdam, tempore Johannis, Felicis, Bonefacii, Johannis, Agapiti, Silverii, Vigilii, Pelagi et Johannis, imperat XXXVIII annis.

Anno II° Justiniani, obiit Francilio Turonensis archiepiscopus, anno III° (episcopatus), et in ecclesia Beati Martini Turonensis sepelitur: cui successit Injuriosus civis Turonensis, qui tertiam et sextam in ecclesia dici constituit (4).

Childebertus et Theodebertus nepos ejus contra Clotarium hostem parant (5); sed Clotarius eos timens in

---

(1) Gregorius Turonensis, *Historia Francorum*, lib. X, cap. 31, § 10 et 11.

(2) Id., ibid., § 11 et 12.

(3) Id.. ibid., § 12 et 13, et lib. III, cap. 17. D'après Grégoire de Tours, Ommatius siégea 3 ans et 5 mois.

(4) Gregorius Turonensis, *Hist. Franc.*, lib. X, cap. 31, § 14 et 15.

(5) Id. ibid., lib. III, cap. 28.

sylvam fugit in Aureliano (1), fecitque combros, spem ponens in Domino. Quod audiens Chrotildis mater eorum, sepulcrum Beati Martini adiit, nocte et die vigilans, et deprecans ne inter filios bellum civile consurgeret. Deinde eis coadunatis et paratis ad occidendum Clotarium, tempestas exoritur tentoria disrumpens, et immixtis fulgoribus cuncta subvertens. Tunc illi tam ab imbribus quam a tonitruis attoniti ad terram corruunt, contra grandinem exceptis clipeis tegimen non habentes. Super Clotarium vero nec pluvia cecidit, nec tonitrua sunt audita. Alii autem a lapidibus cæsi, et timentes cœlesti igne cremari, et mittentes ad Clotarium pacem petunt; qua data, ad propria sunt reversi.

Chrotildis regina uxor Clodovei bonis operibus prœdita, apud Turonos migrat ad Dominum (2); sed Parisius deportata juxta Clodoveum sepulta est, à filiis suis Childeberto et Clotario regibus inhumata, in tempore Injuriosi Turonensis archiepiscopi, qui solus restitit Clotario regi, qui volebat habere tertiam partem fructuum ecclesiarum (3).

Anno Justiniani xviii°, obiit Injuriosus Turonensis archiepiscopus, et in ecclesia Beati Martini sepultus est. Cui successit Baudinus prius refendarius Clotarii regis, habens et filium, multis eleemosynis præditus; hic instituit mensam canonicam (4).

Anno Justiniani xxiv°, obiit Baudinus Turonensis archiepiscopus, anno vi° episcopatus, et in ecclesia Beati Martini sepultus est. Cui successit Guntarius prius abbas

---

(1) Pour *Arelauno*.
(2) Gregorius Turonensis, **Hist. Franc.**, lib. iv, cap. 1 et 2.
(3) Id., ibid.
(4) Id., ibid., lib. x, cap. 31, § 15 et 16.

Sancti Venantii Turonensis, vir prudens dum abbatis officio fungeretur, sed episcopus factus, ita vino fuit deditus, quod convivas non cognoscebat, immo eos conviciis improperabat (1).

Anno Justiniani xxvii°, obiit Guntarius Turonensis archiepiscopus anno tertio episcopatus, et sepultus est in ecclesia Beati Martini. Et cessavit episcopatus anno uno (2).

Anno xxix° Justiniani, Beatus Eufronius factus est Turonensis archiepiscopus, vir sanctitate et prophetia plenus, ex genere senatorio creatus, natione Arvernus. Cujus tempore civitas Turonis cum omnibus ecclesiis cremata est, de quibus duas reparavit, et ecclesiam Beati Martini per guerra Conani (3) combustam stanno texit, opitulante rege Clotario (4).

Anno Justiniani xxxv°, Clotarius de nece Cranni filii poenitens, sepulcrum Beati Martini adiit cum grandi gemitu delicta confitens, et sanctissimum confessorem expetens, ut apud Dominum ei celeriter subveniret (5).

Anno Domini dlxxvi°, Justinus Junior, tempore Johannis, imperat annis xi.

Anno Justini iii°, Caribertus rex ecclesiæ Beati Martini Turonensis Navicellas abstulit; et equis ejus, quos ibi alere faciebat, per miraculum occisis, a famulis suis deprecatus ut ecclesiæ villam illam redderet, dicit quod

---

(1) Gregorius Turonensis, *Historia Francorum*, lib. x, cap. 31, § 16 et 17.
(2) Id., ibid., § 17.
(3) Erreur de copiste pour *Chramni*.
(4) Gregorius Turonensis, *Historia Francorum*, lib. x, cap. 31, § 18.
(5) Id., ibid., lib. iv., cap. 21.

quandiu regnaret eam ecclesia non haberet. Nec multo post Blavia castello occulto Dei judicio mortuus est et in ecclesia Sancti Germani sepultus (1).

Anno Justini VII°, Beatus Eufronius Turonensis archiepiscopus migravit a sæculo, anno episcopatus XVII°, et ætatis LXX°, et in ecclesia Beati Martini sepultus est. Cui successit Beatus Gregorius, ex genere senatorio, natione Arvernus, statura brevis, sed scientia magnus, sanctitate plenus et sermone facundus; nam x libros Historiarum et VII Miraculorum scripsit, et unum de Vitis Patrum, et alium super Tractatu Psalterii, et alium de Cursibus Ecclesiasticis, et multa alia composuit, quæ longum est enarrare (2).

Anno Justini IX°, Fortunatus poeta ab Italia veniens Turonos, actus Beati Martini IV° libris heroico metro contexuit: deinde post assumptus, Pictavorum episcopus ordinatur.

Anno Domini DLXXXVII°, Tyberius, tempore Johannis, Benedicti et Pelagii, imperat annis IV.

Anno Tyberii I°, Chilpericus rex Francorum fratrem suum Sigibertum per se et per filium suum Theodebertum nimis urget. Nam Theodebertus a patre missus, Turones, Pictavim et reliquas urbes Sigiberti invadit, deinde Lemovicium et Cadurcinum vastavit, ecclesias incendit, clericos interfecit (3). Sigibertus autem rex gentes quæ sunt ultra Rhenum adversus Chilpericum commovet; cumque ab utraque parte pararentur ad bellum, timens eum Chilpericus pacem cum eo fecit, et

---

(1) Gregorius Turonensis, *Miracula Sancti Martini*, lib. I, cap. 29.
(2) Id., *Historia Francorum*, lib. X, cap. 31, § 18 et 19.
(3) Id., ibid., lib. IV, cap. 48.

urbes suas quas Theodebertus occupaverat, ei reddidit (1). Sed post annum, iterum Chilpericus usque Remis venit, terram devastans. Sigibertus vero contra eum ire disponens, mandavit Dunensibus et Turonicis, ut contra Theodebertum irent. Quo facto, Theodebertus a suis relictus cum paucis remanet; sed tamen ad bellum ire non dubitat. Imminente autem prælio, Theodebertus victus in campo prosternitur, et quod dici dolor est, ab hostibus corpus exanime spoliatur; sed inde tamen ab Arnulpho duce deportatus ad Ecolosmam urbem honorifice sepelitur (2).

Anno Domini DLXXXIX°, Mauricius, tempore Pelagii et Gregorii Magni, imperat xx annis.

Anno Mauricii II°, Chilpericus rex Clodoveum Turonis misit, qui congregato exercitu, Andegavis et Xantonas transivit, terramque vastavit. Sed Mummolus, patricius Guntranni regis, Desiderium ducem Chilperici regis apud Lemovicas vicit et de exercitu ejus xxiv millia occidit, sed de suis quinque millia occisa sunt; et ita per Arvernum victor rediens, in Burgundiam remeavit (3).

Deinde Meroveus presbyter ordinatus, et in religione, sicut diximus, detentus, a Guntranno Bosone, qui in ecclesia Beati Martini Turonensis morabatur, monitus est ut ad ecclesiam Beati Martini occulte veniret. Quo facto, Chilpericus rex frater ejus misit ad Beatum Gregorium Turonensem episcopum ut eum ab ecclesia ejiceret, sin autem totam regionem incendio devastaret. Quo audito, Meroveus timens quod ecclesia Beati Martini

---

(1) Gregorius Turonensis, *Historia Francorum*, lib. IV, cap. 50.
(2) Id., ibid., cap. 51.
(3) Id., ibid., lib. v, cap. 13.

propter hoc cremaret, sanctum orabat ut ei succurreret et regnum concederet. Cumque ibi quasi inclusus esset, Librum Regum et Evangelium et Psalterium super sepulcrum posuit, ut sibi sanctus ostenderet quid evenire deberet. Et triduo jejuniis et vigiliis orans librum revolvit, et in Libro Regum invenit : *Pro eo quod dereliquisti Dominum Deum nostrum, et ambulasti post deos alienos, nec fecisti rectum ante conspectum ejus, ideo tradidit nos Dominus Deus noster in manibus inimicorum nostrorum.* Et in Psalterio invenit : *Verumtamen propter dolos posuisti eis mala, dejecisti eos dum allevarentur.* Et in Evangelio reperit: *Scitis quia post biduum Pascha fiet, et filius hominis tradetur, ut crucifigatur.* Tunc ille lacrymans et confusus, assumpto Guntramno duce cum quingentis viris, Autissiodorensem pagum adiit, ubi ad Herpone duce Guntramni regis comprehenditur. Sed nescio quo casu delapsus, basilicam Sancti Germani ingressus est, et post duos menses inde fugiens usque ad Brunichildem, quæ erat in Austria in regno filii, Meroveus pervenit. Quo audito Chilpericus Turonos veniens terram dextruxit, nec rebus ecclesiæ pepercit (1).

Deinde Guntranno Bosone filias suas, quas Turonis in ecclesia Beati Martini reliquerat, Pictavis ducente, Chilpericus Pictavim invadit; a quo Guntrannus Boso fugiens, filiabus suis in ecclesia Beati Hilarii relictis, ad Childebertum regem transiit (2).

Postea Turonici, Pictavi, Bajocasini, Cenomannici, Andegavi, cum multis aliis, jussu Chilperici in Britannia abierunt adversus Warochum filium Maclovii comitem Britanniæ; de quibus Warochus maximam partem

---

(1) Gregorius Turonensis, *Historia Francorum*, lib. v, cap. 14.
(2) Id, ibid., lib. v, cap. 25.

occidit, sed resistere non valens, cum eis pacem fecit, obsidibus datis, quod fidelis esset de cetero Chilperico (1).

Tunc Chilpericus Leudasten Turonicum comitem a comitatu removit et Eunomium instituit, eo quod Leudastes res ecclesiæ devastabat ; et eum verberavit, eo quod Beatum Gregorium Turonensem episcopum infamaverat, et postea eum in carcere retrudit (2). Hic postea Beatum Gregorium Turonensem super infamatione Fredegundis reginæ coram Chilperico rege accusavit, de quo Beatus Gregorius se purgavit (3).

Gundovaldus qui se filium Clotarii regis esse dicebat, Tolosam ingreditur, quem Pictavi et Turonici lucri causa secuti sunt : sed Pictavi Turonicos occiderunt et fugaverunt, et ad Dorniam fluvium venerunt Gundovaldum quærentes ; sed Gundovaldus Burdegalæ residens, mandavit regi Guntranno ut terram suam ei redderet (4).

Anno Mauricii imperatoris sexto, Sancta Radegundis regina moritur, et in monasterio virginum quod ipsa Pictavis ædificaverat, per manum Beati Gregorii Turonensis episcopi honorifice sepelitur (5).

Anno Mauricii ix°, Beatus Gregorius Turonensis episcopus Romam venit, et a beato papa Gregorio honorifice est susceptus. Cumque ambo ecclesiam introissent, et Gregorius Turonensis ante altare in orationem se dedisset, Gregorius papa tantam sapientiam in tam parvissimo homine mirabatur esse deprehensam. Qui hoc

---

(1) Gregorius Turonensis, *Historia Francorum*, lib. v, cap. 27.
(2) Id., ibid., lib. v, cap. 48.
(3) Id., ibid., lib. v, cap. 50.
(4) Id., ibid, lib. vii, cap. 27, 28, 51, 52.
(5) Id., ibid., lib. ix, cap. 2.

divinitus cognoscens, et ab oratione surgens, cogitatui papæ respondit : « Dominus fecit nos, et non ipsi nos, « idem in parvis qui et in magnis. » Quod Gregorius papa audiens, intellexit eum hoc per Spiritum Sanctum cognovisse, et ob hoc ad honorem ejus cathedram auream dedit ecclesiæ Turonensi (1).

Anno Mauricii xii°, et xiv° regni Childeberti, obiit Ingoberga regina, Cariberti regis uxor, anno ætatis lxx°, multa ecclesiæ Turonensi, et ecclesiæ Cenomannensi, nec non et ecclesiæ Beati Martini Turonensis relinquens, duas habens filias, Bertefledim quæ Turonibus facta est sanctimonialis, et aliam quæ in Canthia domini regis filio data est in uxorem (2).

Tunc temporis dum Guntrannus rex per Turonensem provinciam iter faceret, juxta villam quæ Blireium dicitur, somni suavitate illectus, de equo descendit juxta parvissimum fluvium, et caput in gremio cujusdam familiaris sui deponens illico obdormivit. Quo facto, egressa est parvula bestiola in modum mustelæ ab ore ejus dormientis; quæ veniens ad fluvium et transire non valens, huc illucque discurrebat. Quo viso, ille qui caput regis gremio sustentabat, volens scire rei exitum, silenter surgit, caputque regis suaviter super vestem deposuit, et ensem suum in modum pontis super aquam labentem composuit, ut transire posset per eum bestiola fatigata. Quo facto, statim bestiola super ensem transiit, et ex alia parte in clivium cujusdam montis aliquantulam moram faciens, iterum reversa per pontem ensis transiit et in os regis dormientis intravit. Mox rex a somno excitatus graviter ingemuit, dicens

---

(1) *Vita Gregorii Turonensis per Odonem abbatem*, § 24.
(2) Gregorius Turonensis, *Historia Francorum*, lib. ix, cap. 26.

se venisse per somnum ad quemdam fluvium, ibique nullum transitum invenisse, sed post ponte ferreo invento, per illum ex alia parte fluvii transiisse, atque ibi in clivium montis introiisse et ibi thesauros infinitos invenisse. Quo audito, is qui caput ejus tenuerat, regi omnia quæ viderat per ordinem enarravit. Tunc rex stupefactus et gaudens, montem illum effodi præcepit, et ibi thesauros innumerabiles invenit, quos sibi Christum hæredem faciens, pauperibus et ecclesiis erogavit.

Anno Mauricii imperatoris xiii°, Guntrannus rex obdormivit in Domino.

Eodem anno, Beatus Gregorius Turonensis obiit anno episcopatus xx°, et in ecclesia Beati Martini sepelitur; cui successit Peladius.

Eodem anno (quo Mauricius imperator occisus est), obiit Peladius Turonensis episcopus, anno episcopatus viii°; cui successit Leupicarius.

Anno Domini dcxii, Focas, tempore Gregorii, Saviniani, Benefacii et Bonefacii, imperat annis vii.

Ysidorus Hyspalensis usque ad istum Heraclium has chronicas fecit.

Anno Domini dcxviii, Heraclius, tempore Bonefacii, Deus-dedit, Bonefacii, Honorii, Severini et Johannis, imperat annis xxxi.

Anno Heraclii v°, obiit Leupicarius Turonensis episcopus, anno xiii° episcopatus; cui successit Aigiricus.

Anno Heraclii ix°, obiit Aigiricus Turonensis archiepiscopus, anno iv° episcopatus; cui successit Givaldus.

Anno Heraclii xi°, obiit Givaldus Turonensis episcopus, anno episcopatus ii°; cui successit Sigilaicus.

Anno Heraclii xiii°, obiit Sigilaicus Turonensis archiepiscopus, anno episcopatus iii°; cui successit Leobaldus.

Anno Heraclii xix°, obiit Leobardus Turonensis episcopus, anno episcopatus vi°; cui successit Medesgisilius.

Anno Heraclii xxiv°, tres fratres Ado, Rado et Dado, qui et Audoenus regis Dagoberti referendarius, in Gallia clarent, singuli singula cœnobia fundantes. Hos ad hoc animaverat Egidius artifex, jamdudum in aula regis Clotarii clarus, qui capsam auream Beati Martini Turonensis fabricavit.

Anno Domini dcxlix°, Constantinus qui et Constans dictus est, filius Constantini, nepos Eraclii, tempore Johannis, Theodori, Martini, Eugenii, Vitaliani et Deodati, imperat annos xxvii.

Anno Constantini i°, obiit Madegisius Turonensis archiepiscopus, anno episcopatus xi°; cui successit Latinus.

Anno Constantini viii°, obiit Latinus Turonensis archiepiscopus, anno episcopatus xiii°; cui successit Carigisilius.

Anno Constantini xv°, obiit Carigisilius Turonensis archiepiscopus, anno espicopatus ii°; cui successit Cropertus, qui primus ecclesiam Beati Martini Turonensis exemptavit (1), primo anno sui episcopatus.

---

(1) Ce ne fut pas ce Cropert, nommé par d'autres Rigobert et Zérobert, qui concéda à l'église collégiale de Saint Martin de Tours son célèbre privilège d'exemption; il est dû à la dévotion d'Erabert ou Crabert ou Crotbert, successeur de Papolene, comme le prouvent la bulle d'Adéodat et la charte d'Ibon.

Anno Constantini xvii°, Cropertus Turonensis archiepiscopus obiit, anno episcopatus ii°; cui successit Papolenus.

Anno Constantini xxiii°, obiit Papolenus Turonensis archiepiscopus, anno episcopatus sexto; cui successit Erabertus qui exemptionem ecclesiæ Beati Martini Turonensis similiter approbavit, et a papa Adeodato eam postea confirmari fecit.

Anno imperii Constantini xxvii°, Romæ post Vitalianum Adeodatus, qui exemptionem ecclesiæ Beati Martini Turonensis, quam Crobertus et Crabertus Turonenses archiepiscopi confirmaverant, auctoritate apostolica confirmavit (1).

Anno Domini dclxxvi°, Constantinus filius Constantini, tempore Adeodati, Domni, Agathos, Leonis, Benedicti et Johannis et Conon, imperat annis xvii.

Anno Domini dcxciii°, Justinianus filius Constantini, tempore Conon et Sergii, imperat annis v.

Anno Justiniani v°, obiit Crabertus Turonensis archiepiscopus, anno episcopatus ejus xxvi°, cui successit Bertus.

Anno Domini dcxcviii°, Leo Patricius qui et Leoncius dictus est, tempore Sergii, imperat annis tribus.

---

(1) La bulle d'Adéodat est publiée dans les *Pièces justificatives produites au procès d'exemption de l'église de Saint Martin*, pag. 1; et dans le *Gallia Christiana* (1656), tom. 1, pag. 741.

Anno Domini DCCI°, Tyberius qui et Absimarus dicitur, in tempore Sergii, Leonis et Johannis et iterum Johannis, imperat annis VII.

Anno Domini DCCVIII°, Justinianus, tempore Johannis, Sysinnii et Constantini, imperat annis VI.
Anno Justiniani primo, Berto Turonensi archiepiscopo mortuo, anno episcopatus XVI°, successit ei Peladius.
Anno Justiniani VI°, obiit Peladius Turonensis archiepiscopus, anno episcopatus V°; cui successit Ebarcius.

Anno Domini DCCXIV°, Phylipicus qui et Bardanius, tempore Constantini, imperat anno uno, mensibus VI.

Anno Domini DCCXV°, Anastasius qui et Arthemius dicitur, tempore Constantini, Gregorii, imperat annis II.

Anno Domini DCCXVII°, Theodosius, tempore Gregorii, imperat anno uno.

Anno Domini DCCXVIII, Leo qui et Ysaurus dictus, tempore Gregorii secundi et Gregorii III, imperat XXIIII annis.
Anno Leonis IV°, obiit Ebarcius Turonensis archiepiscopus, anno episcopatus nono; cui successit Ibo, qui exemptionem ecclesiæ beati Martini Turonensis approbavit et confirmavit (1).
Anno Leonis XII°, obiit Ibo Turonensis archiepiscopus, anno episcopatus VII°; cui successit Guntrannus.

(1) *Pièces justificatives pour l'exemption de Saint-Martin de Tours*, pag. 2.

Anno Leonis xxi°, obiit Guntrannus Turonensis archiepiscopus, anno episcopatus xii°; cui successit Dido.

Anno Domini dccxliii°, Constantinus Leonis filius, tempore Gregorii, Zachariæ, Stephani, Pauli, Constantini, Stephani et Adriani, imperat xxxv annis.

Constantini anno primo, Karlomannus et Pipinus Hunaldo duci Aquitaniæ sibi rebellanti obviant et Lucas castrum capiunt (1), et in ipso itinere regnum Francorum inter se dividunt in loco qui dicitur Vetus Pictavis.

Anno ii° Constantini, obiit Dido Turonensis archiepiscopus, anno episcopatus secundo, cui successit Rigambertus.

Pipinus inunctus est in regem anno Domini dccli°, imperii Constantini ix°.

Anno Constantini x°, obiit Rigambertus Turonensis archiepiscopus, anno episcopatus ix°; cui successit Aubertus.

Anno Constantini xxv° et Pipini regis xvi° obiit Aubertus Turonensis archiepiscopus, anno episcopatus xv; cui successit Ostaldus.

Anno Constantini xxvi°, Pipinus rex, Gaifero duce Aquitaniæ occiso, Xanctonas revertitur, ubi ægrotans cum Bertradane regina Turonis ad Beatum Martinum causa orationis accessit, et inde rediens Parisius, apud Sanctum Dionysium obiit, viii° calendas octobris, anno regni xvii° et incarnationis Dominicæ dcclxvii° et ætatis Caroli filii sui xxvi°, et in ecclesia Sancti Dionysii sepultus est. Quo defuncto, Carolus et Carlomannus elevati sunt in reges vii° idus octobris, Carolus Noviomo et Carlomannus Suessionis. Carolus Magnus omni idio-

---

(1) D. Bouquet, *Scriptores Galliæ*, Tom. ii, pag. 458, 576 et 686

mate doctus erat , et de vii liberalibus artibus doctores habebat, qui eum de illis assidue instruebant, scilicet , in grammatica Pisanum diaconum, et in rhetorica, dialectica et astronomia quemdam Saxonem, in aliis disciplinis Albinum cognomento Alcuinum.

Anno Domini dcclxxvii°, Leo , tempore Adriani, imperat annis v.

Anno Leonis i° et Caroli ix°, obiit Ostaldus Turonensis archiepiscopus, anno episcopatus xii°, cui successit Eusebius.

Anno Domini dcclxxxiiii°, Hyrene Leonis uxor cum filio suo Constantino, tempore Adriani, imperat annis ix.

Anno ab incarnatione Domini dccxci° et Hyrenæ ix° et Caroli xxiv°, erant adhuc monachi in ecclesia Beati Martini Turonensis sub Iterio abbate. In cujus ecclesiæ dormitorio duo angeli ingressi sunt , unus extendebat indicem, et alter monachum quem ille ostendebat percutiebat. Quorum unus qui hæc vigilans viderat, solus evasit, dicens angelo : « Adjuro te, per nomen omnipo- « tentis Dei, ne me percutias. » Monachi illi , ut refert sanctus Odo, nimis deliciose vivebant , et sericis vestibus induebantur; calceamenta enim erant vitrei coloris. Quibus ita mortuis , Iterius abbas cum residuo monachorum, quos deforis adduxit, apud Cormariacum, quam ecclesiæ Beati Martini dederat, transivit cum tertia parte redituum et thesauri ecclesiæ Beati Martini (1).

(1) *Alcuini opera*, studio A. Quercetani, præfatio, pag. 8. — Bouquet, *Scriptores Galliæ*, tom v, pag. 764, 765. — J. Perion, *Historia monasterii Cormaricensis;* manuscrit de la bibliothèque de Tours. — Maan, *Ecclesia Turonensis*, pag. 49.

Nec multo post Carolus, auctoritate Adriani papæ canonicos in ecclesia Beati Martini posuit et eis magistrum suum Albinum id est Alcuinum (1) præfecit. Erat autem Alcuinus natione Scotus, ingenio clarus, mirabilis philosophus, non tantum præpollens scientia litterarum, quantum et honestate morum studioque virtutum.

Anno Domini DCCXCII°, Constantinus, filius Leonis et Hyrenæ, tempore Adriani et Leonis, imperat VII annis.

Anno Constantini II° et Caroli XXVI°, Eusebius Turonensis archiepiscopus obiit, anno episcopatus XVI°; cui successit Herlingus.

Anno Constantini V° et Caroli XXIX°, posuit Carolus canonicos in ecclesia Beati Martini Turonensis, auctoritate Adriani papæ, et eis sicut superius dicitur, Alcuinum præfecit.

Anno Domini DCCXCIX°, Hyrene filio suo excæcato, tempore Leonis, rursus imperat annis II.

Anno Hirenæ II° et Caroli XXXIII°, Carolus causa orationis Turonos ad Beatum Martinum venit, et ibi per aliquot dies moram fecit propter infirmitatem Legardæ uxoris suæ, quæ ibi mortua est pridie nonas julii, et in ecclesia Beati Martini sepulta.

Cum igitur annus incarnationis in Nativitate Domini incipiat, cerei paschalis consuetudine non servata, Carolus anno ab incarnatione Domini DCCCI°, et regni XXXIV°, et ætatis LIX°, in ecclesia Beati Petri imperator et augustus (coronatur).

---

(1) Var. *Alchoinum*.

Anno imperii Caroli quarto, obiit sanctus Alcuinus abbas Sancti Martini et in ejus ecclesia sepelitur.

Anno imperii Caroli XII°, Carolus per totas Gallias, super statu ecclesiarum concilia ab episcopis celebrari fecit, unum Maguntiæ, alterum Remis, tertium Turonis.

Anno imperii Caroli XIII°, Carolus quidquid habebat in tres partes divisit, quarum unam in XXI partes divisit, et eas metropolitanis qui totidem sibi suberant distribuit : ita quod metropolitana ecclesia tertiam partem assignatæ sibi partis haberet, et duas inter suffraganeos suos divideret. Et hæc sunt nomina archiepiscopalium civitatum quæ erant sub Carolo : Roma, Ravenna, Mediolanum, Forum Julii id est Aquileia, Gradus, Colonia, Maguntia, Livianum quæ et Salzburc, Treviris, Senonis, Vesuntio, Lugdunum, Vienna, Rothomagus, Remis, Arelatis, Dirantasia, Ebredunum, Burdegalia, Turonis, Biturica. Has omnes auro et argento ditavit, vestimentis sericis exornavit, reditibus et honoribus ampliavit, et sanctissimis reliquiis insignivit (1).

Anno ab incarnatione Domini DCCCXIV°, et imperii Caroli XIV° et regni XLVII° et ætatis ejus LXXII°, Carolus imperator, Aquisgrani spiritum exhalavit V° kalendas februarii. Tunc Ludovicus filius ejus qui in Aquitania apud Theoduadum hibernabat, hoc audito, XIII° die post mortem patris Agrisgranum venit, et consensu populi in imperio patri successit.

Anno Domini DCCCXV°, Ludovicus cognomento Pius, filius Caroli Magni, tempore Leonis, Stephani, Paschalis, Eugenii, Valentini et Gregorii, imperat annis XXVI.

(1) D. Bouquet, *Galliæ Scriptores*, tom. V, pag. 102.

Anno Ludovici Pii III°, Ludovicus imperator dedit ecclesiæ Beati Martini Adrisiacum ; nonas et decimas dominicalium rerum ; et quod canonici teloneum vel aliam consuetudinem non reddant (1) ; et quod habeant duodecim naves quittas per flumina regni (2) et tertiam partem oblationum ecclesiæ suæ, ita quod cera et oleum et alia sepulcro necessaria remanerent ; et quod monachi Cormaricenses non possint eligere abbatem suum sine consensu canonicorum Sancti Martini Turonensis, immo sint eis subjecti (3) ; et quod canonici ex seipsis eligant abbatem suum.

Anno Ludovici VI°, obiit Herlingus Turonensis archiepiscopus, anno episcopatus XXVII°; cui Joseph successit.

Anno Ludovici XXVI°, Ludovicus imperator obiit, anno Domini DCCCXL° et ætatis LXIIII°.

Anno Domini DCCCXLI, Lotharius filius Ludovici, tempore Gregorii, Sergii, Leonis, Benedicti et Pauli, imperat annis XVI, mensibus IV.

Hujus anno primo, Carolus et Ludovicus fratres Lotharii, dolentes se a debita parte regni a fratre privari, contra eum in pago Autissiodorensi, apud campos Fontanidos in bello consurgunt, eumque vincunt, ubi utriusque partis cædes facta est inaudita, ita quod suos terminos ab hoc tempore ab externis defendere minime potuerunt. Quo audito, Hastingus cum innumera Danorum multitudine Franciam ingressus, oppida, rura, vicos flamma, ferro depopulatur. Galliæ itaque superio-

---

(1) D. Bouquet, *Galliæ scriptores*, tom. VI, pag. 108.
(2) Monsnier, *Ecclesiæ Sancti Martini Turonensis historia*, appendix, tom. II, pag. CXXI. (ms. 706 de la bibl. de Tours.)
(3) Id., ibid., pag. CXXII.

ris finibus accensis, Turoniam venit, ibique Ambasia et universis quæ inter Ligerim et Carum fluvios continebantur in favillam redactis, Turonim obsidet. Cumque urbem crebris assultibus infestaret, Turonici viribus diffidentes, corpus Beati Martini flentes et dolentes rapiunt, et super murum quo belli violentior impetus erat, mortuum pro vivis propugnatorem opponunt. Quid plura? Virtute sancti Dani fugiunt, fugientes Turonici persequuntur, secum corpus Beati Martini cum laudibus deferentes. Sicque pars Danorum gladio cadit, pars capta reducitur, pars altera fugiens sic evasit. Turonici vero cum gaudio redeuntes, in loco quo sancti substitit corpus, dum Danos fugarent, in honore sancti fabricaverunt ecclesiam, quæ propter belli eventum Sancti Martini Bellum ab incolis nuncupatur. In loco autem quo corpus sancti positum fuerat supra murum, similiter in honore sancti construxerunt ecclesiam quæ Sancti Martini Basilica nominatur, in qua dicunt aulam Valentiniani imperatoris fuisse, qui Beato Martino astanti assurgere noluit, donec ignis eum a sede compulit elevare. In honore vero sancti, eo die quo de Danis habuerant victoriam, scilicet iv° idus maii instituerunt solemnitatem annuam celebrandam, quam Subventionem proprie nuncuparunt. Dani vero qui remanserant in unum congregati, per mare Britannicum Ligerim ingressi, aggrediuntur Nannetem civitatem, et in sabbato Paschæ episcopum fontes benedicentem trucidant, clerum et populum diversis cruciatibus occidendo (1). Contra quos Carolus Calvus rex cum Britonibus et Francis viriliter occurrens, eos fortiter debellavit. Inter

---

(1) *Tractatus de reversione S. Martini ab Odone* (Bibliotheca Cluniacensis, col. 116).

quos erat Torquatius venator, qui a Minori Britannia pulsus fuerat a Romanis, qui loco imperatoris in illis locis dominabatur, eo quod idem Torquatius diversis injuriis incolas affligebat. Hic autem Torquatius Carolum Calvum contra Danos viriliter adjuvabat, pro quo Carolus dedit ei in Mellum nemus (1) in episcopatu Redonensi. Nam etiam prius idem Torquatius cum filio suo Tertulpho eumdem Carolum contra fratrem suum Lotharium fortiter adjuvarat. Nec multo post Torquatius moritur, cui Tertulphus filius ejus successit, armis strenuus, facie decens. Cui Carolus Petronillam filiam Hugonis Magni ducis Burgundiæ, materteram alii Hugonis Magni abbatis Beati Martini Turonensis, dedit in uxorem cum tota terra Gastinensis pagi (2).

Anno Lotharii iv°, obiit Joseph Turonensis archiepiscopus, anno episcopatus xxiv°; cui successit Landrannus.

Anno Lotharii vii°, obiit Landrannus Turonensis archiepiscopus, anno episcopatus iv°; cui successit Ursmarus.

Anno Lotharii xvi°, Dani Flandriam venientes, Sanctum Quintinum et urbem Suessionis et Parisius cum adjacenti terra destruxerunt et combusserunt, et Sanctæ Genovefæ Parisiensis ecclesiam cremaverunt. Quo facto, Turoniam redeunt, regionem concremant, Andegavim urbem obsident et oppugnant. Quos Carolus Calvus adunato exercitu viriliter insecutus, auxilio Salomonis regis Minoris Britanniæ, Andegavim obsidet et impugnat (3). Cumque Dani diversis assultibus lacessiti venire ad dedi-

---

(1) Tous les mss. portent *In Mellum nemus* ou mieux *Nimellum nemus;* on lit *Nidus Meruli* dans le *Gesta consulum Andegavensium.*

(2) *Gesta consulum Andegavensium*, apud d'Achery; in *Spicilegio*, 1671, in 4°, tom. x. pag. 408.

(3) Bouquet, *Galliæ Scriptores*, tom. vii, pag. 53, 200, 220, 222, 255, et 70, 164, 188, 224, 233, 250, 260, 273, 370.

tionem compulsi fuissent, Carolus rex, invito exercitu, a Danis recepta pecunia, eos abire permisit. Sicque Hastingus per pelagus Italiam rediens, Lunam civitatem cepit, et ibi remansit, et factus est Carolo ex inimico amicus.

Elapsis post Hastingui incendia tribus lustris (1), Rollo cum innumera Danorum multitudine, Secanam, Ligerim, Garumnam navigio ingressus, in festo Sancti Johannis Nannetum venit, et urbe pessumdata, Gurnardum urbis episcopum missas celebrantem ad altare Sancti Ferreoli decollavit, et post urbem Andegavim devastavit. Deinde Cenomannica urbe obsessa, procuratores sui exercitus Turonis delegavit, qui, urbe destructa, bona terræ diriperent, et vinculatos loci incolas captivarent. Sed auxilio Beati Martini, tanta Cari et Ligeris excrevit inundantia, quod non potuerunt Dani ad urbem Turonicam pervenire. Quo viso, cœnobium Majoris Monasterii combusserunt, et ibi c et xvi monachos occiderunt. Herbernum vero abbatem extractum a latebris tormentis variis affecerunt, ab eo thesauros ecclesiæ requirentes et monachos in latebris latitantes; sed pius pastor nec thesauros ecclesiæ prodidit, nec latitantes filios revelavit. Quo facto, Danis recedentibus, canonici Beati Martini, audito Majoris Monasterii infortunio, dolentes et flentes ad locum accedunt, et Herbernum abbatem cum xxiv monachis suis, qui remanserant, ad suam secum deducunt ecclesiam, eis in omnibus necessaria ministrantes; auditoque quod Cenomannis capta Rollo Turonis redire disponeret, habito diligenti consilio, corpus Beati Martini primo apud Floriacum, deinde Cableias, et post apud Autissiodorum portaverunt. Cujus custodes fuerunt

---

(1) *Tractatus de reversione Sancti Martini* (Bibliotheca Cluniacensis, col. 117 et seqq).

Herbernus abbas Majoris Monasterii cum xxiv monachis suis, et xii canonici et xxii burgenses Castri Novi, qui eis necessaria ministrabant. In adventu itaque beati, tanta miracula Autissiodoro in ecclesia Sancti Germani fiebant, quod ibi peregrini innumeri affluebant, tantusque oblationis excrevit cumulus, quod inter Autissiodorenses clericos avaritiæ stimulis agitatos, et canonicos Beati Martini discordiam seminavit. Nam Turonenses virtutes quæ fiebant Beato Martino ascribebant, cum ante adventum ejus ibidem virtutes non fierint. Autissiodorenses vero eas factas a Sancto Germano viriliter asserebant. Sicque eis hinc consentientibus, in medio præsulum leprosus ponitur, tali pacto, quod si a parte Beati Martini leprosus sanaretur, et pars altera incurata remaneret, Beato Martino miraculum ascriberetur, ejusque clericis oblatio quittaretur. Si autem a parte Sancti Germani e contrario sanaretur, et sananda pars alia remaneret, miraculum Sancto Germano ascriberetur, et in ejus clericorum usus oblatio deveniret. Quid plura? Leprosus a parte Beati Martini sanatur, et pars altera sananda differtur. Rursusque ad majorem evidentiam, pars sananda versus Beatum Martinum vertitur, et statim sanatur. Et sic fuit inter clericos lis sopita, et ministris Beati Martini deinceps oblatio persoluta.

Anno Domini dccclxiii° (1), Ludovicus Lotharii filius, tempore Pauli, Stephani, Nicholai, Adriani et Johannis, imperat annis xxii.

Hujus anno primo, obiit Ursmarus Turonensis archiepiscopus, anno episcopatus x°; cui successit Almaricus.

---

(1) On doit lire dccclvii.

Anno Ludovici III°, et Caroli Calvi XVIII°, obiit Almaricus Turonensis archiepiscopus, anno episcopatus II°; cui successit Herardus.

Anno Ludovici IV° et Caroli Calvi XIX°, facta est apud Tussiacum Tullensis diœcesis generalis synodus XIV archiepiscoporum cum suffraganeis suis, qui auctoritate Nicolai papæ, et Caroli Calvi jussione, necnon ad preces Herardi Turonensis, ecclesiam Sancti Martini exemptaverunt, et eam ab omni consuetudine in perpetuum quittaverunt (1).

Anno Ludovici V°, et Caroli XX°, facta est descriptio villarum Sancti Martini Turonensis, et dedit Carolus Nuliacum et Dompnam Mariam ecclesiæ Beati Martini ad refugium fratrum, pro anima Judith videlicet matris suæ, et hoc ad preces Hugonis abbatis propinqui sui, et ad preces Herardi archiepiscopi Turonensis.

Anno Ludovici IX° et Caroli XXIV°, dedit idem Carolus rex ecclesiæ Beati Martini Liradum, ad preces Herardi archiepiscopi Turonensis (2).

Anno Ludovici XIV° et Caroli XXIX°, corpus Sancti Benedicti (3) quod propter timorem Danorum fuerat a Grandifolio deportatum, transfertur ad Fossatense monasterium. Tunc obiit Tertullus Andegavensis anno principatus XXX°, cui successit Ingelgerius filius ejus, præ aliis formosus, largus, eloquens et facetus.

Anno Ludovici XV° et Caroli XXX°, anno scilicet Domini DCCCLXXI°, obiit Herardus Turonensis archiepiscopus, anno episcopatus XV°; cui successit Actardus.

(1) Mabillon, *Analecta*, tom. 1, pag. 58. — *Pièces justificatives pour Saint Martin de Tours*, pag. 5. — Labbe, *Concilia*, tom. VIII, pag. 705. — Hardouin, *Concilia*, tom. V, pag. 541.

(2) Bouquet, *Galliæ scriptores*, tom. VIII, pag. 573.

(3) On doit lire *Mauri* et non *Benedicti*.

Anno Ludovici imperatoris xviii°, Caroli xxxiii°, obiit Actardus Turonensis archiepiscopus, anno episcopatus ii°; cui successit Adalardus.

Tunc Ludovicus Balbus, filius Caroli Calvi, miles jam adultus, Ingelgerium juvenem filium Tertulii militem fecit, et vicecomitem Aurelianensem eum constituit; insuper dedit ei senescalliam Turonensem. Nec multo post data est ei Aalix neptis Adalardi Turonensis archiepiscopi in uxorem, cum qua recepit Ambasiam, Busenciacum et Castellionem, et insuper a Ludovico Balbo dimidium Andegaviæ comitatum; quia tunc temporis ultra Medanam alius comes erat. Hic Ingelgerius dominam de Castro Lauduni, quæ matrina sua erat, et accusata de adulterio, in bello defendit, et accusatorem occidit, et ob hoc domina illa Castrum Lauduni dedit ei in perpetuum et concessit (1).

Anno Ludovici xxii°, Caroli Calvi xxxvii°, idem Ludovicus imperator, nepos Caroli Calvi, in Italia moritur, anno Domini dccclxxviii°.

Anno Domini dccclxxix°, Carolus Calvus, tempore Johannis, imperat anno uno, mensibus ix.

Anno imperii Caroli ii°, Carolus Mantuæ moritur, anno Domini dccclxxx°; et successit in regno Francorum Ludovicus Balbus filius ejus, et imperio Carolus Grossus filius Ludovici fratris sui.

Anno Domini dccclxxxi, Carolus Grossus, nepos Caroli Calvi, tempore Johannis, Marini, Agapiti, Adriani,

---

(1) *Gesta consulum Andegavensium*, apud d'Achery, *Spicilegium*, 1671, in 4°; tom. x, pag. 402, 412-418.

Basilii et Stephani, imperat xi annis ; duobus ante imperialem consecrationem, et novem postea.

Hujus anno primo, Ludovicus Balbus rex Franciæ ecclesiæ Beati Martini Turonensis dedit Merlaum (1), Saudoiam et Noientum, ad preces Hugonis abbatis propinqui sui.

Anno imperii Caroli ii°, Ludovicus Balbus moritur apud Compendium, xii° calendas maii, anno Domini dccclxxxii° et regni secundo.

Anno imperii Caroli vii°, Rollone in Alemannia demorante et regiones finitimas devastante, Franciaque a Normannis secura, Turonici Autissiodorum mittentes ab Aunario Autissiodorensi episcopo corpus Beati Martini requirunt (2). Quo negato, ad Karlomannum regem Franciæ tendunt, ut corpus Beati Martini restitui faceret Turonicæ civitati, sed a rege nihil potuerunt super hoc impetrare. Quo viso, consilium ineunt cum Adalardo archiepiscopo Turonensi, Raimone Aurelianensi, et Sancto Lupo Andegavensi, ceterisque qui ibi affuerant, quid super hoc sit agendum. Quorum judicio Ingelgerius comes Andegavensis, qui nepos Hugonis ducis Burgundiæ erat, et apud Autissiodorum magnos reditus possidebat, ab omnibus humili prece requiritur, ut sæpedictum antistitem suæ redderet civitati. Qui lacrimabilibus votis eorum diligenter annuens, exercitu adunato, Autissiodorum properat, corpusque Beati Martini invito civitatis episcopo pie rapiens, Turonicis præ gaudio lacrimantibus repræsentat.

---

(1) Bouquet, *Galliæ scriptores*, tom. ix, pag. 403.
(2) *Tractatus de reversione Beati Martini de Burgundia*, editus in *Bibliotheca Cluniacensis*, col. 120-124. — *Gesta consulum Andegavensium;* apud d'Achery, in *Spicilegio*, tom. x, pag. 425-431.

In cujus adventu miracula fiebant innumera : nam in quamcumque intrabat diœcesim, omnes infirmi sanabantur, quocumque incommodo tenerentur, etiam non asportati, non rogantes, et quod esse clementiæ majoris dinoscitur, etiam inviti. Universæ siquidem arbores et fructeta tempore brumali, repugnante licet natura, floribus et foliis vestiuntur; signaque per ecclesias sine humano remige divinitus pulsabantur, et luminaria cereorum et lampadum similiter accendebantur. Sicque corpus Beati Martini, idus decembris, anno a transvectione xxxi°, in propria sede cum debito honore et summa reverentia collocatur. Canonici vero Beati Martini tanti beneficii non ingrati, Ingelgerio comiti suisque successoribus præbendam ecclesiæ Beati Martini, necnon et terrarum suarum custodiam contulerunt, et barones qui ad revehendum illud onus sanctissimum cum comite interfuerunt, magnis feodis ditaverunt, scilicet, dominum Ambasiæ, de decima Sancti Cirici et medietate justitiæ Novi Castri; dominum de Puisato, de tribus villis prope Puisatum sitis; dominum de Baugentiaco, de Vovreio super Ligerim et de Sancto Symphoriano de Porcellis; dominum de Insula, de Bruhemmum et de Rivarenna; dominum de Semblencaio, de vinagiis de ultra Ligerim et de Semblencaio villa præter fortitudinem; dominum de Castro Gunterii, de Sancto Antonio; dominum de Blazun, de Metrii terra; dominum Montis Thesauri, de feodo de Pozay; et multos alios nobiles de multis aliis feodis quos longum est enarrare.

Nec multo post, obiit Adalardus Turonensis archiepiscopus, anno episcopatus xvii°. Quo defuncto, Ingelgerius comes Andegavensis et Fulco Rufus filius ejus, necnon Turoniæ et Andegaviæ proceres universi, Turonis veniunt, cleroque et populo de substituendo sibi pontifice diligenter tractanti humiliter supplicant et devote, ut sanctum senem Herbernum abbatem Majoris Monasterii in patrem et patronum reciperent, eumque qui pretiosum Turoniæ thesaurum per xxx annos exul servaverat, eumque propriis humeris a tam longinquis partibus pedestris revexerat, necnon itinere fatigatum et senio, in Turonensi cathedra collocarent. Qui rationabilibus votis eorum protinus annuentes, eum in Turonensem archiepiscopum consecrarunt. Sicque factum Beati Martini suffragante suffragio, quod omnes qui cum eo exules fuerant, antequam ab ipso regrederetur exilio abbates et episcopi facti per universam Galliam imminerent (1).

Anno imperii Caroli viii°, obiit Hugo abbas Beati Martini Turonensis, qui tenebat regnum Franciæ Carolo parvo. Franci vero neglecto Carolo parvo filio Ludovici Balbi, Odonem ducem Burgundiæ, filium Roberti ducis qui a Normannis occisus fuerat, regem sibi præficiunt, eique Carolum parvum custodiendum tradunt, tali pacto, quod post vii annos Carolo parvo regnum Franciæ relinqueret, et Odo regni insignibus depositis dux in posterum remaneret, retento nomine regis et honore, et in beneficium totam terram inter Sequanam et Ligerim a Parisius et Aurelianis usque ad Oceanum perpetuo possideret, et ita eum in regem levaverunt anno Domini dccclxxxviii°.

Tunc etiam obiit Ingelgerius comes Andegavensis, anno comitatus xviii°, cui successit Fulco Rufus filius ejus, qui cum eo apud Autissiodorum fuerat ad corpus Beati Martini evehendum. Huic itaque Fulconi dederat

---

(3) *Gesta consulum Andegavensium*, apud d'Achery, in *Spicilegio*, tom. x, pag. 431.

Hugo Magnus, antequam moreretur, alium dimidium comitatum Andegaviæ, dum haberet Carolum puerum in tutela. Nec multo post Fulco uxorem duxit filiam cujusdam Galteri, cum qua recepit Leucas, Villentras et Haiam; de qua postea genuit Guidonem episcopum Suessionensem, et Ingelgerium militem formosissimum et famosissimum, qui postea in bello a Normannis occisus fuit, et Fulconem Bonum qui ei in comitatu successit (1).

Anno Domini DCCCXCI, Arnulphus filius Karlomanni, tempore Formosi, Bonefacii, Stephani, Romani, Theodori, Johannis, imperat annis XII.

Anno Arnulphi III°, Odone rege per consilium Francorum in Aquitania demorante, Franci Karolum puerum duodennem, filium Ludovici Balbi, a Fulcone Remensi archiepiscopo in regem faciunt consecrari, et exinde oritur longa concertatio inter ipsum et Odonem.

Anno imperii Arnulphi IV° et Caroli regis II°, Garnegaudus et Helena dederunt Beato Martino ecclesiam Sancti Leobini in Sodobrio et ecclesiam Sancti Dionysii in villa Noginanto (2).

Anno Arnulphi VI° et Caroli regis IV°, hoc tempore claruit in Burgundia Berno ex comite abbas Gigniacensis cœnobii a se fundati. Qui etiam ex dono Avæ comitissæ construxit Cluniacum cœnobium in cellam Gigniacensem; et sub isto Bernone Odo musicus, primum præcentor Beati Martini Turonensis, in monachum est professus. Clarebat et Remigius Autissiodorensis, a quo idem Odo fuit, sicut dicitur, in dialectica et musica eruditus. Et

---

(1) *Gesta consulum Andegavensium*, apud d'Achery, in **Spicilegio**, tom. x, pag 432-434.

(2) Bernier, *Histoire de Blois*, preuves, pag. 1.

eodem anno obiit Odo rex Francorum anno regni ix°, obtestatus primates ut Carolum in regno susciperent; terram autem suam cum ducatu Burgundiæ Roberto abbati ecclesiæ Beati Martini Turonensis fratri suo reliquit.

Anno Arnulphi vii° et Caroli regis v° reddidit Robertus abbas eleemosynæ Beati Martini ecclesiam Sancti Clementis (1), quam Odo rex frater suus ei abstulerat.

Anno Arnulphi xi° et Caroli regis ix°, reddidit Berengarius rex res Italiæ ecclesiæ Beati Martini Turonensis, ea conditione, quod in feriis ad Matutinas *Domine, ne in furore*, ad Vesperas *De profundis*, ad Completorium *Domine, exaudi*, pro se et pro suis successoribus dicerentur (2).

Anno Domini DCCCCIII, Ludovicus Arnulphi filius, tempore Johannis, Benedicti, Leonis, Christofori, Sergii, imperat annis x.

Anno imperii Ludovici ii° et Caroli regis xii°, Carolus rex dedit capitulo Beati Martini Turonensis collationem præbendarum suarum ad preces Roberti abbatis, ita quod pro eo et pro aliis regibus Franciæ dicerent in feriis *Ad Dominum cum tribularer* et *De profundis* (3).

Anno imperii Ludovici iii° et Caroli regis xiii°, accensa est ecclesia Beati Martini Turonensis cum xxviii aliis ecclesiis et toto castro ab Heric et Haret Normannis (4).

---

(1) La charte inédite de Robert sur la restitution de Saint Clément, se trouve dans la collection de documents sur la Touraine par D. Housseau, carton I, n° 132.

(2) Labbe, *Alliance chronologique*, tom. II, pag. 922.

(3) *Pièces justificatives pour Saint Martin de Tours*, pag. 8.

(4) Bouquet, *Hist. Fr. script.*, tom. VIII. pag. 251, 316, 317. — *Liber de commendatione Turonicæ provinciæ*.

On lit au bas du premier folio d'un manuscrit du x° siècle, conservé dans la Bibliothèque de Tours, et intitulé *Expositio Rabani presbiteri super*

Anno Ludovici x° et Caroli regis xx°, obiit Berno abbas Gigniacensis, qui Sanctum Odonem discipulum suum Cluniacensis cœnobii abbatem constituit, ea conditione, quod Cluniacensis cœnobii ecclesia solveret annatim ecclesiæ Gigniacensi censum xii denariorum. Hic Odo fuit Aquitannia oriundus, a Guillelmo duce Aquitaniæ nutritus, xix° ætatis anno ecclesiæ Beati Martini Turonensis canonicus, et sicut quidam asserunt, præcentor ecclesiæ. Deinde xxx° ætatis anno factus est monachus, deinde abbas miræ sanctitatis, cujus industria et fervore tepor monachorum versus est in ardorem, et exsiccata religio sub eo refloruit, et regulæ Sancti Benedicti siccitas versa est in virorem. Multa enim composuit. Nam moralia Job breviter compilavit, et vitam Beati Martini glosulis explanavit, necnon tres hymnos de Beato Martino contexit *Rex Christe*, *Martini decus*, et xii antiphonas scilicet *O Martine*, *o pie*, etc.; quia nunquam ab ejus pectore Beati Martini memoria dilabebatur.

Anno Domini dccccxiii°, Corrardus Lodovici successor, filius Corrardi comitis, tempore Sergii, Anastasii, Lando, Johannis, imperat vii annis.

Anno Corrardi iv° et Caroli regis xxiv°, obiit Herbernus Turonensis archiepiscopus (cui successit Robertus).

Matheum, cette note chronologique qui se rapporte au même événement :

Anno incarnationis dominicæ dcccc° iii°, ii° *kalendas Julii, missa videlicet Sancti Pauli apostoli, regnante Karolo filio Hludovici Balbi, post obitum domni Odonis regis in anno* vi°, *et Rotberti abbatis anno* xv°, *iterum succensa est venerabilis basilica Sancti Martini Turonis cum* xxviii *aliis ecclesiis ab Heric et Baret Nortmannis cum toto castello et burgis.*

Anno Corrardi vii° et Caroli regis xxvii°, Robertus archiepiscopus Turonensis, iii° idus maii corpus Beati Martini in loco ubi nunc adoratur reposuit, ante Fulconem Rufum comitem Andegaviæ et Ingelgerium filium ejus qui cum patre suo ab Autissiodoro eum reportarat. Nec mora Thetolo decanus ecclesiæ Beati Martini Turonensis, sub Odone abbate Cluniacum intrat cœnobium, ea quæ mundi sunt relinquens.

Anno Domini dccccxx, Henricus filius Othonis, tempore Landonis et Johannis, Leonis, Stephani, Johannis, Leonis, imperat xviii annis.

Anno imperii Henrici ii° et Caroli regis xxix°, idem Carolus spernens consilium procerum suorum, quemdam militem Aganonem nomine sibi consiliarium suum fecerat; unde Robertus dux et abbas Beati Martini, frater Odonis regis, et alii proceres indignantes, regem Carolum rebellare cœperunt, et eum solum Suessionis reliquerunt. Sed Herveus Remensis archiepiscopus ad gratiam Caroli postea aliquos revocavit. Tunc Robertus abbas Sancti Martini Turonensis et dux Burgundiæ super Anxonam fluvium fixit tentoria; et Carolus rex Monte Lauduno perdito, super Saran fluvium cum exercitu residebat, sed timens Robertum, cum Aganone consiliario trans Mosam fugit. Quo audito, uxor ejus cum Ludovico filio suo parvulo fugit in Angliam ad Eduardum regem Angliæ patrem suum. Quod videntes Franci, Robertum levaverunt in regem, quem Herveus Remensis archiepiscopus consecravit in regem Suessionis; sed post, tertia die, obiit idem archiepiscopus, cui successit Seulphus.

Anno Henrici iii° et Caroli regis xxx°, idem Carolus ad auxiliandum sibi Lothariensibus evocatis, Mosam transiens, contra Robertum regem juxta urbem Suessionnis pugnans eumdem Robertum lanceis perforatum eum multis peremit. Sed qui ex parte Roberti erant victoriam habuerunt, et Carolum cum Lothariensibus fugere compulerunt. Quo facto Carolus rediens, deceptus est ab Herberto comite Viromandensi, qui habebat sororem dicti Roberti; ita quod apud Peronam divertit in hospitium ejus, eumque cepit et incarceravit primo apud Sanctum Quintinum, post apud Castrum Theoderici, ubi postea exul et martyr occubuit. Carolo rege ita fugato et Roberto mortuo, obtulerunt Franci Hugoni Magno, filio Roberti regis occisi, regnum Francorum; quod et ille recusavit, credens super hoc patri suo per miraculum mortem evenisse. Quod videntes Franci, Rodulphum ducem Burgundiæ, filium Richardi regis, generum Roberti regis occisi apud Suessionis, in regem levaverunt anno Domini DCCCCXXV°, et anno ejectionis Caroli v°, et anno Henrici vi° et Caroli regis xxxiii°, cum Emma uxore sua, filia Roberti regis occisi, et regnavit xiii annis.

Anno Henrici vii° et Caroli xxxiv· et Rodulphi ii°, Rodulphus rex in Aquitaniam venit, et Guillelmo comiti Aquitaniæ dedit Bituricensem pagum cum Biturica civitate et Herberto comiti Viromandensi Peronam, et Hugoni filio regis Roberti occisi sororio suo Cenomannicam civitatem.

Anno Henrici xiv° et Caroli regis xli°, et Rodulphi ix°, Ingelgerius Fulconis Rufi comitis Andegavensis primogenitus, a Normannis occisus est.

Anno Henrici xv° et Caroli regis xlii° et Rodulphi x°, dedit Hugo abbas Beati Martini et dux Burgundiæ ecclesiæ Beati Martini Turonensis Castellionum in pago Biturico, et Martigniacum in pago Turonico, et Sezanum, et Lachiacum, et reddidit Medonam, Venciacum, Gaudiacum, Britanniacum, quæ Carolus rex ei concesserat (1).

Anno Henrici xvi° et Caroli xliii° et Rodulphi xi°, ejecit Herbertus comes Viromandensis Carolum regem de carcere, et quasi restituendum regno omnibus demonstravit, et super hoc papæ scripsit. Sed tandem victus precibus et donis Rodulphi regis, iterum Carolum incarceravit, et ne unquam equo insidere posset debilitavit; qui, nec multo post obiit et Peronæ sepultus est.

Anno Domini dccccxxxviii°, Otho, Henrici filius, tempore Leonis, Stephani, Marini, Agapiti, Johannis, Benedicti, Leonis, Johannis, Benedicti et Dompni, imperat xxv annis.

Anno Othonis ii° et Rodulphi regis xv°, idem Rodulphus rex Francorum apud Autissiodorum moritur, cujus corpus in ecclesia Sanctæ Columbæ Senonis tumulatur. Quo defuncto, Elfredus rex Angliæ, filius Eduardi regis, frater Edivæ uxoris Caroli Stulti, Guillelmo duci Normanniæ omnimode supplicavit, ut Ludovicum nepotem suum filium Caroli Stulti patris revocaret in regnum. Tunc illius consilio, Franci adunato concilio in unum, Guillelmum Senonensem archiepiscopum in Angliam ad Edivam reginam Francorum mittunt ut filium suum Ludovicum ad pristinum regnum remitteret. Cui datis obsidibus et sacramentis adhibitis, præfatus archiepiscopus Ludovicum jam adultum recepit, et in Franciam adduxit. Cui Guillelmus dux Normanniæ et Hugo dux Burgundiæ et Herbertus comes Viromandensis et multi alii obviam processerunt, seque

---

(1) Bouquet, *Galliæ scriptores.*, tom. ix, pag. 749.

illi continuo submiserunt, eumque apud urbem Laudunum in regem inungi et coronari fecerunt a domno Alardo Remensi archiepiscopo et ab aliis fere xx episcopis Franciæ. Hic namque Ludovicus Transmarinus est nuncupatus, eo quod trans mare in Angliam fuerat enutritus. Et eodem anno, Turonis post Robertum Tetolo, prius decanus ecclesiæ Beati Martini Turonensis et post monachus Cluniacensis, deinde archiepiscopus Turonensis.

Anno Othonis iii° et Ludovici regis ii°, erant adhuc canonici sæculares in ecclesia Sancti Albini apud Andegavis, ubi Fulco Rufus comes Andegavensis monachos posuit, nec multo post obiit, et in ecclesia Beati Martini Turonensis juxta patrem suum sepultus est; cui successit Fulco Bonus filius ejus.

Et tunc dederunt canonici Beati Martini fructum unius præbendæ ecclesiæ Sancti Juliani Turonensis, ad preces Thetolonis archiepiscopi Turonensis, qui eam de novo dedicaverat (1). Abbatia namque Sancti Juliani fundata fuit ante Sanctum Gregorium, in honore Sancti Mauricii dedicata, quam, ut fertur, viri de Arverno geniti fundaverunt; sed incertum est quem ordinem vel regulam ibi primitus tenuerant, quoniam regulam Sancti Benedicti adhuc ignota erat, quæ postea fuit a sancto papa Gregorio declarata. Deinde abbatia hæc a Danis destruitur, monachi disperguntur, sed post, in tempore Ludovici Transmarini regi Franciæ a Thetolone Turonensi archiepiscopo, sicut hic dicitur, reparatur, et in honore Beatæ Mariæ et Sancti Juliani martyris dedicatur, et a Gersinde sorore ejusdem archiepiscopi

---

(1) *Chronicon abbatiæ Sancti Juliani Turonensis.*

reditibus ampliatur. Ibique Sanctus Odo Cluniacensis a Floriaco adducitur, abbasque præficitur, sed non multo post a febre corripitur, super quo Thetolo archiepiscopus contristatur, quem Sanctus Odo confortans ait : « De me, pater, non doleas; de me, præsul, non timeas, « mors mihi quando datur, requies non pœna paratur.» Sicque lætus spiritum exhalavit, in crypta subtus altare ecclesiæ honorifice tumulatus.

Anno Othonis viii° et Ludovici regis vii°, obiit Sanctus Odo Cluniacensis primus abbas, et in abbatia Sancti Juliani Turonensis tumulatur.

Anno Othonis x° et Ludovici regis ix°, cum idem Ludovicus rex in quodam festo Sancti Martini Turonis veniret, et Fulconem Bonum comitem Andegavensem in ecclesia Beati Martini cum aliis canonicis cantantem videret, irrisit, et eum aliis digito demonstravit. Quo viso, Fulco comes regi mandavit quod rex illiteratus erat asinus coronatus. Idem vero comes litteratus erat, pulcher, facetus, humilis, largus et armis strenuus et Beati Odonis collactaneus.

Anno Othonis xv° et Ludovici regis xiv°, obiit Thetolo Turonensis archiepiscopus et juxta Sanctum Odonem tumulatur, anno episcopatus xiv°, cui Joseph successit.

Anno Othonis xx° et Ludovici regis xix°, idem rex totum tempus vitæ suæ plenum ducens angustiarum, dum a Lauduno Remis veniret, antequam ad Axonam fluvium perveniret, apparuit ei quasi lupus gradiens ante illum, quem rex equo insecutus dilabitur, et pene toto corpore contritus Remis defertur, et post elephantia peste perfusus obiit, anno regni xix° et in ecclesia Sancti Remigii sepelitur. Sed prius genuerat Lotharium qui ei successit in regno et Carolum juniorem, qui privatis in ædibus in regno consenuit. Et ita eo defuncto, Lotharius filius ejus, favente Hugone Magno, ab Altardo Remensi archiepiscopo apud Remis in regem Franciæ consecratur.

Anno Othonis xxi° et Lotharii regis Francorum ii°, Fulco Bonus comes Andegavensis ad festum Beati Martini veniens, in portu de Cordum super fluvium Carum leprosum horribilem invenit, qui rauca voce singultuoso gemitu comiti supplicavit, ut eum in gremio suo per aquam transferret usque ad ecclesiam Beati Martini, quia tot et tantis ulceribus plenus erat, quod nihil incommodi sustinere poterat. Quo audito, comes eum leviter in gremium recipiens, aquam intrat; cumque in medio aquæ esset leprosus, miserabiliter ingemiscens, ait supplicans, ut suggendo ore suo leniter removeret salivas quæ de illius naribus effluebant. Quo benigniter adimpleto, leprosum usque ad Beati Martini ecclesiam deportavit, et ex quo comes eum ad portam ecclesiæ posuit, ab eo disparuit, et ultra videri non potuit. Nocte sequenti apparuit comiti Beatus Martinus, dicens eum Jesum Christum sub leprosi specie portavisse, et ob hoc cœlorum gaudia meruisse. Cumque in crastinum in choro Beati Martini missam dominicam audisset, et de manu archiepiscopi accepta Eucharistia, in sede sua, quæ nunc decani dicitur, resedisset, spiritum exhalavit anno comitatus xviii° et in ecclesia Beati Martini Turonensis sepultus est; cui successit Gaufridus Grisa Tunica. Alios autem duos filios habebat, Guidonem et Drogonem qui fuerunt successive episcopi ecclesiæ Podiensis (1).

---

(1) *Gesta consulum Andegavensium*, edente L. Acherio, in *Spicilegio*, tom. x, pag. 454-440.

Anno Othonis xxviii° et Lotharii regis ix°, Joseph archieposcopo Turonensi mortuo, Froterius successit.

Anno Othonis xxxii° et Lotharii regis xiii°, Froterio Turonensi archiepiscopo mortuo, successit Hardoinus.

Anno Othonis xxxvi° et Lotharii regis xvii°, obiit Gaufridus Grisa Tunica comes Andegavensis, et in ecclesia Beati Martini Turonensis sepelitur; cui successit Mauricius consul filius ejus (1).

Anno Domini dcccclxxiv, Otho filius Othonis primi, tempore Domni, Bonefacii et Benedicti, imperat annis x.

Anno Domini dcccclxxxiv°, Otho tertius, filius Othonis secundi, tempore Benedicti, Johannis, et Johannis, Gregorii, Johannis, Silvestri et Johannis, imperat annis xix.

Anno Othonis iii° et Lotharii regis xxx°, Hardoino Turonensi archiepiscopo mortuo successit Archembaldus.

Anno Othonis iv° et Lotharii regis xxxi°, idem Lotharius rex Francorum obiit, cui successit Ludovicus filius ejus.

Anno Othonis v° et Ludovici regis Francorum i°, iste Otho a Johanne papa ad imperium coronatus, reddidit Beato Martino res quæ ei ablatæ fuerant in Italia.

Anno Othonis vi° et Ludovici regis ii°, Ludovicus rex Franciæ adolescens obiit sine hærede. Quo mortuo Franci elegerunt Hugonem Capet, filium Hugonis Magni comitis Parisiensis, et eum Noviomo in regni solio sublimaverunt anno incarnationis dominicæ dcccclxxxix°. Qui

---

(1) *Gesta consulum Andegavensium*, edente L. Acherio, in *Spicilegio* tom. x, pag. 450.

statim Robertum filium suum fecit Aurelianis ad regnum Franciæ coronari.

Anno Othonis ix° et Hugonis regis iv°, Sanctus Maiolus Cluniacensis abbas apud Silviniacum obiit.

Anno Othonis x° et Hugonis regis v°, Mauricius comes Andegavensis in lecto ægritudinis extremæ decubuit.

Anno Othonis xi° et Hugonis regis vi°, obiit Mauricius consul comes Andegavensis, et in ecclesia Sancti Martini Turonensis sepelitur, cui successit Fulco Nerra filius ejus (1).

Anno Othonis xiv° et Hugonis regis ix°, obiit Hugo Capet rex Francorum anno Domini $DCCCCLXXXXVII_0$ et regni ix°, non tamen regni diademate usus. Cui successit Robertus filius ejus, simplex, piissimus, benevolus, devotus, et totius religionis amator egregius, innumeris eleemosynis deditus et litterarum scientia imbutus. Nam et composuit *Rex omnipotens, Sancti Spiritus, Judæa et Jerusalem*, de Beato Martino *O quam mirabile, O constantia martyrum*, et regnavit post mortem patris annis xxxiv.

Anno Othonis xix° et Roberti regis v°, incensa est ecclesia Beati Martini cum toto castro et xxii ecclesiis. Quo facto, Sanctus Herveus, ecclesiæ Beati Martini Turonis thesaurarius, ecclesiam istam Beati Martini totam reædificavit, destructa et combusta omni operatione Sancti Perpetui archiepiscopi Turonensis, quam super Beatum Martinum ædificaverat. Quæ dum fierent, corpus Beati Martini jacuit in parva ecclesia quæ est extra claustrum. Quo opere consummato, Sanctus Herveus apud Deum et homines vita et conversatione

---

(1) *Gesta consulum Andegavensium*, edente L. Acherio, in *Spicilegio*, tom. x. pag. 452.

laudabilis, in insula quæ nunc Sancti Cosmæ dicitur, parvam ecclesiam ædificavit in honore Sanctorum Cosmæ et Damiani, ubi die ac nocte aliquot annis a curis vacans sæcularibus, et a mortalium abstractus consortio, unius vel paucorum contentus mancipiorum consortio, oratione jugi et jejunio necnon et lacrymis irremediabilibus Domini misericordiam implorabat. Sed capitulum Beati Martini carens ejus consilio et auxilio, illum postea revocavit, et ei cellulam juxta oratorium Sancti Basilii tradidit, ubi positus consilium et auxilium præbens, nec a priori sanctitatis religione degenerans, Domino serviebat. Illud oratorium erat juxta matriculam Beati Martini, scilicet ecclesiam Beatæ Mariæ de Scriniolo, ubi moniales erant, quas idem Herveus apud Bellum Montem posuit, in quo loco tam de rebus propriis, quam de rebus ecclesiæ Beati Martini abbatiam construxit (1).

Tunc Otho imperator veneno consumptus in Italia moritur; cui successit Henricus filius Henrici ducis, qui fuit genitus de Henrico primi Othonis imperatoris fratre.

Anno Domini MIV°, Henricus, tempore Johannis et Johannis, Sergii, Benedicti et Johannis, imperat annis XXII.

Anno Henrici II° et Roberti regis VII°, Fulco Nerra comes Andegaviæ Conanum regem Britanniæ in bello devicit.

Anno Henrici III° et Roberti regis VIII°, Fulco Nerra comes Andegavensis Montrichardum fundavit.

(1) *Vita Hervei*, edente Martenne, in *Thesauro anecdotorum*, tom. III, col 1689-1692.

Anno Henrici iv° et Roberti regis ix°, inventa est caliga Domini Jesu Christi in abbatia Sancti Juliani Turonensis.

Anno Henrici vii° et Roberti regis xii°, Turonis post Archembaldum Hugo in episcopatu successit.

Anno Henrici viii° et Roberti regis xiii°, Fulco Nerra comes Andegavensis, pœnitentia ductus, Jerosolymam adiit. Cumque Sarraceni audiissent quod vir nobilis esset, eum intrare sepulcrum non permiserunt, nisi prius promitteret, quod super sepulcrum et crucem Jesu Christi mingeret. Quod comes invitus promittens, quæsivit vesicam arietis, quam bene mundavit et vino albo replevit, et ea posita inter femora, flens, discalceatus ad sepulcrum venit, et vinum de vesica super illud et crucem effudit, coram Sarracenis urinam simulans effudisse. Quo facto, in orationem prostratus, maximum frustum de lapide sepulcri dentibus suis evulsit, et eis ignorantibus asportavit. De quo in patriam suam regressus, abbatiam Belli Loci in honore sancti sepulcri in Turonensi diœcesi fundavit. Et in Ambasiaco villa, in ecclesia Beatæ Mariæ, quæ Sancti Florentini dicitur, posuit de cruce Domini, et de corrigia de qua manus Christi ligatæ fuerunt, et corpus Sancti Florentini asportavit; et cum Sulpitio domino Ambasiæ, qui tunc temporis erat thesaurarius Beati Martini Turonensis, canonicos ibi instituit, Sancto Herveo prius thesaurario Beati Martini Turonensis, et patruo istius Sulpitii, sicut superius dicitur, quasi in heremo conversante (1).

---

(1) *Gesta consulum Andegavensium*, apud d'Achery, *Spicilegium*, tom. x. pag. 456-464.

Anno Henrici x° et Roberti regis xv°, obiit Sanctus Herveus Beati Martini Turonensis thesaurarius; in ejusdem sancti ecclesia tumulatur.

Anno Henrici xii° et Roberti regis xvii°, fecit Sulpitius dominus Ambasiæ apud Ambasiam turrem lapideam, tam altam quod exinde posset videre Turonis villam et ecclesiam confessoris (1).

Anno Henrici xiii° et Roberti regis xviii°, fuit dedicata ecclesia Beati Martini Turonensis in festo æstivali.

Anno Henrici xiv° et Roberti regis xix°, vicit Fulco Nerra comes Andegavensis Odonem comitem Blesensem in bello apud Pontem Levem, et post oppidum fecit super Montem Bruti ad Turones distringendam, quæ Odonis erat; et deinde Salmurium super eumdem Odonem cepit (2).

Anno Henrici xvi° et Roberti regis xxi°, Hugone archiepiscopo mortuo successit Arnulfus.

Anno Henrici xviii° et Roberti regis xxiii°, facta est abbatia Sancti Nicolai Andegavensis a Fulcone Nerra comite Andegavensi.

Anno Henrici xix° et Roberti regis xxiv°, Fulco comes in abbatia Sancti Nicolai quam fecerat, abbatem instituit.

Anno Domini mxxii° et Henrici xx°, et Roberti regis xxv°, Sancto Herveo ecclesiæ Beati Martini Turonis thesaurario defuncto, monachi Majoris Monasterii insulam Sancti Cosmæ gratia refocillandorum fratrum sub annuo censu a canonicis Beati Martini acceperunt, sed

---

(1) *Gesta Ambasiensium dominorum*, apud d'Achery, *Spicilegium*, tom. x, pag. 544-545.

(2) *Gesta consulum Andegavensium*, apud d'Achery, *Spicilegium*, tom. x, pag. 464-466.

postea rebelles canonicis fuerunt, justitiam loci ecclesiæ Majoris Monasterii vindicantes, et ob hoc judicio procerum et clericorum ab insula sunt ejecti.

Anno Henrici xxii° et Roberti regis xxvii°, idem imperator infirmitate correptus, consulentibus se principibus super substitutione imperii designavit eis Corrardum, virum regii generis et egregiæ libertatis et qui se nunquam submiserat alicujus servituti; et ita eo mortuo Corrardus successit.

Anno Domini mxxv°, Corrardus, tempore Johannis et et Benedicti, imperat annis xv.

Anno Domini mxxxi° et Corrardi vii° et Roberti regis xxxiv°, idem Robertus rex Francorum moritur, cui successit Henricus filius ejus.

Anno Corrardi regis xi° et Henrici regis v°, idem Henricus rex cum Fulcone comite Andegavensi et exercitu multo Senones venit et villam et ecclesias omnino destruxit, et post cum Odone comite pacem fecit, ita quod medietas villæ regi remansit, et Gelduinus archiepiscopus in sua sede restituitur.

Anno Corrardi xii° et Henrici regis vi°, obiit Fulco Nerra comes Andegavensis, et in ecclesia Belli Loci, quam ipse fundaverat, est sepultus; cui successit Gaufridus Martellus filius ejus (1).

Anno Corrardi xiii° et Henrici regis vii°, duxit Gaufridus Martellus comes Andegavensis uxorem sterilem, qui nunquam ex ea filios vel filias procreavit. Tunc Henricus rex Franciæ Guillelmum ducem Normanniæ

---

(1) *Gesta consulum Andegavensium*, apud d'Achery, *Spicilegium*, tom. x. pag. 472.

puerum octennem in tutela accepit; cujus terræ Gaufridus Martellus comes Andegavensis damna intulit infinita, etiam propinqui sui, eo quod nothus erat, et quia eum puerum et sine consilio videbant, in quantum poterant infestabant (1).

Anno Corrardi xiv° et Henrici regis viii°, Odo Campaniensis comes contra Corrardum imperatorem rebellans, Lotharingiam incursat, castella oppugnat, urbem Leuchorum quæ Tullus dicitur obsidet, et postea Barum castrum capit. Cui Gothelo dux cum Lotharingis occurrit, et conserto prælio apud Barum, Odo comes perimitur, et Francorum exercitus gravi cæde attritus, a Lotharingia fugere compellitur.

Anno Corrardi xv° et Henrici regis ix°, idem imperator in Italia decessit, cui successit Henricus filius ejus.

Anno Domini mxl°, Henricus, filius Corrardi, tempore Benedicti, Silvestri, Gregorii, Clementis, Damasi, Leonis et Victoris, imperat annis xvii.

Anno Henrici imperatoris iii° et Henrici regis xii°, comes Andegavensis Gaufridus Martellus nomine, vicit in bello Theobaldum comitem Blesensem, et eum cepit, et pro ejus redemptione habuit urbem Turones et Chainonem et Lengiciacum; nam comes Andegavensis vexillum Sancti Martini in illo bello, sicut consuetudo est, habebat; quod videntes inimici ejus fugerunt, per miraculum videntes alios ex parte comitis Andegaviæ vestitos candidissimis indumentis (2).

---

(1) *Gesta consulum Andegavensium*, apud d'Achery, *Spicilegium*, cap. 9, pag. 482.
(2) Id., ibid., tom. x., pag. 475-476.

Anno Henrici imperatoris iv° et Henrici regis xiii°, Gaufridus Martellus comes Andegavensis vicit in bello Guillelmum comitem Pictavensem, et eum cepit, pro cujus redemptione habuit Sanctonas cum toto pago (1).

Anno Henrici imperatoris v° et Henrici regis xiv°, factum est Castrum Raginaldi, dictum a Raginaldo filio Gaufridi ejusdem turris domini (2).

Anno Henrici imperatoris vii°, et Henrici regis xvi°, cum Gaufridus Martellus comes Andegaviæ et uxor sua Vindocino essent, et de nocte per fenestram aspicerent, viderunt tres stellas cadere in fonte qui sub castro erat, et ob hoc episcoporum et abbatum et baronum consilio, idem comes super fontem illum construxit ecclesiam Trinitatis, et de Majori Monasterio monachos ibi posuit. Uxor vero ejus ecclesiam Sancti Georgii fabricavit (3).

Anno Henrici imperatoris xv° et Henrici regis xxiv°, Turonis post Arnulfum Bartholomeus.

Anno Henrici imperatoris xvi° et Henrici regis xxv°, obiit Gaufridus Martellus comes Andegaviæ et sepultus est in abbatia Sancti Nicolai, quam fecit, quoniam pater suus eam inceperat (4). Super cujus tumulum tale epitaphium denotatur :

Dum viguit tua, dum valuit, Martelle, potestas,
Fraus latuit, pax magna fuit, regnavit honestas.

Hic comes cum hæredes non haberet, et moreretur, reliquit terram duobus nepotibus suis, scilicet Gaufrido

---

(1) *Gesta consulum Andegavensium*, apud d'Achery, *Spicilegium*, pag. 478-482.
(2) Id., ibid., tom. x, pag. 478.
(3) Id., ibid., pag. 482-483.
(4) Id., ibid., pag. 485.

Barbato totam Turoniam cum Laudunensi castro, et Fulconi Rechin Andegaviam et Xantonas cum pago Xantonico (1).

Anno Henrici imperatoris xvii° et Henrici regis xxvi°, idem imperator moritur et apud Spiram tumulatur, cui successit Henricus filius ejus.

Anno Domini mlvii°, Henricus filius Henrici, tempore Victoris, Stephani, Benedicti, Nicholai, Alexandri, Gregorii, Clementis, Victoris, Urbani et Paschalis, imperat annis l.

Anno Henrici imperatoris ii° et Henrici regis xxviii°, Guillelmus dux Normanniæ Cenomannum cepit, et Alanus comes ab eo Britanniam, facto homagio, recepit, nam Guillelmus eam calumniabat, eo quod Carolus eam Rolloni cum filia sua dederat.

Anno Henrici imperatoris iii° et Henrici regis xxix°, fecit Henricus rex Francorum coronari Philippum filium suum puerum octennem, et inungi in regem Remis per manum Gervasii archiepiscopi Remensis.

Anno Domini mlx°, et Henrici imperatoris iv° et Henrici regis xxx°, obiit idem Henricus rex Franciæ, cui successit Philippus filius ejus parvulus, quem Baldoinus comes Flandriæ aluit, et regnum gubernavit; nam Richildem, sororem Henrici regis Franciæ patris Philippi regis, habebat in uxorem.

Anno Henrici imperatoris v° et Philippi regis primo, clarebat magister Berengarius grammaticus, Andegavensis archidiaconus et thesaurarius, necnon et magister scholarum et camerarius ecclesiæ Beati Martini Turo-

(1) *Gesta consulum Andegavensium*. apud d'Achery. *Spicilegium*. pag. 482.

nensis, in grammatica et philosophia clarissimus, et in necromantia peritissimus. Hic, sicut in decretis legitur, totam Franciam perturbavit : nam quidam Johannes genere Scotus suis dictis pestiferum semen immiscens, eumdem Berengarium tunc famosum magistrum suo dogmate perverso infecerat, ita ut assereret Eucharistiam quam sumimus in altari non esse corpus et sanguinem Christi, sed figuram corporis et sanguinis Christi. Unde contra eum et pro eo multum a multis fuit et scriptis et sermonibus disputatum, et ob hoc a Nicholao papa Romæ in ecclesia Salvatoris generale concilium convocatur, ubi multum de sacramento altaris, præsente eodem Berengario disputatur. Tandem idem Berengarius se reum esse coram concilio confessus, veniam postulatam ex apostolica clementia promeruit, et ita coram omnibus juravit : « Ego Berengarius corde credo et con-
« fiteor, panem et vinum, quæ in altari ponuntur, per
« mysterium sacræ orationis et verba nostri Redemp-
« toris substantialiter converti in veram et propriam ac
« vivificantem carnem et sanguinem Domini nostri Jesu
« Christi, et post consecrationem esse verum corpus
« Christi, quod natum est de virgine, et pro salute
« mundi oblatum in cruce pependit, et quod sedet ad
« dexteram Patris; et verum sanguinem Christi, qui de
« ejus latere fusus est, non tantum per signum et virtu-
« tem sacramenti, sed in proprietate naturæ et sub-
« stantiæ veritate, sicut in hoc brevi continetur, et ego
« legi et vos intelligitis. Sic credo, nec contra hanc
« fidem ulterius docebo. Sic me Deus adjuvet et hæc
« sancta evangelia. » Quo facto, papa præcepit in auctoritate apostolica, ne ulterius de corpore Domini cum aliquo disputare vel docere præsumeret, excepta causa reducendi ad fidem eos qui ejus doctrina ab ea reces-

serant. Tunc Berengarius a Roma discedens Turonis venit, ibique in insula quæ Sancti Cosmæ dicitur, sæculi pompis abrenuntians, fere per xxviii annos assidue Domini militavit, aliique plures canonici Sancti Martini, sancto spiritu necnon et salutari ejus admonitione instructi, mutatis vestibus, sese ad illam insulam contulerunt (1).

Anno Henrici imperatoris vii° et Philippi regis iii°, fuit proditio apud Andegavos, ubi Gaufridus de Pruliaco et alii barones occisi sunt. Hic Gaufridus de Pruliaco torneamenta invenit. Tunc Gaufridus Barbatus, qui comes erat Turoniæ, abbatiam Majoris Monasterii destruxit, et ob hoc per miraculum a Fulcone fratre suo captus, et in reprobum sensum datus, per xxx annos fuit in carcere apud Chainonem. Fulco vero frater ejus habuit totam terram (2).

Anno Henrici imperatoris xi° et Philippi regis vii° dedit Fulco Rechin comes Andegaviæ Philippo regi Franciæ Castrum Landonense, fratre suo vivente, quem tenebat in carcere, ea conditione, quod non cogeret eum fratrem suum a carcere liberare.

Anno Henrici imperatoris xiii° et Philippi regis ix° abstulit Fulco Rechin comes Andegaviæ Ambasiæ castrum cuidam Arnulpho, qui illud tenebat. Nam tunc temporis erant tres domini in Ambasia, Sulpitius dominus turris lapideæ, et Fulco de Taurigneio qui tenebat Motam Fulconis, et Hernulphus qui habebat consulis domicilium (3).

(1) Voir sur Bérenger, sa vie dans l'*Histoire littéraire de la France* par les Bénédictins, tom. viii., pag. 197-238.

(2) *Gesta consulum Andegavensium*, apud d'Achery, *Spicilegium*, tom. x, pag. 484-488.

(3) Id., ibid., pag. 488-489.

Anno Henrici imperatoris xiv° et Philippi regis x°, duxit Fulco comes Andegaviæ in uxorem filiam Archembaudi de Borbone, de qua postea genuit Gaufridum Martellum secundum (1).

Anno imperatoris Henrici xx° et Philippi regis xvi° obiit Bartholomeus Turonensis archiepiscopus, cui successit Radulphus cognomine Dei Inimicus.

Anno Domini mlxxxi° et Henrici imperatoris xxv° et Philippi regis xxi°, ejectus est Radulphus Dei Inimicus ab archiepiscopatu Turonense a Fulcone Rechin comite Andegavensi, de mandato Philippi regis Franciæ, eo quod idem Radulphus favebat Amato et Hugoni Diensi episcopo legatis Romanæ ecclesiæ, qui auferre regi episcopatus regni sui subdole præsumebant, et super hoc stare juri in curia regis, sicut juraverat, renuebat. Quo facto, prædictus Radulphus a Gregorio papa petiit per nuntios, ut comes Andegavensis et canonici Beati Martini Turonensis cum toto pago excommunicationis sententia ligarentur, cum ipsi legatos suos in processionem recipere noluissent; ad quos papa respondit. « Ego
« et multi alii in legatione Turonis fuimus, nec proces-
« sionem ab eis petivimus, nec petendam judicavimus,
« sed omnia alia non ex debito, sed ex caritate ab eis
« recepimus. Præterea multi prædecessores mei, sci-
« licet Gregorius, Sergius, Stephanus, Adeodatus, Leo
« et multi alii cum suis subditis ecclesiarum pastoribus,
« ecclesiam Beati Martini ab omni consuetudine et
« subjectione liberam et quietam fecerunt, et eam
« exemptam esse penitus decreverunt. Et cum tales
« tantique viri eam in tanta sublimitate firmaverint,

---

(1) *Gesta consulum Andegavensium*, apud d'Achery, *Spicilegium*, pag. 495.

« qua auctoritate usus fuero eam a statu suo immutare
« vel in aliquo derogare? Quem enim honorem ecclesia
« tantæ dignitatis summo pontifici ulterius reservaret,
« si legato nostro processionis gloriam exhiberet? » Et
ita legati archiepiscopi revertentes, nihil potuerunt
contra Beati Martini ecclesiam impetrare, et tunc orta
discordia est inter ecclesiam Beati Martini et archiepiscopum et clerum Sancti Mauricii, et omnino cessavit
fraternitas et dilectio quæ inter dictas ecclesias usque
ad hæc tempora perdurarat (1).

Anno Domini MLXXXVIII° et Henrici imperatoris XXXI°
et Philippi regis XXVIII°, obiit magister Berengarius
grammaticus, fidelis et vere catholicus, super cujus
tumulum tale epitaphium est insertum :

Quem modo miratur semper mirabitur orbis;
  Ille Berengarius non obiturus obit,
Quem sanctæ fidei vestigia summa tenentem
  Jani prima dies abstulit, ausa nefas
Illa dies, damnosa dies et perfida mundo,
  Qua decus et rerum forma ruina ruit;
Qua status et virtus, qua spes, qua gloria cleri,
  Qua cultor juris jure ruente ruit.
Quicquid philosophi, quicquid cecinere poetæ,
  Ingenio cessit eloquioque suo.
Cui vestis textura rudis, cui non fuit unquam
  Ante sitim potus, nec cibus ante famem.
Quem natura parens cum mundo contulit, inquit:
  Degenerant alii, nascitur iste mihi (2).

---

(1) *Gallia Christiana* (1656), tom. I, pag. 761. — Bouquet, *Galliæ scriptores*, tom. XII, pag. 459-461.
  (2) *Hildeberti opera* (1708), col. 1323.

Hic Berengarius usque ad finem vitæ in insula Sancti Cosmæ feliciter conversatus in claustro Beati Martini Turonis est sepultus.

Anno Domini mxc° et Henrici imperatoris xxiv° et Philippi regis xxx°, clarebat Gaufridus comes Vindocinensis signifer ecclesiæ Beati Martini Turonensis.

Anno Henrici imperatoris xxxv° et Philippi regis xxxi°, reliquit Fulco Rechin comes Andegavensis uxorem suam de qua genuerat Gaufridum Martellum, et accepit sororem Amaurici de Monte Forti, de qua genuit Fulconem regem Jerusalem (1).

Anno Domimi mxcii° et Henrici imperatoris xxxvi° et Philippi regis xxxii°, quidam canonici Beati Martini, relictis suis honoribus et præbendis, in vigilia Natalis Domini, se ad Sanctorum Cosmæ et Damiani insulam contulerunt, vincti compede Christi, et sub disciplina canonicæ regulæ Domino servituri, quorum nomina hæc sunt : Letardus canonicus et secretarius Beati Martini, Rainardus succentor, Umbertus sacerdos matutinalis, Jobertus adolescens litterarum scientia eruditus, et Hugo physicus. Isti simul sua conferentes officinas construxerunt, et alios quosdam deinceps in suum consortiam asciverunt.

Anno Domini mxciii° et Henrici imperatoris xxxvii° et Philippi regis xxxiii°, in vigilia Pentecostes, in ecclesia Sancti Johannis dum fontes a canonicis Sancti Martini benedicerentur, abstulit Philippus rex Franciæ Fulconi Rechin comiti Andegaviæ uxorem suam, sororem Amaurici de Monte Forti, de qua postea genuit Philippum et

---

(1) *Gesta consulum Andegavensium*, apud d'Achery, *Spicilegium*, tom. x, pag. 495.

Florum, sed prius de uxore propria genuerat Ludovicum Grossum. Pro quo Francia supposita fuit interdicto (1).

Anno Henrici imperatoris xxxviii° et Philippi regis xxxiv°, obiit Radulphus Dei Inimicus, Turonensis archiepiscopus, cui successit alius Radulphus.

Anno Henrici imperatoris xxxix° et Philippi regis xxxv°, et incarnationis Dominicæ mxcv° venit Urbanus ii papa in Franciam, et per Burgundiam et Franciam habitis conciliis, Gregorii papæ decreta renovavit, et Philippum regem Franciæ pro uxore comitis Andegaviæ excommunicavit (2).

Anno Domini mxcvi°, et Henrici imperatoris xl° et Philippi xxxvi°, Urbanus papa apud Turonos, mense martio, concilium congregavit, et ecclesiam Majoris Monasterii dedicavit, et in media quadragesima in ecclesia Beati Martini more Romano corona palmarum se coronavit, et ibi missam ad altare dominicum celebravit. Post, in Ramis Palmarum combusta est ecclesia Beati Martini cum omnibus ornamentis, quæ in adventu papæ extracta erant a thesauro, et claustrum simul; et ob hoc mandavit papa omnibus quod in remissionem peccaminum isti ecclesiæ subveniant.

Anno Domini mxcviii° et Henrici imperatoris xlii° et Philippi regis xxxviii°, Philippus rex Franciæ dimissa uxore comitis Andegaviæ, pro pœna amisit omnes electiones episcopatuum regni sui; comes vero pro recompensatione uxoris suæ habuit electionem episcopi Andegavorum.

---

(1) *Gesta consulum Andegavensium*, cap. 12, apud d'Achery, *Spicilegium*, tom. x, pag. 498.

(2) Ordericus Vitalis, *Historia ecclesiastica*, lib. viii, apud Bouquet, *Galliæ scriptores*, tom. xii, pag. 649-650.

Tunc etiam Gaufridus Martellus jam adultus et miles comitatum Andegavensem regebat pro Fulcone Rechin comite patre suo, qui tunc senex erat. Hic Martellus Gaufridum Barbatum patruum suum, qui ei comitatum quitaverat, de carcere liberavit, tamen eum bene servare faciebat, Hugonique de Calvo Monte sororem suam cum tota Ambasia in uxorem dedit, et in multis locis cum Guillelmo Rufo rege Angliæ sæpe pugnavit.

Anno Henrici imperatoris XLVI° et Philippi regis XLII°, factus est primo conventus in ecclesia Sancti Cosmæ de Insula quindecim et amplius canonicorum.

Anno Domini MCV° et Henrici imperatoris XLIX° et Philippi regis XLV°, Guillelmus, filius Roberti fratris Henrici regis Angliæ, in Franciam veniens, filiam Fulconis comitis Andegaviæ duxit in uxorem, sed propter consanguinitatem postea separantur.

Anno Henrici imperatoris L° et Philippi regis XLVI°, Henricus imperator Leodii moritur, cui Henricus filius ejus successit in imperio.

Anno Domini MCVII°, Henricus quintus, Henrici imperatoris filius, tempore Paschalis, Gelasii, Calixti et Honorii, imperat annis XX.

Anno primo Henrici imperatoris et Philippi regis XLVII°, occisus est Gaufridus Martellus Candæ castro, eo quod probus erat, et a noverca sua, Fulcone comite Andegaviæ patre suo consentiente; et sepultus est in ecclesia Sancti Nicolai Andegavensis (1).

---

(1) *Gesta consulum Andegavensium*, cap, 12, apud d'Achery, *Spicilegium*, tom. x, pag. 498.

Anno Henrici II° et Philippi regis XLVIII°, idem Philippus rex Francorum moritur et apud Floriacense cœnobium tumulatur. Cui successit Ludovicus Grossus filius ejus, et apud Aurelianis in regem consecratur a Damberto Senonensi archiepiscopo, regnavitque annis XXVIII.

Anno Domini MCIX° et Henrici imperatoris tertio et Ludovici regis primo, obiit Fulco Rechin comes Andegaviæ; cui successit Fulco filius ejus, qui postea fuit rex Jerusalem.

Anno Domini MCX° et Henrici imperatoris IV° et Ludovici regis II°, Fulco comes Andegavensis duxit in uxorem Eremburgim filiam Helyæ comitis Cenomannensis, de qua genuit Gaufridum, qui ei successit, et Helyam postea comitem Cenomannensem, quem Gaufridus frater suus postea usque ad mortem Turonis in carcere mancipavit (1).

Ipse vero Fulco sæpe vicit Henricum regem Angliæ in prælio; sed pace inter eos reformata, idem Fulco comes dedit filiam suam Guillelmo filio Henrici regis Angliæ in uxorem cum comitatu Cenomannensi et tota Normannia ei a patre suo Henrico rege Angliæ concessa, de quibus homagium regi Franciæ fecit. Et tunc etiam Fulco comes Hugoni de Calvo Monte reddidit Montrichardum.

Anno Domini MCXIX° et Henrici imperatoris XIII° et Ludovici regis XI°, obiit Radulphus Turonensis archiepiscopus, cui successit Gillebertus.

Anno Domini MCXXI° et Henrici imperatoris XV° et Ludovici regis XIII°, fundata est abbatia Oratorii in epis-

---

(1) *Gesta consulum Andegavensium*, cap. 12, apud d'Achery, *Spicilegium*, tom. x, pag. 498-505.

copatu Andegavensi a Fulcone comite Andegaviæ et Eremburge uxore ejus.

Anno Henrici imperatoris xvi° et Ludovici regis xiv°, combusta est ecclesia Beati Martini et castrum per guerram clericorum et burgensium.

Anno Domini mcxxiv° et Henrici imperatoris xviii° et Ludovici regis xvi°, Fulco comes Andegavensis Monsteriolum castrum super Giraudum Berlaii obsessum cepit.

Anno Domini mcxxvi° et Henrici imperatoris xx° et Ludovici regis xviii°, idem imperator peccatorum pœnitentia ductus, reliquit imperium et ab hominum notitia sublatus disparuit, nec postea visus est; vel tamen quidam dixerunt quod apud Andegavis in hospitali pauperum visus est, et per confessionem ab uxore sua cognitus, mortuus et sepultus est. Imperatore ita perdito, principibus quibusdam de Suavia et Alemannia Corrardum nepotem Henrici imperatoris in regnum sublimare volentibus, alii Luitherium Saxoniæ ducem, virum consilii et bellicosum in regem provehunt.

Anno Domini mcxxvii°, Luitherius vel Lotharius, tempore Honorii et Innocentii, imperat annis xi.

Hujus anno primo et Ludovici regis xix°, obiit Gillebertus Turonensis archiepiscopus. Cui successit Hildebertus prius Cenomanensis episcopus, in versificando et dictando scientia clarus, de quo quidam ait :

> *Inclitus et prosa versuque per omnia primus,*
> *Hildebertus olet prorsus ubique rosam.*

Anno Domini mcxxviii° et Luitherii imperatoris ii° et Ludovici regis xx°, Baldoino rege Jerosolymitano mortuo, Fulco comes Andegavensis in regem eligitur, relinquensque comitatum Andegavensem Gaufrido filio suo et in Syriam proficiscens, in regem Jerusalem coronatur.

Anno Domini mcxxix° et Luitherii imperatoris tertio, et Ludovici regis xxi°, Philippus puer, Ludovici Francorum regis filius, Remis in regem ungitur die Paschæ, xviii kalendas maii, patre præsente. Sed postea fere duobus annis elapsis, dum per urbem Parisius equitaret, porcus equi sui pedibus se forte submittens, equum suum super ipsum præcipitem dedit, et ita iii° idus octobris subita morte interiit.

Tunc Mathildis imperatrix filia regis Angliæ data est uxor Gaufrido comiti Andegavensi, de qua genuit Henricum qui postea fuit rex Angliæ, et Guillelmum Longam Spatam et Gaufridum Plantagenet, qui filiam Conani Britanniæ cum comitatu accepit in uxorem.

Anno Domini mcxxxiv° et Luitherii imperatoris octavo et Ludovici regis xxvi., obiit Hildebertus Turonensis archiepiscopus cui successit Hugo.

Et eodem anno fundata est abbatia de Asnieriis a Giraudo Berlaii domino Musteroli castri in episcopatu Andegavensi.

Anno Domini mcxxxv° et Luitherii imperatoris ix° et Ludovici regis xxvii°, obiit Henricus rex Angliæ. Post cujus obitum, Stephanus comes Bononiæ, ex sorore nepos, filius Stephani comitis Blesensis, frater Theobaldi comitis Campaniæ, in Angliam veniens, episcopo Guencestreæ fratre suo eum adjurante, ad regnum Angliæ coronatur. Cui Mathildis imperatrix filia Henrici regis Angliæ, uxor Gaufridi comitis Andegaviæ pro se et pro filio suo Henrico viriliter occurrens, non sinebat eum in pace regnare. Nec multo post ipsa imperatrix, auxilio Ludovici regis Francorum, ducatum Nomanniæ occupavit cum fautoribus suis, mirifice in Anglia defendens partes suas, ne Stephanus rex dominium dilataret.

Anno Domini MCXXXVII° et Luitherii imperatoris XI° et Ludovici regis xxix°, Guillelmus comes Pictavensium ad Sanctum Jacobum peregre proficiscens in die Parasceve moritur, ante altare Beati Jacobi sepelitur, relinquens duas filias Alienordem primogenitam et Petronillam. Quam Alienordem Ludovicus Junior rex Franciæ cum ducatu Aquitaniæ in uxorem accepit et eam apud Taillebourc desponsavit. Nec mora, infra mensem nuptiarum Ludovici regis, obiit pater ejus Ludovicus rex Franciæ, kalendis augusti, et in ecclesia Sancti Dyonisii Parisiensis sepelitur; cui successit Ludovicus Pius filius ejus. Et eodem anno Luitherius imperator, subacta Italia et Appulia, in patriam suam rediens, moritur. Cui successit Conradus, Henrici imperatoris de sorore nepos, qui prius Henrico perdito imperium affectarat.

Anno Domini MCXXXVIII° Conradus, nepos Henrici imperatoris perditi, tempore Innocentii, Celestini, Lucii et Eugenii imperat annis xv.

Florebat hoc tempore Theobaldus, comes Campaniæ. Hic abbatiam Sancti Florentii Salmuriensis et multas alias construxit.

Anno Domini MCXLIII° et Conradi imperatoris VI° et Ludovici regis VI°, in festo Beati Martini æstivalis, dum Fulco rex Jerosolymitanus venatum iret et leporem insequeretur, equo cespitante ruens, mortuus est per miraculum, rupto collo. Ipse enim quandiu comitatum Andegavensem tenuit, ecclesiam Beati Martini Turonensis in quantum potuit infestavit.

Anno Domini MCXLVI° et Conradi imperatoris IX°, et Ludovici regis IX°, obiit Joscelinus fundator ecclesiæ de

Gressu in Turonia sitæ, et tunc primo ibi institutus est prioratus.

Anno Domini MCXLIX° et Conradi imperatoris XII° et Ludovici regis XII°, Henricus, Ludovicus regis Franciæ frater, prius thesaurarius Beati Martini Turonensis, post apud Clarevallum monachali veste indutus, provehitur ad episcopatum Belvagicæ civitatis.

Hugone archiepiscopo Turonensi mortuo, Engebaudus successit.

Anno Domini MCLI° et Conradi imperatoris XIV° et Ludovici regis XIV° capitur Monsteriolum castrum supra Giraudum Bellai a Gaufrido comite Andegavensi, nec multo post idem comes obiit, et Cenomannis in ecclesia Sancti Juliani sepelitur, cui successit Henricus filius ejus.

Et eodem anno idem Giraudus Bellai obiit, qui septem annis Monsteriolum castrum a Gaufrido Andegavensi comite defensarat.

Anno Domini MCLII° et Conradi imperatoris XV° et Ludovici regis XV°, Ludovicus rex Franciæ zelotypiæ spiritu inflammatus, cum Alienorde uxore sua in Aquitaniam vadit, munitiones removet, gentes suas exinde reducit, et postea rediens apud Baugenciacum castrum, jurata consanguinitate, uxorem suam repudiat. Quo facto, regina Blesim rediit, sed Theobaldo comite Blesensi eam per vim nubere volente, de nocte fugit, et inde evadens Turonis venit. Cumque Gaufridus Plantagenest, filius Gaufridi comitis Andegavensis, frater Henrici, ipsam in uxorem ducere, et apud Portum de Piles rapere voluisset, ipsa ammonita ab angelis suis, per aliam viam reversa est in Aquitaniam regionem suam; ibique Henricus dux Normanniæ eam duxit in uxorem, pro quo inter ipsum et Ludovicum regem Franciæ magna discordia insurrexit. Genuit autem idem Henricus postea de eadem Alienorde regina Henricum Juvenem regem

Angliæ, Richardum regem Angliæ, Gaufridum comitem Britanniæ, Johannem regem Angliæ, reginam Apuliæ quæ fuit postea comitissa Sancti Ægidii, reginam Hispaniæ et uxorem ducis Austriæ.

Tunc Gaufridus Plantagenet, qui Cainonem, Lodunum et Mirebellum in partem hereditariam habebat, ab Henrico fratre suo Comite Andegavensi invaditur, eique quorumdam seductione prædicta castella protinus auferuntur. Erat autem idem Gaufridus forma decorus, militia insignis, et ita largitate omnibus antepollens, quod in quacumque villa arma sua nova fiebant, statim ut de villa exibant omnia arma militum, quæ in villa illa facta pro pretiis tenebantur, militibus etiam non quærentibus reddebantur, et de bursa dicti comitis pretia creditoribus solvebantur.

Anno Domini MCLIII°, Fredericus, Conradi nepos, tempore Eugenii, Anastasii, Adriani, Alexandri, Lucii, Urbani, Gregorii et Clementis, imperat xxxviii annis.

Hujus anno primo et Ludovici regis xvi°, Ludovicus rex Franciæ Normanniam aggressus, castrum quod Vernon dicitur in deditionem recepit. Interim dum Henricus dux Normanniæ contra Stephanum regem Angliæ fortiter dimicaret, idem Stephanus rex labore debilitatus est et senio, necnon et defuncto Eustachio filio suo, spe hæredis desolatus, in hujusmodi pacem cum Mathilde imperatrice et Henrico filio ejus convenit, quod Henrico post eum regnum Angliæ remaneret, et Henricus eum in patrem et ipse Henricum in filium adoptaret; quod et factum est. De quo Merlinus ait : « Nocebit possidenti ex impiis pietas, donec sese « genitore induerit. » Et ita Stephanus in regni solio in pace resedit, et Henricus vices regis agens in statum

pristinum totam Angliam reformavit. Unde Merlinus ait:
« Catuli leonis avita tempora renovabunt. »

Anno Domini MCLIV°, et Frederici imperatoris II°, et Ludovici regis XVII°, pax et concordia inter Ludovicum regem Franciæ et Henricum ducem Normanniæ reformatur. Nec multo post, mortuo Stephano rege Angliæ, Henricus dux Normanniæ in regni solio sublimatur. Hic Henricus Angliam, Normanniam, Cenomanniam, Andegaviam, Turoniam, Pictaviam, Aquitaniam viriliter regens, necnon et volens alas suæ potestatis per universas extendere regiones, maximam partem Hiberniæ acquisivit. De quo Merlinus ait : « Sextus Hiberniæ « mœnia subvertet; » sextus enim erat de progenie Eduardi filii Emmæ.

Anno Domini MCLVII° et Frederici imperatoris V° et Ludovici regis XX°, Engebaudo archiepiscopo Turonensi mortuo, successit Joscius, Brito, qui ecclesiam Beati Martini Turonensis in quantum potuit infestavit.

Anno Domini MCLXIII°, et Frederici imperatoris XI° et Ludovici regis XXVI°, Alexander papa Turonis concilium in Pentecostem celebravit, et schismaticos cum omnibus episcopis et aliis qui ibi aderant excommunicavit, et in festo Beati Martini de maio, in ejusdem sancti ecclesia ad portam parvæ areæ coronatus, missam ad altare dominicum decantavit.

Anno Domini MCLXVII°, et Frederici imperatoris XV° et Ludovici regis XXX°, magna discordia inter regem Franciæ et regem Angliæ exorta, Mathildis imperatrix, mater regis Angliæ, moritur.

Anno Domini MCLXX° et Frederici XVIII° et Ludovici regis XXXIII°, Henricus rex Angliæ fecit coronari Henricum filium suum post Pentecosten, Sancto Thoma Cantuariæ archiepiscopo contradicente, licet apud Senonas in Galliis exsularet. Nec multo post Henricus rex Angliæ eum revocat, et pace inter eum et regem facta, ab Anglis honorifice susceptus est.

Anno Domini MCLXXI., et Frederici XIX° et Ludovici regis XXXIV°, IV° calendas januarii præfatus Thomas Cantuariæ archiepiscopus, trigesima die postquam applicuit, feria tertia, occisus est ab impiis ministris Henrici regis Angliæ in ecclesia metropoli Cantuariæ, non longe ab altari, hora vespertina, glorioso martyrio factus gratissimum Deo sacrificium vespertinum. De quo quidam ait :

Annus millenus centenus septuagenus
Primus erat, primas dum cadit ense Thomas.

Anno Domini MCLXXII°, canonizatus est Sanctus Thomas ab Alexandro papa in capite jejunii. Et tunc, in mense martio, orta guerra inter Henricum regem Angliæ et uxorem ejus et tres filios ejus majores, Henricum, Richardum et Gaufridum, consilio Radulfi de Faia et Hugonis de Sancta Maura.

Anno Domini MCLXXIII° et Frederici XXI° et Ludovici regis XXXVI°, filii regis Angliæ patrem infestantes, auxilio Ludovici regis Franciæ et procerum ejus Normanniam graviter vastaverunt, et ibi multi mortui sunt.

Tunc obiit Joscius Turonensis archiepiscopus in tanta paupertate, quod de rebus suis vix inveniri potuit de quo posset mortuus sepeliri. Fuit enim magnanimus, sed versatus. Nam in tantum ecclesiam Beati Martini Turonensis, nec non et Henricum regem Angliæ molestavit, quod in litis naufragio quidquid habere poterat dissipavit. Cui successit Bartholomæus genere clarus, sermone facundus, consilio providus, divitiis repletus. Hic episcopum Dolensem, qui per longa tempora rebellis fuerat ecclesiæ Turonensi, post longa certamina auctoritate apostolica suæ subdidit ditioni.

Anno Domini MCLXXIV° et Frederici XXII° et Ludovici regis XXXVII°, mense septembri, inter Henricum regem Angliæ et filios, apud Montem Laudiacum, juxta Turonis, fuit pax reformata, Ludovico rege Francorum præsente.

Anno Domini MCLXXV° et Frederici XXIII° et Ludovici regis XXXVIII°, facta est fraternitas ecclesiæ Beati Martini Turonensis et Beati Martini de Campis. (1)

Anno Domini MCLXXIX° et Frederici XXVII° et Ludovici regis XLII°, in festo Omnium Sanctorum, Philippus, Ludovici regis Francorum filius, a Willelmo Remensi archiepiscopo avunculo suo in Remensi ecclesia in regem Franciæ consecratur anno ætatis XV°, præsente Henrico Juniore rege Anglorum, qui sororem ejus duxerat.

Anno Domini MCLXXX° et Frederici XXVIII° et Ludovici XLIII° et Philippi filii ejus II°, Ludovicus rex Franciæ morbo fatigatus et senio, obiit anno regni XLIII°, et in monasterio a se constructo, quod dicitur Sanus Portus, honorifice tumulatur.

Anno Domini MCLXXXII°, et Frederici XXX° et Philippi regis IV°, erat tunc per Franciam formido non maxima (2), nam Fredericus imperator adversariis regis se spoponderat subventurum, exercitus suos submovens per totum imperium contra regem. Henricus autem rex Angliæ cum filiis suis Henrico scilicet rege et Richardo Aquitaniæ duce, regis Franciæ partem fovebat; quibus tandem mediantibus, pax integra inter prædictum regem et comites reformatur.

---

(1) Marrier, *Historia Sancti Martini de Campis*, pag. 557.

(2) Tous les mss. du *Chronicon Turonense* portent *maxima*, mais la chronique de Robert Aboland dont celle-ci est extraite donne *minima*, qui est la seule leçon admissible.

Anno Domini MCLXXXIII° et Frederici XXXI₀ et Philippi regis v°, Henricus rex Angliæ Junior in Lemovicino territorio, apud castrum quod dicitur Martellum obiit, et apud Rothomagum sepelitur; vir armis strenuus, humilis, largus, pulcherrimus, sapiens et facetus, et ut verius loquar, nulli secundus.

Anno Domini MCLXXXIV° et Frederici XXXII° et Philippi regis VI°, in festo Sancti Mathiæ, abjurata est communia burgensium Castri Novi, quam contra ecclesiam Beati Martini Turonensis fecerant, auctoritate Lucii papæ et Philippi regis Francorum, coram Guillelmo Remensi archiepiscopo et Herveo abbate Majoris Monasterii, a domino (papa) super hoc judicibus delegatis (1).

Anno Domini MCLXXXVII°, et Frederici XXXV° et Philippi regis IX°, turbatur Gallia, rege Angliæ et rege Franciæ discordantibus. Nam Philippus Franciæ cum exercitu infinito castrum Exoldunum diripit, et castra constituit non procul a Castro Radulphi, in quo Henricus rex Angliæ et Richardus dux Aquitaniæ tunc aderant cum gentium multitudine inaudita; sed Dei interveniente clementia, cum exspectaretur utriusque conflictus, pax subito reformatur.

Anno Domini MCLXXXVIII° et Frederici XXXVI° et Philippi regis X°, nimius æstas incanduit, et fuit siccitas inaudita, adeo ut in multis locis fluvii, fontes et putei siccarentur, plurimæque ignium clades per Gallias acciderunt; nam Novum Castrum Turonense ab igne domus Heliæ cantoris, in vigilia Sancti Johannis Baptistæ, combustum est.

Anno Domini MCLXXXIX° et Frederici XXXVII° et Philippi

---

(1) *Pièces justificatives pour le procès de l'église Saint Martin de Tours.* pag. 26.

regis xi°, inter regem Franciæ et regem Angliæ fervescente dissidio, plurima fit castrorum urbiumque direptio. Turonis urbs capitur et Cenomannis diripitur. Post hæc inter reges pax redditur, et paulo post Henricus rex Angliæ defungitur, anno regni xxviii°, nimio, ut dictum est, absorptus dolore, quia videret se a rege Franciæ sic oppressum, et a Richardo duce Aquitaniæ filio suo, qui ad regem Franciæ fugerat derelictum. Sepultus est autem in cœnobio virginum, quod Fons Ebraudi dicitur, multis ab eo redditibus et muneribus ampliatum. Vir prudentia gestisque famosus, lætis florens successibus, perpetuaque dignus memoria, nisi quod Sanctum Thomam fuerat adversatus, in cujus vindictam sanguinis, ipse qui tyrannos semper oppresserat, foveratque subjectos, a filiis suis creditur impetitus. Cui successit Richardus filius ejus et apud Londoniam ad regnum Angliæ coronatur.

Anno Domini mcxc° et Frederici xxxviii°, et Philippi regis xii°, idem Philippus rex Franciæ et Richardus rex Angliæ, Odo dux Burgundiæ, Philippus comes Flandriæ, Henricus comes Campaniæ, Theobaldus comes Blesensis, Stephanus comes Sacri Cæsaris, archiepiscopi, episcopi quam plurimi, et fere regni proceres universi, et qui alicujus nominis in militia habebantur, signo crucis dominicæ insigniti, cum infinito agmine et incredibili apparatu iter arripiunt, diversos adeunt portus, navesque conscendunt. Mare tunc solito procellosius tumescebat, in tantum quod navium quædam vi ventorum ad littora sunt repulsæ et aliæ sunt submersæ. Philippus et Richardus reges Messanam urbem Siciliæ vix appulsi, nec valentes progredi, inibi hiemaverunt. Sed non multo post fervescente discordia inter ipsos, negotium Domini varie perturbatur. Tunc venit ad eos abbas Joachim de suo evocatus monasterio in Calabria constituto, qui ab eis de futuro sciscitatus, respondit quod mare transituri essent, sed nihil vel parum proficerent, necdumque adesse tempora quibus liberanda foret Jerusalem et regio transmarina.

Tandem Fredericus imperator, perambulans Asiam, dum quemdam fluvium, qui Salestricum dicitur, transiret, heu! tantus princeps demergitur, suffocatur et moritur.

Circa idem tempus, cum apud Galliciam in Auciensi ecclesia de consuetudine haberetur, quod quolibet anno, in festo Epiphaniæ, trium Magorum repræsentarent miraculum, et in loco stellæ crystallum concavum ponerent, intusque candelam accenderent, accidit quadam die Epiphaniæ, quod populis ex diversis provinciis ante ecclesiam episcopalem, quæ in honore Beati Martini Turonensis dedicata est, congregatis, Magisque suis secundum consuetudinem apparatis, non posset lapis ille crystallinus a custodibus inveniri, sicque stupefacti, et Beati Martini auxilium præstolantes, quid agerent ignorabant. Et ecce subito stella de cœlo descendens in conspectu omnium, Magos illos usque ad locum ubi puer erat perduxit, et postea ab oculis omnium evanuit.

Anno Domini MCXI°, Henricus filius Frederici, tempore Clementis, Celestini et Innocentii, imperat annis VII.

Hujus anno I° et Philippi regis XIII°, Philippus rex Franciæ et Richardus rex Angliæ mare intrant: sed Philippus directo itinere Ptolemaidem appulit, ibique honorifice suscipitur. Richardus vero cum suis galeis et ratibus Cyprum venit, ibique inveniens quemdam pseudoimperatorem insulæ dominantem ipsum cepit, sibique insulam subjugavit. Interim Philippus rex ad expugnandam Acon regem Angliæ exspectabat; condixerant enim quod non nisi pariter expugnarent. Igitur cum venisset, primo fossata implere ac coæquare contendunt. Sed cum a Philippo Richardus sæpius dissentiret, et ut dicebatur perurgendis assultibus dissimulanter ageret, Philippus tamen vehementius insistebat, petrarias faciens adhiberi quam plurimas, quibus nocte et die incessanter jactantibus, pars murorum confringitur. Turris quoque mirabilis firmitatis fossoribus cuniculos subtus agentibus conquassatur. Tunc hostes vehementer arctati, cum nullam sibi viderent potentiam resistendi, regis colloquium expetunt, urbem et sua pariter seque dederunt. Acon igitur iii° idus julii a nostris recipitur, post decursum fere biennium ex quo cœperat obsideri. Porro Turci intra urbem reperti, cum pacta quæ cum rege inierant tenere non possent, alii evasere redempti, alii ad serviendum compedibus sunt detenti, alii gladio trucidati. Audita præfata captione, timor irruit super hostes, et Ascalonem et alia castella, quæ nostris abstulerant, diruunt, vacuaque dimittunt. Nec multum post Philippus rex Franciæ apparatu suo sub manu ducis Burgundiæ commendato, orta discordia inter eum et regem Angliæ, redit a partibus transmarinis. Rex vero Richardus ibi remansit, qui eos qui Japhe inclusi jam quasi capti erant, suo auxilio liberavit, et multa alia bona, quæ enarrare longum est, ibi fecit. Et eodem anno facta est ordinatio canonicorum Beati Martini Turonensis.

Anno Domini mcxciii° et Henrici iii° et Philippi regis xv° Richardus rex Angliæ dum in patriam suam latenter per Austriam transire deliberat, a duce Austriæ capitur et imperatori Alemanniæ traditur, a quo per annum in custodia detinetur.

Anno Domini mcxciv° et Philippi regis xvi°, Richardus rex Angliæ infinita exactione redemptus in terram suam regreditur, statimque castrum Locharum obsidet, quod Guido de Valle Grinosa (1) ex parte regis Franciæ tenebat, nec multo post expugnat, et sic fecit de multis aliis castris in terra sua a rege Franciæ sic detentis. Et tunc in festo Beati Barnabæ apostoli expulit Richardus rex Angliæ omnes canonicos ab ecclesia Beati Martini Turonensis, et ita ubique dispersi, quidam in Franciam fugerunt, alii apud Sodobriam remanserunt.

Anno Domini mcxcvii° et Henrici vii° et Philippi regis xix°, circa festum Magdalenæ facta est secunda ordinatio canonicorum in ecclesia Beati Martini Turonensis.

Eodem anno Henricus imperator apud Messanam obiit, Frederico filio ejus admodum parvulo et uxore sua in manu Innocentii papæ relictis, sed Philippo fratri suo pro dicto puero regendum imperium dereliquit.

Anno Domini mcxcviii°, Philippus frater Henrici, tempore Innocentii, pro Frederico puero, imperat annis xi.

Anno Domini mcxcix° et Philippi imperatoris ii° et Philippi regis xxi°, Richardus rex Angliæ dum quoddam castrum comitis Lemovicensis quod de Chaluchevreo dicitur oppugnat, sagitta transfigitur, nec longo post eodem ictu moritur anno regni x°, et apud Fontem Ebraudi sepelitur; vir quidem animosus ac bellicosus, donis largissimus, armis strenuissimus, in militari negotio circumspectus, a militibus valde dilectus, et a clero et populo honoratus, ecclesiæ patronus, et divini officii auditor indefessus, cujus bella et facta in libro dierum regum Angliæ sunt conscripta. Cui successit

(1) Alias *Valle Grinose* et *Valle Guinosa*.

Johannes frater ejus, juvenis quidem remissioris animi, amans quietis, et ob hoc pacem cum rege Franciæ quantocius reformavit.

Anno Domini mcc° et Philippi imperatoris iii° et Philippi regis xxii° Richardo rege Angliæ ita defuncto, Arturus comes Minoris Britanniæ, nepos Richardi regis, filius Gaufridi comitis Britanniæ, in quantum potuit saisivit Andegaviæ comitatum, Andegavensem et Cenomanensem urbes, Guillelmo de Rupibus ei auxiliante, viriliter occupavit. Robertus vero de Torneham et Girardus de Atheis Cainonem (1), Lochas et alias munitiones ex parte regis Angliæ munierunt. Et sic, in Paschali, Arturus puer Turonis veniens, more debito, in ecclesia Beati Martini in canonicum est receptus, et in stallum decani, in vestibus chori, sicut canonicus, installatus. Et sequenti dominica ante Ascensionem Domini, Haimericus vicecomes Thoarcii, Hugo Brunus comes Marchiæ, Gaufridus de Lezigniaco et plures alii barones Pictaviæ, cum maxima multitudine armatorum Turonum veniunt, villam deprædantur, gentes capiunt, dicto Arturo cum paucis infra civitatis mœnia existente et Johanne rege Angliæ propter coronamentum suum in Anglia commorante. In crastinum autem Guillelmus de Barris, ex parte regis Francorum, Turonum veniens Pictavos insequitur, sed eos consequi non valens, Turonum est regressus.

Anno Domini mcci°, et Philippi imperatoris iv° et Philippi regis xxiii°, Philippus rex Francorum pueritiæ Arturi compatiens, et ei jus suum restituere cupiens, Balum castrum obsidet et expugnat. Interim autem Guil-

---

(1) Alias *Chainonem*, *Quainonem*, *Quinnonum*.

lelmus de Rupibus, pueritiæ innocentiam obliviscens, Arturum deserit et Cenomanicam urbem Johanni regi Angliæ reddit. Quo audito rex Franciæ Turonum adiit et Arturus puer apud Andegavensem urbem velox et exterritus pertransivit.

Et eodem anno ecclesia Beatæ Mariæ de Mirebello, Pictavensis diœcesis, dedicata est, et ibi canonici instituti.

Postea vero Philippus rex Franciæ et Johannes rex Angliæ habito inter se colloquio, confœderantur in invicem. Itaque quando rex Johannes venit Parisius, a Philippo rege, necnon a clero et populo honorifice receptus, et contra Arturum nepotem suum, pecunia data, de comitatu Andegaviæ fuit per curiæ regalis judicium investitus, Arturo puero fere per duos annos Parisius commorante.

Anno Domini MCCII° et Philippi imperatoris v° et Philippi regis XXIV°, tota Aquitania gravi fervescit discordia, gravi depopulatione vastatur. Nam Johannes rex Angliæ, fidem quam promiserat obliviscens, Hugoni Bruno comiti Marchiæ Isabellem, filiam Aimari comitis Engolismæ, quam ipse desponsaverat, violenter abstulit et sibi matrimonio copulavit. Talibus injuriis Aquitani proceres lacessiti, homagia sua regi Angliæ reliquerunt, et se ad regem Franciæ, fidelitate pollicita, contulerunt. Qua rex Francorum permotus injuria, adunato exercitu, Normanniam est aggressus, ibique apud Gorneacum castrum Arturum puerum militem fecit, et ad debellandam Aquitaniam, Pictaviam, Andegaviam, Turoniam, cum comite Marchiæ et vicecomite de Castro Airaudi, et Gaufrido de Lezignem et aliis Aquitanis proceribus, eum misit cum flore militiæ totius Aquitaniæ et Pictaviæ. Qui cum Alienordem reginam, matrem Johannis regis

Angliæ, amitam scilicet suam, infra Mirabellum castrum obsedisset, proh dolor! Johannes rex Angliæ cum infinita multitudine Coterellorum, militum et servientium, ex insperato veniens, eum cum omnibus suis infra dicti castelli mœnia, in die festo Beati Petri ad Vincula comprehendit, eumque statim in Normanniam duxit, illumque postea apud Rotomagum, sicut dicitur, interfecit. Alios vero qui cum Arturo capti fuerant, quosdam datis obsidibus relaxavit, quosdam carcere mancipavit, plures in carcere mori fecit. Vicecomitem quoque Thoarcii et Guillelmum de Rupibus senescallum suum, quorum auxilio hostes suos superaverat, capere clam tentavit. Quo comperto, vicecomes et Guillelmus de Rupibus ad munitiones suas fugiunt, et paulo postea ad regem Franciæ se convertunt. Tunc Hamelinus de Roorta, miles, qui civitatem Turonis pro Guillelmo de Rupibus diu servaverat, et majorem partem domuum burgensium Castri Novi coæquaverat solo, et alias omnes redemerat, necnon et burgensibus et ecclesiæ Beati Martini infinita damna intulerat, auditis istis rumoribus, fugit urbemque vacuam dereliquit. Quo audito, rex Angliæ Turonum venit, ibique Brandinellum (1) Coterellum cum aliis servientibus in munitionem reliquit. Graves proinde variæque perturbationes et direptiones castrorum et urbium utrinque fiunt. Turonis enim civitas cum castro illo nobili, ædificiis divitiisque insigni, et, quod insignius est, Beati Martini reliquiis decorato, quia in confinio partium utriusque regis sita erat, nunc ab his, nunc ab illis pervaditur, et in solitudinem pene redigitur. Nam Philippus rex Franciæ, collecto

---

(1) Alias *Blandinellum*.

exercitu, Turonis properat, urbem obsidet et expugnat, Brandinellum etiam, qui in munitione erat, salvis equitaturis et spoliis, cum suis abire permisit, et ibi Gaufridum de Rupibus militem dereliquit. Vix tamen Philippus rex Franciæ redierat, et ecce Johannes rex Angliæ eum inaudito exercitu tam Coterellorum quam militum Turonis furibundus accelerat, terram destruit et prædatur, urbem obsidet et obsessos diversis assultibus præmolestat. In ejus tamen adventu, scilicet in festo Decollationis Sancti Johannis Baptistæ, oppidani utriusque sexus et ætatis, necnon et clerici, ad Beati Martini ecclesiam fugientes, et confessoris egregii clementiam lacrymis implorantes, portas obstruunt, turres muniunt, Domini misericordiam exspectantes. Coterelli vero, cum Martino Algai duce eorum, Castrum Novum ingressi, cuncta rapiunt, gentes vinculant vel occidunt, vinculatos inauditis suppliciis cruciantes, sed ecclesias Dei frangentes et spoliantes, et, quod deterius est, in contemptum Dei, in imaginum facies exspuentes. Die itaque in timore et luctu et clamore completa, in crepusculo noctis, totum claustrum et Castrum Novum accenditur, et ab ecclesia Sancti Hilarii usque ad ecclesiam Sanctæ Mariæ Divitis penitus concrematur. Quid plura? Omnes stupore insolito attoniti, et exire extra ecclesiam non audentes, quid agerent ignorabant; neque enim ignis unius venti impetitione recto occidentis tramite cursum dirigebat, sed nunc euro, nunc austro, nunc noto, aliquando borea, grassabatur. Sed hoc quoque mirabile videbatur quod, decem et amplius domos transvolans, inopinato dolore longius sitas et intactas consumptione velocissima rapiebat.

O dolor! heu luctus! heu pectora plena dolorum!
Lumine quo capitis potuistis cernere sævum
Vulcani dentem, subito tam magna vorantem!

Verum ut alia breviter supprimamus, tanto incursu, tanto strepitu et ventorum conflictu totam villam sibi protinus vindicavit, ut magnum ignem venturi judicii crederes advenisse. Interea, dum sic villa concremabatur, clamor immensus, pectorum cæsio, lacrymarum effusio, capillorum detractio, et omnia quæ humanus luctus sibi timore mortis et damni intolerabilis ministrabat, universos et singulos perturbabant. Quantus vero tumultus, quantus labor omnium in illa nocte fuerit, quanta clades orto sole apparuerit, deficit lingua sterilis enarrare. Gens enim illa dicere poterat cum propheta : « *O vos omnes qui transitis per viam, attendite, et videte si est dolor sicut dolor meus.* » Die itaque tertio obsidionis urbem expugnat, et obsessos in carcere mancipat, et Girardum de Atheis ad tuendam munitionem præficit et delegat (1).

Circa festum vero Omnium Sanctorum, Sulpitius dominus Ambasiæ, qui ad regem Franciæ se converterat, collecto grandi exercitu Turonis venit, civitatem incendit, et in Castro Novo milites et servientes posuit, qui gentes regis Angliæ in munitione tenerent, et regionem adjacentem ab hostibus defensarent; sicque ibi tota hieme resederunt, et sese ab utraque parte assiduis assultibus affecerunt.

Anno Domini MCCIII° et Philippi imperatoris VI° et Philippi regis XXV°, idem Philippus rex Andeliacum castrum munitissimum et murorum ambitu et Sequanæ circumflexu, subita irreptione obtinet et incendit, quod tamen postea reparat et communit. Castrum quoque Vallis Rodolii prævalide communitum obsidit et

---

(1) Guillelmus Armoricus, *Philippidos*, lib. VIII; apud Bouquet, *Galliæ Scriptores*, tom. XVII, pag. 247.

expugnat, necnon et castrum quod dicitur Rigidus Pons, multimoda munitione firmatum, obsidet et obtinet expugnatum; et a Normannia rediens, Turonis obsidet et obtinet, Guillelmum de Batille et alios obsessos quitans penitus et absolvens.

Anno Domini MCCV° et Philippi imperatoris VIII° et Philippi regis XXVII°, Philippus rex Franciæ Leuchas castrum obsidet et expugnat, et Girardum de Atheis ibi captum infinita pecunia redimit et liberat. Castrum quoque Locharum Droconi de Melloto (1) et hæredibus ejus in perpetuum donat, qui castrum illud tota hieme obsederat et viriliter debellarat. Quo facto rex Franciæ Cainonem castrum aggreditur, quod Guillelmus de Rupibus prius fere annum obsederat, castro quod dicitur Rousset prius acquisito; et sic rex illud in festo Sancti Johannis Baptistæ expugnarat viriliter machinis applicatis. Quo facto, tota Turonia et Andegavia a regis Angliæ dominio liberata, rex Franciam remeavit.

Anno Domini MCCVI° et Philippi imperatoris IV° et Philippi regis XXIII°, Bartholomæus Turonensis archiepiscopus longo tempore quartanis febribus fatigatus, obiit anno episcopatus XXXIII°, cui Gaufridus de Lenda Parisiensis archidiaconus successit, vir vitæ laudabilis et mirificæ sanctitatis. Sed statim, iniquorum consilio toxicatus, ecclesiam Beati Martini Turonensis, in qua a puerilibus annis beneficiatus fuerat et nutritus, super jurisdictione abbatiæ Bellimontis aggreditur; sicque beatus *vir qui abiit in consilio impiorum, et in via peccatorum stetit, non diu in illa cathedra pestilentiæ sedit.*

---

(1) Bouquet, *Galliæ Scriptores*, tom. XVII, pag. 59.

Anno Domini mccviii° et Philippi imperatoris xi° et Philippi regis xxx°, tertio kalendas maii, obiit Gaufridus de Lenda Turonensis archiepiscopus. Quo mortuo, super electione schisma inter Turonenses clericos insurrexit : nam quidam eorum Johannem de Faia, decanum ecclesiæ elegerunt; alii Robertum de Vitreio, cantorem Parisiensem, nominaverunt; alii nominare aliquem noluerunt; sicque omnes ab omni parte appellantes, Romam celeriter perrexerunt. Tunc Innocentius papa, auditis ab utraque parte rationibus Turonensium clericorum super dissensione electionis, illos qui nominare aliquem noluerant, neutrales in electione judicavit, et electionem Roberti de Vitreio, qui ægrotans in villa Romæ jam quasi mortuus erat, quassavit; et Johannem de Faia decanum ecclesiæ, qui absens erat in Turonensem archiepiscopum confirmavit : qui in Franciam rediens, ab Hamelino Cenomanensi episcopo apud Turonos in archiepiscopum consecratur (1). Statim super jurisdictione abbatiæ Bellimontis, ecclesiæ Sancti Cosmæ, ecclesiæ Sancti Venantii et ecclesiæ Sancti Petri de Cardineto, ecclesiam Beati Martini Turonis aggreditur, et hinc inde cum expensis magnis, primo coram judicibus Aurelianensibus, deinde coram Bituricensibus, et postea coram Carnotensibus litigatur. Interea Galo, Sanctæ Mariæ in Porticu diaconus cardinalis, legatus, in Franciam veniens, eidem Turonensi archiepiscopo pallium apportavit, multaque instituta auctoritate apostolica renovavit.

Anno Domini mccix°, Otho filius ducis Saxoniæ, nepos Johannis regis Angliæ, prius tamen comes Pictaviæ,

---

(1) *Innocentii* iii *epistolæ*, edente Baluzio, lib. xi, epist. 149, pag. 242.

Philippo imperatore mortuo et Frederico filio Henrici imperatoris a magna parte imperii dejecto, tempore Innocentii, imperat annis VII.

Anno Domini MCCXI° et Othonis imperatoris III° et Philippi regis XXXIII°, circa augustum mensem, fuit intempestæ noctis silentio Sellaria Turonensis concremata, ubi duæ virgines calore ignis compulsæ, a vertice domus lapideæ in medium ignem inferius positum salierunt, statimque communione accepta spiritum Deo reddiderunt. Multi etiam alii ibidem hujus ignis anticipati incendiis obierunt.

Anno Domini MCCXII° et Othonis imperatoris IV° et Philippi regis XXXIV, in Turonensi diœcesi prope castrum Ambasiæ, in loco qui Mons Cœlestis dicitur, moniales quatuor pervenerunt, spiritu Dei inflammatæ, ab illo monte ad illum cœlestem montem ascendere cupientes : quarum duæ, scilicet Hermengardis de Plesseio et Petronilla Aimera egressæ sunt de congregatione monialium Belli Montis, et aliæ duæ, scilicet Agnes de Legnere et Peregrina de congregatione Sancti Aviti diœcesis Carnotensis. Hæ omnes, uno eodemque spiritu agitatæ, sub ordinis Cisterciensis regula, ibi primo parvum tugurium ligneum intraverunt, et sic in illo loco fere per tres annos vitam eremiticam deduxerunt. Sed cœlestis sponsus ecclesiæ, cupiens sponsæ suæ fimbrias dilatare, cordi cujusdam civis Turonici, Pagani Hermenardi nomine, misericorditer inspiravit ut illi novellæ plantulæ subveniret. Qui domum lapideam cum pluribus officinis, necnon et ecclesiam, ibi miro opere fabricavit, ibique viginti moniales et Hermengardim priorissam instituit, eisque victum et vestitum in perpetuum acquisivit. Quam domum lapideam dictæ moniales anno Domini MCCXVI°, VI° kalendas januarii solemniter intraverunt, et postea ecclesiam, vii° idus junii, a Mauricio Cenomanensium episcopo dedicari fecerunt.

Anno Domini mccxiv° et Othonis imperatoris vi° et Philippi regis xxxvi°, cum Johannes rex Angliæ in Pictavia per aliquantum temporis demorasset, Ligerim transiens, Rupem Monachi expugnavit, deinde, collectis viribus, urbem Andegavim. Erat enim tunc temporis Andegavis civitas, tum propter guerram, tum propter Guillelmi de Rupibus senescalli Andegavensis violentias, viribus et divitiis desolata, necnon muris et propugnaculis viduata. Quo audito, Ludovicus Philippi Francorum regis primogenitus, qui tunc apud Cainonem in Turonia morabatur, undequaque collectis viribus, regi Angliæ properat in occursum. Cumque apud Andegavim civitatem Johannes rex Angliæ Ludovicum venientem cum hostium suorum multitudine, necnon et juvenili animo cognovisset, Andegaviæ abrenuntians, Ligerim transit, et in Aquitaniam revertitur, sicut Esau vagus et profugus, omnia derelinquens.

Anno Domini mccxv° et Othonis imperatoris vii° et Philippi regis xxxvii°, Otho imperator naturæ debitum suum solvit.

Anno Domini mccxvi, Fredericus Apulus, rex Siciliæ, filius Henrici imperatoris, mortuo Othone, sub Innocentio et Honorio, imperat annis.

Anno Domini mccxxii°, et Frederici imperatoris vii° et Philippi regis xliv°, obiit Guillelmus de Rupibus senescallus Andegavensis, vir armis strenuus, et in ecclesia monialium Cisterciensis ordinis, quæ Bonus Locus dicitur, quam ipse de novo juxta Castrum Lidi fundaverat, sepelitur. Cui successit in senescallia Amorricus de Credone, qui filiam ejus primogenitam duxerat in uxorem.

Eodem anno, in festo Sanctæ Luciæ instituti sunt primo vicarii in ecclesia Beati Martini Turonensis, redacto ad certitudinem numero præbendarum.

Per idem tempus cum barones Britanniæ et maxime Leonenses, auxilio Amorrici senescalli Andegaviæ, Petrum comitem Britanniæ filium Roberti comitis Drocensis, longo tempore debellassent, eumque fere redactum ad nihilum, accidit res miranda. Nam, cum ex una parte ei Britones occurrissent, et Amorricus de Credone senescallus Andegaviæ eum cum suis fautoribus invasisset, terramque Gaufridi domini Castri Briani quæ de feodo comitis erat intrasset, eamque penitus devastasset, Petrus comes Britanniæ, monitione facta ut a terra sua recederet, et v° nonas martii cum paucis militibus, sed multitudine peditum occurrit; et sic inito certamine, Normannis et Cenomanensibus qui ex parte senescalli erant fugientibus, dictus comes Britanniæ Amorricum senescallum cum Johanne de Montorio comite Vindocinensi et Hardoino domino Malliaci et multis aliis in bello continuo superavit ut adimpleretur quod dictum est per prophetam : « *Homo cum in honore esset, non intellexit.* » Eorum vero qui capti fuerant, fuit pars maxima infra Pascha sequens redemptione nummorum et equorum liberata. Nam in eodem conflictu tanta fuit ab utraque parte equorum occisio, quod pauci equi illic incolumes remanserunt. Senescallus autem et comes Vindocini, fere omnibus aliis redemptis, in Thofo prope Nanneticam civitatem in ergastulo carceris vitam solitariam deduxerunt.

Anno Domini MCCXXIII° et Frederici imperatoris VIII° et Philippi regis XLV°, Amoricus de Credone, senescallus Andegaviæ, filiam unicam quam habebat, ætate tenerrimam, concessit Arturo puero, filio Petri comitis

Britanniæ in uxorem. Tunc etiam maxima insuper redemptus pecunia a carcere liberatur.

Philippus rex Franciæ apud Medontam, pridie idus julii, scilicet feria vi^a rebus bene dispositis spiritum exhalavit anno regni xlv° et ætatis lix°. Cui Ludovicus filius ejus primogenitus successit in regno, (et) viii^e idus augusti, scilicet in festo Sancti Sixti, in Remensi ecclesia a Guillelmo Remensi archiepiscopo cum Blancha uxore sua ad regnum Franciæ coronatur, anno ætatis xxxvi°. Sequenti mense septembri, Ludovicus rex Franciæ Turonis veniens in ecclesia Beati Martini, et postea in ecclesia Sancti Mauricii honorifice cum processione recipitur, et inde per Andegaviam et Normanniam rediens in Franciam, et homagia omnium et fidelitatis recipiens, et sic totum regnum suum circumiens pervagatur.

In crastino autem Sanctæ Luciæ, Johannes rex Jerusalem, Turonis veniens, in ecclesia Beati Martini cum processione recipitur, ibique iterum prima dominica sequentis Quadragesimæ rediens, baculumque peregrinationis accipiens, apud Sanctum Jacobum est profectus.

Anno Domini mccxxiv° et Frederici imperatoris ix° et Ludovici regis ii°, dominica ante Ascensionem Domini, apud Pruliacum castrum Turonensis diœcesis, levatum est corpus Sancti Melani episcopi Redonensis a Joanne Turonensi archiepiscopo et ab aliis vicinis episcopis, capsaque in argentea cum summa reverentia collocatum.

In octavis vero sequentis Pentecostes, Johannes rex Jerosolymitanus, a peregrinatione Sancti Jacobi Turonis est regressus cum filia regis Galliciensis, quam in illis partibus duxerat in uxorem, quæ in ecclesia Beati

Martini solemniter est recepta, domino rege in eadem ecclesia baculum peregrinationis, quem ibi receperat, deponente.

Nec multo post, in festo Sancti Johannis Baptistæ, Ludovicus rex Franciæ cum episcoporum, comitum, baronum, militum, servientium infinito exercitu Turonim urbem adiit, et inde Monsteriolum castrum tendens, treugam usque ad annum cum Amorrico vicecomite Toarcii reformavit.

In crastino vero Sancti Bartholomæi, in ecclesia Sancti Simplicii Turonensis, accidit res miranda. Nam dum ad missam evangelium legeretur, mulier quæ fere duobus annis tibiis recurvata fuerat, in eadem ecclesia restituitur sanitati.

Tunc temporis fundavit Paganus Hemenardi, civis Turonensis, domos et oratorium in civitate Turonensi ad fratres ordinis Minorum hospitandos.

Per idem tempus, in festo Sancti Lucæ evangelistæ, scilicet feria sexta, circa mediam noctem, combusta est fere tota parochia Sancti Simplicii Turonensis. In ea siquidem multitudo mulierum longo tempore conversaverat in contubernio lupanari; sed qui respicit terram et facit eam tremere, et ad innocentiæ exemplum habitacula earum disrupit, et parochiam illam ab earum sordibus emundavit, ut merito posset dicere cum propheta: « *Igne me examinasti, et non est inventa in me iniqui-* « *tas.* »

In festo Sancti Matthiæ apostoli, dum monachi Sancti Juliani Turonensis matutinorum officium celebrassent, expletoque officio in dormitorio quievissent, factus est repente de summo sonus, et quod dici dolor est, pars maxima ejusdem ecclesiæ ad terram ruit, cunctaque submissa penitus conquassavit. Sed nec ibi virtus divina defuit : nam, cum ibi petrarum cumulus super altare in honore Beati Martini consecratum corruisset, lampademque coram altare ardentem et oleo repletam ad terram, disruptis vinculis, dejecisset, nec altare confregit, nec lampadem oleo evacuavit.

Anno Domini mccxxv° et Frederici imperatoris x° et Ludovici regis iii°, in passione Petri et Pauli, Romanus Sancti Angeli cardinalis legatus, Turonis venit, et sequenti tertia die cum rege Franciæ Cainonem perrexit, ubi rex cum Hamerico vicecomite Toarcii treugam usque ad festum Magdalenæ prolongavit; statimque rege in Franciam remeante, legatus Turonis repedavit.

Per hos dies, Robertus Busencaii dominus, in quodam tirocinio, præ calore nimio suffocatus, spiritum exhalavit. Nam a mense martio usque ad augusti mensem tanta siccitas, tantusque calor inhorruerat, quod segetes et prata, et maxime siligines penitus perierunt; fructus etiam arborum, exceptis pomis et nucibus, ad nihilum devenerunt.

In vigilia autem Magdalenæ, Ludovicus rex Parisius concilium convocavit, ibique legato et regis Angliæ nuntiis præsentibus, vicecomes Thoarcii homagium regi fecit (1).

Circa hos dies, in ecclesia Beati Martini Turonensis, quoddam phylacterium ubi sancti Juliani Cenomanensis reliquiæ continentur, sine aliquo offendiculo divinitus movebatur, ita quod de illius motu mirabili populus mirabatur.

Nec mora, in vigilia sanctorum Jacobi et Christophori, circa mediam noctem, infra fossata urbis Turonicæ pars maxima concrematur.

(1) Bouquet, *Galliæ scriptores*, tom. xvii, pag. 309.

Anno Domini mccxxvi° et Frederici imperatoris xi° et Ludovici regis iv°, idibus maii, obiit Amorricus de Credone Andegaviæ senescallus, et in abbatia Andegavensi quæ Rota dicitur, honorifice tumulatur. Erat enim ætate juvenis, forma decens, nitore mirabilis, militia singularis : qui nisi senescalliam, per quam opprimebat ecclesias et pauperes, habuisset, si dici fas est, super omnes militia floruisset.

Per idem tempus, xvii kalendas junii, apud Turonim, circa vesperam, duo homines in Ligeris fluvio perierunt; statimque vento, turbine et tonitruo subito movente in ecclesia Beati Martini, in qua usque ad hæc tempora, sicut dicebatur, fulgur nunquam ceciderat, fulgur corruit, crucem magnam ferream frangens et eradicans, quæ sita erat super turris Sancti Nicolai pinnaculum : per hoc aperte denuntians et crucis negotium impeditum, et venturum regis et regni Franciæ detrimentum.

Rex, legatus, universique et singuli qui crucesignati erant, xvi° kalendas junii apud Biturim ex omni parte conveniunt; ibique rex et legatus super negotio Albigensi multa, consilio episcoporum et principum, ordinant et decernunt. Rex vero a multis qui ei debebant exercitum, recepit pecuniam infinitam, alios secum duxit, renitentes admodum et invitos, exceptis Turonicis, Lemovicensibus et Pictavinis, quos cum comite Marchiæ ad tuendam Pictaviam dereliquit.

Tunc Henricus rex (Angliæ) audito quod Ludovicus rex Francorum apud Avinionem moram faceret cum majori parte militiæ Gallicanæ, sperans aliquid obtinere in ducatu Normanniæ, vel Andegaviæ vel Pictaviæ comitatu, quod pater suus Johannes rex Angliæ pro Arturo nepote suo, quem occiderat, per judicium curiæ Philippi regis Franciæ amiserat, proposuit transire in Franciam, gentesque innumeras navigiumque paravit. Sed, auctoritate apostolica super hoc inhibitionem recipiens, invitus quod proposuerat retardavit.

Tandem expugnata est et capta civitas Avenionensis a rege Ludovico qui repatriendo obiit apud Montem Pessulanum, anno Domini MCCXXVI°, et ætatis suæ trigesimo octavo, VI° idus novembris, die dominica, scilicet in festo Quatuor Coronatorum. Quo sepulto, Ludovicum puerum filium ejus primogenitum anno ætatis XIII°, in vigilia Sancti Andreæ apostoli, per manus Jacobi Suessionensis episcopi, vacante sede Remensi ad regnum Franciæ solemniter coronaverunt.

Anno MCCXXVII°, X° kalendas martii, scilicet die sabbati, venit Turonis rex Franciæ Ludovicus cum Blancha matre sua et infinito armatorum exercitu ibique in ecclesia Beati Martini et post in ecclesia Sancti Mauricii solemniter est receptus. In crastino autem apud Kainonem profectus et deinde apud Lodunium, cum Britanniæ et Marchiæ comitibus, eorumque fautoribus, apud Charreiam Curcaii fere per viginti dies, intercurrentibus nuntiis, tenuit parlamentum. Theobaldus enim comes Campaniæ et Henricus Barrensis comes, qui contra regem conspiraverant et in conductu regis ad parlamentum venerant, apud Toarcium transierunt, ibique cum Richardo fratre regis Angliæ, et aliis ejusdem regni nuntiis, baronibusque Pictaviæ, in multis multa nefanda et acerba consilia contra regem Franciæ tractaverunt. Sed qui linguas gigantum turrim Babel ædificantium, ne sese intelligerent, divisit, et eorumdem effigiem, ne seipsos cognoscerent, immutavit, cor cujuslibet illorum ita mutavit et divisit ab alio, quod singuli per se, aliis inconsultis et etiam non vocatis, clam diversa et singula a rege per nuntios petierunt; sicque divisi, infecto negotio desolati apud Toarcium remanserunt, juxta illud Evangelii : « *Omne regnum in seipsum divisum desolabitur.* » Interea, dum sic attoniti remansissent, Richardus frater regis Angliæ, Savaricus de Malo Leone, qui diu exspectaverant, et sequebantur a longe ut viderent finem, comitem Campaniæ et comitem Barrensem, qui extra muros Toarcii morabantur, sicut dicitur, capere tentaverunt. Sed proh dolor! illi, compertis eorum insidiis, clam a Toarcio fugientes, se in omnibus, factis homagiis, regi Franciæ submiserunt. Quo facto, rex Vindocinum rediit, munitionesque muniens, ad defensionem terræ ducentos milites reliquit. Dumque sic rex rediret, Britanniæ et Marchiæ comites, videntes quod universi et singuli eos unanimiter deridebant, loquebantur labiis et movebant caput, necnon etiam digitis ostendebant, dolentes se sic illudi, in conductu regio, xvii° kalendas aprilis, Vindocinum pervenerunt, ibique coram legato factis homagiis, in hunc modum pacis cum rege Franciæ devenerunt. Rex Franciæ Ludovicus Joannem fratrem suum, puerum octennem, filiæ Petri comitis Britanniæ desponsandum promisit, eique Andegaviæ comitatum concessit, dictoque Britanniæ comiti urbem Andegavim, Beaugeium et Bellum Fortem et Cenomannicum exceptis homagiis, usque ad xii annos prædicto puero dereliquit, et insuper Sanctum Jacobum de Bevronio et Lapidariam et Bellesme castrum cum eorum appendiis eidem comiti et hæredibus ejus donavit in perpetuum et quitavit. Comiti vero Marchiæ dotalitium uxoris suæ, reginæ quondam Angliæ, necnon et pactiones regis Franciæ Ludovici patris sui remittenti penitus et quitanti, infinitam pecuniam erogavit, et sic eos schismaticos, pœna remissa, culpa tamen in perpetuum remanente, recepit in gratiam et absolvit. Quo facto, rex per nuntios cum Richardo fratre regis Angliæ et Savarico de Malo Leone usque ad festum Sancti Johannis, et cum Hugone Toarcii vicecomite usque ad quindenam ejusdem festi treugam, datis hinc juramentis, firmavit. Et post in Franciam remeans, milites quos ad tuendam terram reliquerat, revocavit.

Interea, legati ex parte Henrici regis Alemanniæ, pro confirmanda societate et amicitia pristina, ad regem Franciæ pervenerunt, receptique honorifice, ad illam confirmandam Milonem Belvacensem episcopum in Alemanniam perduxerunt.

Nec mora, xv° kalendas aprilis, in urbe Romana moritur Honorius papa III^{us} ætate senior, pietatis et misericordiæ singularis. Sedit autem in papatu annis decem, mensibus novem : cui in crastino successit Gregorius IX^{us}, natione Campanus, qui prius Hostiensis episcopus Hugolinus vocabatur.

EXPLICIT

CHRONICON TURONENSE MAGNUM.

CHRONICON TURONENSE

ABBREVIATUM.

(*Ab incarnatione Jesu Christi ad annum 1337*).

Hi sunt anni qui computantur ab incarnatione Domini et ea quæ in eis acciderunt.

I. Jesus Christus filius Dei in Bethleem Judææ nascitur.
VII. Christus ex Ægypto redit.
XII. Christus in templo sedet.
XVI. Tyberius imperat annis XXIII.
XVII. Ovidius in exilio moritur.
XXIX. Johannes Baptista in deserto prædicat.
XXX. Christus baptizatur et in kalendas maii incipit prædicare.
XXXI. Christus aquam convertit in vinum.
XXXII. Johannes Baptista incarceratur.
XXXIII. Johannes Baptista ab Herode occiditur.
XXXIV. Christus crucifigitur. Stephanus lapidatur.
XXXV. Paulus convertitur. Beata Maria migrat a sæculo.

xxxviii. Pilatus Lugduni exiliatus se ipsum interficit.

xxxix. Petrus apostolus fit episcopus Antiochiæ. Gaius imperat annis iv.

xli. Mathæus evangelium scribit.

xlii. Jacobus Galliciensis ab Herode decollatur.

xliii. Claudius imperat annis xiv, mensibus octo.

xliv. Petrus apostolus Romam venit, ibi prædicans verbum Dei.

xlvi. Petrus apostolus fit episcopus Romæ annis xxv, mensibus vii, diebus viii.

xlvii. Lucas evangelista scribit.

xlix. Sanctus Martialis Lemovicas (1) mittitur.

l. Ursinus, Silvanus et Julianus Cenomanis mittuntur.

li. Persius satiricus et Palemon grammaticus clarent.

lv. Philippus apostolus in Scithia martyrizatur.

lvii. Nero imperat annis xiii, mensibus ix.

lviii. Paulus Romæ mittitur. Statius claret.

lx. Sancta Tecla claret.

lxii. Jacobus frater Domini a Judæis lapidatur.

lxiii. Gervasius et Prothasius martyrizantur.

lxiv. Lucanus poeta moritur.

lxviii. Symon apostolus in Jerusalem crucifigitur.

lxviiii. Judas apostolus in Armenia patitur.

lxx. Petrus et Paulus apostoli Romæ martyrizantur.

lxxi. Vespasianus imperat annis ix, mensibus xi, diebus xxii. Linus papa.

lxxii. Tytus Jerosolimam subvertit.

lxxiv. Bartholomæus apostolus excoriatur.

lxxv. Andreas apostolus in Achaia crucifigitur.

(1) Alias *Lemovevicas*.

LXXVI. Thomas apostolus in India patitur.

LXXXI. Tytus imperat annis II, mensibus II, diebus XX.

LXXXII. Cletus papa annis XII, mense I (1), diebus XI.

LXXXIV Domicianus imperat annis XVII, mensibus V.

XCIII. Clemens papa annis IX, mensibus II, diebus X.

XCIV. Sanctus Dyonisius Parisius mittitur.

XCV. Quintilianus poeta Romæ claret.

XCVI. Johannes in Pathmos evangelium scribit (2).

CI. Nerva imperat anno I. Johannes ab exilio revocatur.

CII. Trajanus imperat annis XIX. Anacletus papa annis IX, mensibus II.

CIV. Johannes evangelista obit.

CV. Plinius orator claret.

CXI. Evaristus papa annis X, mensibus VI, diebus XIX.

CXXI. Alexander papa annis VIII, mensibus V, diebus II. Adrianus imperat annis XXI.

CXXIX. Syxtus papa annis X, mensibus III, diebus XXI.

CXXXVIII. Thelesphorus papa annis XI, mensibus III, diebus XXII. Hic instituit jejunandum in quadragesima.

CXXXIX. Orator claret.

CXL. Sancta Sapientia et filiæ ejus Fides, Spes, Caritas Romæ patiuntur.

CXLI. Sanctus Eustachius patitur.

CXLII. Antonius Pius imperat annis XXII, mensibus IV.

CXLIV. Galienus medicus claret Romæ, a Pergamo veniens.

CXLV. Sancta Felicitas cum VII filiis suis patitur.

CL. Iginus papa annis IIII, mensibus III, diebus VI.

---

(1) Alias, *mensibus* II.
(2) Le ms. 4994 de la Bibliothèque Nationale place cet événement en l'an 95 de N S.

cliv. Anitius papa annis xviii (1), mensibus iii, diebus iii. Hic instituit clericis coronam fieri.

clxv. Marchus Antonius imperat annis xix.

clxvii. Pius papa annis xi, mensibus iv. Hic instituit Pascha die dominico celebrari.

clxxii. Persecutio Christianorum quarta in qua Policarpus et multi alii martyrizantur.

clxxvii. Sother papa annis ix, mensibus iii, diebus xxi.

clxxxiv. Commodus imperat annis xiii.

clxxxvi. Eleutherius papa annis xv, mensibus vi, diebus v.

clxxxviii. Anglia ad Christum convertitur.

clxxxix. Sancta Eugenia patitur.

cxcvii. Helius Pertinax imperat mensibus vi, et post, Julianus mensibus vii.

cxcviii. Severus imperat annis xviii.

cc. Victor papa annis x, mensibus ii, diebus x.

cci. Quinta persecutio Christianorum in qua Leonides pater Origenis martyrizatur.

ccix. Zepherinus papa annis ix, mensibus vi, diebus x.

ccxvi. Antonius Caracalla imperat annis vii.

ccxviii. Calixtus papa annis v, mensibus ii. Hic instituit jejunia quatuor temporum.

ccxxiii. Macrinus imperat anno i. Urbanus papa annis viii, mensibus xi.

ccxxiv. Marchus Aurelius imperat annis iv.

ccxxv. Nichopolis condita est in Palestina.

ccxxviii. Aurelius Alexander imperat annis xiii.

---

(1) Alias viii.

ccxxix. Cecilia, Tiburcius, Valerianus et Urbanus papa et Symphorianus patiuntur.

ccxxx. Pontianus papa annis v, mensibus ii, diebus ii.

ccxxxi. Origenes claret.

ccxxxv Antheros papa annis v, mense i, diebus xv.

ccxl. Fabianus papa annis xxi, mensibus xi, diebus xi.

ccxli. Maximus imperat annis v.

ccxlii. Quinta (1) persecutio in qua Sanctus Theodorus patitur.

ccxlvi. Gordianus imperat annis v.

cclii. Phylippus imperat annis vii. Hic fuit primus imperator christianus.

cclix. Decius imperat annis iii. Gatianus Turonis mittitur.

cclx. Septima persecutio in qua Abdon et Sennes passi sunt, Anastasia et plures alii.

cclxi. Cornelius papa annis iii, mensibus ii.

cclxii. Gallus imperat annis ii, mensibus ii.

cclxiii. Lucius papa annis iii, mensibus iii. Origenes moritur.

cclxiv. Valerianus imperat annis xv. Octava persecutio.

cclxv. Stephanus papa annis iv, mensibus ii, diebus xiii.

cclxviii. Syxtus papa annis ii, mensibus ii.

cclxx. Syxtus, Laurentius, Ypolitus et Ciprianus martyrizantnr.

cclxxi. Dionisius papa anno i, mensibus iii, diebus vii.

---

(1) Sic pour *sexta*..

CCLXXIII. Felix papa annis II, mensibus x.

CCLXXV. Euticianus annis IX, mensibus x.

CCLXXIX. Claudius imperat anno I, mensibus x.

CCLXXXI. Quintillus imperat diebus XVII, et post, Aurelianus annis VI.

CCLXXXII. Nona persecutio. Sancta Columba patitur, et Andochius et Tyrsus.

CCLXXXIV. Gaius papa annis XI, mensibus IV, diebus XIV.

CCLXXXVII. Tacitus imperat mensibus VI, et post, Florianus mensibus III.

CCLXXXVIII. Probus imperat annis VI.

CCLXXXIX. Manes hæreticus agnoscitur, a quo Manichæi.

CCXCIV. Carus imperat annis II.

CCXCVI. Diocletianus imperat annis XVII. Marcelinus papa annis VIII, mensibus II, diebus XXV.

CCXCVII. Sanctus Mauricius patitur. Decima persecutio in qua Eulalia, Agnes, Agathes, Sebastianus, Marcellinus, Cyriacus, Gervasius, Prothasius, Grisogonas, Cosmas, Damianus, Quintinus, Gorgonius, Barbara, Lucia, Sergius, Bachus, Saturninus et XVII millia aliorum passi sunt.

CCCIII. Marcellino papa martyrizato, cessavit papatus annis VII, mensibus VI, diebus XXV.

CCCIX. Marcellus papa annis VI. Hic constituit cardinalatus.

CCCXIII. Galerius imperat annis III et Constancius pariter.

CCCXIV. Arrius hæreticus disruptis visceribus obit.

CCCXVI. Constantinus Magnus imperat annis XXX, mensibus x. Eusebius papa annis II, mensibus II.

CCCXVIII. Crux Domini inventa est ab Helena.

cccxix. Meleiades papa annis III, mensibus VII.

cccxxii. Silvester papa annis XXIII, mensibus X.

cccxxiii. Constantinus imperator baptizatur.

cccxxv. Nicena synodus celebratur.

cccxxviii. Sancta Katharina patitur.

cccxxxi. Sanctus Martinus Turonensis nascitur.

cccxxxii. Antonius monachus claret.

cccxxxiv. Sanctus Athanasius claret.

cccxli. Sanctus Martinus catechumenus fit.

cccxlv. Marchus papa annis II, mensibus VIII, diebus XX.

cccxlvi. Sanctus Martinus miles factus est (1).

cccxlvii. Constantinus cum fratribus suis imperat annis XXIV. Julius papa annis XII, mensibus II.

cccxlviii. Sanctus Lydorius Turonis ordinatur episcopus.

cccxlix. Sanctus Martinus baptizatur.

cccli. Sanctus Martinus (ab) Hylario Pictaviensi inungitur. Antiochena synodus celebratur.

ccclix. Yberius papa annis X, mensibus VII. Hic instituit conjugium a sacerdote fore benedictum.

ccclxi. Victorinus rhetor et Donatus grammaticus clarent.

ccclxix. Felix papa anno I, mensibus III, fugato Liberio.

ccclxxi. Julianus Apostata imperat anno I, mensibus VIII. Item Lyberius papa annis V.

---

(1) Le manuscrit 4991, place en 346 l'avénement de Constantin II et du pape Jules I, en 347 l'ordination de S. Lydoire, en 348 le baptême de S. Martin, et en 349 l'entrée de S. Martin dans la milice. Nous avons préféré la leçon du ms. de sir Th. Phillipps, plus conforme au texte de Sulpice Sévère et à la Grande Chronique de Tours dont celle-ci n'est que l'abrégé.

ccclxxii. Johannes et Paulus martyrizantur.

ccclxxiii. Jovinianus imperat mensibus viii.

ccclxxiv. Valentinianus Magnus imperat annis xiv.

ccclxxv. Damasius papa annis xxiii (1), mensibus ii.

ccclxxvii. Sanctus Hylarius obit.

ccclxxxii. Origo regum Francorum, quorum Priamus et Anthenor duces regnant in Pannonia.

ccclxxxvii. Sanctus Martinus factus est archiepiscopus Turonensis. Sanctus Athanasius claret (2).

ccclxxxviii. Abbatia Majoris Monasterii fundata est. Valens imperat annis iv.

ccclxxxix. Sanctus Ambrosius claret, Paula, Eustochius et Ieronimus.

cccxcii. Gratianus cum Valentiniano imperat annis vi.

cccxciii. Sanctus Romanus Blaviensis obit. Sanctus Maurilius, Sanctus Florentius clarent.

cccxcv. Marcomiris, Sumno et Genebaudus super Francos principantur.

cccxcviii. Maximus fugato Valentiniano et Theodosio (in Oriente imperante), imperat annis ii. Siricius papa annis xvi.

cccxcix. Secunda synodus Constantinopolitana celebratur. Beatus Augustinus Ambrosium baptizat.

cccc. Item Valentinianus et Theodosius imperant annis v.

cccci. Prudentius poeta claret. Orosius et Claudianus poetæ clarent.

ccccv. Theodosius solus imperat annis vi.

ccccxi. Archadius cum Honorio imperat annis xiii.

---

(1) Alias, xxviii.
(2) Alias, *obit*.

ccccxii. Sanctus Martinus moritur et Sanctus Bricius episcopus ordinatur.

ccccxiii. Sanctus Ambrosius moritur. Anastasius papa annis ii, diebus xxvi.

ccccxiv. Innocentius papa annis xv, mensibus ii.

ccccxix. Sanctus Augustinus et Johannes Crisosthomus clarent. Paula Bethleem obit.

ccccxx. Pelagius hæreticus Angliam scandalizat.

ccccxxiv. Honorius cum Theodosio imperat annis xv.

ccccxxv. Sanctus Sulpicius Severus claret.

ccccxxx. Zosimus papa anno i, mensibus iii. Hic instituit paschalem cereum benedici.

ccccxxxi. Bonefacius papa annis iii, mensibus viii. Reliquiæ Sancti Stephani inventæ sunt.

ccccxxxii. Dionysius (1) presbyter claret.

ccccxxxiii. Feramundus fit primus rex Francorum et regnat annis xii.

ccccxxxiv. Ieronimus in Bethleem obit anno ætatis lxxxviii et Germanus fit episcopus Autissiodorensis (2).

ccccxxxvi. Septem dormientes Majoris Monasterii dormierunt.

ccccxxxviii. Bonefacius papa revocatur.

ccccxxxix. Theodosius imperat annis xxvi.

ccccxl. Augustinus Yponensis moritur anno ætatis lxxvi.

ccccxli. Celestinus papa annis viii, mense i, diebus ix.

ccccxliv. Clodio elevatur in regem Francorum et regnat annis xx.

ccccxlv. Sanctus Patricius Hiberniam convertit ad Christum et Scothiam.

---

(1) Le ms. 4994 donne *Drosius*.

(4) L'ordination de S. Germain est placé à l'an 546 par le ms. 4944.

ccccxlvi. Tertia synodus apud Ephesum in qua Nestorius hæreticus condemnatur.

ccccxlix. Syxtus papa annis viii, diebus xix.

ccccLvi. Leo papa annis xxi, mense i. Hic homelias composuit.

ccccLviii. Sanctus Eustochius ordinatur episcopus Turonensis.

ccccLix. Lupus Trecensis episcopus et Germanus Autissiodorensis in Angliam prædicant.

ccccLx. Tunc Merlinus propheta a nuntiis regis (1) Angliæ est inventus.

ccccLxii. Septem dormientes apud Ephesum evigilati sunt.

ccccLxiii. Clodione rege Francorum mortuo, Meroveus filius ejus successit.

ccccLxiv. Sanctus Germanus obit.

ccccLxv. Valentinianus cum Marciano imperat annis vi. Synodus Calcedonensis.

ccccLxvi. Sanctus Anianus Aurelianensis claret et Genovepha virgo.

ccccLxxi. Leo Major cum Avito imperat annis xvii. Meroveo rege Francorum mortuo, Childericus filius ejus successit.

ccccLxxiv. Sanctus Perpetuus ordinatur Turonensis episcopus.

ccccLxxv. Corpus Beati Martini a terra levatur.

ccccLxxvi. Hylarius papa annis vi, mensibus iii, diebus x.

ccccLxxvii. Sanctus Mamertus litanias ante Ascensionem instituit.

(1) Alias, *regum*.

CCCCLXXIX. Corpus Marci evangelistæ ab Alexandria Venetiam asportatur.

CCCCLXXX. Simplicius papa annis XIII, diebus VII.

CCCCLXXXI. Galvanus miles nascitur.

CCCCLXXXIII. Arturus Magnus in regem Britanniæ inungitur.

CCCCLXXXVIII. Zenon imperat annis XVI.

CCCCXCI. Sanctus Remigius claret.

CCCCXCIII. Felix papa annis VIII, mensibus XI, diebus XVII.

CCCCXCIV. Chilperico rege Francorum mortuo, Clodoveus Magnus filius ejus successit.

CCCCXCVI. Solempnis episcopus Carnotensis claret et Avitus Viennensis.

CCCCXCVII. Inventio criptæ Sancti Michaelis in monte Gargano.

D. Galvanus in militia claret.

DI. Gelasius papa annis IIII, mensibus VIII.

DII. Sanctus Perpetuus obit, cui Volusianus successit.

DIV. Anastasius imperat annis XXVI. Fulgentius Ruspensis episcopus claret.

DV. Anastasius papa anno I, mensibus XI, biebus XXIV.

DVII. Launomarus, Maximinus, Karillephus, Avitus, Sanctus Leonardus clarent.

DIX. Symachus papa annis XII, mensibus VII.

DX. Virus Turonis ordinatur episcopus.

DXIII. Sanctus Maxentius claret. Ecclesia Sanctæ Genovefæ Parisius facta est.

DXVI. Tunc Sigismundus rex Burgundiæ ecclesiam Agaunensem (1) construxit.

---

(1) Le ms. de Sir Th. Phillipps donne *Agaunensium*.

DXX. Licinius Turonis ordinatur.

DXXI. Sancta Genovefa obit. Sanctus Arnulphus in Gallia claret.

DXXII. Arturus rex et Galvanus nepos ejus occiduntur.

DXXIII. Clodoveus rex Francorum obit, cui Clotarius filius ejus successit.

DXXIV. Ormisda papa annis IX, diebus XVII.

DXXIX. Theodorus et Proculus insimul Turonis ordinantur episcopi.

DXXX. Justinus Senior imperat annis VIII. Sancta Brigida obit.

DXXXI. Dinifius Turonis datur episcopus.

DXXXII. Ommatius Turonis ordinatur episcopus.

DXXXIII. Boetius claret. Johannes papa annis II, mensibus X.

DXXXIV. Tota Francia ad Christum convertitur.

DXXXVI. Sanctus Benedictus claret, et Sancta Scolastica soror ejus, et Sanctus Maurus.

DXXXVII. Leo Turonis ordinatur episcopus. Ecclesia Scrignolii dedicatur.

DXXXVIII. Justinianus imperat annis XXXVIII. Felix papa annis IV, mensibus II, diebus XIII.

DXXXIX. Arator poeta claret et Priscianus grammaticus.

DXL. Cassiodorus claret. Injuriosus Turonis datur episcopus.

DXLI. Ecclesia Sancti Germani de Pratis a Choldeberto rege Parisius fundata est.

DXLII. Bonefacius papa annis II.

DXLIII. Ecclesia Sanctæ Sophiæ Constantinopolis fabricatur.

DXLIV. Johannes papa annis II, mensibus IV.

DXLVI. Sanctus Benedictus moritur. Agapitus papa mensibus XI.

DXLVII. Silverius papa anno I, mensibus v.

DXLVIII. Theophilus matrem Domini abnegat. Sanctus Medardus claret.

DXLIX. Vigilius papa annis XVII (1), mensibus VI, diebus XXVI.

DL. Medardus et Gildardus in Christo obdormiunt.

DLI. Ypapanti Domini primo celebratur.

DLV. Baudinus (2) Turonis ordinatur episcopus.

DLVI. Sanctus Maclovius in Britannia claret.

DLX. Guntarius Turonis ordinatur episcopus.

DLXI. Constantinopolis synodus celebratur.

DLXV. Sancta Radegundis Pictavis claret. Sanctus Remigius obit.

DLXVI. Pelagius papa annis IV, mensibus X, diebus XVIII. Sanctus Eufronius Turonis (3) datur episcopus.

DLXX. Sanctus Brandanus in Scothia claret. Johannes papa annis XIII, mensibus XI.

DLXXIII. Clotarius rex Francorum obit, cui Chilpericus filius ejus successit.

DLXXIV. Martinus Galliciensis claret.

DLXXVI. Justinus imperat annis XI. Sanctus Sanson in Britannia claret.

DLXXIX. Sanctus Germanus Parisius claret. Armeni fidem recipiunt.

DLXXX. Sanctus Vedastus obit.

DLXXXII. Sanctus Gregorius Turonis ordinatur episcopus.

DLXXXIII. Benedictus papa annis III, mense I, diebus XVIII.

---

(1) Alias, XVIII.
(2) *Balduimus*, d'après le ms. 4941.
(3) *Turonensibus*, suivant la leçon du ms. de Sir Th. Phillipps.

DLXXXIV. Fortunatus poeta Pictavis datur episcopus.

DLXXXVII. Tyberius imperat annis IIII. Pelagius papa annis X, mensibus II, diebus X.

DXCI. Mauricius imperat annis XX.

DXCV. Chilpericus rex Francorum occiditur, cui Clotarius filius ejus successit.

DXCVI. Sancta Radegundis moritur. Sanctus Sulpicius Bituricensis claret.

DXCVII. Omnia gelu perierunt.

DXCVIII. Gregorius Magnus papa annis XIII, mensibus VI, diebus X, et cessavit (papatus) mensibus V, diebus XVI.

DCI. Guntrannus rex invenit thesaurum apud Blireium.

DCIII. Sanctus Gregorius Turonensis obit, cui Peladius in episcopatu successit annis VII.

DCIX. Luxovium cœnobium a Sancto Columbano fundatur.

DCX. Leupicarius Turonis datur episcopus.

DCXI. Phocas imperat annis VII.

DCXII. Sanctus Gregorius papa obit, cui Savinianus succedit anno I, mensibus V, diebus XI.

DCXIII. Maxima fames fuit. Bonefacius papa mensibus IX.

DCXIV. Bonefacius papa annis VI, mensibus XIII. Hic instituit festum Omnium Sanctorum.

DCXVIII. Heraclius imperat annis XXXI. Sanctus Amandus claret.

DCXX. Deusdedit papa annis III, diebus XX.

DCXXII. Chosoroe rex Persarum Jherusalem et crucem Domini capit. Aigricus Turonis datur episcopus.

DCXXIII. Bonefacius papa annis V, diebus XIII. Sanctus Ysidorus Hyspalensis claret.

DCXXVI. Givaldus (1) Turonis datur episcopus.

DCXXVIII. Sygilaicus Turonis datur episcopus. Honorius papa annis XII, mensibus VI, et cessavit mensibus VI.

DCXXX. Leobardus (2) Turonis datur episcopus.

DCXXXV. Medesgisilius Turonis datur episcopus.

DCXXXVI. Heraclius, occiso Chosoroe, in Jherusalem crucem Domini reportat.

DCXXXVII. Clotarius rex Francorum obit, cui Dagobertus filius ejus succedit.

DCXXXVIII. Machometus propheta Sarracenorum hæresim suam prædicat.

DCXL. Judæi totius Franciæ baptizantur.

DCXLI. Sarraceni Jerusalem capiunt. Severinus papa annis II, mensibus V.

DCXLII. Sanctus Eligius Noviomensis et Romaricus abbas in Galliis clarent.

DCXLIII. Judæi in Hyspania baptizantur et in Gothia.

DCXLV. Sarraceni Antiochiam capiunt.

DCXLVIII. Johannes papa anno I, mensibus VIII, diebus XIX. Latinus Turonis datur episcopus.

DCXLIX. Constantinus imperat annis XXVII. Theodorus papa annis VI, mensibus V, diebus VIII.

DCL. Dagobertus rex Francorum obit, cui Clodoveus filius ejus successit.

DCLI. Sanctus Audoenus Rothomagensis claret.

DCLIV. Floriacense cœnobium fundatur. Martinus papa annis VI, mensibus II, diebus XXVI.

DCLX. Eugenius papa annis II, mensibus IX, diebus XXII; et cessavit mensibus II.

---

(1) *Ginaldus*, d'après le ms. 4994.
(2) *Leobaudus*, selon le ms. 4994.

DCLXI. Carisigisilius Turonis datur episcopus. Sanctus Lambertus Trajectensis claret.

DCLXII. Vitalianus papa annis XIV, mensibus VI; et cessavit mensibus II.

DCLXIII. Cropertus (1) Turonis datur episcopus; qui statim ecclesiam Beati Martini Turonensis primus exemptavit.

DCLXV. Clodoveus rex Francorum obit, cui Clotarius filius ejus succedit. Papolenus Turonis datur episcopus.

DCLXVIII. Clotarius puer rex Francorum obit, cui Theodericus frater ejus succedit.

DCLXX. Crabertus Turonis datur episcopus; qui exemptionem ecclesiæ Beati Martini approbavit, et post, illam auctoritate Adeodati papæ confirmari fecit.

DCLXXI. Theodoricus rex Francorum a regno dejicitur et Childericus frater ejus substituitur.

DCLXXV. Adeodatus papa annis IV, mensibus II, diebus VI. Hic primus exemptionem ecclesiæ Beati Martini Turonensis approbavit et confirmavit.

DCLXXVI. Constantinus imperat annis XXVII. Sanctus Prejectus Avernensis episcopus claret.

DCLXXIX. Corpus Sancti Benedicti a Monte Cassino ad Floriacense cœnobium est translatum. Domnus papa anno I, mensibus V, diebus XI.

DCLXXX. Agathos papa annis II, mensibus VI, diebus III; et cessavit anno I, mensibus VII, diebus V.

DCLXXXIII. Leo papa mensibus X, diebus XVII.

DCLXXXIV. Benedictus papa mensibus X, diebus XII.

DCLXXXVI. Johannes papa annis IV, mensibus IX.

DCLXXXVII. Sanctus Leodegarius Augustidunensis episcopus martyrizatur.

---

(1) *Opertus*, d'après le ms. 4991.

DCLXXXVIII. Childericus rex Francorum occiditur, et Theodoricus frater ejus in regno restituitur.

DCXC. Conon papa annis III, mensibus XI, diebus IX.

DCXCIII. Justinianus imperat annis V. Sergius papa annis VIII, mensibus VIII, diebus XXIII.

DCXCV. Bertus Turonis datur episcopus.

DCXCVI. Theodoricus rex Francorum obit, cui Clodoveus filius succedit.

DCXCVIII. Leo Patricius imperat annis III. Clodoveus rex Francorum obit, cui Childebertus frater ejus successit.

DCXCIX. Sanctus Lambertus Leodio martyrizatur.

DCCI. Leo papa annis II, mensibus IX. Tyberius imperat annis VII.

DCCIII. Johannes (1) papa annis III, mensibus II, diebus XI.

DCCVI. Johannes papa annis II, mensibus VII, diebus XVII.

DCCVIII. Justinianus imperat secundo annis VI. Sisinnus papa diebus XX; post, Constantinus papa annis VII, diebus XV; et cessavit diebus XL.

DCCX. Peladius Turonis datur episcopus.

DCCXI. Abbatia Montis Sancti Michaelis fundatur.

DCCXIII. Ebartius (2) Turonis datur episcopus.

DCCXIV. Philipicus imperat anno I, mensibus VI.

DCCXV. Anastasius imperat annis II. Gregorius papa annis XVI, mensibus IX; hic gentem Germanorum committit ad fidem, et in quinta feria quadragesimæ jejunare præcepit. Et tunc Pipinus princeps Francorum obit, cui Karolus Martellus filius ejus in principatu succedit.

---

(1) Ce pape a été omis dans le ms. 4991.
(2) Alias, *Ebarcius*.

DCCXVI. Childebertus rex Francorum obit, cui Dagobertus filius ejus successit ; sed contra eum Chilpericus qui erat de genere ejus a Francis elevatur in regem.

DCCXVII. Theodosius imperat anno I.

DCCXVIII. Leo qui et Ysaurus imperat annis XXIV, mensibus V.

DCCXIX. Dagobertus puer rex Francorum obit, cui Clotarius quem Karlus Martellus princeps regem fecerat successit et Chilpericum alium regem fugavit.

DCCXX. Clotarius rex Franciæ moritur et Chilpericus rex fugatus in regnum revocatur.

DCCXXI. Ibo Turonis datur episcopus ; qui exemptionem ecclesiæ Beati Martini Turonensis confirmavit.

DCCXXVI. Chilpericus rex Francorum obit, cui Theodoricus filius Dagoberti ultimi succedit.

DCCXXVIII. Guntranus Turonis datur episcopus.

DCCXXIX. Tunc Karlus Martellus decimas ecclesiis abstulit.

DCCXXXI. Gregórius papa annis X, mensibus VIII, diebus XXIV. Beda presbyter in Anglia moritur.

DCCXXXIII. Tunc facta sunt quæ de Girardo de Rossillum (1) dicuntur.

DCCXXXVII. Sanctus Herminus (2) abbas moritur.

DCCXXXVIII. Dido Turonis datur episcopus.

DCCXL. Theodoricus rex Francorum obit, cui Childericus et Hyldricus qui solus de stirpe regum remanserat successit.

DCCXLI. Karolus Martellus princeps moritur, cui Karlomannus et Pipinus filius ejus in principatu succedunt.

---

(1) *Rosseillon*, d'après le ms. 4991.
(2) Le ms. 4991 donne *Bernunus*.

DCCXLIII. Constantinus imperat annis xxxv. Karolus Magnus nascitur.

DCCXLIV. Rigambertus Turonis datur episcopus.

DCCXLV. Zacharias papa annis x, mensibus III, diebus xv.

DCCXLVI. Abbatia de Vezelaio a Girardo de Rossillum (1) comite fundatur, ibique ab eodem corpus Beatæ Mariæ Magdalenæ ab Aquensi urbe ubi mortua fuerat asportatur.

DCCXLVII. Karlomannus in monachum attondetur, cui Pipinus frater ejus in principatu succedit.

DCCLI. Pipinus princeps jussu Zachariæ papæ in regem Franciæ coronatur. Hildericus rex Franciæ in monachum attondetur.

DCCLII. Aubertus Turonis datur episcopus. Sanctus Egidius in Provincia claret.

DCCLIII. Stephanus papa annis v, diebus xxvIII.

DCCLIV. Stephanus papa in Franciam venit, ibique Pipinum et Karolum et Karlomannum filios ejus in regem Franciæ consecravit.

DCCLX. Paulus papa annis x, mense I; et cessavit anno I, mense I.

DCCLXII. Caput Sancti Johannis Baptistæ in Aquitaniam est delatum, ibique a Pipino rege, in castro quod Sancti Johannis de Angelo dicitur, in honore ejusdem cœnobium est constructum.

DCCLXV. Fuit tantum gelu, quod pelagus gelatum erat in longitudine c milliariorum, in spissitudine xxx cubitorum.

DCCLXVII. Ostaldus Turonis datur episcopus.

DCCLXVIII. Pipinus rex Franciæ moritur, cui Karolus Magnus et Karlomannus filii sui in regno succedunt.

(1) *Rosseillon*, d'après le ms. 4991.

DCCLXIX. Constantius papa anno I, mense I.

DCCLXX. Philippus papa mensibus IV; post, Stephanus annis (III), mensibus V.

DCCLXXI. Karlomannus rex obit, cui Karolus Magnus frater ejus in toto regno succedit.

DCCLXXIII. Adrianus papa annis XXIII, mensibus X.

DCCLXXVIII. Leo imperat annis V. Eusebius Turonis datur episcopus.

DCCLXXIX. Karolus rex Hyspaniam subjugat.

DCCLXXX. Rotholandus et Oliverus in militia clarent.

DCCLXXXI. Turpinus Remensis archiepiscopus claret.

DCCLXXXIII. Hyreneus cum Constantino filio suo imperat annis IX.

DCCXCI. Monachi ecclesiæ Beati Martini Turonensis de nocte ab angelo in dormitorio occiduntur.

DCCXCII. Constantinus imperat annis VII. Iterius abbas ecclesiæ Beati Martini Cormeracense monasterium fundat, ibique residuum monachorum collocat.

DCCXCIII. Herlingus Turonis datur episcopus.

DCCXCVI. Karolus rex instituit canonicos in ecclesia Beati Martini Turonensis, auctoritate Adriani papæ, eisque Sanctum Alchoinum magistrum suum abbatem præfecit. Et tunc obit Adrianus papa; postquam, Leo papa annis XX.

DCCXCIX. Hyreneus imperat rursus annis II, mensibus IX.

DCCCI. Karolus Magnus imperat annis XIV.

DCCCIV. Sanctus Alchoinus obit.

DCCCXIV. Karolus Magnus obit.

DCCCXV. Ludovicus Pius imperat annis XXVI. Stephanus papa mensibus VI.

DCCCXVI. Paschalis papa annis IX, diebus XVII.

DCCCXX. Joseph Turonis datur episcopus.

dcccxxv. Eugenius papa annis iii, mensibus ii.

dcccxxviii. Valentinus papa diebus xi ; post, Gregorius annis xv.

dcccxli. Lotharius imperat annis xvi. Karolus Calvus rex (annis) xxvii.

dcccxlii. Hastingus (1) cum Danis Franciam vastat.

dcccxliii. Torquatius claret, a quo comites Andegavenses fuerunt vel exierunt.

dcccxliv. Sergius papa annis iii, mensibus ii. Landrannus Turonis datur episcopus.

dcccxlv. Dani Turonis veniunt et vincuntur.

dcccxlvii. Leo papa annis vii, mensibus iii. Ursmarus Turonis datur episcopus.

dcccl. Tertulphus Andegavis claret.

dcccliv. Benedictus papa anno i, mensibus vi.

dccclv. Paulus papa annis iii.

dccclvi. Rollo Turonis venit. Beatus Martinus Chableias portatur ac deinde Autissiodorum.

dccclvii. Ludovicus imperat annis xxii. Stephanus papa anno i, mensibus iv.

dccclviii. Nicholaus papa annis x, mensibus ii. Amalricus Turonis datur episcopus.

dccclx. Herardus Turonis datur episcopus; qui apud Tussiacum concilium congregavit et ibi Beati Martini ecclesiam exemptavit.

dccclxvii. Franci cum Britonibus confligunt.

dccclxviii. Adrianus papa annis v, mense i.

dccclxx. Ingelgerius primus comes Andegavensium floret.

dccclxxi. Actardus Turonis datur episcopus.

dccclxxiii. Johannes papa annis xv, diebus ii.

---

(1) *Hastinus*, d'après le ms. 4994.

DCCCLXXIV. Adalandus Turonis datur episcopus.

DCCCLXXIX. Karolus Calvus imperat anno I, mensibus IX.

DCCCLXXX. Ludovicus Balbus regnat in Francia annis II.

DCCCLXXXI. Karolus Grossus imperat annis XI.

DCCCLXXXII. Karlomannus Nothus regnat in Francia annis V.

DCCCLXXXVI. Ludovicus Nothus regnat in Francia annis II.

DCCCLXXXVII. Beatus Martinus ab Autissiodoro (1) revertitur. Adalandus episcopus Turonum moritur. Herbernus Turonis datur episcopus. Martinus papa anno I.

DCCCLXXXVIII. Agapitus papa annis II. Odo in regem Franciæ levatur et regnat annis IX.

DCCCLXXXIX. Ingelgerio comite Andegavensi mortuo, Fulco Rufus filius ejus successit.

DCCCXC. Adrianus papa anno I. Karolus Grossus (2) ab imperio ejicitur.

DCCCXCI. Arnulphus imperat annis XII. Basilius papa mensibus X; post, Stephanus annis III, diebus IX.

DCCCXCIII. Formosus papa annis V. Karolus Stultus in regem Franciæ consecratur.

DCCCXCVI. Rollo Carnotum obsidet, sed, visa camisia Beatæ Mariæ in fugam vertitur (3).

DCCCXCVII. Bonefacius papa diebus V; post, Stephanus anno I.

DCCCXCVIII. Romanus papa mensibus III, diebus XXI; post, Theodorus diebus XX; post, Johannes annis VI, diebus XV.

DCCCCIII. Ludovicus imperat annis X.

---

(1) On lit *Altisiodoro* dans le ms. 4991.

(2) Alias *Crassus*.

(3) Le ms. 4955 latin place cet événement en 895 et avance également d'un an les deux dates qui suivent.

DCCCCIV. Benedictus papa annis III, mensibus II. Karolus rex dedit collationem præbendarum capitulo Beati Martini.

DCCCCVI. Leo papa diebus XL; post, Christoforus mensibus VII; post, Sergius annis VII, diebus XVI.

DCCCCXI. Rollo qui et Robertus dux primus Normanniæ baptizatur.

DCCCCXII. Sanctus Odo abbas Cluniacensis eligitur.

DCCCCXIII. Corrardus (1) imperat annis VII. Anastasius papa annis II, mensibus II.

DCCCCXV. Lando (2) papa mensibus VI; post, Johannes annis XII (3), mensibus II, diebus III.

DCCCCXVI. Robertus (4) Turonis datur episcopus.

DCCCCXVII. Dolense cœnobium fundatur.

DCCCCXIX. Corpus Beati Martini a Roberto Turonensi archiepiscopo in loco ubi nunc adoratur reponitur III idus maii, ejusque ecclesia dedicatur.

DCCCCXX. Henricus imperat annis XVIII.

DCCCCXXI. Karolus Stultus rex a Roberto duce Burgundiæ a regno fugatur, ideoque Robertus in regem levatur.

DCCCCXXII. Robertus rex a Karolo rege occiditur, sed post idem Karolus captus incarceratur.

DCCCCXXIII. Rollo qui et Robertus dux Normanniæ obit, cui Guillelmus filius ejus successit.

DCCCCXXV. Rodulphus in regem Franciæ levatur.

DCCCCXXVII. Johanne papa strangulato, alter Johannes succedit mensibus III; Leo papa mensibus VII (5); post, Stephanus annis III, mense I.

---

(1) Alias, *Corraudus* et *Corradus*.
(2) Alias, *Landus*.
(3) XIII, d'après le ms. 4955.
(4) Alias, *Rolbertus*.
(5) Le ms. 4955 met en 928 l'avènement du pape Léon VI.

DCCCCXXXI. Johannes papa annis IV, mensibus X.

DCCCCXXXV. Karolus Stultus obit in carcere.

DCCCCXXXVI. Leo papa annis III, mensibus VI, diebus XV.

DCCCCXXXVIII. Otho primus imperat annis XXXVI (1). Stephanus papa annis III, mensibus IV.

DCCCCXXXIX. Rodulphus rex moritur, cui Ludovicus filius Karoli Stulti successit.

DCCCCXL. Ecclesia Sancti Albini Andegavensis de canonicis ad monachos transfertur. Theotolo Turonis datur episcopus (2).

DCCCCXLI. Martinus papa annis III, mensibus II. Abbatia Sancti Juliani Turonensis ædificatur.

DCCCCXLII. Fulco Rufus comes Andegavensium obit, cui Fulco Bonus filius ejus succedit.

DCCCCXLIV. Agapitus papa annis X, mensibus VI.

DCCCCXLV. Sanctus Odo Cluniacensis moritur.

DCCCCLII. Joseph Turonis datur episcopus.

DCCCCLIV. Johannes papa annis VII.

DCCCCLVII. Ludovicus Transmarinus rex Franciæ obit, cui Lotharius filius ejus successit.

DCCCCLVIII. Fulcho Bonus comes Andegavensium obit, cui Gaufridus Grisa Tunica filius ejus succedit.

DCCCCLX. Leo Laicus papa mensibus VI; post, Benedictus mensibus II; post, Leo anno I, mensibus IV.

DCCCCLXII. Johannes papa annis VII, mensibus XI.

DCCCCLXIII. Ecclesiæ Leucarum a Gaufrido comite Andegavensi fundatur.

DCCCCLXIV. Hugo Magnus dux Francorum moritur.

---

(1) On lit dans le m. 4955 : *Odo primus imperat annis* XXX, *mensibus* VI.

(2) Le ms. 4955 place en 941 l'ordination de *Thétolon*.

DCCCCLXV. Froterius Turonis datur episcopus.

DCCCCLXIX. Hardoinus (1) Turonis datur episcopus (2).

DCCCCLXX. Benedictus papa anno I, mensibus VI.

DCCCCLXXII. Donpnus (3) papa annis II, mensibus VI.

DCCCCLXXIII. Gaufridus Grisa Tunica obit, cui Mauricius filius ejus successit.

DCCCCLXXIV. Otho (4) II imperat annis X. Bonefacius papa anno I, mense I.

DCCCCLXXV. Benedictus papa annis IX, mensibus VI. Eduardus rex Angliæ martyrizatur.

DCCCCLXXXIII. Corpus Sancti Bartholomæi a Benevento Romæ asportatur.

DCCCCLXXXIV. Otho III imperat annis XIX. Johannes papa mensibus IX.

DCCCCLXXXV. Johannes papa annis X, mensibus VII.

DCCCCLXXXVI. Archebaudus (5) Turonis datur episcopus.

DCCCCLXXXVII. Lotharius rex Francorum obit, cui Ludovicus filius ejus successit.

DCCCCLXXXIX. Ludovicus rex Francorum obit, cui Hugo Capet successit.

DCCCCXCIV. Mauricius comes Andegavensis obit, cui Fulco Nerra filius ejus succedit.

DCCCCXCV. Gregorius papa annis II.

DCCCCXCVI. Johannes papa mensibus II; post, Silvester qui et Gerbertus annis IV, mense I, diebus IX.

---

(1) Alias, *Ardoinus*.
(2) Le ms. 4955 place en 968 l'ordination d'Hardouin, et en 969 l'avénement du pape Benoit VI.
(3) Alias, *Domnus*.
(4) Alias, *Odo*.
(5) Alias, *Archenbaudus*.

DCCCCXCVII. Hugo Capet rex obit, cui Robertus filius ejus succedit.

MI. Johannes papa annis v. Sanctus Herveus ecclesiam Beati Martini incensam reædificat.

MII. Sanctus Herveus apud Bellum Montem de Scriniolo (1) transtulit moniales.

MIII. Henricus imperat annis XXII.

MIV. Hugo Turonis datur episcopus.

MV. Fulcho (2) Nerra comes Montrichardum (3) castrum fundat.

MVI. Johannes papa mensibus v; post, Sergius annis II, mensibus IX.

MVII. Sanctus Eamundus (4) rex Angliæ martyrizatur. Caliga Domini apud Sanctum Julianum Turonensem reperitur.

MVIII. Benedictus papa annis XII.

MIX. Jerusalem civitas sancta a Turcis capitur.

MX. Abbatia Belli Loci et ecclesia Sancti Florentii de Ambazia a Fulchone Nerra fundantur.

MXII. Sanctus Herveus Beati Martini Turonensis thesaurarius moritur (5).

MXV. Ecclesia Beati Martini Turonensis iterum dedicatur.

MXVI. Vicit Fulco Nerra Odonem comitem Blesensem apud Pontem Levem.

MXVIII Arnulphus (6) Turonis datur episcopus.

MXIX. Johannes papa annis IX, mensibus IX.

---

(1) *Scrinilio*, d'après le ms. 4955.
(2) Alias, *Fulco*.
(3) On lit dans le ms. 4955, *Montrechardum*.
(4) Le ms. 4955 donne *Eadmundus*.
(5) *Obit*, d'après le ms. 4935.
(6) *Arnulfus*, dans le ms. 4955.

MXX. Abbatia Sancti Nicholai Andegavensis a Fulchone Nerra fundatur.

MXXV. Corrardus imperat annis xv. Fulbertus Carnotensis episcopus claret.

MXXVIII. Benedictus papa annis xiv.

MXXXI. Robertus rex Francorum obit, cui Henricus filius ejus successit.

MXXXVI. Fulcho Nerra comes obit, cui Gaufridus Martellus filius ejus successit.

MXL. Henricus imperat annis xvii.

MXLI. Silvester papa diebus lxi; post, Gregorius annis ii et cum eo alii duo.

MXLII. Gaufridus comes Andegavensis vicit Theobaldum Blesensem et eum cepit.

MXLIII. Clemens papa mensibus ix, diebus vii; post, Damasus diebus xxiii; post, Leo annis xv, mensibus ii, diebus vii.

MXLIV. Factum est Castrum Raginaldi (1).

MXLV. Constructa est ecclesia Sancti Sepulchri in Bituria (2).

MXLVI. Fundata est abbatia Vindocinensis a Gaufrido Martello.

MLIII. Fuerunt duæ mulieres in Britannia uno corpore inferius.

MLIV. Bartholomæus Turonis datur episcopus.

MLV. Gaufridus Martellus obit, cui Fulcho Rechinus (3) nepos ejus succedit.

MLVI. Victor papa annis ii. Ecclesia Beatæ Mariæ de Caritate fundatur.

---

(1) *Reginaldi*, d'après le ms. 4965.
(2) Le ms. 4994 donne *Viteria*.
(3) Alias, *Rechin*.

MLVII. Henricus imperat annis L. Guillelmus Nothus dux Normanniæ claret.

MLVIII. Stephanus papa mensibus IX; post, Benedictus mensibus X.

MLIX. Nicholaus papa annis II, mensibus III, a quo Berengarius grammaticus damnatur.

MLX. Henricus rex Franciæ obit, cui Philippus filius ejus succedit.

MLXI. Alexander papa annis XI, mensibus VII, diebus XV.

MLXII. Gaufridus de Pruliaco qui torneamenta invenit, apud Andegavis occiditur.

MLXIV. Guillelmus Nothus ad regnum Angliæ coronatur.

MLXVI. Molismum cœnobium in diœcesi Lingonensi fundatur.

MLXXII. Gregorius papa annis XII, mense I, diebus IV.

MLXXIV. Ordo Grandis Montis in Lemovicis fundatur (1).

MLXXVI. Radulphus Dei Inimicus Turonis datur episcopus.

MLXXIX. Turci Antiochiam capiunt.

MLXXXIV. Victor papa mensibus II; post, Urbanus annis XI.

MLXXXV. Guichardus Normannus, qui Siciliam acquisierat, obit.

MLXXXVI. Ordo Cartusiæ invenitur.

MLXXXVII. Ossa Sancti Nicholai a Myra (2) Lyciæ apud Barum feruntur.

---

(1) On lit dans d'autres manuscrits : *Ordo Grandi Montis in Lemovicino* (Alias *Lemoviceno*) *invenitur.*

(2) *Mitrea*, d'après le ms. 4991.

MLXXXVIII. Magister Berengarius grammaticus obit.

MXCIV. Alter Radulphus Turonis datur episcopus.

MXCV. Jejunium Assumptionis a papa Urbano Remis instituitur.

MXCVI. Urbanus papa Turonis concilium celebravit.

MXCVIII. Antiochia a Christianis recuperatur.

MXCIX. Paschalis papa annis XVIII, mensibus V.

MC. Abbatia Fontis Ebraudi fundatur.

MCII. Cœnobium Sancti Cosmæ de Insula primo conventum recipit.

MCIV. Accon civitas a Christianis capitur.

MCVII. Henricus imperat annis XX.

MCVIII. Philippus rex Francorum obit, cui Lodovicus Grossus filius ejus successit.

MCIX. Fulcho Rechin comes Andegavensis obit, cui Fulcho filius ejus successit.

MCXIII. Firmitas, Morimundus et Pruliacus fundantur.

MCXIV. Abbatia Pontiniaci et Clarevallis fundantur.

MCXVI. Ordo Præmonstratensis a Norberto abbate invenitur.

MCXVIII. Gelasius papa anno I.

MCXIX. Calixtus papa annis V, mensibus X, diebus XIII. Gilebertus Turonis datur episcopus.

MCXX. Ordo Militiæ Templi incipit sub Hugone magistro eorum.

MCXXI. Abbatia Oratorii a Fulchone comite Andegavensi fundatur.

MCXXIV. Honorius papa annis V, mensibus III. Fulcho comes Andegavensis Monstrolium (1) capit.

---

(1) Alias *Monsterolum* et *Monstorolium*.

MCXXVI. Henricus imperator a notitia hominum disparuit.

MCXXVII. Lotharius imperat annis XI. Hildebertus Turonis datur episcopus.

MCXXVIII. Fulcho comes Andegavensis in regem Jherusalem coronatur; cui Gaufridus filius succedit.

MCXXX. Innocentius papa annis XIII, mensibus VII.

MCXXXIV. Hugo Turonis datur episcopus. Abbatia de Asnieriis (1) fundatur.

MCXXXV. Henricus rex Angliæ obit, cui Stephanus successit.

MCXXXVII. Ludovicus rex Franciæ obit, cui Ludovicus Pius filius succedit.

MCXXXVIII. Corrardus imperat annis XV. Sanctus Bernardus Clarevallis floret.

MCXL. Gilebertus Porree et Petrus Abaelardi clarent.

MCXLIII. Celestinus papa mensibus VI, diebus XIII.

MCXLIV. Lucius papa mensibus XI; post, Eugenius annis VIII, mensibus IV.

MCXLVI. Prioratus de Gressu fundatur. Ecclesia Tornacensis primo recipit episcopum.

MCXLVII. Ludovicus rex et Corrardus imperator crucesignati iter arripiunt.

MCXLVIII. In ecclesia Sanctæ Genovefæ Parisius positi sunt canonici regulares.

MCXLIX. Enjobaudus (2) Turonis datur episcopus. Ludovicus rex a Jerusalem regreditur.

MCLI. Gaufridus comes Andegavensis Monsteriolum capit, quod per VII annos obsederat.

MCLII. Ludovicus ab Alienorde uxore separatur.

---

(1) Alias, *Asineriis*
(2) Alias, *Enjolandus*.

MCLIII. Fredericus imperat annis XXXVIII. Anastasius papa anno I, mensibus IV.

MCLIV. Stephano rege Angliæ mortuo, Henricus successit. Adrianus papa annis IV, mensibus IX.

MCLVII. Joscius Turonis datur episcopus. Fredericus imperator Mediolanum obsidet.

MCLIX. Alexander papa annis XXII, diebus XI.

MCLXII. Mediolanum capitur, a quo tres Magi qui ibi erant Coloniam transportantur.

MCLXIII. Alexander papa Turonis concilium celebrat.

MCLXXI. Sanctus Thomas Cantuariensis archiepiscopus martyrizatur.

MCLXXII. Guerra filiorum regis Angliæ incipit contra patrem.

MCLXXIII. Bartholomæus Turonis datur episcopus.

MCLXXVI. Fuit ingens fames.

MCLXXVIII. Puella de Cudo sine cibo vitam angelicam ducit.

MCLXXIX. Alexander papa Lateranense concilium celebrat. Petrus Comestor obit.

MCLXXX. Ludovicus rex Franciæ obit, cui Philippus filius ejus succedit.

MCLXXXI. Henricus comes Campaniæ obit. Lucius papa annis IV, mensibus II.

MCLXXXII. Manuel Græcorum imperator obit, cujus imperium Andronicus arripuit.

MCLXXXIII. Henricus rex Angliæ Junior moritur. Abbas Joachim in Calabria claret.

MCLXXXIV. Communia burgensium Castri Novi abjuratur.

MCLXXXV. Tursac Græcorum imperium arripit, Andronico interfecto. Urbanus papa annis II, mensibus XI.

MCLXXXVII. Jerusalem et crux sancta a Turcis capitur. Gregorius papa mensibus III. Ludovicus rex nascitur.

MCLXXXVIII. Clemens papa annis III, mensibus II. Turonis crematur igne domus Helyæ cantoris.

MCLXXXIX. Henricus rex Angliæ obit, cui Richardus filius successit.

MCXC. Philippus rex Franciæ et Richardus rex Angliæ crucesignati iter arripiunt.

MCXCI. Henricus imperat annis VII, mensibus V. Celestinus papa annis VI, mensibus VIII. Accon a Francis capitur.

MCXCIII. Richardus rex Angliæ a duce Austriæ in reditu peregrinationis capitur.

MCXCIV. Richardus rex liberatur et canonicos Beati Martini exiliat.

MCXCV. Vehemens fames fuit.

MCXCVII. Innocentius papa annis XVIII, mensibus V. Secunda ordinatio canonicorum fit in ecclesia Beati Martini.

MCXCVIII. Philippus imperat annis XI. Magister Fulcho crucem prædicat.

MCXCIX. Richardus rex Angliæ moritur, cui Johannes frater successit. Francia supponitur interdicto.

MCC. Pictavini Turoniam deprædantur. Interdictum Franciæ ab Octaviano legato relaxatur.

MCCI. Theobaldus comes Campaniæ moritur. Canonici apud Mirebellum instituuntur.

MCCII. Fuit gravis fames. Ludovicus Blesensis et Balduinus Flandrensis crucesignati iter arripiunt. Arturus apud Mirebellum capitur. Turonis a Coterellis concrematur.

MCCIV. Capitur Constantinopolis a Francis et Balduinus Flandrensis imperator eligitur.

MCCV. Baldoinus Græciæ imperator capitur. Rex Franciæ Leucas et Chaynonem (1) expugnat.

MCCVI. Gaufridus Turonis datur episcopus. Henricus frater Baldoini imperator Græcorum efficitur.

MCCVIII. Papiliones venerunt. Prima prædicatio crucesignatorum contra hæreticos Albigenses. Johannes de Faia Turonis datur episcopus.

MCCIX. Otho imperat annis VII. Sanctus Guillelmus Bituricensis moritur. Carcassona capitur. Johannes Brenensis in regem Jerusalem coronatur.

MCCX. Hæretici scolares Parisius concremantur.

MCCXI. Puella de Cudo obit.

MCCXII. Meramomelin rex Saracenorum a Christianis vincitur. Cœnobium monialium de Monceio fundatur.

MCCXIII. Naves regis Franciæ profectæ in Angliam comburuntur.

MCCXIV. Philippus rex Franciæ Othonem imperatorem in bello devicit.

MCCXV. Venit Robertus de Corchun (2) legatus in Franciam. Romæ ab Innocentio papa Lateranense concilium celebratur.

MCCXVI. Fredericus imperat annis (XXX). Ludovicus regis Franciæ primogenitus transit in Angliam. Henricus imperator Græcorum obit. Innocentius papa obit, cui Honorius succedit. Moritur Johannes rex Angliæ, cui Henricus filius ejus successit.

MCCXVII. Petrus comes Autisiodorensis imperator Græcorum efficitur et statim a Græcis capitur. Ludovicus, infecto negotio, ab Anglia redit.

---

(1) Alias, *Quainonem.*
(2) Alias, *Corcum*

MCCXVIII. Symon de Monte Forti comes occiditur. Damieta civitas a Christianis obsidetur.

MCCXIX. Ludovicus regis Franciæ filius Tholosam obsidet. Robertus, filius Petri imperatoris capti, imperator Græcorum efficitur. Damieta a Christianis capitur et Thaphneos vacua reperitur.

MCCXX. Sanctus Thomas Cantuariensis a terra levatur.

MCCXXI. Damieta a Sarracenis recuperatur.

MCCXXII. Guillellmus de Ruppibus obit. Amorricus de Credone a comite Britanniæ capitur. Vicarii in ecclesia Beati Martini Turonensis ponuntur.

MCCXXIII. Johannes rex Jerusalem in Franciam venit. Philippus rex Franciæ obit, cui Ludovicus filius ejus successit.

MCCXXIV. Ludovicus rex Franciæ Rochellam capit. Oratorium Fratrum Minorum in urbe Turonensi fundatur. Parrochia Sancti Simplicii Turonensis comburitur. Ecclesia Sancti Juliani ruens diruitur. Ordo conversarum in habitu sæculari sed caste viventium Parisius invenitur.

MCCXXVIII. Hoc anno fuit tantus tumultus ventorum in vigilia Sancti Martini hiemalis, quod pene omnia ædificia corruerunt.

MCCXXX. Hoc anno fuit combustus domnus Martinus. Eodem anno apud Charronne fuit quædam mulier, quæ dicebat ventura. Theobaldus rex Navarræ ivit per patriam solus, veste regia mutata cum quodam alio ribaldo, inquirens quid dicebatur de ipso.

MCCXXXVIII. Fuit maxima motio baronum, ultra mare transierunt, et remansit comes de Bar; post, fuit Theobaldus filius suus.

MCCXLIX. Hoc anno ivit dominus Ludovicus rex Franciæ in Damietam, et a la Mansoire fuit captus, et regina capta fuisset, quæ erat prægnans, nisi esset consilium cujusdam militis.

MCCLI. Hoc anno ierunt pastores, et quasi motu maligno ibant per patriam, facientes multa damna pluribus et maxime in civitate Turonensi. Jacobinus quidam ribaldus erat eorum rex, qui sanabat claudos violenter hoc modo, capiebat infirmos per tibias et membra, et ita fortiter stringebat quod propter dolorem quem habebant, dicebant se sanos esse, ad hoc quod possent de manu sua evelli.

MCCLVI. Hoc anno fuit Theobaldus comes de Bar, captus in bello de Hollende, et vulneratus in oculo.

MCCLXIIII. Ivit Karolus comes Andegavensis, frater Sancti Ludovici regis Franciæ, tunc ex mandato et auctoritate apostolica, contra Manfredum regem Siciliæ.

MCCLXVIII. Hoc anno fuit levatum corpus Beatæ Mariæ Magdalenæ apud Vuirilliacum (1).

MCCLXX. Hoc etiam anno fuit Sanctus Ludovicus in terra de Tunis mortuus et Parisius adductus, et in abbatia Sancti Dionysii honorifice tumulatus.

MCCLXXVIII. Hoc anno fuit captus et suspensus, quod dici dolor est, et per barones per invidiam judicatus, et contra voluntatem regis, ut dicitur, in crastino apostolorum Petri et Pauli, Petrus de Brocia.

MCCLXXIX. Hoc anno fecit dominus Joannes d'Acre apud Prouvins multos homines occidere et suspendi.

MCCLXXX. Hoc anno fuit tanta inundatio aquarum quod Parisius pontes ruperunt et multa ædificia corruerunt.

MCCLXXXIII. Hoc anno fuit magnus tumultus ventorum

---

(1) Sic, pour *Vezeliacum*.

in vigilia Sancti Clementis. Et circa Pentecosten sequentem, mortuus fuit Karolus rex Siciliæ et Martinus papa. Et in Pascha sequenti ivit in Aragoniam Philippus rex Franciæ, filius Sancti Ludovici, contra Petrum de Aragonia, ubi mortuus fuit, non in bello, et adductus in Franciam et in abbatia Sancti Dionysii sepultus.

MCCLXXXVII. Fuit tanta siccitas quod fere (omnes) fontes et putei dessicati fuerunt.

MCCLXXXVIII. Fuit tantum gelu quod vineæ et nuces fere omnes perierunt, et tantæ fuerunt captæ pilosæ, quod mirum fuit.

MCCLXXXIX. Fuerunt multa vina, tamen minime bona.

MCCXC. Satis fuerunt vina, satis bona. Et venerunt in Franciam duo cardinales, dominus Giraldus de Palmis et dominus Benedictus, qui post papa Bonefacius, cum maxima pompa et expensis super ecclesias sumptis.

MCCXCI. Mense maio fuit destructa civitas d'Acre.

MCCXCII. Misit rex Franciæ in Gasconiam.

MCCXCIIII. Destructio castri de Rion. Et post, rex Angliæ movit se contra regem Franciæ.

MCCXCV. Talliæ bis fuerunt factæ in regno Franciæ.

MCCXCVI. Quæ costuma quæ vocabatur *maletoute* fuit levata in pluribus villis in regno Franciæ, sed fuit reprobata satis cito.

MCCXCVII. Ivit rex Franciæ in Flandriam cum inæstimabili apparatu.

MCCXCVIII. Fuit levatum corpus Sancti Ludovici. Et fuit datus abbas Sancti Juliani Turonensis frater Petrus de Castro Raginaldi, qui multa debita dicti monasterii et prædecessorum suorum persolvit, et abbatiam sine debitis dimisit morte ipsum recipiente, et plurima bona dicto monasterio fecit. Iste fuit religiosus, eleemosynarius, inter fratres discordes pacem reformans, fratres suos diligens. Hic fundavit altare in honore Sancti Ferrou in ecclesia prædicta, et plurima ornamenta ecclesiastica eidem monasterio contulit. Hic fecit refectorarium.

mccxcix. Fuit pax inter regem Franciæ et regem Alemaniæ in planis de Vauquelour.

mccc. Comes Flandriæ et filii sui ad voluntatem regis se miserunt.

mcccvi. Hoc anno fuerunt ejecti omnes Judæi de regno Franciæ, et die in qua fuit festum Beati Bartholomæi, exierunt de Turonis.

mcccvii. Ipso die veneris post festum Sancti Dionysii, fuerunt omnes templarii capti summo mane, illis ignorantibus, in regno Franciæ, et aliqui combusti Parisius cum magistro Aquitaniæ, eo quod dicebatur quod erant sodomitæ et hæretici et falsi christiani.

mcccix. Hoc anno propter inundationem aquarum, rupti fuerunt pontes Turonis et pluribus aliis locis.

mcccxvi. Hoc anno, iii° idus septembris, post vesperas, fuit tam magnus terræ motus, quod omnia ædificia, herbæ et arbores et lapides tremuerunt.

mcccxvii. Fuit Johannes Roguet abbas monasterii Sancti Juliani Turonensis, in festo Beati Mauri.

mcccxxi. Hoc anno combusti fuerunt leprosi et Judæi, eo quod Judæi cum leprosis pactum fecerant ut ipsi leprosi ponerent venena in fontibus et puteis, ut sic christiani ex aquis talibus potantes et allia edentes, morte tempestiva interirent; et sic factum fuit, sed virtute divina nullus christianus ex potatione aquarum mortem sustinuit, neque malum. Et hoc anno, in festo consecrationis corporis Christi, solis radius fuit rubei coloris per totam diem, quasi esset sanguis.

MCCCXXVI. Xantonenses rebelles fuerunt contra regem Franciæ, sed comite de Alenconio fratre dicti regis Xantonas cum exercitu magno accedente, rebelles devicit, et effugavit, et majorem turrim de castro Xantonensi totaliter destruxit. Et hoc anno datus fuit abbas Sancti Juliani Turonensis frater Johannes de Savion in festo Beatæ Catharinæ.

MCCCXXVIII. Rebelles fuerunt Flamingi contra regem Francorum, et comitem a comitatu Flandrensi expulerunt, et multos nobiles suos occiderunt. Demum accedente ibi rege, cum ducibus Britanniæ et Burgundiæ, cum comitibus de Blesis, de Henault, de Vindocino et pluribus aliis nobilibus, Flamingi venerunt in vigilia festi Beati Bartholomæi ante papiliones regis, ita tempestive, quod nisi esset comes de Hanone qui eis obviavit, rex captus esset ab eis. Sed quidam miles de Francia, vocatus dominus Regilnadus de Lauro, ante regem ab eis fuit peremptus, qui miles regem ab eis defendebat. Et tunc regem oportuit equum ascendere, ipso rege adhuc non armato. Et erat inter eos quædam mulier eorum deferens vexillum. Sed nutu divino omnes ibi exstincti fuerunt gladiis et aliis diversis pœnis. Et tunc receptus fuit eorum comes in comitatu proprio et fuerunt mortui xiiii millia Flamingorum et diruptæ munitiones de Brugis et de multis aliis villis in Flandrias situatis.

MCCCXXXI. Hoc anno fuerunt vina ferrea, et ita dura vindemia quod eam oporteret cum maleis et aliis instrumentis conquassare.

MCCCXXXII. Hoc anno fuerunt vina peroptima, sed non in magna quantitate.

MCCCXXXIII. Hoc anno fuerunt bona vina et in magna copia.

MCCCXXXVI. Hoc anno fuit quidam miles, vocatus do

minus Hugo de Crusy oriundus de Burgundia, suspensus Parisius, qui erat dominus et præsidens in Parlamento regio, accusatus et convictus super multis causis et proditionibus, die dominica in vigilia Beatæ Mariæ Magdalenæ.

MCCCXXXVII. Datus fuit frater Guillelmus Belli abbas monasterii Sancti Juliani Turonensis, prima die mensis januarii.

EXPLICIT

CHRONICON TURONENSE ABBREVIATUM.

CHRONICON

ARCHIEPISCOPORUM TURONENSIUM.

(*Ab anno J. C.* 250, *ad annum* 1285).

Primus Gatianus (1) episcopus, anno imperii Decii primo, a Romanæ sedis papa transmissus est. In qua urbe (Turonica) multitudo paganorum idolatriis dedita commorabatur, de quibus nonnullos prædicatione sua converti fecit ad Dominum. Sed interdum occulebat se ob impugnationem (2) potentum, eo quod sæpius eum injuriis et contumeliis, cum repererant, adfecissent; ac per cryptas et latibula cum paucis christianis, ut diximus, per eumdem conversis, mysterium solemnitatis diei dominici clanculo celebrabat. Erat autem valde religiosus et timens Deum : ut (3), nisi fuisset talis, non

---

(1) Alias, *Catianus* et *Gratianus*.
(2) Variante, *Occultabat se ab impugnatione*.
(3) Alias, *et nisi*.

utique domos, parentes et patriam, ob Dominici amoris diligentiam, reliquisset. In hac urbe sub tali conditione, ut ferunt, annos quinquaginta commoratus, obiit in pace, et sepultus est in ipsius vici cœmiterio, quod erat christianorum; et cessavit episcopatus triginta septem (1) annis.

Secundus, anno imperii Constantis primo, Litorius (2) ordinatur episcopus : fuit autem de civibus Turonicis, et hic valde religiosus. Hic ædificavit ecclesiam primam infra urbem Turonicam, cum jam multi christiani essent; primaque ab eo ex domo cujusdam senatoris basilica facta est. Hujus tempore, Sanctus Martinus in Galliis prædicare exorsus est. Sedit autem annos triginta tres (3), et obiit in pace, sepultusque est in suprascripta basilica, quæ hodieque ejus nomine vocitatur.

Tertius Sanctus Martinus, anno octavo Valentis et Valentiniani (4), episcopus ordinatur. Fuit autem de regione Pannoniæ, civitate Sabaria. Qui, ob amorem Dei, apud urbem Mediolanensem Italiæ primo monasterium instituit; sed ab hæreticis, eo quod sanctam Trinitatem intrepidus prædicaret, virgis cæsus, atque expulsus de Italia, in Gallias accessit. Multos paganorum converti fecit, templa eorum statuasque confregit, fecitque multa signa in populo, ita ut ante episcopatum duos suscitaret mortuos; post episcopatum autem unum tantummodo suscitavit. Hic trans-

---

(1) On lit dans deux manuscrits, xxxviii¹ᵉᵐ; il est permis de supposer que le copiste a ajouté le dernier ɪ par négligence. Un manuscrit donne cette leçon : *cessavit episcopatum tenens* xxxvii *annis.*

(2) Les manuscrits donnent aussi *Littorius* et *Lidorius.*

(3) On lit *triginta octo* dans un manuscrit.

(4) Deux manuscrits donnent *anno nono Valentis, episcopus;* et un copiste a écrit *anno uno Valentis* au lieu de *anno nono.*

tulit corpus Beati Gatiani, sepelivitque ipsum juxta sepulcrum Sancti Litorii in illa nominis sui præfata basilica. Hic prohibuit Maximum ne gladium in Hispaniam ad interficiendos destinaret hæreticos; quibus sufficere statuit, quod a catholicorum ecclesiis essent vel communione remoti. Consummato ergo præsentis vitæ cursu, obiit apud Condatensem vicum urbis suæ anno octogesimo primo ætatis; de quo vico navigio sublatus, Turonis est sepultus, in loco quo nunc adoratur sepulcrum ejus. De cujus vita tres a Severo Sulpicio libros conscriptos legimus. Sed et præsenti tempore multis se virtutibus declarat. In monasterio vero quod nunc Majus dicitur, basilicam in honorem sanctorum apostolorum Petri et Pauli ædificavit. In vicis quoque, id est Alingaviensi, Solonacensi, Ambaciensi, Cisomagensi, Tornomagensi, Condatensi, destructis delubris, baptizatisque gentilibus, ecclesias ædificavit. Sedit autem annos viginti sex, menses quatuor (1), dies viginti septem, et cessavit episcopatus dies viginti.

Quartus Briccius ordinatur episcopus, anno Arcadii et Honorii secundo, cum pariter regnarent. Fuit autem civis Turonicus, cui trigesimo tertio episcopatus anno, crimen adulterii est impactum (2) a civibus Turonicis; expulsoque eo, Justinianum episcopum ordinaverunt. Briccius vero episcopus (3) ad papam Urbis dirigit. Justinianus autem post eum abiens, apud urbem Vercellensem obiit. Turonici vero iterum malignantes, Armentium (4) statuerunt. Briccius vero septem apud papam

---

(1) On lit dans un manuscrit, *menses tres, dies septemdecim;* et dans quatre manuscrits, *menses quatuor, dies septemdecim.*

(2) Var., *imputatum.*

(3) Var., *Briccius vero se ad papam.*

(4) Var., *Armentium in ejus loco statuerunt.*

Urbis annis degens, idoneus inventus a crimine, ad urbem suam redire jussus est. Hic ædificavit basilicam parvulam super corpus Beati Martini, in qua et ipse sepultus est. Cumque portam ingrederetur, Armentius per aliam portam mortuus efferebatur; quo sepulto, cathedram suam recepit. Hunc ferunt instituisse ecclesias per vicos, id est, Calatonnum (1), Briccam, Rotomagum, Briotreidem, Cainonem; fueruntque omnes anni episcopatus ejus quadraginta septem. Obiitque, et sepultus est in basilica quam super Sanctum Martinum ædificaverat.

Quintus Eustochius ordinatur episcopus, vir sanctus et timens Deum, ex genere senatorio. Hunc ferunt instituisse ecclesias per vicos Brixis, Iciodorum, Luccas, Dolus. Ædificavit etiam ecclesiam infra muros civitatis, in qua reliquias Sanctorum Gervasii et Protasii martyrum condidit, quæ Sancto Martino (2) de Italia sunt delatæ, sicut Sanctus Paulinus in epistola sua meminit. Sedit autem annos septemdecim. Et sepultus est in basilica quam Briccius episcopus super Sanctum Martinum struxerat.

Sextus ordinatur Perpetuus, de genere et ipse, ut aiunt, senatorio, et propinquus decessoris sui, dives valde, et per multas civitates habens possessiones. Hic, submota basilica quam prius Briccius episcopus ædificaverat super Sanctum Martinum, ædificavit aliam ampliorem miro opere, in cujus absida beatum corpus ipsius venerabilis sancti transtulit. Hic instituit jejunia, vigiliasque, qualiter per circulum anni observarentur, quod

---

(1) Deux manuscrits donnent *Catolonnum*. On lit dans deux autres, *Calatonno, Bricca, Rotomago, Briotrcide, Cainone*.

(2) Alias, *a Sancto Martino*.

hodieque apud nos tenetur scriptum, quorum ordo hic est.

DE JEJUNIIS.

Post Quinquagesimam, quarta et sexta feria usque Natale Sancti Johannis.

De calendis septembris usque calendas octobris, bina in septimana jejunia.

De calendis octobris usque Depositionem domni Martini, bina in septimana jejunia.

A (1) Depositione domni Martini usque Natale Domini, terna in septimana jejunia.

De Natali Sancti Hilarii usque medium februarium, bina in septimana jejunia.

DE VIGILIIS.

Natali Domini, in ecclesia.

Epiphania, in ecclesia.

Natali Sancti Johannis, ad basilicam domni Martini.

Natali Sancti Petri episcopatus (2), ad ipsius basilicam.

Sexto (3) calendas aprilis Resurrectione Domini nostri Jesu Christi, ad basilicam domni Martini.

Pascha, in ecclesia.

Die Ascensionis, in basilica domni Martini.

Die Quinquagesimo, in ecclesia.

Passione Sancti Johannis, ab basilicam in baptisterio.

---

(1) Cet article est omis dans un manuscrit.

(2) On lit dans deux manuscrits: *Natali Sancti Petri, ad ipsius basilicam.*

(3) Un manuscrit donne *quinto calendas;* et un autre *pridie kalendas aprilis.*

Natali sanctorum apostolorum Petri et Pauli, ad ipsorum basilicam.

Natali Sancti Martini, ad ejus basilicam.

Natali Sancti Symphoriani, ad basilicam domni Martini.

Natali Sancti Litorii, ad ejus basilicam (1).

Item Natali Sancti Martini, ad ejus basilicam (2).

Natali Sancti Briccii, ad domni Martini basilicam.

Natali Sancti Hilarii, ad domni Martini basilicam.

Hic ædificavit basilicam Sancti Petri, in qua cameram basilicæ prioris posuit, quæ usque ad nostra tempora perseverat. Basilicam quoque Sancti Laurentii in Monte Laudiaco ipse construxit. Hujus tempore ædificatæ sunt ecclesiæ in vicis, id est, Evena (3), Mediconno, Berrao, Balatedine, Vernado. Condiditque testamentum, et deputavit per singulas civitates quod possidebat in eis ipsis scilicet ecclesiis, non modicam et Turonicæ tribuens facultatem. Sedit autem annos triginta, et sepultus est in basilica Sancti Martini.

Septimus vero Volusianus ordinatur episcopus, ex genere senatorio, vir sanctus, valde dives, propinquus et ipse Perpetui episcopi decessoris sui. Hujus tempore jam Chlodovechus regnabat in aliquibus urbibus in Galliis. Et ob hanc causam, hic pontifex suspectus habitus a Gotthis, quod se Francorum ditionibus subdere vellet, apud urbem Tholosam exsilio condemnatus, in eo obiit (4). Hujus tempore vicus Mantolomaus (5) ædi-

---

(1) Alias, *Natale Sancti Littorii, ad domni Martini basilicam*.
(2) Cette fête est mentionnée dans un seul manuscrit.
(3) Var., *Evina* et *Evenoc*.
(4) Dans un manuscrit on lit, *in ea obiit*.
(5) On trouve aussi, *Montalomagus*.

ficatus est, et basilica Sancti Johannis in Majori Monasterio. Sedit autem annos septem, menses duos.

Octavus ordinatur episcopus Verus (1). Et ipse, pro memoratæ causæ zelo, suspectus habitus a Gotthis, in exsilium deductus, vitam finivit. Facultates suas ecclesiis et bene meritis dereliquit. Sedit autem annos undecim, dies octo.

Nonus Licinius, civis Andegavus, qui ab amorem Dei, in Orientem abiit, sanctaque loca revisit. Exinde digressus, in possessione sua monasterium collocavit infra terminum Andegavum, et postea abbatis officio in monasterio, ubi Sanctus Venantius abbas sepultus est, functus, ad episcopatum eligitur. Hujus tempore Chlodovechus rex, victor de cæde Gotthorum, Turonis rediit. Sedit autem annos duodecim, menses duos, dies viginti quinque et sepultus est in basilica Sancti Martini.

Decimo loco Theodorus et Proculus, jubente Beata Chrotechilde regina, subrogantur, eo quod de Burgundia jam episcopi ordinati, ipsam secuti fuissent, et ab hostilitate de urbibus suis expulsi fuerunt. Erant autem ambo senes; rexerunt que ecclesiam Turonicam simul annis duobus, et sepulti sunt in basilica Sancti Martini.

Undecimus Dinifius (2) episcopus, et ipse ex Burgundia veniens. Qui per electionem præfati regis (3) ad episcopatum accessit; cui aliquid de fisci ditionibus est largitus, dedit que ei potestatem faciendi de his rebus quæ voluisset. Qui maxime ecclesiæ suæ, quod fuit melius, dereliquit; largitus est etiam quiddam et bene

---

(1) Alias, *Virus*.
(2) On trouve aussi *Dinisius* et *Dionysius*.
(3) Var., *electione fratrum ad*, et, *per electionem fratrum ad*; ou encore, *per electionem præfatæ reginæ ad*.

meritis. Sedit autem menses decem, et sepultus est in basilica Sancti Martini.

Duodecimus Ommatius (1), de senatoribus civibusque Arvernis, valde dives in prædiis. Qui, condito testamento, per ecclesias urbium, in quibus possidebat, facultates suas distribuit. Ipse exaltavit ecclesiam infra muros urbis Turonicæ, Sanctorum Gervasii atque Protasii reliquiis consecratam, quæ muro conjuncta est. Hic cœpit ædificare basilicam Sanctæ Mariæ infra muros urbis, quam imperfectam reliquit. Sedit annos quatuor (2), menses quinque, obiitque, et sepultus est in basilica Sancti Martini.

Tertius decimus Leo, ex abbate basilicæ Sancti Martini ordinatur episcopus. Fuit autem faber lignarius, faciens etiam turres holocryso tectas, ex quibus quædam apud nos retinentur : in aliis etiam operibus elegans fuit. Sedit autem menses sex et sepultus est in basilica Sancti Martini.

Quartus decimus Francilio, ex senatoribus ordinatur episcopus, civis Pictavus, habens conjugem Claram nomine, sed filios non habens ; fueruntque ambo divites valde in agris, quos maxime Sancti Martini basilicæ contulerunt, reliquerunt que quædam et proximis suis. Sedit autem annos duos, menses sex (3); obiitque et sepultus est in basilica Sancti Martini..

Quintus decimus Injuriosus, civis Turonicus, de inferioribus quidem populi, ingenuus tamen. Hujus tempore, Chrotechildis regina transiit. Hic perædificavit ecclesiam (4) Sanctæ Mariæ infra muros urbis Turo-

---

(1) Alias, *Ommarius* et *Omomacius*.
(2) Deux manuscrits donnent, *annos tres*.
(3) On lit, *menses quinque* dans un manuscrit.
(4) Alias, *domum Sanctæ Mariæ*.

nicæ. Hujus tempore et basilica Sancti Germani ædificata est. Vici etiam Noviliacus et Luciliacus (1) fundati sunt. Hic instituit Tertiam et Sextam in ecclesia dici, quod modo in Dei nomine perseverat. Sedit autem annos sexdecim, menses undecim, dies viginti sex; obiitque, et sepultus est in basilica Sancti Martini.

Sextus decimus Baudinus, ex referendario Chlothacharii regis, ordinatur episcopus, habens et filium (2), multis eleemosynis præditus. Aurum etiam quod decessor ejus reliquerat, amplius quam viginti millia solidorum, pauperibus erogavit. Hujus tempore alter vicus Noviliacus ædificatus est. Hic instituit mensam canonicorum. Sedit autem annos quinque (3), menses decem; obiitque, et sepultus est in basilica Sancti Martini (4).

Decimus septimus Guntharius, ex abbate monasterii Sancti Venantii (5) ordinatur episcopus, vir valde pru-

---

(1) Alias, *Lucidiacus*.
(2) *Filios*, d'après trois manuscrits.
(3) Deux manuscrits portent *annos decem*.
(4) On lit dans le manuscrit de sir Th. Phillipps, cette note écrite au xive siècle par le moine de Saint-Julien qui fit des additions au *Chronicon Turonense abbreviatum*. « *Hunc quem Baudinum Gregorius appellat,*
« *ecclesia Turonensis et etiam totus vulgus Baldum sive Baudum vocat.*
« *Hic sanctus habetur in Turonia, et certo certius non in ecclesia Sancti*
« *Martini, sed in vico Noviliaco, qui modo vocatur Vinulium, Verneuil*
« *seu Vernolium, fuit sepultus. Et ista patent per legendam translatio-*
« *nis ejusdem sancti; quæ translatio facta fuit per Arnulphum Turonen-*
« *sem archiepiscopum, procurante et id faciente Sulpicio thesaurario*
« *Sancti Martini et Ambaziæ domino, successoreque Sancti Hervei*
« *quondam Sancti Martini thesaurarii. Cujus Baldi corpus tunc tem-*
« *poris in ecclesia Beatæ Martiæ* » *de Lochis reponitur, hic translatum ab Ervenardo priore de Lochis anno* mlxxxvi°. Je restitue cette dernière ligne enlevée par le relieur. Voyez sur S. Baud: Maan, *Ecclesia Turonensis*, pag. 94, et Dufour, *Dict. de l'arrond*[t]. *de Loches*, tom. ii, pag. 54, 437, 440.
(5) Alias, *Evantii*.

dens dum abbatis fungeretur officio, et sæpius legationes inter reges Francorum faciens. Postquam autem episcopus ordinatus est, vino deditus, pene stolidus apparuit. Quæ res eum in tantum amentem faciebat, ut convivas quos bene noverat, nequiret agnoscere : sæpius tamen eos conviciis agebat (1) et improperiis. Sedit autem annos duos, menses decem, dies viginti duos. Obiit autem, et sepultus est in basilica Sancti Martini. Cessavitque episcopatus anno uno (2)

Octavus decimus Eufronius presbyter ordinatus episcopus, ex genere illo quod superius senatorium nuncupavimus, vir egregiæ sanctitatis, ab ineunte ætate clericus. Hujus tempore civitas Turonica cum omnibus ecclesiis magno incendio concremata est; de quibus ipse postea duas reparavit, tertiam vetustissimam (3) relinquens desertam. Postea vero basilica Sancti Martini et ipsa incendio est adusta per Wiliacharium, cum ibi confugium pro Chramni quondam circumventione fecisset; quam postea idem pontifex texit stanno, opitulante rege Chlothachario. Hujus tempore basilica Sancti Vincentii ædificata est. Tauriaco, Cerate et Orbigniaco (4) vicis ecclesiæ ædificatæ sunt. Sedit autem annos septemdecim (5) obiitque ætate septuagenaria et sepultus est in basilica Sancti Martini. Cessavitque episcopatus dies novemdecim.

Nonus decimus Gregorius ego indignus ecclesiam

---

(1) On lit dans un manuscrit, *conviciis agitabat.*

(2) Alias, *cessavit episcopatum.*

(3) *Tertiam seniorem,* dans quatre manuscrits.

(4) Voici les variantes données par divers manuscrits : *Tausire, Tausirie,* et *Tausiriaco; Cerente, Uscerate,* et *Viscerate; Orbaniaco* et *Orvaniaco.*

(5) Un manuscrit donne: *annos sedecim.*

urbis Turonicæ, in qua Beatus Martinus et ceteri sacerdotes Domini ad pontificatus officium consecrati sunt, ab incendio dissolutam diruptamque nactus sum, quam reædificatam in ampliori altiorique fastigio septimo decimo ordinationis meæ anno dedicavi; in qua, sicut a longævis presbyteris comperi, beatorum ibidem reliquiæ Agaunensium ab antiquis fuerant collocatæ. Ipsam etiam capsulam in thesauro basilicæ Sancti Martini reperi, in qua valde putredine erat pignus dissolutum, quod pro eorum religionis est virtute delatum (1). Ac dum vigiliæ in eorum honore celebrarentur, libuit animo hæc iterum prælucescente cereo visitare. Quæ dum a nobis adtente rimantur, dixit ædis ædituus: « Est hic, inquit, lapis opertorio tectus, in quo quid « habeatur prorsus ignoro, sed nec prædecessores « ministros hujus custodiæ scire comperi. Deferam « eum, et scrutamini diligenter quid contineatur infra « conclusum. » Quem delatum reseravi, fateor; et inveni in hoc capsulam argenteam, in qua non modo beatæ legionis testium, verum etiam multorum sanctorum tam martyrum quam confessorum reliquiæ tenebantur. Nacti etiam sumus et alios lapides, ita ut hic erat, concavos, in quibus sanctorum apostolorum, cum reliquorum martyrum, pignera continebantur. Quod munus ego divinitus indultum admirans, et gratias agens, celebratis vigiliis, dictis etiam missis (2), hæc in ecclesia collocavi. In cellula Sancti Martini ecclesiæ ipsi contigua Sanctorum Cosmæ et Damiani martyrum reli-

---

(1) Var., *in qua valde putredinis erat pietate virtutum pro eorum virtute delatum.*

(2) Alias, *et hymnis etiam missis.*

quias posui. Basilicas Sancti Perpetui (1) adustas incendio reperi, quas in illo nitore vel pingi, vel exornari, ut prius fuerant, artificum nostrorum opere, imperavi. Baptisterium ad ipsam basilicam ædificari præcepi, in quo Sancti Johannis, cum Sergii martyris, reliquias posui; et in illo priore baptisterio Sancti Benigni martyris pignera collocavi. In multis vero locis infra Turonicum terminum, et ecclesias et oratoria dedicavi, sanctorumque reliquiis illustravi; quæ memorare ex ordine prolixum censui. Decem libros Historiarum, septem Miraculorum, unum de Vitis Patrum scripsi; in Psalterii tractatum librum unum commentatus sum; de Cursibus etiam ecclesiasticis unum librum condidi... Hos autem libros in anno vicesimo primo ordinationis nostræ perscripsimus...

Beato itaque Gregorio Turonensi defuncto anno episcopatus XXI° et ætatis quinquagesimo primo, successit Peladius (2).

---

(1) Un manuscrit donne : *Basilicæ sanctæ parietes adustos.... quos in illo nitore vel pingi.... ut prius fuerit.*

(2) Dom Ruinart, dans son appendice des œuvres de Grégoire de Tours, col. 1386, nous donne d'après un manuscrit de Pithou, écrit au IX° siècle, une liste des successeurs de Grégoire de Tours, tellement différente de toutes les autres, que n'ayant pu la faire entrer dans nos variantes, nous avons cru devoir l'insérer ici en entier; la voici :

Latinus episcopus.
Charegiselus episcopus.
Medegesilus episcopus.
Sigilaicus episcopus.
Rigobertus episcopus.
Chrodobertus episcopus.
Bertus episcopus.
Guntramnus episcopus.
Ibbo episcopus.

Gausbertus episcopus.
Dido episcopus.
Rangabertus episcopus.
Austaldus episcopus.
Eusebius episcopus.
Herbernus episcopus.
Joseph episcopus.
Landramnus episcopus.

Peladius (sedit) annis VII, mense I.
Leupicarius (1) annis XII, mensibus III.
Aigiricus (2) annis III, mensibus II.
Guvaldus (3) anno I, mensibus III.
Sigilaicus (4) annis II, mensibus IX (5).
Leobaldus annis VI.
Medesgisilius (6) annis XI.
Latinus annis XIII.
Carigisilius (7) annis II.
Chrobertus (8) annis II.
Papolenus (9) annis V, mensibus II.
Crabertus (10) annis XXV, mensibus XII.
Bertus (11) episcopus annis XV (12), mensibus XI.

(1) Bibl. Nat. fonds Baluze, arm. III, pag. 2, n° 2, *Leupicanus*. — B. N. n° 4955 latin, Bibl. du Vatican n° 450 Reginæ, et Cartul. de l'archev. de Tours, *Leupacarius*. — Vat. n° 711ᵃ Reg. *Lenpacarius*. — B. N. n° 1049 S. Germ. lat. *Leupacharius*.
(2) Vat. 450 R. *Algiricus*. — Cart. de l'archev. de T. *Agiricus*.
(3) Vat. 711ᵃ R., Vat. 450 R., B. N. 4955, *Guvalarus*. — B. N. 1049 S. G., *Walacus archiepiscopus*. — Cartul. de l'archev., *Ginialdus*.
(4) B. N. Bal. *Sigillaicus*. — Vat. 711ᵃ R., Vat. 450. R., B. N. 4955., *Segelaicus*.
(5) B. N. Bal., *mensibus* III.
(6) B. N. 4991 lat., *Medesigilius*. — B. N. 1049 S. G., *Medegisilus* — Cart. de l'archev., *Medesgisidus*. — Vat. 711ᵃ R. et B. N. 4955, *Medesilus*. — Vat. 450. R., *Medesidus*.
(7) B. N. 1049 S. G., *Charigisilus*. — Cart. de l'archev., *Carigisilus*. — B. N. 4955., *Carigisius*. — Vat. 711ᵃ R., *Garigisilus*. — Vat. 450 R., *Garigisius*.
(8) B. N. 4991., *Crobertus*. — Vat. 711ᵃ R., Vat. 450 R., B. N. 4955, B. N. 1049 S. G. et Cartul. de l'archev., *Rigobertus*.
(9) Vat. 450. R. et B. N. 4955., *Papelonus*.
(10) B. N. Bal. *Cotbertus*. — Vat. 711ᵃ R., Vat. 450 R., B. N. 4955., *Chrobertus*. — B. N. 1049 S. G., *Chrotbertus*.
(11) B. N. Bal., *Bettus*. — Il est omis ainsi que le suivant dans les mss. Vat. 711ᵃ R., Vat. 450. R., B. N. 4955.
(12) B. N. Bal., *annis* V., *mensibus* XI.

Peladius (1) annis iv, mensibus iii, diebus x (2).
Ebartius (3) annis ix.
Ibo (4) annis viii (5).
Guntrannus (6) annis xi, mensibus ii.
Dido (7) anno i, mense i.
Rigambertus (8) annis viii (9), mensibus v.
Aubertus (10) annis xv, diebus v.
Ostaldus (11) annis xii.
Eusebius annis xvi (12).
Herlingus (13) annis xxvii (14).
Joseph annis xxiii, mensibus v, diebus iii.
Landrannus annis iv (15).
Ursmarus annis x (16), mensibus vi (17).

(1) B. N. 1049 S. G., *Paladius.*
(2) B. N. 4991, *annis* iv, *mensibus* iii, *diebus* xv. — B. N. Bal., *annis* iv, *diebus* x.
(3) B. N. Bal., *Ebarcius.* — Cartul. de l'archev., *Evarcius.*
(4) B. N. 1049 S. G., *Ibbo.*
(5) B. N. Bal., *annis* viiii.
(6) Vat. 711ᵃ R., *Guntranus.* — Cart. de l'archev., *Gontrannus.* — B. N. 1049 S. G., *Gundrannus.*
(7) B. N. Bal., *Bido.*
(8) B. N. Bal., *Sigambertus.* — Vat. 450 R, B. N. 4955, B. N. 1049 S. G., *Ragambertus.* — Vat. 711ᵃ R., *Ramgambertus.* — Cartul. de l'archev., *Raganbertus.*
(9) B. N. Bal., *annis* xxvii, *mensibus* v.
(10) B. N. 1049 S. G., Vat. 711ᵃ R., *Autbertus.* — B. N. 4955, *Authbertus.* — Vat. 450 R., *Authebertus.*
(11) B. N. 4991, *Oitaldus.*
(12) B. N. Bal., *annis* xx.
(13) Vat. 711ᵃ R., Vat. 450 R., B. N. 4955, B. N. 1049 S. G., *Erlingus.*
(14) B. N. 4991, *annis* xviii.
(15) B. N. Bal., *annis* xiiii, *mensibus* vi.
(16) B. N. Bal., *annis* xi, *mensibus* vi.
(17) Tous les manuscrits, sauf celui de sir Th. Phillipps et le n° 4991 de la Bib. Nat., mentionnent une seconde fois Landrannus après Ursmarus. Le ms. B. N. Baluze, donne ainsi la durée de son second épiscopat : *Landrannus annis* iiii, *mensibus* iiii.

Amalricus (1) annis II (2), mensibus XI.
Heraldus (3) annis XV, mensibus III, diebus X.
Actardus (4) annis II (5), mense I, diebus XXI.
Adalardus (6) annis XVI (7), mensibus II, diebus XIII.
Herbernus (8) annis XXVII, mensibus IV.
Robertus (9) annis XXIII (10).
Theotolo (11) annis XIII, mensibus IV, diebus XII (12).
Joseph annis XI, mensibus II, diebus XVIII.
Froterius (13) annis V (14).
Hardoinus (15) annis XVIII, mensibus X (16), diebus IX.
Archembaldus (17) annis XXI (18), diebus VIII.
Hugo annis X, mensibus V, diebus IX (19).

(1) B. N. 4991., *Almaricus.* — Vat. 711ᵃ R., *Amorricus.*
(2) B. N. Bal., *annis* IIII, *mensibus* XI.
(3) Vat. 711ᵃ R., Vat. 450 R., B. N. 4955, B. N. 1049. S. G, *Herardus.* — Cart. de l'arch., *Erardus.*
(4) B. N. Bal., *Hactardus.*
(5) B. N. Bal., *annis* III, *mense* I, *diebus* XXI.
(6) B. N. 1049 S. G. et Cart. de l'archev., *Adalaldus.* — Vat. 711ᵃ R., Vat. 450 R., B. N. 4955, *Adalaudus.*
(7) B. N. Bal., *annis* XXVI, *mensibus* II.
(8) B. N. Bal., Cart. de l'arch., *Erbernus.* — Vat. 450 R., B. N. 4955, *Herbertus.* — B. N. 1049 S. G., *Erbertus.*
(9) B. N. 1049 S. G., *Rotbertus.* — Les manuscrits Vat. 711ᵃ R., Vat. 450 R., B. N. 4955, ont omis cet archevêque.
(10) B. N. Bal., *annis* III, *mensibus* III.
(11) B. N. 1049 S. G. *Theotholo.* — Vat. 711ᵃ R., *Theutelo.* — Vat. 450 R., *Theudolo.* — B. N. 4955, *Hteudolo.*
(12) B. N. Bal., *annis* XIII, *mensibus* IV.
(13) B. N. 1049 S. G. *Frottherius.*
(14) B. N. Bal., *annis* III.
(15) B. N. Bal., *Ardoinus.* — B. N. 1049 S. G., Cartul de l'arch., *Harduinus.* — Vat. 711ᵃ R., Vat. 450 R., B. N. 4955, *Herduinus.*
(16) B. N. Bal., *annis* XVIII, *mensibus* X.
(17) B. N. Bal., *Archambaudus.* — Cart. de l'archev., *Archanbaudus.*
(18) B. N. Bal., *annis* XVIII.
(19) B. N. Bal., *annis* XVIII, *mensibus* II, *diebus* VIII.

Arnulfus (1) annis xxxi, mensibus x, diebus viii (2).

Bartholomeus (3) annis xxi, mensibus vi, diebus xi (4).

Radulfus (5) annis xvii, minus xviii dies (6).

Radulfus (7) annis xxvi, mensibus x, diebus iv (8).

Gislebertus (9) annis vii.

Hildebertus (10) annis vi, mensibus vi.

Hugo annis xiv, mensibus ii, minus vi dies.

Engebaldus (11) annis viii, mensibus iii, diebus ii (12).

Joscius annis xvi.

Bartholomeus (13) annis xxxii, mensibus vi, diebus xv.

Gaufridus (14) anno i, mensibus iii, diebus iii, et cessavit episcopatus.

Johannes (15). Iste consecratus est anno Domini MCCVIII°.

Juhellus (16).

---

(1) B. N. 4994, *Arnulphus*. — Vat. 744ᵃ R., Vat. 450 R., B. N. 4955, *Hernulfus*.

(2) B. N. Bal., *annis* xxxi, *mensibus* x.

(3) B. N. 1049 S. G., *Bartolomeus*.

(4) B. N. Bal., *annis* xiii, *mensibus* vi.

(5) B. N. 4994, Cart. de l'archev. *Radulphus*.

(6) B. N. Bal., *annis* xxi, *mensibus* x.

(7) B. N. 4994, *Radulphus*. — Raoul II est omis dans Vat. 744ᵃ R., Vat. 450 R., B. N. 4955, Cart. de l'archev.

(8) B. N. Bal., *annis* xvii, *mensibus* xviii.

(9) B. N. Bal., *Gilesbertus*. — Cart. de l'archev., *Gillebertus*.

(10) Vat. 450 R., B. N. 4955, *Gildebertus*. — Omis dans le Cart. de l'archev.

(11) Cart. de l'archev., *Engelbadus*. — Vat. 744ᵃ R., *Ingelbaudus*. — Vat. 450 R., B. N. 4955, *Ingenbaldus*. — B. N. 1049 S. G., *Enjobaudus*.

(12) B. N. Bal., *annis* ix, *mensibus* iii, *diebus* ii.

(13) B. N. 1049 S. G., *Bartolomeus*. — Cart. de l'archev., *Bartholomeus Vindocinensis*.

(14) Cart. de l'archev., *Gaufridus de Landa*.

(15) Cart. de l'archev., *Johannes de Faya*.

(16) Cart. de l'archev. *Juellus de Matefelon*.

Gaufridus Martelli (1).
Petrus (2).
Vincencius (3).
Johannes de Monte Sorelli.
Bochardus (4).

(1) Vat. 450 R., *Gaufridus*. — Cart. de l'archev., *Martellus*.
(2) Cart. de l'archev., *Petrus de Lambalia*.
(3) Vat. 450 R., *Vincentius*. — Cartul. de l'archev., *Vincencius de Pilenis*.
(4) Cart. de l'archev., *Buchardus Dayo*.

EXPLICIT

CHRONICON ARCHIEPISCOPORUM TURONENSIUM.

CHRONICON
SANCTI MARTINI TURONENSIS

(*Ab anno J. C.* 542, *ad annum* 1499).

Anno Verbi incarnati DXLII°, pugnavit Arturus rex Britanniæ cum Ododredo nepote suo, et ibi tot vulnera recepit, quod postea nunquam comparuit; et in illo prælio interfectus fuit Galvanus nepos ejusdem Arturi.

Karolus Magnus obiit v° kalendas februarii, anno Verbi incarnati DCCCXIIII°, ætatis suæ LXXI°, regni sui XLVII°.

Anno (Domini) DCCCLIII°, episcoporum hujus ecclesiæ tabulæ, ut et abbatum, et alia ejusdem antiqua monumenta, per Danos seu Nortmannos combusta fuere.

Anno Verbi incarnati DCCCCLVI°, idibus novembris, sublimatus est in regem Lotharius filius Ludovici. Et prætitulato anno obiit Hugo præpotens abbas ecclesiæ Beati Martini et dux Francorum.

Anno Domini DCCCCXCVII°, VIII° kalendas augusti, incensum est totum castrum Beati Martini et ipsius proprium monasterium, cum XX et duabus ecclesiis, a fine ecclesiæ Sancti Hilarii quæ est in parte orientis, usque ad suburbium Sanctæ Mariæ Pauperculæ quæ est ex parte occidentis, a parte vero meridei a porta Petronis (1) usque ad Ligerim.

Anno Domini MXV°, dedicata fuit ecclesia Beati Martini. In die dedicationis et ordinationis ejus est translatum corpus ejus et ceterorum confessorum in eadem ecclesia.

(Anno Domini MXCVI°), papa Urbanus per septem dies et amplius, quibus in Castro Novo moratus est, quotidie solemniter a clero hujus ecclesiæ in porta Thesaurarii recipiebatur, cum visitare veniebat sacrum Beati Martini corpus.

Anno Verbi incarnati MCXLIX°, idibus septembris, obiit Gaufridus comes Andegavensis.

Anno Verbi incarnati MCLXXVIII°, sublimatus est in regem Philippus rex Franciæ.

Anno Verbi incarnati MCLXXIX°, tenuit Alexander papa Laterani concilium.

Anno Verbi incarnati MCLXXXVII°, captus est rex Hierusalem, et crux Domini cum exercitu Christianorum a Salahatino.

Anno Verbi incarnati MCLXXXIX°, obiit Henricus rex Angliæ, pater regis Richardi, regnavit que annis XXXVI°.

Anno Domini MC° nonagesimo IV°, expulit ab ecclesia Beati Martini omnes canonicos ejusdem ecclesiæ Richardus rex Angliæ.

Anno Verbi incarnati MC° nonagesimo nono, obiit Richardus rex Angliæ.

(1) Alias, *Perronis*.

EXPLICIT

BREVIS HISTORIA

SANCTI JULIANI TURONENSIS

Tiberio successore Justiniani Romani imperii monarchiam tenente, Francorum quoque regnum gubernantibus Chilcerico, Guntranno atque Sigeberto filiis Clotharii, quem genuit Clodoveus primus in Francorum regibus christianissimus, præsulatum Turonicæ urbis Gregorius est indeptus. Hic primus Sancti Juliani reliquias Turonus advexit, easque in monasterium, quod monachi antiquitus, ut a nostris majoribus audivimus, et in archivis ecclesiæ nostræ annotatum reperimus, ex Arvenico pago illuc gratia fundandi cœnobii venientes, in honorem sui construxerant patroni, devotissime locavit. Quod non noviter fundatum, nec a se dedicatum tunc temporis præfatus præsul scribit, sed solummodo peculiaris sui patroni ipsam ædem nobilitasse exuviis. Duæ si quidem ecclesiæ, ut in antiquissimis Turonicæ ecclesiæ invenimus prolegiis, longe ante Gregorii præsulatum fabricatæ fuerant: una in honorem matris Domini, altera in veneratione Sancti Juliani : quæ in monastica religione usque ad tempora suæ destructionis nobiliter floruit. Tertia post obitum Gregorii constructa est in memoriam Sancti Albini : fundatores cujus eam suis patrimoniis et alodiis dotaverunt; quæ cum omnibus rebus sibi pertinentibus in dominium postmodum devenit Sancti Juliani. Est ibi vinea quæ vocatur ad Clausum Sancti Albini. Ligeris quoque fluvius ante ipsam vineam et ecclesiam diffluens usque ad alteram ripam per transversum de ipso alodo est; viridarii etiam ecclesiæ Sancti Juliani cum terra culta et inculta contermina suburbio civitatis. Liger æque fluvius cum insulis, quæ partim habentur in dominio, partim tenentur ab aliis, per transversum pontem versus cum terra alterius ripæ de monasterio Sancti Juliani est. Burgus quoque qui vocatur Burgus Novus, Sancti Saturnini metas capiens, cum burgo Sancti Petri, cum medietate Ligeris, partim de patrimonio Theotolonis episcopi, partim est de alodo ecclesiæ Sancti Albini. Vinea de Junolio (1) cum pratis et cum terra usque in medio Caris fluminis, cum calceata quarta ante portum, omnia hæc de prædicta ecclesia sunt. De terris atque aliis altaribus ecclesiæ Sancti Juliani, cum ad id pervenero, quæ et quanta sint, et quibus locis sitæ, prout verius valuero, enarrabo. Verum de ejusdem loci desolatione, deinde de illius restauratione in meliorem statum prius est dicendum.

Optimis, ut credimus, regibus ad cœlestia translatis, Dagoberto, Pipino, Carolo Magno et Ludovico augustis, quatuor filii hujus Ludovici, cupidine regni illecti, apud Fontanidum campum atrociter, obliti fraternæ germanitatis, inter se dimicarunt, ubi Franciæ, Aquitaniæ, Burgundiæ atque Britanniæ omnes pene

---

(1) Peut-être faut-il lire *Vinolio* ?

milites mutuis se conciderunt vulneribus. Barbarica e vestigio irruptio Danorum, Suevorum, quos omnes Northmannos, id est Aquilonares homines vocamus, subsecuta, universas prope Galliæ regiones cum suis accolis, præcipue utrasque ripas Ligeris et Sequanæ ambientes, depopulata est, atque incendio tradidit. Tres siquidem irruptiones a tribus satrapis Northmannorum factæ referuntur : prima ab Hastingo, secunda ab Haroldo, tertia a Rolo, cui postea Northmannia in sortem venit. His irruptionibus Nannetis vastatur, Andegavis crematur, Aurelianis subvertitur, Turonus obsidetur : quæ, Deo protegente, meritisque Beati Martini ab hostili pervasione liberatur. Jam clerici Beati Martini formidantes sancti præsulis monasterium eversum iri, reliquaque omnia ædificia pessumdari, corpus ejus introduxerunt intra mœnia urbis; barbara vero immanitas monasterium sancti præsulis exurit, ecclesiam quoque Sancti Juliani a fundamentis eruit, reliquasque ecclesias incendit, clerici fugantur, monachi hac illacque disperguntur, corpus Beati Martini Autissiodoro a suis cum maximo honore defertur. Verum ubi gloriosus rex Carolus, Hludovici imperatoris filius, cognomento Calvus, exhæredatis perfidis fratribus, solus regnum Francorum obtinuit, Deo largiente, viribus resumptis, paganamque gentem, prohibita depopulatione sui regni, in Northmanniam secedere compulit, metasque ei, Arvam scilicet fluvium, concessit, ad gratiamque baptismatis evocavit. Post multa annorum curricula corpus Beati Martini ad propria remeavit; cujus clerici optimatesque ecclesiam reædificaverunt, et ne leviter amplius opprimerentur, muro cinxerunt.

Monasterium autem Sancti Juliani usque ad tempora pontificis Theotolonis vacuum monachali officio mansit.

Hujus enim ecclesiæ rebus amissis, et ab extraneis pervasis, qui cor ad restaurationem illius apponeret, nemo exstitit. Hic itaque vir Theotolo, alto sanguine cretus, Beati Martini decanus, ob meritum probitatis atque prudentiæ ad culmen pontificalis dignitatis cum assensu clericorum, tum favore laicorum rapitur, ac sacris altaribus sistitur. Anno igitur incarnati Verbi DCCCCXXXVII°, suæ autem ordinationis II°, posthabitis aliis curis monasterium Sancti Juliani reædificare decrevit, quod devotissime, Deo adjuvante, complevit. Expleto autem hoc opere, officinisque monachis aptis perfectis, præfatam ecclesiam in honorem Dei genitricis Sanctique Juliani propriis manibus dedicavit XVI° calendas septembris anno DCCCCXLIII°, regnante Ludovico rege anno VIII°. Et ut ampli cordis munificentia tantæ devotioni adjungeretur, eo die sui patrimonii suæ quoque sororis Gersindis, ipsa gaudenter hortante, omnes possessiones Sancti Juliani munificus doctor obtulit. O quam pulchra res! quam memoriæ digna, ut filius hæreditatem matri conferret in die suæ desponsationis! Quid autem et qualiter dederit, ipse qui dedit melius enarrabit.

« Ego Theotolo, in die dedicationis ecclesiæ Sancti
« Juliani, ego et soror mea Gersendis, res nostras, quæ
« nobis ex jure hæreditario obvenerunt, vel quas ego
« alicubi legaliter acquisivi, eidem cœnobio vel mo-
« nachis eum incolentibus in perpetuum tradimus possi-
« dendas: vineam quæ dicitur Palfictum in ejusdem
« ecclesiæ vicinio sitam, quam datis meis pretiis terram
« arabilem comparavi, III quarterios, necnon et ari-
« pennum I plus minus, quem concamiavi, ex po-
« testate Sancti Martini pertinentem, de granica fratrum,
« pro quo dedi alodum, qui fuit quondam Unfrago et

« Gauzuino, quem comparavi de Herlanno Sancti
« Martini canonico, nepote eorum; quem etiam iterum
« commutavi et dedi alodum qui fuit quondam Miloni,
« et de Guinamanno diacono comparavi. Commutavi
« etiam quarterium unum plus minus in ipso Palficto,
« de Sancti Martini thesauro, cum domno Gualterio
« thesaurario, pro quo dedit alodum qui fuit Adalranno
« sacerdoti, quem comparavi de Guilleberto. Dono
« quoque pratum aripennum vii, quod dicitur ad
« Estappum, qui sunt juxta pratum Deodato, qui
« fuerunt quondam Milonis et Bernonis, quos compa-
« ravi de Guinemanno, et non longe ab ipso loco ii
« aripennes ex proprio alodo, qui fuerunt quondam
« Andraldi fidelis nostri; trans Ligerim vero in villa
« quæ dicitur Cersilla, ecclesiam Sancti Petri cum ceteris
« ad ipsam pertinentibus, alnetum videlicet Banlilium,
« et in villa Cancellis, quod visi sumus habere, et villam
« Kerutionem cum ecclesia in Oximensi villa, quæ
« vocatur Mons Edralis, capellas duas cum molendinis
« ac ceteris appenditiis ad ipsos pertinentibus : et item
« Sauriacum et Malvallum et Montem Dadonis, et cetera
« quæ ex successione avunculorum nostrorum Hiero-
« nymi, Sigeberti, necnon Otgerii atque Rambaldi
« nobis obvenerunt. Hæc igitur omnia, quæ vel in
« mancipiis vel in terris cultis et incultis inquisita sunt
« vel inquirenda, ad prædictum locum tradimus,
« ut inde monachi quidquid eis vel successoribus eorum
« utile fuerit, faciendi liberam habeant potestatem. »

« Gersendis soror ejus nobiliter subscripsit. Testes
« Nefingus decanus, Guntelmus, Arbertus præcentor,
« Herlannus ypodiaconus.

« Data mense aprili, in civitate Turonus anno DCCCCXLIII°
« regnante Ludovico rege anno VIII°. »

A primordio igitur ædificationis, nobilium tam clericorum quam laicorum personæ cœperunt undecumque confluere, se suaque Deo cupientes dare.

His ita peractis, præfatus præsul coadunatis fratribus abbatiam perficere cupiens, Odonem abbatem, Cluniaci cœnobii fundatorem, qui tunc apud Sanctum Benedictum morabatur, advocat. Nec mora ille jussis obsequitur sodalis amici, ac regimen suscipit Sancti Juliani cœnobii. De hujus gloriosa vita plura scribere possemus, si non ad alia festinarem; vitam namque ejus refertam virtutibus quidam Johannes incondito stylo composuit ipsius monachus, de qua dicere modo supersedeo. De obitu vero ejus, quia, Deo disponente, in nostro monasterio contigit, eloquar paucis.

Postquam reverentissimus vir Odo multa monasteria construxerat, plurima correxerat, multos mundi ludicra spernere docuerat, ac utilia ecclesiæ scripserat, hymnos et antiphonas in Beati Martini laudem compte composuerat, jam silicernius, jam longæ ætatis senio fessus, tanquam præscius suæ vocationis (optaverat enim sarcina deposita carnis glebam sui corporis juxta corpus peculiaris sui patroni, domni scilicet Martini, si posset fieri, tumulari), ad proprium cœnobium Turonis redire disposuit. Præ ceteris enim monasteriis ob vicinitatem supradicti confessoris, meritisque Sanctissimi Juliani, locum ipsum diligebat, dum illic demoraretur, gregem monachorum qui jam quadragenarium excesserat numerum, quem verbis atque exemplis coadunaverat, quemque in longa pace rexerat, de die in diem ad ætherea regna scandere ammonebat. Ipse vero, ut sibi moris erat, jejuniis, vigiliis, continuisque orationibus intentus erat. Interea adveniente Beati solemnitate Martini, venerabilis pater cum suis monachis ad matutinorum solemnia processit. Constituerant enim ipse vir Dei Theotoloque pontifex, ut monachi Sancti Juliani per singulos annos in festivitate de transitu confessoris multo ante lucem surgentes, matutinale officium peragerent ante corpus Beati Martini ob amorem sancti præsulis. In quo suo more cum Deo laudem cum ceteris exhiberet, frigdorem permolestum per imbecillia membra sensit irrepere, ac post paululum per nervos artusque calorem quam maximum subire, sicque nunc calorem pati, ut visinochis febribus solet fieri. Decursis itaque matutinis, ad monasterium rediit, et juxta ecclesiam Beati Albini in quodam suo peribolo membra languida locavit. Et ut se ostenderet numquam a Beati cessasse laude Martini, versus in ejus honore composuit quorum initium est : *Martini renitet en speciosa dies* sicque unoquoque die unum versum dictavit, octavo vero die duos ultimos composuit : *Theotoloni servi ceterisque tuis miserere, o Martine*. Et hos ita finivit (1).

Audiens autem beatus archipræsul hac corporali molestia eum prægravari, cum magno angore animi ad eum properavit. Cumque coram eo resideret, lacrymæque magni indices doloris ejus genas irrorarent, ait ad eum venerabilis pater : « O antistes cunctorum reverentissime mortalium, desine flere, quia procul dubio in æthereis sedibus post obitum carnis locantur, qui in hac ærumnosa peregrinatione Christo devote famulantur. Mors mihi quando datur, requies non pœna paratur : et quia natura mihi fecit adesse finem vitæ, suscipienda est Dei sententia sine ulla contradictione. » Cui respondit heros : « Non modo, mi pater, meam lugeo desolationem, verum multorum maximeque ecclesiæ mihi

---

(1) Mabillon, *Annales ordinis Sancti Benedicti*, tom. III, pag. 742.

commissæ communem destitutionem. Nam variis hujus mundi negotiis præpediti, in te uno respirabamus, tuis optimis consiliis fruebamur ». Ad quem vir Dei : « Desine, inquit, pater, desine flere, quia potens est Deus post defunctionem nostri multo valentiores nobis suis præficere ecclesiis. Nos nihil aliud nisi pulvis atque umbra sumus. Vale, pater beatissime, Odonisque tui semper sis memor supplex deposco. » His mutuis allocutionibus finitis, benedictioneque super eum data, sacer ad urbem rediit antistes. Octavo igitur incommodi die sentiens sibi horam imminere extremam, circumadstantibus cunctis fratribus, viatico corporis et sanguinis Domini se fideliter munire curavit. Dein in ecclesiam Sancti Albini quæ proxima erat se deferri jussit, luminibusque piis ac manibus in cœlum intentis, Christo quem fidelis portitor semper in pectore bajulavit, semper in ore habuit, animam reddidit : qui obiit xiv calendas Decembris senex et plenus dierum. Sepultus est autem a sæpedicto pontifice in crypta Sancti Juliani subtus altare ipsius martyris ad dextram partem, cum magno triumpho maximisque concentibus clericorum atque monachorum. In quo loco postea sæpefatus antistes suum corpus sepeliri jussit, postquam Turonicæ ecclesiæ præfuit annis xiii, mensibus iv, diebus xii, fuitque intervallum xi mensibus.

Cui successit Joseph, qui præfuit annis xi, mensibus ii, diebus xii. Quem Froterius sequutus est annis iii. Hardoinus post eum præsidet annis xix, mensibus xi, diebus ix. Hugo annis xviii, mensibus v, diebus ix. Ante Hugonem sedit Archambaldus annis xix, mensibus xi, diebus ix. Huic successit Bartholomæus (1).

---

(1) Conférez ces durées d'épiscopat avec celles indiquées par le *Chronicon archiepiscopornm Turonensium*, pag. 215.

Odo vir Dei ubi e terris ad cœlos migravit, vir venerabilis Georgius Sancti Juliani monachus in locum ejus substituitur. Hujus temporibus Hugo Magnus dux Francorum concessit Sancto Juliano, per deprecationem Rotberti sui vasalli, ecclesiam de Cancellis perpetualiter ad habendum. Concessit etiam per deprecationem Girardi clerici eidem Sancto, et per assensum Adelelmi sui vasalli, portum de Cohordone cum omnibus rebus eis pertinentibus, regnante Lothario rege.

Defuncto Georgio, Ingenaldus successit. Hic dum a Roma reverteretur de monasterio Sancti Pauli, cujus rector erat, inter Apenninas Alpes a Sarracenis interemptus est.

Quo mortuo, Bernardus reginem suscepit loci. Hic turrim maximam ante portam monasterii Sancti Juliani a fundamentis construxit.

Quo defuncto, Ebrardus vir totius religionis, successit. Hic reliquias Sancti Juliani, de capite scilicet ipsius, Turonus a Brivate advexit, auxiliantibus eis Pontio comite et Blanchia uxore ejus : quæ hactenus in capsa aurea servantur super altare ejusdem sancti.

Anno DCCCCLXXXIV ab incarnatione Domini circa hoc tempus Landegavis castrum a Fulcone comite construitur, civitas Turonis ab eodem obsidetur et capitur, sed non multo post a Berta regina matre Odonis recipitur.

Post Ebrardum præfuit monasterio Sancti Juliani Gauzbertus I, ejusdem cœnobii monachus. Iste plures abbatias rexit, aliquantas a fundamentis construxit cum abbatia Sancti Juliani, et cum adjutoriis monachorum. Hic tenuit abbatiam Majoris Monasterii satis tunc pauperculam. Hic fundavit monasterium Sancti Petri Burguliensis, Sancti Petri Malliacensis, Sancti quoque Petri Cenomanensis. Hic omnem suam operam foris exhibuit, loco Sancti Juliani parum profuit : testes sunt libri, ornamenta, et alia utensilia a monasterio præfati sancti sublata, et novellis monasteriis locata. Hic cum æquivoco suo Gauzberto juniore Romam adiit, de omnibus rebus Sancti Juliani privilegium a Girberto papa, qui Silvester dictus est, firmare fecit, quod hactenus in archivis nostræ ecclesiæ de papyro factum servatur.

Anno Dominicæ incarnationis dcccxcvi, Rotberto rege regnante anno I°, Gauzberto abbate abbatiam Sancti Juliani tenente, Archambaldus Turonorum pontifex omnia altaria Sancti Juliani, quæ per totam suam diœcesim erant, libera et immunia atque quieta ab omni servitio Turonicæ matri ecclesiæ debito fecit, atque omnes consuetudines ipsarum ecclesiarum, per assensum Bosonis, Froterii ac aliorum archidiaconorum omniumque canonicorum, Sancto Juliano perpetualiter dedit.

Anno dccclxxxxiv, monasterium Beati Martini satis spectabile igni crematum est. Pro quo Herveus thesaurarius sancti præsulis jecit fundamenta hujus monasterii, quod hodieque superest, jacuitque corpus sancti præsulis in ecclesia lignea quæ fuit in claustro ejusdem xx annis. Anno vero Dominicæ incarnationis mxiv, dedicatum est hoc monasterium Turonus ab Hugone archiepiscopo.

Defuncto Gauzberto abbate, alter Gauzbertus ei successit...... Hic peritus litterarum satis fuit, philosophiæ studiis adornatus. Hoc tempore viri clarissimi valdeque sapientes fuere, Fulbertus Carnotensium, Sasqualo abbas Sancti Launomari, Rainaldus Turonicus, et alii quamplurimi. Iste vir valde suæ ecclesiæ, Sancti scilicet Juliani, proficuus fuit. Testantur ejus vigilantissimum studium optimi libri ab eo conscripti, ornamenta quoque ecclesiæ pretiosa ab eo comparata, capsæ aureæ, philacteria, tabulæ altarium ab eo fabricatæ, pueri ab eo nutriti, nepotes præcipue ejus, Hugo, Ebrardus, Giraldus et alii quos enumerare longum est. Hic ecclesiam in honore Sanctæ Trinitatis ante Sancti Juliani monasterium construxit. Hic reliquias sanctorum multorum antea ignotas in quadam capsa vetustissima cum caliga Domini, ut ibi scriptum demonstrabatur, reperit. Ipse monasterium Sancti Petri Prulliacensis emit, et præceptum exinde regi Rotberto firmare fecit; sed malignitate archiepiscopi post obitum viri Dei Gauzberti a dominio Sancti Juliani ablatum est. Hujus temporibus, id est anno Dominicæ incarnationis mxix bellum Ponleviatis gestum est.

Anno Incarnati Verbi mxxii. Herveus thesaurarius Sancti Martini vir valde sanctissimus obiit. Hujus vitam virtutibus plenam memoriæ posterorum tradidissem, si verum relatorem reperissem. Hunc proxime sequutus est archiepiscopus Hugo morte corporis. Huic Arnulfus substituitur. Reliqua opera Gauzberti abbatis et bona ejus studia enarrabo, cum res ejusdem ecclesiæ descripsero. Postquam annis x et viii præfuit, ad cœlestia migravit anno mxxv, regnante Roberto rege...

Post mortem Gauzberti variis eventibus contigit locum Sancti Juliani pessumdari, totaque se imarmene (1) infesta nimis opposuit. Nam Arnulfus archiepiscopus absque voluntate monachorum, patrem suum Albertum illi loco præposuit. Quo post triennium ejecto, abbati Frederico monasterium commendavit. Richero etiam tunc viro probo et industrio prioratum commisit, qui postea eidem loco optime præfuit.

Frederico itaque, qui duobus annis, Euvrardoque,

(1) Sic.

qui uno, cœnobio Sancti Juliani præfuerunt abrasis, Richerius præficitur, de quo supra locuti sumus.

Anno Domini MXXXII, mense Decembri, hoc anno qui est Rotbertus rex moritur, annis XXXVII potitus imperium Francorum. Huic successit filius Hainricus.

Anno MXXXVII° Odo comes obiit.

Anno MXL° Fulco comes obiit.

Sub regimine Richerii visa est aliquantutum respirare abbatia Sancti Juliani. Anno MXL°. Richerius abbas monasterium novum a fundamentis inchoavit, quod vetustate nimia confectum cadebat. Hic terram cum ecclesia de Dedra de Tescelino Petueriensi, per voluntatem Isembardi Aurelianorum pontificis omniumque canonicorum, de cujus beneficio erat, emit centum libras denariorum et L libras auri, ad usus monachorum Sancti Juliani. Quæ circa tempora ejus loco Sancti Juliani provenerunt, cum ad id tempus ventum fuerit, plenius dicentur.

His ita præmissis ad præsulis Teotolonis revertendum est tempora, et quæ et quanta eo vivente seu post illius obitum loco Sancti Juliani boni atque optimi viri contulerint beneficia dicendum est, si non omnia tamen aliquanta. Qua autem ratione ecclesiam de Cancellis Sanctus Julianus possederit, nunc dicam; sed jam ipse loquatur qui hanc donationem fecit.

« Hugo dux Francorum gratia omnipotentis Dei, nec-
« non et demarcus, notum fieri cupimus omnibus sanctæ
« Dei ecclesiæ fidelibus præsentibus scilicet ac futuris
« et præcipue successoribus nostris Dominum Jesum
« Christum amantibus, quoniam accessit quidam vene-
« rabilis fidelis noster, nomine Rotbertus, ad nostri

« culminis magnitudinem, humiliter postulans ac omni-
« modis deprecans, uti ex rebus beneficii sui, quod de
« nobis habere videbatur, aliquid pro remedio animæ
« nostræ ac parentum nostrorum necnon et pro absolu-
« tione animæ genitoris ipsius nomine Erkembaldi
« quondam fidelis nostri, qui monasticum in monasterio
« Sancti Juliani suscepit ordinem, ac suæ ceterorumque
« sanctæ Dei ecclesiæ fidelium, tam præsenti quam et fu-
« turæ vitæ emolumento, ad monasterium Sancti Juliani
« quod domnus Teotolus præsul venerandus in suburbio
« Turonicæ urbis ob utilitatem multorum construxit, in
« opus monachorum ibidem Domino famulantium
« rebus necessariis contulissemus, easdemque sub
« institutione census tam sibi quam et successoribus
« suis annuatim pro majori rei firmitate reddendum,
« per hujus nostræ auctoritatis testamentum concede-
« remus. Hujus itaque fidelis nostri Rotberti depreca-
« tionem necnon et unanimem utrorumque fidelium
« nostrorum assensum ratum et per utile cognoscentes,
« concessimus ad præfatum Sancti Juliani monasterium
« in victualibus, stipendiis monachorum, ceterisque eo-
« rum utilitatibus, ex rebus beneficii sui, quod de nobis
« habere videbatur, capellam scilicet in villa Cancellis
« in honore Sancti Martini constructam atque dicatam,
« cum omnibus ipsius presbyterii capellæ ac totius be-
« neficii circumquaque adjacentibus rebus atque perti-
« nentibus, sicuti præfatus fidelis noster Rotbertus in
« beneficium tenere videtur. Similiter concessimus per
« deprecationem jam dicti fidelis nostri Rotberti omnem
« terram quæ conjacet inter Spicarias et Vitrarias atque
« Villaredum, et pertinet ad ipsius beneficium, cum ter-
« ris cultis et incultis, et cum pratis, pascuis, silvis, per-
« viis, exitibus, et cum omnibus aliis utilitatibus et adja-

« centiis earum. Sunt autem hæ res sitæ in pago Turo-
« nico, in vicaria illa de Cancellis. Has siquidem supra
« memoratas res cum terris cultis et incultis, pratis, sil-
« vis, pascuis, aquis, perviis et exitibus, et cum omnibus
« aliis utilitatibus et adjacentiis earum, Deo et Sancto
« martyri ejus Juliano in speciales usus monachorum ea
« ratione concedimus, ut habeant licentiam desuper
« ædificandi, plantandi, construendi, et quodcumque
« melius elegerint emeliorandi, solventes exinde annis
« singulis tam ipsi monachi qui præsentes sunt quam-
« que et illi qui futuri sunt per secula, ad missam
« Sancti Martini hiemalem partibus fidelis nostri Rot-
« berti sive successori ejus ipsum beneficium prome-
« rentibus solidos v, et eis a nemine seniorum amplius
« non requiratur aut exigatur, sed sub tali censu libere
« ac quiete præfixas res teneant et possideant. Si autem
« ex supradicto censu negligentes reperti fuerint,
« id ipsum emendare studeant et quod tenere videntur
« non ideo amittant. Precamur interea successorum
« nostrorum clementiam omniumque sanctæ Dei eccle-
« siæ fidelium sanctorum locum aliquid conferentium ut
« sicuti sua statuta quæ pro amore omnipotentis Dei
« gesserint, voluerint inviolata servari, hæc nostra
« parvitatis gesta sinant manere intacta et inconcussa.
« Et ut hujus nostræ auctoritatis firmitas notior habe-
« atur et ab omnibus inviolabititer conservetur manu
« propria eam sub signo sanctæ crucis firmavimus, et
« ad fideles nostros utriusque ordinis manibus propriis
« insigniri rogavimus.

« Signum Hugonis comitis et Francorum ducis.

« Signum Rotberti, qui hanc auctoritatem fieri de-
« precatus est et ipse firmavit.

« Signum Gibardi fratris ejus, Sancti Martini canonici.

« Signum Fulconis Andegavorum comitis.
« Signum Teotbaldi Turonorum vicecomitis.
« Signum Gaufredi Aurelianensium vicecomitis.
« Signum Buchardi comitis.
« Signum Gauzfridi Carnotensium vicecomitis.
« Signum Odulfi.
« Signum Gerardi.
« Signum Bernardi Silvanecti comitis.
« Signum Hucberti.
« Signum Adalardi.
« Signum Bernerii.
« Signum Landrici.
« Signum Guanilonis.
« Signum Odulgerii.
« Signum Evrini.

« Data mense maio, in pago Aurelianensi, in villa quæ « dicitur Fontanas, ubi residebat domnus Hugo venera-
« bilis comes et tramarcus cum suis fidelibus, anno
« scilicet Dominicæ incarnationis DCCCCXLII° sive anno
« tertio regnante Hudovico rege (1). »

(1) Cette chartre est imprimée dans D. Mabillon, *Annales Ordinis Sancti Benecdicti*, tom. III, app. pag. 709.; et dans D. Bouquet, *Scriptores Galliæ*, tom. IX, pag. 722.

EXPLICIT

BREVIS HISTORIA SANCTI JULIANI TURONENSIS.

CHRONICON RHYTHMICUM
SANCTI JULIANI TURONENSIS.

(LIBER PRIMUS).

. . . .
. . . . beatissimum
. . . .
Per ejus ergo studium
Nostræ. . . . .
. . . .
. . . od qui post eviscerant
. . . .
. . . . . tes et commenta,
Et auctores, et historias,
. . . . as(?)
Multa quoque ornamenta,
Tabulas et . . . . a
Ceteraque talium
Adquisivimus per ipsum.
. . . .
. . . abbas abbatiis,
Totum iste(?) ingenium
Nostræ. . . . .
(Vide)tur ergo plurimum

Atque rerum plurimarum
Per hunc nobis incrementum,
In his vero maxime
Quæ ad cultum ecclesiæ
Librorumque ant(iquorum)
Pertinent armarium.
Inter hæc et al. . . . .
Studia dicunt(?) et credimus
Voluntate antiquorum r . . . .
. . . . . abbas revolvere,
Ubi capsam vetustissimam
In p(rofunda crypta con)ditam
In qua erat reposita
Domini Jesu Christi caliga (1)
(Cum sanctorum pretiosis)
Plurimorum reliquiis.
Ad tam mire invent . . . .
Populus cum grandi lætitia,
Cui adjunct. . . . .
Præsul Hugo supplicandum
Deo monet et oran(dum).
Per aperta miracula
Comprobantur verissima
Quæ mu. . . . .
Voluntate ergo pari
Et consilio communi
Festiv(itatem annuam)
Instituunt celebrandam
Pentecostis in octabis
. . . .
Trinitatis in honore

---

(1) *Chronicon Turonense magnum*, pag. 118.

Quo inventæ reliquiæ
Fuerunt(?) . . . .
. . . .
Iste abbas postea
Millesimo sexto anno
Verbi in(carnati) . . . .
Thesaurum contigit invenire;
Et hæc sunt reli(quiæ)
. . . . inventæ (1).

. . . .
. . . .
Silvestri papæ et Gregorii
. . . . bini et Remigii,
Albini, ...
. . . . Agathæ,
Luciæ, Justinæ . . . .
   Quæ autem sunt miracula
Per (has sacras reliquias effecta),
(Demonstrat) festum,
Et post festum fiunt ista;
. . . .
. . . . gaudens accurrit
A quartanis statim . . . .
. . . .
Faucium morbo moriens
Loci hujus serviens
. . . . amittens.
Reliquiis signati
Redeunt sa(nati)
. . . . . malis.
Redditur sana his osculatis

(1) Il existe ici dans le manuscrit une lacune d'environ 30 vers.

Audita horum fama Nor(manna)
. . . .
(D)um reliquias credens honorat
Annuo morbo san(ata exsultat).
(Festiv)itatis octavo die,
Caligine pulsa, mulieres duæ
(Dicuntur amis)sum
Recepisse visum.
Pro quibus dum Deus a cunctis lau(datur),
(Tertia protinus e)n cæca sanatur.
Quarta cui palmæ hærebant (ori ?)
(Tactis reli)quiis gaudet sanari.
Qui duce alio cæcus (venerat)
(Ipse solus) videns repedat.
Plures lunatici coacti
. . . .
. . . . sen(tiunt ?)
(Sub)ito sanati redeunt.
His et similibus
(Miraculis plu)ribus
Vera probantur
Quæ breves testantur.
Si quæratur . . . .
Unde nobis hic thesaurus ?
Fertur eum Turonenses
(Donavisse pon)tifices,
Crucifixoque conditum
Cum eo nobis traditum
(Auctores an)tiqui prædicant,
Et sic se nosse indicant.
De his (autem venerandis)
Alia opinio reliquiis :
Ex nobili abbatia

. . . . erum sita
Dum Huni terram destruunt,
Ad (Turones monachi) aufugerunt
Cum omnibus quæ habebant
Et quæ afferre poterant.
Destructa inter cetera
Eorum abba(tia),
(Cum rebus) quas secum habent
Nobiscum nostri remanent.
Horum igitur (divitiis)
Crevimus et reliquiis.
Postea imminente
Danorum irrupti(one),
(Ne a)b illis auferrentur,
Reliquiæ absconduntur.
Destructa hac (abbatia),
Et iterum restaurata,
Qui temporibus abbatum
Latuerat ali(quantum)
Tanti pretii thesaurus,
Per hunc tandem est repertus.
Exceptis hi(s reli)quiis
Pluribusque aliis,
Habemus nos pretiosa
Confessorum corpora,
Quorum paucis memoria
Est a nobis commendanda.
Ad laudem igitur Dei
Et honorem hujus loci,
De singulis licet pauca
Pauca tamen sunt tangenda;
Sed prius de episcopo
Venetensi Bleviligueto.

Fuit hic Venetensium
Præsul et splendor præsulum.
De quo pontifex Morvannus
Sic nobiscum est locutus.
« Sum, inquit, ab hoc septimus.
« Qui, ut vere cognovimus,
« Præsul fuit sanctissimus;
« In cujus præconium
« Hoc habemus miraculum.
« Cum in sua quadam villa episcopus jacuisset,
« Inquietantibusque ranis requiescere non posset,
« Famulo suo præcipit ut eis præcipiat
« Quatinus requiescant ut ipse requiescat.
« Cujus ad imperium
« Mox omnis conticuit garrulitas omnium.
« Qui postea cum rediisset
« Et ranarum silentii meminisset,
« Famulo statim jubet ut redeat,
« Et ranis ut solito more cantent præcipiat.
« Qui cum dicere deberet : cantate pluraliter ;
« Britannice intulit : ratichant singulariter.
« Ex die autem illa,
« Cum ranarum ibi multa
« Videantur millia,
« Nunquam tamen ibi cantat nisi una.
« Hoc omnibus indigenis
« Est cognitum et vicinis. »
Est itaque certissimum
Fuisse hunc sanctissimum
Tam per vitam quam deduxit
Quam per opera quæ fecit.
De quo et nos hoc dicimus
Quod frequenter audivimus :

Quod Lusdi castro daemonem,
Ut famulum famulantem,
Sed parantem in crastrinum
Aqua necare dominum
Cognoscens effugaverit,
Et dominum salvaverit.
Praesul hic tanti meriti,
Tam immensi praeconii,
Pauper factus ex divite,
Et monachus ex praesule,
Sub tunica paupertatis
Forma fuit honestatis.
Per vitae hujus stadium,
Sic cucurrit ad bravium,
Ut donari denario
Gauderet sibi reddito.
Ut credimus, ante Deum
Hunc habemus advocatum,
Cujus corpus in sepulchro
In arcu cryptae posito,
Cum honore requiescit,
Ut honor ejus exigit.

 Quia semel egregiam
Intravimus Brittanniam,
Immorari libet, liberam (?)
Ad Dei tamen gloriam.
Habemus enim inde confessorem egregium,
Egregium confessorem Laurum beatissimum.
Qui statim a puero, mundi linquit omnia
Pro coelestis regni honore et gloria.
Nam sicut hiems laurum (?)
Non urit, nec rogus aurum,
(Pariter forte)m puerum

Nec opes nec gloria rerum.
Quas mundi (sectatores) appetunt divitias
Et diligunt divitias,
Dei verus cultor (penit)us sprevit, devovit,
Animoque manuque removit.
Qui quamvis nobilis et dives fuerit,
Pro Christo tamen patriam parentesque deseruit;
(Pro) quibus, ei Deus talem amicum tribuit
In quo et patriam et parentes habuit.
Siquidem Judicael Brittonum dux optimus
A Deo ei datur adjutor in omnibus.
Cujus adjutorio
Facto monasterio,
In omni sanctitate cum subjectis floruit,
Et tam verbo
Quam exemplo
Multum multis profuit.
Cujus nobilis vita
In conspectu hominum religiosissima
Et in conspectu Domini exstitit pretiosa.
Cujus etiam alta
Sanctitatis præconia
Cumulare non desinit miraculorum gloria.
Nam per ejus sanctitatem,
Tam in vita quam post mortem
Reformatur debilitas
Et sanatur infirmitas,
Maxime loco illo,
Quo exiit e seculo;
Ubi per signa quæ fiunt
Cineres ejus vivunt.
Et quoniam vitam ejus
Docet liber vitæ ejus,

Sufficiat commendasse
Summam saltem suæ vitæ.
  Gloria et gratia
Tibi, o Brittannia,
Quæ nobis duo talia
Dedisti luminaria.
Tuorum mundus meritis
Fulget sicut cœlum stellis;
Merito tibi terrenus
Vicinatur paradisus,
Quæ talibus et tantis
Abundas cœlicolis.
Sed, væ tibi Turonia,
Væ tibi Turoniæ gens misera;
Ex te tibi lumen nullum,
Nullum decus, nullum bonum.
Ut lumen reciperes,
Et de morte resurgeres,
Gracianum misit Roma,
Et Martinum Pannonia;
Sed tu lumen recipere
Contempsisti et surgere,
Nam fidem quam suscepisti
Susceptam non custodisti.
Semper dura et crudelis,
Obstinata et rebellis,
Numquam bene christiana
Quasi nunquam baptizata.
Quamvis talis et tam dura
Et tam bono contraria,
Fertur tamen in te, Sanctum
Habitasse Antonium.
Quamvis nobis incertum sit

Utrum vel ex te fuerit,
Vel aliunde venerit,
Undecumque venerit
Certum quod sanctus fuerit.
Cujus erat religio
Exemplum omni populo;
Nam quod ore prædicabat
Opere perficiebat.
Qui solitariæ vitæ
Delectatus dulcedine,
Pro vita solitaria
Mundi contempsit gaudia.
Inter hæc pauperiem modico contemptus
Semper amavit,
Et rerum dominus
Nil cupiendo fuit.
Quem inhabitavit locus,
Locus pulcher et quietus,
Et undique silva cinctus.
Cujus in lapide, sculpta
Fuit et est nunc capella,
In qua duo altaria;
Deo ibi Dei servus
Serviebat assiduus.
Ad fontem qui in capella,
Nulla accedit femina.
Fertur quamdam accessisse,
Et mortuam cecidisse.
Per ejus tamen transitum
Ex hoc mundo ad Dominum,
Hic contra carnis vitia
Pugnans eremicola,
Post cursum vitæ optimum

Diem clausit ultimum.
Qui, ut Deo placuit,
Porcario apparuit,
Ut faceret se a nostris
Afferri jubens monachis.
Qui dum mandatum negligit
Oculorum lumen perdit,
Sed dum illud perficit
Visum cæcus recipit;
Eo duce mox a nostri
Affertur corpus monachis.
Hujus patrociniis
A gehennæ incendiis
Liberari expetimus,
Nos qui in Deum credimus.
    Multa quidem et alia
Habemus sancta corpora;
Habemus et reliquias
Multis locis plurimas,
Sed miseri nos nescimus,
Quia scire negligimus
Thesaurum quem habemus;
Damnanda ergo inertia
Nostraque negligentia.
Civitatis canonici cum ante nos pertranseunt,
De Sancto Simplicio mentionem faciunt,
Et fortassis hunc habemus,
Quamvis ubi ignoremus.
Altare Sancti Albini
Sub benedicto altari
Continet reliquiis
Ollam plenam plurimis;
Continentur et in freda

Exceptis reliquiis
Sanctorum sancta corpora.
Cum Deo in choro monachi serviunt,
Qui ante Beatum Martinum dormiunt,
Cogentibus qui ibi quiescunt
In chorum coacti confestim redeunt.
Natali Domini
Contigit videri
Quosdam candidatos
Ardentes cereos
Per cimiterium
Deferentes nostrum.
Et quidem merito
Apparuit ibi (t)am pia visio,
Ubi tot posita
Sanctorum corpora;
Quo loco nec ullus
Invenitur gress(us)
Sed nec pedis passus
Qui non sit optimis
Plenus reliquiis.
Passim enim (sancta)
Fratrum sunt corpora,
Cineres, sepulchra.
Quorum ergo reliquiæ apud nos (adsunt)
Apud Deum, ut credimus, Spiritus Sancti vivunt.
Qui dum sua corpora visitant
Opera quoque nostra considerant,
Quæ dicimus vel facimus vident et audiunt,
Quæ vel bene vel male agimus omnia intelligunt;
Intelligunt omnia, sed de bonis gaudent,
Condolentque nobis quando mala vident.
Dei ergo ad honorem

Et eorum ob amorem,
Tam verba quam opera
Abscidenda superflua,
Ut qui mali displicemus
Emendati placeamus.
Inventionis causa
Reliquiarum de capsa
De corporibus sanctis
Ceterisque reliquiis
Et si non ut debui,
Scripsi tamen ut potui.
Quæ tamen eo referuntur tutius
Quo noscuntur certius,
Conspiciuntur præsentius.
   His ita recitatis,
De operibus tandem recitandum abbatis
Qui Pruliaci abbatiam adquisivit,
De qua a Roberto rege præceptum impetravit.
Adquisivit Rentiacum ab Hugone archiepiscopo
De abbatia Beatæ Mariæ matris ecclesiæ sita claustro.
Hoc tempore, nostra abbatia
Multa et in multis passa est gravamina.
Martellus enim comes eam munierat,
Et de illa civitatem oppugnabat,
Quam tandem a Tetbaldo
Comite recepit.
Quem Pontilevis bello,
Anno millesimo
Sexto decimo cepit.
Miræ probitatis
Martellus hic exstitit
Qui Blesis et Pictavis
Comites bello vicit;

Quique juxta nomen suum
Colla contrivit hostium.
A Pontilevis bello
Obiit anno sexto
Herveus thesaurarius
Et Hugo archiepiscopus.
Miles quidam Galterius
A Jerusalem regressus
Sancti Lupi abbatiam
Nobis dedit,
Et cum ea quæ ad eam
Pertinebant contulit.
His pluribusque aliis
Abbas iste adquisitis,
Post talia ut credendum
Adquisivit Dei regnum.
Jure quidem præmia
Adquirit cœlestia,
Cui super cuncta dulcis
Memoria est cœlestis.
 Libet hic subsistere
Et stilum reflectere.
Ut testatur antiquitas
Et antiqua auctoritas,
Locus iste restaurari
Cœpit et reædificari
Tam abbatum bonitate
Quam præsulum dulcedine.
Ita enim oportebat,
Ita locus postulabat,
Ut quod bonitas plantaret,
Bonum dulcedo rigaret.
Talium tali studio,

Ut exigebat ratio,
Crevit et hæc abbatia
Crevit et ejus gloria.
Creverunt et aliæ
Quam plures abbatiæ
Ex mutua pontificum
Concordia et abbatum.
Per tempus hoc præteritum,
Ut nobis est percognitum,
Abbates quos habuimus
De nobis habuimus,
Dedimusque plurimis
Abbates abbatiis.
Et t(unc) erat abbatia
Monachorum propria,
Quando eam proprii
Gubernabant filii.
Gaudebat tunc de filiis
Mater propria propriis,
Quando eam honor(abant)
Sicut matrem, et amabant.
Quæ hunc locum incolebat,
Deo pie serviebat
Fratrum congregatio
In pace et gaudio.
De bonis abbatibus,
Episcopis dulcibus,
Quia vera quæ sunt scripta,
Sufficiant, quamvis pauca.
Hic ergo stilus figitur,
Hic ejus gradus sistitur,
Hic liber primus clauditur.

(LIBER SECUNDUS).

Primo hujus operis continetur libello
Abbatiæ hujus prima institutio,
Institutionis impia destructio,
Destructionis pia restauratio.
Dulce quidem ejus est principium,
Sed amarum ejus est excidium,
Excidii prædulce remedium;
Sed dolendum prædulce remedium
Versa vice versum est in contrarium,
Quia versum mel est in absentium,
Quia versa laus est in opprobrium.
Fracta enim libertas antiqua,
Fracta egregiæ libertatis jura,
Fracta juris firmi firma privilegia.
Pro impietate pietas abjicitur,
Pro falsitate veritas contemnitur,
Pro servitute libertas conteritur.
Quid multa? Ut post noctem grata dies,
Et post laborem requies,
Sic ingrata servituris
Servitus est liberis.
Quo libertas dulcior et pulchrior,
Eo servitus amarior et turpior.
Libertatis expertus dulcedinem
Servitutis (du)ræ odit amaritudinem,
Cujus amaritudo quo durior
Eo libertatis dulcedo suavior.
Quæ dulcedo tunc apud nos amittitur,
Cum a præsule Arnulfo Albertus
Pater ejus

Hunc in locum abbas intruditur.
Id quidem mire
Durum abbatiæ
Ab aliis accipere
Quod consueverat dare.
Ex ea ideo monachi exeunt,
Monte Bodiolo castellum statuunt.
Frequenter inde panem de furno
Inter cetera tollunt navigio.
Tollunt itaque de abbatia
Tollunt undique quæ possunt omnia.
Majoris Monasterii
Interim monachi
Cum abbatia occupant proximas
Per archipræsulem obedientias.
Quorum unus dum balno arripit,
Sanctique homines superbus despicit,
Dum quemdam ex eis vocat colibertum,
Statim cum lancea occidit monachum;
Ita ex despectu venit convicium,
Et pro convicio fit homicidium.
Tot malorum summa condemnat impium
Qui nobis invitis dedit extraneum.
In ejus tamen manu est dimissa
A Vindocinensi Hugone calumnia,
Quam in Vallis Boane et Belli Montis mittebat altaria.
Hoc autem Alberto
Post triennium ejecto,
Abbatia commendatur Frederico abbati
Et Richerio priori.
Qui prior, quia nostris per omnia dulcis fuit,
A nostris præ ceteris amari promeruit.
Sed citius quam vellent amantibus aufertur.

Sanctique Launomari Blesis abbatiæ abbas datur.
Postea Frederico abbati qui, duobus annis,
Evrardoque qui uno præfuerunt, exclusis,
Gaudent nostri servitutem evasisse,
Gaudent jugum servitutis excussisse.
Ut enim post languorem
Gratissima sanitas,
Sic post duram servitutem
Dulcissima est libertas.
Nocte pluit tota, redeunt spectacula mane.
Cum succedit prosperitas, molestia
Decedente, recolenda inter hæc servitutis miseria
Quam nostra per id tempus passa est ecclesia.
Cum in domo libertatis
Regnaret lex servitutis,
Nullus erat ibi ordo,
Nulla ibi religio.
Ubi murmur et odium
Contra patrem filiorum
Quæ superat omnem sensum,
Pax amittit ibi sensum.
Ubi turbat dissensio,
Ubi sævit contemptio,
Nulla ibi dilectio.
Ubi adulatio
Nascens ex invidia
Rixas miscet et jurgia,
Nulla ibi salvatio,
Sed certa est damnatio.
Ubi Dei et sanctorum
Negligitur servitium,
Ubi nullus Dei timor,
Ubi nullus sanctis honor,

Labor omnis ad quid valet?
Ubi Deo nihil placet.
Nihil ibi Deo gratum,
Ubi deest silentium.
Nam ibi tantum frangitur
Ubi Deus contemnitur,
Ergo absque silentio
Nulla valet religio.
De cibo interim et potu taceo,
De vestimentis loqui non audeo;
Quibus tantum indigebant
Qui pauperes Dei erant,
Nam alii qui poterant
His omnibus redundabant.
Radix illa adhuc vivit,
Vivit nec unquam aruit,
Quo plus quis potest plus facit.
Nulla fraternitas ibi,
Nulla fratrum societas.
Ubi alius esurit,
Alter delicate vivit;
Ubi alius nudus est,
Alter bene vestitus est.
Quamdiu est æquitas
In monachis et unitas,
Tamdiu sunt monachi;
Qui appellantur monachi
Ubi singularitas
Et peculiaritas.
Ibi nec justitia,
Nec pax, nec concordia.
Bene igitur
A sapiente dicitur,

Quietissime homines viverent
Si duo verba tollerent
Meum et tuum. Quamdiu sine his
Regnavit locus is,
Par cibus et cultus,
Procul abstulit inde tumultus.
Postea versa vice,
Servitutis sub tempore,
Et cibus et cultus
Dispar, dat jure tumultus.
Talia prosequenti obstitit infamia,
Prohibens de miseria
Prosequi proposita.
Ex his tamen nimis notum
Quantum huic loco malum,
Per prædurum pontificem et abbatem extraneum.
Locus iste pene totus,
Totus pene est destructus.
Destructæ omnes vineæ,
Possessiones perditæ,
Perditæ vel destructæ obedientiæ,
Dissipata ecclesia,
Destructa ædificia,
Discooperta omnia,
In summa, quæ diu floruerat
Religio perierat:
Perierat religio
Et ejus opinio,
Quo major ejus gloria
Eo major infamia.
   Contra tot incommoda
Taliumque cetera
Prudenti consilio

Prudens congregatio,
De quo supra, egregium
Elegit Richerium.
Cujus probitate mira,
Mira et prudentia
Opus erat per omnia,
Ad restauranda omnia.
Qui datus Blesis et nostræ
Gubernator abbatiæ,
Utramque ut decuit
Viriliter tenuit.
Sed quo magis eguit,
Nostræ magis studuit
Prodesse et profuit.
Vir iste,
Ut fertur, Britanniæ
Indigena fuit;
Qui post litterarum studia
In Gallia,
Sanctæ Mariæ
Pauperculæ
Presbyter exstitit.
Ubi cum plurima probitate
Floreret, Beati Martini canonicus esse
Voluit nec valuit, decano prohibente.
Prohibenti tamen fertur respondisse,
Inspiratus, ut aiunt, spiritu prophetiæ,
Et canonicum se futurum,
Et in ejus sede vellet nollet sessurum.
Quid multa? contigit
Ut prædixit;
Majoris Monasterii monachus ex presbytero,
Blesis et noster abbas ex monacho,

Futurum hoc ita dudum præsignavit.
Cum de capitulo
In abbatis stallo
Novitius sedit
Qui interrogatus cur hoc præsumpserit,
Quod decano dixerat monacho retulit.
Risum movit omnibus res relata,
Miramque admirationem rei eventus postea.
Sedit enim, ut prædixit, in decani sede,
Blesis et nostræ abbas abbatiæ.
Sed Blesis abbatiam comite inquietante deseruit,
Et ad nostræ restaurationem totus totum se contulit.
Ad quam postea sed coactus rediit,
Destructam enim a comite et a comitis abbate reperit.
Tenuit itaque et rexit
Utramque, utramque ut decuit
Viriliter tenuit.
Et propter hæc et alia hujus modi
. . . .
. . . .

FINIS DESIDERATUR.

HISTORIA MONASTERII

BEATÆ MARIÆ DE FONTANIS ALBIS.

PRÆFATIO.

Cunctis fidelibus quos ad inhabitandum istud cœnobium a solis ortu et occasu, ab aquilone et mari, divina inspiratio convocabit, cunctisque quos hic in unum congregabit Christus ad glorificandum seipsum, frater Peregrinus septimus sed semper indignus abbas de Fontanis, præveniri a Domino in benedictionibus dulcedinis, crescere et multiplicare vos faciat Deus sicut arenam maris, et donet vobis de rore cœli et de pinguedine terræ abundantiam ; et adaperiens cor vestrum in lege sua et in præceptis suis, faciensque pacem in diebus vestris, exaudiat orationes vestras tam pro vivis quam defunctis; et sic semper accendat ignem sui amoris in cordibus vestris, ut læti et devoti in sua laude cunctis diebus vitæ vestræ psalmos vestros decantetis in hac domo Domini.

LIBER PRIMUS.

De institutione cœnobii de Fontanis et successione prœlatorum ejus.

Caput I.

De creatione hujus abbatiæ, fratres carissimi, historiam texere decreveram, sed timeo ne forte præsumptioni et vanæ gloriæ reputetur non mercedi; siquidem prædecessores nostri per inscitiam aut negligentiam, seu etiam per occupationem rei familiaris diutius omiserant, nimis promptulus attentabo. Caritas equidem, quæ solet operire multitudinem peccatorum, de facili potest foras mittere timorem istum. Ut ergo ex verbis apostoli incipiamus : *fundamentum etenim aliud nemo potest ponere, præter id quod positum est, Christus Jesus,* qualiter *fundaverit eam altissimus et posuerit fundamenta ejus* ex hominibus sanctis, largiori discussione vestra fraternitate utile duximus intimandum. In hac namque fidelis sermo et omni acceptione dignus, in hac namque tota narratione nihil aliud me credo inserere, nec temere diffinire, quam quod ratione suffragante, seu fideli testimonio potero comprobare.

Igitur locus iste ab antiquo Fontanas nomen accepit, propter fontes qui in hac valle copiosi videbantur. Erat autem locus iste nemorosus ex omni parte, et valde periculosus propter latronum frequentiam.

Caput II.

Cum autem placuit illi *qui vocat ea quæ non sunt, tanquam ea quæ sunt, ut ubi abundavit malitia, superabundaret et gratia;* et ut glorificaret nomen suum ibi misit servum suum Gaufridum primum eremitam ad inhabitandum locum istum. Dedit etiam ei socium, Gaufridum Bullonum. Erant autem ambo nati de confinio isto, hoc est de Monte Leonis. Adjuncti sunt eis Willelmus quidam clericus, vir religiosus, et Lambertus quidam miles Flandrensis, qui dicebatur Magnus, respectu cujusdam socii eorum, qui dicebatur Minor Lambertus. Fuerunt et alii plurimi, ex quibus fuit Giraldus de Locumnia et Herveus de Garlardone, et David laicus, qui fuit satis utilis in agricultura. Fuit inter eos Ascelinus presbyter, vir admodum religiosus.

Septem vero ex istis sociis domni Gaufridi primi eremitæ, monachi facti a prima institutione abbatiæ, vixerunt usque ad tempora domni Roberti de Fossello, qui in diebus eorum puerulus susceptus est in cœnobio isto et nutritus ab eis fere per quatuordecim aut quindecim annos, sub manu Theobaldi tertii abbatis; et quinque ex eis usque ad tempus domni Willelmi, qui infirmitorium nostrum per triginta annos eo amplius procuravit.

Caput III.

Igitur ex ore eorum, Roberti scilicet de Fossello, et Willelmi infirmarii nostri, didici quæ successionis nostræ memoriæ fideliter commendare suscepi. Ipsi vero multoties mihi dicebant quod per multos dies et annos hujus rei seriem frequenti collocutione ab eis accepissent. Ego autem conservabam omnia verba hæc, conferens in corde meo, quoadusque opportunum tempus accepissem, in quo cuncta per ordinem, ad utilitatem et ædificationem nostram scripto mandare potuissem.

Illud pro certo tenete quod habitatores hujus loci

primi fuerunt prædicti eremitæ, et plures ex eorum fratribus, quos enumerare longum duximus. Hoc iterum noverit vestra fraternitas, quod in hoc loco primam mansionem non habuerunt, sed elegerunt sibi locum habitationis juxta Pontem Rune, in terra petrosa, quæ supereminet huic abbatiæ. Exiit autem sermo inter fratres, quod locus ille non satis esset aptus ad permanendum: et de communi consilio transtulerunt se cum suis omnibus ad locum istum, quo nunc orantes degimus. Inter cætera vero ædificia quæ hic construxerunt, ædificaverunt capellam ligneam multæ pulchritudinis in honore Sanctæ Mariæ Magdalenæ, ad cujus solemnitatem singulis annis ex vicinis locis confluebat non modica multitudo; et fiebat lætitia magna in populo.

Caput IV.

Accidit illo in tempore quoddam dignum recordatione. Nam Willelmus ille clericus, cujus superius mentionem fecimus, inspiratione divina tactus amore cordis intrinsecus, petivit licentiam a domno Gaufrido et a Turonensi archiepiscopo eundi Hierosolymam; et sicut petiit habuit, et abiit.

Quando venit ergo sacri celebratio sabbati paschæ accessit cum cæteris fidelibus ad sepulchrum Domini volens interesse consueto miraculo, quo datus divinitus ignis illa die præsentes solebat omni anno lætificare: et cunctis videntibus qui aderant, et præ gaudio mirantibus, cereus ejus divina virtute ardens et lucens apparuit. Inquisitus autem a majoribus quis esset, et unde advenisset, confessus est et non negavit: et confessus est se esse de Gallia, et huc advenisse a Turonia, et quod esset de Fontanis eremita. Quia vero nuper obierat patriarcha, et adhuc vacabat sedes illa, tanto miraculo commoti clerus et populus, unanimi concordia eum in patriarcham protinus elegerunt. Quo audito fratres de Fontanis gavisi sunt gaudio magno, et laudaverunt Deum, *qui facit mirabilia magna solus.*

Caput V.

Post hæc Lambertus Magnus ad magistrum Gaufridum benedictionem petens accessit, qua recepta recessit: et causa visendi loca sancta adiit Hierosolymam, necnon et desiderio videndi domnum Willelmum patriarcham. Quo cum pervenisset et eum sanum et incolumem reperisset: salutantes se mutuo et in oscula ruentes, flentesque præ gaudio pariter consederunt. Tum venerabilis patriarcha, pro labore itineris et periculis maris prius fratri Lamberto compatiens, festinans inquisivit dicens: « Adhuc ne vivit pater noster senior ille qui præerat domui nostræ? » Et sigillatim de cunctis fratribus interrogans: « Adhuc ne vivit ille et ille? » Cui respondens reverenter frater Lambertus ait: « Adhuc vivit senior ille de quo interrogatis; vivunt et alii fratres ex omni affectu dilectionis vos salutantes. Audierunt etenim verbum de vobis, quod fecit Dominus et ostendit illis. » Post hæc venerabilis patriarcha intulit dicens: « Quoniam de multo labore et periculis multis nunc recenter evasisti non est competens te diutius fatigare. » Et post hæc hilariter ministris suis jussit omnem humanitatem illi exhibere non solum illa nocte, sed quam diutius frater Lambertus mansit in Hierosolymitana civitate.

Adveniente vero tempore quo naucleros et nautas ad mare solet aura secundior revocare, et repatriantes peregrini cum multa festinatione solent panem et

aquam et cætera ad usus proprios necessaria ad portum coadunare, didicit religiosus patriarcha, quod frater Lambertus in illa patria disponeret diutius permanere. Quem cum advocasset, et seorsum et privatim tenuisset, cœpit cum eo multa gravitate et pietatis affectione de loco isto sermocinari : « Misereor, inquiens, super lo-
« cum nostrum, quia nostri fratres ibi manentes et
« pro nobis orantes sine intermissione, suspensi quo-
« tidie se sperant a nobis litteris aut nuntio, seu quo-
« cumque beneficio jamjamque visitari; unde te, frater
« carissime, oportet incunctanter remeare, quia ad
« ipsos habeo secreta quæ perferas. » Et aperto thesauro suo, protulit phylacterium parvum argenteum in modum crucis dicens : « Frater mi, ecce lignum crucis, in quo salus mundi pependit. » Et procidentes adoraverunt illud. Rursumque protulit tabulas ligneas plenas reliquiarum, in quibus erat lapis insertus et mirifice sculptus monstrans qualiter mulieres venerunt ad monumentum cum aromatibus, et qualiter digito monstrat eis angelus ac si diceret : *Ecce locus, jam non est hic, sed surrexit Dominus.* Monstratur et ibi non parva portio dominici sepulchri, cui supereminet signum dominicæ crucis ligneum satis honeste locatum. In quarum circuitu maxima continetur multitudo reliquiarum, quas præ multitudine non sum ausus numerare. Tradidit et altare suum proprium, in quo celebrare consueverat, quod usque hodie apud nos est candore et decore nimio cernentibus satis acceptum.

Protulit et casulam pretiosam et purpuream cum cæteris ornamentis sacerdotalibus, dicens : « Hæc sunt,
« frater carissime, quibus, Deo disponente, et te de-
« ferente, sanctum locum de Fontanis decrevimus ador-
« nare: quo cum perveneris, et fratribus nostris

« obtuleris, Deo teste, et me tibi asserente, jurejuran-
« do fideliter affirmare poteris, quod sic ubi in partibus
« istis aliqua portio Dominici ligni remansit, prout
« verius et melius certiusque cognoscere potui, priva-
« tim et publice investigare non omisi. Quod cum re-
« perissem, penitusque certus fuissem, cum timore
« et tremore, cum honore et amore, usque hodie me-
« cum assuevi deportare. Nunc ergo tibi mando et
« præcipio ut per mare et per terram quocumque per-
« veneris, his sanctis reliquiis et maxime illi parvulo
« phylacterio, quod continet lignum Dominicæ crucis,
« reverentiam et honorem, prout melius potueris, exhi-
« bere non omittas. Et cum ad fratres nostros, Deo vo-
« lente, redieris, vide ut quod de sanctis reliquiis,
« me attestante, discis, illis fideliter affirmes, asseras,
« inculces et exponas. Nec tibi durum videatur, quod
« a me tam cito recedere permitto, neque dicas apud
« te, quod per alium nuntium satis possem ista trans-
« mittere; non enim hæc tam parvipendo, ut extra-
« derem cuiquam sæculari aut laico, nec etiam minus
« fideli nuntio. » Quo finito consilio, convocatisque in
unum sociis domni Lamberti, inter quos præcipuus
erat vir genere et nobilitate insignis, qui dicebatur vulgo
filius Evraldi, senior de Codrilleto, quod est in Amba-
siensi territorio, injunxit eis, ut in partibus istis testimonium perhiberent veritati super his reliquiis, quas
frater Lambertus asportabat ab Hierosolymis. Injunxit
etiam eis ut honorem et amorem huic loco conserva-
rent. Quo sermone finito, et post celebratum convivium
hymno dicto, privatim convocans fratrem Lambertum,
expensas ei tradidit in præsenti, prout in via ejus credidit competere necessitati. Et rursum coram cunctis
exiens, domnūm Lambertum sociosque ejus sigillatim

deosculans, elevata manu cunctos benedixit: imprecans eis prosperitatem hujus viæ et vitæ in portum salutis æternæ. Qui valefacientes ei, recesserunt ab eo, gaudentes et exultantes super his omnibus quæ audierant et viderant. Et sic domnus Lambertus felici navigio, cursu prospero rediit ad propria, secum deferens omnia quæ illi tradiderat venerandus patriarcha.

Fratres vero de Fontanis valde consolati sunt in adventu domni Lamberti; et susceptis tantis pignoribus et tanti viri salutationibus, benedixerunt Deum qui visitavit et fecit misericordiam cum illis.

Caput VI.

Post hæc cœperunt frequentius sollicitare et convenire magistrum Gaufridum, ut se et suum locum transferrent ad aliquem ordinem; qui non respondebat eis verbum. Ægrotavit vero magister Gaufridus, et erat languor ille fortissimus. Accedentes autem fratres ejus ad eum, dixerunt: « Dispone domui tuæ, quia timemus
« ne forte moriaris et amplius non vivas. Si tibi displi-
« cent monachi nigri de Bonavalle, qui juxta nos habi-
« tant, an hi qui sunt Majoris Monasterii ex altera
« parte? Si canonicos regulares non acceptas; si tibi
« placet, mittamus usque Savigneum, quod est celebre
« monasterium, de quo jam plurima processere mo-
« nasteria; ex quibus abbates conveniunt ad capitulum,
« et refloret ibi ordo et eorum ubique redolet dulcis
« opinio. ». Quibus ille ait: « Si vultis mittere,
« mittite. » Et rapuerunt verbum de ore ejus, mittentesque festinanter, adduxerunt domnum Gaufridum abbatem Savigniensem et domnum Hildebertum archiepiscopum Turonensem. Affuit etiam domnus Raginal-

dus de Castello, ad cujus dominium locus iste pertinebat. Omnes igitur in unum congregati Dominum collaudantes, statuerunt locum istum de cætero esse abbatiam. Et ipsa die archiepiscopus Turonensis benedixit in monachos duodecim ex eremitis. Benedixit etiam in abbatem domnum Odonem monachum de Saviniaco, quem ad hoc secum adduxerat Gaufridus prædictus abbas Saviniacensis. Et sic anno Verbi incarnati millesimo centesimo trigesimo quarto, tertio idus novembris, fundata est abbatia de Fontanis.

Illi vero qui supervenerant, omnibus rite celebratis, cunctisque dispositis, remeantes ad propria, imperati sunt remanentibus præsenti prosperitate gaudere et futura. Magister vero Gaufridus et domnus Gaufridus Bullonus, et Ascelinus presbyter et plures alii, quos nominare nescimus, recusaverunt se in monachos benedici. Quibus monachi concesserunt quocumque vellent ire, et de rebus monasterii quidquid vellent sive in possessionibus sive in quibuslibet rebus quamdiu viverent possidere.

Recessit igitur Gaufridus et habitavit in foresta, ultra fluvium qui dicitur Cherius, in loco qui dicitur Aqua Viva, ubi nunc est canonicorum regularium abbatia. Unde et quo veniebat, certum non comperimus, sed apud castrum quod dicitur Montrichardus, invenit eum ultima dies et hora. Et detulerunt eum et sepelierunt in cœmeterio prædictæ abbatiæ, talemque vir Dei sortitus est exitum vitæ. Ascelinus vero presbyter cum alio Gaufrido, in loco qui dicitur Landa, habitavit, et obiit, et sepulturam habuit. Domnus vero Gaufridus, cognomine Bullonus, circa suum finem ad nostrum monasteterium se cum suis omnibus transtulit et in claustro monachorum, Deo volente, sepulturam promeruit. Et hic finis eremitarum.

Caput VII.

Monachorum vero tenentes historiam, revertamur ad domnum Odonem primum abbatem : qui postquam rediit ad mentem, expavit paupertatem ; nihil enim ei demiserant prædicti eremitæ, præter sedem abbatiæ, et hujus terræ petrosæ quantum quatuor boves poterant laborare. Sed conversus ad Dominum, de cœlo petebat auxilium. Misit ergo Deus misericordiam suam et liberavit eum a pusillanimitate spiritus, et tempestate sæcularium actionum. Diebus autem suis completis, obdormivit in Domino ; cujus sepultura a nobis quotidie cernitur in capitulo.

Caput VIII.

Huic successit domnus Gilbertus Saviniensis monachus : ex cujus monachis tres vidi et cum eis conversatus sum multis diebus. Ex quibus unus dicebatur Hugo de Brandellis, qui fuit abbas de Buxeria ; alter domnus Alexander, qui postea fuit noster abbas de Fontanis ; tertius Osmundus, vir antiquus dierum et ætate longiori decrepitus. Horum igitur relatu multa novi quæ scribenda proposui. Prædictus vero Gilbertus prædictam paupertatem reperiens, aliquantulum sustinuit, quærens qui adjuraret et consolaretur et non inveniens abiit, et obiit in domo Savigniensi.

Caput IX.

In diebus illis præerat in domo Savigniensi vir venerandus, nomine Serlo, valde litteratus, cujus eloquium audientibus erat acceptabile super mel et favum. Hic igitur cum esset justus. et paulatim cœpisset intelligere quod quidam coabbatum suorum de subjectione Savigniensi sua colla molirentur excutere, ac tardius et tepidius quam solebant ad capitulum venirent, divino fultus consilio et auxilio, impetrata licentia et auctoritate summi pontificis suum monasterium cum cæteris omnibus ad illud pertinentibus ordini Cisterciensi contradidit et subjecit in manu Sancti Bernardi abbatis Claræ Vallis, vitæ cujus et religionis auctoritas ubique redolebat; erat enim potens in opere et sermone coram Deo et omni populo. Qui continuo dedit abbatiæ Savigniensi in priorem et eruditorem ordinis Cisterciensis virum venerabilem, nomine Theobaldum. Qui cum esset Sancti Dionysii monachus et infirmarius, et forte vidisset Sanctum Bernardum, relictis omnibus, secutus est eum. Erat autem ipse Theobaldus nobilis genere et de Pertico natus.

Illud autem volumus successorum nostrum memoriæ commendare, quod quamdiu domus Savigniensis subjecta non fuit ordini Cisterciensi, locus iste dicatus erat in honore Sanctæ Mariæ Magdalenæ, et ex quo se subjecit, sicut habetur Cisterciensis ordo, dicatus est in honore Beatæ Mariæ Virginis, cujus vita inclita cunctas illustrat ecclesias.

Cum autem prædictus Theobaldus Savigneium pervenisset, et fratres illius cœnobii ordinem Cisterciensem sufficienter erudisset, post domnum Gislebertum dederunt illum nobis in abbatem. Qui postquam locum istum regendum suscepit, recordatus Sancti Dionysii divitias, et illius Clarevallensis ecclesiæ multitudines copiosas, necnon et Savigniensis cœnobii sufficientes expensas, non minus quam cæteri paupertatem extimuit. Sed quia corde mitis erat, erat et hilari vultu, jucundus aspectu, eloquio facundus, jocosus in sermone, coram cunctis intrans et exiens gratus erat et amabilis valde; prælati, principes, senatus et judices, principatus et comites venerabantur eum ; et quia talis erat, conferebant, inferebant et offerebant consilium et auxilium, et ita divino fultus auxilio et humano beneficio, gubernavit hunc locum usque ad vicesimum annum secundum.

Caput X.

Anno autem vigesimo primo ejus prælationis obiit longe prædictus Lambertus Parvus, qui unus ex eremitis et ex primis monachis benedictis. Anno vigesimo secundo me suscepit in novitium et post me non suscepit alium ; nam circa festivitatem Omnium Sanctorum pergens Savigneium fessus labore et rupturam habens in corpore, solutionem petiit et impetravit. Deinde per nos veniens, abiit Claram Vallem. Post non multum vero temporis Clarevallenses dederunt eum in abbatem monachis Castellionis, quod est nomen cujusdam abbatiæ in Lotherii regno. Et quia incolæ illius patriæ pessimi sunt, et Dei hominem male tractaverunt, vix secundum annum ibi peragens, dimissis illis, reversus Claram Vallem. Postea vero tempore domni Roberti prædecessoris mei ad nos rediit, et in pace quiete multos annos implevit.

Accidit vero quod Alicia filia Ludovici Pii regis, uxor Theobaldi Junioris comitis Blesentis, proxima partui apud Castrum Dunum, timensque periculum, mittens accersivit eum. Erat et ibi Gaufridus abbas de Gastineta cum eo. Et factum est cum essent ibi, completi sunt dies ut migraret a sæculo ; qui post lacrymabilem et devotam confessionem, post sancti liquoris unctionem et sanctam communionem, lætus et devotus et plenus dierum migravit ad Dominum. Quod autem prædicta comitissa vehementer indoluit, et cum honore debito ad nos usque deferri præcepit. Cujus corpusculum nos mœsti suscipientes, post celebratum officium, ante portam oratorii sepelivimus eum in medio claustri.

Caput XI.

Cui successit domnus Hebertus prior de Claro Monte, vir bene litteratus et valde scholasticus, nobilis genere et natus de Vovreio, qui locus est in territorio Castri Lidi. Erat autem vir bonus et religiosus, aliquantulum tamen impetuosus et onerosus; sed unde hoc inerat illi diffinire non audeo, an ex fervore religionis, seu ex naturali motu complexionis. Illud autem bene recolo, quod ex ejus moribus ejusque sermonibus multum ædificatus remansi. Duabus enim de causis post duos annos a nobis recessit; primam puto quod se novit nostrorum moribus convenire non posse, secundam quia fallaces et maligni suggesserunt Theobaldo comiti quod abbas iste insidiose ageret contra illum tempore guerræ et dissensionis, quæ in diebus illis orta est inter Henricum regem Angliæ seniorem, et Henricum filium ejus juniorem.

Adiit quodam vice prædictus abbas comitem Theobaldum, et pro necessitate domus ejus deportabat illi quoddam responsum, qui non detulit ei, sed dure locutus est et exasperavit eum, dimisit que vacuum. Vir autem Dei valde contristatus cito rediens petiit Savigneium et suæ prælationis penitus dimisit officium. Inde venit Clarum Montem, et Claromontenses eum læti suscipientes constituerunt eum priorem. Nec multo post cum clerici Rhedonenses abbatem ejus domnum Philippum in episcopum elegissent, et fratres ejus promoverunt eum in abbatem. Parvo autem tempore transacto prædictus Philippus episcopus obdormivit in Domino. Quo defuncto clerici Rhedonenses domnum Herbertum quæsierunt et habuerunt in episcopum : qui, sicut vidimus et audivimus, pluribus annis vixit in episcopatu insistens bonis operibus ; plenus dierum et meritis secessit a sæculo.

Hujus vero recessum a nobis graviter tulerunt majores natu de domo Savignei ; ita ut cum ad electionem nostram de more peterentur advenire, exhiberent nobis illud Esaiæ : *Manda, remanda, exspecta, reexspecta* ; tandem post longam fatigationem et dilationem, nolentes aut non volentes venire, miserunt domnum Simonem abbatem Sancti Andreæ, qui postea præfuit Savigniensi ecclesiæ. Hic ergo cum ad nos pervenisset et ab eis habuisset mandatum, ut in electionem domni Roberti prioris hujus domus non consentiret, siluit. Facta autem electione, cum ejus assensum quæreremus, ait : « Istud omnino stare non potest. » Et cum ab eo quæreremus causam, respondit : « Hoc in mandatum non accepimus a majoribus nostris. » Optionem tamen nobis dedit quemcumque de cæteris eligere vellemus in abbatem ; et nos ignorabamus quid agere deberemus. Quod cum cognovisset domnus Robertus prior, ait : « Noli turbari, neque pro me æmulari. » Et consensimus omnes in portarium nostrum Alexandrum nomine, qui dudum missus de Saviniaco, monachus nobiscum religiosus habitarat.

Erat autem Anglicus natione, sed venerandus matura conversatione ; linguam namque refrenans temperabat, ne litem insonaret, visum fovendo contegebat, ne vanitates exhauriret ; et nihil in eo apparebat, quod debuisset offendere intuentes. Erat autem vir iste debilis corpore cum multa macie ; nec tam erat litteratus, ut in capitulo lectionem regulæ auderet explicare et exponeret. Qui cum se debilem et minus sufficientem cerneret, misit et accersivit abbatem de Savigneio domnum scilicet Willelmum de Tolosa, virum utique piæ recordationis, qui secundo præfuit abbatiæ Savigniensi, et postea obiit Cisterciensis abbas. Qui veniens ad domum nostrum, ab administratione sua domnum Alexandrum absolvit, et in ejus loco, celebrata electione, uno die et eodem capitulo domnum Robertum priorem nostrum subrogavit. Quem cum quidam maligni et invidi coram domno abbate Savigniensi vellent diffamare, et ei fugam prædecessorum suorum imponere, domnus Willelmus fertur respondisse : « Sinite : si bene egerit, Deo gratias ; sin alias, noverit nos in proximo uti abscissionis ferro. » Et sic obstructum est os loquentium iniqua. Domnus autem Alexander vir tertium annum peragens post absolutionem suæ administrationis, paucis diebus expletis, vocante Domino, migravit a sæculo ; et sepelivimus eum juxta laurum, inter majus oratorium et capellam infirmorum.

Caput XII.

Domnus autem Robertus novus abbas institutus cœpit audacius quam consueverat gregis sibi commissi negotia pertractare, possessiones, grangias et res universas, prout melius poterat, emendando perlustrare. Erat enim vir fortis et corpulentus, et non memini me novisse hominem cui tam parvus sufficeret cibus. Et quamvis esset raucus et gracili voce, et continuo labore curaque pervigili fatigatus, non se subtrahebat divino operi. Semper in psalmis, hymnis et canticis spiritualibus intrans et exiens in corde suo psallebat Domino. Monachos omnes et maxime juniores, psalmos, hymnos, officia gradualis et antiphonarii et cætera quæque ad divinum officium pertinentia frequenti recordatione, prout poterat, cogebat memoriter retinere. In diebus ejus psalmos, hymnos, et cantus universos altius, productius, et ut ita dicam, solemnius decantare consuevimus quam, ut verum fatear, monachis nostri temporis unquam persuadere potuimus. Hic est qui abundantius laboravit pro gente et universa nostra congregatione; aliorum etenim temporibus portavit pondus diei et æstus. Quia et in mediatione sua exardescebat ignis divinus, et frequenter apparebat iracundus, a junioribus timebatur, et a senioribus reverebatur. Huic ecclesiæ præfuit, ut credimus, annis duodecim et eo amplius, completisque diebus appositus ad patres suos, et sepelierunt eum in capitulo nostro ad dexteram domni Odonis primi abbatis.

Me autem pro quodam responso jam miserat usque Vindocinum; cujus autem exitum vitæ, a Vindocino rediens, cognoscens in media via qua veniebam, flens et contristatus incedens dicebam illud Elizei: *Pater mi, pater mi, currus Israel et auriga ejus.* Multis enim diebus fuerat currus nos vehendo, fuerat et auriga noster agendo et regendo.

Caput XIII.

Post obitum domni Roberti, monachi hujus congregationis cum domno Villelmo abbate Savigniensi et quatuor abbatibus aliis pariter in unum congregati, die apostolorum Petri et Pauli, me invitum et indignum substituerunt abbatem. De me autem historiam texere nec debeo, nec audeo, nec valeo, quia nondum notum mihi fecit Dominus finem meum, neque numerum dierum meorum novi, quamvis sint mensurabiles apud Deum. Finem vero loquendi jamjamque faciemus, prolixitas fastidium generare solet et brevitas auris amica placet. Annus vero quo hæc scripsimus erat ab incarnatione Domini millesimus ducentesimus. Ego autem trigesimum annum peregeram a die conversionis meæ; et duodecim peragebam in statu prælationis. Domnus siquidem Willelmus infirmarius quadragesimum secundum et domnus Robertus de Fossello quinquagesimum a die conversionis suæ peragebant.

Universitatem siquidem vestram admonemus ut historiam prælatorum et possessionum hujus ecclesiæ de cætero texere non omittatis, quæ nostris successoribus valde comprobatur utilis non solum in legentium recreatione, verum etiam in possessionum nostrarum cognitione, defensione et conservatione. Sicque merito nostri memoriam posteris relinquetis in benedictione.

LIBER SECUNDUS.

De libertatibus et possessionibus monasterii de Fontanis.

Primum quidem sermonem feci de institutione hujus cœnobii, et usque ad nostra tempora de successione prælatorum, in secundo vero dicendum est de cognitione libertatis et possessionum. Mihi autem videtur triplex esse nostra libertas, prima per Spiritum Sanctum, secunda auctoritate Romanorum pontificum, tertia ex liberalitate sæcularium potestatum. De prima habemus authenticum sanctum evangelium cum actibus apostolorum. De secunda, plurima sanctæ Romanæ ecclesiæ et apostolicæ sedis privilegia, quorum quædam continentur apud Cistercium, quædam apud Claram Vallem, quædam apud Savigneium, quædam vero apud istud cœnobium; illorum vero quæ locis' supradictis continentur, tria tantum rescripta huic operi judicamus inserenda, et his subjungemus piæ recordationis Alexandri papæ privilegia, quæ in præsenti continentur ecclesia. De tertia libertate habemus munimenta comitum, baronum, judiciariarumque potestatum.

Cognitio vero possessionum fit aliquando per auditum, nonnunquam per usum, aliquando vero per instrumentum; perspicacior tamen illa est quæ fit ex certitudine trium prædictorum. Et ne quis vestrum de cætero de ignorantia sua se valeat excusare, utile fore duximus in hoc libello cunctas per ordinem et ex integro inserere chartas, ut proficiatis abundantius ex earum lectione in libertatum et possessionum nostrarum cognitione.

Caput I.

Privilegia Romanorum pontificum.

I.

Innocentius episcopus servus servorum Dei, dilecto filio Stephano Cisterciensi abbati ejusque successoribus regulariter substituendis in perpetuum. Statuimus enim ut possessiones et bona quæ ad eumdem locum in præsentiarum juste et canonice pertinere noscuntur, aut in futurum concessione pontificum, liberalitate regum vel principum, oblatione fidelium aliis justis modis auxiliante Domino ei conferri contigerit, firma tibi tuisque successoribus et illibata permaneant. Prohibemus ne aliquis archiepiscopus aut episcopus, te vel successores tuos seu aliquem abbatem Cisterciensis ordinis, nisi pro fide, ad concilium vel synodum venire compellat. Quia vero Cisterciense monasterium hujus religionis origo est atque principium, nostra concessione hacque prærogativa non immerito gaudeat, ut si quando fuerit pastore proprio viduatum, quemlibet abbatem de omnibus abbatibus vestri ordinis vel monachum sibi libere præficiendum eligat, et absque aliqua contradictione obtineat. Cæteris vero vestri ordinis abbatiis, quæ unam vel plures abbatias habent sibi subditas, et de sui corporis fructifera copia derivatas, abbate suo rebus humanis exempto eligendi quemcumque maluerint de sibi subjectis abbatibus, vel quemlibet monachum de omnibus congregationibus Cisterciensibus liberam concedimus facultatem. Illa autem abbatia quæ nullam habet subditam, quemlibet monachum de omnibus præfatæ religionis congregationibus libere sibi in abbatem eligat et habeat. Porro conversos vestros, qui monachi non sunt, post factam in vestris cœnobiis professionem, nullus archiepiscoporum, episcoporum vel abbatum, sine vestra grata licentia suscipere aut susceptum retinere præsumat. Statuimus ut de laboribus quos vos et totius vestræ congregationis fratres propriis manibus et sumptibus colitis, et de animalibus vestris, a vobis decimas expetere vel recipere nemo præsumat. Nulli ergo omnino hominum liceat hanc paginam nostræ concessionis infringere, vel ei ausu temerario contraire. Si quis autem hoc attemptare præsumpserit, indignationem omnipotentis Dei et Beatorum Petri et Pauli apostolorum ejus se noverit incursurum. Conservantibus vero eidem loco quæ sua sint sit pax Domini nostri Jesu Christi, quatenus et hic fructum bonæ actionis percipiant, et apud districtum judicem præmia æternæ pacis inveniant. Amen.

Ego Innocentius catholicæ ecclesiæ episcopus.

Ego Johannes tituli Sancti Grisogoni presbyter cardinalis.

Ego Romanus diaconus cardinalis Sanctæ Mariæ in Porticu.

Ego Gregorius diaconus cardinalis Sanctorum Sergii et Bachi.

Datum Cluniaci, per manum Aimerici sanctæ Romanæ ecclesiæ diaconi cardinalis et cancellarii, iv° idus februarii, indictione x, incarnationis dominicæ anno MCXXXI°, pontificatus vero domini Innocentii secundi papæ anno secundo.

II.

Innocentius episcopus servus servorum Dei, dilecto filio Bernardo Clarevallensi abbati ejusque successoribus regulariter substituendis in perpetuum.... Cæterum quam firma perseverantique constantia causam Beati Petri et sanctæ matris tuæ Romanæ ecclesiæ, dilecte fili in Domino Bernarde abbas, incandescente Petri Leonis schismate fervor tuæ religionis et discretionis susceperit defensandam, et se murum inexpugnabilem pro domo Dei opponens animos regum ac principum, et aliarum tam ecclesiasticarum quam sæcularium personarum ad catholicæ ecclesiæ unitatem, et Beati Petri ac nostram obedientiam frequentibus argumentis et ratione munitis inducere laboraverit, magnaque ecclesiæ Dei et nobis provenit utilitas manifestet. Quamobrem tuis justis desideriis accommodantes assensum, Beatæ Mariæ Dei genitricis monasterium, cui Deo auctore præsides, cum omnibus ad ipsum pertinentibus apostolicæ sedis patrocinio communivimus. Statuentes ut quæcumque possessiones aut bona ad eumdem ocum . . . . . (*ut in privilegio præcedenti*).

Ego Innocentius catholicæ ecclesiæ episcopus.

Ego Matthæus Albanensis episcopus.

Ego Romanus diaconus cardinalis Sanctæ Mariæ in Porticu.

Ego Johannes tituli Sancti Grisogoni presbyter cardinalis.

Ego Gregorius diaconus cardinalis Sanctorum Sergii et Bachi.

Datum Lugduni, per manum Aimerici sanctæ Romanæ ecclesiæ diaconi cardinalis et cancellarii, xiii° kalendas martii, indictione x, incarnationis dominicæ anno mcxxxi°, pontificatus domini Innocentii papæ secundi anno tertio.

III.

Lucius episcopus servus servorum Dei, dilectis filiis Serloni abbati Sanctæ Trinitatis Savigniensis monasterii ejusque successoribus regulariter substituendis in perpetuum. Quia igitur fratres Savigniensis monasterii a cura sæculari liberos et divinis servitiis mancipatos pie vivere ac religiose cognovimus, id circo, dilecte in Domino fili Serlo abbas, tuis justis postulationibus duximus annuendum, et præfatum Savigniense monasterium, cui Deo auctore præsides, cum omnibus suis pertinentibus sub Beati Petri et nostra protectione suscipimus, et præsentis scripti privilegio communimus. In primis statuentes ut ordinem monasticum secundum Beati Benedicti regulam et instituta regulæ competentia inviolabiliter observeris. Si quis vero ex abbatibus monachis quoque vel conversis vestræ congregationis a proposito et ordine exorbitaverit, et secundo tertiove commonitus incorrigibilis remanserit, abbate absque ulla contradictione retento, juxta providentiam Savigniensis abbatis qui pro tempore fuerit, loco ipsius alius idoneus substituatur; monachus vero si contumax fuerit regulariter corrigatur. Pohibemus etiam ut nullus abbatum in ordine vestro facere schisma præsumat, aut commissam sibi abbatiam vel quemlibet alium locum absque assensu communi alterius ditioni tradere. In benedictione vero abbatum vestrorum exactionem cappæ, vestimenti, pastus, seu cujuslibet terreni quæstus ab aliquo fieri omnino interdicimus. Præterea quæcumque possessiones et bona..... (*ut in primo privilegio*).

Prohibemus ne aliquis archiepiscopus aut episcopus te vel successores tuos seu aliquem abbatem Savigniensis ordinis, nisi pro certa et evidenti negotiorum ecclesiasticorum causa, vel culpa manifesta, ad concilium vel synodum venire compellat. Porro conversos vestros..... (*ut in primo privilegio*).

Ego Lucius catholicæ ecclesiæ episcopus.
Ego Conradus Sabiniensis episcopus.
Ego Gregorius diaconus cardinalis Sanctorum Sergii et Bachi.
Ego Gregorius presbyter cardinalis tituli Sancti Calixti.
Ego Petrus Albanensis episcopus.
Ego Guido diaconus cardinalis Sanctorum Cosmæ et Damiani.
Ego Raynerius presbyter cardinalis Sanctæ Priscæ.
Ego Guido presbyter cardinalis sanctorum Laurentii et Damasi.
Ego Gregorius diaconus cardinalis Sancti Angeli.

Datum Laterani, per manum Baronis sanctæ Romanæ ecclesiæ subdiaconi, nonis decembris, indictione VIII, incarnationis dominicæ anno MCXLIV, pontificatus vero domini Lucii secundi papæ anno primo.

IV.

Alexander episcopus servus servorum Dei, dilectis filiis Theobaldo abbati ecclesiæ Sanctæ Mariæ de Fontanis ejusque fratribus tam præsentibus quam futuris regularem vitam professis in perpetuum. Religiosis desideriis dignum est facilem præbere consensum ut fidelis devotio celerem sortiatur effectum. Eapropter, dilecti in Domino filii, vestris postulationibus justis clementer annuimus, et præfatam ecclesiam, in qua divino mancipati estis obsequio, sub Sancti Petri et nostra protectione suscipimus et præsentis scripti privilegio communimus, statuentes ut quascumque possessiones, in quibus hæc propriis duximus exprimenda vocabulis; abbatiam scilicet vestram, quæ vocatur Fontanæ, cum memore quod dicitur Theulin, et cum allodiis et cæteris terris circumadjacentibus,, quas Rainaldus de Castello, et Hugo Lumbart, et Rainaldus Aucherii vobis dederunt, et Comes Theobaldus et Hildebertus Turonensis archiepiscopus sigillis suis confirmaverunt; terram quam habetis in Castris, grangiam quæ vocatur Sicca Noa cum terris ad ipsam pertinentibus, terram quæ dicitur Villana, terram quæ dicitur Travailleria (1), Laudam cum appendiciis suis; molendinum, terram, rupem, vineas quas apud Limeriacum habetis, terram quæ dicitur Princiacum, et terram quæ dicitur Campus Britonis, grangiam quæ dicitur Purei (2) et Gie (3) cum vinea et terris ad ipsam pertinentibus, grangiam quæ vocatur Rogerol cum appendiciis suis, et terram de

(1) Alias, *Travalleria*.
(2) Variante, *Puza*.
(3) Variante, *Gievin*

Trunchetis, sub Beati Petri et nostra protectione suscipimus. Præsenti quoque decreto sancimus, ut episcopus, in cujus episcopatu ecclesia vestra consistit, nec regularem electionem abbatis vestri unquam impediat, nec de removendo vel deponendo eo qui pro tempore fuerit, contra statuta Cisterciensis ordinis et auctoritatem privilegiorum suorum se nullatenus intromittat. Sancimus autem ne quis archiepiscopus aut episcopus sive cujuslibet ordinis persona locum vestrum a divinis interdicat officiis; sed liceat vobis omni tempore clausis januis, non pulsatis tintinnabulis, exclusis excommunicatis et interdictis, suppressa voce, divina officia celebrare nisi abbatis vel fratrum istius loci evidens et manifesta culpa exstiterit. Paci quoque et tranquillitati vestræ paterna sollicitudine providentes, auctoritate apostolica prohibemus ut infra clausuras locorum seu grangiarum vestrarum nullus violentiam vel rapinam sive furtum facere vel hominem capere audeat. Et si quis hoc temerario usu præsumpserit, sacrilegus judicetur. Nulli ergo omnino hominum liceat..... (*ut in primo privilegio.*)

Ego Alexander catholicæ ecclesiæ episcopus.

Ego Hubaldus Ostiensis episcopus.

Ego Bernardus Portuensis et Sanctæ Rufinæ episcopus.

Ego Gualterius Albanensis episcopus.

Ego Hubaldus presbyter cardinalis Sanctæ Crucis in Hierusalem.

Ego Henricus presbyter cardinalis tituli Sanctorum Nerei et Achillei.

Ego Johannes presbyter cardinalis tituli Sanctæ Anastasiæ.

Ego Albertus presbyter cardinalis tituli Sancti Laurentii in Lucina.

Ego Guillelmus presbyter cardinalis tituli Sancti Petri ad Vincula.

Ego Jacynthus diaconus cardinalis Santæ Mariæ in Cosmedin.

Ego Odo diaconus cardinalis tituli Sancti Nicolai in Carcere.

Ego Archeio (1) diaconus cardinalis tituli Sancti Theodori.

Ego Boso diaconus cardinalis tituli Sanctorum Cosmæ et Damiani.

Ego Johannes diaconus cardinalis tituli Sanctæ Mariæ in Porticu.

Datum Turonis, per manum Hermanni sanctæ Romanæ ecclesiæ subdiaconi et notarii, xi° novembris, indictione xi, incarnationis dominicæ anno MCLXII°, pontificatus vero domini Alexandri papæ tertii anno quarto.

V.

Lucius episcopus servus servorum Dei venerabilibus fratribus Turonensi archiepiscopo et ejus suffraganeis, et dilectis filiis archidiaconis, decanis..... (*abbatiam de Fontanis de decimis et novalibus absolvit*).

Datum Veronæ, idus octobris.

Caput II.

Chartæ et immunitates sæcularium potestatum.

I.

Ego Hildebertus Dei gratia Turonensis archiepiscopus, donum quod domnus Rainaldus de Castello et

---

(1) On lit dans un manuscrit, *Arclicio*.

Rainaldus Aucherii et Hugo Villanus pro remissione peccatorum suorum Deo et ecclesiæ de Fontanis in manu mea fecerunt, donum, inquam, recte et ordine factum, concedo et sigilli mei auctoritate corroboro. Donum autem tale est. Rainaldus Aucherii et Hugo Villanus cum Helduino de Conen (1) sororio suo, domno Rainaldo de Castello filioque suo Rainaldo cum cæteris filiis suis concedentibus, concedente etiam Gannelione de Balgenciaco cum filio suo Garnerio, locum Fontanarum, quem indigenæ Allodia vocant, integre, quicquid videlicet ibi habent sive in plana terra, sive in pratis, sive in nemore, totum Deo et ecclesiæ de Fontanis libere et absolute dant et concedunt. Domnus autem Rainaldus de Castello donat et concedit Deo et præfatæ ecclesiæ et fratribus ibidem Deo famulantibus vicariam, forisfactum sanguinis, glandem nemoris, denique quicquid ibidem usque hodie sui juris fuit, sibi tantummodo venatione retenta. Si quis autem de familia ejusdem loci habitatorum cervum aut aprum sive aliquid hujus modi quoquo modo retinuerit, absque ulla contradictione dominus de Castello venationem suam habebit. Donat etiam domnus Rainaldus de Castello fratribus de Fontanis de foresta quæ Blimardum vocatur ad omnes usus suos quantum ubicumque necesse habuerint, excepto quod de ea nec dent nec vendant. Concedit etiam eis glandem ejusdem forestæ ut eam suis propriis porcis quamdiu voluerint gratis habeant. Quod si forte alienorum porcos nutrierint, partem quidem alienam pasnagiabunt, de sua vero nihil dabunt; sed etiam porcarius eorum de suo proprio porco non dabit pasnagium. De cætero si quis de feodo domni Rainaldi de Cas-

(1) On lit aussi, *Connens*.

tello, sive miles, sive rusticus, sit de terra sua, vel pratum, vel vineam, vel nemus vendere vel dare fratribus de Fontanis voluerit, hoc concedit et laudat ipse Rainaldus. Hujus doni sunt testes : Alveredus archidiaconus, Radulfus decanus, Albericus cancellarius, Robertus de Rupibus, Gaufridus Meschinus, Arcandus (1) Mala Terra, Hugo de Verno, Fulquerinus Fait Mal, Bernardus Mandros. Si quis donum istud quod fecit domnus Rainaldus Deo et ecclesiæ de Fontanis diabolica suasione imminuere vel aliquo modo defraudare præsumpserit, a corporis et sanguinis Domini communione privetur, et donec satisfaciens resipiscat anathematis percutiatur gladio.

Actum est vii° idus augusti, anno ab incarnatione Domini millesimo cxx° septimo, regnante in Gallia Ludovico rege, Fulcone Andegavorum comite.

II.

Ego Theobaldus Dei providentia comes Blesensis, pro amore Dei et peccatorum meorum remissione, dono in eleemosynam fratribus de Fontanis, in foresta Blimardi, pasnagium ad opus ipsorum porcorum suorum quotquot ibi habuerint, et ligna ejusdem forestæ ad omnes usus suos quantum et ubicumque eis necesse fuerit. Concedo etiam eis brennagium quod habebam in terra Lancelini de Cangeio, quam dedit eis in eleemosynam. Dono etiam eis in prædicta foresta locum qui dicitur Gii. Præterea laudo et concedo donum illud quod Rainaldus de Castro Rainaldi fecit fratribus de Fontanis. Donum autem tale fuit. Ipse Rainaldus concessit, me præsente,

(1) Ou *Arraudus*.

supradictis fratribus locum Fontanarum qui dicitur Allodia, et quicquid ibidem antea juris sui fuerat totum donavit eis in eleemosynam, scilicet, consuetudinem, latronem, forisfactum sanguinis, glandem et corticem nemoris nihil omnino sibi retinens nisi tantummodo venationem suam. Donavit etiam eis de foresta Blimardi ligna ad omnes usus suos quantum et ubicumque eis necesse fuerit, pasnagium ejusdem forestæ ad opus suorum propriorum porcorum quotquot ibi habuerint. Si quis vero de feodo ipsius Rainaldi terram vel pratum, nemus, vineam vel decimam prædictis fratribus dare vel vendere voluerit, hoc ego et ipse Rainaldus concessimus. Et ut hoc firmum et inconcussum in perpetuum perseveret, præsentem cartulam sigilli mei auctoritate corroborari præcipio. Hujus rei testes sunt: Radulfus capellanus meus qui hanc sigillavit, Willelmus clericus meus, Guinebertus cantor, Gaufridus Borrel, Henricus de Vienna, Herveus de Belveer, Gaufridus marescallus. Anno Verbi incarnati MCXXXI° (1)

III.

Ego Rainaldus de Castello Rainaldi concedo magistro Gaufrido eremitæ, postquam ipse disjunxit se de societate monachorum de Fontanis, quemdam locum qui vocatur Lauda, et quicquid illic habeo, scilicet, latronem et forisfactum sanguinis et quicquid ibi habeo, pro se et successoribus suis. Dono etiam illi pasnagium de foresta de Blimarz, et ligna ejusdem forestæ ad se

---

(1) Cette charte était transcrite au folio 13 du cartulaire de Fontaines-les-Blanches, d'après lequel D. Housseau fit la copie insérée dans sa collection, carton IV, n° 1557.

calefaciendum et ad domos suas ædificandas. Quod prece et voluntate bona domini mei comitis Theobaldi factum est. Hujus testes: Rainaldus Alcherii, Gaufridus Meschinus, Helduinus de Conenz, Bernardus Mandruzius, Minardus de Buscheio.

Actum est anno Domini MCXL°, et sigillo Gaufridi Carnotensis episcopi confirmatum.

IV.

Robertus de Gratalupo et Raherius de Monte Basonis, filiis et filiabus eorum concedentibus, dederunt Deo et ecclesiæ de Fontanis de terra sua, quæ vocatur Castras, quantum cum duabus carrucis per singulos annos arare possent, et unum quadrantem prati, et de vivo bosco per quinque annos ad domos suas ædificandas, postea vero mortuum nemus ad omnia necessaria facienda, et pascua pecorum, exceptis porcis tempore pastionis, in perpetuum concesserunt. Huic dono interfuerunt de canonicis Sancti Florentini : Mauricius Herveus, Mattheus Radulphus, Ivo clericus, Gaufridus Bouzon.

Post longum vero tempus Petrus filius Raherii de Monte Basonis et Archembaudus de Vindocino acceperunt in uxores duas filias Bucardi de Gratalupo, Petrus scilicet Milesendim, et Archambaudus Petronillam. Isti autem eleemosynam, quam antecessores sui Deo et ecclesiæ de Fontanis fecerant, concesserunt, præsentibus domina Garota matre Milesendis, Gaufrido Bouzon, Radulpho de Persio, Ascelino, Gaufrido de Balnol et Auclino fratre ejus, Marco avunculo prædicti Archembaudi, et Josberto Lodovici, et pluribus aliis. Terra vero prædicta metata fuit in præsentia domni Gisleberti tunc temporis abbatis de Fontanis, et Giraldi Radulphi, et Osmundi suorum monachorum, Gaufridi Bouzon, Gaufridi præfecti de Austresches, Hervei carpentarii et Gastinelli.

V.

Rainaldus Rabel dedit Deo et monachis de Fontanis decimam de Sicca Noa, cum quibusdam terris ibidem et apud Austresches, consentiente Petronilla uxore sua. Testibus : Ulrico de Pelvezin, Guiberto de Plassio, Buchardo de Sancto Amando, Rainaudo de Mesleio et aliis.

VI.

¹Gaufridus Dei gratia Carnotensis episcopus, notum sit, et quod cum aliquando per locum domini Gaufridi, qui Saltus dicitur, transitum haberem, concessit idem dominus Gaufridus et fratres ejus similiter in manu Dei et nostra eumdem locum integre cum pertinentiis suis. Nos igitur precibus eorum clementer annuimus, et prædictum locum suum sub tutela et custodia Dei et nostra recepimus, et in vita videlicet ejusdem domini Gaufridi et post decessum ejus. Quicumque ergo.....

VII.

Notum sit præsentibus et futuris, quod ego Goslenus Carnotensis episcopus pro salute animæ meæ et domni prædecessoris et avunculi mei bonæ memoriæ Gaufridi, rogatu domni Bernardi Clarevallensis abbatis et aliorum religiosorum abbatiæ de Fontanis, locum quemdam non longe ab ea in episcopatu Carnotensi situm, qui Lauda vocatur, cum omnibus quæ pertinent ad ipsum locum, et qui in manu nostra erat, libere in perpetuum fratribus prædictæ abbatiæ ad opus grangiæ concessi. Testibus: Pagano Carnotensi archidiacono, Milone ejusdem ecclesiæ canonico et presbytero, Odone ejusdem ecclesiæ diacono et canonico, necnon Ernaldo Bonæ Vallis, Gaufrido Blesensi, Ricardo Eleemosynæ, et Stephano Regniaci abbatibus; Gisleberti Fontanarum abbatis tempore.

VIII.

Robertus Dei gratia Carnotensis episcopus. Noverint omnes locum istum qui Lauda nominatur, in manu domini Gaufridi Carnotensis episcopi prædecessoris nostri fuisse datum sub patrocinio et protectione ejus. Ideoque auctoritate Dei et ordinis nostri sententiam anathematis super illos omnes constituo, sive religiosi sive cujuslibet alterius ordinis fuerint, qui prædictum locum aliqua occupatione vel inquietatione male tractare et persequi, sive in alium statum transferre sine assensu vestro præsumpserit.

IX.

Johannes Dei gratia et meritis Beati Thomæ martyris Carnotensis ecclesiæ minister humilis, Petro de Candeio, salutem. Tuæ utilitati providentes consulimus et monemus, ut eleemosyna tua de Lauda monachos de Fontanis contra formam ordinis Cisterciensis missam celebrare non compellas; sufficiat autem devotioni tuæ officium divinum, quod in ipsa abbatia pro tua et prædecessorum tuorum salute celebrare monachi statuerunt.

X.

Theobaldus Dei providentia comes Blesis et Franciæ senescallus, omnibus fidelibus totius terræ suæ salutem. Noveritis me pro amore Dei et salute animæ meæ et animarum patris mei et matris meæ et omnium antecessorum nostrorum, Deo et ecclesiæ Beatæ Mariæ de Fontanis Albis in Turonia et fratribus ibidem Deo servientibus concessisse et dedisse et præsenti carta mea confirmasse omnia quæ sequuntur. Primo ex dono Rainaldi de Castro Rainaldi et concessione comitis Theobaldi patris mei, locum Fontanarum, qui dicitur Allodia, et quicquid antea ibidem sui juris fuerat, totum donavit eis in eleemosynam, scilicet consuetudinem, latronem, forisfactum sanguinis, glandem et corticem nemoris, nihil sibi omnino retinens nisi tantummodo quod possit venari ad magnam venationem dum sibi viderit expedire sine contradictione prædictorum fratrum. Item ex dono ipsius Rainaldi et concessione patris mei comitis Theobaldi, locum qui dicitur Lauda et locum qui dicitur Noa Sicca cum omnibus pertinentiis eorumdem locorum. Præterea ex dono ipsius Rainaldi et concessione patris mei, in foresta Blemardi ligna ad omnes usus quantum et ubicumque eis necesse fuerit, et pasnagium ejusdem forestæ ad usus suorum propriorum porcorum quotquot ibi habuerunt. Donavit etiam idem Rainaldus prædictus fratribus de Fontanis, concessione patris mei, in dotem et fondamentum ipsius ecclesiæ quod possint acquirere in omnibus feodis et retrofeodis suis tam ex dono quam ex emptione in tota castellania sua de Castro Rainaldi, scilicet, terras, vineas, domos, nemora, prata, et omnia alia quæ temporibus

futuris potuerunt acquirere tam a nobilibus quam igno-
bilibus, domino concedente. Item ex dono patris mei et
Lancelini de Cangeio, brannagium in terra sua. Habent
siquidem dicti fratres in foresta Blemardi locum qui
dicitur Gii et locum Puzei; quæ loca dederunt eis cum
omnibus pertinentiis suis Calvelus de Galeri et Lancelinus de Cangeio. Habent etiam prædicti fratres locum de
Princiaco; ex dono plurimorum hominum meorum Bru-
menderiam, plateas et Campum Britonis. Hæc omnia
quæ hic enumerata sunt et omnia alia quæ Deo propitio
potuerunt acquirere in castellania de Castro Rainaldi,
ultra illa quæ in præsenti pagina continentur, saltem
usque ad quingentas libratas terræ annui et perpetui
redditus, confirmavi Deo et prædictæ ecclesiæ de Fontanis et fratribus ipsius ecclesiæ cum omni jure et dominio et omni justitia alta et bassa de quacumque causa
et querela libera penitus et quieta ab omni servitio et
exactione sæculari et omni redevantia tanquam eleemosynas Deo dedicatas. Nihil mihi vel hæredibus meis retinens præter divinam retributionem, et quod ad meam
et hæredum meorum pertinebunt protectionem et defensionem, retentis tantum mihi et hæredibus meis
tribus casibus tantummodo in rebus acquirendis, scilicet multro, raptu et encimo. Et retineo mihi et hæredibus meis quod ego aut ipsi possimus venari in
nemoribus et garennis prædictorum fratrum absque contradictione eorum præsentibus ad porcum et leham, ad
cervum et bicham tantummodo. Et ad omnia supradicta
tenenda et adimplenda, me et hæredes meos plenarie
obligavi. In cujus rei testimonium sigillum meum præsentibus litteris est appensum. Hujus rei testes sunt:
Gaufridus de Bruslon, Osbertus de Lauda, Johannes
Pinguis, Rainaldus de Pervino, Hardoinus de Monticis

et multi alii. Anno de Verbi incarnati millesimo centesimo octogesimo sexto (1).

XI.

Philippus Lancelini dat in eleemosynam fratribus de Fontanis omne quod habet apud Gutam tam in pratis quam in nemore, et duos solidos censuales apud Monceium; concedentibus Dogna matre sua, Agnete uxore sua, Mathilde filia sua, Mathilde sorore sua, et nepotibus suis Herveo, Lucete et Aliz. Testibus : Gervasio de Plesseio, Johanne Ruillez, Gosberto presbytero de Perreio, Hugone presbytero de Gubergen, Philippo et Pagano de Ponceio et aliis. Anno MCXC°.

XII.

Henricus Dei gratia Albanensis episcopus, apostolicæ sedis legatus, Helchimbaldo Windocinensi et Petro de Candeio militibus, salutem. Notificavit nobis abbas de Fontanis quod in terra quadam quam de eleemosyna nostra possidet, capella noscitur antiquitus constituta, in qua vultis ut divina jugiter officia celebrentur. Scire autem vos volumus, quod in pluribus locis ordinis capellæ sunt dirutæ vel sublatæ, ut cessante concursu frequentiæ salutaris ordinis institutio liberius conservetur. Unde monemus vos et mandamus, quatenus ab hac intentione cessetis, nullum inde peccatum vel scrupulum formidantes, si prædicta capella pro servanda pace ordinis a divini officii celebritate vacaverit.

(1) Publié d'après deux vidimus du xv° siècle.

XIII.

Abbati de Fontanis et fratri Peregrino, Willelmus de Rochis, salutem. Vos deprecor ut mei memores et mando quod beneficium quod vobis contuli annuatim capiatis duos sextarios frumenti apud Theobaudum de Lugati Acuti. Valete (1).

(1) Collection D. Housseau, carton xviii, extrait du cartulaire de Fontaines-les-Blanches, folio 23.

EXPLICIT

HISTORIA MONASTERII BEATÆ MARIÆ DE FONTANIS ALBIS.

NARRATIO

De commendatione Turonicæ Provinciæ et de nominibus et actibus Episcoporum Civitatis Turonicæ, similiter et de nominibus et operibus Abbatum Majoris Monasterii et de destructione et reædificatione ejusdem ecclesiæ; et quare dicitur Majus Monasterium.

Andegavorum comites viribus et armis strenuos exstitisse, et historiarum probat assertio, et dilatatio terminorum. Andegaviæ siquidem monarchia minime contentis, Turonorum fines, Odone Campaniensi confecto, et lege belli a Fulcone Palmerio, cognomento Nerra, in Braio devicto, itemque filio ejus Theobaldo comite a Gaufredo Martello, primo præfati Fulconis filio, confecto et lege belli devicto, bellicus labor adquisivit. Quanti vero Turonis sit, et quæ vel qualia sint ejus bona, licet nostri propositi non sit, compendio tamen digressionis vel leviter, si placet, perstringamus.

Cum enim regia sedes Parisius martio labore et nationum dominatu præemineat, Carnotum Belgica fertilis opimet, Aurelianis ingeniorum et vinorum privilegio polleat; Martinopolis, nulli istarum secunda, naturæ non extremis ditata est bonis. Hæc siquidem terra non tam lata et spatiosa quam fertilis, utilis et commoda. Extenditur enim ab oriente usque in occidentem, a fluvio Thoedo (1) nomine qui inter abbatiam sancti Florentii et Psalmurium castrum influit et sic Ligerim influitur, usque ad Hayas Blimarcii quæ et Hayæ dicuntur sancti Cyrici. A septentrione dividit eam ab episcopatu Cenomanensi et Carnotensi fluvius Ledi ; a pago Pictavensi, a meridie, fluvius Nede ; cingitur autem oppidis munitissimis et populosis :

Ab oriente : Ambasiaco, Montricardo, Rainaldi Castro.

A meridie : Luca, Prulliaco, Haya, Noastro, Insula Bucardi, Sancta Maura, Monte Basonis, Blereis, Monthesauro.

Ab occidente : Psalmurio, Monte Sorelli, Cainone, Uceio, Columbariis, Saponaria.

A septentrione : Lengiaco, Malliaco, Campo Caprario, Rulliaco, Castellis, Sancto Christophoro, Semblenciaco, Noviliaco, Marsone, Carcere, Troo, Montaureo, Lavardino.

Hæc oppida ad honorem et consulatum Turonicum pertinebant antiquitus, et diœcesi Episcopatus erant Turonensi. Circumdatur etiam fontibus perspicacibus et vivacissimis fluminibus, pratis etiam amœnis et pascuis uberrimis. Nomina autem fluviorum a meridie : Vedia, Vigenna, Crosia, Hendria, Carus, Amatissa. A septentrione : Ledus, Breslia, Coselia, Glandesia, Gurnesia, Brænna, Sicia, Ligeris. Hæc urbi metropolitanæ dant decoris, pulchritudinis, fortitudinis et honoris augmentum. Suo etenim situ incomparabili, adversariorum arcet accessus, suis non minimum præstans oblectamentum. Venustant eam nemorum multiplicium densa proceritas,

---

(1) Theodo, ms. fond. S. Victor. 752.

venationis multimodæ captio voluptuosa. Exornant eam pictarum universis arborum generibus consita, agriculturæ late patentes, luxuriantium segetum copiosa fertilitas, pratorum ridentium late patentium speciositas. Colles vinearum generosa prole fecundi vino abundant et præcipuum reddunt. Speciali etiam prærogativa rupes ei subterraneas, promptuariorum instar, naturæ manus artificiosa composuit, in quibus vina ab æstivi fervoris corruptione immunia, aquæ frigidæ et perspicuæ speciem induta, servantur. Abluunt eam siderei latices, a latere lævo, unus re et nomine Carus, insularum, salicum, molendinorum, avium et piscium varia fertilitate conspicuus, montem suum perpetuo lambens, ab occiduo Ligerim intrans, nomen suum amittit. Cujus ripæ nemoribus vestiuntur, et in concavis arundinibus concentus avium dulce resonans et in cupis enodibus nidorum strues fructificans erat. Sane licet a principio sui palustri solo et pinguedine bibulilo algosisque littoribus convalescit, tamen algidis fontibus ex utraque ripa ambientibus stipatur. Ab incolis sæpe inter frutices philomelam diluculo sibilantem audientibus, cicadis meridie concrepantibus, quod volupe est auribus insonare, ranis crepusculo incumbente blaterantibus, diligenter habitatur. Pontes etiam petrini magnæ latitudinis et firmitatis ad transeundum alveum fabricati sunt; ibi amœna planities est, quæ rupta innumeros cumulos quoque, congestis fructibus, sæpe in horrea dat. Ubi pinguis pastor densum pecus, gravibus uberibus, in multa per olida arva caularum includit. Liger fluvius a septentrione abluit, ipsamque planitiem, una cum Caro, insulam facit. Quæ amœnitate pratorum et pascuis uberrimis jucunda, armentalem copiam, tauros reboantes nutrit. Hæc picta in pratis, pectorosa in pascuis, in pastoribus peculiosa est. Hujus fluminis Cari videlicet arundinosus frutex frequenti lemborum superlabentium ponderibus inflexus perfunditur. Cæterum cum piscatores rapacissimi plumbata retia raro herbosis littoribus extendunt, ipsisque hamati nocturnis excursibus piscibus insidias conficiunt, in hoc piscis pisce decipitur. Ejus paludosa amaritudo, ulnarum salicumque glaucarum viriditate fota, sæpe piscibus pauperatur. Cum autem Liger crescens una cum Caro prata planitiemque tegit, concentum septiformis fistulæ, armentalemque camœnam quam sæpe tityri viri illorum montium nocturnis carminum certaminibus insomnes exercent inter greges tintinnabulatos per depasta buceta reboantes, audire in Alberiaca et Gula nemoribus placebit.

A latere vero alio Liger aureus multis amnibus convalescens, et cumvenis stipatus aquis.

Exornant eam picta rura, campi late patentes, luxuriantium segetum grata fertilitas, fluminum discurrentium dirivata diversitas, pratorum ridentium lata speciositas, nemorum multiplicium densa proceritas, venationis multimodæ captio voluptuosa. Plurimum ei conferunt navibus a mari per Ligerim devecta commercia. Circumambiunt eam sitæ in eadem insulæ quamplures, monasteriis, religione, pratis, vineis, terris opimis, nemoribus, tam agrestivis quam insitivis, florum odore, hortorum varietate delectabiles. Quid ejusdem aquæ piscium multiplicium varia fertilitas? Quid multiplices molendini, quid pontes petrini, naulo cessante, delectationis et decoris contineant, rei experimento sciri potest. Mira dicturus sum. Naturæ creatricis manus munifica tantam vim et efficaciam Ligerinis indidit aquis ut eisdem in infirmorum decoquendis cibis, et equis alendis, physicis attestantibus, medicinalis salubritas inesse credatur. Pisces adeo sani sunt, ut eorum frequenti usu infirmantium valetudo curetur.

Sublimatur Martinopolis, quæ et Turonis, Metropolitanæ dignitatis excellentia; Domino siquidem Turonensi, Cenomanensis et Andegavensis, et totius episcopi Britanniæ obnoxii obedientiam, cum debitæ subjectionis officiis, persolvunt.

Quæ sequuntur usque ad hæc verba, Post Gregorium, *repetenda sunt ex ipsa Gregorii Historia.*

Primus itaque omnium episcoporum Turonensium exstitit, etc.

Secundus, anno imperii Constantis primo, Lidorius, etc.

Tertius, sanctus Martinus, anno, etc.

Quartus Briccius ordinatur episcopus, etc.

Quintus Eustochius vir sanctus et timens Deum, etc.

Sextus ordinatur Perpetuus de genere et ipse ut aiunt, etc.

Septimus vero Volusianus ordinatur episcopus, ex genere, etc.

Octavus ordinatur episcopus. Virus, et ipse, etc.

Nonus Licinius, civis Andegavus qui ob amorem Dei, etc.

Decimo loco Theodorus et Proculus, jubente beata Chrodielde, etc.

Undecimus Dionysius episcopus, et ipse ex Burgundia veniens, etc.

Duodecimus Ommatius de senatoribus civibus, etc.

Tertius decimus Leo ex abbate basilicæ sancti Martini, etc.

Quartus decimus Francilio ex senatoribus ordinatur, etc.

Quintus decimus Injuriosus, civis Turonicus de inferioribus, etc.

Sextus decimus Baudinus, ex referendario Chlotarii regis, etc.

Septimus decimus Guntarius, ex abbate monasterii sancti Venantii, ordinatur episcop. vir valde prudens, etc.

Octavus decimus Eufronius presbyter ordinatur episcopus, etc.

Nonus decimus Gregorius ego indignus, Ecclesiam urbis, etc.

Post Gregorium, qui nonus decimus exstitit, successerunt ii : Pelagius, Leupacharius, Agiricus, Walatus, Sigilaïcus, Leobaldus, Medegisilus, Latinus, Charisigilus, Rigobertus, Papolenus, Chrobertus, Bertus, Paladius, Ebastius, (1) Ibbo, Gundramnus, Dido, Ragambertus, Autbertus, Ostaldus, Eusebius, Erlingus, Joseph, Landrannus, Ursinarus, Landrannus, Amalricus, Herardus, Actardus, Adalardus, Herbertus, Robertus, Theodolo, Donnus, Theotilo, venerandus Turonicæ urbis archiepiscopus in pace quievit, qui cum a Lauduno rediret ægritudine corporis ipso deprimitur itinere, cumque ultimum jam exhalaret spiritum, apparuit signum quoddam luminis per aera discurrens, cubitum longitudinis habere visum, cujus lumine ad depellendas noctis tenebras sufficienter perfuncti sunt qui funus ejus deducebant, talique potiti solamine, per millia, ceu fertur, ducenta Turoniam usque corpus ejus pertulerunt. Sicque in monasterium sancti Juliani quod idem sanctus summa instituerat religione, juxta sepulcrum domini Odonis abbatis reverenter est humatus, et exinde ipsum templum divinis miraculis illustratur. Post venerabilem Theotilum successit in cathedra pontificali Joseph, post quem Froterius, Hardoinus, Erchembaldus, Hugo, Arnulfus, Bartholomæus, Radulfus, item Radulphus, Hildebertus, Hugo, Engelbaldus, Joscius,

---

(1) *Ebaltius*, ms. S. Germ., lat. 1070. 3.

Bartholomæus, Gaufredus qui requiescit subter altare beati Mauricii in Archiepiscopatu. Post quem Johannes nepos Bartholomæi præmissi. Hi omnes sanctæ sedis Turonicæ Ecclesiæ fuere archipræsules.

Plurimum jam dictæ civitati confert Castri Novi contigua affinitas, cujus viri adeo illustres, ut auri et argenti, varii et grisii, diversarum insuper specierum et totius mundialis gloriæ copia exuberantes purpurati incedunt. Duatricem pecuniam obstupescunt, affluentibus divitiis. Quorum domus fere omnes turritæ, munitæ propugnaculis in cœlum porriguntur. Quorum mensas quotidianus et varius ferculorum splendor exornat. Nemo ferme ex eis in poculis scyphum nisi argenteum et aureum novit. In chartis, aleis et avibus cœli ludunt. Hilares et munifici, hospitum susceptores, Deo, honorificentiæ, pauperibus maxime debita in dies exsolvunt. Patroni sui, beati videlicet Martini, et aliorum sanctorum ecclesias mirifico tabulatu lapideo, et arcubus cælatis construunt. Ligeri, Caro et aliis circumfluentibus aquis pontes petrinos miri sumptus et decoris superædificantes viantibus, naulo cessante, transitum præbent. Turonos novimus intemeratæ fidei viros, modestos, affabiles, litteris apprime eruditos, verbo stabiles, opere constantes, votis benignos, in hostes acerrimos, armis strenuos, pugilatus et bellici laboris exercitatione præclaros, et quibus nec prosperitas elationem, nec adversitas dejectionem parit. Et, ut summatim cuncta comprehendam, universa morum probitate præditi, Deo et hominibus bonum opinionis suæ odorem dederunt. Hæc de hominibus.

Feminarum vero, ut vera profitear, tanta est pulchritudo, tanta pulchrarum numerositas, tanta earum pulchritudinis immensitas, ut veritas rei fidem excedere videatur. Feminarum siquidem omnium illis comparatæ facies, ut fœdæ censebuntur. Pretiosæ etenim vestis cultus eximius ipsam exornat pulchritudinem, et quædam, ut ita dixerim, incrementa ministrat. In earum namque consideratione fere videntium omnium capiuntur oculi, et libidinis incentivo succensa videntis caro titillat. Ne igitur communis naturæ bonæ tanta et tam diligens opera dissolutionis vitio vilesceret, pulchritudinis insitum munus, velut rosam lilio superinducens, castitatis insito amore insignivit.

Summæ et incomparabiles Turonorum deliciæ, patronus et pontifex eorum beatus Martinus, cujus sanctissimum corpus techa electrina intra metallinam techam in altaris lapidei secretioribus sitam, feretro aureo et lapidibus decenter composito, altari eidem super incumbente, penes eos habetur. Sane ejus patrocinante suffragio, adversantia submoventur, et omnia profutura proveniunt. Mirum in modum par Apostolis vir iste, cujusdam prærogativæ singulari privilegio, habet duas sui nominis ecclesias adeo excellentes ut intra orbis quadrifidi quatuor climata, in tali locorum compendio, alterius sancti ecclesiæ tantæ sublimitatis nullatenus habeantur.

Primam basilicam ædificavit in honorem ejusdem sancti beatus Brictius ejus hæres et posthumus, latitudine siquidem et longitudine exiguam, sed opere luculentam. Secundam ædificavit beatus Perpetuus priori basilicæ et in eam transtulit corpus sæpe nominati antistitis, angelo annuntiante, anno XLIV post obitum ejus. Hæc basilica habetur a civitate, ut Gregorius Turonensis refert, passus DL, habet in longum pedes CLX, in lato

XL, habet et in alto usque ad cameram pedes XLV, fenestras in altario XXXII, in capso XX, columnas XCI, in toto ædificio fenestras LII, columnas CXX, ostia VIII, tria in altario, quinque in capso. Solemnitas ipsius basilicæ triplici pollet virtute, id est, dedicatione templi, translatione corporis sacri, vel ordinatione episcopatus ipsius sancti. Hanc enim quarto nonas julii observabis, depositionem vero ejus tertio Idus novembris esse cognoscas. Reversionem vero ejus, qua suos Turonos videlicet ex manu Hastini liberavit, quarto Idus maii; quod si fideliter celebraveris, et in præsenti seculo et in futuro patrocinia beati antistitis promerebis. Et quoniam camera cellulæ illius prioris eleganti opere fuerat fabricata, indignum duxit sacerdos ut opera deperirent, in honore beatorum Apostolorum Petri et Pauli aliam construxit basilicam, in qua cameram illam adstruxit. Anno autem CLXX, incensa est, propter peccatum Villicarii. Quam beatus Eufronius reædificavit, et stanno cooperuit, et ea elegantia, ut prius fuerat, restauravit. Anno autem incarnati Verbi DCCCIII, iterum incensa est eadem basilica cum XXVIII ecclesiis et toto Castro a Berit et Harec Normannis; civitatem quoque Turonicam obsederunt, sed tunc ab hostili pervasione, beatissimi Martini meritis, meruit liberari. Cujus corpus paulo ante introductum fuerat intra mœnia ipsius urbis. Ipsum tamen sancti Martini monasterium, quod juxta urbem erat, concrematur. Monachi et clerici trucidantur, et venerabile corpus sancti antistitis Autissiodorum defertur. Trigesimo denique et sexto anno postquam Francorum regnum a memoratis Danis, Rollone videlicet et Hastino, infestari cœpit, corpus beati Martini ab Autissiodoro ad propria cum honore relatum est. In cujus reversione textus narrationis a beato Odone, primo ecclesiæ ejusdem confessoris canonico et præcentore, postmodum Cluniacensi editus abbate, penes nos habetur. Cujus ecclesiam toties concrematam optimates quinque clerici et burgenses reædificaverunt, et ne leviter amplius opprimeretur, muro firmissimo et turribus firmis et munitissimis inserunt. Anno denique Incarnationis Dominicæ DCCCCXCIV, ecclesia beati Martini iterum concremata est, una cum Castro, ab oriente, a fine sancti Hilarii usque ad sanctam Mariam Pauperculam ; a meridie, a porta Sancti Petrucionis usque ad Ligerim, pro qua Herveus, thesaurarius ipsius sancti præsulis, jecit fundamentum hujus ecclesiæ quæ hodieque cernitur. Interim vero jacuit corpus beati Martini in ecclesiola illa, quæ intra claustrum ejusdem ecclesiæ erat, annis XX. Propterea, vir Deo plenus, mente concepit ut ecclesiam, cui custos adscitus fuerat, amplioris altiorisque totius operis corpore sublimaret. Sancto itaque Spiritu se docente, designavit latomus incomparabilis jactare fundamentum operis quod ipse, ut optaverat, ad perfectum duxit. Expleto itaque opere accersitisque plurimarum urbium episcopis, opus prædictum Deo consecrari studuit, ipsoque die sanctum Dei confessorem Martinum intro, sicut decebat, reposuit. Venerabatur enim eodem die præteritæ dedicatio basilicæ, quarto videlicet nonarum mensis julii. Fertur etiam quoniam idem vir Domini Herveus, ante aliquot dies præfatæ translationis, Dominum rogavisset, ut ad ostensionem dilectionis sponsæ suæ Ecclesiæ, per beatum Martinum, ut olim fecerat, quodcumque miraculum dignaretur demonstrare. Cui, in oratione prostrato, apparuit idem confessor, blando usus alloquio, ita inquiens: hoc quod petis, fili dilectissime, scito potiora posse te apud Dominum impetrare, sed tempori huic sufficere debent exhibita dudum miracula, quoniam contiguum instat tempus exsparsi seminis collecturæ messis. Sola enim animarum erigens medela exoranda est universis. Pro his enim Domini misericordiam obsecrare minime omitto. Nam et pro his noveris me apud Dominum præcipue intervenire qui illi assidue in præsenti serviunt ecclesia. Quidam enim illorum plus justo præsentis seculi implicati negotiis, armis insuper militaribus famulantes quibus trucidati in prælio deciderunt. De quibus nolo te lateat, quoniam vix apud Christi clementiam obtinui, ut, erepti de ministris tenebrarum, locis refrigerii ac lucis sistere mererentur. Cæterum tu delectabile Domino votum, ut cœperas, exple. Superveniente igitur designato die, congregatisque episcopis et abbatibus, cum innumera multitudine fidelium utrorumque sexuum et ordinum, priusquam inciperent sacra fieri, vir reverendissimus Herveus sanctioribus qui convenerant sacerdotibus hoc quod ei revelatum fuerat manifestare curavit. Peracta vero est more consueto sacratio, omniaque utensilia rite composita.

Anno siquidem ab Incarnatione Domini MCXXII ecclesia beati Martini iterum combusta est, et Castrum, propter guerram quæ inter burgenses rebelles et canonicos fuit. Quæ utcumque reformata est. Anno autem MCLVII, omne Castrum combustum est, sed ecclesia beati Martini, Deo propitio, et beato protegente Martino, mansit illæsa. Anno denique Verbi MCLXXV, nobiles et eximii burgenses ecclesiam sæpe nominati antistitis Martini, igne crematam, et nimia vetustate confectam, ædificare et nobili fastigio revocare cœperunt.

Altera ecclesiarum beati Martini, Majus Monasterium

nuncupatur, quæ merito monasticæ professionis obtinet principatum et specimen confert ordini et dignitati monachorum.

In hoc vero loco adventus Dei genitricis et virginis Mariæ, visitandi gratia beatum Christi confessorem et pontificem Martinum, usque in præsens veneratur, et in obsequio Apostolorum Petri et Pauli et sanctarum virginum Agnetis et Theclæ eadem visitatio et collocutio usque hodie recolitur.

Itaque quod ab antiquis fideliter tenemus et in historiis invenimus, a tempore beati Gatiani, qui primus Turonorum pontifex exstitit, missus a beato Cornelio, vigesimo secundo Romanæ sedis antistite totam Turoniam prædicavit, et prædicatione sua innumeras infidelium gentes ad Christi fidem convertit. Extunc plurimi fugientes consortia perfidorum, ne vitam suam macularent profanis ritibus eorum, veniebant ad locum istum qui tam secretus et remotus erat ut meliorem non desiderarent solitudinem, in quo plurimi propriis manibus cavantes sibi receptacula faciebant. Cum autem conventus christianorum ibi excrevisset, constituerunt sibi ecclesiam in honorem Dei et gloriosæ semper virginis Mariæ genitricis ejusdem Dei et Domini nostri Jesu Christi. Ad quam omnes concurrebant ad horam orationis, et donec sacrificiorum vota consummarentur, ab ea non discedebant. Tunc quique revertentes ad suam cavernulam, in qua carnis suæ superbiam macerantes, lectionibus et sanctis meditationibus vacantes, usque ad adventum beati Martini hujusmodi sanctam consuetudinem observantes perseveraverunt. Post adventum vero ejus, ad ejus magisterium et disciplinam confluentes, ejus desiderabant instrui disciplinis et exemplis. Quibus ipse, dum vixit, pastor et rector pius exstitit.

QUARE DICITUR MAJUS MONASTERIUM.

Nomen autem quod dicitur Majus Monasterium a beato Martino, teste Turonensi Gregorio, huic loco novimus fuisse impositum. Siquidem cum Majori Monasterio multa sint majora, quæritur qua ratione tam excellentis nominis privilegium vindicaverit. Cui quæstioni tripartita occurrit solutio. Notum siquidem est et satis celebre innotuit quod beatissimus archipræsul Turonum Martinus tria condidit monasteria, primum Mediolanis, secundum Pictavis, Tertium vero a Turonis milliario, quod, respectu et comparatione duorum, re et nomine majus monasterium appellavit. Est et alia ratio quare vocabulum tale sortitum sit, sicut Sulpitii Severi, qui jam dicti archiepiscopi vitam et actus luculento sermone describit, fidei et veritatis plena docet assertio. Idem beatus archipræsul, tumultuantis vitæ mordaces curas declinans, in hæc secretiora loca tanquam in portum quietis secesserat. Ejus autem sanctæ clientelæ octoginta adhærebant viri, qui ad nobilis instar magistri, in fame et siti, in cinere et cilicio, sese damnantes, mundum sibi et se mundo crucifixerant. Hi omnes sigillatim in singulis mansionibus tanquam in monasteriolis, per totam hebdomadam, orationibus et jejuniis vacantes, die tantum dominica, ad grande monasterium, cujus lateri perfosso ducis et doctoris eorum lectus et mansio inhærebat, conveniebant. Harum igitur mansionum relativa comparatione respectu ad monasterium illud quo, ut dictum est, convenire consueverant, Majus Monasterium, non immerito, appellarunt.

Propositæ residuum quæstionis modo tertio taliter enucleatur. Cum omnis cisalpina ecclesia multis et mirificis floreret monasteriis, solius Martini monasterium inter universa ordinis præcipuæ et sanctæ religionis apicem præferebat. Quæ enim esset ecclesia aut monasterium, ut ait Sulpitius, quæ non de Martini monasterio cuperet sacerdotes. Sanctitatis ejus merito et excellentia præ cæteris virtutibus majoratum tenens, majus monasterium, quadam meritorum prærogativa, meruit appellari. Duce igitur et præambulo archipræsule Martino majus illud monasterium extendit usque ad mare religionis suæ palmites, et usque ad extremum terræ sanctitatis suæ propagines dilatavit. Confectus itaque senio et plenus dierum beatus Martinus, dissolutionis suæ jamjam imminentis per Spiritum Sanctum præscius, Majori providens Monasterio sanctitatis virum, qui in ordinis et religionis regimine sibi succederet, elegit, et electum benedictione, qua patres et abbates decorari solent, solemniter insignivit, nomine Gillebertum, qui nunc ibidem humatus quiescit. Post cujus obitum alii plures fuerunt abbates, quorum hic nomina subscribuntur. Recepto denique intra cœli secreta beato Martino, Sulpitius Severus qui ejus discipulatui totus semper inhæserat, cellam patris per quinquennium, hæreditatem præclaram, pius hæres et habitator, obtinuit. Quem Sulpitium, licet amodum renitentem, Bituricensis clerus inde extrahens, sanctitate et scientia viri, et amore pariter ductus beati Martini, magistri sancti, in archiepiscopum sibi sublimavit. In præfato autem monasterio, et abbatum vicaria ex more successio, et vehemens religionis in dies augmentatio, usque ad Hastigni et Rollonis tempora perseveravit. Quorum immanis ferocitas, Galliarum urbes et ecclesias depopulans, monasterium illud funditus evertens, et habitatore et religione inhabile et inhabitabile reddidit. Primus abbas exstitit Gillebertus; secundus Aichardus. Post eum Guildemandus, Peregrinus, Audemundus, Dominicus, Ildemarus, Mainfredus, Deodatus, Vulgrinus, Benedictus, Hildricus, Martinus, Godo, Latinus, Gymo, Fandilus, Bonifacius, Eustochius. Hic fuit tempore beati Gregorii Turonensis; hujus tempore fuit beatus Leobardus; Froterius, Guichardus, Genesius, Volusianus, Antimus, Rigionarius, Desiderius, Principius, Petrucio, Fœlix, Baudelus, Berno, Clemens, Theobaudus, Haro, Petrus, Aigulfus, Francilio, Anianus, Johannes, Daniel, Isembertus, Hamricus, Robertus, Alexander, Bertarius, Gaudregisilus, Radulphus, Michael, Ismarus, Romanus, Godescalus, Bartholomæus, Leonius, Betarius, Leodemirus, Agilus, Jonas, Aufrisus, Riomirus, Herbernus. Hujus tempore venit Hastignus in Turoniam et omnia suburbana una cum Majori Monasterio destructis et in favillam redactis, Turonum obsedit. Sed oratione et præsentia beati Martini, multis suorum interfectis et captis, turpiter fugatus est.

Accidit denique ut Galliarum permaximos ab occidentali climate fines armis occuparet hostilibus Normannicæ gentis piratica manus, et sæva barbaries. Quæ, in necem hominum pariter prædamque rerum, ferali quaquaversum grassando vesania, pro discursu vario tum navibus evecta, tum pede, maria et flumina terrasque pervolitans, vel fugatis habitatoribus vel peremptis, atque subversis habitationibus regionum olim florentissimarum, partem, per loca immensa innumeraque, quam plurimam inanis desertam vastitatis solitudinemque redegit horrendam. Malum istud uti tunc enormitate suæ fuit cladis humanæ, ita nunc quoque fama frequenti per populos successiva viget traditione percelebre. Hæc eget perquisitis a nobis testificationibus adstrui, quod raro usquam per universam Galliam aut taceri a scientibus, aut a nescientibus diu possit ignorari. Tunc, cum reliquis, et illa de qua agimus sacrati loci antiqua possessio, desolata penitus, aut incultæ solitudinis addicta deserto, quæ ingenti antea pollebat ubertate redituum, horrere deinceps immensa cœpit densitate sylvarum. Itaque, cum pluribus hoc modo labentibus annis, cum invisæ tandem nationis immunitas, et scio nemine sui discessus, lucem quamdam nostræ revexisset patriæ securitatis et pacis, ille peccatorum justissimus ultor et veniæ misericordissimus Dominus indultor, qui per tot ac tanta dudum opulentissima loca, ut Scripturæ sanctæ simpliciter verbis utamur, posuit terram fructiferam in salsuginem a malitia inhabitantium in ea. Ipse idem rursus ibidem collocavit esurientes et constituerunt civitatem habitationis et seminaverunt agros et plantaverunt vineam et fecerunt fructum nativitatis. Quæ cum per universam patriam diligens elaboraret instantia, vel succedentibus scilicet posteris, vel eisdem, si qui supererant, redeuntibus in sedes proprias quos ab incolatu pristino deturbaverat illa barbaricæ hostilitatis sæva tempestas: hi qui eo tempore recuperatores fuere loci istius, atque possessionum restauratores pristinarum juris ipsius, etsi in statum reparare priorem cuncta simul nequiverint, taxare tamen ante reparationem singula suique cuncta signare juris non neglexerunt.

Verum, ut diximus, Majus Monasterium, quod non longe a Turonis aberat, funditus eversum, centum viginti monachos bis binos minus gladio ibidem percusserunt, præter abbatem et xxiv alios qui in cavernis terræ latitantes evaserunt. Abbatem tamen a latebris abstractum tormentis et cruciatibus ab eo exigunt ut thesauros ecclesiæ prodat et monachos qui in cavernis terræ stabant in medium deducat. Vir autem Domini Herbernus, licet varia et multiplici tormentorum violentia arctaretur, nec thesauros declaravit nec filios in latebris occultatos revelavit. Qui ad hoc reservati sunt ut patroni sui corpus inter alienos prosequerentur. Ita quidem contigit, sed ipse citius comitibus exilii sui mercedem restituit. Nemo enim illorum residuus fuit, quem non Martinus ecclesiæ præferret regimini, sublimaret dignitate.

Recedentibus Danis, postquam ovibus, timore fluviali represso, libera discurrendi reddita est facultas, auditum Majoris Monasterii infortunium, et eversio, necnon et abbatis cruciatus et pœnæ, et monachorum pretiosa mors, et passio, universorum et maxime sancti Martini canonicorum, gaudia obnubilans, lachrymosa subministravit suspiria, doloris immodici copiosam materiam propinavit. Mœstitiæ igitur et mœroris pallio amicti, vultu lugubri assumpto et ornatu, sicut moris est compatientium, dolere cum dolentibus, flere cum flentibus, dolentes et flentes, ad memoratum accedunt locum, et doloris intrinseci timore singultuoso perstillantes foris lachrymas aliquantisper imminuto, xxiv monachos qui in cavernarum latibulis morabantur extrahunt, et abbatem una cum ipsis cum debito honore et reverentia ad suam deducunt secum ecclesiam. In omnibus vero eos procurantes, delegarunt ipsis domum, ecclesiæ valvis inhærentem, a qua in ecclesia reciprocus ingressus secretior haberetur.

Sex vero mensibus emensis comperto canonici quod Rollo, Cenomanis capta, Turonum captum ire disponeret, communicato cum civibus suis consilio, pretiosam margaritam et singularem thesaurum, sanctissimi scilicet Martini corpus, Aurelianis usque transmittunt. Hujus latores et custodes exstiterunt Herbernus, Majoris Monasterii abbas sæpe dictus, cum xxiv monachis suis et xii canonicis, qui Deo et Christi confessori Martino die ac nocte devote deservirent, comitatui eorum indesinenter adhærentibus duodecim Castri Novi burgensibus, qui sancti servitoribus pie deservientes, eis necessaria providerent. Mansit autem ibi una cum monachis quousque pax Ecclesiæ reddita est. Reverso autem et recepto beato Martino, reversus est et Herbernus. Contigit autem dum esset Andegavorum consul Ingelgerius, Turonus Adalaudum confectum senio, viam universæ carnis intrare. Ingelgerius vero consul, auxiliante Deo et intercedente beato Martino, opitulantibus clericis, necnon et consentientibus civibus Turonicæ civitatis, intronisavit et in sede episcopali sublimavit Herbernum senem secundum beati Martini Majoris Monasterii abbatem et ministrum. Divina siquidem providentia, et beati Martini oratione assidua mediante, jam promoti erant per universam Burgundiæ provinciam, omnes et singuli in episcopatibus et abbatiis, scilicet ut qui cum exulato exules advenerint in ipso exilii solo divitiis et honoribus sublimarentur. Denique, ipsis mandavit per veredarios sæpefatus abbas Herbernus, ut interessent ducatui ad vehendum corpus sæpe nominati antistitis, ut quem simplices monachi et exules a loco proprio in exilium advexerant, jam episcopi et abbates constituti ipsum solum exulem loco proprio et civitati restituerent, quod et factum est.

Non multo tempore elapso, propitiæ nutu divinitatis, et zelo fidei, et pax ecclesiæ redditur. Et in Majori Monasterio regis cujus intererat imperio canonicis secularibus missis, servitium utcumque reformatur. Canonici vero illi et re et nomine seculares erant, et vitæ secularis actibus inserviebant. Contigit autem ut Odo Campaniensis comes, non sine Dei ductu, a littore Ligeris illo quo Majus Monasterium est, cum Deo placita uxore sua Hermengardi comitissa, Turonis, quæ sua tunc temporis erat, adveniret. Eo autem nullum ibi diverticulum faciente, venerabilis comitissa ad Majus Monasterium orandi gratia divertit, cumque introisset ecclesiam, adolescentula quædam, ejusdem ecclesiæ capicerii concubina, filio seorsum posito, signum pulsabat. Reverenda vero matrona sacristidem inconsuetam vidit, puduitque videre. Dissimulato itaque dolore, quærit diligenter ab ea quænam esset, quisve pueri pater exstitisset. Cui mulier ait : Capicerii hujus ecclesiæ concubina ego sum, et utriusque nostrum parvulus iste filius est, propter absentiam vero famulorum, id officii mihi usurpavi, et, ex necessitate, negligentiæ reatum exclusi. Ingemiscens itaque domina Hermengardis comitissa opus Dei ab impudicis servitoribus negligenter agi, comitem Turonus prosequitur, et in medio militum consessu, vulgi circumstante corona, ad pedes illius, Christi querimoniam depositura, procidit, dicens : Pretiunculam unam mihi dari a celsitudine tua, domine mi comes, expostulo : quæ nihil damni tui vel dedecoris in se continens, ad Dei et tuum spectat honorem. Cui comes tale fertur dedisse responsum : Surge, dilecta mi, et petitionem tuam edissere, ut per te mihi innotescat, utrum necne debeam exaudire. Ad quem comitissa : Non surgam nisi secretum petitionis evolvam, sed tam diu prostrata provolvar in pulvere, donec exhilarata erigar in exauditione. Favent universi parti comitissæ, et dignam exaudiri judicant. Adquiescit comes, et petitionis illius effectum pollicens, in dextræ suæ consessu collocat, imperans prosequi quod intendit. Tunc illa universa quæ in Majori Monasterio viderat, in verbis compendii replicans, talem petitionis suæ formam dedit. Obsecro, mi domine comes, ut Majoris Monasterii locum quem antiquitas sanctitate celebrem exstitisse commemorat, seculares inde personas et actus eliminans, ordini et religioni reformes, et ecclesiæ illius statum in monachorum ordinem et habitum transferens a levitate levem in dexteram Excelsi commutes. Cui comes: Justa petitio facilem meretur assensum. Verum quanquam mea minime refert, domino regi ad quem monasterium illud specialiter spectat, intimabo, et ut votis tuis super hoc satisfiat, pro viribus elaborabo. Non multis autem mensibus emensis, contigit Dei, ut credo, nutu, quod gloriosus rex Robertus et Campaniensis Odo, pariter cum Deo amabili comitissa superiore, Turonis descensum haberent.

Quadam die dum minor comitis filius, miri decoris puer, Hugo nomine, coram rege deambularet, delectatus rex filii vultu et amœnitate, cognito quis, cujusve filius esset, protinus filiolum ad se adscivit, et adscitum sic allocutus est: Quoniam serenitatem nostram, dilecte in Domino mi filiole, bene in te complacuit, optionem tibi damus petendi quodlibet munus, quod elegeris, petitio siquidem tua nullam patietur repulsam. Tunc puer, a parentibus suis præmonitus: Peto, inquit, domine mi rex, si vestræ beneplacitum fuerit majestati, Majus Monasterium cum pertinentiis suis, ex dono regio, mihi in proprium cedat. Ad quem rex: Licet locus ille ad beati Martini de Castro Novo in jus proprium spectet, voto tamen tuo et petitioni regii dicti inconcussa veritas satisfacere non differet. Tunc assumens eum cum comite pariter et comitissa et regio comitatu, convocata beati Martini ecclesia, in medio eorum, tanquam ejusdem ecclesiæ abbas reverendus resedit, dans igitur clericis pro voluntate commercium, Hugonem, comitis Odonis filium, qui postea Bituricensi infula et primatu sublimatus est, de Majori Monasterio, tam ipse rex quam beati Martini capitulum, solemniter investivit, et ad omnia quæ vellet agenda perpetuo jure concessit.

Tunc venerabilis comes Odo Campaniensis, suggerente ei Deo amabili uxore sua Hermengardi, a Cluniaco tredecim bonæ vitæ et opinionis monachos, precum obtinente suffragio, deduxit et in jam dicto Majori Monasterio, sequestratis exinde clericis secularibus, substituit, et religionem inibi posteritati profuturam per eosdem propagavit. Viri igitur illi in brevi odore suæ famæ populos resperserunt, et conventum Deo servientem, numero et merito multiplicantes, Stephani Papæ et regis Roberti urgente imperio unum ex tredecim, qui super eos primatum gereret, in abbatem sibi elegerunt. Iste vero Stephanus Papa qui Dei nutu in has descenderat partes, et electum in abbatem, et Odonem comitem in monachum benedixit, privilegii sui auctoritate, et a Cluniaco libertatem, et liberam eis deinceps jure successionis confirmans electionem. Dantur insuper a prætaxato piæ memoriæ Papa Stephano, et a sæpe dicto beatæ recordationis rege Roberto privilegia firma et inconcussa, ne Majoris Monasterii ecclesia cuilibet ecclesiæ vel personæ archiepiscopi, episcopi, vel abbatis subjecta esset, sed tanquam specialis Romanæ ecclesiæ filia, Deo soli, et domino tantum Papæ libera deserviret. Conquerens interim Cluniacus quod prioris illius inopina in abbatem conversio damni sibi et dedecoris fomitem ministraret, mittit abbatem suum, sanctum videlicet Maiolum, qui extraordinarie acta corrigeret, et obedientiam furtim sublatam, Cluniacensium juri et subjectioni restitueret.

Veniens itaque sanctus Maiolus Majori Monasterio a religiosis fratribus honorifice, ut decebat, excipitur, et ei, tanquam reverendo patri, officiosissime deservitur. Conveniens die crastina sanctus vir tredecim illos quos, ordinis instituendi gratia, direxerat, ita alloquitur dicens : Filii alieni, cur mihi et matri vestræ, ecclesiæ videlicet Cluniacensi, quæ vos in virtutum deliciis diligenter educaverat, mentiti estis, et a nobis vos et locum vobis commissum alienastis. Redarguta a magistro, prudens virorum simplicitas conticuit. Tunc sanctus vir ad abbatem conversus et vehementer eum increpans, ait : Tu, inquam, o fili, quem cæteris ducem et præ cæteris præfeceram, cur tibi commissos in errorem induxisti, et jus Cluniacense tibi, ambitionis cupidine tractus, usurpasti ? Cui nuper intronisatus abbas, ut erat miræ simplicitatis, excusatoria cum omni humilitate verba respondit, dicens : Ne indigneris, quæso, domine, nobis famulis tuis, sed si culpa dici potest, in dominum potius papam et in Francorum Regem retorqueri debet, quorum obedientia et jussio adhuc nos coegit. Quibus non obedire nullatenus potuimus. Adstipulatur etiam huic eorum facto loci illius auctoritas, qui, in authenticis libris reperimus, a beati Martini temporibus usque ad facta a Danis exitia, et religione et abbatibus floruisse strenuis perhibetur ; licet autem quod factum est non posset non fieri, discernat tamen, dilecte in Domino pater, sanctitas tua utrum summi et universalis papæ statuta stare debeant aut infringi. Nos autem qui tui sumus, tuo semper stabimus imperio. Tunc beatus Maiolus vindictorum gravitate perspecta, sedata divinitus animi commotione, dixit : Non me tanti estimo, nec rem suffragatur mea parvitatis temeritas domini papæ statutis obvier, et locus beati archipræsulis Martini semper dilectus, dignitatis suæ per me culmen amittat. Statuo igitur et confirmo et sigilli mei auctoritate corroboro, ut Majus Monasterium a jugo et subjectione Cluniaci liberum et immune amodo et deinceps emancipetur, et habendi et eligendi abbates suos libertate concessa, in eodem monasterio pristinæ dignitatis integritas indemnis illibataque perseveret. His itaque expeditis, repatrians beatus Maiolus Turoniam Burgundia commutavit. Actum est hoc, anno ab Incarnatione Domini M. V.

Elapsis postmodum annis XC, ab Incarnatione videlicet Domini MXCV, anno Philippi regis Francorum XXXVII, et Bernardi hujus Majoris Monasterii abbatis anno ordinationis XIII, Urbanus secundus, papa gloriosus, ab urbe Roma veniens, et sola caritatis gratia Gallias invisens, cum in Claromontano concilio in præsentia quingentorum ferme patrum, archiepiscoporum scilicet, pontificum, abbatum, ipsis universis una cum Radulfo, Turonensi archiepiscopo, acclamantibus et auctorisantibus, privilegia, libertates et immunitates quæ ipse papa nobis et cœnobio nostro per manus reverendorum fratrum nostrorum domini Bernardi Remensis, cognomento Poncii, tunc prioris nostri, dominique Rangerii, qui postea presbyter cardinalis sanctæ Romanæ Ecclesiæ, ac deinde Regiensis archiepiscopus fuit, et in præfato concilio ut archiepiscopus et cardinalis sedit, ab urbe Roma miserat, auctorisasset anno apostolatus sui octavo, idque in octavis festi hyemalis beati Martini, tandem pacis et concordiæ gratia inter nos, et Turonenses beati Mauricii canonicos, jam tunc decennio nos persequi non cessantes, faciendæ, monasterio nostro ab eodem visitato ipsoque ab exiguitate nostra pro tempore competenter satis, ut decuit, excepto, et apud nos diebus septem, non sine multis expensis, repausato, sive refrigerato, octava demum adventus sui die, videlicet idus martii, dedicavit Deo, in honorem sanctæ Crucis ac beatissimæ Dei genitricis perpetuæque Virginis Mariæ, ac sanctorum apostolorum Petri et Pauli, nec non et beati Martini episcopi et confessoris majorem basilicam nostri hujus Majoris Monasterii, in qua fratres die noctuque divino servitio incumbunt.

Pridie siquidem, quæ fuerat dies dominica, celebratis ex more missis ab eodem, adierat gradum ligneum sibi, ad loquendum populo, ut est consuetudinis, in littore Ligeris, præparatum et super eum cum archiepiscopis et cardinalibus stans, diutissime populo infinito, qui ob hoc ipsum undecumque sitienter convenerat, solemniter exhortationis verbum faciens, et monasterii nostri ordinem ac religionem vehementissime collaudans et extollens, atque adversariorum nostrorum, canonicorum videlicet, non minus execrans conversationem ac præcipue ipsorum detestans decennio tyrannidem, innocentiam nostram in auribus tam egregii Andegavorum comitis Fulconis Junioris, et procerum ejus, qui sermoni ipsi intererant, quam omnium qui illuc undecumque confluxerant, ipse papa exposuerat, et assignaverat, et adoptatos nos ab ipso in speciales sanctæ Romanæ ecclesiæ filios edixerat, quos nulla prorsus de causa deinceps posset aliquis archiepiscoporum vel episcoporum, absque ipsius aut successorum suorum licentia, excommunicare, et ad ultimum cœnobio nostro et nobis præfato comiti ac proceribus ejus cæteroque populo commendatis, benedixerat, ex præfatorum privilegiorum tenore, et absolverat omnes qui nos et universa nostra custodirent fideliter et tuerentur, atque honorarent. Omnes vero qui nos et nostra quælibet inquietarent, molestarent et inhonorarent, maledixerat, et donec inde satisfaciendo Deo atque nobis pœniterent, perpetui anathematis catena ligaverat. Unde rediens, sermone finito, ipsa die in refectorio nostro, cum duobus archiepiscopis et quatuor episcopis, atque cardinalibus suis refecit, et sicut dictum est, in crastino ecclesiam nostram dedicavit.

Locatis ergo, de more, sanctorum pignoribus, et sacrato altari dominico, dotaverunt ipsum, jubente papa, præfatus comes Fulco, Robertus de Rupibus, Hugo Ambasiacensis, Rainaldus Ferlensis de Castello, et Raguellinus de Malliaco. Sed et cæteri proceres, quorum ibi copia multa, dote quadam admodum nobis grata, id est auxilio, tuitione et consilio suo ipsum altare dotaverunt.

Tertius exstitit Calixtus papa secundus, primo Mennensis archiepiscopus, Guido vocatus qui altare matutinale multis sanctorum pignoribus positis consecravit. Hic privilegium libertatis et immunitatis nobis donavit, assentientibus et subscribentibus omnibus et singulis cardinalibus.

Quartus Innocentius qui coram omni concilio Romano æque privilegium libertatis et immunitatis dedit, assentientibus et subscribentibus omnibus et singulis cardinalibus suis. Hæc omnia acta sunt de ecclesia, et in ecclesia beati Martini Majoris Monasterii. Est nempe locus ille omnibus virtutibus fertilis, prodigiis mirabilis, divitiis uber, omnique religione præfulgens. Dignum namque est illum esse mirabilem qui tantum meruit habere habitatorem. Non est enim martyr tantum, aut confessor optimus, sed lux seculi et gemma sacerdotum. Ibi reges properant, diversarum gentium principes cum muneribus et votis sæpius frequentant. Viget ibi caritas quæ in duobus constat, in amore videlicet Dei et proximi, procedens de corde puro, et conscientia munda, et fide non ficta. Viget siquidem ibi caritas in hospitibus suscipiendis, in pauperibus, in peregrinis, viduis et orphanis, maxime autem circa domesticos fidei. Viget ibi disciplina, obedientia, cultus justitiæ, silentium, lectio, et meditatio, et Deo, de cujus munere venit, die noctuque a fidelibus servis suis digne et laudabiliter servitur.

Denique relatum est nobis modernis a senioribus nostris, quod si regularis observantia et monasticæ institutionis tenor, quocumque in loco, a monachis custodiretur, nullam omnino indigentiam paterentur, sed abundarent universis commodis juxta illud Domini: *Primum quærite regnum Dei et justitiam ejus et hæc omnia adjicientur vobis.*

CHRONICON

ABBATUM MAJORIS MONASTERII.

Primus abbas, Gillebertus.
Secundus abbas, Sichardus.
Tertius abbas, Ebrardus.

Hi requiescunt in dextro porticu ecclesiæ, ante tumulum Bernardi abbatis.

Quartus abbas, Albertus. Hic requiescit in dextra parte ecclesiæ, ad altare scilicet sancti Mauricii. Hic omnes bonas consuetudines hujus ecclesiæ solerter instituit, et ordinavit, quas qui postea mutare præsumpsit, pejoravit. Tempore hujus Alberti, fecit rex Anglorum Guillelmus nostrum dormitorium. Hic præbuit nobis duo meliora candelabra et calicem aureum LXXX unciarum et alia multa. Mathildis uxor ejusdem fecit nostrum refectorium, et dedit nobis nostram cappam meliorem, et alia plura.

Quintus abbas, Bartholomæus; hic rexit ecclesiam istam ab anno MIV usque ad annum MXXIV, viginti videlicet annis et obiit VI cal. martii. Hic humatus quiescit in sinistra parte, ad altare Apostolorum; hujus vitam signis, virtutibus, et miraculis plenam qui scire voluerit, in nostro armario reperire poterit. Hic ecclesiam istam multis obedientiis ampliavit, qui ut supra diximus obiit vi cal. martii.

Sextus abbas, Bernardus; hic requiescit in dextro porticu ecclesiæ, a parte inferiori. Hic pro libertate hujus ecclesiæ multum laboravit, et ab omni archiepiscopali subjectione, apostolica auctoritate, Deo et beato Martino auxiliante, liberavit. Tempore hujus Bernardi fuit Hubaldus, canonicus sancti Martini et frater magistri Berengarii. Hubaldus iste tabulam auream ante altare ex propriis rebus fecit, et pretiosiorem casulam comparavit et duodecim millia solidorum nobis dedit ad comparandas terras vel quælibet alia. Hic rexit ecclesiam istam usque ad annum MXXXVI, XIII videlicet annis, et obiit VIII idus maii (1).

Septimus abbas Hilgodus; hic privilegia de libertate hujus ecclesiæ, pro qua dominus Bernardus diu laboraverat, data a beato papa Urbano, attulit. In Angliam etiam pergens, XXX marcas argenti quas annuatim habemus a rege et regina Anglorum et plura alia adquisivit. Hic fuit primum episcopus Suessionensis ecclesiæ, et postea abbas supradicti cœnobii. Hic requiescit in introitu, in dextra parte, ad altare sancti Antonii, hic rexit ecclesiam istam ab anno MXXXVI usque ad annum MXLVIII et obiit idus octobris.

Octavus abbas, Guillelmus; hic requiescit in dextra parte capituli, inter columnam et sedile. Hic officinas Majoris Monasterii aut omnino construxit, aut in melius

---

(1) Le ms. S. Germ. lat. 1070. 3. porte seul des dates; elles ont été effacées sur le ms. S. Victor. 732. Ces dates sont très-exactement reproduites ici d'après le premier de ces mss.

permutavit. Totum etiam cœnobium istud muris eminentibus circumcirca munivit. Præterea multas obedientias adquisivit, Castellum scilicet Josselini, Sanctum Maclovium de insula, Dinanandum, Gigonium, Tredionem, Meduanam, Filgerias, Vitreum, Martiniacum, Ploarmel, Malestritum, Rupem Jarnigonii, Paris, Remis, Trou, Lanceium, et multa alia. Insuper ecclesiam istam ab omni debito omnino liberam reliquit; hic rexit ecclesiam istam ab anno MXLVIII, usque ad annum MLXIV, XVII videlicet annis, et obiit.

Nonus abbas, Odo; hic quiescit in dextro porticu ecclesiæ, a parte superiori videlicet juxta abbatem Bernardum : hic vir religiosissimus multa et in tempore suo huic ecclesiæ acquisivit, videlicet ecclesiam beati Martini de Valle apud Carnotum, et ecclesiam sancti Rufini apud Basolcas et quidquid apud Castellionem habemus, et multa alia; hic rexit ecclesiam istam ab anno MLXIV usque ad annum MLXXXIV, XX videlicet annis, et obiit XIII cal. julii.

Decimus abbas, Garnerius; hic omnium abbatum ecclesiæ hujus piissimus fuit. Ecclesia sanctæ Mariæ Boni Nuntii apud Aurelianum, ecclesiam sancti Egidii apud Andegavum et ecclesiam sancti Gervasii apud Ver adquisivit, domumque hanc omnino reparavit, prout qui viderit, et ipsa opera testantur ; cellarariam, coquinam, dormitorium, mediam quoque partem claustri infirmorum fecit ; aliaque plura quæ enumerare longum esse videtur. Cum vero domum infirmorum renovare decrevisset, partemque quamdam consummasset, Christo Domino eum vocante, ad celestia regna migravit X cal. junii, cum eo perenniter regnaturus. Decem et novem annis ecclesiæ hujus abbas præfuit; nono decimo autem incipiente defunctus est, quiescitque juxta dominum Gillebertum (1) abbatem in capitulo, hujus in tempore fecit dominus Bermondus, in tempore illo magister prior ecclesiæ hujus, capellam infirmorum, cui non est similis in universo mundo.

Undecimus abbas, Robertus Brito de Mægueri; hujus vita laudabilis, quia Deo et hominibus amabilis; hic perfecit coquinam et claustrum infirmorum, quod antecessor suus incœperat. Hujus abbatis tempore, Alexander Papa, Turonus deveniens, in præsenti domo perendinavit. Vixit autem, postquam electus est in abbatem, decem annis. In undecimo vero, iv scilicet cal. septembris appositus est ad patres suos, et jacet in dextra parte capituli juxta abbatem Garnerium.

Duodecimus Abbas fuit Robertus Blesensis, vir valde venerabilis et gratiosus; hic fecit thalamum et capellam abbatis, cui in universo orbe præ pulchritudine et claritate similis, ut arbitror, non reperitur; hujus abbatis tempore Rainaldus, cognomento Mansellus, pelliparius, lxv millia solidorum huic ecclesiæ, quæ ei debebat, condonavit. Vixit autem postquam electus est in abbatem x annis; in undecimo vero decessit a rebus humanis. Hic requiescit a sinistra parte capituli inter columnam et sedile abbatis.

Tredecimus abbas fuit Petrus, de Gasconia natus, valde simplex et religiosus, secularis versutiæ ac nequitiæ ignarus; hic, in simplicitate bona, primo anno electionis suæ, penultimo scilicet die anni illius quo assumptus est in abbatem, Deo vocante, fati munus implevit apud Taventum, cujus tamen corpus, huc per Ligerim apportatum et humatum fuit ante altare crucifixi præsentis ecclesiæ, ubi modo requiescit. Tempore

---

(1) Guilbernum, ms. S. Victor 732.

hujus abbatis, Robertus de Bona Valle, magister prior, thalamum pulchrum quoddam inter dormitorium et domum infirmorum cœpit ædificare (1), sed tamen in vita sua non potuit consummare, quia XVI die post mortem prænominati Petri abbatis, de hoc seculo migravit. Cujus corpus inter prædictum thalamum et armarium humatum fuit.

Quartus decimus abbas fuit Herveus de Villa Piscor (2). Hic a pueritia sua in monachum susceptus fuit, nobili prosapia ortus, honestate morumque probitate conspicuus, discretione et providentia præditus, in abstinentia præcipuus, caritate fervidus; hic cum bonæ opinionis semper exstitisset, cum esset hospitalarius hujus abbatiæ, Deo volente, in abbatem assumptus est. Abbas factus, religiose et in multa abstinentia vixit, panem et vinum quale conventus semper habuit, et is parcus sibi fuit, tamen in refectorio largus et benignus cæteris exstitit. Conventum magnum hic in tempore suo semper tenuit. In capitulo pater severus fuit, sed severitatem illam paternam ita maternæ laudis dulcedo condiebat, ut cum Paulo, omnibus omnia factus, ut omnes lucrifaceret, erga unumquemque, prout videbat ei congruere, cum multa discretione faciebat. In hujus tempore acquisitum est Lehonense cœnobium, cum domo de Balleolo et omnibus aliis pertinentiis suis. Pro prioratu illo multum gravatus est in expensis triginta millium solidorum, et eo amplius, quia quidquid ad prioratum illum pertinebat durissimo pignori obligatum erat. Multo tempore religiose tractatus

(1) Thalamum pictum est inter dormitorium, etc. mss. S. Victor, 732.
(2) Les deux mss. portent *Villa Piscor*, peut-être faut-il lire *Villa Pirorum?* C'était un prieuré de Marmoutier, mentionné dans une charte du XI° siècle, et dans plusieurs autres titres.

est locus ille, et boni testimonii fuit, et erit, Deo volente.

Cum in cella novitiorum episcopi, alii prælati, abbates et nobiles viri hospitio recepti, conventum omnino inquietarent, ita ut aliquis monachus ire vel redire ad lavatorium absque obviatione servientium vix posset. Ubi magni cordis Herveus, ad tumultum illum tranquillandum, pro bono et quiete conventus, intra triennium ordinationis suæ, aulam novam speciosissimam, ante ecclesiam, cum granariis subtus, multæ valentiæ et sumptibus xxiii millium solidorum disposuit.

Ad hæc, turrem quamdam nefandissimam, a quodam nobili viro, Guidone de Gallanda, in atrio ecclesiæ Cellebriensis, extumulatis ossibus mortuorum, firmatam, et nuntiis ad curiam Romanam sumptuose directis, militi prædicto cum terra sua districtæ sententiæ, per multum temporis subjecto, tandem pace facta, datis quingentis libris Proveniensibus præfato militi et quatuordecim scyphis argenteis, decano et capicerio Aurelianensi, fratribus ejus, radicitus destrui et dirui fecit, toto apparatu in ligno et lapide, prioratu jam dicto remanente. Cum vero canonici Aurelianenses domum Boni Nuntii nobis auferre vellent, declinatis primis judicibus per appellationem, episcopo videlicet Parisiensi et abbate sanctæ Genovefæ, impetratæ sunt litteræ ad alios judices, Suessionensem et Meldensem episcopos, sub tali forma, quod si in privilegiis monachorum ita invenirent sicut in transcriptis eorum quæ eis sub bulla sua mittebat, continebatur, canonicis Aurelianensibus perpetuum silentium imponerent. Quod autem factum est, Deo donante, apud Firmitatem Milonis. In ædificatione autem domus Boni Nuntii multum expendit abbas Herveus, sicut apparet. Domum Blesensem super

Ligerim pro domo quam habebamus in villa Prece pretio excambiavit a quodam nepote suo. Domus enim villæ in deferendis bladis ad chalandum sumptuosa et damnosa sæpius exstiterat. Nobis in urbe Cenomanensi domum non habentibus, felicis memoriæ Guilelmus episcopus Cenomanensis, qui eumdem Herveum, pro religione sua, plurimum diligebat, vineas suas proprias, quas de manu laicali abstraxerat, ad herberiagium faciendum, nobis dedit : in quo loco idem pontifex capellam de proprio construi fecit. In cujus dedicatione tantum amorem erga prædictum abbatem exhibuit, quod die illo eum cum suis, pro vitandis sumptibus, dulci violentia ad suum hospitium duxit, et multum honoravit. Idem vero abbas domum nobilissimam ibidem ædificavit sumptuosis expensis fere triginta millium solidorum. Multa etiam bona alia huic ecclesiæ fecit idem abbas Herveus. Cum autem ecclesia ista religionis fervore, ordinis distinctione, caritatis amplitudine præcelleret, et in bona pace esset, ipse in bona virtute abbatiam istam, pro Dei amore, decimo anno, die videlicet eadem qua eam acceperat, lugentibus universis, omnibus commotis, dimisit, et in recluso, quod sibi ad dormientes latenter excidi fecerat, sexdecim annis in religione multa, oratione continua, et abstinentia prædura inibi vixit, multo tempore quartario panis lolio (1) confecti contentus fuit; episcopi vero et alii prælati ecclesiarum et cæteri eum cum summo studio venerabantur. Sex annis ante finem suum in lecto non jacuit; missam quotidie cantabat ; bonum exitum habuit, et in loco quo

---

(1) Les deux mss. portent *locio* ou *loeio*; n'est-ce pas *lolio*, qu'il faut lire? *Lolium* est l'ivraie, ou une espèce de froment de qualité inférieure.

dimittens præceperat, hoc est in choro ante januas ferreas, se sepeliri fecit : ibi modo requiescit.

Quintus decimus abbas fuit Gaufredus natione Britannica, nobili prosapia ortus, clericali scientia eruditus, statura vultuque decorus. Iste se dimisit, et postea, sicut Domino placuit, in pace quievit.

Sextus decimus abbas fuit Hugo, natione Carnotensis, hic a pueritia in monachum susceptus. Iste erat parvus in corpore et sufficienter litteratus, et, sicut fertur, quasi miraculose fuit electus, quodquidem miraculum prætermitto, quia de hoc nisi per narrationem non sum certificatus. Tempore hujus Hugonis, huic ecclesiæ, per bonam ipsius industriam, multa magna beneficia exstiterunt acquisita, quæ, brevitatis causa, hic non specificantur. Iste Hugo fecit fieri magnas duas portas hujus abbatiæ, cum ipsarum domibus et horreis inter illas existentibus. Fecit etiam fieri grangiam quæ satis prope secundam portam situatur. Insuper ipse ædificavit grangiam de Mellaio cum porticu et columbario et muris illius manerii. In Lavatorio ipse fecit fieri magna ædificia et plurimos reditus acquisivit, et in Lavatorio hic ædificavit aulam et grangiam et vetera ædificia reparavit, et muris cinxit totum manerium. Ulterius Savaricus de Malo Leone, in prioratu de Fontanis, unum prædium habebat, quod per ipsum dominum Hugonem exstitit redemptum. Ille bonus Hugo ædificationem hujus præsentis ecclesiæ incœpit, et ipso vivente primum pinnaculum, sicut est, completum fuit, cum turribus duabus, suis lateribus positis, una cum quatuor primis voltis prædicto pinnaculo immediate junctis. Sed his non obstantibus, contra archiepiscopum Turonensem placitabat. Nam idem archiepiscopus aiebat nostrum abbatem baculo pastorali aut mitra uti non debere. Quapropter ipse Hugo, prudens et humilis, prospiciens mitram plus afferre oneris quam commodi noluit inaniter litigare, et sic potentiam sine mitra, sicut antiqui praedecessores sui, de caetero portavit, sicut satis patet in tumba sua in nostro capitulo caelata. Finaliter iste Hugo a suis fratribus religionis tantum fuit dilectus, ut magis solemniter quam alios abbates in capitulo sepeliri fecerint, ad finem quod perpetua ipsius memoria in futurum posset haberi. Et ut pie et rationabiliter credimus ad coelestes mansiones jam translato (1).

Decimus septimus fuit electus abbas Gaufridus de Conan, natus in comitatu Blesensi. Iste Gaufridus prosecutus est aedificationem hujus ecclesiae et illam perfecit a loco ubi ipsius praedecessor dimisit, usque ad magna pilaria quae sunt ante lectum beati Martini. Sed tempore suo comes Blesensis venit intus, et volebat

(1) Le mss. S. Victor 732., donne la leçon suivante, différente de celle du ms. S. Germain lat. 1070. 3. pour la notice de l'abbé Hugues :

Sextus decimus abbas fuit Hugo, natione Carnotensis. Hic a pueritia in monachum susceptus, statura parvus fuit, sufficienter litteratus. Quam multa et maxima beneficia ecclesiae nostrae adquisivit longum est enarrare. Nam ipse construxit in loco isto granchiam mirae fortitudinis et horrea lapidea, quibus in toto mundo vix valeant comparari; et capellaniam sancti Michaelis. Apud Melleium similiter granchiam lapideam et portam magnae latitudinis et mirae speciositatis construxit, et muris lapideis in gyrum vallavit. Apud Oratorium quam magna aedificia et redditus adquisivit. Apud Lavatorium quam validis muris domum et aedificia nova facta, vetera reparata, undique vallavit. Convivium vero quod Salitaricus de Valleon in domo nostra de Fontanis habebat, ipse comparavit, Hugo Dei famulus, quo pastor non fuit ullus tam bonus; in coelis a dextera sedet Michaelis.

Les dernières lignes de cette notice contiennent quatre vers rimés :

        Hugo Dei famulus,
        Quo pastor non fuit ullus
        Tam bonus; in coelis
        A dextera sedet Michaelis.

Ici se termine le ms. S. Victor, 732, pour la chronique des abbés de Marmoutier.

habere unam procurationem cum gista, quas proferebat in ista abbatia quolibet anno sibi deberi. Sed reverendus abbas prædictus, ut pugil bonus, murum pro ecclesia sua se opposuit, hæc omnia illi denegavit. Qua de re dictus comes, consilio pravæ gentis, in iram commotus, frangi fecit ostia coquinæ, cellarii, hostelariæ, et, quod pejus fuit, religiosos et eorum servitores verberari fecit. Nec his maleficiis contentus, addidit mala malis. Nam in comitatu Blesensi et in Turonia, et in omni loco ubi tyrannicum posse suum potuit se extendere, bona et reditus hujus abbatiæ per suas gentes capere et more lupino rapere faciebat, sicque hæc ecclesia, beatissimi Martini discipula, nil valebat ex his percipere. Insuper duo religiosi hujus abbatiæ inter Fontem Mella et Chosiacum fuerunt per gentes dicti Ducis projecti a summo unius altissimæ rupis, usque ad ima corruentes, quasi mortui vel semivivi. Tandem præfatus comes his facinoribus adhuc non contentus, tanquam peccator in profundum malorum descendens, animæ propriæ salutem contempsit taliter, quod præfatum abbatem nostrum per suas gentes insidiari et capere fecit, et latenter ducere ad castrum suum de Guyse nuncupatum; et ibidem per spatium septem annorum exstitit incarceratus. Et sic illo septennio durante, boni religiosi nostri nescientes ubi exstiterat eorum abbas, in magna tristitia et dolore erant constituti. Ideo de die in diem processiones peragebant, orationes ad Deum humiliter offerendo, ut ipse suum abbatem in prosperitate et ecclesiam eorum in tranquillitate eisdem restituere dignaretur. Quia non obstante quod prædictus comes abbatem præfatum furtive tenuisset incarceratum, nihilominus, ut jam dictum est, in omni loco ubi suum posse valebat se extendere, conventum hujus monasterii bonis abbatiæ pertinentibus gaudere non sinebat. Et sic in Britannia et Normannia religiosos oportebat victualia quærere, cum magno dolore pariter et timore. Sed postea, nutu Dei permittente, contigit coquum dicti abbatis ad præfatum castrum de Guyse applicare, et dum castrum respiceret, dictus abbas per quamdam fenestram famulum suum vidit et cognovit. Et tunc suo nomine illum vociferavit sic inquiendo sibi: Ego sum frater Gaufridus de Conan, sed quæso ut mihi dicas quomodo mei fratres religiosi se habent, et si de me amplius recordantur. Tunc famulus stupefactus, et de inventione domini sui lætus, dolens tamen de miseria ejusdem, gratias Deo retulit. Et tandem domino suo cum fletu dixit quod sui religiosi eum quam plurimum desiderabant, et quod in magna desolatione erant constituti. Quo dicto famulus cito ad conventum est reversus, omnia quæ inventa et dicta sunt eidem enarravit. Tunc religiosi, Deo et sanctis gratias agentes, absque mora dominum papam, necnon et dominum regem Franciæ adiverunt, justitiam et remedium super his exquirendo. Sed cum prædicta ad præfati comitis auditum pervenissent multum doluit. Et adhuc in sua malitia, velut alter Pharaon, remanens, memoratum abbatem oculis velatis, necnon manibus et pedibus ligatis, extra suos carceres deponere fecit. Et sic positus exstitit in quodam fossato, prope prioratum de Sparnone. Sed contigit priorem ejusdem loci illam viam incedere. Tunc præfatus abbas illum audivit, et ipsum vociferavit. Quo viso, et a priore cognito, cum admiratione maxima ad supradictum prioratum de Sparnone fuit ductus. Et tunc prior voluit sibi tradere equos et vestimenta, quæ omnia recusavit, dicendo quod in illo statu se ostenderet domino papæ et regi Franciæ. Sed sunt alia quamplurima historiam hanc tangentia et ejus prosecutionem, quæ sic fuit onerosa et damnosa huic ecclesiæ, quod adhuc videtur se sentire. Iste Gaufridus tumulatus est prope ostium eleemosynæ : et post illius obitum electus exstitit abbas Stephanus XVIII.

Decimus octavus abbas fuit Stephanus nominatus, qui quidem fuit bonæ vitæ. Vixit septem annis, vel circa. Et pauca fecit, quod occupatus exstitit in prosecutione injuriæ factæ suo prædecessori. Cæterum post mortem illius electus fuit XIX abbas.

Abbas decimus nonus fuit Robertus nomine, de Flandria natus, eratque pulcher et sufficienter litteratus; erat etiam prior de Calla Imbria. Nec sibi placuit electio sua. Sed nihilominus Romæ fuit ductus in magna comitia religiosorum. Et dum exstitit coram papa Martino, suæ electioni renuntiavit; sed per consilium duorum cardinalium idem papa regimen hujus abbatiæ prædicto Roberto commisit, mitram et ordinationem qua noster abbas in missa utitur de præsenti, perpetualiter confirmando. Iste Robertus complevit chorum hujus ecclesiæ et alia opera usque ad capellam sancti Ludovici. Et insuper ordinavit, quod flocum cum cuculla portaremus, sicut modo deferimus. Ordinavit etiam quod panni lanei haberent in longitudine duas ulnas cum dimidia et in latitudine unam ulnam cum dimidia. Pluraque alia ordinavit, quæ causa prolixitatis omittuntur. Ulterius fecit fieri capellam de Mentenay, et de assensu capituli generalis, durante vita ipsius, in recompensationem, cepit manerium sancti Remigii, dicto prioratui de Mentenaio pertinens. Et hac de causa sui successores semper depost, contra rationem, illud detinuerunt. Ulterius præfatus Robertus, causa visitationis, mare anglicanum transfretavit; sed rex dicti regni de facto, sicut illi patriotæ solent uti, pro prisonario retinuit et propter hoc prioratus Eboracensis et de Ticfort damna quamplurima sustinuerunt. Finaliter iste Robertus est sepultus in capella Virginis gloriosæ, ad caput ecclesiæ majoris situatæ.

Post ejus decessum, electus xx abbas, nomine Odo de Braccolis, nobilis progenie, sufficienter litteratus. Ipse in thesauro prædecessoris sui circa summam decem millium librarum Turonensium invenit, hic majorem quam omnes sui prædecessores. Post ea ivit Romam ad mandatum papæ Bonifacii, cum archiepiscopo Burdegalensi, et cum archiepiscopo Turonensi, et magnas expensas peregit. Et post ipsius regressum papa decessit, et electus fuit in papam prædictus archiepiscopus Burdegalensis. Iste Odo complevit capellam sancti Ludovici, et naturæ debitum persolvit anno mcccxii. Et in dicta sancti Ludovici capella est humatus.

Quo facto, xxi abbas fuit electus Johannes de Denteleonis nuncupatus, de territorio Pictavensi oriundus, et de nobili genere procreatus, parvæ tamen staturæ, sed pulchra facie decoratus. Iste Johannes pauca fecit, nisi quod manerium de Malo Nido acquisivit, et quod incœpit porticus existentes ante portam ecclesiæ. Tempore suo fuit magna dissensio inter ipsum et magistrum priorem, nominatum Odonem de Berardois, priorem sancti Martini in valle Carnotensi. Illa dissensio fuit damnosa religioni, ultra valorem decem millium librarum. Et cum hoc fuit vituperosa, quia religiosi erant sic divisi, quod una pars erat contra aliam. Tandem iste Johannes resignavit Simoni le Maye camerario, anno mcccxxx, et obiit anno sequenti, et die crastino in quo resignavit. Sepultus est ante crucifixum in capella de Cruce quam ipse fundavit.

Et sic Simon le Maye fuit xxii abbas, de pago Turonensi oriundus, et competenter litteratus; et quantum fuit potens in suo regimine, opera testimonium perhibent veritati. Fecit enim clausuram hujus abbatiæ cum manerio de Rubeo Monte; ædificavit etiam capellam et partem claustri. Insuper fecit facere vitras novas quæ sunt in capella domini abbatis, et sancti Benedicti et in refectorio. Et complevit porticus incœptos per suum prædecessorem. Ulterius ipse fecit renovare privilegia nostra, et procuravit remotionem viæ communis quæ erat inter Dormientes et Rubeum Montem. Acquisivit etiam Hayam Bodini. Et tempore suo tabula inferior magni altaris sumptibus suis propriis fuit facta. Fecit autem Parisius duas domos pulchras in collegio nostro Parisius. Libertates ac jura monasterii vigorose et potenter custodiendo, et ulterius quamplurima alia bona et nobis utilia peregit quæ narrationi sunt prolixa. Iste Simon exstitit abbas noster quasi per xxii annos. Et tandem factus est episcopus Dolensis, ac postea episcopus Carnotensis, et in suo testamento legavit conventui nostro mille regales auri, et lxxii marcas argenti in scyphis et aliis utensilibus argenteis. Insuper capellæ beati Martini quam fundaverat dedit ducentos regales auri, et ducentos alios regales contulit prioratui de Sparnone. Et finaliter de hoc mundo migravit xxi die junii, et est sepultus inter magnum altare et pulpitum, ubi evangelium legitur. Et sicut jam dictum est ad episcopatum promotus fuit.

Tunc Petrus de Podio, Lemovicus, pulcher, religiosus et dives, per Clementem v factus est abbas xxiii hujus abbatiæ. Erat enim ante abbas sancti Florentii prope Salmurium. Iste Petrus mansit intus pacifice per tres annos, sed superveniente guerra inter reges

Franciæ et Angliæ ipsum oportuit Turoni remanere. Et ibidem sagaciter se gubernavit. Tunc burgenses prædictæ civitatis occasione guerrarum voluerunt demolire seu destruere nostram abbatiam. Et una die armati congregaverunt se in platea sancti Gatiani, quæ est ante fores domus archiepiscopalis. Tunc nutu divino, ut creditur, ad preces beati Martini, mediante dilectione bona quæ erat inter archiepiscopum Turonensem et prædictum abbatem nostrum, prædicti burgenses a suo facinore fuerunt impediti. Nam dictus archiepiscopus (1) Philippus Blanchæ nominatus, induit se pontificalibus ornamentis, et in altum portæ suæ ascendit, sententiam excommunicationis fulminavit contra eos qui in demolitionem aut destructionem prædictæ abbatiæ manus apponerent. Et sic confusi ad suum domicilium sunt reversi ; maxime quia prædictus abbas, qui præsens erat, ipsis minas intulit fortissimas. Et cum hoc ad aures prædictorum burgensium pervenit, quod Anglici illuc veniebant pro defensione abbatiæ jam dictæ. Ulterius iste Petrus de facto accepit aurum et argentum quæ Simon prædecessor ipsius dederat conventui et capellæ beati Martini necnon et prioratui de Sparnone. Cæterum nullus ab ipso poterat habere beneficium nisi illud ab ipso peteretur, et si quid aliud immiscebatur penitus ignoro. Fuit autem abbas noster xi annis vel circa, et decessit anno millesimo ccclxiii, die sancti Sixti papæ. Et sepultus est in capella sancti Florentii quam ipse fundavit. Iste Petrus de Podio rexit ecclesiam istam circa undecim annos.

Geraldus de Podio, pulchra persona, satis litteratus et frater ejusdem Petri, successit eidem, et de facto

---

(1) Le ms. S. Germ. lat. 4070. 5. porte *Stephanus Blanchæ*.

accepit totum thesaurum fratris sui. Qui quidem thesaurus valebat in moneta xxxii millia flor. et in scyphis aliisque utensilibus argenteis, dcccclxxx marcas argenti; quæ omnia conventui pertinebant, exceptis ix marcis argenti quas dictus Petrus attulerat, cum ad regimen nostræ abbatiæ pervenit. Et ut melius appareat quod res jam dictæ rationabiliter ad conventum pertinuissent, duxi huic historiæ apponendum, quod Urbanus papa vi omnia supradicta dedit conventui, excepto quod xii millia de rebus prædictis voluit habere. Sed quia conventus, ut solet, timorose et negligenter in hoc se habuit, et abbas, ut dixi, de facto processit, sic conventus totum amisit. Postea dictus Geraldus cupiens cardinalari, ad Avenionem accessit. Et nedum thesauros prædictos, imo plura alia bona etiam ad ornatum ecclesiæ pertinentia, secum portavit. Quæ omnia, ut fertur, in Italia fuerunt perdita. Tandem factus fuit cardinalis, nec aliquam restitutionem de prædictis nobis fecit. Verumtamen in fine dierum, monasterium nostrum, solutis suis debitis, hæredem suum fecit; sed nihil monasterio profuit. Et vix a suis executoribus potuimus habere de numero librorum, quatuor volumina, cum quadam vera cruce pulcherrima et de auro purissimo fabricata, quam cum aliis rebus nostris secum tulerat. Iste Geraldus exstitit abbas noster per xii annos vel circa. Et finaliter mortuus est, et sepultus in Avenione; iste Geraldus rexit abbatiam circa xii annos.

Tunc Geraldus Paute, Lemovicus, fuit abbas noster xxv; eratque abbas sancti Benedicti super Ligerim. Et ut dicebatur, erat valde dives, sed thesaurum suum penes nos non attulit, imo diversis locis illum custodiebat. Et dicebant aliqui quod nunquam habuit perfectum amorem cum suo conventu, imo secundum eos rigorosus erat, se ostendebat iis de quibus bonum sibi referebatur. Fuit dissensio inter ipsum et conventum, propter nemora quæ tempore suo quamplurimum fuerunt damnificata. Iste Geraldus pro suo anniversario faciendo dedit conventui xx solidos Turonenses et duos capones annuatim persolvendos. Et postea circa finem suum, contulit adhuc conventui unam pulchram mitram cum uno baculo pastorali satis pretioso. Tandem paulo ante quatuor annos circa finem vitæ suæ permutavit cum Helia dicto de Engolismo, qui protunc erat abbas sancti Sergii prope Andegavum. Et antequam illa permutatio transiret, etiam schismate generali et pestifero durante, quasi per tres annos cum dimidio, fuit inter ipsum et conventum tribulatio ac dissensio præmaxima. Nam aliqui religiosi occulte permutationi auxilium impendebant, non obstante quod fratribus in communi sermone fuisset dictum quod Deus permitteret eos habere prælatum juxta desiderium cordis eorum. Et quod falsi et cupidi fratres transactis temporibus plus nocuissent ecclesiæ quam Britones aut Anglici. Finaliter illa permutatio transivit, et quasi post dimidium annum Geraldus pauper et sine beneficio decessit. Et sepultus est in choro ecclesiæ. Et vix inventum fuit illud de quo ejus corpusculum exstitit involutum. Et sic scriptura ejus tumbæ mentitur sicut patet intuenti. Iste Geraldus Paute rexit abbatiam istam circa xix annos.

Igitur ex prædictis apparet quod Helias, natus in episcopatu Petragoricensi, remansit xxvi abbas virtute jam dictæ permutationis factæ cum abbate sancti Sergii antedicti. Fuit autem illa permutatio vera et completa per subtilitatem et potentiam Guynoti de Rocha tunc collectoris et archidiaconi Turonensis. Ista permutatio fuit damnosa ecclesiæ ultra valorem duodecim millium florenorum. Et, cum hoc, ille Helias parum litteratus, et erat valde pauper; nimis liberalis erat ac familiaris tam secularibus quam religiosis aliquibus. In suo primo adventu, conventus sibi tradidit unum pulchrum thuribulum, et plura alia jocalia, et sanctorum pignora et reliquias quæ, ipsis in sua custodia existentibus, furata fuerunt. Et finaliter iste Helias rexit abbatiam istam circa xxiv annos et permutavit cum Guidone de Luro, abbate sancti Sergii. Et sicut lepus qui venatur a canibus, reversus fuit ad locum unde exiverat, flevit mala quæ gessit in senectute bona, renuntians omnibus mundanis rebus, sine beneficio vel officio decessit et obiit in abbatia prædicti sancti Sergii, die sancti Michaelis, videlicet tertio cal. octob. anno milles. ccccxviii. Ipse dedit nobis, ipso vivente et abbate nostro existenti, sex scyphos vel cuppas argenti, de pondere ix marcarum.

Igitur frater Guido de Luro, nationis Lemovicensis, xxvii abbas fuit, receptus in abbatem nostrum die sancti Laurentii, videlicet quarto idus augusti, anno Domini millesimo ccccxii; et ex quo administravit ad ipsius administrationem multa adversa passus est. Nam a toto tempore quod ipse hoc rexit monasterium exortæ fuerunt et viguerunt terribiles et exitiabiles divisiones et guerræ in hoc regno, et adeo quod coactus fuit continuo in villa Turonensi licet invitus moram trahere; tamen in hoc monasterio notabilem conventum et in magno religiosorum numero quamdiu advixit, tenuit, et cum sincera caritate dilexit, tractavit et eis ministravit. Hic suo tempore quam plura bona dicto monasterio fecit. Adquisivit enim in territorio de Loratorio unum stagnum, cum molendino, nuncupatum *L'Estang des roseaux*. In ipso etiam territorio fecit fieri unum stagnum novum vocatum *L'Estang neuf*. Ipse etiam fecit construi duo magna pilaria lapidea contra dormitorium hujus monasterii a parte claustri infirmariæ. Ædificia quoque et hæreditates ac possessiones, tam intra septa monasterii quam extra, manu tenuit in bono statu quantum sibi fuit possibile. Mercedem quibuscumque operariis pro suo labore intente reddens, pauperibus Christi valde compatiens et eorum necessitatibus pro viribus pie subveniens. Competenter erat litteratus. Prudentissime ac utilissime ac sine pompa, res, bona, et agenda monasterii tractabat et distribuebat. Pro tuitione et prosecutione jurium, immunitatum et libertatum monasterii murum et pugilem audacem ubique non segniter se opponens. Castus habebatur in corpore. Cura regimen monasterii spirituale et temporale pervigil et sagax. Ipse dimisit ecclesiam quictam erga cameram apostolicam, et nihil vel modicum alibi debebat. Dimisit etiam competentem provisionem in blado, vino, pro duobus annis. Et medietarias munitas animalibus et pecoribus, tam ad vescendum, quam pro agricultura necessariis et opportunis, et magnum stagnum *Du Loreulx*, bene munitum piscibus. In tempore suo Scoti, quos rex venire fecerat, incendio cremaverunt magnam pulchram grangiam loci de Mellayo, plenam bladis, vinis, et forragiis, videlicet in nocte vigiliæ festi sanctæ Crucis septembris, anno Domini mccccxxii. Ipse contulit huic monasterio tres magnos pretiosos pannos sericos rubeos *de cramoisy* ad faciendum ornamenta sacerdotalia et cappas pro usu monasterii. Dedit etiam huic conventui, et realiter assignavit in vita sua, quinquaginta duas marcas argenti in diversis speciebus vaxellæ argenteæ pro habendo unum anniversarium solemne quolibet anno, sicuti pro aliis abbatibus prædecessoribus suis in hoc monasterio fieri solet, et prout continetur in libro ordinationum. Hic rexit hanc ecclesiam notabiliter per spatium quatuordecim annorum vel circiter. Et obiit in pace Turonis, die sabbati, xxi mensis octobris, anno Domini millesimo ccccxxvi. Cujus corpus exanime fuit intus delatum, et sepultum est in choro hujus monasterii, sub tumba cuprea defuncti domini Geraldi Paulte, hujus monasterii abbatis, patrui sui. Anima ejus requiescat in pace. Amen.

EXPLICIT
CHRONICON ABBATUM MAJORIS MONASTERII.

TEXTUS DE DEDICATIONE

ECCLESIÆ MAJORIS MONASTERII.

Anno ab incarnatione Domini m. xc. v°, sexto idus martii, luna xv, epacta xxiii, concurrentibus ii, qui est annus Philippi Francorum regis xxxvii, et Bernardi hujus Majoris nostri Monasterii abbatis ab ordinatione sua annus xiii, Urbanus secundus, papa gloriosus, et in nullo apostolica dignitate indignus, ab urbe Roma veniens, et sola caritatis gratia Gallias invisens, cum in Claromontano concilio in præsentia quingentorum ferme patrum, archiepiscoporum scilicet, pontificum et abbatum, ipsis universis, una cum Radulpho Turonensi archiepiscopo, acclamantibus et auctorisantibus privilegia libertatis et immunitatis quæ ipse papa nobis et cœnobio nostro per manus reverendorum fratrum nostrorum domni Bernardi Rhemensis cognomento Pontii, tunc prioris nostri, domnique Rangerii qui postea presbyter cardinalis sanctæ Romanæ ecclesiæ, ac deinde Regiensis archiepiscopus fuit et cardinalis sedit, ab urbe Roma miserat, auctorisasset, anno apostolatus sui viii°, id est in octavis festi hiemalis Beati Martini, tandem pacis et concordiæ gratia inter nos et Turonenses Beati Mauricii canonicos jam tunc decennio nos persequi non cessantes faciendæ, monasterio nostro ab eodem visitato, ipsoque ab exiguitate nostra pro tempore, competenter satis ut decuit excepto, et apud nos diebus septem non sine multis expensis repausato, sive refrigerato, octavo demum adventus sui die, qui est terminus in prima fronte paginæ annotatus, dedicavit Deo in honorem sanctæ crucis, ac beatissimæ Dei genitricis perpetuæque Virginis Mariæ, ac Sanctorum apostolorum Petri et Pauli, nec non et Beati Martini, majorem basilicam nostri hujus Majoris Monasterii, in qua fratres diu noctuque divino servitio incumbunt. Pridie siquidem, quæ fuerat dies dominica, celebratis ex more missis ab eodem, adierat gradum ligneum sibi ad loquendum populo, ut est consuetudinis, in littore Ligeris præparatum; et super eum cum archiepiscopis et episcopis et cardinalibus stans, et diutissime populo infinito, qui ob hoc ipsum undequaque sitienter convenerat, solemniter exhortationis verbum faciens, et monasterii nostri ordinem ac religionem vehementissime collaudans et extollens, atque adversariorum nostrorum canonicorum non minus execrans conversationem, ac præcipue ipsorum detestans in nos actam decennio tyrannidem, innocentiam nostram in auribus tam egregii Andegavorum comitis Fulconis Junioris et procerum ejus, qui sermoni ipsi intererant, quam omnium qui illuc undecumque confluxerant, ipse papa exposuerat et assignaverat, et adoptatos nos ab ipso in speciales sanctæ Romanæ ecclesiæ filios edixerat, quos nulla prorsus de causa deinceps posset aliquis absque ipsius aut successorum suorum licentia excommunicare, et, ad ultimum, cœnobio nostro et nobis præfato comiti ac proceribus ejus, cæteroque populo commendatis benedixerat, ex præfatorum privilegiorum tenore, et absolverat omnes qui nos et universa nostra custodirent fideliter et tuerentur, atque honorarent; omnes vero qui nos et nostra quælibet inquietarent, molestarent, affligerent, et inhonorarent, maledixerat, et donec inde satisfacientes Deo atque nobis, pœniterent, perpetui anathematis catena ligaverat. Unde veniens, sermone finito, ipsa die in refectorio nostro cum duobus archiepiscopis et uno episcopo atque cardinalibus suis refecit, et sicut dictum est, in crastino ecclesiam nostram solemniter dedicavit. Cui dedicationi Turonensis archiepiscopus Aurelianensis Rodolphus interfuit, qui propriis suis manibus pignora sanctorum, quorum nomina subscribuntur, sub dominico altari, jubente papa, collocavit; et una cum archiepiscopo Lugdunensi et primate Hugone, ab infirmorum capella pridie a Brunone Signiensi episcopo, jussu papæ, dedicata, reliquias sanctorum quæ inibi pernoctaverant, humeris propriis in majorem basilicam deportavit, et una cum domno Rangerio supradicto alphabetum latinum, illo græcum faciente fecit, et basilicæ ipsius parietibus, jubente papa, crucis vexillum ex oleo imposuit, atque altare de crucifixo, jussu papæ, mox sacravit. In altari ergo dominico est ineffabile corporis Christi sacramentum collocatum cum horum pignoribus sanctorum, particula scilicet victoriosissimæ crucis Christi, et de vestimentis gloriosæ Dei genitricis, de capillis et barba Petri apostoli, de vestimento Johannis evangelistæ, et reliquiis sanctorum martyrum Stephani, Mauricii, Cypriani, Ermetis, Saturnini, Ferreoli, Nerei, Achillei, Pancratii, confessorum autem Maurilii, Aviti, Sulpitii, Gundulphi, Desiderii, virginum vero Anatolæ et Praxedis. Locatis ergo de more sanctorum pignoribus, et sacrato altari dominico dotaverunt ipsum, jubente papa, comes Fulco et Robertus de Rupibus, atque Hugo de Calvo Monte, sed et cæteri proceres, quorum ibi copia multa erat, dote quadam admodum nobis grata, id est auxilio, tuitione et consilio suo. Nomina autem pontificum qui dedicationi huic interfuerunt, hæc sunt : Hugo primas et legatus Lugdunensis archiepiscopus, Rodolphus de Aurelianis archiepiscopus Turonensis, Rangerius supradictus, Bruno Signiensis episcopus. Dominus vero Amatus ægrotabat apud nos, foris scilicet in camera, sed ejus tamen ope et consilio facta est dedicatio ipsa. Cardinales isti adfuerunt : Albertus presbyter, Testho presbyter, Gregorius diaconus Ticinensis, Johannes Garcellus diaconus et primiscrinius. Qui omnes in Claromontano concilio fuerant. Domnus etiam abbas noster Bernardus et abbas Pruilliensis Otho affuerunt. Ipsa die sacratum est cimiterium, ultra murum nostri cimiterii usque ad viam quæ ducebat ad molendinos, a domno Rangerio et ab episcopo Signiensi, visu papæ. In crastino vero sacravit ipse papa cimiterium Sancti Nicolai spargens aquam benedictam ; et jubente eo, dominus Hugo primas et domnus Rangerius sacraverunt cimiterium undique per marginem Ligeris spargentes aquam benedictam usque ad ligneam crucem quæ est supra molendinos nostros, et inde per viam versus ecclesiam Sancti Johannis usque ad limitem cimiterii pridie sacrati, et inde versus occidentem inter viridarium nostrum et vineam usque ad viam quæ de Sancto Nicolao ducit ad portam monasterii nostri, deinde per vineam videlicet usque ad morevum burgi aquam spargentes per pasticum et vineam extra burgum usque prope ecclesiam Sancti Gorgonii; itemque inde usque ad ipsam Ligerim in directum, atque iterum inde ad locum unde spargere aquam cœperant, in giro sacrantes cimiterium, ut dictum est, redierunt.

EXPLICIT

TEXTUS DE DEDICATIONE ECCLESIÆ MAJORIS MONASTERII.

LIBER DE RESTRUCTIONE
MAJORIS MONASTERII

Per Odonem, comitem Campaniensem, et uxorem ejus comitissam facta :
et de anima ejusdem comitis per intercessionem Beatissimi Martini
a principibus tenebrarum mirabiliter liberati.

Dulcissimo sibi et omnibus pro nota probitate amabili scholastico R. frater G., in præsenti, cum electis, labores et certamina, in futuro quietem et exultationem ac præmia. Cum Dominus omnium largitor bonorum præcipiat ut gratis accepta gratis expendantur, si juxta Senecam, nihil tam care emitur quam quod precibus obtinetur, quid de gratitudine, imo de ingratitudine tua censeri debet, frater carissime, qui ad danda gratis accepta nec beneficiis, nec ratione, nec precibus adtraharis. Cavendum tibi prorsus, ne de muneribus avare detentis munificum datorem qui tanta ex immeritis tribuit offendas, timenda damnatio, si non et Dei ex his laudem, et tibi ex bona eorum distributione remunerationem provideas. Hæc legisti quidem servo torpenti, et acceptum intellectus talentum infima quærendo, terræ infodienti vel munera in sudario religata sine lucro detinenti contigerit, videlicet quomodo propter desidiam suam ore proprio abjudicatus, ligatis manibus et pedibus in tenebras exteriores, ubi jam operari nil valeat, detrusus sit? Nescis, nec audisti quod qui habet dabitur ei et abundabit; qui non habet, et id quod habere videtur, pro culpa negligentiæ suæ, auferetur ab eo? Time hæc et cave. Obsecro quid habes quod non acceperis? Si autem accepisti, quid gloriaris quasi non acceperis et detines credita quasi propria? Recole quod scriptum est: sapientia abscondita et thesaurus occultus, quæ utilitas in utroque? Unde et quidam, sed non tui similis, licet sæcularis, licet forte et scholasticus, scire inquit tuum nihil est nisi te scire hoc sciat alter. Quamvis vero minus sapiens, plus ego dico. Scire tuum nihil est, imo et damnosum, nisi te satagente ex hoc proficiat et alter. Non enim mentitus est qui ait: scientia inflat, caritas ædificat. Quæ cum ita se habeant, stude gratis accepta, ad laudem datoris gratis distribuere, et cave in omnibus malorum omnium radicem avaritiam, et maxime in spiritualibus, in quibus communicatis nulla pœnitus sentiuntur dispendia. Æmulare eum, qui loquens de sapientia cum in laudibus ejus multa et magna præmisisset, ut pote quæ bonorum omnium mater est, demum subjecit: quam sine fictione didici, et sine invidia communico, et honestatem illius non abscondo. Assecutus ergo non pauca munerum ejus, considera diligenter quanta bene eis utentibus bona proveniant, adeo ut non solum participes fiant amicitiæ Dei, sed et sicut ipse testatur, qui elucidant eam vitam æternam possideant, et sine retractatione ad elucidationem ejus et commodum tuum communica eadem illius munera aut non aut minus habentibus. Itaque quoniam nihil rationabilius nihilque salubrius quam dona Dei ad honorem datoris expendere, aurum sapientiæ et argentum eloquentiæ, quorum tibi Christo largiente non parva copia est, disperge, da pauperibus et hoc non ex tristitia aut ex necessitate, sed hilariter ut te quoque sicut et cæteros hilares datores diligat Deus et multiplicet tibi incrementa frugum justitiæ. Quid itaque quasi tibi soli natus, tibi soli vis prodesse, quis dat tibi charismata solus possidere, cum juxta Beatum Leonem, vitam piorum non solum sibi sed et aliis utilem esse deceat? Væ profecto qui si non ad omnem, ad istam tamen festinanti solitudinem, væ sua tantum quærenti, quia omnibus anathema factus, et ab universis destitutus, cum ceciderit non habebit sublevantem se. A quo periculo ut in hujus vitæ via laqueis et scandalis plena tutus ambules, neve maledictionem incurras scripturæ dicentis, qui abscondit frumenta maledictus erit in populis, sed potius cum servo fideli triticum opportune erogantis retributionem mensuræ bonæ et confertæ, coagitatæ et supereffluentis accipias, ex fructu frumenti, vini et olei quæ Trinitatis munificæ gratia tibi contulit, nullum verens defectum, larga manu omni petenti te tribue. Sit quoque vena tua benedicta et ampla, et diriventur foras fontes tui, et cum pane vitæ aquas sapientiæ salutaris in plateis divide, animas esurientes refocillans, et prohibens guttura deficientium a siti, ne arefacta claudantur a laude ora canentium Dominum, sed magis edant pauperes, et bibant, et saturentur et laudent Deum. Esto tamen in his simplex et cautus, et attende ne in frangendo pane et dividendis aquis, fermento cujusquam vitii corrumpendo bonum tuum, alieni maligni scilicet spiritus sint participes tui. Furtum quoque sinistræ ut inter hæc caveas moneo, et fascinationem nequam oculi ne, aut subripiente illa, labor dexteræ pereat, aut istius iniquitate se immiscente puritas simplicis oculi obnubiletur, quod totum est ut in bonis tuis fraudem propulses et negligentiam; fraudem, ne tibi applices quod Dei est, sed dicas reverenter, soli Deo honor et gloria; negligentiam, propter hoc quod scriptum est, maledictus qui facit opus Dei negligenter. Sed fortasse quæras cur ista attulerim, quasi non jam te stimulet conscientia, et ignorare permittat pro qua re corriperis. Verum est enim quia conscius ipse tibi de se putat omnia dici. Non suspicaris saltem quia propter opprobrium et contemptum tuum, quæ duo cum ex facili facere posses ut amputarentur, pertinaciter facis ut gravissime imputentur. Ego autem ex ea de qua te corripio verens culpa redargui, hoc est notam servi pigri et inutilis incurrere, sciens quia nonnunquam ita silentio inesse, sicut a mutilo quia nunquam deesse peccatum, nam et cum tacenda proferuntur, et proferenda tacentur malum est. Hæc ergo sciens et verens, quandoquidem opera Dei confiteri, non modo honorificum, sed et utilissimum et devotionis instinctu sedit animo, et ad ejus laudem, et ad conservorum meorum quibus totum me debeo profectum, quo possem stilo aliqua relatu digna conscribere. Cogitanti sedulo quid potissimum voluntas, ut opinor, ipsius Dei fuit, ut cito mihi occurreret quod volebam, et ecce plurimo insignia valde, quæ ad ostensionem meritorum beatissimi pontificis Martini divina fecit pietas se obtulerunt miracula, quorum quædam a personis quibusdam reverendis et fide constantibus, necdum scripta comperi, nonnulla in scedulis aliquibus dispersa, non pauca quoque in diversis historiarum seu chronicorum voluminibus inserta reperi. Cumque videretur non parum spiritualis emolumenti legentes hinc posse consequi si vel necdum exarata, ne oblivione obruta deperirent, utcumque notarentur et disjuncta per paginas diligenter collecta coaptarentur, et tam hæc quam illa in corpus unum redigerentur, conceptum mente propositum in nomine Domini opere aggressus sum perficere, et te ejusdemo peris adjutorem decrevi adhibere, in hoc duntaxat ut ea quæ necdum scripta erant ex novo describeres, et qui nil adhuc reservandum dictaveras, in his dictandis exerceres ingenium, et si non novos, tamen aliquos Christo fructus oris immolares, primitiasque si non linguæ, saltem dictaminis perenniter reponendi eidem Domino dedicares. Volui autem hoc non ex necessitate, quippe Deo propitio ad cœpta sufficiens, sed ex caritate, videlicet ut laboris consors mercedis æque consortio fruereris, et quoniam in sacrificio laudis honorificatur Deus et illic iter est quo ostenditur salutare Dei dum laudares Christum in Martino in via ista qua ambulas, hoc interveniente ad protegendum te, firmaret ille super te oculos suos, monui, hortatus sum, rogavi, sæpius institi, opportune, importune, et hactenus nescio quid reformidans obedire noluisti. Obsecro quid obsistit? An ætatis imbecillitas? Numquid potes dicere, ha, ha, ha, Domine Deus, ecce nescio loqui, quoniam puer ego sum, qui lustrum vitæ sextum jam excurris? Nec inopiam scientiæ objicere potes : quia misit Dominus manum suam et tetigit os tuum et implevit illud, ita ut in gratia facundiæ qua exuberas nihil tibi desit. Quæ certe si deesset ne sic desperandum tibi quoniam qui bene omnia fecit, et surdos fecit audire et mutos loqui, nonne ipse est et sapientia illa quæ non solum ora mutorum aperuit, sed et linguas infantium fecit disertas? Acquiesce ergo jam, precor, acquiesce et nil ulterius cuncteris, ne declines os tuum in verba malitiæ ad excusandas excusationes in peccatis. Alioquin nisi mox obedias, jam eximam gladium utrinque acutum, et percingens usque ad divisionem, et non solum vibrabo illud adversus te, sed et percutiam in eo et dissecabo hujus quam inutile reddis nostræ societatis retinacula, et proferam anathema, nec habebis partem mecum, propter gravissimam inobedientiæ tuæ culpam. Quæso numquid non audisti Deum dicentem se obedientiam malle quam sacrificium ? An ignoras quid Samuel propheta Sauli regi inobedienti locutus sit ? Numquid ait, vult Dominus holocaustum et victimam, et non potius ut obediatur voci Domini ? Melior est enim obedientia quam victima, et auscultare magis, quam offerre adipem arietum, quoniam quasi peccatum ariolandi repugnare, et quasi scelus idololatriæ nolle acquiescere. Sed forte dixeris, quia non Dominus ista præcipiat, sed ego, cui nullo subjectionis jure addictus sis, et ideo a delicto inobedientiæ immunis, acute et violenter te expedieris. Et si præciperem ego, numquid mea et non magis illius auctoritate præciperem qui dicit, qui vos audit me audit et qui vos spernit me spernit. Nunc autem minus dico qui non præceperim ex auctoritate sed tantum in caritate monuerim, et amplius tuo vel honori vel commodo quam meo intenderim. Perpende ergo argute qui in scholis tuis quotidie argumentaris, utrum fere non æque grave sit devotionem caritatis contemnere, an necessitati auctoritatis non cedere, cum magis acceptet Deus spontanea quam coacta servitia, et de caritate scriptum sit, qui in uno offendit multa bona perdet, vel certe factus est omnium reus. Nonne et Paulus cum de potestatibus tractasset et conclusisset, ideo et necessitate subditi estote, quasi ab Angariæ angustiis ad latum mandatum et ad excellentiorem viam recurrens, omnia, inquit, vestra in caritate fiant, et iterum : per caritatem servite invicem, et multa hujusmodi. Alias quoque se ipsum nihil esse et quicquid in distributione facultatum suarum causa eleemosynæ, et in concrematione etiam corporis sui pro Deo fecisset, se nihil prodesse testatur, si non haberet caritatem. Quæ cum tantæ imo majoris quam æstimari possit et eminentiæ et efficaciæ sit, quem te aut quid te esse putas, quid tibi boni vel inesse vel prodesse speras, si ab ejus norma exorbitas? Itaque cum et hoc in ejus summa laude scriptum sit, Deus caritas est, et qui manet in caritate in Deo manet et Deus in eo, et item caritas Dei diffusa est in cordibus vestris per Spiritum Sanctum qui datus est vobis : si non vis vel tantum hospitem expellere, vel a tanto hospite expelli, seu maximo Sancti Spiritus dono privari, convertere usquequo et deprecabilis esto et obtempera saltem piissimæ et fortissimæ dominæ caritati, quæ quoniam nunquam cadit et semper cum omni virtutum comitatu qui ex ea oritur ipsamque sequitur circumfulciat, et ne in hujus exilii sterilitate deficias vitalibus et purissimis sæpe refectum fructibus ad patriam supernorum civium in qua nullus nisi per eam ingreditur perenni fruitur gaudio, te perducat. Sed jam sufficiant ista, et ad removendam pertinaciam, et ad provocandam animi tui benevolentiam, in quibus procul dubio ego certum tui profectus citissime capiam experimentum, juxta Salomonis verba dicentis, argue sapientem et diliget te. Nam si ea libenter audieris, et utiliter expenderis, complebitur in te quod scriptum est : audiens sapiens sapientior erit, et qui custodit increpationes astutior fiet. Si autem, quod absit, hæc aspernatus fueris ego quidem ad modicum afficiar et in me docebo compleri quod ait Salomon : qui erudit derisorem, ipse sibi facit injuriam, sed tu gravissime dum nisi forte corrigaris, subsannante et de tuo interitu ridente sapientia, quod eam docentem audire nolueris, in tuo senties supplicio, quoniam vir qui erraverit a via doctrinæ, cœtu gigantum commorabitur. Quorum nisi eorum qui in tormentis gemunt? Audi ergo potius et fac, quod iterum dicit Salomon : da sapienti et festinabit accipere. Quid nisi sermonem Domini qui est, ut ait quidam, super datum optimum, et consilium salubre in quo se testatur habitare sapientiæ, hæc te meditantem et exequi festinantem Christi semper regat dextera et gratia comitetur. Amen ; vale.

Domino et patri mihi in Christi amore dulcissimo R., amicorum ejus minimus, quidquid affectuosius et salubrius possideri potest. Benignæ et utilissimæ correctioni vestræ non succenseo, sed ex corde gratias ago. Nescio qua ejus interna vi ex dilectione illam non ex indignatione prolatam persentiens et intelligens vos in hoc imitari eum qui dicit : ego quos amo redarguo et castigo. Quis enim filius quem non corripit pater, cum in hominibus nemo unquam nisi solus Dei et hominum mediator sine peccato apparuerit, et ideo omnes correptione indigeant? Propterea non solum vobis, sed et summo Patri maxime grates refero, qui menti nostræ inspirare dignatus est, ut nutantem me fulcire, et delinquentem vobis placeret corripere, si tamen delictum est cunctatio mea, qua onerosa inexperta mihi inconsulte aggredi non præsumens quod imponere tentastis non petulanter, sed formidolose hactenus suscipere distuli. Nec tamen ita loquens reprehendo vos eamdem cunctationem meam pro inobedientia vel forte contemptu reputantem, sed laudo, ex caritate ad utilem laborem honestumque exercitium severa quidem sed profutura increpatione inertiam meam provocantem. De qua tamen severitate nec moveor, nec causor, quia scriptum lego : verba sapientium quasi stimuli et sicut clavi in altum defixi; scio quoque, si bene novi vos, non esse vos de illo hominum genere qui lactantes proximos labris suis et felices eos dicentes, juxta Isaiam, in errorem eos mittunt, et viam gressuum eorum dissipant. Qualis non aliquem et Salomon denotans, homo, ait, qui blandis fictisque sermonibus loquitur amico suo, rete expandit pedibus ejus. Quoniam ergo secundum scripturam est regressus ad amicum, et si produxerit gladium regredienti non est metuendum, vestrum quoque gladium non sanguinem sed saniem, nec vivida sed peccata mea persequentem nec timeo, nec refugio, sed diligo, et totum illi cedendum me cedo. Feriat, vulneret, sæviat, dissecet, fodiat vel amputet, bono productus et bono susceptus affectu, non nisi bonum mihi operabitur, quia si scriptum est, melior est manifesta correptio, quam amor absconditus; et meliora sunt diligentia vulnera, quam fraudulenta odientis oscula. Fiat proinde mihi secundum verbum psalmistæ, et penetret et possideat cor meum idem verbum, videlicet ut corripiat me justus in misericordia, oleum autem peccatoris non impinguet caput meum. Quod scilicet oleum, quid significat nisi mollitiam adulationis, de qua Salomon, simulator, inquit, ore decipit amicum suum? Constat namque, teste Tullio, nullam pestem esse majorem quam adulationem, blanditiam, assentationem. Quod vitium levium est hominum atque fallacium, ad voluntatem omnia loquentium, nil ad veritatem. Quales ejusdem veritatis judicium subvertunt atque adulterant. A quorum laqueis juxta iter a peccatoribus expansis, ut evellat Deus pedes meos, propitius ad se semper intendere faciat oculos meos. Cæterum sciens quoniam qui abjicit disciplinam despicit animam suam, nec ignorans austerioribus, vel medicamentis, vel potionibus periculosiores, seu curari dolores, seu expelli humores, manui vestræ artificiosæ mihi opem adhibenti non subtraho sed ingere quatenus in me efficaciter experiamini quod in litteris vestris posuistis, argue sapientem et diligit te, non quo me sapientem esse aliquatenus, quod absit, jactitem, hoc quippe ne hi quidem qui pro sapientissimis habiti sunt sibi arrogarunt, philosophos idem amatores sapientiæ tantummodo se profitentes, sed quo me benigna vestra et exhortatione et increpatione tam ab insipientia mea revocari, quam ad laudandum Deum in sancto suo provocari gaudeam. Igitur secundum tenorem consilii vestri summopere refugiens esse extra disciplinam cujus participes fiunt omnes filii, ne adulterinus et non filius reputer qui patrem carnis meæ erudientem me aliquando et propter jus naturæ et propter præceptum Dei reverebar, numquid non multo magis obtemperabo patri spirituum per os vestrum salubriter me docendo increpantem, ut in perpetuum vivam? Nam qui odit increpationes, ut ait scriptura, morietur. Quibus videlicet increpationibus tantum utilitatis attribuit auctoritas divina, ut de his alicubi dicatur, auris quæ audit increpationes vitæ, in medio sapientium commorabitur. Et idem : qui acquiescit increpationibus, possessor est cordis. Sed cujus vel qualis cordis, numquid perturbati vel derelicti a Deo? Non. Sed quod ex toto se exquirit Deum, et in quo absconduntur eloquia Dei, de quo vita procedit. Sed de his ista sufficiant. De reliquo autem ut verum fatear, jam ipsa mea quam improbatis cunctatio ex toto mihi displicere non potest, pro qua dum tantum insudatis corrigenda, profecto quam vero quamque germano me diligatis affectu patenter ostenditis. Cujus scilicet doctrinæ gustus tenero adhuc et infirmanti palato meo subausterus, post modicum sanato et super mel et favum fiet dulcissimus. Omnis namque disciplina, ut ait Paulus, in præsenti quidem non videtur esse gaudii sed mœroris, postea autem fructum pacatissimum exercitatis per eam reddet justitiæ. Verumtamen unum est in eisdem litteris vestris quod utinam non dixissetis, et alterum quod obsecro nunquam denuo dicere apponatis, videlicet quod gladium separationis, vel anathema abdicationis mihi intentatis, et me partem vobiscum non habere comminamini. Quibus duobus adeo animus meus consternatus est, ut nullo fere unquam vulnere gravius posset confici, et horum metus maxime ad parendum vobis me compulerit. Itaque ne vestros ulterius subaudiatis contemptus, neque me in posterum de pertinacia redarguatis, jam obedire paratum, jam onus diu rejectum trepide quidem, non tepide festinantem suscipere, fulcite precibus et pio favore prosequimini, ut vestra inchoo instantia, vestro nihilominus suffragio irreprehensibili fine concludam. Proinde rogate summi Patris Verbum ut sermonem speciali sale conditum, qui auditoribus det gratiam, ponat in ore meo. Rogate Spiritum Sanctum ut ariditatem ingenioli mei ad irrigandos eodem verbo legentium sensus intima sui roris aspersione fecundet; rogate et ipsum de quo sermo futurus est Beatum Martinum, ut ad hæc obtinenda, strenuus interventor occurrat, simul etiam ut præcipitium jactantiæ non incurram, qui diu differendo notam præsumptoris

23

et obtrectatoris linguas conatus sum evadere. Vale.

De miraculis gloriosi pontificis Martini, superna juvante gratia, dicturus aliqua, lecturos præmoneo, ne in his eloquium idem sermonem superfluis verborum phaleris adornatum, et rhetoricis pictum coloribus exspectent, sed quem et gratus brevitatis excursus, et luculentæ descriptionis simplex narratio et præcipue examinatæ veritatis certitudo commendetur. Nec tamen ab otiosis seu fastidiosis jure ineptus censeri debebo, vel superfluus, sicubi nacta occasione in consideratione divinorum erga nos beneficiorum ad excutiendam aliquantisper immoratus fuero. Et id quidem in primo facere decrevi miraculo, cætera vero nisi certa poscat utilitas, opportuna brevitate narrare disposui. Mirabilem igitur misericordiam Odonis incliti comitis cum in bello peremptus ad loca pœnalia a dæmonibus traheretur ab ipso Sancto scilicet Martino factam primo relaturus ereptionem ad hoc legentibus, ut valeat exopto, ut qui ejus sedule suffragia expetunt, in nullo de illius opportuna in suis necessitatibus subventione diffidant, eoque ferventiores in ejus invenire obsequiis festinent quo per altiora ipsius sibi beneficia exhiberi desiderant. Sed jam rei gestæ series, ea fide qua a viris fidelibus et religiosis nobis est tradita stili series digeratur, quatenus ad laudem Dei, et ad venerationem sancti, et ad fructum devotionis audientium mentes incitentur.

Odo, Carnoteni indigena territorii, et Germanicæ comes Campaniæ, tam generosa nobilium propagine natalium eminentissimus fulsit, quam terrenarum possessione facultatum amplissimus fuit. Si quis hominum his præsertim inveniatur temporibus, quibus omnes ut cerei in vitia solvimur, quem non et nobilitatis eminentia et divitiarum affluentia extollat, et maxime bona corporis valetudo, et honestas seu pulchritudo formæ, ad fastum et pompam mundi et illecebras carnalis vitæ ab intimis suis evulsum non rapiat. Unde et hic idem de quo sermo est comes Odo, cum et multis naturæ bonis floreret, et pluribus fortunæ interim arridentis ei copiis ad vota potiretur; lætorum prosperitate abutens successuum, ad dilatandos laudis et gloriæ secularis titulos, et ampliandos possessionum terminos, multiplex anima ferebatur, nec sensui, nec corpori, ob comparandos hominum sui similium favores parcebat. Quid plura? Totus mundo deditus, unus ipse totum singularis potentiæ brachiis, si possibile esset, mundum complecti, et omnibus eminere inhianter anhelabat. Verum quamvis tanta intentione inanem vitæ labilis gloriam venaretur, non adeo tamen viri egregii industriam hujus miseræ distentionis fructus obruebant quin aliquando recordaretur Dei terribilis in consiliis super filios hominum, stimularet eum futuri judicii metus, et in ipsa qua obvolvebatur curarum caligine nonnunquam menti ejus et aulæ cœlestis claritas, et præmia justorum interlucerent. Provenerat quoque ei, inter cætera bona quibus affluebat, munere gratiæ, præclarum quiddam et rarum, uxor scilicet casta et sapiens, Deum in veritate timens et diligens, ac per hæc et in his quæ ad famæ suæ splendorem, et in his quæ ad animæ salutem pertinebant, nihil negligens. Quæ cum, instar Beatæ Ceciliæ, evangelium Christi in pectore semper gereret, crebrisque corpus afflictaret jejuniis, et non diebus neque noctibus a colloquiis divinis et oratione cessaret, viro suo terribilem illam judicii æterni exspectationem, et ignis æmulationem quæ consumptura est impios, lætitiamque et gloriam qua in conspectu Dei fruuntur pii, sæpius et verbis proponebat, et sic a multis eum excessibus vel coercens vel retrahens, ne subito in præcipitium mortis totus decideret, et obviabat studiis, et meritis obtinebat. Vere, juxta verbum viri sapientis, mulieris bonæ beatus vir; probatum est et in hac, quoniam pars bona. Nam quia non solum in corde absconderat eloquia Dei, sed et manus suas levaverat ad facienda mandata ejus, potens sermone et opere, et verbis efferos ac immites viri animos seu mores aliquantisper, ut dictum est, a sævitia mitigabat, et eleemosynis atque orationibus indulgentiam peccatorum a superno ei judice implorando in salutem illi quam per se non merebatur fieri laborabat, ut impleretur quod ait Apostolus : salvabitur vir infidelis per mulierem fidelem. Infidelis enim et hic erat qui et si non verbis, operibus tamen a professione christiana aberrabat, necdum a numero illorum exceptus qui confitentur se nosse Deum, factis autem negant. Sed mulier sancta et strenua, dum assidue et sollicite qualiter marito pereunti subveniret rimatur, hanc demum perficiendæ salutis ejus, Deo offerente, nacta est occasionem.

Contigit aliquando eos simul, ipsam scilicet et comitem, Turonum, cum adhuc sub jure eorum esset, advenisse. Comite autem ad metatum festinante, comitissa non immemor quantæ religionis et nominis, antequam ab Hastingo vel Normanis everteretur, Majus Monasterium exstitisset, orandi gratia eo divertit, et ingressa oratorium, dominum patronumque loci Beatum Martinum ut et suæ et mariti dignanter saluti prospiceret, quantum potuit, enixius deprecata est, Finita prece cum nondum adhuc, id est sine officinis parvæ admodum et nuper restructæ corpus basilicæ cerneret, inquirensque audiret ab asserentibus monachis clericos, ex consensu regis, ad dispositionem canonicorum Castri Novi substitutos, irregulariter et impudice concubinis adhærentibus se inibi habere, negligentique famulatu Deum irritare potius quam placare, ingemiscens vehementer, comitem Turonum usque prosequitur, et illius instar quæ dolore ardens et super convivantes ingressa flere inter epulas circa Christi vestigia non erubescebat, in conspectu circumsedentium procerum, pedibus mariti advoluta, nullatenus ab eis ante avelli potuit, quam comes, et voto ejus se assensurum, et petitionem, quæcumque esset, adimpleturum polliceretur. Surgens ergo, religionem ordinis, celebritatem nominis, et reverentiam venerationis Majoris Monasterii primo replicat. Deinde et horum et cæterorum bonorum quæ in eadem ecclesia antiquitus fiebant, ruinam et exterminium, et maxime injustam clericorum intrusionem, qui locum, sine fructu, occuparent, flebili voce inculcat, et ut universa hæc propter Deum et secundum Deum ab eo corrigantur, instanter exorat. Gaudet comes in his, nec piget eum promissionis suæ, sed sicut de muliere forti scriptum est, confidit in ea cor viri sui, et spoliis non indigebit, magis de uxoris bonitate quam de suis, quæ nulla sciebat, præsumens meritis, intentionem animi ejus virtutemque, cum iis qui assidebant, miratur et attollit, et petitionem ipsius non solum suscipiendam, sed etiam, si facultas detur, celeri operum effectu implendam decernit; spondet proinde locum de superioris manu potestatis qua tenebatur, si justa et rationabilis causa se offerret, eximere, et in pristinum ordinem vel statum eum supernæ gratia opitulationis reformare. O prædicanda semper erga benevolentiam suorum divini favoris clementia, quæ et pium hujus quoque mulieris non diu passa est impediri studium, neque desiderium fatigari! Denique sicut suo in loco lector plenius inveniet, accidit post paucos menses regem Franciæ Robertum advenire, ibique comitem ipsum et comitissam, cum filio elegantissimæ pulchritudinis puero Hugone, qui postea Bituricensi ecclesiæ præfuit, invenire. Cumque rex idem et admirabili decore et gestuum honestate pueri delectatus, regio eum munere, ut pote filiolum suum, honorare cuperet, præcipit ut nullam omnino passurus repulsam, quicquid ei suggereret animus, confidenter expeteret. Ille, ex consilio parentum, constanter petit, ut secundum promissionis propositum, sine refragatione, Majus ei Monasterium, cum omnibus ad illud spectantibus, regali munificentia, jure perpetuo, concederetur restaurandum. Annuit rex hilariter, et restituto æquipollenti beneficio, a ditione canonicorum Castri Novi emancipatam penitus præscriptam ecclesiam, teste et assentiente præsenti curia, legali traditione filiolo donat et confirmat. Sic matrona nobilis, in hoc rerum successu supra spem oblato, experta quod divina largitas, abundantia pietatis suæ et merita supplicum plerumque excedat et vota, gaudens et exultans supernæ provisioni uberes ex corde gratias egit, et ampliori devotione animata, virum ad omnimodam, id est, interioris et exterioris Majoris Monasterii restaurationem opportune, ut dicitur, et importune, urgere cœpit. Ille indefessa conjugis assiduitate, magis quam propria intentione vel alacritate successus, et faciens de necessitate virtutem, totis latissimi opibus patrimonii abusus, restructioni sæpedicti cœnobii incumbit; eoque ditato, et reparatis officinis, ejectis clericis, monachos summæ religionis, qui confluentes ad ordinem erudirent, inducit, et multis eos sibi meritis obligans, in omnibus debitores suos effecit; quia profecto dignum erat et justum ut ejusdem quæ eis seminarat meterent carnalia, ipsi vicissim illa sua quibus anima ejus viveret refunderet spiritalia. Quæ quanti postmodum ei in die mala, in die tribulationis et angustiæ et necessitatis extremæ periclitanti valuerint, ob novitatem rei et magnitudinem miraculi, gratum et commodum legentibus fore arbitror, si quæ mihi inde comparata sunt nescientibus, verbi saltem erogatione communicavero!

Comes, inter illa quæ hortatu conjugis agebat, pristina non deserens, et si recte interdum offerret, pene nunquam recte dividebat, sed mente semper ad Ægyptia, a quibus nonnunquam, dum bonis intenderet, exisse videbatur, recurrens, parum attendebat quod nemo, alterutro non offenso, duobus possit dominis servire, nec satis cavebat quantum sinistra dexteræ, dum facit eleemosynam, si non observetur, damnum inferat, et quod nullus mittens manum ad aratrum et retro aspiciens, aptus sit regno Dei. Cumque et ipse dives nimium et multiplicata esset gloria domus ejus, non cogitans quam perniciosum sit propriæ inniti prudentiæ, quam periculosum sperare in incerto divitiarum, quam ruinosum altum sapere, quam difficile salvari divitem, alas potentiæ, famam nominis extendere, ab omnibus in vita sua laudari, conjungere domum ad domum, et agrum ad agrum copulare, festinabat, nihil intentatum relinquere, omnes bellis lacessere, universis præferri laborabat. Quibus vanis et perniciosis occupationibus, infelix diutius irretiretur, tum propter multiplices juventutis suæ ignorantias, tum præcipue propter maxima a quibus digne emundari non curabat delicta. Vere illud quod peccatori duabus viis terram ingredienti imminet, inevitabiliter incurrisset, si non inexhausta Dei misericordia, aliorum suffragiis evocata, inaudito et inopinabili fere miraculo illi subvenisset. Nam dum ad altiora se manum extendit, et adversus imperatoria jura quædam inconsulte molitur, in Virdunensi territorio, circa Barum, in prælio a Gothenone, Lotharingorum bellicoso duce, cum multis suorum, incerta semper alea belli illusus, perimitur; nec tamen, ut ex sequentibus patuit, ante ultimum vitæ exhalat spiritum, quam mutata mente cum gemitu cordis erratorum suorum pœnitens interno, et æterno sacerdoti, cui omnis voluntas loquitur, et quem nullum latet secretum, sicut in tali articulo poterat, confitendo emendationem certam voveret, hanc hominis percussi et humiliati secretam cum Deo pactionem, antiquus humani generis adversarius, quem lux veritatis nunquam irradiat, non intelligens, dum jugiter circuit quærens quem devoret, videns Odonem sine manifesta confessione et pœnitentia et perceptione viatici decessisse, divitias bonitatis et longanimitatis Dei ignorans, quia lux in tenebris lucet et tenebræ eam non comprehenderunt, tanquam leo rugiens ocior advolat, animamque comitis omni destitutam præsidio, dum non esset qui redimeret vel salvum faceret, invadit et asportat. Adsunt et alii, ad prædam seu rapinam parati semper, ferocissimi illius leonis qui nunquam satellitio ejus desunt innumerabiles leunculi, et subtiliter intuentes quos inique vitia dum viventibus insidiarentur expugnatos præcipitassent, a quo enim quis vincitur hujus et servus est : reliquas peremptorum animas sine defensore inventas diripientes, officinas infernales repetunt, cum nimio perditionis gaudio triumphantes, et tripudiantes, sicut exultant victores capta præda, quando dividunt spolia. Quid est Odo? Ubi es? Quare dum posses, hanc non prævidisti horam ut evaderes, ne tam sævis exactoribus traderēris : quare cum liber esses, talium servum te fecisti? Ubi est gloria tua, ubi est honor, ubi divitiæ? Quare non fecisti tibi ex his amicos, qui te deficientem in æterna reciperent tabernacula? Quare non audisti : spera in Domino et fac bonitatem, et noli æmulari ut maligneris? Quare non audisti : nolite sperare in iniquitate, et rapinas nolite concupiscere, divitiæ si affluant nolite cor apponere? Quare non audisti quod de divite scriptum est : æger dives habet nummos, se non habet ipsum ; et item :

Dives obit, sua pompa perit, quam flamma cremabit.

Vel certe illud psalmistæ : cum' interierit non sumet omnia, neque descendet cum eo gloria ejus. Quare Odo, confisus es in virtute tua, et in multitudine divitiarum tuarum, et non potius dedisti Deo placationem suam, et pretium redemptionis animæ tuæ ne videres interitum et laborares in finem? Quare non attendisti, quod laus peccatorum brevis sit et gaudium hypocritæ ad instar puncti, et quod si ascenderit in cœlum superbia ejus quasi sterquilinium in fine perdatur. Ecce vadunt et veniunt super te horribiles, et quasi rex te conculcat interitus, et nihil aliud præstolaris, nisi ut detractum ad fundamenta laci novissimi consumat te primogenita mors. Heu terrent te undique formidines, nec credis quod reverti possis de tenebris ad lucem, circumspectans undique gladium. Quid tamen fiet de eleemosynis quas fecisti? Quid erit de expensis quas in restructione Majoris Monasterii, larga manu effudisti? An non æqua via Domini? Numquid iniquus Deus qui infert iram, qui facit judicium, qui irrogat pœnam? Num utique quoniam aut ad correctionem aut ad promotionem salvandorum, aut certe ad comminationem damnandorum hæc exercet? Ipse est enim cujus universæ viæ misericordia et veritas, ipse qui sicut mali nihil inultum, ita boni nihil inremuneratum abire permittit? Numquid ergo obturata misericordia solum in te ejus proferetur judicium? Numquid propter te unum obliviscetur misereri Deus, aut continebit in ira misericordias suas, miserator Deus et misericors, cujus misericordiæ plena est terra, qui suavis est universis, cujusque miserationes super omnia opera ejus? Itaque nec tibi secundum peccata tua faciet, sed quomodo miseretur pater filiorum, tui quoque miserebitur. Noli desperare sed exspecta Dominum et confortare; quoniam sperantem in Domino misericordia circumdabit. Cito veniet tibi salus, et orietur in tenebris lux tua et tenebræ tuæ erunt sicut meridies et implebit Deus splendoribus animam tuam. Abscondit quidem ad modicum faciem suam a te, et sine adjutorio nudum et exspoliatum inter hostes deseruit, ut territus purgeris, et purgatus aliquem obtineas locum inter eos quorum remissæ sunt iniquitates, et quorum tecta sunt peccata. Obtineas autem magni sacerdotis Martini, quem dilexisti, meritis, et eorum quos in domo nominis ejus ad decantandas Deo et ipsi laudes aggregasti precibus, qui tuis sustentati impendiis, licet ignorantes quid tecum agatur, aures divinæ pietatis pro te interpellant assidue. Memor ergo et tu miserationum ejus, invoca cum quo potes modo in tribulatione tua, et eruet te : quoniam apud eum misericordia et copiosa est redemptio, nec ulciscetur, neque in æternum comminabitur. Cum in brevi transierit ira ejus, consolabitur in servis suis, et beati erunt omnes qui sperant in eo. Ubi sunt misericordiæ tuæ antiquæ, Domine? Quid moraris ad eruendum eum, pro quo tibi supplicat Martinus tuus, pro quo et in spiritu humilitatis, et in animo contrito te deprecantur servi tui, in sacrificio altaris, pro eo recensentes quo nil tibi gratius, apud te efficacius dominicæ passionis mysterium? Ubi promissio tua fidelis illa qua dicis, cum ingemuerit peccator salvus erit? O Domine piissime, memor esto hujus salutaris verbi tui in quo pœnitentibus spem dedisti, et circa hunc quoque miserum custodi hoc verbum tuum. Peccavit quidem et vere deliquit, et ut erat dignus necdum recepit, tu Domine, projice post tergum tuum omnia peccata ejus, libera eum, tam propter verbum tuum, quam propter nomen tuum, ne descendat in interitum, sed vivens videat lucem, et laudet te. Nam in morte non est qui memor sit tui, nec in inferno qui confitebitur tibi. O misericordissime Domine, mitte ei propugnatorem qui eruat eum a circumdantibus illum mortiferis, et redime eum non jam a calumniis hominum, sed dæmonum, et in veritate tua disperge illos. Persequatur eos angelus tuus et coarctet; fiant corruentes in conspectu ejus, et sicut pulvis ante faciem venti.

Igitur benignus Dominus cujus misericordia non solum a progenie in progenies, sed ab æterno usque in æternum super timentes eum, recordatus fragilis figmenti ejus, scilicet quod pulvis vel caro, et non spiritus esset, dum viveret comes Odo, memor etiam omnis sacrificii ejus quod vel in restauratione Majoris Monasterii, vel in alio quocumque opere seu voto ei obtulerat, misit ei auxilium de sancto, ipsum videlicet qui pro eo intercedebat Beatum Martinum, ecclesiæ ab eo restructæ patronum, cujus ope, et ab inimicis urgentibus eum erueretur, et in mansionem sibi interim competentem disponeretur. Missus itaque a Deo, instar fulguris de cœlo lapsus, in potestate magna celer advolat sacer præsul Martinus non inscius quod sicut olim quorumdam, ita et nunc signo crucis non clypeo protectus, ut galea hostium istorum cuneos non solum penetraret securus, sed et dissiparet velocius. Accelerans ergo ut in fortitudine vinctum educeret et eriperet pauperem de manibus tribulantium et humiliaret calomniatores, maturantibus fugam stare imperat, dicens, sibi ab eis injuste præjudicatum, qui servum suum nedum divina adjudicatum sententia, præsumptione temeraria raptum abducerent. Propterea reverti oportere ad judicium, locum defendendi juris sui sibi deberi, ut càusa ipsis agentibus confusa ratione judiciaria discerneretur, nihil sibi quod eorum esset insolenter velle usurpare, nil illis quod de jure obtinerent abrogare. Quis est, inquiunt, sermo iste quem locutus es, o Martine? Multas nobis dum viveres in corpore fecisti injurias, multos nostrum igne precum tuarum incendisti, multos de acquisitis expulisti possessionibus, et nunc quoque nos non cessas persequi, nec desinis infestare. Videris quidem hic non aliquam prætendere ratiunculam; sed paras, ut suspicamur, violentiam et occultas moliris insidias. Certe si Deus judex justus est, hic nihil obtinebis, et nunquam iste manus nostras effugiet. In peccatis natus est totus, in his a primævo exercitatus, in his et consummatus est.

Quidquid cupiditatum mundus habet, hausit. Quidquid malignitatum in sæculo est, iste exercuit. Denique nunc ut omnis excusationum cedat controversia, non in Christi tui, sed in Martis nostri servitio occubuit, animam efflavit. Unde ergo tibi eum repetere, unde tibi causam ejus tueri? Nescitis, ait Martinus, insipientes et maligni, nescitis quid loquamini. An abyssum miserationum Dei penetrastis? An investigabiles vias ipsius et incomprehensibilia ipsius judicia nosse arbitramini? Vos exclusi a luce veritatis extrinsecus, ut cæci in sole errando in tenebris ambulatis, neque cum sanctis, quibus per Spiritum suum revelat Deus quæ sit longitudo et latitudo, sublimitas et profundum crucis Christi comprehenditis, per quam et nos liberati et salvati sumus, et vos enervati et damnati. Nonne innocens sanguis ejus indebitæ morti addictus in remissionem peccatorum, et semel effusus est, et hic idem in mysterio altaris indesinenter operatur? Numquid hanc in ecclesia fidem tenentibus portæ inferi vel mortis prævalere possunt? Non puto, si verbum Domini manet in æternum, hanc et iste fidem vivens tenuit, in hac et obiit. Numquid autem si sacerdos visibilis qui non nisi datas ligandi et solvendi claves habet, morienti defuit, pontifex summus, omnipotens, et invisibilis, Jesus filius Dei, cujus propriæ sunt claves illi et plenaria potestas dimittendi peccata gementi in secreto et pœnitenti adesse non potuit, qui cum et utique præsens, et benignus atque misericors et præstabilis sit super malitia cui se in veritate quærenti desit, cui veniam poscenti non misereatur? Cui squaloribus peccatorum tabescenti, et opem confitendo deprecanti non subveniat? Nec enim indigus opis vel inscius istius est artis, cum sit ipse non solum medicus omnium peritissimus, sed etiam efficacissima vulnerum interiorum medicina. Nam ipse est qui, juxta Petrum, peccata nostra pertulit in corpore suo super lignum, ipse qui secundum Isaiam, languores nostros tulit et infirmitates nostras ipse portavit, vulneratus propter iniquitates, attritus propter scelera nostra, ut livoribus ejus nos sanaremur. Sed ut ad verbum ejus vivum et efficax recurram, de quo dicit Paulus, verbum ejus stabit in æternum, et verbum ejus est sicut est, quacumque hora peccator ingemuerit salvus erit. Iste ad momentum, in captionem dentibus vestris, datus non tantum indulgentia veniæ, sed etiam judicio veritatis, mollaribus leonum contritis, etiam a maxilla malignitatis vestræ, armilla divinæ misericordiæ perforata, revocabitur. Vos spiritus apostatici, inconvertibiles et plusquam ferrei, perpetuoque anathemate a Deo alienati, solum damnationis judicium experimini, homines vero receptibiles qui post prævaricationes mutato corde convertuntur ad Deum, misericordiam simul et judicium cantantes Domino judici examinantur, misericordia coronantur. Nam quia non modo pius, dulcis et patiens, sed et justus verax et rectus est Dominus et honor regni ejus judicium, et diligit, et exigit; ex censura judicii redarguit, castigat et flagellat omnes quos recipit; ex affectu misericordiæ consolatur illos et omnem lacrymam ab oculis eorum abstergit. Per judicium traducit eos per ignem, et aquam; per misericordiam educit in refrigerium. Per judicium conflans et colans eos emundat et purgat ut aurum et argentum, et excoquit omnem scoriam peccatorum eorum, per misericordiam restituens illos, sicut antiquitus, ad amissam supernorum civium societatem reducit. Denique si fides quæ per devotionem operatur cuiquam suffragari potest, et isti suffragari debet, quia probatio devotionis ejus exhibitio est operis. Quæ scilicet fides ejus et devotio quamvis adeo perfectæ non fuerint ut nihil illis deesset, tamen in eo se nonnullas fuisse evidentissimis signis ostenderunt, tum ex his quæ ubilibet, tum præcipue ex his quæ in Majori Monasterio, meæ curæ credito, sedulus exercuit. Et certe sua illi et in his et in aliis virtutibus imperfectio omnimodis perniciosa non erit, quia licet peccaverit, tamen Deum non negavit, sed et voluntatem ejus in votis tenuit, et eum fideliter adoravit. Hæc Martino pro eripienda de dentibus ursorum ovicula adversus impios non transeuntis inculcatione sermonum, sed in verbi Dei omnia penetrantis et comprehendentis collatione brevissima allegante, et causam injustæ abdicationis et detentionis captivi sui retractante illi ejusdem verbi virtute, ac si tonitrui coruscatione perterriti non habentes qui tantæ auctoritatis objectionibus rationabiliter opponerent, hærebant attoniti. Ad nota callidæ machinationis commenta refugiunt. Nam diffidentes de rationis obtentu, sed de mole seu multitudine peccatorum comitis spem sibi retinendi eum pollicentes, et examen libræ proponunt. Asserentes æquius nil videri, quam ut cujus partis opera in eo præponderare invenirentur, eadem illum opera secum sive sursum, sive deorsum traherent. Assentiretur demum huic saltem propositioni, si et ipsi aliqua spes obtinendi suppeteret. Asserunt etiam nullo melius quam isto probari posse argumento dominum suum qui miserat eum justum esse judicem, de quo scriptum sit quod omnia in numero et pondere et mensura disposuerit. Martinus, secundum Isaiam, non incertus quod illusores ipse deluderet et inefficaci niti eos diffinitione, præsumptione assentitur facillime de illius singularis pretii in parte sua non defuturi incomparabili securus pondere, quod in statera crucis libratum, non solum unius hominis, sed et totius mundi peccatis præponderando, generalem humani generis captivitatem redemit, et abjudicatam illi paradisi hæreditatem restituit. Protinus divinæ virtutis potentia non parvæ quantitatis trutina in aere suspensa apparet. Nec mora, cupidissimi fœneratores et exactores nequissimi omnes quasi totius vitæ comitis scrutantes substantiam, et ut brevissime multa perstringam, quidquid cogitando, loquendo et operando, in negligentia seu transgressione divinorum præceptorum deliquerat memoriter retinentes, in similitudinem lapidum, lignorum, ferri et plumbi et cæterorum hujusmodi in patera sinistræ partis ejusdem trutinæ alacres et festini coacervant. Fit immensa congeries, et dextro cornu libræ in altum sublato, sinistrum quantum descendere poterat in imum demergitur. Tripudiantibus jam pro triumpho et prædæ retentu sinistris spiritibus, Martinus et qui latus ejus ambiebant nil hæsitantes et maxime angelus qui Odonem, dum viveret, tuendum susceperat, bona illius quæcumque rimari poterant et præcipue quæ in restauratione Majoris Monasterii fuerat executus, numero quidem pauciora, sed auri et argenti atque gemmarum gravitatem et pulchritudinem referentia, in patera dexteræ partis stateræ convehunt. Fit pene æqualitas, sed ne, vel in modico, claudicantibus lancis cornibus ansa calumniæ præberetur adversariis, Martinus et sui orationes et vigilias, jejunia et eleemosynas et cæteras auxiliares pœnitentiæ suppetias quas prædicti fratres cœnobii pro illius ereptione sedulo procurare non cessabant, apponunt, quotidianam quoque divini celebrationem mysterii, id est corporis et sanguinis Jesu Christi immolationem, ubi non solum memoria, sed et quædam passionis ac mortis ejus imitatio puræ mentis obtutibus apparet, in qua salutis nostræ summa constitit, prædictis adjiciunt. Quo facto pars sinistræ partis trutinæ, ac si vacua esset dextera præponderante in sublime resilit, et quicquid in ea congestum fuerat, velut glacies a fervore solis deficiens reliquatum ad nihilum redigitur. Ad hæc Martino in voce exultationis et jubilationis inclamante : exurgat Deus et dissipentur inimici ejus, et fugiant qui oderunt eum a facie ejus, sicut deficit fumus deficiant, sicut fluit cera a facie ignis, sic pereant peccatores a facie Dei; teterrimus immundorum spirituum ille globus, in modum turbinis, sub momento dissipatus, præceps dissilit, relicta in medio præda, in abyssum subplumbatus nusquam comparet. Martinus ereptus Odonis animam in loco ei competenti ubi plenius purgaretur, et deinceps ad purgatorium transferretur collegium disponit : et sic, virtutum fulgore ipsa reverberans astra, in cœlum se recipit.

Ostensa sunt universa hæc cuidam Dei famulo claritate nominis et meritorum prærogativa, Egeo, in devexo latere excelsi montis commoranti, circa cujus tabernaculum ea fieri divinæ voluntati complacuit : ut ab illo qui dignus esset visa iis qui visu comprehendere non possent, illius relatione innotescerent. Vidit autem ille ista non solum mentis puræ, sed et corporalium oculorum intuitu, et memoriter tenens militi cuidam honestæ vitæ, viro de terra ejusdem comitis oriundo, dum a peregrinatione illo transiens reverteretur, devotionis et consolationis gratia, ad se divertenti, sicut viderat retulit, et ut uxori ejus, regressus in patriam, ea diligenter insinuaret, ex parte Dei imposuit. Quæ tam evidenti assertione audito, quod per Christi misericordiam, et Martini suffragia, et ab hoste antiquo, et a morte æterna erutus, vir suus viveret, sed adhuc pleniorem exspectans purgationem peccata interim præterita lueret, post longam acerbi memoris mœstitudinem, in qua graviter tabescebat, revixit spiritus ejus, Deoque auctori, et Martino salutis ejus adjutori, in hymnis et confessionibus ineffabiles gratiarum jubilos plurimum exhilarata rependens, animæ mariti quibuscumque potuit modis succurrere decrevit. Proinde corpus ejus a loco prioris sepulturæ cum sarcophago undique firmiter sigillato levatum, decentique impositum gestatorio, largissimas hinc inde prorogans eleemosynas, Majus Monasterium pervexit et fratribus ea quæ de ereptione illius per patroni sui merita illo Dei servo demandante didicerat narrans, eisque prædia quædam in parochia Rhemensi sita legaliter tradens, missarum sacrificia, et vota supplicationum, pro eo et instanter celebrari et perenniter augmentari obtinuit, et ut in capitulo eorum ad memoriam crebro intuitu innovandam scriberetur, effecit.

Hæc a viro fideli et religioso, coram multis æque religionis decore nitentibus, brevi summa mihi tradita, diffusius fortasse, quamquam fastidiosis placeret auditoribus, conscripsi, sed simplicibus mei similibus morem gerens ut hinc aliquid consolationis acciperent, et nonnihil fiduciæ et devotionis conciperent, operam dedi. In qua conscriptione dum delectationes quæ sunt in dextera Dei, id est misericordiam, benignitatem et gratiam ejus erga miserias hominum corrigendas vel abolendas contemplari et commendare enitor, quodam mentis raptus excessu, et velut me ipsum præ gaudio non capiens devotione, non ostentatione tractus, in hæc verba gratulationis et laudis multipliciter erupi, nec tamen credo, vel credi volo, ea in disceptatione præscripta sigillatim fuisse prolata, ubi, si rerum proprietatem diligenter contuemur, in comperto nobis modo solo voluntatis nutu in ictu oculi universa de quibus agendum est, consummari possunt. Nec mirum id de spiritalibus, cum et in corporalibus innumera plerumque in momento, sub uno oculorum intuitu perspiciamus, quæ dum ignaris referre cupimus longissimo verborum circuitu occupantur. Proinde cum quælibet de arcanis spiritualium divina voluntate exterius proferenda sunt, oportet nimirum ea quatenus ad cognitionem nostram pertingere possunt aliquo rerum visui vel auditui sub jacentium schemate vestiri, aut, ut expressius loquar, velut crassescere vel corporari. Quod autem bona seu mala comitis hinc inde discreta ad examen lancis deferri, vel trutinari visa sunt, hoc ad stuporem vel ad dubitationem audientes adducere non debet, cum et beatus Job peccata sua quibus iram se incurrisse, et sequentem quam propter illa se pati metuebat calamitatem, in statera appendi poposcerit. Et ipsum quem eadem figuratum statera, Sanctus exponit Gregorius Redemptorem nostrum, in muris vel vitreis seu etiam membranis plerisque depictum, et sicut crucifixus est in libra appensum totius mundi in eadem libra altrinsecus dispositi peccatis præponderare videamus, quamvis diabolus arte pictoris suppositus, præpositam libræ pateram utraque manu tenens toto nisu ad ima conetur detrahere. In Apocalypsi quoque equus niger, et sedens super eum, stateram tenere conspicitur, cui et dicitur, bilibris tritici denario, et tres bilibres ordei denario, et vinum, et oleum ne læseris : sed et in libro Dialogorum quarto, in ponte probatico dum quidam transire cupit decidens, a quibusdam velut tetris hominibus, per pedes et tibias deorsum trahi, et ab aliis quibusdam pulchræ visionis et dealbatis per manus et brachia sursum retrahi describitur, ut scilicet sicut prædictus, qui hæc scribit beatus exponit Gregorius, carnis peccata cum eleemosynarum operibus in illo certare intelligantur, et hæc vel illa a spiritibus seu bonis defensari, seu malis videantur impugnari. Et hæc quidem pauca cum suppetant innumera pro exemplo sufficiant ut et nova factis veteribus et nostra patrum scriptis firmentur, non quo spiritibus æthereis nulla adversione lapsis nullaque labe infectis et animabus justorum merito purioris vitæ in eorum sorte receptis in mera divinitatis essentia quæcumque eis insinuare vult pure contuentibus cor per earum imaginationes rerum ad aliquid dignoscendum nullatenus necessarias esse crediderim, sed quo nobis necdum plenarie castificatis, quamdiu moramur in corpore, et peregrinamur a Domino, quamdiu in hoc statu vel potius lapsu sumus, in quo terrena habitatio deprimit sensum multa cogitantem, et videmus per speculum in ænigmate secreta illa quæ inter eosdem vel spiritus vel animas beatas nuda, et simplici puritate geruntur, absque sensibilium seu visibilium quibus assuevimus involucris penitus manifestari non possint. Expediemur autem ab omnium integumentis imaginationum instar, cum absque interpolatione candidissimam veri solis visuri lucem, nubem carnis excesserimus idem cum educti de hoc tabernaculo in quo ingemiscimus gravati præsentes fuerimus ad Dominum, cum fidem in spem, et spes transierit in rem, vel potius cum evacuato quod ex parte est, et absorpto quod mortale est a vita, corruptibile hoc induerit incorruptionem. Tunc etenim revelata facie gloriam Domini speculantes, in eamdem imaginem transformabimur a claritate in claritatem, tanquam a Domini spiritu, et videbimus in lumine ejus lumen. Quid deinceps etiam in secretis ejus occultabitur nobis, cum cognoscemus, non ex parte, sed sicut cogniti sumus, et impletum fuerit in nobis quod ait Joannes apostolus, scimus quia cum apparuerit similes ei erimus, quoniam videbimus eum sicuti est. Sit itaque eidem Domino Deo nostro laus honor et digna gratiarum actio, nobis quoque, Beato obtinente Martino, a sorte reproborum in sortem electorum translatis, pia ejus in ævum non desit consolatio, et fiat, eo præstante, ut cum apparuerit ipse qui est vita nostra, appareamus et nos cum ipso in gloria. Amen.

EXPLICIT

LIBER DE RESTRUCTIONE MAJORIS MONASTERII.

CHRONICON

GASTINENSIS CŒNOBII

Anno MCLXXIII°, obiit Alanus primus abbas hujus loci [Gastinensis cœnobii], cui successit Gaufredus.

Anno MCLXXIV°, decessit Joscius Turonensis archiepiscopus, cui successit Bartholomæus.

Anno MCCVII°, mortuus est Bartholomæus venerabilis Turonensis archiepiscopus, cui eodem anno successit Gaufridus de Lenda archidiaconus Parisiensis, et anno Domini MCCIX° obiit, cui eodem anno successit Johannes de Faya, Turonensis decanus.

Anno MCCXXIV°, in nocte Sancti Matthiæ, conventu post matutinas dormiente, corruit ecclesia Sancti Juliani Turonensis, ita tamen quod neminem læsit. Post duos vero dies, cecidit fagus coronatus circa nonam, qui ex multis partibus erat in signum viantibus.

Anno MCCXXVI°, obiit Johannes de Faya archiepiscopus Turonensis, cui, eodem anno, successit Juellus de Matefelone, decanus Turonensis ecclesiæ.

Eodem anno, vastata fuit domus ista [de Gastina] miserrimo incendio, domno Johanne abbate sexto hujus cœnobii administrationem possidente.

EXPLICIT
CHRONICON GASTINENSIS COENOBII.

CHRONICON

ECCLESIÆ BEATÆ MARIÆ DE LOCHIS

Nec præsentes lateat nec futuros quod, a tempore G. Grisegonellæ usque ad Fulconem G. Martelli patrem, non erant hac in ecclesia nisi XII canonici tantum, juxta numerum XII apostolorum. Tempore vero Fulconis, homo quidam prædives, Marco videlicet, petiit a canonicis ut de filio suo facerent canonicum tredecimum, et ipse de rebus suis daret ecclesiæ; et quod petiit impetravit. Cum igitur essent numero tredecim, statuerunt ut novem ex illis sacerdotio fungerentur, et ceteri quatuor diaconatus officium complerent. Statuerunt etiam consilio comitis et assensu, et unus ex illis novem qui sacerdotium administrabant eligeretur in priorem, talis scilicet qui et sacerdos esset et bene litteratus qui ceteris non tantum præesse sciret, sed prodesse, non nisi sacerdos prioratum hujus ecclesiæ tunc temporis habebat; unde in martyrologio nostro legitur: Ermennaus prior et sacerdos, Hucbertus prior et sacerdos et plures alii quos nominare longum esset. Nullusque prior ecclesiæ hujus duas unquam antiquitus præbendas legitur habuisse, nonnullam tamen præ ceteris canonicis, quisquis tunc prior erat obtinebat dignitatem, sedem prioralem habebat in choro, et in capitulo promovebat et concludebat.

Mortuo vero Rogone priore, aliquot annis prioratus vacavit, sed Fulco comes, qui rex Jerusalem postmodum fuit, Thomæ de Paccio notario prioratum illum postmodum dedit. Post vero multum temporis, cum Thomas Lochis resideret, quia ecclesia multum pauper erat in suis ædificiis, libris et redditibus, partim ex redditibus ecclesiæ, partim ex suo sensu, quia multum potens erat, ecclesiam quæ pauper erat ditare cœpit, quibus poterat modis satagebat. In primis libros fecit fieri ad opus ecclesiæ, scilicet duo bibliothecæ volumina, quatuor passionales novos, Bedam, novum missalem, evangeliarium, epistolarium, martyrologium. Deinde turrem de Culberi, et molendinos, et furnum de Bello Loco, et domum de Gisors, et stagnum, et molendinum ædificavit; in eadem quoque villa prata et terras comparavit; et Conturmaci a Bricio emit motam cum omnibus motæ appendiciis, cum medietate furni. Hæc omnia et multa alia quæ longum est enarrare, Thomas acquisivit et ecclesiæ Beatæ Mariæ de Lochis cuncta dedit. Summum autem beneficium quod Thomas huic ecclesiæ contulit istud fuit quod nos narrabimus. Ad extremum videns Thomas quod cœlum mediæ ecclesiæ pictis compactum asseribus trabes et tignamina vetustate putrefacta jam minarentur ruinam, medium ecclesiæ quod est inter duo campanaria, remotis veteribus trabibus et lignis et asseribus mira texit opertura, duabus scilicet turriculis quas nos dubas appellamus, arcus quoque lapideos et columnas quæ sustentant dubas fecit fieri, partim ex suo sensu, partim ex pecunia quæ quidam tunc facti canonici præbuerunt ad hoc opus.

[Donationes autem Thomæ Paccii Eugenius III papa hoc privilegio confirmavit.]

« Eugenius episcopus servus servorum Dei, dilectis
« filiis canonicis ecclesiæ Beatæ Mariæ de Lochis, sa-
« lutem et apostolicam benedictionem. Quæ ad devo-
« tionem fidelium piis locis rationabili providentia
« conferuntur, in sua volumus stabilitate subsistere,
« et ne pravorum hominum refragatione turbentur,
« favoris nostri munimine roborare. Eapropter, dilecti
« in Domino filii, vestris justis postulationibus benig-
« num impartientes assensum, donationem quam
« Thomas prior vester, pro salute animæ suæ, devo-
« tionis intuitu, ecclesiæ vestræ fecisse dignoscitur,
« auctoritate apostolica confirmamus et ratam in pos-
« terum manere decernimus, videlicet : quatuor molen-
« dina in loco qui Culberiacum dicitur; furnum quod
« apud Guemmacum idem prior fecisse dignoscitur;
« decem arpenta pratorum in pago Andegavensi, in
« vico qui dicitur Gisoias; stagnum cum molendino,
« terram quam ibidem emit in vico Conturmaco; census
« qui redduntur in die Natalis Domini; dimidium furni
« quod emit a Bricio et omnem terram illam quam emit
« tam a Bricio quam ab aliis. Nulli ergo omnino
« hominum liceat hanc donationem temerario ausu
« infringere seu quibuslibet molestiis perturbare. Si quis
« igitur id attemptare.... Data Signiæ, VI idus aprilis. »

Cum Thomas prior senuisset et onera ecclesiæ non supportare posset, omnes reditus quos acquisierat quamdiu viveret ipsi sibi in proprios usus retinere vellet, canonici resistebant ei dicentes : onus ecclesiæ potes dimittere, sed ea quæ ad usum communis capituli jam donasti, et ab Eugenio papa confirmari fecisti, non licet tibi in proprios usus redigere. Hæc causa magnas inter priorem et canonicos lites et contentiones generavit; quas cum rex Henricus audisset, priori et capitulo scripsit in hæc verba :

« Henricus rex Angliæ Thomæ priori de Lochis et
« capitulo, salutem. Mando vobis et præcipio ut inter
« vos pacem habeatis; et tibi priori præcipio si onus
« ecclesiæ habuere volueris, habeas; et quia multa bona
« ecclesiæ contulisti, habeas duas in ecclesia præbendas,
« et his sis contentus, videlicet illam quam Marco
« legavit, quæ aliis minor est in redditu, et aliam
« præbendam ut unus canonicus residens, ita tamen
« quod tui et illorum communi consilio et assensu
« disponetur, et tu sis residens in ecclesia, quas antea
« nullus prior habuerat; et sciatis nisi hoc meum præ-
« ceptum tenueritis quod ego manum correctionis
« apponam. Teste Hugone de Cleers et Gaufrido de
« Haya, apud Beaufort, millesimo octuagesimo oc-
« tavo (1). »

Mortuo vero Thoma priore, Gaufridus de Bricio in prioratum hujus ecclesiæ ei successit, qui ad regem Henricum veniens petiit ab eo ut onus quod habebat Thomas in ecclesia sibi concederet. Cui rex :
« quod Thomæ concessi, nec tibi nec cuiquam sum
« amodo concessurus, non enim bonum est ut qui
« prior est fiat dispensator. Eapropter ego præcipio ut
« omnes reditus ecclesiæ veniant ad canonicos, ita
« tamen quod communi tui et illorum consilio et assensu

---

(1) Sic, pour m c lx viii°. Thomas Pactius mourut en effet le 27 avril 1168, d'après l'obituaire de la collégiale de Loches.

« dispensantur; tu autem duas habeto præbendas,
« quando fueris residens in ecclesia, illam videlicet
« quam Marco legavit, quia minor aliis est, et aliam ut
« unus canonicus; si vero absens fueris, unam tantum,
« videlicet quam Marco legavit. »

EXPLICIT.
CHRONICON ECCLESIÆ BEATÆ MARIÆ DE LOCHIS

SUPPLEMENTUM AD CHRONICON

ABBATUM MAJORIS MONASTERII [1].

Primus abbas, Gillebertus.
Secundus abbas, Sichardus.
Tertius abbas, Ebrardus....
Quartus abbas, Albertus....
Quintus abbas Bartholomæus.... Vita hujus sancti abbatis scribitur in calce libri lectionum in refectorio; hic liber incipit : *Vigilia Omnium Sanctorum.* Vide miracula ejusdem quam dignum adscribi in albo sanctorum puto.
Sextus abbas Bernardus.
VII. Hilgodus.
VIII. Guillelmus.
IX. Odo, vir religiosus.
X. Garnerius, omnium abbatum piissimus.

---

[1] Cette chronique et la suivante, n'ayant été découvertes que dans une dernière révision des manuscrits, n'ont pu être imprimées dans l'ordre qu'elles devaient avoir, c'est-à-dire, immédiatement après la page 337.

XI. Robertus Brito de Megueri, Deo et hominibus amabilis.

XII. Robertus Blesensis, venerabilis et gratiosus.

XIII. Petrus de Gasconia, simplex et religiosus.

XIV. Herveus, a pueritia in monachum receptus.

XV. Gaufredus Brito, nobili prosapia ortus.

XVI. Hugo Carnotensis, a pueritia in monachum receptus, corpore parvus, sufficienti doctrina præditus. Hic incepit ædificare præsentem ecclesiam....

Decimus septimus Gaufredus de Conan, Blesensis.

XVIII. Stephanus, vir bonæ vitæ.

XIX. Robertus de Flandria, pulcher et litteratus.

Vigesimus Odo de Braceolis, nobilis et litteratus.

XX. Johannes de Monte Leonis, Pictavensis.

XXII. Symon le Maye, Turonensis, potens in suo regimine.

XXIII. Petrus de Podio, Lemovicus.

XXIV. Geraldus de Podio, frater ejusdem Petri.

XXV. Geraldus Paute, Lemovicus.

XXVI. Helias de Angolismo, Petragoricensis.

XXVII. Guido de Leuro, Lemovicus.

XXVIII. Petrus Marques.

XXIX. Guido Vigier.

XXX. Guido Vigier [nepos prædecessoris].

XXXI. Ludovicus Pot.

XXXII. Franciscus Sphortius.

DYSTICHON.

Hi sacra Majoris norunt moderamina Templi,
Sedibus e superis noverit ipse Deus.

Hactenus quæ ex veteri quadam cartula de verbo ad verbum transcripsimus: nunc alia quædam a nobis hinc illinc collecta ex veteribus monumentis vel relata a fide dignis confratribus, vel quæ ipsi vidimus experti sumus, vel deinceps quæ in cognitionem nostram venerint, adscribamus.

Quæ sequuntur ex scriptis quibusdam fratris Ægidii Robietii, prioris Septem Dormientium, a nobis de gallico in latinum expressa sunt.

Præfatus le Maye, in ordine abbatum vigesimus secundus, non obscurioris notæ vir exstitit; quippe qui in oculis regis gratiam nactus est, a quo non difficulter impetravit ut via communis quæ patet inter ecclesiam et prioratum Septem Dormientium ac turrim, et qua iter erat ad sacellum Sancti Johannis, indeque ad rupeculas, occluderetur, multis tamen e plebe adversantibus et obsistentibus : sed hujus rei remedio, concedente eodem Francorum rege furcas patibulares suspendendi iis quicumque obniterentur ac refragarentur regiæ voluntati figendas et erigendas curavit. Insuper et muris universumque monasterium tunc circonclusum est, quod quidem lutamentum plurimum decoris et ornamenti monasterio contulit. Patet siquidem in longitudine dimidium milliare, in altitudine duos hexapodes et dimidium, seu quindecim pedes ad minus, in spissitudine vero quatuor circiter ad quinque pedes. Duo item atria miro lapideo tabulatu constructa speciosioris frontispicii quæ omnia hucusque cernuntur. Item le Maye tantæ fuit existimationis ob virtutem resque præclare gestas, ut ipse et abbas Cluniacensis custodiendo Galliæ thesauro seu sacris scriniis præfecti fuerint.

Proximus illi Petrus de Podio iter fecit in Hierusalem

Terram Sanctam, indeque quam plurima non minus rara ac pretiosa attulit, tum vel maxime rocham Hierico quæ hucusque intus visitur attulit, et mensuram proceritatis Christi Servatoris quæ ex peristylio quodam in angulo altaris matutinalis retro majus altare cernitur. Tempore ejusdem, arcus præcipuus chori qui recens apparet vetustate consumptus denuo exstructus et restauratus est, idque subsidio priorum qui omnes ex præscripto capituli generalis certam pecuniarum summam persolverunt. Præterea idem de Podio exstruere fecit dormitorium officiariorum; in cujus rei testimonium illius arma vel insignia adhuc exstant, in quibus crux cælata est.

Prædictus Franciscus Sphortius trigesimus secundus [abbas], nepos erat ducis cujusdam Mediolanensis; cui jure hæreditario post avunculum suum obveniebat ducatus. Regnante Francisco primo hujus nominis, cui ob nasi proceritatem cognomen inditum est, eodemque duce, conductus est exercitus in Italiam Mediolanum usque ut expelleretur ipse dux, qui præripuerat et vi sibi usurparat eundem ducatum spectantem ad ipsum regem. Quem devictum capite truncant, ejusque dictum nepotem in Gallias usque captivus adduxit, et in monasterium Majoris Monasterii coegit, qui mox habitum suscepturus, cæsariei aureæ desiderio detonsæ in coronam monachalem et agebatur et valde augebatur, qua dicebat matrem admodum delectatam fuisse et admiratione raptam. Princeps ille juvenis non multo post tempore, sede vacante, in abbatem electus est regio jussu; quem tamen non multo post cum adhuc in flore ætatis esset, invidæ Parcæ coegerunt e vita migrare, cum forte fortuna inter venandum equo incidens foveam alioqui latam nimis vi et impetu transire contenderet.

Postea in ejus locum suffectus est Matthæus Galterus qui permutavit abbatiam cum Philippo Hurault in aliam nomine *Bourgueil*. Prædictus Galterus nepotem habuit Adrianum Galterum, hujusce domus baiulum et sacræ paginæ doctorem, a quo exstat liber compositus inscriptus: *Æquilibrium virtutum beatorum Pauli et Martini*.

Modico autem post tempore, ipse Hurault fatis concessit Lutetiæ Parisiorum, sepultusque in ecclesia Mathurinensium.

Huic successit Johannes cardinalis a Lotharingia, qui inter abbates commendatarios illius temporis primus multa in detrimentum hujusce monasterii perpetravit et prioratuum. Nam cum primum priores conventuales monachi fatis concedebant, idem cardinalis commendatario potius quam legitimo jure panem filiorum, ut aiunt, mittebat canibus, bonaque ac beneficia protonotariis suis aliisque qui sibi astarent tam simplicia quam conventualia conferebat, ut brevi tempore propriis ædibus expulsi in extremam paupertatem devenerint. Hujus pravo exemplo expulsi sunt præterea multi monachi obedientiales a prioratibus per proprios priores. Hic destruxit nemora, silvas excidit, præsertim apud Sanctum Laurentium et alibi; cujus malo exemplo priores prioratuum commendatarii idem fecerunt, sicque quæ tam pie et diligenter in commune bonum monasterii adeo et totius ecclesiæ et conquisita et conservata fuerant a nostris brevi tempore perierunt. Obiit idem Johannes cardinalis anno millesimo quingentesimo quinquagesimo quinto, apud Sanctum Germanum in Laica.

Post illum successit Carolus cardinalis a Lotharingia, prioris nepos. Hic doctissimus omnium judicio habebatur; cujus rei argumento erant doctissimæ illius conciones ac orationes. Hic pollebat consilio et auctoritate quibus tanquam scuto inexpugnabili impetus adversariorum fidei, vulgo Lutheranorum, sustinuit ac in illos retorsit. Idem ipse saxis et pavimentis sternere fecit viam quæ patet a pontibus Turonicis ad plateam usque sacristiæ. Cubilia dormitorii in usum et commodum monachorum, qui antea multum patiebantur a frigore et injuriis temporis, exstruenda curavit.

Hujus tempore depopulatum est hoc monasterium ab iisdem hæreticis, duce eorum comite Rupefucaldo, qui non alium ob finem huc stipatus copiis militibus et armis thesauros invasurus ecclesiasticos contenderat. Inde abstulit majoris altaris mensam pretiosissimam in qua insculpti erant tredicim apostoli in argento deaurato. Hinc exportatæ sunt reliquiæ ad tria curricula plena, supellectilia videlicet tam aurea quam argentea, quæ omnia comminuta sunt et in communes nummos vel monetam conversa ; quod in stipendium transiit Germanis qui in subsidium eorumdem in Gallias advenerant. Ornamenta etiam ecclesiastica quæ magno erant in numero ac pretio hinc exportata fuerunt, trecentæ videlicet capæ quarum minima aut vilissima erat saltem de bombycino, nam aliæ ex panno aut tela aurea et argentea erant, quas infames illi et Deo infesti igne combusserunt. Præterea et alia multa ornamenta, ut casulæ, tunicæ, tapetes majores et minores, albæ et similia sacra utensilia depopulata et deprædata sunt. Libri insuper ecclesiastici miro artificio et magnis sumptibus conscripti, lacerati et cremati sunt. Vitrea et ornamenta picturis et imaginibus eleganter distincta et variata, diruta et comminuta sunt. Itemque clathra, repagula et virgæ ferræ, plumbum et alia quæ potuerunt abstulerunt. Interea tres aut quatuor illorum confracto corpore et membris comminutis cum cecidissent, non minus miserabiliter quam mirabiliter in oculis omnium occubuerunt. Hi præterea bombardis conabantur et machinis igneis campanas et tintinnabula confringere sed frustra, nam scalæ consulto secatæ fuerant ne quis posset ascendere. Organa præterea comminuta, omnis generis utensilia quæcumque invenerunt exportarunt, et deprædati sunt quæque in victum quotidianum asservata erant. Et ut uno verbo dicam, nihil non mali intulerunt, adeo ut ad ducenta millia ducatorum possit æquari talis fractura. Interea monachi in fugam conversi, alii apud parentes, apud amicos, alii quocumque vellent aut possent se receperunt, a tempore scilicet octavarum Paschæ vulgo Quasimodo ad finem usque junii mensis; quo tempore intermedio silebat officium ecclesiasticum et cultus divinus. Quæ omnia contigerunt anno Domini millesimo quingentesimo sexagesimo secundo. Quidam senio confecti religiosi, difficultate et periculo itineris revocatis, noluerunt hinc sistere pedem, hi genibus flexis et supplici voce intercesserunt coram principibus hæreticis, ne milites titulos, chartas, tabulas et monumenta domus diriperent, neve ut jam constituerant columnæ mediæ et principuæ templi everterent ut totum postea corrueret ædificium, prout fecerant in templum Sanctæ Crucis Aurelianensis. Inter eos qui depopulati sunt ecclesiam, quidam, credo, nomine Chastillon, multa indigna perpetravit, ut qui se tanquam abbatem gereret, sibique in partem cessuram hanc abbatiam pro certo haberet. Hic, inquam, stipatus similis farinæ latronibus et grassatoribus, postea vero dispensante Deo productus est in scenam a carnificibus, et in magna frequentia spectantium populorum membra confractus et comminutus, rotæ super positus est, extensusque in ea, mansit per decem annos aut circa, prope crucem Defuncti Magistri, non procul a Majori Monasterio.

Tunc temporis præfatus Carolus Lotharenus tot tantaque damna illata Majori Monasterio ferre non valens, præpotenti domino Rupefucaldo, fratri dicti comitis hæreticorum ducis, ejusdem cardinalis protonotario, jus et abbatiale decus cessit.

Hic restauranda curavit quæcumque potuit, tum vel maxime specularia et vitrea ornamenta, fecit et obturare illarum mediam fere partem ex lapidibus tabulatis, idque ut parceret impensis quæ alioqui graviores apparebant. Dedit et multa ornamenta. Itemque majorem crucem argenteam et deauratam fabricandam curavit. Altare majus cum quatuor columnis æneis vel ex auricalco, quæ patent in quatuor angulis ejusdem altaris, restauravit. Typis insuper cudere fecit libros dominicales cantus qui nomine *hoc aspiciens* inscribuntur, in usum ecclesiæ. Itemque partem horreorum quæ ruinam minabantur ex parte atrii aut valvarum ecclesiæ ubi ejus insignes cernuntur reædificare. Hic licet alioqui pius, impio tamen consilio majora nemora insulæ quæ erant e regione Majoris Monasterii juxta ripam fluminis excidit, insuper et stirpes ac radices radicitus avulsit ut nunc flumen ipsum alveum egressus huic monasterio ad detrimentum proxime impendens. Erat homo ob vitæ meritum et pietatem in Dei membra bene audiens, et qui de pauperibus bene meritus pauperum pater cognominatus est. Infirmos ipse visitabat, viduas consolabatur, orphanis in subsidium artes qua vitam a paupertate vindicarent pecunias ipse ministrabat, et captivis multaque alia egregia operatus est. Migravit ab hoc sæculo in perennem lucem tertio nonas maias, 1582, apud castrum de Vuertueil Angolismanse. Antequam obiret extremum fati diem, ædificare fecit ædiculam quandam aut domunculam juxta atrium Rubei Montis, itemque domum abbatialem ejusdem montis reparare. Hic testamento legavit mensæ monachali summam quatuor millium librarum Turonensium, sub ea conditione ut in memoriam sui singulis annis obitus celebraretur. Sepultus autem est juxta fenestram sanctæ ampullæ, a latere lævo magni altaris; ejus corpus ibi duobus sedilibus impositum est, sub arcu quodam in eum finem erecto et camerato.

Eidem Rupefucaldo successit Jacobus d'Apvrilly infimæ conditionis, cujusdam lictoris Aurelianensis filius, idque ex dono Francisci Valesii, ducis Andegavensis, Cenomanensis, Turonensis et Bituricensis, a quo unice diligebatur frater illius.

Anno 1583, post cujus Francisci decessum ad Castrum Thierry, dictus d'Apvrilly inter manus regis Henrici quarti, Valesii ejusdem Francisci fratris, monasterium cessit et transtulit Francisco cardinali de Joyeuse, qui primo statim accessus exstruere fecit sacellum in magnis ædibus Rubei Montis juxta hortos situm. Deinde et reædificavit ac restauravit muros magni prati, qui nescio quo impetu aquarum, subito corruerant. Nec multo post tempore, Romam ipse in conservationem privilegiorum ecclesiæ Gallicanæ ab eodem Henrico rege legatus missus est. Deinceps vero ingruentibus bellis civilibus, rei domesticæ angustiis oppressi, multa incommoda pertulimus, idque per eos quibus administratio domus atque etiam cura religiosorum demandata fuerat.

Anno 1591, combusta est turris forte fortuna idque incuria ac negligentia cujusdam ex pulsatoribus nomine Trenchan qui in lecti sponda lectum ingressus ac dormiturus lumen accensum deposuit ac fixit; ex quo statim accensa sunt ligna ejusdem turris, concameratum lapideo tabulatu cecidit, et ruinam intulit tum Septem Dormentium sacello, tum etiam fornici vicino ac proximo ecclesiæ; quæ ruina hucusque magno nostro omnium mœrore patet hæc in nostris omnium oculis ubi contigerunt quantus dolor fratrum animos perculerit non facile est explicare. Idque evenit die jovis, vigilia capituli generalis.

Quæ turris, tempore D. Galligaii abbatis qui successit D. Carolo a Borbonio, in integrum restituta est, illius partim et nostris sumptis. Fusæ sunt antea quatuor campanæ nostris sumptis, duæ postea quarum una nomine Benedicti nuncapata, meis partim sumptis et D. Deniau.

EXPLICIT
SUPPLEMENTUM AD CHONICON ABBATUM MAJORIS MONASTERII.

CHRONICON

PRIORATUUM MAJORIS MONASTERII.

A tempore Beati Martini per multos annos status monasterii intactus illibatusque permansit, quousque Dani et Normani in has oras appellentes illud funditus everterent ac pene solo æquarent, occisis centum sexdecim monachis. Restauratum autem fuit ac restitutum octoginta annis post ejusmodi eversionem, idque suasu et justis conatibus Odonis Junioris et Rollonis germani qui eamdem fecerat eversionem, Odonis, inquam, comitis Campaniæ Blesensis et Turonensis, et Hermengardis ejus uxoris. Qui cum denuo numerum monachorum a Cluniaco evocassent, a papa Urbano secundo et Rege Francorum Roberto jus electionis abbatum, in regimen monasterii et fidelem tuitionem tum religionis tum personarum, facile impetrarunt. Hugo igitur filius ipsorum primus electus fuit in abbatem monasterii post ejusmodi eversionem, et ab illo successive alii supra nominati, quorum cura singularis ac studium exstitit in conservatione religionis, virtutum, bonorum denique omnium tam temporalium quam spiritualium monasterii, et qui alioqui gravabamur jugo ambitionis episcoporum et archiepiscoporum præsertim Turonensium, immunes postea et liberi illorum beneficio evasimus. Alii injurias, calumnias et damna nobis illata legibus persecuti sunt; alii superba ædificia et magnifica erexerunt; ditarunt alii ecclesiam ornamentis pretiosis, et modico tempore sui erga religionem monasticam animi specimen aliquod ediderunt. Illi etiam celebritate famæ ac nominis multa bona et proventus nobis pepererunt, quæ quamvis vix sufficerent in victum quotidianum, recta tamen administratione et fratrum communi concordia res alioqui parvæ paulatim excreverunt. Nam etsi penes abbatem omnia manebant et erant omnia communia, pecuniæ tamen tum monasterii tum singulorum prioratuum ad subventionem et subsidium rerum monasterii transibant. Quæ tam laudabilis consuetudo perstitit ad Alexandrum usque IV pontificem, qui concessit omnia tam beneficia quam officia perpetua et irrevocabilia fieri, quæ antea in arbitrio abbatis erant. Hinc factum est ut res monasterii angustiores essent, et quasi vidua domus remaneret, quia quod antea commune erat proprium deinde exstitit. Abbas tamen ut poterat muniis suis utcumque satisfaciebat. Huic malo promptum inventum est et expeditum remedium; nempe prioratus quidam qui jam concessi erant et nostri facti liberalitate procerum ac summorum quorumcumque mensæ, sic enim vocant, abbatiali adjuncti sunt. Unitus est prioratus Sancti Sulpitii de Loratorio, qui erat ex dono Godefredi Barbati comitis Turonensis, tempore abbatis Alberti, anno circiter millesimo quinquagesimo octavo. Unitus est prioratus Fontis Chari, ex dono antea prædictorum Odonis et Hermengardis. Unitus est prioratus Sancti

Vincentii de Lavareio, quem concesserant domini de Prulliaco; itemque prioratus Sancti Laurentii in Gastina et Novævillæ... 1502. Prioratus et Notonvillæ jus ac subsidium cesserunt.

Labentibus deinceps annis, nescio qua titillatione avaritiæ ac pecuniarum dulcedine, electi abbates laqueis irretiti mundi, principis ac divitiarum jugum religionis ut suæ libidini inservirent excusserunt onera. Enim omnia quæ sibi de jure et consuetudine incumbebant, ut alimentorum, rei vestiariæ, fratrum jura eleemosynaria (ter enim in singulis hebdomadibus, et per septem anni menses, publica fiebat eleemosyna, prout nunc), itemque alia divinum cultum spectantia ut luminaria, itemque curam et sollicitudinem infirmorum monachorum et alia onera a se transtulerant. In alimentum autem monachorum quædam loca, medietarias et alios reditus, quibus sibi alimenta certis et statutis hebdomadæ diebus mercurii videlicet, veneris et sabbati, aliisque per annum præsertim quibus carnium usus interdicitur monachi suppeditarent, cesserunt, inquam, Sapalliacum, alias ex dono Godefredi vicecomitis Castri Dunensis idque tempore abbatis Alberti; medietariam de Parciaco, gallice *Parcay*, qui et prioratus habetur; itemque medietariam de Castiniaco, gallice *Chahaignes*, quæ majori ex parte a domo Malliaci traducta erant. Dictum Castiniacum regina Galliæ Johanna Burgundiensis, cum penes se curam et administrationem bonorum haberet illustrissimæ Catharinæ de Malliaco, eidem Majori Monasterio, idque abbate Girardo Paulte, anno salutis millesimo trecentesimo sexagesimo tertio, dono dedit.

Erexerunt præterea iidem abbates officia camerariæ ad rem vestiariam monachorum, eleemosynariæ ad eleemosynas quotidianas ministrandas, sacristiæ ad ecclesiæ munia obeunda, infirmariæ demum in curam infirmorum. Prædicta vero officia donata sunt et prioratibus annexa. Cameraria quidem prioratu de Semitario, de Brenereyo de Prato, gallice *de Pray*, prioratu Sanctæ Gemmæ de Mesliaco, gallice *Meslay*, etc. Elemosynaria obedientias habet Cedentis Negronii, ex dono Galteri de Dox et Archambaldi rapacioris illius quidem, tempore item Alberti abbatis, anno Christi millesimo sexagesimo secundo; de Naseliis; de Grangia Sancti Martini; obedientiam Sancti Johannis de Moneta, gallice de *Monnoye*. Sacristia donata est Sancto Blanciaco, gallice *Saint-Blançay*, alias ex dono Adelini dicti loci domini et Rohardæ uxoris ejus, idque temporis Bartholomæi abbatis, anno millesimo octogesimo primo; Sunziaco et Vileriis Caroli Magni, gallice de *Villiers Charlemagne*, ex dono eorumdem locorum dominorum. Infirmaria solum habet prioratum Beatæ Mariæ de Riperia, gallice de *Rivière*, celeberrimum illum quidem tum antiquitate loci tum vel maxime Beati Martini frequenti accessu, sed qui reditus habet insufficientes pro ejusmodi onere, vixque centum libris allocari potest. Sic igitur omni cura soluti et immunes abbates, in quos voluerunt usus bona monasterii transtulerunt; quæ bona in quibusdam locis prædictis in multis medietariis, terris, nemoribus, pratis, vineis, silvis cæduis, decimis, censibus et reditibus, quæ partim Majori Monasterio, partim aliis domibus subalternis huc illuc existentibus redduntur, quorum nominibus pretio ac vectigalibus, brevitatis causa, supersedendum censeo.

Ut autem instituti rationem prosequamur paulo altius res repetenda videtur et est. Igitur animadvertendum prioratuum a priori monasterio dependentium, quosdam conventuales a conventu ipso fratrum inibi commorantium vel cœtu dici, in quibus quatuor ad minimum fratres præter priorem residere debent, in aliis urbibus amplioris fondationis ac ditioris ad duodecim usque, cujusmodi est prioratus de Lehonio. Sunt et alii quindecim conventuales, ut pote, Beatæ Mariæ de Tavento, diœcesis Turonensis; apud Carnutum, Sancti Martini Vallensis, Sancti Thomæ Spernonensis, et Basinvillæ; in diœcesi Parisiensi, Beatæ Mariæ Campaniæ; Suesoniis, Sancti Thebaldi; Meldis, Cellæ in Bria; in diœcesi Sagiensi, Sancti Martini et Veteri Bellismo; in diœcesi Cenomanensi, Sancti Hypoliti de Vivonio, Sancti Guingaloei de Castrolidi, et Beatæ Mariæ de Jehard; in diœcesi Abrincensi, Beatæ Mariæ de Rupe alias de Mortain; in diœcesi Constancientii, prioratus de Bohonio; in diœcesi Nannetensi, prioratus de Bereyo; apud Sanctum Maclovium, in diœcesi Macloviensi, prioratus Sanctæ Mariæ de Comburnio.

Alii prioratus adulterini dicuntur, ob id fortasse quia degenerant a conventualibus tam in reditu quam in numero fratrum ibidem commorantium, ut qui res ad summum fratres capient. Cujusmodi olim erant omnes fere prioratus Majoris Monasterii, sed lapsu temporis et ingruentibus bellis civilibus, non excedunt octonarium numerum. Sunt autem hi prioratus : de Petra Fonte in diœcesi Suessionensi, in diœcesi Meldensi Sanctæ Celinæ, in diocesi Carnotensi prioratus de Chousiaco, in diœcesi Lusoniensi prioratus de Rocasurione, in diœcesi Nannetensi prioratus de Chantousseaulx, in diœcesi Redonensi prioratus de Fulgeriis, et de Vitreyo in diœcesi Therouanensi.

Alii sunt prioratus sociales, in quibus unus frater cum priore societatis nomine commoratur.

Sunt et alii prioratus simplices, qui penuria bonorum et opum non sunt ferendo oneri sed aliis majoribus prioratibus subalterni, a quibus dependent, et dicuntur gallice *filletes;* sunt enim velut capellæ monachales, ut a prioratu de Lehonio dependent obedientiæ de Chastelandrem, de Lavareio et Sancti Martini de Morlèx; a prioratu conventuali de Jahardo pendent Montaudinum et Linceyum; a prioratu conventuali de Castrolidi prioratus de Aquifolia; a prioratu de Rameruco prioratus de Ortillione; a prioratu de Petra Fonte prioratus de Novem Fontibus et sic de aliis.

Ex numero autem prioratuum non socialium est prioratus Beatæ Mariæ de Septem Dormientibus, intra septa monasterii situs et conclusus, majori ecclesiæ fere contiguus; reditus ad modum perpusilli. Hunc primo exstruxit Beatus Gatianus, seu ut vocant alii Gratianus, idque deprehendentes ex veteri lectione antiquorum codicum Gregorii Turonensis, qui eundem Gratianum Turonum venisse anno Christi ducentesimo quinquagesimo primo, et ibi per annos quinquaginta ecclesiam rexisse scribit, ne quos ad fidem Christi converterat, ut erat ipse Dei nominis assertor acerrimus, contagione aliorum polluerentur, et ad pristinam idolatriam redirent. Erexit igitur ædem uno ab urbe milliari a turba et populi frequentia semotam, ut ad quam nisi una eaque simplici et ardua iter erat, propter sentes et rubos quibus abundabat locus; præterea qui a septentrione rupe claudebatur, ab opposita parte littore Ligeris proxima; in quam universi quos ipse ad fidem Christi converterat, in Dei laudem et cultum conveniebant. Eadem ædes Septem Dormientium deinde cognominata est. Qui consobrini divi Martini illius visendi gratia huc convenerant, sacra deinde loca et apostolorum limina visitaturi. Quos peregrinatione quinquennio absoluta benigne recepit idem Martinus, et monachali habitu induit. Horum nomina sunt, Clemens, Primus, Letus et Theodorus, hi quatuor Hilgrini filii erant; item, Gaudens, Quiriacus et Innocentius qui Aumari; horum avus erat Florus sicut et Beati Martini. Tandiu autem huc manserunt, donec jam eum beatis agens Martinus nuntiaret sui cuique exitus diem et ita sacrosancti corporis viatico præmuniti ad superos evolarunt linquentes corpora terris lacte nitidiora, vitro ipso puriora, miroque suavitatis odore fragrantia, tanto denique rubore venustata, ut ab abbate Aichardo collocarentur in subsellia, non tanquam vita functi, imo vero perinde atque somno oppressi essent. Eaque ratione vulgo Dormientes appellati, quod omnium oculis per totos septem dies viri potius quam mortui viderentur. Differunt hi ab aliis Septem Dormientibus apud Ephesum metropolim Asiæ Minoris natis, quorum nomina sunt, Maximinus, Marcus, Martinianus, Dionisius, Serapion, Johannes et Constantinus. Qui Decii imperatoris sævitiem aversantes, qui septimam in Christianos exercuerat persecutionem, ducentos fere annos in specu quadam Celii montis occlusi, ad Theodosii Junioris usque tempora non mortui sed vivi et veluti dormientes perstiterunt. Hæc breviter per transennam dicta sint, nunc ad rem redeamus. Hujusce sacelli Septem Dormientium restaurator exstitit Vivianus, quem supra diximus utriusque monasterii Sancti Martini Turonensis et Majoris Monasterii, anno septingentesimo undecimo, abbatem exstitisse. Hic reditus et terras multas prope Taventum sitas dedit, in sex etiam religiosorum qui eidem loco deservirent sustentationem; sed hæc omnia lapsu temporis et bellorum tumultuantium, impetu plane perierunt, adeo ut frater Ludovicus Cerclet, ejusdem loci prior et de Bellismo, statuerit duas missas ex fundatione submissa voce celebrandas, in eumque finem vinginti libras redituales. Habet autem præterea nihil, præter domum ipsam et hortos, itemque tres quartarios vineæ, et dimidium quartarium prati; immunis propterea est loci prior ab omni reparatione seu quocumque onere.

Sunt et alii duo prioratus, et tertius de Riperia, in diœcesi Turonensi. Quorum unus nomine Sanctus Venantius, distans a monasterio quatuor milliaribus, situs supra cacumen montis juxta Ligerim fluvium, apud Malliacum, conventualis olim erat, sed ob eadem bella in tantam rerum penuriam incidit, ut vix nomen ipsum retineat. Dotatus primo fuerat ab illustrissimo domino de Malliaco nomine Hardoyno, circa annum millesimum quinquagesimum quartum, quo tempore superbis ædificiis et magnificis celebris multa et amplissima bona possidebat, privilegiis insuper ac libertatibus insignis valde. Nunc supersunt quædam ædificiorum monumenta, quæ opera et impensis defuncti prioris de Montar et Majoris Monasterii prioris primarii constructa sunt. Idem prioratus etsi res nimium angusta domi oneribus nihilominus gravatur, quippe qui mensæ abbatiali debet centum solidos, officiariis tredecim, eleemosynariæ Majoris Monasterii sex sextarios siliginis, archiepiscopo pro procuratione, sic enim vocant, id est exemptione visitationis archiepiscoporum et episcoporum, decem libras, archidiacono itidem triginta quatuor solidos, archipresbytero itidem ob eandem procurationem tredecim solidos, domino de Malliaco placentas quasdam ex mero frumento ad duos sextuarios, gallice *fueillées*, et quadram vini, idque fit per quatuor vices in singulis annis, et cetera, cum tamen vix sexaginta jugera terrarum et pratorum quatuor decim et sex vinearum possideat.

Hæc et sequentia hinc illinc ex veteribus chartulis authenticis collecta et confusa excipiebat et scribebat Carolus frater, me dictante D. fratre Jac. d'Huisseau priore primario et ex vulgari et trito in latinum idioma traducente. *J. d'Huisseau.*

EXPLICIT
CHRONICON PRIORATUUM MAJORIS MONASTERII.

INDEX ONOMASTICUS.

Aalix, neptis Adalardi Turonensis archiepiscopi, uxor Ingelgerii comitis. 102.
Abacuc, propheta. 13.
Abaelardi: *vid.* Petrus.
Abdon, martyr. 2, 166.
Abraham. 10.
Achilleus, martyr. 340.
Actardus, Hactardus, archiepiscopus Turonensis. 101, 102, 182, 215, 297.
Adala, uxor Henrici I regis Angliæ. 62.
Adalardus. 234.
Adalardus, Adalaldus, Adalaudus, Adalandus, archiepiscopus Turonensis. 102, 103, 104, 183, 215, 297, 309.
Adalrannus, sacerdos. 224.
Adam. 10, 14.
Adela, filia Guillelmi Bastardi, uxor Stephani comitis. 56.
Adelelmus, vassallus Hugonis Magni. 228.
Adelinus, dominus Sancti Blanciaci, maritus Rohardæ. 394.
Adeodatus, Deodatus, papa. 35, 89, 90, 126, 177.
Ado, abbas, frater Radonis et Dadonis. 89.
Adrianus, imperator. 164.
Adrianus I, papa. 41, 92, 93, 94, 181.
Adrianus II, papa. 44, 100, 182.
Adrianus III, papa. 46, 102, 183.
Adrianus IV, papa. 136, 192.
Aganaricus, rex Gothorum. 9.
Adrianus Galterus, nepos Mathæi Galteri, bajulus Majoris Monasterii. 385.
Ægidius Robietius, prior Septem Dormientium. 383.
Agano, miles. 109.
Agapitus I, papa. 25, 80, 173.

Agapitus II, papa. 48, 111, 185.
Agapitus, antipapa, successor Marini et prædecessor Adriani III. 102, 183.
Agathes, martyr. 4, 167, 237.
Agatho, Agathos, papa. 33, 35, 90, 177.
Agilus, abbas Majoris Monasterii. 306.
Agnes, martyr. 4, 167, 303.
Agnes, uxor Philippi Lancelini, mater Mathildis 290.
Agnes de Legnere, monialis Sancti Aviti et postea Montis Cœlestis. 152.
Aichardus, abbas Majoris Monasterii. 73, 306, 397.
Aigiricus, Agiricus, Algiricus, Aigricus, episcopus Turonensis. 88, 175, 213, 213, 297.
Aigulfus, abbas Majoris Monasterii. 306
Aimarus, comes Engolismæ. 146.
Aimericus, diaconus cardinalis et cancellarius Romanæ ecclesiæ. 276, 277.
Aitavaricus, rex Gothorum. 9.
Alanus, abbas Gastinensis. 374.
Alanus comes Britanniæ, maritus Constantiæ. 55, 56, 123.
Alardus, Altardus, archiepiscopus Remensis. 112, 114.
Alaricus I, rex Gothorum. 13.
Alaricus II, rex Gothorum. 17, 18, 21, 76, 77, 78.
Albericus, cancellarius Turonensis. 283.
Albertus, abbas Majoris Monasterii. 318, 381, 392, 393, 394.
Albertus, abbas Sancti Juliani, pater Arnulfi archiepiscopi. 230, 250.
Albertus, presbyter cardinalis. 341.
Albertus, presbyter cardinalis, Sancti Laurentii in Lucina. 280.
Albinus, sanctus. 237, 245.
Albinus cognomento Alcuinus, abbas Sancti Martini Turonensis: *vid*. Alcuinus.
Alcherii, Aucherii:*vid*.Rainaldus.
Alcuinus, Alchoinus, Albinus abbas Sancti Martini Turonensis. 40, 93, 94, 95, 181.
Alesius I, imperator Bizantii. 56.
Alexander, abbas Majoris Monasterii. 306.
Alexander, episcopus Alexandriæ. 6.
Alexander, Macedo. 32.
Alexander I, papa. 164.
Alexander II, papa. 56, 60, 123, 189.
Alexander III, papa. 136, 137, 138, 192, 219, 274, 279, 280, 281, 321.
Alexander IV, papa. 392.
Alexander, portarius et postea abbas de Fontanis. 266, 270, 271.
Alexander: *vid*. Sulpicius.
Algai : *vid* Martinus.
Algisus, filius Desiderii regis. 41.
Alicia, filia Ludovici VII regis, uxor Theobaldi V, comitis Blesensis. 268.
Alienordis, filia Guillelmi VIII comitis, primo uxor Ludovici VII regis, et postea Henrici II regis. 134, 135, 146, 191.
Aliz, neptis Philippi Lancelini. 290.
Alle, rex Nortanimbrorum. 24.
Almaricus : *vid*. Amalricus.
Alveredus, archidiaconus Turonensis. 283.
Ama, uxor Guidonis. 45.
Amalaricus, Amalricus, filius Alarici, rex Gothorum et Hispaniæ. 18, 21, 78.

Amalricus, Almaricus, Amor-ricus, episcopus Turonensis. 100, 101, 215, 297.
Amandus, sanctus. 175.
Amatus. 341.
Amatus, legatus Romanæ ecclesiæ. 126.
Amauricus de Monte Forti. 128.
Ambrosius, Mediolani episcopus. 10, 70, 71, 72, 169, 170.
Amorricus de Credone. 153, 154, 158, 195.
Amorricus, Haimericus, Hamericus vicecomes Thoarcii. 145, 156, 157.
Amorricus : *vid.* Amalricus.
Anacletus : *vid.* Cletus.
Anastasia, martyr. 4, 166.
Anastasius I, imperator. 19, 20, 76, 78, 79, 172.
Anastasius II, qui et Arthemius dictus, imperator. 34, 91, 178.
Anastasius I, papa. 12, 71, 170.
Anastasius II, papa. 20, 76, 172.
Anastasius III, papa. 46, 108, 184.
Anastasius IV, papa. 136, 192.
Anastasius, presbyter. 24.
Anataracus, Anatharicus, rex Gothorum. 17.
Anatola, virgo. 340.
Anchetillus, filius Riulfi comitis. 47.
Andochius, martyr. 167.
Andraldus, fidelis Theotolonis. 224.
Andreas, apostolus. 7, 163.
Andronicus, imperator Græcorum. 192.
Angestus. 58.
Angestus, dux Anglorum. 16.
Angolismum : *Vid.* Helias de Angolismo.
Anianus, abbas Majoris Monasterii. 306.

Anianus, episcopus Aureliani. 13, 171.
Anitius, papa. 165.
Anselmus, archiepiscopus Cantuariæ. 58, 59.
Ansigilus, filius Arnulfii, pater Pipini principis. 35, 36.
Anthenor, dux Francorum. 169.
Antheros, papa. 166.
Antimus, abbas Majoris Monasterii. 306.
Antonius Caracalla, imperator. 165.
Antonius, eremita. 243.
Antonius, monachus. 1, 8, 168.
Antonius Pius, imperator. 164.
Aper, socer Numeriani. 3.
Apvrilly (d'), *vid.* Jacobus.
Arator, poeta. 173.
Arbertus, præcentor ecclesiæ Turonensis. 224.
Arbogastis. 12.
Arcadius, Archadius, filius Theodosii I, imperator. 11, 12, 13, 69, 71, 72, 74, 169, 203.
Arcandus, Arraudus Mala Terra. 283.
Archambaldus Rapacior. 394.
Archeio, Arclicio, diaconus cardinalis Sancti Theodori. 281.
Archembaldus, Archenbaudus, Archebaudus, Archambaldus, Archambaudus, Archanbaudus, Erchembaldus, archiepiscopus Turonensis. 115, 118, 186, 215, 227, 229, 297.
Archembaudus de Borbone. 126.
Archembaudus de Vindocino, Helchimbaldus Windocinensis, maritus Petronillæ. 285, 290.
Ardenutus, rex Angliæ, filius Emmæ et Cnutonis. 52, 53.
Ardoinus : *vid.* Hardoinus.
Areopagita : *vid.* Dyonisius.
Arius, Arrius hæresiarcha. 5, 6, 167.

Aredius, abbas Lemovicensis, filius Pelagiæ. 22, 30.
Armentius, episcopus Turonensis. 74, 203, 204.
Arnaldus, filius Ausberti et Blitildis. 35.
Arnulfus, episcopus Metensis, filius Arnaldi. 35.
Arnulfus, Arnulphus, Hernulphus, archiepiscopus Turonensis, filius Alberti abbatis. 119, 122, 173, 187, 209, 216, 230, 250, 297.
Arnulphus, dominus castri Ambasiæ. 125.
Arnulphus, dux. 84.
Arnulphus, imperator, filius Karlomami regis. 106, 107, 183.
Arnulphus, martyr, (episcopus Turonensis?) 79.
Arraudus Mala Terra : *vid.* Arcandus.
Artur, Arturus Magnus, rex Britanniæ, avunculus Galveni. 58, 75, 77, 172, 173, 218.
Arturus, filius Petri comitis Britanniæ. 154.
Arturus, filius Gaufridi II comitis Britanniæ, comes Britanniæ, Turoniæ, Andegaviæ et Cenomanniæ. 145, 146, 147, 158, 193.
Arundis, Aregundis, soror Ingundis, uxor Clotarii I regis. 24.
Arvegre, rex Noricorum. 54.
Ascelinus. 285.
Ascelinus, presbyter, eremita de Fontanis. 259, 265.
Athalus, usurpator imperii. 13.
Athanagildus, rex Hispaniæ, pater Brunichildis et Galsuintæ. 26.
Athanasius, episcopus Alexandriæ. 7, 168, 169.
Atheæ : *vid.* Girardus de Atheis.

Athila, Hila dux Hunorum. 14, 15.
Athulfus : *vid.* Ethelulfus.
Attalus, nepos Gregorii Lingonensis. 21.
Atticus, consul. 71.
Aubertus, Autbertus, Authbertus, Authebertus, Gausbertus, archiepiscopus Turonensis. 92, 180, 212, 214, 297.
Auclinus, frater Gaufridi de Balnol. 285.
Audemundus, abbas Majoris Monasterii. 306.
Audoenus qui et Dado, frater Adonis et Radonis, referendarius regis Dagoberti et abbas Rothomagensis. 89, 176.
Audovera, uxor Chilperic I regis. 26.
Aufrisus, abbas Majoris Monasterii. 306.
Augustus, abbas Sancti Symphoriani. 28.
Augustinus, episcopus Angliæ. 16.
Augustinus, episcopus Hipponensis. 13, 14, 34, 169, 170.
Aumarus, filius Flori, pater Gaudentis, Quiriaci et Innocentii, avunculus Sancti Martini. 397.
Aunarius, episcopus Autissiodorensis. 103.
Aurelianensis de Aurelianis: *vid.* Radulphus.
Aurelianus, imperator. 3, 167.
Aurelius Alexander, imperator. 165.
Auripinus, rex Gothorum. 70.
Ausbertus, maritus Blitidis, senator. 35.
Ausentius, Auxentius, episcopus Mediolanensis. 7, 10, 67.
Austaldus : *vid.* Ostaldus.

Autbertus, Authbertus, Authebertus : *vid.* Aubertus.
Ava, comitissa. 106.
Avitus. 172.
Avitus, abbas Aurelianensis. 20.
Avitus, confessor. 340.
Avitus, episcopus Viennensis. 172.
Avitus, imperator. 75, 171.

Bachus, martyr. 167.
Balbus : *vid.* Ludovicus.
Balduinus V, comes Flandriæ, maritus Richildis. 52, 55, 123.
Balduinus IX, comes Flandriæ, imperator Constantinopolitanus. 193, 194.
Baldoinus, rex Jerosolymitanus. 132.
Baldus : *vid.* Baudinus.
Balgenciacum : *vid.* Gannelio de Balgenciaco.
Balnol : *vid.* Gaufridus de Balnol.
Balzo Curtus. 47.
Baptista : *vid.* Johannes.
Barbara, martyr. 167.
Barbatus : *vid.* Gaufridus, Godefredus.
Bardanius : *vid.* Philippicus.
Baret : *vid.* Haret.
Barnabas, sanctus. 17.
Baro, subdiaconus Romanæ ecclesiæ. 278.
Barræ : *vid.* Guillelmus de Barris.
Bartholomæus, apostolus. 163, 186.
Bartholomæus I, abbas Majoris nasterii. 306.
Bartholomæus II, abbas Majoris Monasterii. 318, 381; 394.
Bartholomæus, Bartholomæus I, archiepiscopus Turonensis. 122, 126, 188, 216, 227, 294.

Bartholomæus II, Bartolomæus II, Bartholomæus II Vindocinensis, archiepiscopus Turonensis. 138, 150, 192, 298, 374.
Basilius papa, successor Adriani III. 103, 183.
Basina, filia Chilperici regis. 30.
Basina, uxor Basini et postea Chilperici. 15.
Basinus, rex Thoringiæ. 15.
Bastardus : *vid.* Guillelmus.
Bathildis, uxor Dagoberti I regis 33.
Batille : *vid.* Guillelmus de Batille.
Baudelus, abbas Majoris Monasterii. 306.
Baudinus, Baudus, Baldus, episcopus Turonensis. 23, 81, 174, 209, 296.
Beatus, filius Sanctæ Mauræ. 69.
Bechinus, pater Petri. 62.
Beda, presbyter. 37, 179.
Bedeurus, buticularius Arturi regis,, comes Normanniæ. 75.
Belesmus : *vid.* Robertus de Belesmo.
Bellai, Berlai : *vid.* Giraudus.
Belli : *vid.* Guillelmus.
Beltoaltus, dux Saxonum. 32.
Belveer : *vid.* Herveus de Belveer.
Benedictus, abbas. 22, 101, 108, 112, 173, 177, 277.
Benedictus, abbas Majoris Monasterii. 306.
Benedictus (Caietanus), cardinalis, postea Bonefacius VIII, papa. 197.
Benedictus I, papa. 29, 83, 174.
Benedictus II, papa. 36, 90, 177.
Benedictus III, papa. 44, 96, 182.

Benedictus IV, papar 46, 107, 184.
Benedictus V, papa. 48, 111, 185.
Benedictus VI, papa. 48, 111, 186.
Benedictus VII, papa. 49, 115, 186.
Benedictus VIII, papa. 51, 117, 187.
Benedictus IX, papa. 54, 120, 121, 188.
Benedictus, antipapa. 60, 123, 189.
Benignus, filius Sanctæ Mauræ. 69.
Benignus, martyr. 212.
Berardois : *vid.* Odo de Berardois.
Berengarius, rex Italiæ. 107.
Beringarius, Berengarius, Turonensis, Andegavensis, Andegavensis ecclesiæ archidiaconus et thesaurarius, Beati Martini Turonensis magister scholarum et camerarius, grammaticus et et hæresiarcha, frater Hubaldi. 57, 123, 124, 125, 127, 128, 189, 190, 319.
Berit : *vid.* Heric.
Bermondus, prior Majoris Monasterii. 321.
Bernardus, abbas Claræ Vallis. 191, 267, 276, 286.
Bernardus, abbas Majoris Monasterii. 314, 318, 319, 320, 338, 341, 381.
Bernardus, abbas Sancti Juliani. 228.
Bernardus, avunculus Karoli Magni. 41.
Bernardus, comes Silvanecti. 234.
Bernardus, episcopus Portuensis et Sanctæ Rufinæ. 280.

Bernardus Mandros, Mandruzius. 283, 285.
Bernardus Poncius, Remensis, prior Majoris Monasterii. 314, 383.
Bernerius. 234.
Berno. 224.
Berno, abbas Majoris Monasterii. 306.
Berno comes, postea abbas Gigniacensis et Cluniacensis. 106, 108.
Bernunus, Herminus, abbas. 179.
Berta regina, mater Odonis regis. 228.
Bertarius, abbas Majoris Monasterii. 306.
Bertarius, rex Toringorum. 21, 29.
Bertefledis, filia Ingobergæ et Cariberti regis. 87.
Berthanadis, Bertradanis, uxor Pipini regis. 39, 92.
Bertus, Bettus, archiepiscopus Turonensis. 90, 91, 178, 212, 213, 297.
Betarius, abbas Majoris Monasterii. 306.
Bido : *vid.* Dido.
Blancha, uxor Ludovici VIII regis, mater Ludovici IX. 155, 159.
Blanche : *vid.* Philippus.
Blanchia, uxor Pontii comitis. 228.
Blesensis : *vid.* Robertus.
Bleviliguetus, episcopus Venetensis. 239.
Blilitildis, filia Clotarii II regis, uxor Ausberti. 35.
Bochardus Buchardus Dayo (seu melius Dayn), archiepiscopus Turonensis. 217.
Boetius. 22, 173.

Bona Vallis: *vid.* Robertus de Bona Valle.
Bonefacius, archiepiscopus. 38, 39.
Bonefacius I, papa. 13, 72, 74, 170.
Bonefacius II, papa. 25, 80, 173.
Bonefacius III, papa. 31, 88, 175.
Bonefacius IV, papa. 31, 88, 175.
Bonefacius V? papa. 32, 88, 175.
Bonefacius VI, papa. 46, 106, 183.
Bonefacius VII, papa. 49.
Bonefacius VIII, papa. 197, 330.
Bonefacius pseudopapa, successor Domini II. 115, 186.
Bonifacius, abbas Majoris Monasterii. 306.
Bonus: *vid.* Fulco.
Borbo: *vid.* Archembaudus de Borbone.
Borbonius: *vid.* Carolus a Borbonio.
Borellus. 75.
Borrel: *vid.* Gaufridus.
Boso. 229.
Boso, diaconus cardinalis SS. Cosmæ et Damiani. 281.
Boso: *vid.* Guntrannus.
Bouzon: *vid.* Gaufridus.
Braccoli: *vid.* Odo de Braccolis.
Braceoli: *vid.* Odo de Braceolis.
Bragio, abbas. 28.
Brandanus, sanctus. 174.
Brandelli: *vid.* Hugo de Brandellis.
Brandinellus, Blandinellus. 147, 148.
Brenensis: *vid.* Johannes.
Bricius. 377, 378.
Bricius, Briccius, Brictius, episcopus Turonensis. 12, 69, 72, 73, 74, 75, 170, 203, 204, 296, 299.
Bricium: *vid.* Gaufridus de Bricio.
Brigida sancta. 173.
Brito: *vid.* Robertus Brito de Megueri.
Brocia: *vid.* Petrus de Brocia.
Brunichildis, filia Athanagildi, uxor Sigeberti regis, et postea Merovei. 26, 27, 28, 31, 85.
Bruno, Signiensis episcopus. 340, 341.
Bruslon: *vid.* Gaufridus de Bruslon.
Buamundus, filius Guischardi ducis. 58.
Bucardus de Gratalupo, maritus Garotæ, pater Milesendis et Petronillæ. 285.
Buchardus: *vid.* Bochardus.
Buchardus, comes. 234.
Buchardus de Sancto Amando. 286.
Bucilenus. 23.
Bullonus: *vid.* Gaufridus.
Burdinus, pseudopapa. 62.
Burgundiensis: *vid.* Johanna.
Byssinus, rex Thoringiæ. 15.
Buscheium: *vid.* Minardus de Buscheio.

Cæsareus, consul. 71.
Caligula: *V.* Gaius.
Calixtus I, pap. 165.
Calixtus II papa, qui et antea Guido episcopus Viennensis. 62, 130, 190, 316.
Calvelus de Galeri. 289.
Calvus Mons: *V.* Hugo de Calvo Monte.
Candeium: *V.* Petrus de Candeio.
Cangeium: *V.* Lancelinus de Cangeio.
Caribertus, rex Francorum, filius

Clotarii I et Ingundis, maritus Ingobergæ. 24, 26, 30, 82, 87.
Carigisilius, Carigisilus, Carigisius, Charigisilus, Garigisilus, Garigisius, Charegiselus, archiepiscopus Turonensis. 89, 177, 212, 213, 297.
Carilefus, Karillephus, abbas in Cenomania 28, 272.
Carinus, imperator. 3.
Caritas, filia Sapientiæ. 164.
Carolus a Borbonio, abbas Majoris Monasterii. 390.
Carolus cardinalis a Lotharingia, nepos Johannis a Lotharingia, abbas commendatarius Majoris Monasterii, 385.
Carolus Lotharenus. 388.
Carolus, Karolus, comes Andegavensis et rex Siciliæ, frater Ludovici IX regis. 196, 197.
Carolus I, comes Flandriæ. 60.
Carolus, filius Ludovici IV Transmarini regis. 113.
Carolus, Karolus, Karlus, dictus Martellus, princeps Francorum, filius Pipini ducis 37, 38, 178, 179.
Carolus, monachus Majoris Monasterii. 399.
Carolus I, Karolus Magnus, rex Franciæ et postea imperator, filius Pipini regis. 38, 40, 41, 42, 63, 92, 93, 94, 95, 180, 181, 218, 221.
Carolus II, Karolus Calvus, rex Franciæ et imperator, filius Judix et Ludovici I Pii regis. 42, 43, 44, 45, 96, 97, 98, 99, 101, 102, 123, 182, 183, 222.
Carolus, Karolus Grossus, rex Franciæ et imperator, filius Ludovici Germanici. 102, 103, 105, 183.

Carolus III, Karolus Stultus, rex Franciæ, filius Ludovici II Balbi regis. 44, 45, 46, 47, 56, 105, 106, 107, 108, 109, 110, 111, 183, 184, 185.
Carus, imperator. 3, 167.
Castellum : V. Rainaldus, Reginaldus de Castello ; Rainaldus Ferlensis de Castello.
Castellum Rainaldi : V. Rainaldus de Castello Rainaldi.
Castrum Raginaldi : V. Petrus de Castro Raginaldi.
Catianus : V. Gatianus.
Catharina de Malliaco. 393.
Cato, presbyter. 24.
Cautinus, archidiaconus. 24.
Cecilia, abbatissa Sanctæ Trinitatis Cadomensis. 56.
Cecilia, martyr. 166, 355.
Celestinus I papa. 12, 13, 170.
Celestinus II, papa. 134, 191.
Celestinus III, papa. 142, 193.
Cerclet : V. Ludovicus.
Ceulsus, rex Angliæ. 37.
Chararicus, rex. 29.
Chastillon. 387.
Childebertus I, rex Parisius, filius Clodovei I. 19, 20, 21, 23, 24, 26, 28, 79, 80, 81, 173.
Childebertus II, rex Franciæ, filius Sigeberti. 27, 30, 85, 87.
Childebertus III, rex Francorum, filius Theodorici III. 178, 179.
Childericus, filius Clotarii I regis et Ingundis. 24, 25.
Childericus I, Chilpericus, rex Francorum, filius Merovei, pater Clodovei I. 14, 15, 17, 75, 76, 171, 172.
Childericus II, rex Francorum, filius Clodovei II. 36, 177, 178.
Childericus III, Hildericus, Hyl-

dricus, rex Francorum, filius Chilperici II. 179. 180.
Chilpericus, rex Burgundionum pater Clochildis. 17.
Chilpericus I, Chilcericus, rex Francorum, filius Clotarii I et Arundis. 24, 26, 27, 28, 29, 30, 32, 83, 84, 85, 86, 174, 175, 220.
Chilpericus II, rex Francorum, Childerici II filius. 179.
Chrisostomus, Crisosthomus : *V.* Johannes.
Chrobertus, Chrotbertus, Chrodobertus, Cotbertus : *V.* Crabertus et Cropertus.
Chosoroe, rex Persarum. 175, 176.
Claudianus, poeta. 169.
Christophorus, papa. 46, 107, 184.
Ciprianus, Cyprianus, martyr. 1, 2, 166, 240.
Ciriacus, Cyriacus, martyr. 4, 167.
Clara, uxor Francilionis episcopi Turonensis. 21, 208.
Clarus, discipulus Sancti Martini. 69.
Claudianus, poeta. 169.
Claudius. 29.
Claudius I, imperator. 163.
Claudius II, imperator. 3. 167.
Cleers : *V.* Hugo de Cleers.
Clemens, nepos Beati Martini, unus e Septem Dormientibus. 73.
Clemens, filius Hilgrini, consobrinus Sancti Martini. 397.
Clemens, abbas Majoris Monasterii. 306.
Clemens I, papa. 64, 164.
Clemens II, papa. 54, 121, 188.
Clemens III, papa. 136, 142, 193.
Clemens, pseudopapa, successor Gregorii VII. 123.

Clemens V, papa. 334.
Cletus, vulgo Anacletus, papa. 64. 164.
Clochildis, Chrotildis, Crothechildis, filia Chilperici regis, uxor Clodovei I regis. 17, 18, 19, 20, 23, 79, 81, 207, 208.
Clodericus, filius Sigeberti regis. 18.
Clodio, rex Francorum, filius Ferramundi. 13, 170, 171.
Clodomiris, rex Aurelianorum, filius Clodovei I. 19, 20, 21, 26, 79.
Clodovaldus, filius Clodomiris regis. 21.
Clodoveus I, Clodovechus Magnus, rex Francorum, filius Chilperici regis et Basinæ, maritus Clochildis 15. 17, 18, 19, 29, 76, 77, 78, 79, 81, 172, 173. 206, 207. 220.
Clodoveus II, rex Franciæ, filius Dagoberti I regis. 33, 35, 176, 177.
Clodoveus III, rex Francorum, filius Theodorici III regis. 178.
Clodoveus, filius Chilperici I, regis et Audoveræ. 26, 29, 84.
Closindis, filia Clotarii I regis et Ingundis. 24.
Clotarius I, Clotharius, Clothacarius, rex Francorum, filius Clodovei I regis. 19, 20, 21, 23, 24, 26, 29, 79, 80 81, 82, 86, 173, 174, 209, 210, 220.
Clotarius II, rex Francorum, filius Chilperici regis et Fredegundis. 29, 30, 31, 32, 33, 35, 89, 175, 176.
Clotarius III, Lotharius, rex Francorum, filius Clodovei II. 35, 177.

Clotarius IV, rex Franciæ. 179.
Cnuto, rex Danorum et Angliæ, 50, 52.
Columba, martyr. 3, 167.
Columbanus, abbas Luxovii. 175.
Commodus, imperator. 165.
Conan : *V.* Gaufredus de Conan, Gaufridus de Conan.
Conanus I, comes vel rex Britanniæ. 50, 117.
Conanus III, comes Britanniæ. 133.
Conches, soror Sancti Martini, mater Sancti Patricii. 74.
Conen, Conenz, Connens : *V.* Helduinus de Conen.
Conon, Cenon, papa. 36, 90, 178.
Conradus : *V.* Corrardus.
Conradus, episcopus Sabiniensis. 278.
Conradus III, Corrardus, imperator, nepos Henrici IV imperatoris. 134, 135, 136, 191.
Conradus, filius Henrici IV imperatoris. 61.
Consena, uxor Clotarii I regis. 24.
Constans I, imperator, filius Constantini I. 6, 7, 8, 65, 66, 202.
Constans II ; *V.* Constantinus.
Constantia, soror Constantini I, uxor Licinii. 5.
Constantia, soror Constantii II imperatoris, uxor Juliani Apostatæ. 66.
Constantia, neptis Constantini I Magni, uxor Flori, mater Sancti Martini. 65.
Constantia, filia Guillelmi Bastardi, uxor Alani comitis. 56.
Constantinus I Magnus, imperator, filius Constantii et Helenæ. 4, 5, 6, 7, 65, 167, 168.
Constantinus II, imperator, filius Constantini I. 5, 6, 7, 65, 168.
Constantinus, usurpator imperii. 13.
Constantinus, (vulgo dictus Heraclius Constantinus) imperator, filius Heraclii I. 33, 89.
Constantinus, (vulgo Constans II) imperator, filius Constantini (vulgo Heraclii Constantini). 33, 35, 89, 90, 176.
Constantinus III, (vulgo Pogonatus) imperator, filius Constantis II. 33, 90, 177.
Constantinus IV, dictus Copronymus, imperator, filius Leonis III. 39, 92, 180.
Constantinus V, imperator, filius Leonis IV et Hyrenæ. 92, 94, 181.
Constantinus, papa. 34, 37, 91, 178.
Constantinus, Constantius, pseudopapa. 40, 92, 181.
Constantinus, unus e Septem Dormientibus apud Ephesum. 397.
Constantius I Chlorus, imperator. 4, 5, 65, 167.
Constantius II, imperator, filius Constantini I. 7, 8, 65, 66.
Constantius III, imperator, maritus Placidiæ. 13.
Corchun, Corcum : *V.* Robertus de Corchun.
Cornelius, papa. 1, 64, 166, 303.
Corrardus : *V.* Conradus.
Corrardus, comes Franconiæ, pater Corrardi I imperatoris. 108.
Corrardus I, Corradus, Corraudus, imperator, filius Corrardi comitis. 108, 109, 184.
Corradus II, imperator Alemanniæ. 52, 120, 121, 188.

Corrardus, nepos Henrici V imperatoris. 132.
Cosdroes, rex Persarum. 31.
Cosmas, martyr. 4, 167, 211.
Craberlus, Erabertus, Chrobertus, Chrotbertus, Chrodobertus, Cotbertus, archiepiscopus Turonensis. 90, 177, 212, 213, 297.
Crannus, Chramnus, Conanus, filius Clotarii I et Consenæ. 24, 25, 82, 210.
Credo : V. Amorricus de Credone.
Crispus, cæsar, filius Constantini I. 5, 6.
Crodiertis, filia Cariberti regis. 30.
Cropertus, Chrobertus, Crobertus, Opertus, Zerobertus, Rigobertus, archiepiscopus Turonensis. 35, 89, 90, 177, 212, 213, 297.
Crusy : V. Hugo de Crusy.
Curtus : V. Balzo.
Cyrus, hæresiarcha. 33.

Dacius, imperator. 3.
Dado : V. Audoenus.
Dagobertus I, rex Austriæ et Alemanniæ, filius Clotarii II. 32, 33, 89, 176, 221.
Dagobertus II, rex Franciæ, filius Sigeberti regis. 33.
Dagobertus III, rex Francorum, filius Childeberti III. 179.
Dalmatius, nepos Constantini I. 7.
Damasus, Damasius I, papa. 9, 11, 68, 69, 70, 169.
Damasus, Damasius II, papa. 54, 121, 188.
Dambertus, archiepiscopus Senonensis. 131.

Damianus, martyr. 4, 167, 211.
Daniel, abbas Majoris Monasterii. 306.
David Laicus, eremita de Fontanis. 259.
Decentius, frater Magnentii. 8.
Decius, imperator. 1, 2, 64, 166, 203, 397.
Dei Inimicus : V. Radulphus.
Deniau, monachus Majoris Monasterii. 390.
Dens Leonis : V. Johannes de Dente Leonis.
Deodatus : V. Adeodatus.
Deodatus, abbas Majoris Monasterio. 306.
Desiderius, abbas Cassinensis, qui et postea Victor III papa. 60.
Desiderius, abbas Majoris Monasterii. 306.
Desiderius, confessor. 340.
Desiderius, dux Chilperici regis. 84.
Desiderius, rex Longobardorum. 41.
Deusdedit, papa. 32, 88, 175.
Dido, Bido, archiepiscopus Turonensis. 92, 179, 212, 214, 297.
Dinisius, Dionysius, Dinifius, episcopus Turonensis. 20, 80, 173, 207, 296.
Diocletianus, imperator. 4, 5, 26, 127.
Dionisius, unus e Septem Dormientibus apud Ephesum. 397.
Dionisius, episcopus Mediolanensis. 7.
Dionysius, Dyonisius, episcopus Parisius. 35, 38, 65, 164.
Dionysius, Dionisius, papa, 2, 3, 166.
Dionysius, Drosius, presbyter. 170.

Dioscorus, hæresiarcha. 16.
Dogna, mater Philippi Lancelini et Mathildis. 290.
Dominicus, abbas Majoris Monasterii. 306.
Domitianus, Domicianus, imperator. 64, 164.
Domnus I, papa. 35 177.
Domnus II, Dompnus, Donus, papa. 49, 111, 115, 186.
Donatus grammaticus. 8, 168.
Droco de Melloto. 150.
Dox : *V*. Galterus de Dox.
Drogo, episcopus Podiensis, filius Fulconis II Boni comitis. 114.
Drosius : *V*. Dionysius.
Dyonisius Areopagita, episcopus Parisius. 64.
Dyonisius : *V*. Dionysius.

Eadmundus II, Eamundus, rex Angliæ, filius Edelredi. 50, 51, 59, 187.
Ebarcius, Ebartius, Evarcius, Ebaltius, Ebastius, archiepiscopus Turonensis. 91, 178, 214.
Eberulfus. 129.
Ebrardus, abbas Majoris Monasnasterii. 318, 381.
Ebrardus, abbas Sancti Juliani. 228.
Ebrardus, nepos Gauzberti II abbatis. 230.
Ebroinus, major palatii. 35, 36.
Edatius, presbyter. 22.
Ediva, filia Eduardi I regis, uxor Caroli Stulti regis, mater Ludovici Ultramarini. 45, 111.
Eduardus I, rex Angliæ, filius Effredi. 45, 109, 111, 186.
Eduardus III, rex Angliæ, filius Emmæ et Edelredi regis. 50, 52, 53, 54, 59, 137.

Effredus filius Emmæ et Edelredi II regis Angliæ. 50, 52, 53.
Effredus (vulgo Alfredus Magnus) rex Angliæ, pater Eduardi I regis. 45.
Effredus : *V*. Elfredus.
Egelbirtus, rex Anglorum. 16.
Egeus. 369.
Egidius, artifex et postea episcopus. 89, 180.
Egidius, Egydius, rex Francorum, magister militum Romanorum. 15, 17, 75.
Eleutherius, papa. 165.
Elfredus I (vulgo Ethelredus I), rex Angliæ, filius Etelulfi regis. 43.
Elfredus (vulgo Edredus), rex Angliæ, (filius Eduardi I regis. 111.
Elfredus II, Effredus, Edelredus (vulgo Ethelredus II), rex Angliæ, filius Engari regis. 49, 50.
Elidius, confessor. 27.
Eligius Noviomensis. 176.
Ellidius, episcopus Alvernensis. 14.
Emma, regina Angliæ, filia Richardis ducis, uxor Elfredi II regis, et postea Cnutonis I regis. 49, 50, 52, 127.
Emma, regina Franciæ, filia Roberti regis, uxor Rodulphi regis. 110.
Engarus, rex Angliæ. 50.
Engebaudus, Engebaldus, Engelbaldus, Ingelbaldus, Ingenbaldus, Enjobaudus, Enjolandus, archiepiscopus Turonensis. 135, 137, 191, 246, 297.
Engolismus. 334 : *V*. Helias de Engolismo.

Enjobaudus, Enjolandus: *V.* Engebaudus.
Eparchius, reclusus Engolismensis. 29.
Erabertus: *V.* Crabertus.
Erardus: *V.* Herardus.
Erbernus, Erbertus: *V.* Herbernus.
Erchembaldus: *V.* Archembaldus.
Eremburgis, comitissa, filia Helyæ I comitis, uxor Fulconis V comitis Andegaviæ. 131, 132.
Erkembaldus, monachus Sancti Juliani, pater Roberti et Gibardi. 232.
Erlingus: *V.* Herlingus.
Ermenfredus. 36.
Ermengardis, regina Franciæ, uxor Lodovici Pii regis. 43.
Ermennaus, prior Beatæ Mariæ de Lochis. 376.
Ermes, martyr. 340.
Ernaldus, abbas Bonæ Vallis. 287.
Ernulfus, imperator. 43.
Ervenardus, prior de Lochis. 209.
Esau. 153.
Ethelulfus, Etelulfus, Athulfus, rex Westsaxonum et postea totius Angliæ. 42, 43.
Ethitichianus, papa. 3.
Etius, Othius, patricius Romanorum. 13, 15.
Eudosius. 11.
Eudoxius episcopus. 9.
Eufronius, Turonensis episcopus. 24, 25, 26, 82, 83, 174, 210, 297, 300.
Eugenia, martyr.
Eugenius I, papa. 34, 89, 176.
Eugenius II, papa. 43, 95, 182.
Eugenius III, papa. 134, 136, 191, 378, 379.

Eugenius, usurpator imperii. 12.
Eulalia, martyr. 167.
Eulalius, archipresbyter. 22.
Eunomius, comes Turonicus. 86.
Eusebius, archiepiscopus Turonensis. 93, 94, 181, 212, 214, 297.
Eusebius, episcopus Nicomedensis. 6.
Eusebius episcopus Vercellensis. 7, 10.
Eusebius Pamphilus. 6.
Eusebius, papa. 4, 65, 167.
Eusetius, sanctus, 21.
Eustachius, martyr. 164.
Eustochius. 169.
Eustochius, abbas Majoris Monasterii. 306.
Eustochius, episcopus Turonensis. 14, 16, 74, 75, 171, 204, 296.
Euticianus, papa. 167.
Eutyches, hæresiarcha. 15.
Euvrardus, Evrardus, abbas Sancti Juliani Turonensis. 230, 252.
Evander, pater Pallantis. 54.
Evarcius: *V.* Ebarcius.
Evaristus, papa. 164.
Evodius, præfectus. 70.
Evraldus, senior de Codrilletto. 263.
Evrarldus, filius Evraldi. 263.
Evrinus. 234.

Fabianus I, papa. 64, 166.
Faia, Faya: *V.* Radulphus de Faia, Johannes de Faya.
Fait Mal: *V.* Fulquerinus.
Fandilus, abbas Majoris Monasterii. 309.
Farro. 19.
Fausta, filia Herculii Maximiani, uxor Constantini. 5, 6.

Felicitas, martyr. 164.
Felix, abbas Majoris Monasterii. 306.
Felix I, papa. 2, 167.
Felix II, papa. 7, 8, 172.
Felix III, papa. 17, 75, 173.
Felix IV, papa. 22, 80.
Felix pseudopapa. 168.
Ferlensis : *V.* Rainaldus.
Ferramundus, Feramundus, rex Francorum, filius Sunionis ducis. 12, 13, 35, 170.
Ferreolus, martyr. 340.
Ferrou, sanctus. 198.
Fides, filia Sapientiæ, martyr. 164.
Firmanus, ædituus Sancti Martini Turonensis. 48.
Florentinus, sanctus. 118.
Florentius, abbas. 69, 169.
Florianus, imperator. 167.
Florus, filius Philippi I regis et Bertradæ. 129.
Florus, rex Hungariæ, pater Hilgrini, Aumari et Flori, avus Sancti Martini et septem Dormientium. 65, 397.
Florus, filius Flori regis Hungariæ, pater Sancti Martini Turonensis. 65.
Focas : *V.* Phocas.
Formosus, papa. 46, 106, 183.
Fortunatus, episcopus Pictavorum. 83, 175.
Fossellus : *V.* Robertus de Fossello.
Fotinus, episcopus Lugduni. 64.
Francilio, abbas Majoris Monasterii. 306.
Francilio, episcopus Turonensis, maritus Claræ. 21, 80, 208, 296.
Franciscus cardinalis de Joyeuse, abbas commendatarius Majoris Monasterii. 389.
Franciscus Sphortius, nepos ducis Mediolanensis, monachus et abbas Majoris Monasterii. 382, 384.
Franciscus I, rex Franciæ. 384.
Franciscus Valesius, dux Andegavensis, Cenomanensis, Turonensis et Bituricensis, frater Henrici IV regis. 389.
Fredegundis, regina Franciæ, uxor Chilperici II regis. 26, 27, 29, 30, 36, 86.
Fredericus abbas Sancti Juliani Turonensis. 230, 251, 252.
Fredericus I, imperator, Conradi III nepos. 136, 137, 138, 139, 140, 141, 142, 192.
Fredericus II Apulus, imperator et rex Siciliæ, filius Henrici VI imperatoris. 144, 152, 153, 154, 155, 157, 158, 194.
Frigilidus : *V.* Renatus.
Frodulfus, filius Arnulfi. 35.
Froterius. 229.
Froterius, abbas Majoris Monasterii 306.
Froterius, Frottherius, archiepiscopus Turonensis. 115, 186, 215, 227, 297.
Fulbertus, episcopus Carnotensis. 50, 188, 229.
Fulcho, magister. 193.
Fulcho : *V.* Fulco.
Fulco, archiepiscopus Remensis. 106.
Fulco I Rufus, comes Andegavensis, filius Ingelgerii. 104, 105, 106, 109, 110, 112, 183, 185.
Fulco II, Fucho Bonus, comes Andegavensis, filius Fulconis I Rufi. 106, 112, 113, 114, 185, 234.
Fulco III, Fulcho, cognomento

Nerra et Palmerius, comes Andegavensis, filius Mauricii pater Gaufredi II Martelli. 55, 116, 117, 118, 119. 120, 186, 188, 228, 231, 292,

Fulco IV, Fulcho, cognomine Junior et Rechinus seu Richin, comes Andegavensis, nepos Gaufredi II Martelli. 55, 123, 125, 126, 128, 130, 131. 188, 190, 315, 316, 339, 341, 376.

Fulco V, Fulcho, comes Andegavensis et rex Hierusalem, filius Fulconis IV Richin. 55, 60, 61, 128, 131, 132, 134, 190, 191, 283, 377.

Fulco de Taurigneio, dominus motæ Fulconis in Ambasia. 125.

Fulgentius, episcopus Ruspensis. 18, 172.

Fulquerinus Fait Mal. 283.

G. monachus Majoris Monasterii. 342.

G. Grisegonella : *V.* Gaufridus I Grisegonella.

G. Martellus : *V.* Gaufridus IV Martellus.

Gaburgis. 45.

Gaiferus, dux Aquitaniæ. 92.

Gaius, papa, 3, 167.

Galardo : *V.* Herveus de Galardone.

Galbertus, abbas Majoris Monasterii. 73.

Galchisus, filius Arnulfi. 35.

Galeri : *V.* Calvelus de Galeri.

Galerius, imperator. 4, 5, 167.

Galienus, imperator. 2.

Galienus, medicus. 164.

Gallanda : *V.* Guido de Gallanda.

Galligaius, abbas commendatarius Majoris Monasterii. 390.

Gallus, cæsar, frater Juliani Apostatæ. 8, 66.

Gallus, discipulus Sancti Martini. 69.

Gallus, episcopus Alvernensis. 24.

Gallus, imperator. 2, 166.

Gallus, rex. 2.

Gallus, sanctus. 52.

Galo, diaconus cardinalis Sanctæ Mariæ in Porticu. 151.

Galsuinta, filia Athanagildi, uxor Chilperici regis. 26.

Galterius, miles. 248.

Galterus : *V.* Adrianus, Matthæus.

Galterus, avus Guidonis episcopi Suessionensis, Ingelgerii II et Fulconis II Boni comitis. 106.

Galterus de Dox. 394.

Galvanus, Galuenus, miles, nepos Artturi Magni regis. 58, 172, 173, 248.

Ganelio de Balgenciaco, pater Garnerii. 282.

Garanus : *V.* Johannes.

Garcellus : *V.* Johannes.

Garigisilus, Garigisius : *V.* Carigisilus.

Garnegandus, marite Helenæ. 46, 106.

Garnerius, abbas Majoris Monasterii. 320, 321, 381.

Garnerius, filius Gannelionis de Balgenciaco. 282.

Garota, uxor Bucardi de Gratalupo, mater Milesendis. 285.

Garumbaldus, maritus Ragintrudis. 47.

Gastinellus. 286.

Gatianus, Gratianus, Gracianus, Catianus, episcopus Turonensis. 1, 10, 64, 65, 166, 201, 203, 243, 303, 396.

Gaudens, nepos Sancti Martini, unus e Septem Dormientibus. 73.

Gaudens, filius Aumari, consobrinus Sancti Martini. 397.

Gaudregisilus, abbas Majoris Monasterii. 306.

Gaudregisilus, abbas, filius Arnulfi. 35.

Gaufredus I, abbas Majoris Monasterii. 325, 382.

Gaufredus IV Martellus, comes Andegavensis, filius Fulconis IV. 55, 126, 128, 130, 375, 376.

Gaufredus, vicecomes Aurelianensium. 234.

Gaufredus. V. Gaufridus.

Gaufridus, abbas Blesensis. 287.

Gaufridus, abbas de Gastineta. 268, 374.

Gaufridus, abbas Savigniensis. 264, 265.

Gaufridus Borrel. 284.

Gaufridus Bouzon. 285, 286.

Gaufridus Bullonus, eremita Fontanarum. 259, 265.

Gaufridus I Grisa Tunica, seu Grisegonella, comes Andegavensis, filius Fulconis II. 114, 115, 185, 186, 376.

Gaufridus II Martellus, comes Andegavensis, filius Fulconis III. 55, 120, 121, 122, 188, 247, 292.

Gaufridus III, Gaufredus, Godefredus Barbatus, comes Andegavensis et Turonensis, nepos Gaufridi II. 55, 123, 125, 130 392.

Gaufridus V, comes Andegavensis et Cenomannensis, filius Fulconis V. 55, 62, 131, 133, 135, 191, 219.

Gaufridus Plantagenet, comes Britanniæ, filius Gaufridi V comitis Andegavensis. 133, 135, 136.

Gaufridus II, comes Britanniæ, filius Henrici II regis. 136, 138, 145.

Gaufridus, comes Vindocinensis, signifer ecclesiæ Beati Martini Turonensis. 128.

Gaufridus de Balnol, frater Auclini. 285.

Gaufridus de Bricio, prior Beatæ Mariæ de Lochis. 379.

Gaufridus de Bruslon. 289.

Gaufridus II de Conan, Gaufredus II de Conan, abbas Majoris Monasterii. 326, 328, 329, 382.

Gaufridus de Haya. 379.

Gaufridus, Gaufredus, Gaufridus de Lenda, Gaufridus de Landa, archidiaconus Parisiensis et postea archiepiscopus Turonensis. 150, 151, 194, 216, 298, 374.

Gaufridus de Lezigniaco, alias de Lezignem. 145, 146.

Gaufridus de Pruliaco, alias de Pruilliaco. 58, 125, 189.

Gaufridus de Rupibus. 148.

Gaufridus, dominus Castri Briani. 154.

Gaufridus, dominus Castri Raginaldi, pater Raginaldi. 122, 286.

Gaufridus, episcopus Carnotensis, avunculus Gosleni episcopi. 285, 286, 287.

Gaufridus, eremita Fontanarum et postea Aquæ Vivæ. 259, 260, 261, 264, 265. 284.

Gaufridus, eremita de Fontanis. 265.

Gaufridus marescallus. 284.

ONOMASTICUS. 417

Gaufridus, Gaufridus Martelli, Martellus, archiepiscopus Turonensis. 217.
Gaufridus Meschinus. 283, 285.
Gaufridus, præfectus de Autresches. 286.
Gausbertus : *V.* Aubertus.
Gauterius Tirel. 59.
Gauzbertus I, abbas Sancti Juliani Turonensis, Majoris Monasterii, Sancti Petri Burguliensis, Sancti Petri Malliacensis, Sanctique Petri Cenomanensis. 228, 229.
Gauzbertus II, abbas Sancti Juliani Turonensis et Sancti Petri Prulliacensis. 229, 230.
Gauzfridus, vicecomes Carnotensium. 234.
Gauzuinus, avunculus Herlanni. 224.
Gelasius I, papa. 18, 75, 76, 172.
Gelasius II papa, antea Johannes Garanus. 62, 130, 190.
Gelduinus, archiepiscopus Senonensis. 120.
Genebaudus, princeps Francorum. 169.
Genesius, abbas Majoris Monasterii. 306.
Genitor, filius Sanctæ Mauræ. 69.
Genovefa, Genovepha, virgo. 15, 19, 171, 173.
Georgius, abbas Sancti Juliani Turonensis. 226, 228.
Geraldus de Podio, abbas Majoris Monasterii et cardinalis. 322, 333, 382.
Geraldus Paute, Girardus Paulte, abbas Sancti Benedicti super Ligerim, postea Majoris Monasterii et Sancti Sergii apud Andegavum. 333, 334, 337, 382, 393.

Gerardus. 234.
Gerinus, frater Leodegarii. 36.
Germanicus : *V.* Ludovicus.
Germanus, episcopus Autissiodorensis. 15, 74, 100, 170, 171.
Germanus, episcopus Parisiorum. 28, 174.
Gersendis, Gersindis, soror Theotolonis archiepiscopi. 112, 223, 224.
Gervasius, archiepiscopus Remensis. 123.
Gervasius de Plesseio. 290.
Gervasius, martyr. 4, 163, 167.
Gibardus, canonicus Sancti Martini Turonensis, filius Erkembaldi. 233.
Gilbertus, Gislebertus, monachus Saviniensis et abbas de Fontanis. 266, 267, 286, 287.
Gildardus. 174.
Gildebertus : *V.* Hildebertus.
Gilebertus Poree. 191.
Gillebertus I, abbas Majoris Monasterii. 305, 306.
Gillebertus II, abbas Majoris Monasterii. 318, 321, 381.
Gillebertus, Gilebertus, Gilesbertus, Gislebertus, archiepiscopus Turonensis. 131, 132, 190, 216.
Ginaldus, Ginialdus : *V.* Givaldus.
Giraldus de Locumnia, eremita de Fontanis. 259.
Giraldus de Palmis, cardinalis legatus. 197.
Giraldus, nepos Gauzberti II abbatis. 230.
Giraldus Radulphi, monachus de Fontanis. 286.
Girardus, clericus. 228.
Girardus de Atheis. 145, 149, 150.

27

Girardus de Rossilum, alias de Rosseillon, comes. 179, 180.
Giraudus Berlaii, alias Bellai, dominus de Monsteriolo. 132, 133, 135.
Girbertus, qui et postea Sylvester II papa. 49, 51, 229.
Gisla, filia Caroli Stulti, uxor Rollonis ducis. 45, 56.
Givaldus, Ginaldus, Ginialdus, Guvaldus, Guvalarus, Walacus, Walatus, episcopus Turonensis. 88, 176, 213, 297.
Godefredus : *V*. Gaufridus.
Godefredus, vicecomes Castridunensis. 393.
Godescalus, abbas Majoris Monasterii. 306.
Godigisilus, filius Gundeuchi. 17.
Godo, abbas Majoris Monasterii. 306.
Godoinus, Goduinus, pater Haroldi. 52, 53.
Godomarus, filius Gundeuchi. 17.
Godomarus, frater Sigismundi. 20.
Gondobaldus, Gondebaudus, rex Burgundionum, filius Gundeuchi. 17, 19.
Gordianus, imperator. 166.
Gorgonius, martyr. 4, 167.
Gosbertus, presbyter de Perreio. 290.
Goslenus, episcopus Carnotensis, nepos Gaufridi episcopi. 286.
Gothelo, Gotheno, dux Lotharingorum. 121, 360.
Gratalapus : *V*. Robertus de Gratalupo, Bucardus de Gratalupo.
Gratianus. 8.
Gratianus, imperator, filius Valentiniani I. 9, 10, 11, 69, 70, 169.

Gratianus, qui postea papa Gregorius VI. 53.
Gratianus : *V*. Gatianus.
Gregorius, cardinalis tituli Johannis et Pauli, qui postea papa Innocentius II. 63.
Gregorius, cardinalis diaconus Sancti Angeli. 278.
Gregorius, cardinalis diaconus Sanctorum Sergii et Bachi. 276, 277, 278.
Gregorius, cardinalis diaconus Ticinensis. 341.
Gregorius, cardinalis presbyter Sancti Calixti. 278.
Gregorius, episcopus Lingonensis. 21, 25.
Gregorius, episcopus Turonensis. 6, 24, 27, 28, 29, 64, 83, 84, 86, 88, 112, 174, 175, 210, 211, 220, 221, 296, 297, 299, 304, 306, 396.
Gregorius I, papa. 24, 31, 84, 86, 88, 112, 175, 371, 372.
Gregorius II papa. 38, 92, 178.
Gregorius III papa. 38, 91, 92, 179.
Gregorius IV, papa. 43, 95, 96, 182.
Gregorius V, papa. 51, 115, 186.
Gregorius VI, papa, qui antea dictus Gratianus. 53, 54, 121, 188.
Gregorius VII, papa, qui et Hildebrandus. 56, 60, 123, 129, 189.
Gregorius VIII, papa. 136, 193.
Gregorius IX papa, qui antea dictus Hugolinus Hostiensis episcopus. 161.
Gregorius, sanctus. 237.
Grimaldus, dux. 33.
Grisa Tunica : *V*. Gaufridus.
Grisegonella *V*. Gaufridus.

Grisogonus, Grisogonas, martyr. 4, 167.
Grossus : *V.* Ludovicus.
Gualterius, episcopus Albanensis. 280.
Gualterius, thesaurarius Sancti Martini Turonensis. 224.
Gualuenus, nepos Arturis regis : *V.* Galvanus.
Guanilo : 234.
Guibertus de Plassio. 286.
Guibertus, Gumbertus, pseudopapa. 56, 60.
Guichardus, abbas Majoris Monasterii. 306.
Guichardus, Normannus. 189.
Guido, archiepiscopus Viennensis, qui postea papa Calixtus II. 62, 216. *Vid.* Calixtus II.
Guido, cardinalis diaconus Sanctorum Cosmæ et Damiani. 278.
Guido, cardinalis presbyter Sanctorum Laurentii et Damasi. 278
Guido, comes Pontivi. 53.
Guido, episcopus Podiensis, filius Fulconis II Boni. 114.
Guido, episcopus Suessionensis, filius Fulconis I Rufi. 106.
Guido de Gallanda. 323.
Guido de Luro, Guido de Leuro, abbas Sancti Sergii Andegavensis et postea Majoris Monasterii, nepos Geraldi Paute. 335, 382.
Guido de Valle Grinosa. 144.
Guido, maritus Amæ. 45.
Guido Vigier I, avunculus Guidonis II, abbas Majoris Monasterii. 382.
Guido Vigier II, nepos Guidonis I, abbas Majoris Monasterii. 382.
Guildemandus, abbas Majoris Monasterii. 306.
Guillebertus. 224.
Guillelmus, abbas Majoris Monasterii. 319, 381.

Guillelmus, archiepiscopus Bituricensis. 194.
Guillelmus, Willelmus, archiepiscopus Remensis. 139, 140, 155.
Guillelmus, archiepiscopus Senonensis. 111.
Guillelmus Belli, abbas Sancti Juliani Turonensis. 200.
Guillelmus, cardinalis presbyter Sancti Petri ad Vincula. 281.
Guillelmus, comes Cenomannensis et dux Normanniæ, filius Henrici I regis Angliæ. 61, 131.
Guillelmus, comes Flandriæ, filius Roberti II Normanniæ comitis. 60, 130.
Guillelmus, comes Moretonii. 60.
Guillelmus V, comes Pictavensis. 122.
Guillelmus VIII, comes Pictavensium. 134.
Guillelmus X, comes Pictavensis. 63.
Guillelmus de Barris. 145.
Guillelmus de Batille. 150.
Guillelmus de Rupibus. 145, 146, 147, 150, 153, 195.
Guillelmus I, dux Aquitaniæ. 108, 110.
Guillelmus I, dux Normanniæ, filius Rollonis. 47, 49, 55, 111, 184.
Guillelmus, episcopus Cenomanensis. 324.
Guillelmus Longa Spata, filius Gaufridi V comitis et Mathildis. 133.
Guillelmus I, Nothus seu Bastardus, rex Angliæ et dux Normanniæ, filius Roberti. 50, 53, 55, 56, 57, 58, 59, 120, 123, 189, 318.
Guillelmus II, Rufus, rex Angliæ,

filius Guillelmi Bastardi. 56, 57, 58, 59, 130.
Guinamannus, Guinemannus, diaconus. 224.
Guinebertus, cantor. 284.
Guinilda, imperatrix, filia Emmæ et Cnutonis regis, uxor Henricis III imperatoris. 52.
Guischardus, Normannus, dux Apuleiæ. 56, 58.
Gundeuchus, pater Chilperici, Gondobaldi, Godigisili et Godomari. 17.
Gundoaldus. 27.
Gundovaldus, usurpator regni Franciæ. 29, 86.
Gundulphus, confessor. 340.
Guntarius, Guntharius, abbas Sancti Venantii Turonensis et postea episcopus Turonensis. 24, 81, 82, 174, 209, 297.
Guntarius, filius Clodomiris regis Aurelianorum. 12.
Guntarius, filius Clotarii I, regis Franciæ. 24, 25.
Guntelmus. 224.
Guntrannus, Guntranus, Guntramnus, Gundramnus, Gundrannus, Gontrannus, archiepiscopus Turonensis. 91, 179, 212, 214.
Guntrannus, Guntramnus, Boso. 28, 84, 85.
Guntrannus, Guntramnus, rex Aurelianorum, filius Clotarii I regis. 24, 26, 29, 30, 84, 85, 86, 87, 88, 175, 220.
Gurnardus, episcopus Nannetensis. 99.
Guvalarus, Guvaldus : *V.* Givaldus.
Guynotus de Rocha, collector et archidiaconus Turonensis. 334.
Gymo, abbas Majoris Monasterii. 306.

Hactardus : *V.* Actardus.
Hadrianus : *V.* Adrianus.
Haimericus : *V.* Amorricus.
Haistuflus, rex Longobardorum. 38, 39.
Haldanus, comes Boloniæ. 75.
Hamelinus de Roorta, miles. 147.
Hamelinus, episcopus Cenomanensis. 151.
Hamericus. *V.* Amorricus.
Hamricus, abbas Majoris Monasterii. 306.
Hardoinus, Ardoinus, Harduinus, Herduinus, archiepiscopus Turonensis. 115, 185, 186, 215, 227, 297.
Hardoinus, Hardoynus, dominus de Malliaco. 154, 398.
Hardoinus de Monticis. 289.
Haret, Harec, Haroldus, Baret, dux seu satrapus Normannorum. 46, 107, 108, 222, 300.
Haro, abbas Majoris Monasterii. 306.
Haroldus : *V.* Haret.
Haroldus I, rex Angliæ, filius Cnutonis. 52.
Haroldus II, rex Angliæ, filius Goduini. 53, 54, 55, 56.
Hasten, Hastinus, Hastingus, Hastinguus, Hastignus, dux Danorum seu Northmannorum. 43, 96, 99, 182, 222, 300, 305, 306, 356.
Haudis, uxor Hugonis Magni ducis. 48.
Haya : *V.* Gaufridus de Haya.
Hebertus, prior de Claro Monte, postea abbas de Fontanis, iterum prior de Claro Monte, abbas Claromontensis, et episcopus Rhedonensis. 269, 270.

ONOMASTICUS. 421

Helchimbadus Windocinensis: V. Archembaudus de Vindocino.
Helduinus de Conen, Helduinus de Conenz, sororius Hugonis Villani, 282, 285.
Helena, concubina Constantii Chlori, mater Constantini I. 4, 5, 65, 167.
Helena, uxor Garnegaudi. 46, 106.
Helias, Helyas, cantor. 140, 193.
Helias I, Helyas, comes Cenomannensis. 59, 131.
Helyas II, comes Cenomannensis, filius Fulconis V comitis Andegavensis. 131.
Helias de Engolismo, Helias de Angolismo, abbas Sancti Sergii prope Andegavum, Majoris Monasterii et iterum Sancti Sergii. 334, 335, 382.
Helius Pertinax, imperator. 165.
Henricus, cardinalis presbyter Sanctorum Nerei et Achillei. 280.
Henricus II, comes Barrensis. 159.
Henricus I, comes Campaniæ. 192.
Henricus II, comes Campaniæ. 141.
Henricus de Vienna. 284.
Henricus, dux Bavariæ, pater Henrici II imperatoris. 117.
Henricus, episcopus Albanensis. 290.
Henricus, filius Hugonis Magni. 48.
Henricus, frater Othonis I imperatoris. 117.
Henricus, frater Ludovici VII regis, thesaurarius Beati Martini Turonensis, Belvagicus episcopus. 135.
Henricus I, imperator Alemanniæ, filius Othonis. 109, 110, 111, 184.
Henricus II, imperator Alemanniæ, filius Henrici ducis. 117, 118, 119, 120, 187.
Henricus III, imperator Alemanniæ, filius Corrardi II. 52, 61, 121, 122, 123, 188.
Henricus IV, imperator Alemanniæ, filius Henrici III. 56, 60, 61, 123, 125, 126, 127, 128, 129, 130, 189.
Henricus V, imperator Alemanniæ, filius Henrici IV. 61, 62, 130, 131, 132, 190, 191.
Henricus VI, imperator Alemanniæ, filius Frederici I. 142, 143, 144, 152, 153, 193.
Henricus I, imperator Græcocorum, frater Baldoini. 194.
Henricus I, Hainricus, rex Angliæ, filius Guillelmi I regis. 55, 56, 57, 59, 60, 61, 62, 130, 131, 133, 191.
Henricus II, rex Angliæ, dux Normanniæ, comes Andegaviæ, filius Gaufridi V comitis. 133, 135, 136, 137, 138, 139, 140, 141, 192, 193, 219, 269, 379.
Henricus Junior seu Juvenis, rex Angliæ (sacratus), filius Henrici II regis. 135, 137, 138, 139, 140, 192, 269.
Henricus III rex Angliæ, filius Johannis regis. 158, 194.
Henricus VII, rex Alemanniæ, filius Frederici II imperatoris. 161.
Henricus I, Hainricus, rex Franciæ, filius Roberti regis. 51, 52, 54, 55, 58, 120, 121, 122, 123, 188, 189, 231.
Henricus IV, rex Franciæ, frater Francisci Valesii. 389.
Heracleonas, imperator Romanus, filius Martinæ. 32.

Heraclius, imperator Romanus. 31, 32, 62, 88, 89, 175, 176.

Herardus, Erardus, Heraldus, archiepiscopus Turonensis. 101, 182, 215, 297.

Herbernus, Erbernus, Herbertus, Erbertus, successive abbas Majoris Monasterii et archiepiscopus Turonensis. 99, 100, 105, 108, 183, 212, 215, 297, 306, 308. 309.

Herbertus II, comes Cenomanensis. 55.

Herbertus, comes Viromandensis. 110, 111.

Herculius Maximianus, imperator Romanorum. 4, 5.

Heric, Berit, dux Normannorum. 46, 107, 108, 300.

Herlannus, canonicus Sancti Martini Turonensis, nepos Unfragi et Gauzuini. 224.

Herlannus, ypodiaconus. 224.

Herlingus, Erlingus, archiepiscopus Turonensis. 94, 96, 181, 214, 297.

Hermannus, subdecanus, notarius Romanæ ecclesiæ. 281.

Hermenardi : V. Paganus.

Hermengardis de Plesseio, monialis Belli Montis et postea Montis Cœlestis priorissa. 152.

Hermengardis, uxor Odonis II comitis Blesensis. 310, 311, 312, 391, 392.

Herminus : V. Bernunus.

Hernulphus. 125.

Herodes, rex Judæorum. 162, 163.

Herpo, dux Guntramni regis. 85.

Herveus, abbas Majoris Monasterii. 140, 382.

Herveus, archiclavis seu thesaurarius Beati Martini, patruus Sulpitii de Ambasia. 53, 116, 117, 118, 119, 187, 209, 229, 230, 248, 301, 302.

Herveus, archiepiscopus Remensis. 109.

Herveus, carpentarius. 286.

Herveus de Belveer. 284.

Herveus de Galardone, eremita de Fontanis. 259.

Herveus de Villa Piscor. abbas Majoris Monasterii. 322, 323, 324.

Herveus, nepos Philippi Lancelini. 290.

Hieronimus, Jeronimus, sanctus. 6, 8, 10, 11, 12, 13, 169, 170.

Hieronymus, avunculus Theotolonis. 224.

Hila : V. Athila.

Hilarius, Hylarius, episcopus Pictavensis. 7, 8, 9, 10, 67, 78, 168, 169.

Hilarius, Hylarius, papa. 16, 75, 171.

Hildebertus, Gildebertus, episcopus Cenomannensis, et postea archiepiscopus Turonensis. 132, 133, 191, 216, 264, 279, 281, 297.

Hildebrandus, qui et Gregorius VII. 56, 60.

Hildegardis, uxor Karoli magni. 42.

Hildericus, Hyldricus : V. Childericus.

Hildricus, abbas Majoris Monasterii. 306.

Hilduinus, abbas Sancti Martini Turonensis. 43.

Hilgodus, episcopus Suessionensis et postea abbas Majoris Monasterii. 319, 381.

Hilgrinus, filius Flori, pater Clementis, Primi, Leti et Theodori, avunculus Sancti Martini. 397.

ONOMASTICUS.

Hiterius, abbas Sancti Martini Turonensis. 40.
Hludovicus: *V.* Ludovicus.
Hoel, comes Minoris Britanniæ. 75.
Honorius I, imperator Romanorum, filius Theodosii I. 12, 13, 14, 71, 72, 73, 74, 169, 170, 203.
Honorius I, papa. 32, 88, 176.
Honoricus II papa, qui antea Lambertus episcopus Ostiensis. 63, 130, 132, 190.
Honorius III, papa. 153, 161, 194.
Hormisdas, Ormisda, papa. 20, 76, 80.
Hteudolo: *V.* Theotolo.
Hubaldus, canonicus Sancti Martini Turonensis, frater Berengarii. 319.
Hubaldus, cardinalis presbyter Sanctæ Crucis in Hierusalem. 280.
Hubaldus, episcopus Ostiensis. 280.
Hucbertus. 234.
Hucbertus, prior Beatæ Mariæ de Lochis. 376.
Hugo I, abbas Majoris Monasterii, filius Odonis II comitis et Hermengardis, 391.
Hugo II, abbas Majoris Monasterii. 325, 326, 382.
Hugo, abbas Sancti Martini Turonensis, propinquus Caroli Calvi et Ludovici Balbi. 44, 45, 98, 101, 103, 105, 106.
Hugo Ambasiacensis. 316.
Hugo, archiepiscopus Bituricensis, filius Hermengardis et Odonis II comitis Campaniensis. 311, 312, 358.
Hugo, archiepiscopus Lugdunensis, legatus ecclesiæ Romanæ. 340, 341.
Hugo I, archiepiscopus Turonensis. 118, 119, 187, 215, 227, 229, 230, 236, 247, 248, 297.
Hugo II, archiepiscopus Turonensis. 133, 135, 191, 216, 297.
Hugo, canonicus Sancti Martini Turonensis et postea Sancti Cosmæ. 128.
Hugo IX Brunus, comes Marchiæ. 145.
Hugo X Brunus, comes Marchiæ. 146.
Hugo de Brandellis, monachus de Fontanis, et postea abbas de Buxeria. 266.
Hugo de Calvo Monte, domicus de Ambasia. 130, 131, 341.
Hugo de Cleers. 379.
Hugo de Crusy, præsidens Parlamenti. 200.
Hugo de Sancta Maura. 138.
Hugo de Verno. 283.
Hugo Magnus, dux Franciæ, et Burgundiæ, abbas Sancti Martini Turonensis, filius Roberti regis. 47, 48, 49, 98, 107, 110, 111, 114, 115, 185, 218, 228, 231, 233, 234.
Hugo, episcopus Diensis. 126.
Hugo Lumbart. 279.
Hugo, nepos Gauzberti II abbatis. 230.
Hugo, presbyter de Gubergen. 290.
Hugo, primus magister Militiæ Templi. 190.
Hugo Capet, rex Franciæ, filius Hugonis Magni. 48, 49, 115, 116, 186, 187.
Hugo, vicecomes Toarcii. 161.
Hugo Villanus, sororius Helduini de Conen. 282.
Hugo Vindocinensis. 251.

Huisseau (d') : *V.* Jacobus d'Huisseau.
Hurault : *V.* Philippus.
Hunaldus, dux Aquitaniæ. 41, 92.
Hyrena, Hyrene, Hyreneus, imperatrix Romanorum, uxor Leonis IV. 93, 94, 181.
Hyspanus, filius Sanctæ Mauræ. 69.

Ibo, Ibbo, archiepiscopus Turonensis. 91, 179, 212, 214, 297.
Ieronimus : *V.* Hieronymus.
Iginus, papa. 164.
Ildemarus, abbas Majoris Monasterii. 306.
Ingarudis, religiosa. 30.
Ingelbaldus, Ingenbaldus : *V.* Engebaudus.
Ingelgerius, comes Andegavensis, vicecomes Aurelianensis, senescallus Turonensis, filius Tertulli, maritus Aalix, nepos Hugonis ducis Burgundiæ. 101, 102, 103, 104, 105, 182, 183, 309.
Ingelgerius miles, filius Fulconis I, comitis Andegavensis. 106, 109, 110.
Ingenaldus, abbas Sancti Pauli de Roma et Sancti Juliani Turonensis. 228.
Ingoberga, regina Franciæ, uxor Cariberti regis. 30, 87.
Ingundis, regina Franciæ, uxor Clotarii I regis, soror Arundis. 24.
Injuriosus, episcopus Turonensis. 22, 23, 80, 81, 173, 208, 296.
Innocentius, nepos Sancti Martini, unus e Septem Dormientibus. 73.
Innocentius, filius Aumari, consobrinus Sancti Martini. 397.
Innocentius I, papa. 13, 71, 72, 170.
Innocentius II papa, qui antea Gregorius cardinalis. 63, 132, 134, 191, 274, 276, 277, 316.
Innocentius III, papa. 142, 144, 151, 152, 153, 193, 194.
Isabellis, regina Angliæ, filia Aimari comitis, uxor Johannis regis. 146.
Isaias, propheta. 351, 366, 367.
Isembardus, pontifex Aurelianorum. 231.
Isembertus, abbas Majoris Monasterii. 306.
Isidorus, Ysidorus, episcopus Hispalensis. 12, 31, 88, 175.
Ismarus, abbas Majoris Monasterii. 306.
Itacius, episcopus. 11, 70.
Iterius, abbas Sancti Martini Turonensis et monasterii Cormariaci. 93.
Ivo, clericus, canonicus Sancti Florentini. 285.

Jacobinus, rex Pastorum. 196.
Jacobus d'Apvrilly, abbas commendatarius Majoris Monasterii. 389.
Jacobus d'Huisseau, prior primarius Majoris Monasterii, auctor chronici prioratuum Majoris Monasterii. 399.
Jacobus, episcopus Suessionensis. 159.
Jacobus Galliciensis, apostolus, frater Domini. 74, 163.
Jacynthus, cardinalis diaconus Sanctæ Mariæ in Cosmedin. 281.

ONOMASTICUS.

Joachim, abbas in Calabria, 142, 192.
Johannes d'Acre. 196.
Job. 108, 371.
Jobertus, canonicus Sancti Martini et postea Sancti Cosmæ. 128.
Johanna Burgundiensis, regina Galliæ. 393.
Johannes. 225.
Johannes, abbas Gastinensis. 375.
Johannes, abbas Majoris Monasterii. 306.
Johannes, anachoreta. 12.
Johannes Baptista. 15, 162, 180, 212.
Johannes Brenensis, rex Jerusalem. 155, 194, 195.
Johannes cardinalis a Lotharingia, avunculus Caroli a Lotharingia, abbas commendatarius Majoris Monasterii. 385.
Johannes, cardinalis diaconus Sanctæ Mariæ in Porticu. 281.
Johannes, cardinalis presbyter Sanctæ Anastasiæ. 280.
Johannes, cardinalis presbyter Sancti Grisogoni. 276, 277.
Johannes Chrisostomus, seu Crisosthomus. 12, 170.
Johannes, comes Andegaviæ, frater Ludovici IX. 160.
Johannes, Johannes de Faia, Johannes de Faya, decanus et postea archiepiscopus Turonensis. 151, 155, 194, 246, 298. 374.
Johannes de Monte Leonis, abbas Majoris Monasterii. 330, 382.
Johannes II de Monte Sorelli, Turonensis archiepiscopus. 217.
Johannes de Montorio, comes Vindocinensis. 154.
Johannes de Savion, abbas Sancti Juliani Turonensis. 199.
Johannes de Temporibus. 63.
Johannes, Joannes, evangelista. 164, 340, 373.
Johannes, frater Pauli. 9.
Johannes Garanus (vel melius Gaetanus), qui et papa Gelasius II. 62.
Johannes Garcellus, cardinalis diaconus et primiscrinius. 341.
Johannes, martyr. 169.
Johannes, minister Carnotensis ecclesiæ. 287.
Johannes I papa. 22, 80, 173.
Johannes II, papa, dictus Mercurius. 25, 80, 173.
Johannes III, papa. 28, 80, 82, 83, 174.
Johannes IV, papa. 32, 88, 89, 176.
Johannes V, papa. 36, 90, 177.
Johannes VI, papa. 37, 91, 178.
Johannes VII, papa. 37, 91, 178.
Johannes VIII, papa. 43, 44, 100, 102, 182.
Johannes IX, papa. 46, 106, 107, 183.
Johannes X, papa. 46, 108, 109, 184.
Johannes XI, papa. 47, 109, 185.
Johannes XII, papa. 48, 111, 185.
Johannes XIII, papa. 48, 111, 185.
Johannes XIV, papa. 51, 115, 186.
Johannes XV, papa. 49, 51, 115.
Johannes XVI, papa. 51, 115, 186.
Johannes XVII, papa. 51, 115, 117, 187.
Johannes XVIII, papa. 51, 117, 187.
Johannes XIX, papa. 51, 117, 120, 187.
Johannes XX, papa. 54.
Johannes, pseudopapa, successor Johannis X. 184.

Johannes pseudopapa, successor Gregorii V. 186.
Johannes Pinguis. 289.
Johannes, rex Angliæ, filius Henrici II regis et Alienordis. 136, 145, 146, 147, 151, 153, 158, 193, 194.
Johannes Roguet, abbas Sancti Juliani Turonensis. 198.
Johannes Ruillez. 290.
Johannes, Scotus, hæresiarcha. 43, 124.
Johannes, unus e Septem Dormientibus apud Ephesum. 397.
Johannes, usurpator imperii. 14.
Jonas, abbas Majoris Monasterii. 306.
Josbertus Lodovici. 285.
Joscelinus, fundator ecclesiæ et prioratus de Gressu. 134.
Joscius, Turonensis archiepiscopus. 137, 138, 192, 216, 297, 374.
Joseph I, archiepiscopus Turonensis. 96, 98, 181, 212, 214, 297.
Joseph II, archiepiscopus Turonensis. 113, 115, 185, 215, 227, 297.
Josias, rex Judæorum. 30.
Jovianus, Jovinianus, imperator Romanorum. 9, 67. 169.
Jovinus, frater Sebastiani, usurpator imperii Romani. 13.
Joyeuse (de), V. Franciscus.
Judas, apostolus. 163.
Judicael, dux Brittonum. 242.
Judita, filia Conani comitis, uxor Richardi II ducis Normanniæ. 50.
Judith, Judix, uxor Ludovici Pii, mater Caroli Calvi. 43, 44, 101.
Judith, regina Angliæ, filia Caroli Calvi, uxor Ethelulfi regis. 42.
Juhellus, Juellus de Matefelon,
Juellus de Matefelone, decanus et postea archiepiscopus Turonensis. 216, 374.
Julianus Apostata, imperator Romanorum, maritus Constantiæ. 6, 9, 66, 67, 168.
Julianus, imperator. 165.
Julianus, episcopus Cenomanensis. 157, 163.
Julianus, martyr. 27, 220, 225, 228.
Julius I, papa. 5, 6, 168.
Junior : V. Julco, Henricus, Ludovicus, Odo, Theobaldus.
Juvenis : V. Henricus.
Justina, sancta. 237.
Justinianus, episcopus Turonensis. 74, 203.
Justinianus I, imperator Romanorum, nepos Justini I. 23, 25, 80, 81, 82, 173, 220.
Justinianus II, imperator Romanorum, filius Constantini III. 33, 34, 90, 91, 178.
Justinus I, imperator Romanorum. 22, 80, 173.
Justinus II, imperator Romanorum. 28, 29, 82, 83, 174.
Juvencus. 7.

Karillephus, V. Carilefus.
Karlomannus, dux Francorum, filius Caroli Martelli. 37, 38, 92, 179, 180.
Karlomannus, rex Bavariæ, pater Arnulphi imperatoris. 106.
Karlomannus I, rex Francorum, filius Pipini regis. 38, 40, 41, 92, 180, 181.
Karlomannus II Nothus, rex Francorum, filius Ludovici Balbi. 103, 183.
Karolus, Karlus : V. Carolus.
Katharina, martyr. 168.

Laicus : *V.* David.
Lambalia : *V.* Petrus de Lambalia.
Lambertus, episcopus Ostiensis, postea papa Honorius II. 63.
Lambertus Magnus, miles Flandrensis, eremita de Fontanis. 259, 261, 262, 263, 264.
Lambertus Minor seu Parvus, eremita et monachus de Fontanis. 259, 268.
Lambertus, Trajectensis 177, 178.
Lancelini : *V.* Philippus.
Lancelinus de Cangeio. 283, 289.
Landa : *V.* Osbertus de Landa, Gaufridus de Landa.
Landericus. 29.
Lando, Landus, papa. 46, 108, 109, 184.
Landrannus, Landramnus, archiepiscopus Turonensis. 98, 182, 212, 214, 297.
Landricus. 234.
Lanfrancus, abbas Sancti Stephani Cathomi et postea Cantuariæ archiepiscopus. 56, 58.
Latinus, abbas Majoris Monasterii. 306.
Latinus, archiepiscopus Turonensis. 89, 176, 212, 213, 297.
Launomarus, sanctus. 172.
Laurentius, martyr. 2, 166.
Laurentius, sanctus. 52.
Laurus, abbas. 241.
Laurus : *V.* Reginaldus de Lauro.
Legarda, regina, uxor Caroli Magni. 94.
Legnere : *V.* Agnes de Legnere.
Le Maye : *V.* Simon.
Lenda : *V.* Gaufridus de Lenda.

Leo, abbas Sancti Martini, et postea episcopus Turonensis. 21, 80, 173, 208, 296.
Leo, coquus. 21.
Leo I Major, imperator Orientis. 16, 75, 171.
Leo II Patricius, vulgo Leoncius, imperator Romanorum. 34, 90, 178.
Leo III, Ysaurus, Isaurus, imperator Romanorum. 34, 91, 92, 179.
Leo IV, imperator Romanorum. 93, 94, 181.
Leo I Magnus, papa. 15, 16, 74, 75, 171, 345.
Leo II, papa. 36, 90, 177.
Leo III papa. 94, 95, 181.
Leo IV papa. 42, 44, 96, 182.
Leo V, papa. 46, 107, 184.
Leo VI, papa. 47, 109, 184.
Leo VII, papa. 48, 109, 111, 185.
Leo VIII, Laicus, papa. 48, 111, 185.
Leo IX, papa. 54, 121, 188.
Leo pseudopapa. 91, 178.
Leobardus, abbas Majoris Monasterii. 306.
Leobardus, Leobaldus, Leobaudus, episcopus Turonensis. 89, 176, 213, 297.
Leodegarius, episcopus Augustidunensis. 36, 177.
Leodemirus, abbas Majoris Monasterii. 306.
Leonardus, sanctus. 172.
Leonides, pater Origenis, martyr. 165.
Leonis : *V.* Petrus.
Leonius, abbas Majoris Monasterii. 306.
Letardus, secretarius Beati Martini Turonensis et postea canonicus Sancti Cosmæ. 128.

Letus, nepos Sancti Martini, unus e Septem Dormientibus. 73.
Letus, filius Hilgrini, consobrinus Sancti Martini. 397.
Leurus : *V.* Guido de Leuro.
Leudastes, comes Turonicus. 86.
Leupicarius, Leupacarius, Leupacharius, Lenpacarius, Leupicanus. episcopus Turonensis. 88, 175, 213, 297.
Lezignem : *V.* Gaufridus de Lezignem.
Lezigniacus : Gaufridus de Lezigniaco.
Liberius, Yberius, papa 7, 67, 68, 168.
Licinius, Lucinius, episcopus Turonensis. 18, 19, 77, 79, 173, 207, 296.
Licinius, filius Licinii et Constantiæ, cæsar. 5, 6.
Licinius, imperator Romanorum. 5, 6.
Lidorius, Lydorius, Litorius, Littorius, episcopus Turonensis. 8, 10, 66, 68, 168, 202, 203, 205, 206, 296.
Linus, papa. 163.
Locumnia : *V.* Giraldus de Locumnia.
Lodovici : *V.* Josbertus.
Lodovicus : Ludovicus.
Lotharius : *V.* Clotarius.
Lotharius I, imperator Occidentis, rex Longobardiæ, filius Ludovici I imperatoris. 43, 44, 96, 97, 98, 100, 182.
Lotharius II, Luitherius, dux Saxoniæ et postea imperator Alemanniæ. 63, 132, 133, 134, 191.
Lotharius, rex Franciæ, filius Lodovici Ultramarini. 48, 49, 113, 114, 115, 185, 186, 218, 228.
Lotharingia : *V.* Carolus a Lotharingia, Johannes a Lotharingia.
Lotharanus : *V.* Carolus Lotharenus.
Lucanus, poeta. 163.
Lucas, evangelista. 7, 163.
Lucetis, nepta Philippi Lancelini. 290.
Lucia, martyr. 4, 167, 237.
Lucianus, presbyter. 13.
Lucinius : *V.* Licinius.
Lucius I, papa. 2, 166.
Lucius II papa. 134, 191, 277, 278.
Lucius III papa. 136, 140, 192, 281.
Lucius Yber, pseudomiperator. 76, 77.
Ludovicus III, comes Blesensis. 193.
Ludovicus I, Hludovicus, Lodovicus, Pius, imperator Occidentis. rex Franciæ, filius Caroli Magni. 42, 43, 95, 96, 181, 221, 222.
Ludovicus II, imperator Occidentis, filius Lotharii I imperatoris, 100, 101, 102, 182.
Ludovicus III, imperator Alemanniæ, filius Bosonis regis. 183.
Ludovicus IV, imperator Alemanniæ, filius Arnulphi. 107, 108.
Ludovicus, Lodovicus, Germanicus, rex Bavariæ et Alemanniæ, Ludovici I Pii. 43, 44, 96.
Ludovicus II Balbus vel Nihil Fecit, rex Franciæ, filius Caroli Calvi. 44, 45, 47, 102, 103, 105, 106, 183.

Ludovicus III Nothus, rex Franciæ, filius Ludovici II Balbi. 283.

Ludovicus IV, Hludovicus, Lodovicus, Ultramarinus seu Transmarinus, rex Franciæ, filius Caroli Stulti. 48, 49, 109, 111, 112, 113, 185, 224, 234.

Ludovicus V, Nihil Faciens, rex Franciæ, filius Lotharii regis. 115, 186.

Ludovicus VI, Lodovicus, Grossus, rex Franciæ, filius Philippi I regis : 60, 61, 63, 129, 131, 132, 133, 134, 190, 191, 283.

Ludovicus VII, Pius, alias Junior, Lodovicus, rex Franciæ et dux Aquitaniæ, filius Ludovici VI regis. 63, 134, 135, 136, 137, 138, 139, 191, 192, 268.

Ludovicus VIII, rex Franciæ, filius Philippi II regis. 153, 155, 156, 157, 158, 159, 160, 193, 194, 195.

Ludovicus IX, sanctus, rex Franciæ, filius Ludovici VIII regis. 159, 160, 195, 196, 197.

Ludovicus Cerclet, prior de Septem Dormientibus et de Bellismo. 397.

Ludovicus Pot, abbas Majoris Monasterii. 382.

Lugati Acuti : *V.* Theobaudus de Lugati Acuti.

Luidbrandus, rex Longobardorum. 34.

Luitherius : *V.* Lotharius.

Lupo, filius Sancte Mauræ. 69.

Lupus, episcopus Andegavensis. 103.

Lupus, episcopus Trecassinus. 15, 171.

Lurus : *V.* Guido de Luro.

Macedonius, hæresiarcha. 11.

Machometus, propheta Saracenorum. 176.

Maclovius, pater Warochi comitis. 85.

Maclovius, sanctus. 174.

Macrinus, imperator Romanorum. 165.

Madegius : *V.* Medesgisilius.

Magnentius, usurpator imperii. 8.

Magonnius : *V.* Patricius.

Mainfredus, abbas Majoris Monasterii. 306.

Maiolus, abbas Cluniacensis. 116, 313, 314.

Mala Terra : *V.* Arcandus Mala Terra.

Malconus, rex Scotorum. 59.

Malliaci domus. 393.

Malliacus. *V.* Catharina de Malliaco, Raguellinus de Malliaco.

Malus Leo. *V.* Savaricus de Malo Leone.

Mamertus, episcopus Viennensis. 17, 171.

Mandros, Mandruzius : *V.* Bernardus.

Manes, hæresiarcha. 167.

Manfredus, rex Siciliæ. 196.

Manuel, imperator Græcorum. 192.

Marcellianus, filius Sanctæ Mauræ. 69.

Marcellinus, Marcelinus, papa. 4, 167.

Marcellus papa. 4, 65, 167.

Marchus Antonius, imperator Romanorum. 165.

Marcianus, imperator Orientis. 14, 15, 16, 74, 171.

Marchus Aurelius, imperator Romanorum. 165.

INDEX

Marcius : *V.* Ommatius.
Marco. 376, 380.
Marcomiris, princeps Francorum. 169.
Marcus, avunculus Archembaudi de Vindocino. 285.
Marcus, evangelista. 172.
Marcus, Marchus, papa. 6, 65, 168.
Marcus, unus e Septem Dormientibus apud Ephesum. 397.
Maria, mater Christi. 74, 162, 183, 303, 339.
Maria Magdalena, sancta. 180, 196.
Marinus, papa. 46, 102.
Marques : *V.* Petrus.
Martellus : *V.* Carolus, Gaufridus.
Martialis, episcopus Lemovicinorum. 65, 163.
Martina, imperatrix, mater Heracleonæ. 32.
Martinianus, unus e Septem Dormientibus apud Ephesum. 397.
Martinus. 195.
Martinus, abbas Majoris Monasterii. 306.
Martinus Algai, dux Coterellorum. 148.
Martinus, episcopus Galliciensis. 29, 174.
Martinus, episcopus Turonensis, filius Flori et Constantiæ. 6, 7, 8, 10, 11, 12, 16, 18, 19, 22, 23, 24, 25, 27, 28, 29, 43, 44, 56, 65, 66, 67, 68, 69, 70, 71, 72, 73, 74, 75, 77, 78, 79, 83, 89, 97, 99, 100, 103, 105, 108, 109, 113, 114, 116, 142, 147, 157, 168, 169, 170, 171, 182, 183, 184, 202, 203, 204, 205, 206, 211, 219, 222, 225, 226, 243, 246, 296, 298, 299, 300, 301, 302, 303, 304, 305, 306, 308, 309, 313, 314, 326, 332, 339, 346, 347, 353, 354, 357, 362, 363, 364, 365, 367, 368, 369, 370, 373, 391, 394, 396, 397.
Martini vexillum. 121.
Martinus, filius Frodulfi. 35, 36.
Martinus I, papa. 33, 34, 89, 176.
Martinus II, Marinus, papa. 48, 111, 183.
Martinus III, papa. 185.
Martinus IV, papa. 197, 329.
Matefelon : *V.* Juhellus de Matefelon.
Mathæus, evangelista. 163.
Matheus Radulfus, canonicus Sancti Florentini. 285.
Mathildis, filia Dognæ et Philippi Lanceli. 290.
Mathildis, imperatrix Alemanniæ et comitissa Andegavensis, uxor Henrici V imperatoris et postea Gaufridi V comitis, filia Henrici I regis. 55, 61, 62, 133, 137.
Mathildis, regina Angliæ, uxor Guillelmi I regis, filia Balduini comitis. 55, 57, 318.
Mathildis, regina Angliæ, filia Malcomi regis Scotorum, uxor Henrici I regis. 59, 61.
Mathildis, regina Franciæ, uxor Clodovei II regis, mater Lotharii. 35.
Mathildis, soror Philippi Lancelini, mater Hervei, Lucetis et Aliz. 290.
Matthæus, episcopus Albanensis. 277.
Matthæus Galterus, avunculus Adriani Galteri, abbas Majoris Monasterii, et postea de *Bourgueil.* 385.

Maura, martyr, 59.
Mauricius, consul Andegavensis, filius Gaufridi I Grisæ Tunicæ. 115, 116, 186.
Mauricius, episcopus Cenomanensium. 153.
Mauricius Herveus, canonicus Sancti Florentini. 285.
Mauricius, imperator Romanorum. 34, 84, 86, 87, 88, 175.
Mauricius, Mauritius, martyr. 4, 20, 167, 340.
Maurilius, confessor. 340.
Maurilius, episcopus Andegavensis. 69, 169.
Maurus, discipulus Sancti Benedicti. 173.
Maxentius, filius Herculii Maximiani imperatoris. 5.
Maxentius, sanctus. 172.
Maximinus. 172.
Maximinus, cæsar. 5.
Maximinus, unus e Septem Dormientibus apud Ephesum. 397.
Maximus, imperator Romanorum. 166.
Maximus, discipulus Sancti Martini. 69.
Maximus I, usurpator imperii Romani. 11, 69, 70, 73, 169, 203.
Maximus II, usurpator imperii Romani. 13.
Medardus, episcopus Suessionis. 23, 174.
Medesgisilius, Medegesilus, Medegisilius, Medegisilus, Megesgisidus, Medesilus, Medesidus, Madegius, archiepiscopus Turonensis. 89, 176, 212, 213, 297.
Megueri : V. Robertus de Megueri.
Melanus, episcopus Redonensis. 155.
Melciadas, Melciades, papa. 4, 65, 168.

Mellotus : V. Droco de Melloto.
Meramomelin, rex Saracenorum. 194.
Merlinus. 136, 137, 171.
Meroveus, rex Francorum, filius Clodionis regis. 13, 14, 171.
Meroveus, filius Chilperici I et Audoveræ. 26, 28, 84, 85.
Mesleium : V. Rainaudus de Mesleio.
Messanus, filius Sanctæ Mauræ. 69.
Michael, abbas Majoris Monasterii. 306.
Micheas, propheta. 13.
Milesendis, filia Garotæ et Bucardi de Gratalupo, uxor Petri de Monte Basonis. 285.
Milo. 224.
Milo, episcopus Belvacensis. 161.
Milo, presbyter, canonicus ecclesiæ Carnotensis. 287.
Minardus de Buscheio. 285.
Mons Basonis : V. Raherius de Monte Basonis.
Mons Fortis : V. Amauricus de Monte Forti.
Mons Leonis : V. Johannes de Monte Leonis.
Mons Sorelli : V. Johannes de Monte Sorelli.
Montar (de), prior primarius Majoris Monasterii. 398.
Montici : V. Hardoinus de Monticis.
Montorium : V. Johannes de Montorio.
Morvannus, episcopus Venetensis. 240.
Mummolus, patricius Guntranni regis. 26, 29, 84.
Mundericus, usurpator regni Franciæ. 21.

Nasitus, dux Italiæ. 29.

Nefingus, decanus Sancti Martini Turonensis. 48, 224.
Nepotianus, usurpator imperii Romani. 8.
Nereus, martyr. 340.
Nero, imperator Romanorum. 163.
Nerra. *V.* Fulco.
Nerva, imperator Romanorum. 164.
Nestorius, hæresiarcha. 12, 14, 171.
Nicetius, Nicetus, episcopus Lugdunensis. 16.
Nicetius, episcopus Trevarisensis. 23.
Nicholaus I, papa. 44, 100, 101, 182.
Nicholaus II, Nicolaus, papa. 60, 123, 124, 189.
Nicholaus, sanctus. 6, 189.
Nihil Fecit, Nihil Faciens : *V.* Ludovicus.
Ninus, rex. 10.
Norbertus, abbas Præmonstratensis. 190.
Nothus : *V.* Guillelmus, Karlomannus, Ludovicus.
Novatus, hæresiarcha. 2.
Numerianus, imperator Romanorum. 3.

Obivus. 9.
Octavianus, legatus papæ. 193.
Odilo, Francus. 36.
Odo, abbas Majoris Monasterii. 320, 381.
Odo, canonicus ecclesiæ Carnotensis. 287.
Odo, cardinalis diaconus Sancti Nicolai in Carcere. 281.
Odo I, comes Campaniensis, pater Hugonis Bituricensis archiepiscopi. 310, 311, 312, 343, 354, 355, 360, 361, 364, 368, 369.
Odo II, Odo Junior, comes Blesensis, Campaniensis et Turonensis, maritus Hermengardis, germanus Rollonis. 119, 121, 187, 231, 292, 391, 392.
Odo de Berardois, prior Sancti Martini in Valle Carnotensi et magister prior Majoris Monasterii. 330.
Odo de Bracollis, Odo de Braceolis, abbas Majoris Monasterii. 330, 382.
Odo III, dux Burgundiæ. 141.
Odo, episcopus Bajocensis et comes Cantiæ, frater uterinus Guillelmi Bastardi. 57.
Odo, filius Roberti regis. 51.
Odo, monachus de Saviniaco, et postea abbas de Fontanis. 265, 266, 272.
Odo, præcentor Sancti Martini Turonensis, et postea abbas Cluniaci et Sancti Juliani Turonensis. 40, 93, 106, 108, 109, 113, 184, 185, 225, 227, 228, 301.
Odo prior Cluniacensis, inde episcopus Ostiensis, postea papa Urbanus II. 61.
Odo, rex Franciæ et dux Burgundiæ, filius Roberti ducis. 45, 46, 105, 106, 107, 109, 183, 228.
Ododredus, nepos Arturi Magni regis. 218.
Odulfus. 234.
Odulgerius. 234.
Oliverus. 181.
Ommatius, Ommarius, Omomacius, Marcius, episcopus Turonensis. 20, 80, 173, 208, 296.
Opertus. *V.* Cropertus.

Origenes, filius Leonidis. 2,165.
Ormisda : *V*. Hormisdas.
Orosius. 10, 169.
Osinius : *V*. Zozimus.
Osmundus, monachus de Fontanis. 266, 286.
Ostaldus, Austoldus, Oitaldus, archiepiscopus Turonensis. 92, 93, 180, 212 214, 297.
Otgerius, avunculus Theotolonis. 224.
Othius : *V*. Etius.
Otho, abbas Pruilliensis. 341.
Otho, filius Hugonis Magni. 48.
Otho I, imperator Alemanniæ, filius Henrici I. 111, 112, 113, 114, 145, 185.
Otho II, imperator Alemanniæ, filius Othonis I. 115, 186.
Otho III, imperator Alemanniæ, filius Othonis II. 48, 49, 115, 116, 117, 186.
Otho IV, imperator Alemanniæ, et comes Pictaviæ. 151, 152, 153, 194.
Otho, pater Henrici I imperatoris. 109.
Ovidus, poeta. 162.

Paccius : *V*. Thomas de Paccio.
Paganus, archidiaconus Carnotensis. 287.
Paganus de Ponceio. 290.
Paganus Hermenardi, civis Turonicus. 152, 156.
Paladius I, Pelagius, episcopus Turonensis. 88, 175, 212, 213, 297.
Paladius II, Peladius, episcopus Turonensis. 91, 178, 214, 297.
Palemon, grammaticus. 163.
Palladius, episcopus Scothorum. 74.
Pallans, filius Evandri. 54.
Palmæ : *V*. Giraldus de Palmis.
Palmerius : *V*. Fulco.
Palumbus, presbyter Romæ. 53.
Pancratius, martyr. 340.
Papolenus, Papelonus archiepiscopus Turonensis. 90, 177, 213, 297.
Paschal I, Paschalis, papa. 43, 95, 181.
Paschalis II, Pascalis, papa. 61, 62, 123, 130, 190.
Patricius, genere Brito, filius Conches sororis Beati Martini, qui et Stuchar et Magonnius dictus, Scothorum archiepiscopus. 74, 170.
Patroclus, reclusus. 28.
Paula, sancta. 169, 170.
Paulinus, sanctus. 204.
Paulte : *V*. Girardus.
Paulus, apostolus. 38, 39, 74, 162, 163, 303, 339, 348, 353, 366, 385.
Paulus, comes Andegavensium. 76.
Paulus, episcopus Constantinopolitanus 65, 66.
Paulus, episcopus Narbonæ. 64, 65.
Paulus, hæreticus. 33.
Paulus, frater Johannis. 9.
Paulus, martyr. 169.
Paulus I, papa. 40, 92, 180.
Paulus pseudopapa. 96, 100, 182.
Paute : *V*. Geraldus.
Peladius : *V*. Paladius.
Pelagia, mater Aredii. 23.
Pelagius : *V*. Paladius.
Pelagius, hæresiarcha. 170.
Pelagius I, Pelagus, papa. 25, 80, 174.
Pelagius II, papa. 29, 83, 84, 175.
Pelvezin : *V*. Ulricus de Pelvezin.

28

Peregnina, monialis Sancti Aviti et postea Montis Cœlestis. 152.
Peregrinus, abbas de Fontanis. 257, 268, 272, 273, 291.
Peregrinus abbas Majoris Monasterii. 306.
Perpetuus, episcopus Turonensis. 16, 17, 25, 75, 76, 116, 171, 172, 204, 206, 212, 295, 299.
Persius : V. Radulphus de Persio.
Persius, satiricus. 163.
Pervinum : V. Rainaldus de Pervino.
Petronilla, filia Bucardi de Gratalupo, uxor Archembaudi de Vindocino. 285.
Petronilla, filia Guillelmi VIII comitis. 134.
Petronilla, filia Hugonis Magni ducis Burgundiæ, matertera Hugonis Magni II abbatis Beati Martini Turonensis, uxor Tertulphi. 98.
Petronilla Aimera, monialis Belli Montis et postea Montis Cœlestis. 152.
Petronilla, uxor Rainaldi Rabel. 286.
Petrucio, abbas Majoris Monasterii. 306.
Petrueriensis : V. Tescelinus.
Petrus. 45.
Petrus Abaelardi. 191.
Petrus I, abbas Majoris Monasterii. 306.
Petrus II de Gasconia, abbas Majoris Monasterii. 321, 322, 382.
Petrus, apostolus, episcopus Antiochiæ et deinde Romæ. 38, 74, 163, 303, 339, 340, 366, 385.

Petrus, comes Britanniæ, filius Roberti II comitis. 154, 160.
Petrus Comestor. 192.
Petrus III de Aragonia. 197.
Petrus de Brocia. 196.
Petrus de Candeio. 287, 290.
Petrus de Castro Raginaldi, abbas Sancti Juliani Turonensis. 197.
Petrus de Lambalia, Petrus, archiepiscopus Turonensis. 217.
Petrus III de Podio, abbas Sancti Florentii Salmuriensis, et deinde Majoris Monasterii, frater Geraldi de Podio. 331, 332, 333, 382, 383, 384.
Petrus, episcopus Albanensis. 278.
Petrus, filius Bechini. 62.
Petrus, filius Raherii de Monte Basonis, maritus Milesendis. 285.
Petrus, imperator Græcorum et comes Autisiodorensis. 194, 195.
Petrus Leonis, antipapa. 63, 276.
Petrus IV Marques, abbas Majoris Monasterii. 382.
Philippicus, Philipicus, Phylipicus, cognomine Bardanius, imperator Romanorum. 34, 91, 178.
Philippus, apostolus. 163.
Philippus, abbas de Claro Monte et postea Rhedonensis episcopus. 269.
Philippus Blanche, Stephanus Blanche, archiepiscopus Turonensis. 332.
Philippus, comes Flandrensis. 141.
Philippus de Ponceio. 290.
Philippus, filius Lodovici VI regis Franciæ. 63, 133.
Philippus, filius Philippi I regis et Bertradæ. 128.

PhilippusHurault, abbas de *Bourgueil* et postea Majoris Monasteri. 385.
Philippus, imperator Alemanniæ, frater Henrici VI. 144, 145, 146, 149, 150, 151, 152, 193.
Philippus, Phylippus, imperator Romanorum. 1, 166.
PhilippusLancelini, filius Dognæ, maritus Agnetis, pater Mathildis. 290.
Philippus, pseudopapa. 181.
Philippus I, rex Franciæ, filius Henrici I. 52, 55, 57, 59, 61, 63, 123, 125, 126, 127, 128, 129, 130, 131, 189, 190, 314, 338.
Philippus II, rex Franciæ, Ludovici VII filius. 139, 140, 141, 142, 143, 144, 145, 146, 147, 148, 149, 150, 151, 152, 153, 154, 155, 159, 192, 193, 194, 195, 219.
Philippus III, rex Franciæ, filius Sancti Ludovici. 197.
Phocas, Focas, imperator Romanorum. 31, 88, 175.
Pigineus, episcopus. 9.
Pilatus. 163.
Pileni: *V.* Vincencius de Pilenis.
Pinguis: *V.* Johannes.
Pipinus, princeps Francorum, filiusAnsigili. 35, 36, 37, 178.
Pipinus, rex Aquitaniæ, filius Ermengardis et Lodovici Pii. 43, 44.
Pipinus, rex Francorum, filius Karli Martelli. 37, 38, 39, 40, 92, 179, 180, 221.
Pisanus, diaconus. 93.
Pius: *V.* Ludovicus.
Pius I, papa. 165.
Placidia, uxor Constantii, soror Honorii, mater Valentiniani II. 13, 14, 15,

Plantagenet: *V.* Gaufridus.
Plassius: *V.* Guibertus de Plassio.
Plesseium: *V.* Hermengardis de Plesseio, Gervasius de Plesseio.
Plinius, orator. 164.
Podium: *V.* Petrus de Podio, Geraldus de Podio.
Policarpus, martyr. 165.
Ponceium: *V.* Paganus de Ponceio, Philippus de Ponceio.
Poncius: *V.* Bernardus.
Pontianus, papa. 165.
Pontius, comes, maritus Blanchiæ. 228.
Poree: *V.* Gilbertus.
Postumianus, discipulus Sancti Martini. 69.
Pot: *V.* Ludovicus.
Praxedis, virgo. 340.
Prejectus, episcopus Arvernensis. 177.
Priamus, dux Francorum. 169.
Primus, nepos Sancti Martini, unus e Septem Dormientibus. 73.
Primus, filius Hilgrini, consobrinus Sancti Martini. 397.
Principinus, filius Sanctæ Mauræ. 69.
Principius, abbas Majoris Monasterii. 306.
Priscianus, grammaticus. 9, 273.
Priscillianus, hæresiarcha, episcopus Hispaniæ. 11, 70.
Priscus: *V.* Tarquinus.
Probus, imperator Romanorum. 3, 167.
Proculus, episcopus Turonensis. 20, 79, 80, 173, 207, 296.
Propianus, episcopus Bituricæ. 28.
Protasius, Prothasius, martyr. 4, 163, 167.
Prudentius, poeta. 169.

Pruilliacus, Pruliacus: *V.* Gaufridus de Pruliaco.

Pyrrhus, hæreticus. 33.

Quex, senescallus Arturi regis, comes Andegaviæ. 75, 77.

Quintianus, episcopus Alvernorum. 19.

Quintilianus, poeta. 164.

Quintillus, imperator Romanorum. 167.

Quintinus Virmendensis, martyr. 4, 167.

Quiriacus, nepos Sancti Martini, unus e Septem Dormientibus. 73.

Quiriacus, filius Aumari, consobrinus Sancti Martini. 397.

R. 350.

R. scholasticus. 342.

Rabel: *V.* Rainaldus.

Radegundis, regina Franciæ, uxor Clotarii I regis, filia Bertarii regis. 21, 29, 86, 174, 175.

Rado, abbas, frater Adonis et Dadonis. 89.

Radulfus, capellanus Theobaldi IV comitis Blesensis. 284.

Radulfus de Faia. 138.

Radulfus, decanus Turonensis. 283.

Radulphi: *V.* Giraldus.

Radulphus, abbas Majoris Monasterii. 306.

Radulphus I, Radulfus, Dei Inimicus, archiepiscopus Turonensis. 126, 129, 189, 216, 297.

Radulphus II, Radulfus, Rodolphus Aurelianensis, Rodulphus de Aurelianis, archiepiscopus Turonensis. 129, 131, 190, 216, 297, 314, 338, 340, 341.

Radulphus de Persio. 285.

Ragambertus, Raganbertus, Ramgambertus, Rangabertus: *V.* Rigambertus.

Raginaldus, Raginaldus de Castello, Rainaldus de Castello, Rainaldus de Castello Rainaldi, Rainaldus de Castro Rainaldi, filius Gaufridi domini de Castro Raginaldi. 122, 264, 279, 281, 282, 283, 284, 288.

Ragintradis, uxor Garumbaldi. 47.

Raguellinus de Malliaco. 316.

Raherius de Monte Basonis, pater Petri. 285.

Raimo, episcopus Aurelianensis. 103.

Rainaldus: *V.* Raginaldus.

Rainaldus Aucherii, Rainaldus Alcheaii. 279, 282, 285.

Rainaldus de Pervino. 289.

Rainaldus Ferlensis de Castello. 316.

Rainaldus II, filius Rainaldi de Castello. 282.

Rainaldus Mansellus, pelliparius. 321.

Rainaldus Rabel, maritus Petronillæ. 286.

Rainaldus, Turonicus. 229.

Rainardus, succentor Beati Martini Turonensis, postea canonicus Sancti Cosmæ. 128.

Rainaudus de Mesleio. 286.

Rainerius, cardinalis presbyter Sanctæ Priscæ. 278.

Rambaldus, avunculus Theotolonis. 224.

Rangerius, monachus Majoris Monasterii, postea cardinalis et Regiensis archiepiscopus. 314, 338, 340, 341.

Rapacior : *V.* Archambaldus.
Rechinus, Richin : *V.* Fulco.
Reginaldus de Lauro, miles. 199.
Regnacarius, Regnarius, rex Cameraci. 18, 19.
Remigius Autissiodorensis. 106.
Remigius, episcopus Remensis. 18, 172, 174, 237.
Renatus Frigilidus, historiographus. 14.
Renatus, sanctus. 69.
Ricardus, abbas Eleemosynæ. 287.
Richardus I, dux Normanniæ, filius Guillelmi I ducis. 49, 55, 56.
Richardus II, dux Normanniæ, filius Richardi I. 49, 50, 55.
Richardus III, dux Normanniæ, filius Richardi II et Juditæ. 50, 55.
Richardus, frater Henrici III regis Angliæ. 159, 160, 161.
Richardus, filius nothus Henrici I regis Angliæ. 61.
Rechardus I, rex Angliæ et dux Aquitaniæ, filius Henrici II regis. 136, 138, 139, 140, 141, 142, 143, 144, 145, 193, 219.
Richardus, dux seu rex Burgundiæ, pater Rodulfi regis. 47, 110.
Richarius, frater Regnacarii et Rignomari. 19.
Richerius, Richerus, presbyter Sanctæ Mariæ Pauperculæ, et postea monachus Majoris Monasterii, prior Sancti Juliani Turonensis, abbas Sancti Launomari Blesensis et Sancti Juliani Turonensis. 230, 231, 251, 252, 255.
Richildis, comitissa, soror Henrici I regis, uxor Baldoini comitis Flandriæ. 123.

Rigambertus, Ragambertus, Raganbertus, Ramgambertus, Rangabertus, Sigambertus, archiepiscopus Turonensis. 92, 180, 212, 214, 297.
Rigionarius, abbas Majoris Monasterii. 306.
Rignomarus, frater Regnacarii et Richarii. 19.
Rigobertus : *V.* Cropertus.
Riomirus, abbas Majoris Monasterii. 306.
Riulfus, comes, pater Anchetilli. 47.
Robertus : *V.* Rollo.
Robertus, abbas Majoris Monasterii. 306.
Robertus, Rotbertus, archiepiscopus Turonensis. 108, 109, 112, 184, 215, 297.
Robertus Blesensis, abbas Majosis Monasterii. 321, 382.
Robertus Brito de Megueri, abbas Majoris Monasterii. 321, 382.
Robertus II, comes Drocensis, pater Petri comitis. 154.
Robertus, comes Moretonii, frater uterinus Guillelmi Bastardi. 57.
Robertus II, comes Normanniæ, filius Guillelmi II ducis. 56, 57, 58, 59, 60.
Robertus de Belesmo. 60.
Robertus de Bona Valle, prior Majoris Monasterii. 322.
Robertus de Corchun, legatus papæ. 194.
Robertus, de Flandria, abbas Majoris Monasterii. 329, 330, 382.
Robertus de Fossello. 259, 273.
Robertus de Gratalupo. 285.
Robertus de Rupibus. 283, 316, 341.
Robertus de Torneham. 145.
Robertus de Vitreio, cantor Parisiensis. 151.

Robertus, dominus Busencaii. 157.
Robertus, dux Franciæ, pater Odonis regis. 105.
Robertus dux Normanniæ, filius Richardi II ducis et Juditæ. 50, 51, 53, 55, 130.
Robertus, episcopus Carnotensis. 287.
Robertus, imperator Græcorum, filius Petri imperatoris. 195.
Robertus, prior et postea abbas de Fontanis. 268, 270, 271, 272.
Robertus I, Rotbertus, rex Francorum, abbas Sancti Martini Turonensis, frater Odonis regis. 45, 46, 47, 107, 109, 110, 184, 230, 231, 247, 311, 312, 350.
Robertus II, rex Franciæ, filius Hugonis Capet. 49, 50, 51, 116, 117, 118, 119, 120, 187, 188, 391.
Robietius: *V.* Ægidius.
Rocha: *V.* Guynotus de Rocha.
Rochæ: *V.* Willelmus de Rochis.
Rodolphus: *V.* Radulphus.
Rodulfus, Rodulphus, rex Francorum, filius Richardi ducis. 47, 110, 111, 184, 185.
Rogaudus, Longobardus. 41.
Rogerius, dux Apuleiæ. 63.
Rogo, prior Beatæ Mariæ de Lochis. 377.
Roguet: *V.* Johannes Roguet.
Roharda, uxor Adelini. 394.
Rollo, Rolus, Robertus, dux Normannorum. 45, 47, 55, 56, 99, 103, 123, 182, 183, 184, 222, 300, 305, 308.
Rollo, germanus Odonis Junioris comitis. 391.
Romanus, abbas Majoris Monasterii. 306.
Romanus, Blaviensis. 169.

Romanus, cardinalis Sancti Angeli. 157.
Romanus, cardinalis diaconus Sanctæ Mariæ in Porticu. 276, 277.
Romanus, papa. 46, 106, 183.
Romaricus, abbas. 176.
Roorta: *V.* Hamelinus de Roorta.
Rossillum, Rosseillon: *V.* Girardus de Rossillum.
Rotbertus, vasallus seu fidelis Hugonis Magni, filius Erkembaldi, frater Gibardi. 228, 231, 232, 233.
Rotholandus, nepos Karoli Magni. 181.
Rufus: *V.* Fulco, Guillelmus.
Ruillez: *V.* Johannes.
Rupefucaldus comes, dux Lutheranorum. 386.
Rupefucaldus, frater Rupefucaldi comitis, abbas commendatarius Majoris Monasterii. 388, 389.
Rupes. *V.* Gaufridus de Rupibus, Guillelmus de Rupibus, Robertus de Rupibus.

Salahatinus, rex Sarracenorum. 229.
Salitaricus de Valleon: *V.* Savaricus de Malo Leone.
Salomon, rex Hebræorum. 349, 350, 351.
Salomon, rex Minoris Britanniæ. 44, 98.
Samuel, propheta. 348.
Sanson, episcopus Dolensis. 174.
Sapientia, martyr, mater Fidei, Spei et Caritatis. 164.
Sapor, rex Persarum. 2, 7.
Sasqualo, abbas Sancti Launomari. 229.
Saturninus, episcopus Tolosanorum. 27, 65, 167, 340.

Saul, rex Hebræorum. 348.
Savaricus de Malo Leone, Salitaricus de Valleon. 160, 161, 325, 326.
Savinianus, papa. 31, 88, 175.
Savion : *V.* Johannes de Savion.
Sancta Maura : *V.* Hugo de Sancta Maura.
Sanctus Amandus: *V.* Buchardus de Sancto Amando.
Scolastica, soror Sancti Benedicti. 173.
Sebastianus, martyr. 4, 167.
Sebastianus, usurpator imperii Romani, frater Jovini. 13.
Segelaicus : *V.* Sigilaicus.
Seneca. 342.
Senes, martyr. 2, 166.
Senoch, sanctus. 28.
Septem Dormientes apud Majus Monasterium. 397.
Septem Dormientes apud Ephesum. 397.
Serapion, unus e Septem Dormientibus apud Ephesum. 397.
Sergius, martyr. 267, 212.
Sergius I, papa. 34, 36, 90, 91, 178.
Sergius II, papa. 44, 96, 182.
Sergius III, papa. 46, 107, 108, 184.
Sergius IV, papa. 51, 117, 187.
Serlo, abbas Savigniensis. 266, 277.
Seulphus, archiepiscopus Remensis. 109.
Severinus, episcopus Coloniæ. 71.
Severinus, papa. 32, 176.
Severus : *V.* Sulpitius.
Severus, cæsar. 5.
Severus, imperator Romanorum. 165.
Siagrius, Syagrius, rex Suessionis, dux Romanorum, filius Egidii. 17, 75, 76.

Sichardus, abbas Majoris Monasterii. 318, 381.
Sidonius, episcopus Alvernensis. 15.
Sigambertus : *V.* Rigambertus.
Sigebertus, avunculus Theotolonis. 224.
Sigebertus I, rex Francorum, filius Clotarii I et Ingundis. 24, 26, 27, 83, 84, 220.
Sigebertus II, rex Francorum, filius Dagoberti I regis. 33.
Sigebertus, rex Germanorum. 18.
Sigilaicus, Sygilaicus, Sigillaicus, Segelaicus, episcopus Turonensis. 88, 98, 176, 212, 213, 297.
Sigismundus, rex Burgundionum, filius Gondebaudi. 19, 20, 172.
Sigivaldus. 28.
Silvanus. 163.
Silverius, papa. 25, 80, 174.
Silvester I, papa. 5, 37, 65, 168, 237.
Silvester II, Sylvester, qui et Girbertus, papa. 49, 51, 115, 186, 229.
Silvester III, papa. 54, 188.
Silvester, pseudopapa. 121.
Simon, abbas Sancti Andreæ et postea Savigniensis ecclesiæ. 270.
Simon le Maye, Symon le Maye, camerarius et deinde abbas Majoris Monasterii, episcopus Dolensis, tandemque Carnotensis episcopus. 330, 331, 332, 382, 383.
Simplicius papa. 16, 75, 172.
Simplicius, sanctus. 245.
Siricius, Syricius, papa. 11, 70, 71, 169.
Sisebutus, princeps. 31.
Sisinnius, Sysinnius, Sisinnus, papa. 37, 91, 178.

Solemnis, Solempnis, Sollempnis, episcopus Carnotensis. 18, 76, 172.
Sophia, augusta. 29.
Sother, papa. 165.
Spes, filia Sapientiæ, martyr. 164.
Sphortius : *V.* Franciscus.
Statius, poeta. 163.
Stephanus, abbas Cisterciensis. 274.
Stephanus, abbas Majoris Monasterii. 329, 382.
Stephanus, abbas Regniaci. 287.
Stephanus Blanche : *V.* Philippus Blanche.
Stephanus, comes Blesensis, maritus Adelæ, pater Stephani regis. 56, 133.
Stephanus I, comes Sacri Cæsaris. 141.
Stephanus, martyr. 13, 162, 170, 340.
Stephanus I, papa. 2, 166.
Stephanus II, papa. 38, 39, 40, 92, 180.
Stephanus III, papa. 92, 181.
Stephanus IV, papa. 43, 95, 181.
Stephanus V, papa. 46, 103, 183.
Stephanus VI, papa. 46, 106, 183.
Stephanus VII, papa. 47, 109, 184.
Stephanus VIII, papa. 48, 111, 185.
Stephanus IX, papa. 54, 123, 189.
Stephanus, papa. 311.
Stephanus, pseudopapa. 100, 182.
Stephanus, rex Angliæ, filius Stephani comitis. 62, 133, 134, 136, 137, 191, 192.
Stremonius, episcopus Arvernorum. 65.
Stuchar : *V.* Patricius.
Suanus, rex Danorum. 50.

Sulpicius Alexander, historiographus. 14.
Sulpitius, confessor. 340.
Sulpitius, Sulpicius, dominus Ambasiæ, thesaurarius Sancti Martini, nepos Sancti Hervei. 118, 119, 125, 209.
Sulpitius III, dominus Ambasiæ. 149.
Sulpicius, episcopus Bituricensis. 30, 72, 175.
Supitius Severus, Severus Sulpicius, discipulus Sancti Martini. 69, 72, 170, 203, 304, 305.
Sumno, princeps Francorum. 169.
Sunio, dux, pater Ferramundi. 12.
Symmachus. 22.
Symmachus, Symachus, papa. 20, 76, 172.
Symon, apostolus. 163.
Symon de Monte Forti, comes. 195.
Symphorianus, martyr. 160.
Syxtus I, papa. 164.
Syxtus II, Sixtus, papa. 2, 166.
Syxtus III, Sixtus, papa. 14, 74, 171.

Tacitus, imperator Romanorum. 167.
Tarquinus Priscus, rex Romanorum. 30.
Tassilo, dux Baiorum. 39.
Taurigneium : *V.* Fulco de Taurigneio.
Tecla, Thecla, sancta. 163, 303.
Tempora : *V.* Johannes de Temporibus.
Teodovalius, filius Clodomiris regis. 21.
Teotbaldus, Turonorum vicecomes. 234.

Terbellus, rex Vulgarorum. 34.
Tertulphus, Tertullus, Tertulius, filius Torquati. 98, 101, 102, 182.
Tescelinus Petrueriensis. 231.
Testho, cardinalis presbyter. 341.
Telesphorus, papa, 164.
Theobaldus, abbas de Fontanis et postea Castellionis. 259, 267. 279.
Theobaldus III, Theaubaudus, Tetbaldus, comes Blesensis et Campaniensis. 55, 121, 188, 193, 247, 292.
Theobaldus IV, comes Campaniensis et Blesensis, frater Stephani regis. 61, 62, 133, 134, 159, 283, 285, 288.
Theobaldus V, Junior, comes Blesensis, filius Theobaldi IV comitis. 135, 141, 268, 269, 279, 288.
Theobaldus, comes de Bar. 195, 196.
Theobaldus I, rex Navarræ. 195.
Theobaudus, abbas Majoris Monasterii. 306.
Theobaudus de Lugati Acuti. 291.
Theodebertus, Theobertus, filius Chilperici regis. 26, 27, 83, 84.
Theodebertus, rex Austriæ, filius Childeberti II. 30, 31.
Theodebertus, rex Francorum, filius Theodorici regis. 19, 22, 23, 80.
Theodora, imperatrix, privigna Herculii, uxor Constantii imperatoris. 4.
Theodoricus I, Theodericus, rex Remorum, filius Clodovei. 17, 19, 21, 22, 26, 78, 79.
Theodericus, Thedericus II, rex Burgundiæ, filius Childeberti regis. 30, 31.
Theodoricus III, Theodericus, rex Austriæ, filius Clodovei II, 35, 36, 177, 178.
Theodoricus IV, rex Francorum, filius Dagoberti III. 179.
Theodoricus Valamer, rex Gothorum. 22.
Theodorus. 22.
Theodorus, Theodorius, episcopus Turonensis. 20, 79, 80, 173, 207, 296.
Theodorus, exarchus. 33.
Theodorus, martyr. 166.
Theodorus, nepos Sancti Martini, unus e Septem Dormientibus. 73.
Theodorus, filius Hilgrini, consobrinus Sancti Martini. 397.
Theodorus I, papa. 34, 89, 176.
Theodorus II, papa. 46, 106, 183.
Theodosius I, imperator Romanorum. 10, 11, 12, 69, 70, 71, 169, 397.
Theodosius II, imperator Romanorum, filius Arcadii. 13, 14, 72, 74, 170.
Thedosius III, imperator Romanorum. 34, 91, 179.
Theodovaldus, Theodobaldus, rex Francorum, filius Theodeberti regis. 23, 24.
Theophilus, hæreticus. 174.
Theotolo, Theotholo, Theutelo, Theudolo, Theodolo, Theotilo, Theotilus, Thetolo, Tetholo, Tetolo, Teotolo, Teotolus, Hteudolo, decanus Sancti Martini Turonensis, et postea archiepiscopus Turonensis. 47, 108, 112, 113, 185, 215, 221, 222, 223, 226, 231, 232, 297.
Thomas, apostolus. 164.
Thomas, archiepiscopus Cantuariæ, martyr. 137, 138, 141, 192, 195, 287.

Thomas de Paccio, Thomas Paccius, Thomas, notarius Fulconis V comitis, prior Beatæ Mariæ de Lochis. 377, 378, 379.
Tiberius I, Tyberius, imperator Romanorum. 10, 162.
Tiberius II, Tyberius, imperator Romanorum. 29, 83, 175, 220.
Tiberius III, Tyberius (vulgo (Absimarus), imperator Romanorum. 34, 91, 178.
Tiberius IV, imperator Romanorum, filius Justiniani II. 34.
Tiburcius, martyr. 166.
Timotheus. 7.
Tirel : *V.* Gauterius.
Torquatius, pater Tertulphi. 98, 182.
Torneham : *V.* Robertus de Torneham.
Tostinus Flandrensis. 54.
Transmarinus : *V.* Ludovicus.
Trenchan, pulsator campanarum ecclesiæ Majoris Monasterii. 389.
Tridorius, filius Sanctæ Mauræ. 70.
Trophymus, episcopus Arelatensium. 65.
Tullius (Cicero). 351.
Turonensis : *V.* Gregorius, Beringarius, Martinus.
Tursac, imperator Græcorum. 192.
Turpinus, archiepiscopus Remensis. 181.
Tursomodus, rex Gothorum. 14.
Tyrsus, martyr. 167.
Tytus, imperator Romanorum. 163, 164.

Ugo, abbas Cluniacensis. 60.
Ulricus de Pelvezin. 286.
Ultramarinus : *V.* Ludovicus.
Umbertus, sacerdos matutinalis Sancti Martini, postea canonicus Sancti Cosmæ. 128.
Unfragus, avunculus Herlanni. 223.
Urbanus I, papa. 165, 166.
Urbannus II, papa, qui antea Odo Ostiensis episcopus. 58, 61, 123, 129, 189, 190, 219, 314, 319, 338, 391.
Urbanus III, papa. 192.
Urbanus VI, papa. 333.
Urgernus, rex Britanniæ. 16.
Ursinus, episcopus Bituricensis. 28, 163.
Ursmarus, Ursinarus, archiepiscopus Turonensis. 98, 100, 182, 214, 297.
Usacius, episcopus. 70.

Valamer : *V.* Theodoricus.
Valens, frater Valentiniani I, imperator Romanorum. 9, 10, 14, 69, 169, 202.
Valentanus, Valentinus, papa. 43, 95, 182.
Valentinianus I, imperator Romanorum, frater Valentis. 9, 10, 68, 69, 97, 169, 202.
Valentinianus II, imperator Romanorum, filius Valentiniani I. 10, 11, 68, 69, 70, 71, 169.
Valentinianus III, imperator, nepos Theodosii II, filius Placidiæ. 14, 15, 74, 171.
Valeria, imperatrix, filia Diocletiani, uxor Galerii. 4.
Valerianus, imperator Romanorum. 2, 166.
Valerianus, martyr. 166.
Valesius : *V.* Franciscus.

Valleon : *V.* Savaricus de Malo Leone.
Vallis Grinosa, seu Grinose, alias Guinosa : *V.* Guido de Valle Grinosa.
Vedastus, episcopus Atrebatensis. 174.
Venantius, abbas. 207.
Vercellensis : *V.* Eusebius Vercellensis.
Verno : *V.* Hugo de Verno.
Verus : *V.* Virus.
Vespasianus, imperator Romanorum. 163.
Vetranion, usurpator imperii Romani. 8.
Victor I, papa. 165.
Victor II, papa. 54, 121, 123, 188.
Victor III, papa, qui et Desiderius abbas Cassinensis. 60, 123, 189.
Victorinus rhetor. 8, 168.
Vicencius : *V.* Vincencius.
Vienna : *V.* Henricus de Vienna.
Vigier : *V.* Guido.
Vigilius, papa. 22, 25, 80, 174.
Vileaterius. 25.
Villa Piscor. *V.* Herveus de Villa Piscor.
Villanus : *V.* Hugo.
Villicarius, Wiliacharius. 210, 300.
Vincencius, Vincentius, Vicencius de Pilenis, archiepiscopus Turonensis. 217.
Vincentius. 23.
Vindochinus, dux Saxonum. 42.
Vindocinum : *V.* Archembaudus, Helchimbaudus de Vindocino.
Vindocinensis : *V.* Hugo.
Virus, Verus, episcopus Turonensis. 17, 76, 77, 172, 207, 296.

Virmendensis : *V.* Quintinus Virmendensis.
Vitalianus, Vitalinus, papa. 35, 89, 90, 177.
Vitalina, virgo. 22.
Vitreium : *V.* Robertus de Vitreio.
Vivianus, abbas Sancti Martini Turonensis et Majoris Monasterii. 397.
Volusianus, abbas Majoris Monasterii. 306.
Volusianus, filius Galli regis. 2.
Volusianus, episcopus Turonensis. 17, 76, 172, 206, 296.
Vulgrinus, abbas Majoris Monasterii. 306.

Waifarius, dux Aquitanorum. 39.
Walacus, Walatus : *V.* Givaldus.
Warochus, comes Britanniæ, filius Maclovii. 85.
Wiliacharius : *V.* Villiacarius.
Willelmus : *V.* Guillelmus.
Willelmus, clericus Theobaldi IV comitis Blesensis. 284.
Willelmus clericus, eremita Fontanarum, Hierosolymæ patriarcha. 259, 260, 261.
Willelmus de Rochis. 291.
Willelmus de Tolosa, abbas Savigniensis et postea Cluniacensis. 271, 272.
Willelmus, infirmarius de Fontanis. 259, 273.
Windocinensis : *vid.* Archembaudus de Vindocino.

Yber : *V.* Lucius.
Yberius : *V.* Liberius.
Ysiodorus : *V.* Isiodorus.

Zacharias, papa. 38, 92, 180.
Zenon, imperator Romanorum.
 17, 18, 75, 76, 172.
Zepherinus, papa. 165.
Zerobertus : *V.* Cropertus.
Zozimus, Zosimus, Osinius, papa.
 13, 72, 170.

INDEX

LOCORUM ET POPULORUM.

Abrincensis, *d'Avranches, Manche.* Abrincensis diœcesis: 395.
Achaia : 163 ; *l'Achaïe.*
Acon, Accon, Acre: 143, 190, 193, 196 ; *Saint-Jean-d'Acre, en Palestine.* Civitas d'Acre: 197.
Acrecus villa : 36 ; *Escheri, Aisne.*
Ad Clausum Sancti Albini : *V.* Clausum.
Ad Estappum : *V.* Estappum.
Ad Palfictum : *V.* Palfictum.
Adrisiacus : 43, 96 ; *dépendance de Saint-Martin de Tours.*
Ægyptus: 162 ; *l'Egypte.*
Africa : 12, 22, 33 ; *l'Afrique.*
Agathes : 37 ; *Agde, Hérault.*
Agaunensis : 19, 20 ; *de Saint-Maurice, en Suisse.* Agaunenses beati : 211. Agaunenses martyres : 19. Agaunensis, Agaunensium ecclesia : 172.

Alamannia, Alemannia : 37, 52, 63, 70, 103, 132, 161 ; *la Germanie ou Allemagne.* Alemanniæ imperator : 143. Alemanniæ rex : 161, 198.
Alamanni : 18, 37 ; *les Germains ou Allemands.*
Albanensis, *d'Albano, États Pontificaux.* Albanenses episcopi : 277, 278, 280, 290.
Alberiaca nemus ; 295 ; *Bois-Aubri (?), près Tours.*
Albiensis, Albigensis : 39, 78, 158, 194 ; *d'Albi, Tarn.*
Alenconium : *Alençon, Orne.* Comes de Alenconio : 199.
Alexandria : 6, 7, 172 ; *Alexandrie, en Egypte.*
Alingaviensis vicus : 203; Landegavis, castrum : 228 ; Lengiacum : 293 ; Lengiciacum : 121 ; *Langeais, Indre-et-Loire.*

Allodia : 282, 284, 288; *les Alleux, nom primitif du lieu où fut bâti le monastère de Fontaines les Blanches, com. d'Autresche, Indre-et-Loire.*

Alpes : 70; *les Alpes.*

Alpes Apenninæ : 228; *les Apennins.*

Alverni, **Alvernenses** : V. Arverni.

Amatissa : 293; *l'Amasse, rivière du département d'Indre-et-Loire.*

Ambasia, Ambazia, Ambasiacum, Ambaziacum, Ambaciensis vicus : 18, 97, 102, 104, 118, 119, 125, 130, 187, 203, 293; *Amboise, Indre-et-Loire.* Ambasiæ castrum : 125, 152. Ambasiæ dominus : 118, 119, 149. Ambaziæ dominus : 209.

Ambasiencis, **Ambasiacensis**, *d'Amboise.* Ambasience territorium : 263. Ambasiacensis (dominus): 316.

Ambianis : 66, 69; *Amiens, Somme.*

Andegavia : 75, 104, 109, 123, 137, 146, 150, 153, 155; *l'Anjou.* Andegaviæ monarchia : 292. Andegaviæ comitatus : 102, 145, 146, 158, 160. Andegaviæ comes : 109, 117, 122, 125, 126, 128, 129, 130, 131, 132. Andegaviæ senescallus : 154, 158.

Andegavus, **Andegavensis** : *de l'Anjou.* Andegavi : 85. Andegavus terminus : 207. Andegavorum comites : 234, 283, 292, 315, 339. Andegavorum consul : 309. Andegavensis abbatia : 158. Andegavensis comitatus : 130, 133, 134. Andegavenses comites : 51, 60, 112, 113, 115, 116, 117, 118, 119, 120, 121, 122, 126, 128, 131, 132, 136, 182, 183, 188, 190, 196. Andegavensium comes : 182. Andegavensis senescallus : 153. Andegavensis dux : 389.

Andegavis, **Andegavi**, **Andegavum** : 44, 58, 75, 84, 98, 99, 112, 125, 132, 153, 182, 189, 222, 320, 334; *Angers, Maine-et-Loire.* Andegavis civitas : 153. Andegavis urbs : 153, 160. Andegavis comes : 61. Andegavorum episcopus : 129.

Andegavus, Andegavensis : *d'Angers.* Andegavus civis : 207. Andegavensis civis : 77, 79. Andegavensis urbs : 145, 146. Andegavensis episcopatus : 132, 133. Andegavenses episcopi : 69, 103, 296. Andegavensis (ecclesiæ) archidiaconus et thesaurarius : 123.

Andeliacus, castrum : 149; *Les Andelys, Eure.*

Anglia : 15, 16, 40, 42, 43, 50, 53, 54, 56, 57, 59, 61, 62, 109, 112, 133, 134, 137, 145, 165, 170, 171, 179, 194, 319; *l'Angleterre.* Angliæ regnum : 53, 133, 141, 189. Angliæ reges : 37, 45, 49, 55, 56, 59, 61, 62, 109, 111, 130, 133, 136, 137, 138, 139, 140, 141, 142, 143, 144, 145, 146, 147, 148, 149, 150, 151, 153, 157, 158, 159, 160, 161, 186, 187, 191, 192, 193, 197, 219, 269, 330, 332, 379. Angliæ regina : 160. V. Britannia.

Angli : 16, 23, 138. Anglici : 270, 332, 334; *habitants de*

l'Angleterre, Anglorum reges : 318, 319.
Anglicanus, *d'Angleterre*, Anglicanum mare : 326.
Angli : 16 ; *les Angles, habitants des côtes du Danemark, qui conquirent la Grande-Bretagne et lui imposèrent leur nom.*
Angolismansis : V. Engolismensis.
Aninsula : 28 ; *Anille, plus tard Saint-Calais, Sarthe.*
Antiochia : 58, 176, 189, 190 ; *Antioche, en Syrie.* Antiochiæ episcopus : 163.
Antiochenus, *d'Antioche* ; Antiochena synodus : 168.
Apuleia, Apulia, Appulia : 56, 57, 63, 134, 136 ; *la Pouille, prov. du roy. des Deux-Siciles.* Apuliæ regina : 136.
Aqua Viva, abbatia canonicorum regularium : 265 ; *Aigue-Vive, abbaye d'hommes, ordre de Saint Augustin, diocèse de Tours.*
Aquensis : *d'Aix, Bouches-du-Rhône.* Aquensis urbs : 180.
Aquifolia : 396 ; *dépendance du pr. de Château-du-Loir, au dioc. du Mans.*
Aquilea, Aquileia, olim Forum Julii : 11, 95 ; *Aquilée, en Illyrie.*
Aquilina, silva Parisiorum : 79 ; *la forêt d'Iveline, Eure-et-Loir.*
Aquisgrani : 42 ; Aquisgranum : 95 ; *Aix-la-Chapelle, roy. de Prusse.*
Aquitania : 19, 40, 63, 79, 95, 106, 108, 110, 135, 137, 146, 153, 180, 221 ; *l'Aquitaine, anc. prov. de France.* Aquitaniæ ducatus : 134. Aquitaniæ duces : 41, 63, 92, 108, 139, 141. Aquitaniæ comes : 110. Aquitaniæ magister templarius : 198.
Aquitani : 39 ; *habitants de l'Aquitaine.* Aquitani proceres : 146.
Arabs : 56, *habitants de l'Arabie.*
Aragonia : 197 ; *l'Aragon, en Espagne.*
Arelatis : 95 ; *Arles, Bouches-du Rhône.*
Arelatensis : 65 ; *d'Arles.*
Aretum : 61 ; *Arezzo, en Toscane.*
Armenia : 163 ; *l'Arménie.*
Armeni : 29, 174 ; *les Arméniens.*
Artona, vicus Arvenensis : 22 ; *Artonne, Puy-de-Dôme.*
Arva, fluvius Normanniæ : 222 ; *l'Arve, rivière qui formait la limite de la Normandie.*
Arvernia : 75, 78 ; Arvernum : 84, 112 ; Arvenicus pagus : 220 : *l'Auvergne, anc. prov. de France.*
Arvernus : 80, 82, 83 ; Arvernensis vicus : 22 ; *d'Auvergne.*
Arverni, Alverni : *Clermont-Ferrand, Puy-de-Dôme, ancienne capitale de l'Auvergne.* Arvernorum episcopus : 65. Alvernorum episcopus : 19. V. Clarmons, Clarus Mons.
Arvernus, Alvernus, Avernensis, Alvernensis : *de Clermont-Ferrand.* Arverni senatores et cives : 208. Alverni cives : 20. Avernensis episcopus : 177. Alvernenses episcopi : 14, 15, 24.
Ascalon : 143 ; *Ascalon, en Syrie.*

Asia : 142 ; *l'Asie.*

Asia Minor : 397 ; *l'Asie Mineure.*

Asnieriæ, Asineriæ, abbatia in episcopatu Andegavensi : 133, 191 ; *Asnières-Bellay, abb. d'hom., ord. S. Ben., dioc. d'Angers.*

Auciencis : *d'Oca, aujourd'hui Huesca, en Espagne.* Auciencis ecclesia : 142.

Augustodunum : 8 ; *Autun, Saône-et-Loire.*

Augustidunensis : *d'Autun.* Augustidunensis episcopus : 36, 177.

Aurelianum, sylva : 81 ; *la forêt de Bretonne (?), Eure.*

Aurelianis : 3, 19, 79, 105, 116, 131, 222, 292, 309, 341. Aureliani : 234 ; Aurelianum : 14, 76, 320 ; *Orléans, Loiret.* Aurelianorum pontifex : 231. V. Ginabum.

Aurelianensis : 20, 103, 151, 171, 340, 387, *d'Orléans.* Aurelianensis pagus : 234. Aurelianensis vicecomitatus : 102. Aurelianensium vicecomes : 234. Aurelianensis decanus : 323. Aurelianensis capicerius : 323 Aurelianenses canonici : 323. Aurelianensis lictor : 389.

Austresches : 286 ; *Autresches, Indre-et-Loire.* Præfectus de Austresches : 286.

Austria : 30, 33, 35, 36, 37, 85 ; *l'Austrasie, une des grandes divisions de la France, sous les rois Mérovingiens.*

Austria, id est Alamannia et Toringia : 37, 143 ; *la Saxe, en Allemagne.* Austriæ dux : 136, 143, 193.

Autissiodorensis pagus : 85, 96 ; *l'Auxerrois, anc. prov. de France.*

Autissiodorum : 15, 43, 99, 100, 103, 105, 109, 111, 182, 183, 222, 200 ; Altisiodorum : 183, *Auxerre, Yonne.*

Autissiodorensis : 15, 100, 103, 106 ; Autisiodorensis : *d'Auxerre.* Autissiodorensis episcopus : 170 : 171. Autisiodorensis comes : 194.

Avinio : 158. Avenio : 333 ; *Avignon, Vaucluse.*

Avenionensis : *d'Avignon.* Avenionensis civitas : 159.

Axona, Anxona, fluvius : 109, 113 ; *la rivière d'Aisne, en France.*

Babel turris : 159 ; *la tour de Babel, près Babylone, Turquie d'Asie.*

Baii : 39 ; *les Bavarois.*

Baiocassini : 85 ; *les habitants du Bessin, anc. prov. de France.*

Baiocencis, *de Bayeux, Calvados.* Baiocencis episcopus : 57.

Balatedo : 206, *Ballan, Indre-et-Loire.*

Balleolum : *Bailleul, au dioc. d'Avranches, dépendance du prieuré de Lehon.*

Balum, castrum : 145 ; *le château de Ballon, Sarthe.*

Banlilium, in villa Cersilla : 224 ; *la Ballière, com. de Cerelles, Indre-et-Loire.*

Barbiniacum. V. Birbiniacum.

Barrensis : *du Barrois.* Barrensis comes : 159, 160. Comes de Bar : 195, 196.

Barum : 189 ; *Bari*, *au royaume de Naples*.
Basainvilla : 395 ; *Bazainville*, *prieuré de Marmoutier, au diocèse de Chartres*.
Basolcæ : 320 ; *Bazoches, pr. de Marmoutier, au diocèse de Laon*.
Baugarenses : 37 ; *les Bavarois*.
Baugenciacum, castrum : 135 ; Baugentiacum ; *Beaugency, Loiret*. Dominus de Baugentiaco : 104.
Beata Maria : *Vid*. Sancta Maria. *Béaufort, Maine-et-Loire* : 379.
Beaugeium : 160 ; *Baugé, Maine-et-Loire*.
Bellesme : 160 ; *Bellême, Orne*.
Bellismus : *Bellême, prieuré de Marmoutier, au diocèse de Sées*. Prior de Bellismo : 397.
Bellus Fortis : 160 ; *Beaufort, Maine-et-Loire*.
Bellus Locus : 118. 120, 187, 377 ; *Beaulieu, abbaye d'hommes, ordre de Saint Benoit, diocèse de Tours*.
Bellus Mons : 251 ; *Beaumont-la Chartre, Sarthe*.
Bellus Mons : 117, 150, 151, 187 ; *Beaumont-lès-Tours, abbaye de femmes, ordre de Saint Benoit*. Belli Montis moniales : 152, 187.
Belvagicus, Belvacencis, *de Beauvais, Oise*. Belvagicæ civitatis episcopus : 135. Belvacencis episcopus : 161.
Beneventum : 186 ; *Bénévent, États Pontificaux*.
Bereyum : 395 ; *Béré, prieuré de Marmoutier, au diocèse de Nantes*.
Berraum : 206 ; *Barrou, Indre-et-Loire*.

Bethleem : 11, 163, 170 ; *Bethléem, en Palestine*.
Betimvag, in pago Lemovico : 45 ; *dépendance de Saint-Martin de Tours, dans le Limousin*.
Bevronium : 160 ; *Beuvron, Calvados*.
Bigothi : 45 ; *les Normands*.
Birbiniacum, Barbiniacum, in pago Lemovico : 45 ; *dépendance de Saint-Martin de Tours, dans le Limousin*.
Bithinia : 50 ; *la Bithynie*.
Bituria, Viteria : 188 ; *le Berri, province de France*.
Bituricencis, *du Berri*. Bituricencis dux : 289.
Bituris : 158 ; Biturica : 28, 95 ; Bituricæ : 39 ; *Bourges, Cher*.
Bituricencis : 151, 175, 194 ; Bituricus, *de Bourges*. Bituricensis pagus : 110. Bituricenses archiepiscopi : 30, 305, 312, 358. Bituricensis clerus : 305. Bituricus pagus : 21, 28, 47, 110. Biturica civitas : 110.
Bizantium : 45, 56 ; *Constantinople*.
Blavium : 26 ; Blavia : 83 ; *Blaye, Gironde*.
Blaviensis : 169 ; *de Blaye*.
Blazun, *Blaison, Maine-et-Loire*. Dominus de Balzun : 104.
Blesis : 135, 252, 255 ; *Blois, Loir-et-Cher*. Comes de Blesis : 199. Blesis comes : 247, 288. Blesis abbatia : 255, 256. Blesis abbas : 255, 256, 287.
Blesensis : 55, 56, 321, 323, 382 ; *de Blois*. Blesensis comitatus : 326, 327. Blesensis

comes : 51, 61, 119, 121, 133, 135, 141, 188, 268, 283, 326, 327, 328, 391.

Blimardi foresta : 282, 283, 284 ; Blimarz foresla : 284 ; Blimarcii seu Sancti Cirici hayæ : 293 ; Blemardi foresta : 288, 289 ; *Blimars, forêt qui servait de limite entre la Touraine et le Blaisois, d'où était venu son nom* (Blesis marca, *la marche de Blois*).

Blireium : 87, 175 ; Blerei : 293; *Bléré, Indre-et-Loire.*

Bohonium : 395; *Saint-Georges-de-Bohon, prieuré de Marmoutier, au diocèse de Coutances.*

Bolonia : 75 ; *le Boulonnais, province de France.*

Bona Vallis, *Bonneval, abbaye d'hommes, ordre de Saint Benoît, diocèse de Chartres.* Monachi nigri de Bona Valle : 264. Abbas Bonæ Vallis : 287.

Bononia : *Boulogne-sur-Mer. Pas-de-Calais.* Bononiæ comes : 133.

Bonus Locus : *Bonlieu, abbaye de femmes, ordre de Citeaux, diocèse du Mans.*

Bourgueil : 385 ; *Bourgueil, abbaye d'hommes, ordre de Saint Benoît, diocèse d'Angers.*

Bovaria : 38 ; *la Bavière.*

Brænna : 293 ; *la Brenne, rivière, Indre-et-Loire.*

Braium : 292 ; *Bourré, Loir-et-Cher.*

Brenereyum : 394 ; *Berneçay, prieuré de Marmoutier, au diocèse de Tours.*

Breslia : 293 ; *la Bransle, rivière, Indre-et-Loire.*

Briæ : 28 ; *Brives, Cher.*

Bricca : 204 ; *Bresches, Indre-et-Loire.*

Briotreis : 204 ; *Bridoré, Indre-et-Loire.*

Britanniacus : 111 ; *Berthenay, Indre-et-Loire.*

Britannia : 11, 15, 16, 69, 70, 75 ; *l'Angleterre.* Rex Britanniæ ; 77, 172, 218. V. Anglia.

Britones : 5, 16, 58, 74 ; *les habitants de l'Angleterre.* V. Angli, Anglici.

Britannia : 25, 54, 55, 123, 174, 188, 221, 255, 328 ; Britannia Minor ; Brittannia : 241, 343 ; *la Bretagne, province de France.* Britanniæ rex : 117. Britanniæ Minoris rex : 98. Britanniæ dux : 199. Britanniæ comitatus : 133. Britanniæ comites : 56, 85, 136, 145, 154, 159, 160, 195. Britanniæ Minoris comites : 75, 145. Britanniæ episcopi : 296. Britanniæ barones : 154.

Brito, Britto : 23, 44, 97, 154, 182, 334, 382 ; *Breton.*

Britannicus : *de Bretagne.* Britannica natio : 325. Britannicum mare : 97.

Brivates : 228 ; *Brioude, Haute-Loire.*

Brixis : 204 ; *Brizay, Indre-et-Loire.*

Brugæ : 196 ; *Bruges, en Belgique.*

Bruhemmum : 104 ; *Bréhémont, Indre-et-Loire.*

Brumenderia : 289 ; *la Brumendière, dépendance de*

l'abbaye de Fontaines-les-Blanches.

Burbunnum : 39; *Bourbon-l'Archambault, Allier*.

Burdegali : 78; Burdegalia : 95; Burdegala : 86; *Bordeaux, Gironde*.

Burdegalensis : *de Bordeaux*. Burdegalensis synodus : 70. Burdegalensis archiepiscopus : 330.

Burguliensis : 228; *de Bourgueil, Indre-et-Loire. V. Sanctus Petrus Burguliensis*.

Burgundia : 19, 20, 36, 37, 78, 79, 80, 84, 106, 129, 200, 207, 221, 309, 314; Burgondiæ : 26; *la Bourgogne, prov. de France*. Burgundiæ rex : 30, 172 Burgundiæ ducatus : 107. Burgundiæ dux : 98, 109, 110, 141, 143, 199.

Burgundiones : 17; *les Bourguignons*. Burgundionum rex : 19.

Burgus Novus, Turonis : 221; *le Bourg Neuf, la rue Neuve, aujourd'hui, rues du Commerce et Colbert, à Tours*.

Burgus Sancti Petri, Turonis : 221; *le bourg Saint-Père ou Saint-Pierre-le-Puellier, à Tours*.

Busenciacus : 102; Busencaius : *Buzançais, Indre*. Busencaii dominus : 157.

Buxeria : 266; *la Boissière, abbaye d'hommes, ordre de Cîteaux, diocèse d'Angers*.

Cabilumnus : 30; *Chálon-sur-Saône, Saône-et-Loire*.

Cableiæ ; 99 ; Chableiæ : 182 ; Capleia : 43, 44; *Chablis, Yonne*.

Cadomi : 57 ; Cathomi : 56 ; *Caen, Calvados*.

Cadomensis, *de Caen*. Cadomensis abbatissa : 56.

Cadurcum : 39, *Cahors, Lot*.

Cadurcinum : 83; *le Quercy*.

Cæsaraugusta : 23; *Saragosse, Espagne*.

Caino; 136, 145, 150, 153, 157, 204, 293; Kaino : 159; Cayno : 77 ; Chaino : 121, 125, 145; Chayno : 194; Quaino : 145, 194 ; Quinnonum : 145 ; *Chinon, Indre-et-Loire*.

Calabria : 56, 142, 192; *la Calabre*.

Calatonnus vicus : 204; *Chalonnes (?), Maine-et-Loire*.

Calcedonensis, Chalcedonensis, *de Chalcédoine, Asie-Mineure*. Calcedonensis synodus : 171. Chalcedonensis synodus : 15.

Calumna, vicus Aurelianensis : 20; *Coulmier, Loiret*.

Cameracum : 13, 18; Camericum : 18; *Cambray, Nord*.

Campania : *V. Beata Maria Campaniæ*.

Campania, Campania Germanica, *la Champagne, province de France*. Campaniæ comes : 133, 134, 141, 159, 160, 192, 391. Campaniæ Germanicæ comes : 354.

Campanus : 161; Campaniensis : 292, 310; *de Champagne*. Campaniensis comes : 343.

Campus Britonis : 279, 289; *Champ-Breton, dépendance de l'abbaye de Fontaines-les-Blanches*.

Campus Caprarius : 293; *Champ-chevrier, com. de Cléré, Indre-et-Loire*.

Cancelli, villa : 224, 232; *Chanceaux, arrondissement de Tours, Indre-et-Loire.* Vicaria de Cancellis, in pago Turonico : 233. Ecclesia de Cancellis : 228, 231.

Candata : 71 ; *Candes, Indre-et-Loire.*

Candatensis, *de Candes.* Candatensis vicus : 71, 203.

Cande castrum : 55 ; Candæ castrum : 130 ; *le château de Candé, Maine-et-Loire.*

Cantela : 39 ; *Chantelle, Allier.*

Cantia ; Canthia : 87 ; *le comté de Kent, en Angleterre.* Cantiæ comes : 57.

Cantuarii : 40 ; *les habitants du royaume de Kent.*

Cantuaria : 59 ; *Cantorbéry, Angleterre.* Cantuariæ archiepiscopus : 56, 58, 59, 137. Cantuariæ ecclesia : 138.

Cantuariensis, *de Cantorbéry.* Cantuariensis archiepiscopus : 192, 195.

Carcassona : 194 ; *Carcassonne, Aude.*

Carcer : 293 ; *la Chartre, Sarthe.*

Carnotum : 45, 183, 320 ; Carnotum Belgica : 292 ; Carnutum : 395 ; *Chartres, Eure-et-Loir.*

Carnotenus ; Carnotensis : 18, 50, 76, 154, 325, 326, 382 ; *de Chartres.* Carnotenum territorium : 354. Carnotensium vicecomes : 234. Carnotensis diœcesis : 152, 395. Carnotensis episcopatus : 286, 293. Carnotenses episcopi : 18, 172, 188, 229, 285, 286, 287, 331. Carnotensis ecclesiæ minister : 287. Carnotensis archidiaconus : 287. Carnotensis ecclesiæ canonicus : 287.

Carus : 97, 99, 114, 293, 294, 295, 298, Caris : 221 ; Cherius : 265 ; *le Cher, rivière qui se jette dans la Loire, à trois lieues au-dessous de Tours.*

Caspiæ portæ : 32 ; *les portes Caspiennes, aujourd'hui le Pas de Kaouar, en Perse.*

Cassinogdum : 42 ; *Casseneuil, Lot-et-Garonne.*

Cassinus : 38 ; *le Mont-Cassin, abbaye d'hommes, ordre de Saint Benoit, royaume des Deux-Siciles.*

Cassinensis : 60 ; *du Mont-Cassin.*

Castellio, abbatia in Lotherii regno : *Châtillon, abbaye d'hommes, ordre de Citeaux, au diocèse de Verdun.* Castellionis abbas : 268.

Castellionum, in pago Biturico : 47, 110. Castellio : 102, 320, *Châtillon-sur-Indre, Indre.*

Castelli : 293 ; *Château-la-Vallière, Indre-et-Loire.*

Castiniacum, medietaria : 393 ; *Chahaignes : métairie, commune de Semblançay, Indre-et-Loire.*

Castræ : 279 ; Castras : 285 ; *Châtre, commune de Saint-Ouen, Indre-et-Loire.*

Castrum Airaudi, *Châtellerault, Vienne.* Vicecomes de Castro Airaudi : 146.

Castrum Beati Martini : 51, 59, 62, 132, 218, 300, 301, 302 ; Castrum Novum : 100, 103, 140, 147, 148, 149, 219, 298 ; Novum Castrum Turonense : 140 ; Beatus Martinus de Castro Novo : 311 ; *Châteauneuf, aujourd'hui réuni à Tours.*

Castri Novi canonici : 357, 358.

Castri Novi burgenses : 147,

301, 302, 309. Castri Novi burgensium communia : 192.
Castrum Briani, *Châteaubriant, Loire - Inférieure.* Dominus Castri Briani : 154.
Castrum Dunum : 268; *Châteaudun, Eure-et-Loir.*
Castridunensis, *de Châteaudun.* Castridunensis vicecomes : 393.
Castrum Gunterii, *Château-Gontier, Mayenne.* Dominus de Castro Gunterii : 104.
Castrum Lauduni : 102; Laudunense Castrum : 123; Castrum Landonense : 125; *Château-Landon, Seine-et-Marne.* Domina de Castro Lauduni : 102.
Castrum Lidi : 153, 396; *Château-du-Loir, Sarthe.* V. Sanctus Guingaloeus de Castro Lidi.
Castrum Radulphi : 140; *Châteauroux, Indre.*
Castrum Raginaldi : 122, 188, 197; Castrum Reginaldi : 188; Castrum Rainaldi : 283; Rainaldi Castrum : 293; *Château-Renault, Indre-et-Loire.* Castellania de Castro Rainaldi : 288, 289.
Castrum Theoderici : 110; Castrum Thierry : 389; *Château-Thierry; Aisne.*
Cava : 62; *La Cava, abbaye d'hommes, ordre de Saint Benoît, roy. des Deux-Siciles.*
Cedens Negronius : 394; *Négron, Indre-et-Loire, dépendance de Marmoutier.*
Cella in Bria : 395, *la Celle-en-Brie, dioc. de Meaux, prieuré de Marmoutier.* Prior de Cella in Bria : 329.
Cellebriensis, *de la Celle-en-Brie.* Cellebriensis ecclesia : 323.

Cenisius mons : 41; *le mont Cenis, roy. de Sardaigne.*
Cenomannia : 137; *le Maine, prov. de France.*
Cenomannicus, Cenomannensis, *du Maine.* Cenomannici : 85. Cenomannicus comitatus : 61, 75. Cenomannensis comitatus : 131. Cenomannensis comes : 131. Cenomanensis dux : 389. Cenomannis : 99, 135, 141; Cenomanis : 163, 308; Cenomannus : 55, 59, 123; Cenomannicus : 160; *Le Mans, Sarthe.*
Cenomannensis, Cenomanensis : 154, 157, 228; Cenomannicus; *du Mans.* Urbs Cenomannica : 99, 146. Civitas Cenomannica : 110. Urbs Cenomannensis : 145, 324. Cenomannensis episcopatus : 293, 324. Cenomanensis diœcesis : 389. Cenomanensium episcopus : 153. Cenomannensis episcopus : 132, 151, 293. Cenomannensis ecclesia : 30, 87.
Cerate, Cerente, Uscerate, Viscerate : 310; *Ceré, Indre-et-Loire.*
Cersilla, villa trans Ligerim : 224; *Cerelles, Indre-et-Loire.*
Chaluchevreus : 144; *Chalus, Haute-Vienne.*
Chantousseaulx : 395; *Champtoceaux, pr. de Marmoutier, au dioc. de Nantes.*
Charonne : 195; *Seine.*
Chastelaudrem : 396. *Châtelaudren, Côtes-du-Nord, dépendance de Marmoutier.*
Chersona : 33; *la Chersonèse.*
Chosiacus : 327; Chousiacus : 395; *Chouzy, pr. de Marmoutier, au dioc. de Chartres.*

Cisomagensis vicus : 203 ; *Chisseaux*, *Indre-et-Loire*.

Cistercium : 274 ; *Citeaux, chef d'ordre, abb. d'hommes, dioc. de Chálon-sur-Saóne*.

Cisterciensis, Cistellensis : *de Citeaux*. Cisterciensis abbas : 271, 274. Cistercience monasterium : 275. Cisteriensis ordo : 152, 153, 267, 275, 280, 287. Cistercienses congregationes : 275. Cistellensis religio : 58.

Clara Vallis : 268, 274 ; Clarevallis : 190, 191 ; Clarevallum : 135 ; *Clairvaux, abbaye d'hommes, ordre de Saint Benoît, diocèse de Langres*. Claræ Vallis abbas : 267.

Clarevallensis : 268 ; *de Clairvaux*. Clarevallensis ecclesia : 267. Clarevallensis abbas : 276, 286.

Clarmons : 39 ; Clarus Mons : 58 ; *Clermont-Ferrand, Puy-de-Dôme*. V. Arverni.

Claromontanus, *de Clermont*. Claromontanum concilium, 314, 338, 341.

Clarus Mons : 269 ; *Clermont, abbaye d'hommes, ordre de Citeaux, dioc. du Mans*. Abbates de Claro Monte : 269, 270. Prior de Claro Monte : 269.

Claromontenses : 269 ; *les moines de Clermont*.

Clausum Sancti Albini (ad : 221 ; *le clos Saint-Aubin, vigne contiguë au monastère de Saint-Julien de Tours*.

Cluniacus : 62, 312, 314 ; Cluniaci : 276. *Cluny, abbaye d'hommes, ordre de Saint Benoît, dioc. de Mâcon*. Cluniacum cœnobium : 106, 109, 225. Monachi de Cluniaco : 312, 391.

Cluniacensis : 113, 313 ; *de Cluny*. Cluniacensis ecclesia : 313. Cluniacensis abbas : 60, 108, 184, 301, 313, 383. Cluniacensis prior : 61. Cluniacensis monachus : 112.

Codrilletus, in Ambasience territorio : 263 ; *le Coudray, commune de Souvigny, Indre-et-Loire*.

Cohordo ; Cordun super Carum ; *le port Cordon, sur le Cher, près Tours*. Portus de Cohordone : 228. Portus de Cordun : 114.

Colonia : 31, 71, 75, 95, 192 ; *Cologne, roy. de Prusse*.

Columbarii : 293 ; *Colombiers, aujourd'hui Villandry, Indre-et-Loire*.

Compendium : 25, 44, 103 ; *Compiègne, Oise*.

Connenæ : 29 ; *Saint-Bertrand de Cominges, Haute-Garonne*.

Constanciensis, *de Coutances, Manche*. Constanciensis diœcesis : 395.

Constantinopolis : 6, 7, 34, 41, 66, 173, 174, 193 ; *Constantinople*.

Constantinopolitanus ; *de Constantinople*. Constantinopolitana ecclesia : 31. Constantinopolitanus episcopus : 65. Constantinopolitanæ synodi : 11, 22, 33, 169.

Conturmacus : 378 ; Conturmaci : 377 ; *Corné (?), Maine-et-Loire, dépendance du chapitre de Notre-Dame-de-Loches*.

Conversana : 59 ; *Conversano, roy. des Deux-Siciles*.

Cordun. *V.* Cohordo.

Cormaricus : 40 ; Cormariacus : 93 ; *Cormery, abbaye d'hommes, ordre de Saint Benoît, diocèse de Tours.*

Cormaricensis, Cormeracensis, *de Cormery.* Cormaricenses monachi : 96. Cormeracense monasterium : 181.

Coselia : 293 ; *la Choisille, riv. qui se jette dans la Loire, à une lieue au-dessous de Tours.*

Coterelli : 147, 148, 193 ; *Les Cottereaux ou Brabançons.*

Crosia : 293 ; *la Creuse, rivière qui sert de limite aux départements d'Indre-et-Loire, de l'Indre et de la Vienne.*

Crux Defuncti Magistri : 489 ; *la Croix-Feu-Maître, près Marmoutier.*

Cudo : 192, 194 ; *Cudot, Yonne.*

Culberi ; Culberiacum : 378 ; *Corberi, près Loches, Indre-et-Loire.*

Curcaius : 159 ; *Curçay, Vienne.*

Cyprus : 142 ; *l'île de Chypre.*

Dacia : 75 ; *la Dacie.*

Dalmata : 4 ; *habitant de la Dalmatie.*

Damieta : 195, 196 ; *Damiette, en Égypte.*

Danamarchia : 50, 52 ; *le Danemark.*

Dani : 19, 43, 44, 50, 96, 97, 98, 99, 101, 112, 182, 239, 300, 308, 313, 391 ; *les Danois.* Dani seu Nortmanni : 218, 222. *V.* Normanni.

Dedra, *Dierre, Indre-et-Loire.* Ecclesia de Dedra : 231.

Diensis, *de Die, Drôme.* Diensis episcopus : 126.

Dinus (vel melius Clinus) : 78 ; *le Clain, riv. du département de la Vienne.*

Dirantazia : 95 ; *Moutier en Tarantaise, États Sardes.*

Dociacus : 42 ; *Doué, Maine-et-Loire.*

Dolensis, *de Dol, Ille-et-Vilaine.* Dolensis episcopus : 138, 331.

Dolus : 204 ; *Dolus, Indre-et-Loire.*

Dompna Maria : 101 ; *Donnemarie, Seine-et-Marne. V.* Mons.

Dormientes : 331 ; *la Chapelle-des Sept-Dormants, à Marmoutier.*

Dornia : 86 ; *la Dordogne, riv.*

Drocensis, *de Dreux, Eure-et-Loir.* Drocensis comes : 154.

Dunenses : 84 ; *les habitants du Dunois.*

Eboracensis prioratus : 330 ; *la Sainte-Trinité-d'York, prieuré de Marmoutier, en Angleterre.*

Ebredunum : 95 ; *Embrun, Hautes-Alpes.*

Egyptus : 16 ; *l'Égypte.*

Eleemosyna, *l'Aumône, abbaye d'hommes, ord. de Cîteaux, diocèse de Chartres.* Abbas Eleemosinæ : 287.

Engolisma : 78 ; Engolismus : 334 ; Ecolosma : 84 ; *Angoulême, Charente.* Engolismæ comes : 146.

Engolismensis : 29 ; *d'Angoulême.* Angolismansis : 288 ; *de l'Angoumois.*

Ephesus : 171, 397 ; *Ephèse, Asie-Mineure.*

Ephesinus, *d'Ephèse*. Ephesina synodus : 12.
Erisburgus : 41 ; *Heresbourg, aujourd'hui Stadtberg, en Westphalie.*
Estang des Roseaux, *près du Louroux, Indre-et-Loire :* 335, 336.
Estang-Neuf, *près du Louroux, Indre-et-Loire :* 336.
Estappum, *pré, situé à Tours, près de l'abbaye de Saint-Julien, dont il dépendait.* Pratum ad Estappum, juxta pratum Deodati : 224.
Evena, Evina, Evenoc : 206; *Avoine, Indre-et-Loire.*
Exoldunum : 140; *Issoudun, Indre.*

Firmitas : 190; *la Ferté-sur-Grosne, abb. d'hom., ord. de Cîteaux, dioc. de Châlon-sur-Saône.*
Filgeriæ : 320 ; *Fougères, prieuré de Marmoutier, dioc. de Rennes.*
Firmitas Milonis : 323; *la Ferté-Milon, Aisne.*
Fiscannum cœnobium : 49; *Fécamp, abb. d'hom., ord. de Saint Benoît, dioc. de Rouen.*
Flandria : 19, 52, 60, 75, 79, 98, 197, 382; Flandriæ : 199; *la Flandre.*
Flandrensis ; Flamingus : 199. Flandrensis comitatus : 199. Flandrenses comites : 141, 198, 199. Flandrensis miles : 259.
Floriacus : 48, 49; *Fleury ou Saint-Benoît-sur-Loire, abb. d'hommes, ordre de Saint Benoît, dioc. d'Orléans.*

Floriacensis, *de Fleury.* Floriacense cœnobium : 131, 176, 177.
Fons Chari : 392; *Font-Cher, prieuré de Marmoutier, au diocèse de Tours.*
Fons Ebraudi : 141 144, 190; *Fontevrault, abbaye, chef d'ordre, diocèse d'Angers.*
Fons Mella : 327 ; *Fontaine-Mesland, prieuré de Marmoutier, diocèse de Blois.*
Fontanæ Albæ, Fontanæ : 257-291 ; *Fontaines-les-Blanches, abbaye d'hommes, ordre de Cîteaux, diocèse de Tours.* Abbates de Fontanis : 257, 259, 265, 266, 267, 269, 271, 279, 286, 287, 290, 291. Possessiones cœnobii de Fontanis : 279, 282, 283, 284, 285, 286. Locus de Fontanis : 258, 262, 279, 282, 283, 288. Eremitæ de Fontanis : 259, 260, 265, 266, 267, 284. Fratres de Fontanis : 261, 262, 263, 264, 279, 282, 283, 288, 289, 290. Monachi de Fontanis : 259, 265, 266, 267, 272, 284, 286, 287. Ecclesia de Fontanis : 282, 283, 285, 288. Capella Sanctæ Mariæ Magdalenæ : 260, 267. Capella Beatæ Mariæ Virginis : 267. Religiosi de Fontanis : 286. Infirmarius de Fontanis : 259.
Fontanæ : 325, 326; *Fontaines, prieuré de Marmoutier, diocèse de Luçon.*
Fontanæ, villa in pago Aurelianensi : 234; *Fontaines, Loiret.*
Fontanides campi : 44; Fontanidi campi : 96; Fontanidus campus : 224; *Fontenay-près-Chablis, Yonne.*

Forum Julii, id est, Aquileia : 95. *V.* Aquileia.

Fossatense monasterium : 101 ; *Saint-Maur-des-Fossés, abb. d'hom., ord. de Saint Benoît, dioc. de Paris.*

Francia : 36, 38, 39, 41, 42, 43, 75, 77, 96, 103, 111, 112, 129, 130, 139, 150, 151, 155, 157, 159, 161, 173, 176, 180, 182, 193, 194, 197, 199, 221 ; *la France.* Franciæ regnum : 116, 155, 159, 197, 198. Franciæ reges : 33, 40, 103, 107, 112, 115, 123, 126, 128, 129, 134, 137, 138, 139, 140, 141, 142, 143, 144, 145, 146, 147, 148, 149, 150, 155, 157, 158, 159, 160, 161, 180, 183, 184, 185, 186, 190, 191, 192, 193, 194, 195, 197, 198, 199, 328, 332, 358. Franciæ senescallus : 288. *V.* Gallia.

Franci : 7, 11, 12, 14, 15, 35, 75, 169 ; *les Francs d'au-delà du Rhin.* Regnum Francorum : 13, 14. Reges Francorum : 12, 13, 14, 15, 35, 75, 76, 170, 171, 172. Duces Francorum : 169.

Franci : 17, 23, 36, 75, 94, 105, 106, 109, 110, 111, 115, 121, 179, 182, 193, 206 ; *les Français.* Imperium Francorum : 234. Regnum Francorum : 17, 35, 92, 102, 105, 110, 220, 222, 300. Reges Francorum : 16, 18, 24, 61, 63, 75, 76, 105, 107, 109, 110, 111, 115, 123, 131, 139, 145, 146, 153, 158, 172, 173, 174, 175, 176, 177, 178, 179, 199, 210, 220, 228, 313, 314, 391. Francorum principes : 178, 179. Dux Francorum : 185.

Frisia : 39 ; *la Frise.*
Frixones : 37 ; *les Frisons.*
Fuldense cœnobium : 52 ; *Fulde, abb. d'hommes, ord. de Saint Benoît, diocèse de Mayence.*
Fulgeriæ : 395 ; *Fougères, pr. de Marmoutier, au dioc. de Rennes.*

Gallia : 5, 23, 66, 70 ; Galliæ : 65, 66, 67, 68, 69, 75, 76, 77, 202, 206 ; *la Gaule.*
Galli : 30 ; *les Gaulois.*
Gallia : 29, 89, 105, 140, 173, 255, 260, 283, 306, 383 ; Galliæ : 19, 26, 43, 44, 49, 61, 62, 63, 79, 95, 96, 138, 140, 176, 222, 305, 306, 314, 338, 384, 393 ; *la Gaule, après la conquête par les Francs, c'est-à-dire, la France.*
Gallicanus, *de la France.* Gallicana ecclesia : 389.
Gallicia : 39, 142 ; *la Galice, anc. roy., aujourd'hui prov. d'Espagne.*
Galliciensis : 29, 163, 174 ; *de Galice.* Galliciensis rex : 155.
Galueia : 58 ; *le royaume de Galles(?), en Angleterre.*
Garganus mons : 172 ; *le Mont Sant' Angelo, royaume des Deux-Siciles.*
Garmasia : 66 ; Warmatia : 41, 42 ; *Worms, dans le Grand-duché de Hesse.*
Garunna : 29 ; Garumna : 99 ; *la Garonne, riv. de France.*
Garanus : 62 ; *de Gaeta, roy. des Deux-Siciles.*
Gasconia : 75, 197, 321, 382 ; *la Gascogne, province de France.*

Gastina : 393 ; *la Gâtine, contrée de la Touraine, située au nord de la Loire.*

Gastina : 375; Gastineta ; *Gâtines, abbaye d'hommes, ordre de Saint Augustin, diocèse de Tours.* Abbas de Gastineta : 268.

Gastinensis, *de Gâtines.* Cœnobium Gastinense : 374, 175. Abbates Gastinenses : 374, 375.

Gastinensis pagus : 98 ; *le comté de Gâtinais, en France.*

Gaudiacus : 111 ; *Joué, Indre-et-Loire.*

Genua : 41 ; *Genève, en Suisse.*

Germania, 16, 70 ; *la Germanie, aujourd'hui l'Allemagne,*

Germani : 18 ; *les Germains.* Germanorum gens : 178.

Gie : 279; Gievin : 279; Gii : 283, 289; *Gié, métairie, commune de Santenay, Loir-et-Cher.*

Gigniacense cœnobium : 106, 108 ; *Gigny, abbaye d'hom., ordre de Saint Benoît, diocèse de Lyon.*

Gigonium : 320 ; *Jugon, prieuré de Marmoutier, diocèse de Saint-Brieux.*

Ginabum : 3 ; *Orléans, Loiret. V.* Aurelianis.

Gisors : 377 ; *Gisoiæ vicus, in pago Andegavensi : 378 ; Gisors, commune de Corné, Maine-et-Loire.*

Glandesia : 293 ; *la Glandèse, ruisseau sur les frontières de la Touraine et du Blaisois.*

Gorneacus : 146 ; *Gournay, Seine-Inférieure.*

Gothia : 176; *la Gothie, dans le midi de la Suède.*

Gotthi : 206, 207 ; Gothi : 3, 9, 10, 13, 14, 17, 22, 34, 37, 70, 76, 77, 78 ; *les Goths.*

Gradus : 95 ; *Grado, Illyrie.*

Græci : 194 ; *les Grecs.* Imperium Græcorum : 192. Imperator Græcorum : 192, 194, 195.

Grandifolium : 101 ; *Glannefeuille, ou Saint-Maur-sur-Loire, abb. d'hommes, ord. de Saint Benoît, dioc. d'Angers.*

Grangia Sancti Martini : *la Grange-Saint-Martin, commune de Saint-Etienne extrà, Indre-et-Loire.*

Gressus : 135, 191 ; *Saint-Jean-du-Grès, prieuré d'hommes, ordre de Saint Augustin, diocèse de Tours.*

Gubergen : 290 ; *Gombergean, Loir-et-Cher.*

Guemmacum : 378 ; *dépendance de Notre-Dame-de-Loches.*

Guencestrea ; Guintonia : 59 ; *Winchester, Angleterre.* Guencestreæ episcopus : 133.

Gula, nemus : 295; *bois dans les environs de Tours.*

Gurnesia : 293 ; *l'Égronne, rivière d'Indre-et-Loire.*

Guta : 290 ; *dépendance de Fontaines-les-Blanches.*

Guyse castrum ; 327, 328 ; *le château de Guyse, près Épernon, Eure-et-Loir.*

Haia : 106 ; Haya : 293 ; *la Haye, aujourd'hui la Haye-Descartes, Indre-et-Loire.*

Hastinguæ : 56 ; *Hastings, en Angleterre.*

Hano ; Henault ; *le Hainault.*

Comes de Hanone : 199. Comes de Henault : 199.
Halani : 11 ; *les Alains*.
Haya Bodini : 331 ; *La Haye Bodin, commune de Saint-Cyr-lès-Tours, Indre-et-Loire, dépendance de Marmoutier.*
Hayæ Blimarcii seu Sancti Cyrici: 293 ; *la forêt de Blimars.* V. Blimardi foresta.
Helcolinensis urbs : 27 ; *Angoulême.* V. Engolisma.
Hendria : 293 ; *l'Indre, riv., Indre-et-Loire.*
Herminsul : 41 ; *Herminsul, aujourd'hui Stadtberg, roy. de Prusse.*
Hibernia : 74, 75, 137, 170 ; *l'Irlande.*
Hierusalem : 50, 55, 58, 59, 60, 61, 383 ; Jerusalem : 141, 163, 187, 191, 193, 248 ; Jherusalem : 175, 176 ; Hierosolyma: 260, 261 ; Hierosolymæ: 263 ; Jerosolyma : 118, 163 ; *Jérusalem, cap. de la Judée.* Rex Hierusalem : 218. Rex Jerusalem : 128, 133, 155, 191, 194. Hierosolymæ patriarcha : 264, 262.
Hierosolimitanus : 58, Jerosolymitanus ; *de Jérusalem*. Hierosolymitana civitas : 264. Jerosolymitanus rex : 134, 155.
Hipponensis ; Yponensis ; *d'Hippone, en Afrique.* Hipponensis episcopus : 14. Yponensis episcopus : 170.
Hispalis : 49 ; *Séville, en Espagne.*
Hispalensis : 31 ; Hyspalensis ; 175; *de Séville.*
Hispania : 8, 13, 18, 21, 23, 26, 31, 42, 49, 70, 78, 136, 176, 203 ; Hyspania : 181 ; *l'Espagne.*
Hispani : 42 ; *les Espagnols.*
Hollende : 196 ; *la Hollande.*
Hostiensis, *d'Ostie, États Pontificaux*. Hostiensis episcopus: 161.
Huni, 10, 14, 26, 239 ; *les Huns.*

Iciodorus : 204 ; *Yzeures, Indre-et-Loire.*
Illyricus : 3 ; *l'Illyrie.*
India : 164 ; *l'Inde.*
Insula ; Insula Bucardi : 293 ; *l'Ile-Bouchard, Indre-et-Loire.* Dominus de Insula : 104.
Italia : 10, 11, 12, 23, 29, 30, 39, 41,, 61, 69, 83, 99, 102, 107, 115, 117, 121, 134, 202, 204, 333, 384 ; Ytalia : 70 ; *l'Italie.*

Jahardus, Jehard : 396 ; *Fontaine-Géhart, pr. de Marmoutier, au dioc. du Mans.*
Japhe : 143 ; *Jaffa, en Palestine.*
Jerusalem, Jerosolyma. V. Hierusalem.
Josselinus : 320 ; *Josselin, dioc. de Saint-Malo, prieuré de Marmoutier.*
Judæa : 162 ; *la Judée.*
Judæi : 30, 31, 32, 163, 176, 198 ; *les Juifs.*
Junolium : 221 ; *Juneuil, vigne située près du monastère de Saint-Julien de Tours.*
Juvis mons : 41 ; *le Mont Jou.*
Juvavum quæ et Salzburc : 95 ; *Salzbourg, dans la Haute-Autriche.*

Kerutio, villa : 224 ; *dépendance de Saint-Julien de Tours.*

Lachiacus : 111 ; *Lachy, Marne.*
Lambruscum : 27 ; *Lambres, Nord.*
Lanceium : 320, *Lancé, prieuré de Marmoutier, diocèse de Blois.*
Landa : 265, 279, 284, 286, 287, 288 ; *la Lande, métairie, commune de Cangy, Indre-et-Loire.*
Landegavis. *V.* Alingaviensis.
Landonense Castrum : *V.* Castrum Lauduni.
Lapidaria : 160 ; *la Perrière, Orne.*
Lateranus : 219 ; Laterani : 278 ; *Latran, palais et basilique, à Rome.* Laterani concilium : 219.
Lateranense, *de Latran.* Lateteranense concilium : 192, 194.
Laudunum : 112, 113 ; Laudunum Clavatum : 36 ; *Laon, Aisne.*
Lauduni Castrum. *V.* Castrum Lauduni.
Lavardinum : 293 ; *Lavardin, Loir-et-Cher.*
Lavareium : 396 ; *Lavaré, pr. de Marmoutier, au dioc. de Tours.*
Lavatorium : 325, 326, 335 ; Oratorium : 326 ; Loratorium : 392 ; *le Louroux, diocèse de Tours, prieuré de Marmoutier.*
Ledus : 293 ; *le Loir, rivière.*
Legudiacum : 67 ; *Ligugé, abb. d'hom., dioc. de Poitiers.*
Legures : 56 ; *les Ligures, peuple d'Italie.*
Lehonnium : 395, 396 ; Lehonense cœnobium : 322 ; *Lehon, diocèse de Saint-Malo, pr. de Marmoutier.*
Lemannus : 56 ; *l'Allemagne. V.* Alamannia.
Lemovicium : 83 ; Lemovicenum : 189 ; Lemovicinum : 189 ; *le Limousin, prov. de France.*
Lemovicæ : 39, 84, 163, 189 ; Lemovicum : 23 ; *Limoges, Haute-Vienne.*
Lemovicus : 331, 333, 382 ; Lemovicinus : 65 ; Lemovicensis : 158, 335 ; *de Limoges.*
Lemovicus pagus : 45. Lemovicinum territorium : 140. Lemovicensis comes : 144. Lemovicensis episcopus : 30.
Lengiacum, Lengiciacum. *V.* Alingaviensis.
Leodium : 178 ; Leodii : 130 ; *Liége, en Belgique.*
Leonensis, *de Saint-Pol-de-Léon, Finistère.* Leonenses barones : 154.
Leuchorum urbs, quæ Tullus dicitur : 121 ; *Toul, Meurthe.*
Liger, Ligeris : 26, 44, 51, 68, 72, 97, 99, 104, 105, 153, 158, 219, 221, 222, 224, 293, 294, 295, 298, 301, 310, 315, 324, 339, 341, 396, 398 ; *la Loire.*
Ligerinus, *de la Loire.* Ligerinæ aquæ : 295.
Limeriacus : 279 ; *Limeray, Indre-et-Loire.*
Linceium : 396 ; *le Lincey, dépendance du pr. de Fontaine-Géhart, dioc. du Mans.*
Lingonæ : 77 ; *Langres, Haute-Marne.*

Lingonensis; Langonensis; *de Langres*. Lingonensis diœcesis : 189. Langonensis episcopus : 21, 25.
Lipia : 42 ; *la Lippe, rivière*.
Liradum : 101 ; *Léré, Cher*.
Lodunum : 136; Lodunium: 159; *Loudun, Vienne*.
Londonia : 50, 54, 56, 59, 141; *Londres, capitale de l'Angleterre*.
Longobardi: 26, 29, 30, 34, 38, 41 ; *les Lombards*.
Lotharingia : 43, 121 ; *la Lorraine*.
Lotharingi : 121 ; Lothariensis : 109, 110 ; *de Lorraine*. Lotharingorum dux : 360. Lothariense regnum : 48.
Luchiacus : 48 ; *Lachy, Marne*.
Luciliacus : 209 ; *Luzillé, Indre-et-Loire*.
Lugdunum : 11, 64, 95 ; Lugduni : 8, 16, 163, 277 ; *Lyon, Rhône*.
Lugdunensis, *de Lyon*. Lugdunenses episcopi : 16, 340, 341.
Luna : 99 ; *Lunegiano, en Toscane*.
Lucæ : 92 ; Lucas : 28 ; Luca : 293 ; Luciæ : 204 ; Leucæ : 106, 194 ; Leuchæ : 150 ; Lochæ : 144, 145, 150, 209, 376, 377, 379; *Loches, Indre-et-Loire*. Leucarum ecclesia : 185.
Lusoniensis, *de Luçon, Vendée*. Lusoniensis diœcesis : 395.
Lusdus : 241 ; *Le Lude, Sarthe*.
Luvanium, *Louvain, en Belgique*. Comes de Luvanio : 62.
Lutetiæ Parisiorum : 385 ; Paris.
Luxovium : 36, 175 ; *Luxeuil, abb. d'homm., ord. de Saint Benoit, dioc. de Besançon*.

Lyciæ : 189 ; *la Lycie*.

Maceti : 56 ; *les Macédoniens*.
Macloviensis, *de Saint-Malo, Ille-et-Vilaine*. Macloviensis diœcesis : 395.
Magotium : 52 ; Maguntia : 95 ; *Mayence, dans le duché de Hesse-Darmstadt*.
Majus Monasterium : 68, 73, 99 120, 125, 169, 170, 203, 228 302, 304, 305, 306, 308, 309, 310, 311, 312, 313, 314, 318, 319, 338, 343, 356, 357, 358, 362, 364, 367, 368, 370, 389 394 ; Sancti Martini monasterium : 300, 305 ; ecclesia Sancti Martini : 302 ; ecclesia Sancti Martini Majoris Monasterii : 316, 384 ; Majus Templum : 382 ; *Marmoutier, abb. d'hom., ord. de Saint Benoit, dioc. de Tours*. In Majori Monasterio : basilica Sancti Petri et Sancti Pauli : 203 ; basilica Sancti Johannis : 207 ; ecclesia Sancti Johannis : 341 ; ecclesia Sancti Gorgonii : 341 ; ecclesia Virginis Mariæ : 303 ; ecclesia in honore Sanctæ Crucis, Virginis Mariæ, Sanctorum Petri et Pauli, Sanctique Martini : 315, 339 ; ecclesia (eadem) : 129, 382, 383, 390, 396. In ecclesia majori : porticus ante portam ecclesiæ : 318, 319, 320, 330 ; turres duæ in introitu : 325 ; turris ecclesiæ : 383, 389 ; quatuor campanæ, quarum una Benedictus nuncupatur : 390 ; magna pilaria ante lectum Beati Martini : 327 ; portæ ferreæ in introitu chori : 325 ; chorus :

329, 337, 331; arcus præcipuus chori: 384; columnæ mediæ templi: 387; altare majus, cum quatuor columnis æneis: 388; mensa altaris, in qua insculpti tredecim apostoli in argento deaurato: 386; organa: 387; major crux argentea et deaurata: 388; vitrea ornementa ecclesiæ: 388; ornamenta ecclesiastica: 386, 388; libri ecclesiæ: 386, 388; reliquiæ: 386; tapetes: 388; altare Sancti Antonii, ad ingressum, in dextra parte: 319; altare Sancti Mauricii, in parte dextra: 318; altare Apostolorum, in parte sinistra: 318; fenestra sanctæ ampullæ, a latere lævo magni altaris: 389; altare crucifixi: 321; capella de cruce, ubi crucifixum: 330; capella Sancti Ludovici, prope chorum: 329, 330; capella Virginis Mariæ, ad caput ecclesiæ: 330; capella Sancti Florentii: 332. Capella abbatis: 321, 331. Capella claustri: 331. Capella infirmorum: 321. Capella Sancti Benedicti: 331. Capella Sancti Martini: 331, 332. Capella Sancti Michaelis: 326. Cimiterium Sancti Nicolai: 341. Loci regulares: dormitorium: 318, 320, 322, 336, 386; dormitorium officiariorum: 384; refectorium: 318, 331; claustrum: 331; capitulum: 318, 321; cella novitiorum: 323; aula pro hospitibus: 323; domus infirmorum: 322; claustrum infirmorum: 320, 321, 336; eleemosyna: 329; armarium: 322; thalamus: 322: cellararia: 320; coquina: 320, 321. Grangia abbatiæ: 325, 326. Portæ abbatiæ: 325. Clausura abbatiæ: 331. Atria Majoris Monasterii: 383. Muri monasterii: 320. 383. Muri magni prati: 389. Horrea abbatiæ: 388. Furcæ patibulares monasterii: 383. Via communis inter ecclesiam Majoris Monasterii et prioratum Septem Dormientium ac turrem: 383. Prioratus Majoris Monasterii: 328, 329, 391, 392, 393, 394, 395, 396, 398. Officia monasterii: cameraria: 393, 394; eleemosynaria: 393, 394, 398; sacristia: 393, 394; infirmaria: 393, 394. Possessiones Majoris Monasterii: 392, 393, 394. Obedientiæ cœnobii: 320, 394, 396. Abbates Majoris Monasterii: 73, 79, 100, 105, 140, 228, 305, 306, 307, 308, 309, 311, 312, 313, 314, 318, 319, 320, 321, 322, 323, 324, 325, 326, 327, 328, 329, 330, 331, 332, 333, 334, 335, 336, 337, 338, 381, 382, 383, 384, 391, 392, 393, 394, 397. Abbates commendatarii Majoris Monasterii: 385, 388, 389, 390. Priores Majoris Monasterii: 314, 321, 322, 330. Priores primarii Majoris Monasterii: 398, 399. Capicerius Majoris Monasterii: 310. Camerarius Majoris Monasterii: 330. Bajulus Majoris Monasterii: 385. Monachi Majoris Monasterii: 119, 122, 251, 255, 264, 300, 302, 307, 308, 309, 312, 339, 357, 387, 391, 399. Religiosi Majoris Monasterii: 327, 328. Canonici

Majoris Monasterii : 309, 310.
Clerici Majoris Monasterii : 300, 357. Fratres Majoris Monasterii : 313, 368, 370. Servitores Majoris Monasterii : 327.
Majoris Monasterii Burgus : 341 ; *le bourg de Marmoutier, contigu à l'abbaye.*
Majoris Monasterii Collegium, Parisius : 331 ; *le collége de Marmoutier, à Paris.*
Majoris Monasterii Insula : 388 ; *l'île de Marmoutier, dans la Loire, vis-à-vis de l'abbaye.*
Malestritum : 320 ; *Malestroit, dioc. de Vannes, prieuré de Marmoutier.*
Malliacus : 293, 398 ; *Maillé, aujourd'hui Luynes, Indre-et-Loire.* Dominus Malliaci : 154, 398.
Malus Nidus : 330 ; *Mauny, Mosny, commune de Rochecorbon, Indre-et-Loire, dépendance de Marmoutier.*
Malvallum : 224 ; *la Malvaudière, commune de Cerelles, Indre-et-Loire, dépendance de Saint-Julien de Tours.*
Mansoire (la) : 196; *en Palestine.*
Mantolomaus : 206 ; Mantalomagus : 206 ; *Manthelan, Indre-et-Loire.*
Mantua : 102 ; *Mantoue, roy. Lombard-Vénitien.*
Marchia, *la Marche, province de France.* Marchiæ comes : 145, 146, 158, 159, 160.
Marso : 293 ; *Marson, Maine-et-Loire.*
Martellus, castrum : 140, *le château de Martel, Haute-Vienne.*
Martiniacus ; 24, 47 ; Marciniacus : 47, Martigniacus :
110 ; *Martigny, hameau, com. de Fondettes, Indre-et-Loire.*
Martiniacus : 320 ; *Martigny, dioc. de Rennes, prieuré de Marmoutier.*
Martinopolis : 292 ; Martinopolis, quæ et Turonis : 296 ; *Tours.* V. Turonis.
Massilia : 5, 41 ; *Marseille, Bouches-du-Rhône.*
Mathurinensium ecclesia, Lutetiæ Parisiorum : 385 ; *l'église des Mathurins, à Paris.*
Medana : 102 ; *la Maine, riv.*
Medantium, Meduantum : 57 ; Medonta : 155 ; *Mantes, Seine-et-Oise.*
Mediconnum : 206 ; *Mosnes, Indre-et-Loire.*
Mediolani : 2, 4, 7, 10, 12, 304; Mediolanum : 4, 7, 30, 67, 71, 95, 192, 384. *Milan, cap. du roy. Lombard-Vénitien.*
Mediolanensis, *de Milan.* Urbs Mediolanensis : 302. Mediolanenses episcopi : 7, 71. Mediolanensis dux : 384.
Medona : 111 ; *Monnaie, Indre-et-Loire.*
Meduana : 320 ; *Mayenne, dioc. du Mans, prieuré de Marmoutier.*
Meldi : 395 ; Meledunis : 27 ; *Meaux, Seine-et-Marne.*
Meldensis, *de Meaux.* Meldensis episcopus : 323. Meldensis diœcesis : 395.
Mellaium : 325, 336 ; Melleium : 326 ; *Mellay, ferme, com. de Monnaie, Indre-et-Loire.*
Mellum Nemus (vel Nimellum nemus) : 98 ; *Nidoiseau (?), Maine-et-Loire.*

Mentenaium : 329 ; Mentenay : 329 ; *Maintenai, diocèse d'Amiens, prieuré de Marmoutier.*

Mercii : 40, *les habitants du royaume de Mercie, en Angleterre.*

Merlaum : 44 ; Mellaum : 103 ; *dépendance de Saint-Martin de Tours.*

Mesliacum : V. Sancta Gemma de Mesliaco.

Messana : 141, 144 ; *Messine, en Sicile.*

Metensis, *de Metz, Moselle.* Metensis episcopus : 35.

Mettrium : 104 ; *Mettray, Indre-et-Loire.*

Miliacus : 44 ; *Milly, Saône-et-Loire.*

Mirebellum : 136, 146, 193 ; Mirabellum : 147 ; *Mirebeau, Vienne.*

Molismum, cœnobium : 189 ; *Molême, abb. d'hom., ord. de Saint Benoit, dioc. de Langres.*

Monceium : 290 ; *Moncé, dépendance de l'abbaye de Fontaines-les-Blanches.*

Monceium, cœnobium : 194 : *Moncé, abb. de fem., ord. de Cîteaux, dioc. de Tours.*

Moneta : V. Sanctus Johannes de Moneta.

Mons : 44 ; *Donnemarie, Seine-et-Marne.*

Mons Basonis : 293 ; *Montbazon, Indre-et-Loire.*

Mons Bruti : 119 ; Mons Bodiolus : 251 ; *Mont-Boyau, forteresse bâtie sur la hauteur qui domine le pont de la Motte, com. de Saint-Cyr-lès-Tours, Indre-et-Loire.*

Mons Cœlestis : 152 ; *Moncé, abb. de fem., ord. de Cîteaux, diocèse de Tours.* Priorissa Montis Cœlestis : 152. Moniales Montis Cœlestis : 152.

Mons Cassinus : 177 ; *le Mont Cassin, abb. d'hom., ord. de Saint Benoit, roy. des Deux-Siciles.*

Mons Dadonis : 224 ; *dépendance de Saint-Julien de Tours.*

Mons Edralis, villa, in Oximensi (pago) : 224 ; *dépendance de Saint-Julien de Tours, sise dans l'Hiémois, en Normandie.*

Mons Laudiacus : 139, 206 ; Mons Leonis : 259 ; *Montlouis, Indre-et-Loire.*

Mons Laudunum : 109 ; *Laon (?), Aisne.*

Mons Pessulanus : 159 ; *Montpensier, Puy-de-Dome.*

Mons Sancti Michaelis, abbatia : 178 ; *le Mont-Saint-Michel, abb. d'hom., ord. de Saint Benoit, dioc. d'Avranches.*

Mons Sorelli : 293 ; *Montsoreau, Maine-et-Loire.*

Monsteriolum : 132, 135, 156, 191 ; Monstrolium : 190 ; Monsterolum : 190 ; Monstorolium : 190 ; Musterolum : *Montreuil-Bellay, Maine-et-Loire.* Dominus Musteroli : 133.

Mons Thesauri ; Monthesaurus : 293 ; *Montrésor, Indre-et-Loire.* Dominus Montis Thesauri : 104.

Montaudinum : 396 ; *Montaudin, fillette du pr. de Fontaine-Gehard, au dioc. du Mans.*

Montaureum : 293 ; *Montoire, Loir-et-Cher.*

Montrichardus : 117, 131, 187, 265; Montrechardus : 187; Montricardus : 293; *Montrichard, Loir-et-Cher.*
Moretonius : 57, 60, 62; *Mortain, Manche.*
Morimundus : 190; *Morimond, abb. d'hom., ord. de Cîteaux, dioc. de Langres.*
Morlex : *V. Sanctus Martinus de Morlex.*
Mortain : *V. Sancta Maria de Rupe,* alias de Mortain.
Mosa : 109; *la Meuse, riv. de France.*
Mota Fulconis : 125; *la Mote Foulcroy, à Amboise, Indre-et-Loire.*
Mursa : 8; *Mursa, aujourd'hui Oszick, en Pannonie.*
Myra Liciæ : 189; Mitrea : 189; *Myra, en Lycie.*

Nabarri : 42; *les habitants de la Navarre.*
Nannetis : 97, 222; Nannetus : 99; *Nantes, Loire-Inférieure.*
Nannetensis, Nanneticus ; *de Nantes.* Nannetica civitas : 154.
Nannetensis diœcesis : 395.
Narbona : 37, 39, 64, 65; *Narbonne, Aude.*
Naseliæ : 394; Navicellæ : 26, 82; *Nazelles, Indre-et-Loire.*
Navarra, *la Navarre, royaume, dont le territoire a été partagé entre la France et l'Espagne.* Navarræ rex : 195.
Nemausa : 37; *Nîmes, Gard.*
Neustria, Noristria : 37 ; *la Neustrie, une des grandes divisions de la France, sous les rois Mérovingiens.*
Nicea : 57; Nichea : 58; *Nicée, aujourd'hui Isnik, dans l'Asie-Mineure.*
Nichopolis : 165; *Nicopolis, en Palestine.*
Nicomedia : 4, 6; *Nicomédie, en Asie-Mineure.*
Nicomedensis ; *de Nicomédie* Nicomedensis episcopus : 6.
Noa Sicca : 288 ; Sicca Noa, grangia : 279, 286; *Noue-Sèche, dépendance de l'abb. de Fontaines-les-Blanches.*
Noastrum : 293; *Nouâtre, Indre-et-Loire.*
Noginantum : 106; *Saint-Denis-sur-Loire, Loir-et-Cher.*
Norici : 54; *les Norwégiens.*
Normannia : 42 ; *la Saxe, au nord de l'Elbe.*
Norman, id est, Aquilonares : 44; Dani Suevique quos omnes Northmannos, id est, Aquilonares homines vocamus : 222 ; Normanni : 40, 44, 45, 46, 103, 105, 110, 356, 391; Normanni seu Bigothi : 45 ; Nortmanni seu Dani : 218 ; *les Normands du nord de l'Allemagne.* Northmannorum satrapi : 222. *V.* Dani.
Normannia : 19, 45, 50, 53, 54, 56, 59, 60, 61, 62, 75, 79, 131, 136, 137, 138, 146, 147, 150, 155, 328; Northmannia : 222; *la Normandie, province de France.* Normanniæ ducatus : 133, 158. Normanniæ dux : 47, 123, 184, 189. Comes Normanniæ : 56.
Normannica gens : 306.
Nortanimbri : 23, 40 ; *habitants du Northumberland, en Angleterre.*
Norucia : 75; *la Norique, Allemagne.*

Novientum : 103 ; Noientum : 44 ; *Nogent-en-Othe, Aube.*

Notonvilla : 393 ; *Notainville, pr. de Marmoutier, au dioc. de Chartres.*

Novavilla : 393 ; *Neuville, pr. de Marmoutier, au dioc. de de Tours.*

Novem Fontes : 396 ; *Neuf-Fontaines, pr. de Marmoutier, au dioc. de Laon.*

Noviliacus : 209, 293 ; *Neuillé-Pont-Pierre, Indre-et-Loire, fondé sous l'évêque Injuriosus.* Un moine de Saint-Julien, qui écrivait au xive siècle, veut que Noviliacus soit *Verneuil* : 209, note.

Noviliacus : 209 ; *Neuillé-le-Brignon ou le Noble, Indre-et-Loire, fondé sous l'épiscopat de Saint Baud.*

Noviomus : 40, 92, 115 ; *Noyon, Oise.*

Noviomensis : 176 ; *de Noyon.*

Nuliacus : 101 ; *Neuilly, Neuillé, dépendance de Saint-Martin de Tours.*

Oceanus : 105 ; *l'Océan.*

Odonis Curtis : 47 ; *Heudicourt, Somme, dépendance de Saint-Martin de Tours.*

Oratorii abbatia : 131, 190 ; *le Louroux, abb. d'hommes, ordre de Citeaux, dioc. d'Angers.*

Oratorium. V. Lavatorium.

Orbigniacus, Orbaniacus, Orvaniacus : 210 ; *Orbigny, Indre-et-Loire.*

Ortillio : 396 ; *Ortillon, prieuré de Marmoutier, au dioc. de Troyes.*

Ostiensis ; *d'Ostie, États Pontificaux.* Ostiensis episcopus : 61, 63, 280.

Oximensis : 224 ; *de l'Hiémois, pagus de Normandie.*

Palfictum : 224 ; Ad Palfictum : 223 ; *vigne contiguë au monastère de St-Julien de Tours.*

Pamphilus : 6 ; *de Pamphilie.*

Pampilona : 42 ; *Pampelune, en Espagne.*

Pannonia : 11, 29, 65, 169, 202, 243 ; *la Pannonie.*

Papia : 34, 39, 41, 42 ; *Pavie, roy. Lombard-Vénitien.*

Parciacus : 393 ; *Parçay, pr. de Marmoutier, au dioc. de Tours.*

Paris : 320 ; Parisius : 15, 18, 19, 21, 23, 24, 28, 29, 30, 33, 64, 79, 92, 98, 105, 133, 146, 157, 164, 172, 174, 194, 195, 196, 198, 200, 292, 330 ; *Paris, capitale de la France.*

Parisius : 28, 79 ; Parisiacus : 33, 65 ; Parisiensis ; *de Paris.* Parisius rex : 173. Parisiensis comes : 115. Parisiensis episcopus : 323. Parisiensis archidiaconus : 150, 374. Parisiensis cantor : 151. Parisiensis diœcesis : 395.

Parthus : 56 ; *Parthe.*

Pathmos : 164 ; *Pathmos.*

Paterbrunnis : 42 ; *Paderborn, en Prusse.*

Pentapolis : 39 ; *la Pentapole, États Pontificaux.*

Perona : 110, 111 ; Parrona : 46 ; *Péronne, Somme.*

Pergamus : 164 ; *Pergame, dans l'Asie-Mineure.*

Perreium : *Pré, anc. par. supprimée, cant. d'Herbault, Loir-et-Cher.* Presbyter de Perreio : 290.

LOCORUM ET POPULORUM. 467

Persæ : 2, 3, 7, 9, 31, 175; *les Perses*.

Perticus : 61, 267; *le Perche, prov. de France*.

Petra Fons : *Pierrefonds, pr. de Marmoutier, au diocèse de Soissons*.

Petragoricensis : *de Périgueux, Dordogne*. Petragoricensis episcopatus : 334.

Petragoricensis : 382, *du Périgord, prov. de France*.

Petronis porta ; 219 ; Perronis porta : 219; Sancti Petrutionis porta : 51; Sancti Petrucionis porta : 301 ; *la Porte Pétrucienne, à Châteauneuf de Tours, au midi de la ville*.

Pictavia : 75, 137, 146, 153, 158; *le Poitou, province de France*. Comitatus Pictaviæ : 158. Comes Pictaviæ : 151. Barones Pictaviæ : 145, 159.

Pictavis: 8, 21, 29, 67, 83, 85, 86, 174, 304 ; Pictavum : 30; *Poitiers, Vienne*. Pictavis comes : 247. Pictavis episcopus : 175.

Pictavus : 85, 86, 145; Pictavinus : 158, 193; Pictaviensis : 168 ; Pictavensis : 382 ; *du Poitou, ou de Poitiers*. Pictava urbs : 78. Populi Pictavi : 72. Civis Pictavus : 21, 208. Pictavus pagus : 28. Pitcavorum episcopus : 83. Pictavense territorium : 330. Pictavensis diœcesis : 146. Pictavensis comes : 63.

Picti : 15; *les Pictes, anciens habitants de l'Écosse*.

Ploarmel: 320; *Ploermel, dioc. de Saint-Malo, prieuré de Marmoutier*.

Podiensis ; *du Puy-en-Vélay, Loir-et-Cher*. Presbyter de Perreio : 290.

Haute-Loire. Podiensis ecclesia : 113.

Pons Levis : 118, 187 ; Pontilevis : 51, 247, 248; Pontleviatis : 230 ; *Pontlevoy, Loir-et-Cher*.

Pons Rune : 260; *Pont-Rune, première habitation des ermites de Fontaine-les-Blanches*.

Pontiniacus, abbatia : 190; *Pontigny, abbaye d'hommes, ord. de Cîteaux, dioc. d'Auxerre*.

Pontivus : 53 ; *le Ponthieu, prov. de France*.

Portuensis : *De Porto-Ercole, en Toscane*. Portuensis episcopus : 280.

Portus de Piles : 135 ; *Port-de-Pile, commune des Ormes, Vienne*.

Pozay : 104; *la Roche-Posay, Vienne*.

Pratus : 394 ; *Le Pray, prieuré de Marmoutier, au dioc. de Chartres*.

Princiaciacus : 279, 289 ; *Prinçay, com. d'Autresches, Indre-et-Loire*.

Prouvins : 196; *Provins, Seine-et-Marne*.

Proveniensis : 323 ; *de Provins*.

Provincia : 37, 180 ; *la Provence, prov. de France*.

Pruliacus : 155 ; Prulliacus : 293 ; *Preuilly, Indre-et-Loire*. Domini de Prulliaco : 393.

Pruliaci abbatia : 247 ; *Preuilly, abb. d'hommes, ord. de Saint Benoît, dioc. de Tours*.

Prulliacensis : 230 ; Pruilliensis ; *de Preuilly*. Pruiliiensis abbas : 341.

Pruliacus : 170; *Preuilly, abbaye*

d'hommes, ord. de Citeaux, dioc. de Sens.
Ptolemais : 142; *Ptolémaïde, ou Saint-Jean-d'Acre, en Palestine.*
Puisatus. Dominus de Puisato : 104.
Purei grangia : 279; Puza : 279; Puzei locus : 289; *la métairie de Puré, commune de Monteaux, Loir-et-Cher.*

Quaino, Quinnonium. V. Caino.

Ramerucus : 396; *Ramerupt, pr. de Marmoutier, au dioc. de Troyes.*
Ravenna : 13, 14, 15, 39, 49, 73, 95; *Ravenne, États Pontificaux.*
Regiensis, *de Reggio, roy. des Deux-Siciles.* Regiensis archiepiscopus : 314, 338.
Regniacum; *Regni, abb. d'hom., ordre de Citeaux, diocèse d'Auxerre.* Regniaci abbas : 287.
Remis : 19, 49, 79, 84, 95, 113, 114, 123, 133, 190, 320; *Reims, Marne.*
Remensis : 314, 338; Rhemensis; *de Reims.* Remensis sedes : 159. Remensis ecclesia : 139, 155. Remenses archiepiscopi : 18, 109, 112, 114, 123, 139, 140, 155, 181. Rhemensis parochia : 370.
Rentiacus : 247; *Rançay, com. de Monts, Indre-et-Loire, dépendance de Saint Julien de Tours.*
Rhedonensis : 269; Redonensis; *de Rennes, Ille-et-Vilaine.*

Rhedonensis episcopus : 270, Rhedonenses clerici : 269. 270. Redonensis episcopatus : 98. Redonensis episcopus : 155. Redonensis diœcesis : 395.
Rhenus : 79, 83; Regnus : 19; *le Rhin, fleuve.*
Rigidus Pons : 150; *Radepont, Seine-Inférieure.*
Rion (castrum de : 197; *Rions, Gironde.*
Riperia : 398; *Rivierre, prieuré de Marmoutier, au diocèse de Tours.*
Rivarenna : 104; *Rivarenne, Indre-et-Loire.*
Rocasurion : 395; *La Roche-sur-Yon, pr. de Marmoutier, au dioc. de Luçon.*
Rochella : 195; *La Rochelle, Charente-Inférieure.*
Rogerol, grangia : 279; *Rougeriou, métairie, com. de Pocé, Indre-et-Loire.*
Roma : 7, 8, 13, 14, 22, 24, 38, 39, 42, 50, 53, 54, 56, 61, 63, 70, 74, 86, 95, 124, 125, 151, 163, 164, 186, 194, 228, 243, 314, 329, 330, 338, 389; ROME. Romæ episcopi seu papæ : 1, 2, 3, 4, 5, 6, 7, 8, 9, 11, 12, 13, 14, 16, 17, 18, 20, 22, 25, 28, 29, 31, 32, 34, 35, 36, 37, 38, 39, 40, 43, 44, 46, 47, 48, 49, 51, 54, 56, 58, 60, 61, 62, 63, 64, 65, 67, 68, 69, 70, 71, 72, 74, 75, 76, 80, 82, 83, 84, 86, 87, 88, 89, 90, 91, 92, 93, 94, 95, 96, 100, 102, 103, 106, 107, 108, 109, 111, 115, 117, 120, 121, 123, 124, 129, 130, 132, 134, 136, 142, 144, 151, 152, 153, 161, 163, 164, 165, 166, 167, 168, 169,

170, 171, 172, 173, 174, 175, 201, 273, 312, 314, 328, 329, 330, 338, 340, 341.
Romanus : 11, 13, 15, 41, 53, 75, 77, 98; *de Rome*. Ecclesia Romana : 126, 273, 276, 312, 339. Curia Romana : 323. Sedes Romana : 31. Urbs Romana : 161. Rex Romanorum : 30. Dux Romanorum : 76. Patricius Romanorum : 14. Imperium Romanorum : 220. Imperatores Romani : 1, 2, 3, 4, 5, 6, 7, 8, 9, 10, 11, 12, 13, 14, 15, 16, 17, 18, 19, 20, 22, 23, 25, 28, 29, 31, 32, 33, 34, 35, 64, 65, 66, 67, 68, 69, 70, 71, 72, 73, 74, 75, 76, 79, 80, 81, 82, 83, 84, 86, 87, 88, 89, 90, 91, 92, 93, 94, 162, 163, 164, 165, 166, 167, 168, 169, 170, 171, 172, 173, 174, 175, 176, 177, 178, 179, 180, 181, 201, 202, 203, 220.
Ros : 58; *le comté de Rochester, en Angleterre*.
Rota : 158; *la Roë, abb. d'hom., ord. de Saint Augustin, dioc. d'Angers*.
Rotomagus : 204; *Pont de-Ruan, Indre-et-Loire*.
Rotomagus : 27, 45, 62, 147; Rotomagi : 57; Rothomagus : 95, 190; *Rouen, Seine-Inférieure*.
Rotomagensis; Rothomagensis; *de Rouen*. Rotomagensis episcopus : 36.
Rousset, castrum : 150; *le château de Rousset, près Chinon, Indre-et-Loire*.
Rubeus Mons : 331, 389; *Rougemont, manoir de l'abbé, à Marmoutier, Indre-et-Loire*.

Rulliacus : 293; *Rillé, Indre-et-Loire*.
Rupes Jarnigonii : 320; *prieuré de Marmoutier*.
Rupis. V. Sancta Maria de Rupe.
Rupis Monachi : *la Roche-au-Moine, com. de Savennières, Maine-et-Loire*.
Ruspensis, *de Ruspe, dans la Byzacène*. Ruspensis episcopus : 172.
Ruthena : 19; *Rodez, Aveyron*.

Sabaria : 65, 202; *Sabarie, en Pannonie, aujourd'hui Szent-Marton, ou Stem-am-Angern, en Hongrie*.
Sabiniensis; *de Sabine, États Pontificaux*. Sabiniensis episcopus : 278.
Sacer Cæsar; *Sancerre, Cher*. Sacri Cæsaris comes : 141.
Sagiensis, *de Sées, Orne*. Sagiensis diœcesis : 395.
Saldoia : 44; Saudoia : 103; *Saudoy, Marne*.
Salestricus : 142; *Salef, rivière de Cilicie*.
Salmociacum : 41 ; *Samoncy, Aisne*.
Salmurium : 119, 331; Psalmurium : 293; *Saumur, Maine-et-Loire*.
Salmuriensis : 134; *de Saumur*.
Saltus : 286; *le Hallier(?), métairie, commune d'Autresches, Indre-et-Loire*.
Salvatoris ecclesia, Romæ : 124; *l'église du Sauveur ou Saint-Jean de Latran, à Rome*.
Salzburc : 95; *Salzbourg, en Autriche*. V. Juvavum.
Samsones. V. Saxones.
Sanctonæ : 39, 122; Xantonæ

84, 92, 123, 199; *Saintes, Charente-Inférieure.* Sanctonarum pagus : 122.

Sanctonicus, Xantonicus, Xantonensis ; *de Saintes.* Xantonicus pagus: 123. Xantonense castrum : 199.

Sanus Portus : 139 ; *le Port-Saint ou Barbeaux, abbaye d'hommes, ordre de Cîteaux, diocèse de Sens.*

Sapalliacus : 393 : *Sapaillé, com. de Saint-Symphorien, Indre-et-Loire, dépendance de Marmoutier.*

Saponaria : 293 ; *Savonnières, Indre-et-Loire.*

Sara : 109 ; *la rivière de la Saire, en France.*

Saraceni : 32, 33, 34, 42 ; Sarraceni : 32, 118, 195, 228 ; *les Sarrasins.* Saracenorum rex : 194. Sarracenorum propheta : 176.

Sardinia : 34 ; *la Sardaigne.*

Sauriacus : 224 ; *dépendance de Saint-Julien de Tours.*

Savigneium : 267, 268, 269, 274 ; Savigneum : 264 ; Saviniacum : 265, 270 ; *Savigny, abb. d'hom., ord. de Cîteaux, dioc. d'Avranches.* Abbas de Savigneio : 271. Domus Savignei : 270. Monachi de Savigniaco : 265, 267.

Savigniensis ; Saviniensis : Saviniacensis, *de Savigny.* Monasterium Savigniense : 277. Cœnobium Savigniense : 267. Savigniensis ecclesia : 270. Savigniensis domus : 266, 267. Savigniensis abbatia : 267, 271. Savigniensis ordo : 278. Savignienses abbates : 264, 266, 270, 272, 277, 278.

Abbates de subjectione Savigniensi : 267. Saviniensis monachus : 266. Saviniacensis abbas : 265.

Saxonia : 24, 25, 38, 41, 52, 132 ; *la Saxe.* Saxoniæ dux : 151.

Saxones : 15, 16, 32, 37, 41, 42, 75, 93 ; Samsones : 16 ; Saxoni : 33 ; *les Saxons.*

Scithia : 163 ; *la Scythie.*

Sclavi : 42 ; *les Esclavons.*

Scothia : 170, 174 ; *l'Écosse.*

Scothi : 74 ; Scoti : 16, 50, 94, 124, 336 ; *les Écossais.*

Scriniolum ; Scrignolium ; Scrinilium ; *Notre-Dame-de-l'Écrignolle, abb. de femmes, à Tours.* Scrinioli ecclesia : 20, 80. Ecclesia Beatæ Mariæ de Scriniolo : 117. Moniales de Scriniolo : 187. Scrignolii ecclesia : 173. Moniales de Scrinilio : 187.

Sellaria Turonensis : 152 ; *la rue de la Scellerie, à Tours.*

Semblencaium ; Semblenciacum : 293 ; *Semblançay, Indre-et-Loire.* Dominus de Semblencaio : 104. *V.* Sanctus Blanciacus.

Semitarium : 394 ; *Le Sentier, prieuré de Marmoutier, au diocèse de Blois.*

Septem Dormientes ; *le prieuré de Notre-Dame-des-Sept-Dormants, attenant à l'abb. de Marmoutier.* Dormientes : 331. Septem Dormientium sacellum : 390, 397. Prioratus Septem Dormientium : 383, 396, 397. Prior Septem Dormientium : 383, 397.

Senonæ : 8, 137 ; Senonis : 95, 111 ; Senones : 120 ; *Sens, Yonne.*

Senonensis; *de Sens.* Senonenses archiepiscopi : 111, 131.
Sequana : 44, 47, 105, 149, 222, Secana : 99 ; *la Seine, rivière de France.*
Seraptes montes : 38 ; *le Mont Soracte, aujourd'hui Mont St-Sylvestre, près de Rome.*
Sezanus : 110 ; Sexanæ : 48 ; *Sezanne, Marne.*
Sicca Noa. *V.* Noa Sicca.
Sicia : 293 ; *la Cisse, rivière du département d'Indre-et-Loire.*
Sicilia : 23, 33, 56, 144, 189 ; *la Sicile.* Siciliæ rex : 196.
Signia : 378 ; *Segni, États Pontificaux.*
Signiensis; *de Segni.* Signiensis episcopus : 340.
Silvanectum ; *Senlis, Oise.* Silvanecti comes : 234.
Sodobria : 46, 144 ; Sodobrium : 106 ; *Suèvres, Loir-et-Cher.*
Solarium : 40 ; *Solarium, près d'Asti, Etats Sardes.*
Solonacensis vicus : 203 ; *Sonnay, Indre-et-Loire.*
Sparno : 328, 331, 332 ; *Épernon, diocèse de Chartres, prieuré de Marmoutier.* Prior de Sparnone : 328.
Spernonensis : *V.* Sanctus Thomas.
Spicariæ, in vicaria de Cancellis : 232 ; *la Ronce (?), hameau, com. de Chanceaux, Indre-et-Loire.*
Spinogilus, Parisiacus vicus : 33 ; *Épinay-sur-Seine, Seine.*
Spira : 53, 123 ; *Spire, en Bavière.*
Suavia : 133 ; *la Souabe.*
Suavi : 37; Suevi : 44; Suevi quos Northmannos, id est, Aquilonares homines, vocamus : 222 ; *les Suèves.*
Suessio : 17, 23, 40 ; Suessionis : 17, 19, 25, 74, 79, 92, 98, 109, 110 ; Suessonis : 38 ; Suessiones : 76 ; Suessoniis : 395 ; *Soissons, Aisne.*
Suessionensis; *de Soissons.* Suessionenses episcopi : 159, 319, 323. Suessionensis diœcesis : 395.
Sunziacus : 394 ; *Sonzay, pr. de Marmoutier, au dioc. de Tours.*
Syria : 135 ; *la Syrie.*

Sanctus Ægidius apud Andegavum, ecclesia : 320 ; *Saint-Gilles d'Angers, prieuré de Marmoutier.*
Sanctus Albinus Andegavensis, ecclesia : 112, 185 ; *Saint-Aubin d'Angers, d'abord chapitre de chanoines, puis abb. d'hommes, ordre de Saint Benoît.* Canonici de Sancto Albino : 185. Monachi de Sancto Albino : 185.
Sancta Anastasia ; *l'église Saint-Anastasie, à Rome.* Sanctæ Anastasiæ cardinalis presbyter : 280.
Sanctus Andreas : 270 ; *Saint-André, en Gouffer, abbaye d'hommes, ordre de Citeaux, diocèse de Sées.*
Sanctus Angelus ; *l'église Saint-Ange, à Rome.* Sancti Angeli cardinalis : 157. Sancti Angeli cardinalis diaconus : 278.
Sanctus Antonius : 104 ; *Saint-Antoine-du-Rocher, Indre-et-Loire.*
Sanctus Avitus ; *Saint - Avit,*

abbaye de femmes, ordre de Saint Benoît, diocèse de Chartres. Congregatio Sancti Aviti : 152.

Sanctus Basilius, oratorium : 117; *la chapelle Saint-Blaise, près Notre-Dame-de-l'Écrignolle, à Tours.*

Sancti Benedicti ecclesia, apud Cassinum : 38; *le Mont-Cassin, abbaye fondée par Saint Benoît, auquel l'église est consacrée, royaume des Deux-Siciles.*

Sanctus Benedictus : 225; Sanctus Benedictus super Ligerim ; *Saint-Benoît-sur-Loire, abb. d'hom., ord. de Saint Benoît., dioc. d'Orléans.* Sancti Benedicti super Ligerim abbas : 333.

Sanctus Blanciacus, *Semblançay, Indre-et-Loire.* Dominus Sancti Blanciaci : 394. V. Semblencaium.

Sanctus Blanciacus : 394; *Saint Blançay, Semblançay, pr. de Marmoutier, au diocèse de Tours.*

Sanctus Calixtus ; *l'église Saint-Calixte, à Rome.* Sancti Calixti cardinalis presbyter : 278.

Sancta Celina : 395; *Sainte-Céline (de Meaux), prieuré de Marmoutier, au diocèse de Meaux.*

Sanctus Christophorus : 293; *St-Christophe, Indre-et-Loire.*

Sanctus Ciricus : 104; *Saint-Cyr-sur-Loire, Indre-et-Loire.*

Sanctis Clementis ecclesia : 107 ; *Saint-Clément de Tours.*

Sanctæ Colombæ ecclesia, Senonis : 111 ; *Sainte-Colombe-lès-Sens, abbaye d'hommes, ord. de Saint Benoît.*

Sancti Cosmæ insula : 114, 119, 125, 129 ; *l'île Saint-Côme, près Tours.*

Sancti Cosmæ ecclesia : 150 ; ecclesia Sancti Cosmæ de Insula : 130; cœnobium Sancti Cosmæ de Insula : 190; *Saint-Côme-lès-Tours, d'abord dépendance de Saint-Martin, puis pr. de Marmoutier, et enfin pr. de chanoines de l'ordre de Saint Augustin.* Sancti Cosmæ canonici : 130.

Sanctorum Cosmæ et Damiani ecclesia, Romæ : 22 ; *l'église Saint-Côme et Saint-Damien, à Rome.* Cardinales diaconi Sanctorum Cosmæ et Damiani : 278, 281.

Sancti Crucis Aurelianensis templum : 387; *l'église cathédrale de Sainte-Croix d'Orléans.*

Sancta Crux in Hierusalem ; *la basilique Sainte-Croix-de-Jérusalem, à Rome.* Cardinalis presbyter Sanctæ Crucis in Hierusalem : 280.

Sanctus Cyricus ; *Saint-Cyr-du-Gault, Loir-et-Cher.* V. Blimardi foresta.

Sancti Dionysii basilica : 37, 38, 39, 63, 92, 196, 197, 267, Sancti Dyonisii Parisiensis ecclesia : 134; *Saint-Denis, abbaye d'hommes, ordre de Saint Benoît, dioc. de Paris.* Sancti Dionysii infirmarius : 267.

Sancti Dionysii ecclesia in villa Noginanto : 47, 106; *l'église de Saint-Denis, com. de Saint-Denis-sur-Loire, Loir-et-Cher.*

Sancti Florentini de Ambasia ecclesia: 187; *l'église collégiale de Saint-Florentin d'Amboise, au dioc. de Tours.* Canonici Sancti Florentini de Ambasia: 285.

Sancti Florentii Salmuriensis abbatia: 134, 293; *Saint-Florent de Saumur, abb. d'hom., ord. de Saint Benoît, dioc. d'Angers.*

Sancti Gatiani platea: 332; *la place Saint-Gatien, à Tours.*

Sancta Gemma de Mesliaco: 394; *Sainte-Gemme-de-Meslay, prieuré de Marmoutier, au dioc. du Mans.*

Sanctæ Genovefæ ecclesia, Parisius: 19, 79, 98, 172, 191; *Sainte-Geneviève de Paris, abb. d'hom.* Abbas Sanctæ Genovefæ: 323. Canonici Sanctæ Genovefæ: 191.

Sancti Georgii ecclesia: 122; *l'église collégiale de Saint-Georges, à Vendôme.*

Sancti Germani basilica: 209; *la basilique de Saint-Germain, à St-Germain-sur-Vienne (?), Indre-et-Loire.*

Sancti Germani ecclesia, seu basilica, Autissiodoro: 85, 100; *l'église de St-Germain, à Auxerre.*

Sancti Germani de Pratis ecclesia: 173; *Saint-Germain-des-Prés, abbaye d'hommes, ord. de Saint Benoît, à Paris.*

Sancti Germani ecclesia: 83; *l'église de Saint-Germain.*

Sanctus Germanus in Laica: 285; *Saint-Germain-en-Laye, Seine-et-Oise.*

Sancti Gervasii apud Ver ecclesia: 320; *Saint-Gervais de Vern, diocèse d'Angers, prieuré de Marmoutier.*

Sanctorum Gervasii et Protasii ecclesia, infra muros urbis Turonicæ: 14, 204, 208; *l'église Saint-Gervais et Saint-Protais, à Tours.*

Sanctus Grisogonus: *l'église de Saint-Chrysogone, à Rome.* Sancti Grisogoni cardinalis presbyter: 276, 277.

Sanctus Guingaloeus de Castro Lidi: 395; *Saint-Guingalois de Château-du-Loir, prieuré de Marmoutier, au dioc. du Mans.*

Sancti Hilarii ecclesia Pictavis: 78, 85; *l'église cathédrale de Saint-Hilaire de Poitiers.*

Sancti Hilarii ecclesia, Turonis: 51, 148, 218, 301; *l'église paroissiale Saint-Hilaire de Tours.*

Sanctus Hypolitus de Vivonio: 395; *Saint-Hippolyte de Vivoin, prieuré de Marmoutier, au dioc. de Tours.*

Sanctus Jacobus de Bevronio: 160; *Saint-Jacques, près Beuvron, Calvados.*

Sancti Jacobi ecclesia: 63, 134, 155; *l'église de Saint-Jacques-de-Compostelle, Espagne.*

Sancti Johannis ecclesia, Turonis: 128; *l'église de Saint-Jean, à Tours.*

Sancti Johannis basilica, in Majori Monasterio: 207; *la basilique de Saint-Jean, à Marmoutier.*

Sanctus Johannes de Angelo: 180; *Saint-Jean-d'Angély, Charente-Inférieure.*

Sanctus Johannes de Moneta: 394;

Saint-Jean de Monnaie, fillette de Marmoutier, au dioc. de Tours.
Sancti Juliani Turonensis abbatia : 48, 112, 118, 185, 187, 220, 256 ; Saint-Julien de Tours, abbaye d'hommes, ord. de Saint Benoît. In monasterio : ecclesia Beatæ Mariæ : 220; ecclesia Sancti Juliani : 220; ecclesia Sancti Albini : 221, 226, 227; ecclesia Sanctæ Mariæ et Sancti Juliani : 156, 195, 223, 374 ; ejusdem ecclesiæ crypta : 227, et turris : 228. Ecclesia Sanctæ Trinitatis ante monasterium Sancti Juliani : 230. Abbates Sancti Juliani : 113, 197, 198, 199, 200, 225, 228, 229, 230, 231, 236, 237, 247, 251, 252, 255, 256. Prior : 251. Monachi : 112, 156, 220, 226, 228, 230, 231, 243, 251. Possessiones abbatiæ : 221, 223, 224, 229, 230, 231, 247. Donationes factæ monasterio : 48, 112, 223, 224, 228, 229, 231, 248.
Sancti Juliani ecclesia, Cenomannis : 135 ; l'église cathédrale de Saint-Julien du Mans.
Sanctus Launomarus Blesis ; Saint-Lomer de Blois, abb. d'hommes, ordre de Saint Benoît. Sancti Launomari abbates : 229, 252.
Sanctus Laurentius : 395; Sanctus Laurentius in Gastina : 393 ; Saint-Laurent de Gastine, prieuré de Marmoutier, au dioc. de Tours.
Sancti Laurentii in Monte Laudiaco basilica : 206 ; l'église de Saint-Laurent, à Montlouis, dioc. de Tours.
Sanctus Laurentius in Lucina : l'église de Saint-Laurent in Lucina, à Rome. Sancti Laurentii in Lucina cardinalis presbyter : 280.
Sanctorum Laurentii et Damasii ecclesia ; l'église de Saint-Laurent in Damaso, à Rome Sanctorum Laurentii et Damasii cardinalis presbyter : 278.
Sancti Leobini in Sodobrio ecclesia : 106 ; l'église de Saint-Lubin, à Suèvres, diocèse de Blois.
Sancti Litorii basilica, Turonis : 206 ; la basilique de Saint-Lidoire, à Tours.
Sancti Lupi abbatia : 248 ; Saint-Loup, près Tours, abbaye de femmes.
Sanctus Maclovius : 395 ; Saint-Malo, Ille-et-Vilaine.
Sanctus Maclovius de Insula : 320 ; Saint-Malo de l'île d'Aaron, diocèse de Saint-Malo, prieuré de Marmoutier.
Sancti Marcelli ecclesia, Cabilumno : 30 ; l'église de Saint-Marcel, à Châlon-sur-Saône.
Sanctæ Mariæ infra muros urbis Turonicæ ecclesia : 21, 23, 208 ; basilica : 208 ; Sanctæ Mariæ abbatia, in claustro matris ecclesiæ Turonensis sita : 247 ; l'église de Notre-Dame-de-Consolation, à Tours.
Sanctæ Mariæ Pauperculæ ecclesia, Turonis ; 51, 218, 301; Sanctæ Mariæ Divitis ecclesia : 128 ; l'église paroissiale de Notre-Dame-la-Riche, à Tours.

Sanctæ Mariæ ecclesia : 220; *l'église de Notre-Dame, dans l'abbaye de Saint-Julien de Tours.*

Sanctæ Mariæ et Juliani ecclesia : 112; *l'église de Notre-Dame et de Saint-Julien, dans l'abbaye de Saint-Julien de Tours.*

Sanctæ Mariæ ecclesia : 303; *l'église de Notre-Dame, plus tard la chapelle des Sept-Dormants, à Marmoutier.*

Sancta Maria de Septem Dormientibus : 396; *Notre-Dame-des-Sept-Dormants, prieuré de Marmoutier, contigu au monastère.*

Sancta Maria de Fontanis : 257, 274, 279; *Notre-Dame de Fontaine-les-Blanches.* V. Fontanæ Albæ.

Sanctæ Mariæ de Lochis ecclesia : 209, 376, 377, 378, 379; *l'église collégiale de Notre-Dame de Loches, diocèse de Tours.* Priores Sanctæ Mariæ : 209, 376, 377, 378, 379. Canonici Sanctæ Mariæ : 376, 378, 379. Capitulum Sanctæ Mariæ : 378, 379.

Sanctæ Mariæ et Sancti Florentini ecclesia, Ambasiaco : 118; *l'église collégiale de Saint-Florentin d'Amboise.* V. Sancti Florentini de Ambasia ecclesia.

Sanctæ Mariæ Boni Nuntii ecclesia apud Aurelianum : 320; Boni Nuntii domus : 323; *Notre-Dame-de-Bonne-Nouvelle d'Orléans, prieuré de Marmoutier.*

Sancta Maria Campaniæ : 395; *Notre-Dame-des-Champs de Paris, prieuré de Marmoutier.*

Sanctæ Mariæ de Caritate ecclesia : 188; *la Charité-aux-Nonains, ou le Ronceray, abb. de femmes, ord. de Saint Benoît, à Angers.*

Sanctæ Mariæ Carnotensis ecclesia : 51 ; *l'église cathédrale Notre-Dame de Chartres.*

Sanctæ Mariæ de Clara Valle monasterium : 276; *Notre-Dame de Clairvaux.* V. Clara Vallis.

Sancta Maria de Comburnio : 395 ; *Notre-Dame de Combourg, pr. de Marmoutier, au dioc. de Saint-Malo.*

Sancta Maria de Jehard : 395; *Notre-Dame de Fontaine-Géhart, pr. de Marmoutier, au dioc. du Mans.*

Sancta Maria de Riperia : 394; *Notre-Dame-de-Rivière, pr. de Marmoutier, au dioc. de Tours.*

Sancta Maria de Rupe, alias de Mortain : 395; *Notre-Dame de Roche-Mortain, pr. de Marmoutier, au dioc. d'Avranches.*

Sancta Maria de Tavento : 395; *Notre-Dame de Tavant, pr. de Marmoutier, au dioc. de Tours.*

Sancta Maria in Cosmedin ; *l'église de Santa Maria in Cosmedin, à Rome.* Sanctæ Mariæ in Cosmedin cardinalis diaconus : 281.

Sanctæ Mariæ de Mirebello ecclesia : 146 ; *l'église collégiale de Notre-Dame de Mirebeau, diocèse de Poitiers.*

Sancta Maria in Porticu ; *l'église Sancta Maria in Portico, à*

Rome. Sanctæ Mariæ in Porticu cardinalis diaconus : 151, 276, 277, 281.

Sancti Martini Turonensis ecclesia : 12, 14, 18, 20, 21, 39, 51, 59, 61, 62, 72, 76, 78, 80 81, 82, 83, 84, 85, 88, 89, 90, 91, 93, 94, 95, 101, 107, 113, 114, 115, 116, 117, 119, 126, 127, 129, 132, 134, 137, 138, 139, 140, 144, 145, 147, 148, 150, 151, 154, 155, 157, 158, 159, 177, 179, 182, 187, 204, 211, 219, 301, 302, 312. Sancti Martini Turonensis basilica : 16, 18, 20, 21, 22, 23, 25, 27, 28, 35, 46, 51, 108, 205, 206, 207, 208, 209, 210, 299, 300 ; Sanctus Martinus : 19, 28, 40, 77, 92 ; Monasterium Sancti Martini : 229 ; *Saint-Martin de Tours, d'abord abbaye d'hommes, puis église collégiale.* Chorus ecclesiæ Sancti Martini : 114; Turris Sancti Nicolai, in ecclesia Sancti Martini : 158. Atrium Sancti Martini : 29. Claustrum Sancti Martini : 72, 128. Dormitorium Sancti Martini : 40, 93, 181. Granica fratrum Sancti Martini : 223. Potestas Sancti Martini : 223. Capitulum Sancti Martini : 117, 184, 256, 312. Episcopi Sancti Martini : 218. Abbates Sancti Martini : 21, 45, 46, 47, 48, 49, 94, 95, 98, 105, 107, 108, 109, 110, 181, 208, 218, 312, 397. Decani Sancti Martini : 48, 109, 112, 223, 255, 256. Thesaurarii, seu archiclaves: 53, 116, 118, 119, 135, 187, 209, 224, 248, 301. Ædituus : 48. Præcentor : 106, 301. Cantor : 140, 193. Magister scholarum : 123. Succentor : 128. Camerarius : 123 ; Secretarius : 128. Signifer : 128. Sacerdos matutinalis : 128. Monachi Sancti Martini : 40, 93, 181. Canonici Sancti Martini : 40, 45, 62, 94, 96, 99, 103, 104, 112, 113, 119, 120, 125, 128, 143, 144, 145, 181, 192, 219, 224, 233, 255, 300, 302, 308, 309, 319. Fratres Sancti Martini : 101. Vicarii : 154, 195. Clerus Sancti Martini : 219. Clerici Sancti Martini : 132, 222, 301, 312. Matricularii ecclesiæ Sancti Martini : 78. Possessiones Sancti Martini : 26, 43, 45, 82, 101, 104. Thesaurus Sancti Martini : 93, 211, 224. Donationes ecclesiæ Sancti Martini factæ : 21, 30, 40, 44, 46, 47, 48, 78, 87, 93, 96, 101, 103, 106, 107, 110, 115.

Sancti Martini Basilica : 69, 97 ; *l'église collégiale Saint-Martin de-la-Basoche, à Tours.*

Sancti Martini Bellum : 97 ; *Saint-Martin-le-Beau, Indre-et-Loire.*

Sancti Martini ecclesia, apud Sodobrium : 46 ; *l'église paroissiale de Saint-Martin, à Suèvres, dioc. de Blois.*

Sancti Martini capella, in villa Cancellis : 232 ; *la chapelle Saint-Martin, à Chanceaux, dioc. de Tours.*

Sanctus Martini de Morlex : 396 ; *Saint-Martin de Morlaix, fillette du prieuré de Lehon, au dioc. de Saint-Malo.*

Sancti Martini de Valle apud Carnotum ecclesiæ : 320 ; Sanctus

Martinus Vallensis : 395 ; *Saint-Martin-du-Val, à Chartres, prieuré de Marmoutier.* Sancti Martini de Valle prior : 330.

Sancti Martini de Campis ecclesia : 139 ; *Saint-Martin-des-Champs, abbaye d'hommes, ordre de Saint Benoît, à Paris.*

Sanctus Martinus e Veteri Bellismo : 395; *Saint-Martin du Vieux-Belléme, prieuré de Marmoutier, au diocèse de Sées.*

Sancti Martini monasterium apud Hastinguas : 56; *Saint-Martin de la Bataille, abb. d'hom., ord. de Saint Benoît, comté de Sussex, en Angleterre.*

Sancta Maura : 293; *Sainte-Maure, Indre-et-Loire.*

Sancti Mauritii ecclesia, Turonis : 30, 155, 159 ; *l'église cathédrale de Saint-Maurice, plus tard Saint-Gatien, à Tours.* Sancti Mauricii canonici : 314, 339. Clerus Sancti Mauricii : 127.

Sancti Mauricii abbatia, Turonis : 112; *l'abbaye de Saint-Maurice, plus tard Saint-Julien, à Tours.* V. Sanctus Julianus Turonensis.

Sancti Medardi ecclesia, Suessionis : 23, 25, 27 ; *Saint-Médard de Soissons, abbaye d'hommes, ordre de Saint Benoît.*

Sancti Michaelis cripta in Monte Gargano : 172; *la crypte de Saint-Michel, à Monte Sant' Angelo, royaume de Naples.*

Sancti Nereus et Achilleus ; *l'église de Saint-Nérée et Saint-Achillée, à Rome.* Sanctorum Nerei et Achillei cardinalis presbyter : 280.

Sancti Nicolai Andegavensis abbatia : 119, 122, 130, 188 ; *Saint-Nicolas d'Angers, abbaye d'hommes, ordre de Saint Benoît.*

Sanctus Nicolaus in Carcere ; *l'église de Saint-Nicolas in Carcere, à Rome.* Sancti Nicolai in Carcere cardinalis diaconus : 281.

Sancti Pauli apud Ucerum ecclesia : 77; *l'église de Saint-Paul à Ussé, diocèse de Tours.*

Sancti Pauli monasterium, Romæ : 228 ; *le monastère de Saint-Paul-hors-les-murs, à Rome.* Abbas Sancti Pauli : 228.

Sancti Petri basilica Turonis : 205, 206; Sanctorum Petri et Pauli basilica : 300 ; *Saint-Pierre-le-Puellier, à Tours, d'abord abbaye de femmes, puis d'hommes, et enfin église collégiale.*

Sanctus Petrus de Cardineto : 151 ; *l'église paroissiale de Saint-Pierre-du-Chardonnet, à Tours.*

Sancti Petri Prulliacensis monasterium : 230 ; *Saint-Pierre de Preuilly, abb. d'hommes, ordre de Saint Benoît, diocèse de Tours.* V. Pruliacus, Pruilliensis, Prulliacensis.

Sanctorum Petri et Pauli basilica, in Majori Monasterio : 203 ; *la basilique de Saint-Pierre et Saint-Paul à Marmoutier, dioc. de Tours.*

Sancti Petri ecclesia, in villa

Cercilla : 224 ; *l'église de Saint-Pierre, à Cerelles, dioc. de Tours.*

Sancti Petri Burguliensis monasterium : 228 ; *Saint-Pierre de Bourgueil, abbaye d'hommes, ordre de Saint Benoît, dioc. d'Angers.*

Sancti Petri ecclesia, Romæ: 19, 34, 37, 38, 53, 94 ; *la basilique Saint-Pierre de Rome.*

Sanctus Petrus ad Vincula ; *Saint-Pierre-ès-liens, basilique de Rome.* Sancti Petri ad Vincula cardinalis presbyter : 281.

Sancti Petri Cenomanensis monasterium : 228 ; *Saint-Pierre de la Couture, au Mans, abbaye d'hommes, ordre de Saint Benoît.*

Sancti Petri Malliacensis monasterium : 228 ; *Saint-Pierre de Maillezais, abb. d'hom., ord. de Saint Benoît, plus tard évêché.*

Sancti Petrucionis porta. V. Petronis porta.

Sancta Prisca ; *l'église Sainte-Prisque, à Rome.* Sanctæ Priscæ cardinalis presbyter : 278.

Sanctus Quintinus ; 98, 118 ; *Saint-Quentin, Aisne.*

Sanctæ Radegundis monasterium, Pictavis : 86 ; *Sainte-Radégonde de Poitiers, abbaye de femmes.*

Sancti Remigii manerium : 329 ; *le manoir de Saint-Rémi, près Maintenai, Somme.*

Sancti Remigii ecclesia : 113 ; *l'église Saint-Rémi, à Reims.*

Sancti Romani ecclesia, Blavio : 26 ; *l'église de Saint-Romain, à Blaye, dioc. de Bordeaux.*

Sancta Rufina ; *Sancta Rufina, États Pontificaux.* Sanctæ Rufinæ episcopus : 280.

Sancti Rufini ecclesia, apud Basoclas : 320 ; *Saint-Rufin de Basoches, diocèse de Laon, prieuré de Marmoutier.*

Sancti Saturnini ecclesia, Turonis : 27, 221 ; *Saint-Saturnin de Tours, église paroissiale.*

Sancti Sepulchri abbatia, Bello Loco : 118 ; *le Saint-Sépulcre de Beaulieu, abb. d'hommes, ordre de Saint Benoît, dioc. de Tours.*

Sancti Sepulchri in Bituria ecclesia : 188 ; *l'église du Saint-Sépulcre, au diocèse de Bourges.*

Sancti Sergius et Bachus ; *l'église Saint-Serge et Saint-Bach, à Rome.* Sanctorum Sergii et Bachi cardinalis diaconus : 276, 277, 278.

Sancti Sergii prope Andegavum abbatia : 335 ; *Saint-Serge d'Angers, abbaye d'hommes, ordre de Saint Benoît.* Sancti Sergii abbates : 334, 335.

Sancti Simplicii Turonensis ecclesia : *l'église paroissiale de Saint-Simple, à Tours.* Sancti Simplicii parrochia : 156, 195.

Sanctæ Sophiæ Constantinopolis ecclesia : 173 ; *l'église patriarchale de Sainte-Sophie de Constantinople.*

Sancti Stephani monasterium, Cathomi : 56 ; *Saint-Étienne de Caen, abbaye d'hommes, ordre de Saint Benoît, au dioc. de Bayeux.*

Sanctus Sulpicius de Loratorio : 392 ; *Saint-Sulpice de Lou-*

roux, *prieuré de Marmoutier, au diocèse de Tours.*

Sanctus Symphorianus de Porcellis : 104 ; *Saint-Symphorien, faubourg de Tours, Indre-et-Loire.*

Sancti Symphoriani abbatia : 28 ; *Saint-Symphorien de Bourges, abbaye d'hommes, plus tard, église collégiale de Saint-Ursin.*

Sanctus Thebaldus : 395 ; *Saint-Thibauld de Bazoches, pr. de Marmoutier, au diocèse de Soissons.*

Sanctus Thedodorus : *l'église de Saint-Théodore, à Rome.*

Sancti Theodori cardinalis diaconus : 281.

Sanctus Thomas Spernonensis : 395 ; *Saint-Thomas d'Épernon, prieuré de Marmoutier, au dioc. de Chartres.*

Sanctæ Trinitatis ecclesia, ante monasterium Sancti Juliani Turonensis : 230 ; *l'église de la Sainte-Trinité, à Tours.*

Sanctæ Trinitatis Cadomensis abbatia : 57 ; *la Sainte-Trinité de Caen, abbaye de femmes, ord. de Saint Benoît, dioc. de Bayeux.* Sanctæ Trinitatis abbatissa : 56.

Sanctæ Trinitatis Savigniensis abbatia : 277 ; *la Sainte-Trinité de Savigny. V.* Savigneium.

Sanctæ Trinitatis de Vindocino abbatia : 122 ; *la Sainte-Trinité de Vendôme, abbaye d'hommes, ordre de Saint Benoît, diocèse de Blois.*

Sanctus Venantius, apud Malliacum : 398 ; *Saint-Venant de Maillé, dioc. de Tours, pr. de Marmoutier.*

Sancti Venantii Turonensis abbatia : 18, 24, 77, 79, 82 ; Sancti Venantii monasterium : 207, 209. Sancti Venantii ecclesia : 151. *Saint-Venant de Tours, abbaye d'hommes, et ensuite église collégiale et paroissiale.* Sancti Venantii abbates : 207, 209.

Sanctus Vincentius de Lavareio : 393 ; *Saint-Vincent de Lavaré, prieuré de Marmoutier, au diocèse de Tours.*

Sancti Vincentii ecclesia, seu basilica, Turonis : 25, 210 ; *l'église paroissiale de Saint-Vincent de Tours.*

Sancti Vincentii ecclesia, Parisius : 23, 24, 28, 29 ; *l'église de Saint-Vincent, à Paris, plus tard dédiée à Sainte Geneviève.*

Taillebourc : 134 ; *Taillebourg, Charente-Inférieure.*

Tarabanensis : 28 ; *Thérouanne, Pas-de-Calais.*

Tauriacus, Tausiriacus, Tausirie, Tausire : 210 ; *Tauxigny (?), Indre-et-Loire.*

Taurusius : 41 ; *Turin, royaume de Sardaigne.*

Taventum : 397 ; *Tavant, pr. de Marmoutier, au dioc. de Tours.*

Terra Sancta : 384 ; *la Terre-Sainte ou Palestine.*

Thaphneos : 195 ; *Thénise, en Égypte.*

Thebæi : 4 ; *les habitants de Thèbes, en Égypte.*

Theiphalus : 28 ; *du pays de Tiffauges, Vendée.*

Theoduadum : 95 ; *Doué, Maine-et-Loire.*

Theodo palatium : 41 ; *Thionville, Moselle.*

Theotistus : 44 ; *Allemand.*

Therouanensis : 395 ; *de Thérouanne, Pas-de-Calais.* Therouanensis diœcesis : 395.

Thesaurarii porta, in Castro Novo Sancti Martini : 219 ; *la porte du Change, à Châteauneuf de Tours.*

Theulin : 276 ; *le bois de Theulin, situé près Fontaines-les-Blanches, Indre-et-Loire.*

Thoarcium : 39 ; Toarcium : 159, 160 ; *Thouars, Vienne.* Thoarcii seu Toarcii vicecomites : 145, 147, 156, 157, 161.

Thoedus, Theodus : 293 ; *le Thouet, riv. du département de Maine-et-Loire.*

Thofus : 154 ; *Torfou, Maine-et-Loire.*

Thoringia ; Toringia : 21, 37 ; *la Thuringe.* Rex Thoringiæ : 14.

Toringi : 17, 24 ; *les habitants de la Thuringe.* Rex Toringorum : 21.

Thracia : 10, 59 ; *la Thrace.*

Tiber : 9 ; *le Tibre, fleuve.*

Ticinis : 34 ; *Ticinium, aujourd'hui Pavie, royaume Lombard-Vénitien.*

Ticinensis : 341 ; *de Pavie.*

Ticfort : 330 ; *Tickeford, pr. de Marmoutier, diocèse de Lincoln, en Angleterre.*

Tigris : 3 ; *le fleuve du Tigre.*

Tolosa : 17, 39, 76, 78, 86, 271 ; Tholosa : 195, 206 ; *Toulouse, Haute-Garonne.*

Tolosanus : 65 ; *de Toulouse.*

Tornacum : 27 ; Turnacum : 13 ; *Tournay, en Belgique.*

Tornacensis ; *de Tournay.* Tornacensis ecclesia : 191. Tornacensis episcopus : 191.

Tornomagensis vicus : 203 ; *Tournon, anc. localité, qui en se divisant a formé les deux communes de Saint-Pierre-de-Tournon, Indre-et-Loire, et Saint-Martin-de-Tournon, Cher.*

Trabatæ : 9 ; (Atrabatæ). *Arras, Pas-de-Calais.*

Trajectensis : 177 ; *de Maestricht, en Belgique.*

Travailleria, terra : 279 ; *dépendance de Fontaines-les-Blanches.*

Trecencis, Trecassinus ; *de Troyes, Aube.* Trecensis episcopus : 171. Trecassinus episcopus : 15.

Tredio : 320 ; *Tridon, diocèse de Saint-Malo, prieuré de Marmoutier.*

Treveris : 70, 75 ; Treviris : 95 ; Trevero : 11 ; *Trèves, en Prusse.*

Trevericus : 21 ; Treverensis ; Trevarisensis ; *de Trèves.* Treverensis synodus : 70. Trevarisensis episcopus : 23.

Trojani : 11 ; *les Francs de la Pannonie.*

Troo : 293 ; *Troo, Loir-et-Cher.*

Troo : 32 ; *Troo, dioc. de Blois, prieuré de Marmoutier.*

Trunchetæ : 280 ; *dépendance de Fontaines-les-Blanches.*

Tullus : 121 ; *Toul, Meurthe.*

Tullensis diœcesis : 101 ; *diocèse de Toul.*

Tunis (terra de) : 196 ; *le roy. de Tunis.*

Turci : 143, 187, 189, 193 ; *les Turcs.*

Turonia : 75, 77, 79, 97, 98, 105, 123, 135, 137, 146, 150, 153, 193, 209, 243, 260, 288, 303, 306, 314, 327 ; *la Touraine, province de France.* Turoniæ comes : 125. Turoniæ proceres : 104.

Turonis : 1, 8, 18, 19, 23, 25, 30, 44, 55, 64, 69, 72, 77, 78, 80, 84, 85, 92, 95, 97, 99, 104, 112, 113, 118, 119, 122, 125, 126, 128, 131, 135, 137, 139, 145, 148, 149, 150, 151, 155, 157, 158, 159, 166, 168, 172, 173, 182, 190, 192, 193, 198, 203, 207, 225, 281, 292, 304, 307, 310, 311, 337; Turoni : 44, 81, 83, 85, 94, 129, 158, 299, 332; Turones : 68, 83, 87, 119, 239; Turonus ; 19, 26, 30. 145, 146, 147, 220, 222, 228, 229, 306, 308, 309, 310, 321, 356, 357, 396 ; *Tours, Indre-et-Loire.* Urbs Turonis : 25, 141, 156. Civitas Turonis : 82, 147, 228. Villa Turonis : 119. Vicecomes Turonorum : 234. Fines Turonorum: 292. Turonorum pontifices: 12, 129, 303. Urbs Turones : 121. Episcopus Turonum : 183. Archipræsul Turonum : 304. Civitas Turonus : 224. *V.* Martinopolis.

Turonus : 14, 17, 18, 20, 21, 22, 23, 24, 25, 27, 173, 174, 175, 176, 177, 178, 179, 180, 181, 182, 184, 185, 186, 187, 188, 139, 190, 191, 192, 194, 298, 300; Turonicus : 65, 72, 84, 85, 86, 97, 103, 158, 203, 229; Turonensis : 100, 382; *de Touraine, de Tours.* Turonicus pagus : 45, 47, 110, 233. Turonicus terminus : 212. Turonicus consulatus : 293. Turonicus episcopatus : 24. Ecclesia Turonica : 27, 206, 220, 227. Mater ecclesia Turonica : 229. Civitas Turonica : 103, 210, 300. Urbs Turonica : : 65, 66, 99, 157, 201, 202, 208. Ecclesia urbis Turonicæ : 210. Præsulatus urbis Turonicæ : 220 Archiepiscopus urbis Turonicæ : 297. Civis Turonicus : 66, 74, 202, 203, 208. Pontes Turonici : 386. Turonensis provincia : 87. Turonensis senescallia : 102. Turonensis archiepiscopatus : 126, 298. Turonensis episcopatus : 293. Turonensis diœcesis : 71, 118, 152, 155, 395, 398. Ecclesia Turonensis : 68, 80, 87, 138, 152, 155, 207. Cathedra Turonensis : 105. Civitas Turonensis : 156, 196. Villa Turonensis : 335. Urbs Turonensis : 195. Dux Turonensis : 389. Comes Turonensis : 391, 392. Civis Turonensis ; 80 : 156. Pontifex Turonensis , 238. Turonenses episcopi : 18, 19, 66, 68, 71, 74, 75, 76, 77, 86, 88, 89, 171. Turonenses archiepiscopi : 35, 47, 61, 79, 80, 81, 82, 83, 88, 89, 90, 91, 92, 93, 94, 96, 98, 100, 101, 102, 103, 104, 105, 108, 109, 112, 113, 115, 116, 126, 129, 131, 132, 133, 135, 137, 138, 150, 151, 155, 169, 184, 260, 264, 265, 279, 281, 325, 330, 332, 338, 340, 341, 374, 392. Turonensis dominus : 296. Ecclesia (Turonensis) : 205. Mater ecclesia (Turonensis) : 247. Episcopi

31

(Turonenses) : 1, 8, 10, 11, 12, 14, 16, 17, 18, 20, 21, 22, 23, 24, 25, 26, 27, 64, 65, 68, 69, 70, 71, 80, 88, 166, 168, 172, 173, 174, 175, 176, 177, 178, 179, 180, 181, 182, 183, 184, 185, 186, 187, 189, 190, 191, 192, 193, 194, 201, 202, 203, 204, 206, 207, 208, 209, 210, 212, 213, 214, 215, 216, 217, 296, 297. Decani Turonensis ecclesiæ : 224, 283, 374. Præcentor : 224. Archidiaconi : 229, 283, 334. Cancellarius : 283. Collector : 334. Canonici : 245. Clerici : 151, 309.

Tuscia : 61 ; *la Toscane.*

Tussiacum : 101, 182 ; *Tusey, Meuse.*

Tyrus : 2 ; *Tyr, en Asie-Mineure.*

Uceium : 293 ; Ucerum : 77 ; *Ussé, aujourd'hui réuni à la commune de Rigny, Indre-et-Loire.*

Uscerate. *V.* Cerate.

Vagonium : 6 ; *Worms. V.* Garmasia.

Valentianæ : 41 ; *Valenciennes, Nord.*

Vallensis : *V.* Sanctus Martinus Vallensis.

Vallis Boana : 251 ; *Vaubouan, hameau de la commune de Beaumont-la-Chartre, Sarthe.*

Vallis Rodolii castrum : 149 ; *le Vaudreuil, Eure.*

Vauquelour : 198 ; *Vaucouleurs, Meuse.*

Veda : 293 ; Vedia : 293 ; *la rivière de Vède ou Veude, dans le département d'Indre-et-Loire.*

Venciacus : 111 ; *Vençay, aujourd'hui Saint-Avertin, Indre-et-Loire.*

Venetensis ; *de Vannes, Morbihan.* Venetensis episcopus : 239, 240.

Venetia : 172 ; Venetum : 56 ; *Venise, royaume Lombard-Vénitien.*

Veneti : 56 ; *les Vénitiens.*

Venusi : 56 ; *Venosa, royaume des Deux-Siciles.*

Ver : 320 ; *Vern, Maine-et-Loire.*

Vercellensis urbs : 203 ; *Vercelli, États Sardes.*

Vernadum : 206 ; *Vernou, Indre-et-Loire.*

Vernon castrum : 136 ; *le château de Vernon, Eure.*

Verona : 281 ; *Vérone, royaume Lombard-Vénitien.*

Vesuntio : 65 ; *Besançon, Doubs.*

Vetus Pictavis : 92 ; *le Vieux-Poitiers, Vienne.*

Vezelaium ; Vezelaicum : 196 ; Vuirilliacum : 196 ; *Vézelay, abbaye d'hommes, ordre de Saint Benoit, dioc. d'Autun.* Abbatia de Vezelaio : 180.

Vienna : 11, 38, 95 ; *Vienne, Isère.*

Viennensis ; *de Vienne.* Viennenses episcopi : 17, 62, 172, 316.

Vigenna : 69, 77, 293 ; *la rivière de Vienne, dans le département d'Indre-et-Loire.*

Vileriæ Caroli Magni : 394 ;

Villiers-Charlemagne, pr. de Marmoutier, au dioc. du Mans.
Villa Precis : 324 ; *Villepreux*, dioc. de Versailles, pr. de Marmoutier.
Villana : 279 ; dépendance de Fontaines-les-Blanches.
Villaredum, in vicaria de Cancellis : 232 ; *le Villeray, hameau de la commune de Chanceaux, Indre-et-Loire*.
Villentras : 106 ; *Villantrois, Indre*.
Vindocinum : 122, 160, 272 ; *Vendôme, Loir et-Cher*. Comes de Vindocino : 199.
Vindocinensis ; *de Vendôme*. Comes Vindocinensis : 128, 154. Abbatia Vindocinensis : 188 ; *V*. Sancta Trinitas.
Vinulium, *Verneuil, Indre-et-Loire*, seu Vernolium, antiquitus Noviliacus : 209.
Virdunense ; *de Verdun, Meuse*. Virdunense territorium : 360.
Viromandensis : *de Vermandois, province de France*. Viromandensis comes : 110.
Viscerate. *V*. Cerate.
Viteria. *V*. Bituria.
Vitrariæ, in vicaria Cancellis : 232 ; *les Verreries, sur la limite des communes de Mettray et de Chanceaux, Indre-et-Loire*.
Vitreum : 320 ; *Vitré, dioc. de Rennes*, pr. de Marmoutier.
Vitreyum : 395 ; *Vitry*, pr. de Marmoutier, au diocèse de Thérouanne.
Vivonium : *V*. Sanctus Hypolitus de Vivonio.
Vogabunsis ager : 78 ; *Vouillé, Vienne*.
Voginatum villa : 47 ; *Saint-Denis-sur-Loire, Loir-et-Cher*. *V*. Noginantum.
Votnum, Votinum, in pago Turonico : 45 ; *Vonte, commune d'Esvres, Indre-et-Loire*.
Vovreium, in territorio Castri Lidi : 269 ; *Vouvray-sur-le-Loir, Sarthe*.
Vovreium super Ligerim : 104 ; *Vouvray sur-Loire, Indre-et-Loire*.
Vuandali : 22 ; *les Vandales*.
Vuertueil, castrum : 388 ; *le château de Verteuil, Charente*,
Vuirilliacum : 196 ; *Vézelay, abbaye d'hommes, ordre de Saint Benoît, dioc. d'Autun*.
Vulgari : 34 ; *les Bulgares*.

Warmatia : 41 : 42 ; *Worms*. *V*. Vagonium, Garmasia.
Wascones : 42 ; *les Gascons*.
Westmonasterium : 62 ; *Westminster, de Londres*.
West-Saxoni : 40, 42 ; *les peuples du royaume d'Ouessex, en Angleterre*.

Xantonæ, Xantonicus, Xantonensis. *V*. Sanctonæ, Sanctonicus.

Yponensis. *V*. Hipponensis.

TABLE DES MATIÈRES.

                                                    Pages.

Avant-propos   I

NOTICES SUR LES CHRONIQUES DE TOURAINE.

Chronique de Pierre Béchin   IV
Grande chronique de Tours.   XVI
Chronique abrégée de Tours.   XXXVIII
Chronique des archevêques de Tours.   XLI
Chronique de Saint-Martin de Tours   XLIX
Histoire abrégée de Saint-Julien de Tours   L
Chronique rimée de Saint-Julien de Tours   LXI
Histoire de l'abbaye de Fontaines-les-Blanches.   LXIX
Traité de l'éloge de la Touraine, des évêques de Tours,
    des abbés et du monastère de Marmoutier.   LXXXVII
Chronique des abbés de Marmoutier   CV

	Pages.
Texte de la dédicace de l'église de Marmoutier	CXVI
Livre du rétablissement de Marmoutier par le comte Eudes, et de la délivrance de l'âme du comte par saint Martin	CXX
Supplément à la chronique des abbés de Marmoutier. . .	CXXVII
Chronique des prieurés de Marmoutier.	CXXXVI
Chronique de l'abbaye de Gâtine	CXLVIII
Chronique de l'église Notre-Dame de Loches.	CL

TEXTE DES CHRONIQUES DE TOURAINE.

	Pages.
Chronicon Petri filii Bechini.	1
Chronicon Turonense magnum.	64
Chronicon Turonense abbreviatum.	162
Chronicon archiepiscoporum Turonensium	201
Chronicon Sancti Martini Turonensis.	218
Brevis historia Sancti Juliani Turonensis.	220
Chronicon rhythmicum Sancti Juliani Turonensis.	235
Historia monasterii Beatæ Mariæ de Fontanis Albis.	257
Narratio de commendatione Turonicæ provinciæ et de nominibus et actibus episcoporum civitatis Turonicæ, similiter et de nominibus et operibus abbatum Majoris Monasterii et de destructione et reædificatione ejusdem ecclesiæ; et quare dicitur Majus Monasterium.	292
Chronicon abbatum Majoris Monasterii.	318

TABLE DES MATIÈRES.

	Pages.
Textus de dedicatione ecclesiæ Majoris Monasterii.	338
Liber de restructione Majoris Monasterii per Odonem, comitem Campaniensem, et uxorem ejus comitissam facta : et de anima ejusdem comitis per intercessionem beatissimi Martini a principibus tenebrarum mirabiliter liberati.	343
Chronicon Gastinensis cœnobii	374
Chronicon ecclesiæ Beatæ Mariæ de Lochis.	376
Supplementum ad chronicon abbatum Majoris Monasterii.	380
Chronicon prioratuum Majoris Monasterii.	391
Index onomasticus.	399
Index locorum et populorum.	445

ADDITIONS ET CORRECTIONS.

Page LXII, *ligne* 15.

Nous avions laissé passer une indication qui précise de la manière la plus certaine l'époque de la rédaction de la Chronique Rimée de Saint-Julien de Tours. L'auteur dit qu'il tient de la bouche même de Morvan, évêque de Vannes, ce qu'il rapporte sur Bleviliquet: *de quo pontifex Morvannus sic nobiscum est locutus*, page 240. Or Morvan ayant occupé le siége de Vannes depuis l'année 1083 jusqu'à 1128 environ, notre chronique fut écrite à la fin du XIe siècle ou au commencement du XIIe siècle.

Pages,	lignes,	au lieu de	lisez.
7	5	VMXXXVI,	VMDXXXVI.
8	4	Vetranion Ursæ,	Vetranio Mursæ,
9	23	Trabatas,	Atrabatas.
14	24	VMDCLX,	VMDCLIX.
id.	id.	annis XVI,	annis XXVII.
20	22	Divinius,	Dinisius.
37	20	regionem provinciæ,	regionem Provinciæ.
47	5	VIMCVIII,	VIMCXVIII.
48	1	Firmano Edituo,	Firmano ædituo.
49	12	Ilic, et,	Ilic est.
51	29	abstuli,	abstulit.
61	4	regnis,	regis.
62	28	in cava,	in Cava.
64	3	1127,	1227.
75	14	Arumniam,	Arverniam.
id.	17	baticulario,	buticulario.
89	20	VIII°,	XIII°.
91	24	VII°,	VIII°.

ADDITIONS ET CORRECTIONS.

Pages.	lignes.	au lieu de	lisez.
92	4	xxi°,	xxv°.
95	15	Livianum.. Treviris,	Juvavum.. Treveris.
id.	26	Agrisgranum,	Aquisgranum.
100	2	xxii,	xii.
111	14	xxv,	xxxv.
123	1	Laudunensi castro,	Laudunensi Castro.
127	11	xxxi°,	xxxii°.
128	4	xxiv°,	xxxiv°.
142	24	mcxi°,	mcxci°.
150	20	iv*,	ix°.
169	29	*Les manuscrits donnent* Beatus Augustinus Ambrosium baptizat; *mais il faut corriger et lire* Beatum Augustinum Ambrosius baptizat.	
185	27	Ecclesiæ,	Ecclesia.
207	8	ab,	ob.
209	15 *des notes*, Martiæ,	Mariæ.	
213	12	mensibus xii,	mensibus xi.
id.	1 *des notes*, pag. 2,	paq. 2.	
227	31 *après* diebus ix, *ajoutez* Arnulfus episcopus sedit annis xxx, mensibus viii, diebus xix.		
231	15	L libras,	I libram.
234	20	Hudovico,	Illudovico.
268	26	Blesentis,	Blesensis.
279	15	memore.. allodiis,	nemore.. Allodiis.
279, 284, 286, 287, 288, 289,		Lauda,	Landa.
284	4	latronem,	latronum.
290	1	anno de Verbi,	anno Verbi.
293	6	sancti Cyrici,	Sancti Cyrici.
id.	8	Nede,	Vedæ.
306	13	Hamricus,	Hainricus.
310	29	son,	Non.
315	6	videlicet idus,	videlicet vi° idus.
316	14	Raguellinus,	Jaguellinus.
id.	19	Mennensis.	Viennensis.
320	21	Ecclesia,	Ecclesiam.

ADDITIONS ET CORRECTIONS.

pages,	lignes,	au lieu de	lisez.
325	24	prædium,	prandium.
326	12 *des notes*,	Salitaricus de Valleon,	Savaricus de Malleon.
329	13	Calla Imbria,	Cella in Bria.
330	7	Braccolis,	Braceolis.
id.	18	Denteleonis,	Monteleonis.
id.	25	in valle,	in Valle.
357	3 *après*	adhuc, *suppléez*	perfectum.
393	3	1502. Prioratus,	1502, prioratus.
395	10	Martini et,	Martini e.
397	6	eum,	cum.
id.	14	viri,	vivi.

Tours, imp. LADEVÈZE.

SUPPLÉMENT

AUX

CHRONIQUES DE TOURAINE

PAR

ANDRÉ SALMON

MEMBRE DE LA SOCIÉTÉ ARCHÉOLOGIQUE DE TOURAINE, ARCHIVISTE HONORAIRE
DE LA VILLE DE TOURS, ANCIEN ÉLÈVE DE L'ÉCOLE DES CHARTES.

PUBLIÉ PAR LA SOCIÉTÉ ARCHÉOLOGIQUE DE TOURAINE.

A TOURS
CHEZ GUILLAND-VERGER, RUE ROYALE, 43.

ET A PARIS
CHEZ DUMOULIN, QUAI DES AUGUSTINS, 13.

M DCCC LVI.

Le supplément aux *Chroniques de Touraine* forme la première partie du tome II des *Documents relatifs à l'histoire de Touraine*.

AVANT-PROPOS.

L'encouragement dont l'Académie des Inscriptions et Belles-lettres a bien voulu honorer le *Recueil des Chroniques de Touraine*, en lui accordant une mention très-honorable au Concours des Antiquités Nationales de l'année 1854, imposait à l'éditeur le devoir de rendre son travail aussi complet que possible. C'est ce devoir qu'il remplit aujourd'hui en donnant quelques chroniques qui lui étaient échappées dans sa première publication.

Ce supplément, exécuté sur le plan suivi antérieurement, contient quatre chroniques, dont deux entièrement inédites. Ainsi sera complétée la série des Chroniques de Touraine, sauf un court *Extrait de ce qui s'est passé de remarquable à Saint Julien et en la ville, sa fondation, dédicace, etc.;* ce fragment n'ayant trait qu'à des événements qui se sont passés sous les règnes de Louis XI et de Charles VIII, nous le réservons pour un travail spécial que nous nous proposons de faire bientôt sur cette époque si intéressante de l'histoire de nos contrées. Enfin je dois mentionner encore de curieux et importants mémoires sur l'abbaye de Beaumont-lès-Tours, conservés aux Archives départementales d'Indre-et-Loire, dont le zélé et savant conservateur M. Grandmaison nous promet la prochaine publication.

NOTICES

SUR

LES CHRONIQUES

Publiées dans le Supplément aux Chroniques de Touraine.

I.

LIVRE D'UN ÉVÊQUE D'UTRECHT SUR UN MIRACLE DE SAINT MARTIN DE TOURS.

Le livre de Radbode, évêque d'Utrecht, sur la levée du siége de Tours par les Normands, obtenue par l'intercession de saint Martin traite seulement de cet événement mémorable arrivé en l'année 843.

Les manuscrits où l'on trouve cet opuscule n'en nomment point l'auteur, ils disent seulement qu'il était évêque de la ville d'Utrecht, *Libellus cujusdam episcopi Trajectensis*, ce qui du reste est confirmé par un passage de l'ouvrage. Avec cette donnée et les autres indications fournies par le livre lui-même il m'a été facile de le retrouver. Il dit en effet que l'événement qu'il raconte est arrivé de son temps, et qu'il le tient de témoins oculaires, enfin il termine en implorant la protection de saint Martin pour la race de Charlemagne; toutes ces circonstances donnent comme limite la plus éloignée de la rédaction de l'ouvrage, le règne de Charles le Simple, de 893 à 923. C'est en effet vers cette époque que nous trouvons sur le siége d'Utrecht (899 à 918), Radbode, cité par les auteurs de la *France littéraire*, comme l'un des plus savants hommes et l'écrivain le plus poli de son temps. L'histoire de sa vie concorde du reste parfaitement avec ce que dit le narrateur du miracle de saint Martin; Radbode fut élevé à la cour de Charles le Chauve et de Louis le Bègue, et promu au siége d'Utrecht par l'empereur Arnoul, deux particularités qui expliquent très-bien ses souhaits pour la France et la race de Charlemagne. Du reste, tous les doutes que je pouvais conserver ont été levés en lisant la notice consacrée à cet auteur par Paquot, dans son *Histoire littéraire des Pays-Bas* (Louvain, 1763, in-8°, t. II, p. 425-429). Il le lui attribue formellement ainsi que deux ou trois autres opuscules sur le même saint; ce sont : 1° un écrit cité par Trithème sous ce titre : *Laudes sancti Martini, liber unus*, que l'on pense être l'office de saint Martin, tel qu'il est célébré dans l'église d'Utrecht; 2° Un office de la translation de saint Martin, qui doit probablement être confondu avec l'ouvrage qui précède; 3° une épigramme en cinq distiques sur saint Martin.

Paquot cite en outre quatorze autres opuscules ou

ouvrages de Radbode, pour lesquels nous renvoyons à son ouvrage, ainsi qu'à la biographie, moins complète cependant, qu'ont rédigée sur l'évêque d'Utrecht les Bénédictins dans la *France littéraire* (t. VI, p. 158-164). Ceux-ci en effet ont oublié de mentionner beaucoup de ses ouvrages, et entre autres celui dont je m'occupe ici.

Raoul Monsnier, le seul qui ait publié jusqu'ici, à ma connaissance, la narration de l'évêque d'Utrecht, lui a donné un titre qu'il a fabriqué lui-même puisqu'il ne se rencontre dans aucun manuscrit, et dans lequel il proclame Adelbolde auteur de l'ouvrage qu'il publie : *Triumphus sancti Martini Turonensis episcopi de Danis et Suedis Turoniam infringere et spoliare conantibus, authore Adelboldo Ultrajectensi episcopo.* (Historia ecclesiæ sancti Martini Turonensis, p. 177-180). Mais qu'il ait pris cette attribution dans son imagination ou dans un manuscrit qui a échappé à mes recherches, l'erreur n'en est pas moins évidente. Adelbolde, qui ne fut nommé au siége d'Utrecht qu'en l'an 1009, n'a jamais pu se trouver en relation avec les témoins oculaires d'un événement arrivé plus de cent ans avant sa naissance, et n'avait plus de vœux à former pour la race déchue et presque anéantie de Charlemagne.

Radbode a écrit son ouvrage plutôt pour exalter la puissante intercession de saint Martin, que dans un but historique. C'est un sermon ou un panégyrique qui s'appuie sur un fait important pour l'histoire. Le style en est remarquable pour un écrivain du commencement du xe siècle, quoiqu'on y aperçoive quelques défauts :

Ainsi trouve-t-on beaucoup trop prolongée la comparaison qu'il fait du corps de saint Martin avec une pierre précieuse.

Le récit de la défaite miraculeuse des Normands aux portes de Tours est écrit avec une bonne foi évidente, et l'auteur assure qu'il le tient, comme je l'ai déjà dit, de témoins oculaires. Dans les choses incertaines, ajoute-t-il, il a suivi plutôt l'opinion des autres que la sienne, et telles sont l'époque de la première apparition des Normands dans les Gaules, la terreur panique des assiégeants à la vue de la châsse de saint Martin, et le nombre des morts, trois points qu'il ne veut ni nier, ni affirmer, mais qu'il laisse à approfondir aux scrutateurs et aux curieux. Mais quant au fait de la victoire remportée par les Tourangeaux grâce à l'intercession de leur glorieux patron, c'est un fait incontestable et qui repose sur le témoignage d'une multitude de personnes dignes de foi.

L'ouvrage de Radbode a été connu de Pierre, fils de Béchin (*Chron. de Tour.*, p 44), du premier chroniqueur de S. Julien (*Ibid.* p. 222) et de l'auteur des *Gesta consulum*, p. 29.

Voici le résumé des faits que nous a transmis l'évêque d'Utrecht.

Les Normands parurent pour la première fois en France l'année même de la bataille de Fontenay (l'an 841) et y exercèrent des ravages affreux pendant plus de soixante ans. Or, dans une de ces invasions, après avoir dévasté entièrement les rives de la Seine et de la Loire, ils descendent en Touraine avec leur flotte chargée de butin et, commençant par détruire tout ce qui était aux environs de Tours, ils viennent mettre le siége devant la ville. Les murs et les tours se garnissent alors de défenseurs, qui, découragés en comparant leur petit nombre à la multitude des assiégeants, ont bientôt recours à saint Martin. Les clercs et tous ceux qui étaient incapables de porter les armes courent à la basilique, et entourant son tombeau font retentir les voûtes sacrées de leurs cris et de leurs prières. Ils enlèvent la châsse où reposent les reliques vénérées et l'amènent devant la porte de la ville déjà renversée par l'assaut impétueux des Normands. A la vue du corps de saint Martin, les habitants qui se voyaient déjà sous le coup d'une mort inévitable, se sentent animés d'une force nouvelle et d'une audace inaccoutumée; les Normands au contraire sont frappés de terreur et de vertige; le désordre se met dans leurs rangs, ils prennent la fuite, et s'embarrassant les uns les autres, ils tombent comme s'ils eussent marché sur la glace. Les Tourangeaux les poursuivent, en tuent près de neuf cents, puis rentrent dans la ville chargés de butin ; alors ils reportent les reliques de leur puissant intercesseur à son tombeau, en chantant les louanges de celui auquel ils reconnaissent devoir leur victoire.

On doit remarquer que l'auteur ne précise aucunement la date du siége de Tours, quoiqu'il le dise arrivé de son temps. Une circonstance de son récit fait voir que l'évêque d'Utrecht n'avait jamais visité la ville de Tours, car alors il n'eût point dit qu'on alla chercher les reliques de saint Martin dans son tombeau. La basilique du saint était éloignée d'environ cinq cents pas des murailles de la ville, et on ne peut supposer que les clercs eussent ainsi osé sortir de la ville pendant que les Normands donnaient l'assaut. Il est bien plus présumable qu'à la première nouvelle de l'irruption les chanoines de Saint-Martin vinrent mettre les reliques du saint à l'abri d'un coup de main derrière les murailles fortifiées de la ville.

Ce traité ainsi que nous l'avons dit, a été déjà publié par Raoul Monsnier dans son *Histoire de l'église de Saint-Martin de Tours* (pages 177-180) sous ce titre : *Triumphus sancti Martini Turonensis episcopi de Danis et Suedis Turoniam infringere et spoliare conantibus, authore Adelboldo Ultrajectensi episcopo*. Monsnier ajoute qu'il a tiré cet ouvrage de deux manuscrits de l'église Saint-Martin que j'ai retrouvés dans la bibliothèque municipale de Tours.

J'ai trouvé à la Bibliothèque impériale quatre manuscrits qui contiennent cet ouvrage. Le premier et le plus ancien texte est celui du manuscrit 5583, fonds latin, il a été écrit vers la fin du xe siècle ou le commencement du xie. Ce manuscrit ne renferme que le récit du miracle sans le prologue et la péroraison qui l'accompagnent dans les autres. Incipit du texte : *Dani Suevique quos Theotisci*. Explicit : *nisi solenniter adjuvarat*. Dans un second manuscrit écrit au xie siècle, n° 1320 du fonds Saint-Germain latin, il manque une vingtaine de lignes du commencement. Dans le manuscrit 1407, Saint-Germain latin, d'une écriture du xiie siècle, ce sont au contraire les deux dernières pages de l'ouvrage qui manquent. Le manuscrit 5329, fonds latin, est également du xiiᵉ siècle.

Je cite seulement pour mémoire le manuscrit 797 du supplément latin, qui contient l'ouvrage entier ; mais son écriture, qui ne remonte qu'au xvᵉ siècle, me l'a fait négliger pour les manuscrits plus anciens. Les manuscrits 5324 et 5335, fonds latin, n'ont été écrits qu'au xivᵉ siècle. Les manuscrits de la bibliothèque de Tours, 10, 134, 135, ne m'offraient que des copies modernes, comparées aux textes presque contemporains de la Bibliothèque Impériale ; j'en ai cependant tiré quelques variantes. Le manuscrit 136, d'une écriture du xiiᵉ siècle, mérite seul une collation spéciale, que j'ai faite avec conscience.

II.

TRAITÉ DE LA RÉVERSION DU CORPS DE SAINT MARTIN DE LA BOURGOGNE EN TOURAINE.

L'histoire du retour du corps de saint Martin de la Bourgogne en Touraine embrasse un peu plus de quarante ans, depuis la levée du siége de Tours, au 12 mai 843, entrepris par les Normands, sous la conduite d'Hasting, jusqu'au 13 décembre 884, date de la rentrée du corps de saint Martin dans son ancien tombeau. Cet ouvrage, attribué, dans tous les manuscrits, à Odon, abbé de Cluny, a été enfin reconnu la production d'un imposteur par l'abbé Claude du Moulinet des Thuileries, dans une dissertation insérée dans son ouvrage sur la *Mouvance de Bretagne*, page 22. Il est à présumer qu'il fut écrit à la fin du onzième ou vers le commencement du douzième siècle. Il ne peut pas avoir été rédigé beaucoup plus tard, puisque l'auteur des *Gesta consulum Andegavensium*, qui écrivait en 1154, cite ce traité et le copie presque en entier. Guillaume de Malmesbury, écrivain du même siècle (vers 1143) l'a connu aussi. Le chapitre de Saint-Martin dans son *Épître à Guibert de Gembloux*, vers 1180, Jean, moine de Marmoutier, dans son *Éloge de la Touraine*, écrit en 1210, la *Grande Chronique de Tours* terminée en 1227, en ont extrait divers passages. Dans le même siècle, Vincent de Beauvais, dans son *Miroir historial*, reproduit le récit des événements d'après le *Traité de la Réversion*, mais il en place la date après l'an 871. De même, Jean Boivin, chanoine de Saint-Victor de Blois, écrivain du XIV° siècle, copie l'ouvrage attribué à Odon et date ces événements de l'an 884. Cependant on doit supposer qu'il a été écrit au moins cent ans après les événements qu'il raconte, pour que la tradition des faits, des dates et des personnages ait été si complétement perdue.

Afin de mieux faire ressortir la critique sévère avec laquelle cet auteur doit être jugé, je commencerai par donner un résumé assez détaillé de l'ouvrage tel qu'il nous est parvenu ; je relèverai ensuite quelques-unes des erreurs qu'il a commises.

L'auteur a fait précéder sa narration de deux épitres. La première émane de Foulques le Bon, comte d'Anjou (938 à 958), et est adressée à Odon, abbé de Cluny. Le comte lui rappelle qu'il se plaisait à l'entendre parler de saint Martin, et qu'il le priait de rendre plus compréhensible par une nouvelle rédaction, tout en conservant le fonds de l'histoire, la narration trouvée dans de vieux manuscrits et écrite en style barbare, du transport du corps de saint Martin dans la Bourgogne, à cause des incursions des Normands, et du retour des reliques dans la basilique de Saint-Martin. Il termine en le suppliant d'accéder à sa demande, en mémoire de ce qu'ils ont sucé le même lait.

S. Odon lui répond qu'il obéira volontiers aux désirs de son frère de lait, quoique le comte eût pu s'informer plus sûrement des événements auprès d'Ingelger, son aïeul.

L'auteur, après un court prologue, entre dans la narration des faits.

Les Normands habitant un pays trop restreint pour leur population, il passa en coutume chez eux de désigner tous les cinq ans par le sort ceux qui devaient aller s'établir dans d'autres contrées. Ce fut ainsi qu'Hasting, à la tête d'une armée innombrable, envahit la France, détruisant tout sur son passage. Après avoir ravagé le nord de la France, il s'avance vers Tours, afin de lui faire subir le même sort. Réduisant d'abord en cendres Amboise et tout ce qui était entre la Loire et le Cher, il vient ensuite mettre le siége devant la ville, dont il fait garder soigneusement les issues afin que personne ne puisse s'en échapper. Il élève ensuite des retranchements, aplanit le terrain et se prépare à donner l'assaut. Cependant les Tourangeaux, un moment effrayés, reprennent courage et réparent les murailles et les tours fortifiées. Bientôt l'assaut est donné ; les Normands écartent les défenseurs par une grêle de flèches, puis avançant les béliers, en frappent les murs qui cèdent et sont menacés d'une ruine prochaine. Alors les assiégés, perdant tout espoir, ont recours à leur puissant protecteur saint Martin, dont ils viennent exposer les reliques sacrées au lieu où se donnait l'assaut le plus violent. O prodige! une ardeur nouvelle anime les Tourangeaux : tandis que les Normands, saisis d'une soudaine terreur, prennent la fuite, les habitants, portant avec eux la châsse vénérée de leur patron, se mettent à leur poursuite, tuent les uns, font prisonniers les autres et s'arrêtent enfin à la sixième borne milliaire de la ville. Ce fut en mémoire de cet événement qu'on éleva au lieu où s'arrêta le corps du saint une église qui prit le nom de Saint-Martin-de-la-Guerre. Or, dans cet endroit de la ville où les reliques placées sur le mur avaient commencé la victoire, existaient des ruines de murailles antiques, restes, disait-on, du palais dans lequel l'empereur Valentinien, dédaignant de se lever devant saint Martin, y fut forcé par le feu qui prit tout à coup à son siége. Ce fut là que l'archevêque de Tours éleva l'église de Saint-Martin-de-la-Bazoche. Dans un synode rassemblé à cette occasion, l'archevêque et les évêques présents firent un statut ordonnant de célébrer chaque année dans tout le diocèse, le douzième jour de mai, une fête que l'on nomme la Subvention.

Quinze ans après l'invasion d'Hasting, Rollon, chef des Normands, vient de nouveau ravager la France. Il dévaste la Flandre, la Neustrie, la Bretagne, et met enfin le siége devant la ville du Mans. En même temps il envoie à Tours ses lieutenants afin de réduire les habitants en captivité et d'anéantir cette cité, après l'avoir pillée. Mais un débordement simultané du Cher et de la Loire, sauva la ville de l'attaque des barbares. Ceux-ci alors s'emparent de Marmoutier, qu'ils détruisent de fond en comble, et massacrent cent seize moines; vingt-quatre religieux avec leur abbé Herberne échappèrent à la mort en se cachant dans des cavernes. Mais Herberne ayant été découvert fut livré par les Normands aux tortures les plus affreuses pour l'obliger à indiquer la retraite de ses moines, et l'endroit où étaient enfouis les trésors de l'abbaye; rien ne put vaincre sa constance. Les Normands se retirent alors. Aussitôt que le fleuve rentré dans son lit permet le passage, les habitants de Tours accourent et les chanoines de Saint-Martin viennent recueillir les vingt-quatre moines et leur saint abbé; ils pourvoient à leurs besoins, et leur donnent une maison attenante à l'église de Saint-Martin et communiquant avec elle.

Cependant au bout de six mois, les chanoines, à la nouvelle de la prise du Mans, et sachant que Rollon se dirigeait sur la ville de Tours, pour la saccager, envoient le corps de saint Martin à Orléans. Ils chargent de ce précieux dépôt douze chanoines, avec l'abbé Herberne et ses moines; douze bourgeois de Châteauneuf les accompagnent, chargés de subvenir aux dépenses de la colonie exilée. Mais bientôt, apprenant que Rollon marchait sur Orléans, ils transportent les reliques à Saint-Benoît-sur-Loire, de là à Châblis et enfin à Auxerre. L'évêque suivi de tout son peuple s'empresse d'aller les recevoir et les dépose avec respect dans l'église de Saint-Germain, auprès de la châsse du patron d'Auxerre.

Cependant des miracles sans nombre, opérés par l'intercession de saint Martin, y attirent une foule de malades et de pèlerins, dont les abondantes aumônes, partagées seulement entre ceux qui avaient accompagné son corps, excitent l'envie des clercs de l'église d'Auxerre. Enfin après quelques contestations, on convint de tenter une épreuve. Un lépreux sera placé entre les reliques des deux saints, et l'on attribuera le miracle et l'offrande au saint qui aura guéri la partie du corps du lépreux qui touchera ses reliques. Après une nuit passée dans la prière, on trouve parfaitement sain le côté du lépreux qui touche à saint Martin, tandis que l'autre est encore recouvert de lèpre. On applique alors du côté de saint Martin la partie restée malade, et après une seconde nuit passée dans laquelle on ne cessa pas de prier, elle fut aussi guérie par un nouveau prodige. Enfin après de longues années, la paix ayant été rendue à l'Église, et Rollon s'étant converti à la foi chrétienne, les Tourangeaux viennent à Auxerre réclamer le corps de leur patron.

Ils s'adressent d'abord à l'évêque Aimar, qui refuse de rendre un trésor dont son église était en possession lorsqu'il est monté sur le siége d'Auxerre. Ils ont alors recours au roi de France, qui refuse de dépouiller les possesseurs actuels, le lieu où reposeraient les reliques lui étant indifférent, puisque les villes de Tours et d'Auxerre étaient toutes deux dans son royaume. Cependant le peuple et le clergé de Tours se réunissent et délibèrent avec Adaland, archevêque de Tours, Raimon, d'Orléans, Mainolde, du Mans, et saint Loup, d'Angers, sur ce qu'il y avait à faire. Or, dans ce temps, Ingelger comte du Gatinais, petit-fils d'Hugues, duc de Bourgogne et seigneur de Loches et d'Amboise, gouvernait avec force et puissance le comté d'Anjou par concession royale, et il possédait en outre une maison à Auxerre et de grands domaines dans les environs. Ce fut lui qu'on choisit pour chef de l'entreprise; et comme on se préparait à lui envoyer des délégués pour le lui annoncer, il vint prier suivant sa coutume dans l'église de Saint-Martin. Accueilli avec acclamation par les habitants, Ingelger leur fait des reproches sur leur négligence à réclamer le corps de leur patron. On lui expose la situation des choses et on le prie d'être le chef de l'expédition. Il accepte, et, à la tête de six mille hommes d'élite, il s'avance vers Auxerre et entre dans la ville.

Le lendemain, dès l'aurore, après avoir été prier saint Martin devant ses reliques, il va trouver l'évêque, et réclame de lui la restitution du corps de saint Martin. Aimar demande un jour pour se décider. Il consulte Siagrius, évêque d'Autun, et Domnole, évêque de Troyes. Ceux-ci lui conseillent de restituer le dépôt sacré, et il se rend à leurs avis. Le lendemain en effet il remet le corps entre les mains d'Ingelger et d'Herberne. Celui-ci convoque alors tous les moines, anciens compagnons de son exil, mais qui étaient devenus alors abbés ou évêques, et les invite à venir servir d'escorte à saint Martin pour retourner en Touraine, comme ils avaient fait pour le sauver des barbares.

Le jour du départ arrivé, Ingelger et l'évêque d'Auxerre portent la châsse sur leurs épaules, et partent suivis des évêques, du clergé et du peuple, chantant les louanges du saint. L'armée escorte le pieux cortége des clercs et des moines, et tous les jours le sacrifice de la messe est célébré. La rentrée du corps de saint Martin dans son diocèse est signalée par de nombreuses guérisons. Pour y échapper, deux paralytiques qui habitaient le Lierre (Hedera) et qui préféraient leur infirmité, au moyen de laquelle ils sollicitaient la pitié des fidèles, à une guérison qui les forcerait à travailler, prennent la fuite et s'efforcent de sortir de la Touraine. Mais la puissance du saint les atteint, et les guérit. Ils se rendent alors à l'église de Saint-Martin et, y déposant leurs béquilles, racontent le miracle dont ils ont été l'objet. La pieuse reconnaissance des habitants du lieu où il arriva élève en l'honneur de saint Martin une église qui est encore appelée aujourd'hui la Chapelle-Blanche. Les choses inanimées elles-mêmes semblent prendre part à l'allégresse du peuple : les arbres se couvrent de fleurs et de feuilles, quoique dans la saison d'hiver; les cloches sonnent d'elles-mêmes, les lampes et les cierges sont allumés divinement dans l'église de Marmoutier et dans la basilique de Saint-Martin et de Châteauneuf.

A la nouvelle de l'arrivée du corps vénéré, Adaland, archevêque de Tours, son frère Rainon d'Orléans, Mainolde, du Mans, saint Loup, d'Angers, et les évêques suffragants de la province, le clergé, les religieuses, le peuple et les barons, les enfants et les vieillards, la cité entière, versant des larmes de joie et chantant des hymnes sacrés, le conduisent dans son église et le déposent avec respect dans son ancien tombeau. Cette réception eut lieu l'an 887 de l'Incarnation de Jésus-Christ, la trente-unième année après son départ, le jour des Ides (13) de décembre; et Adaland, dans un synode tenu avec ses suffragants, ordonna qu'on célébrerait tous les ans cette fête à pareil jour sous le nom de la Réversion de saint Martin.

Je reprends maintenant les assertions de l'auteur, dont j'essaierai de rectifier les erreurs.

En commençant par les deux épitres, il est facile de faire voir que Foulques le Bon, comte d'Anjou, n'était pas frère de lait de saint Odon. D'après la vie très-authentique de l'abbé de Cluny, écrite par Jean son disciple, Odon naquit en 879. En 898 saint Odon, âgé de 19 ans quittait le siècle, et embrassait la cléricature à Saint-Martin. Or, à son entrée en religion, parmi les grands qui y assistaient, on distinguait le comte Foulques, qui l'avait nourri, *qui eum nutrierat ;* ce sont les expressions de l'auteur. Il ne peut être ici question de Foulques I, le Roux, comte d'Anjou, qui, suivant les auteurs de l'*Art de vérifier les dates*, avait succédé à son père Ingelger dix ans auparavant. Or, Ingelger, investi du comté d'Anjou de déçà le Maine en 870, épousa en

878 Adèle, héritière du comte de Gâtinais; les bénédictins et les autres historiens d'Anjou disent que Foulques le Roux sortit de ce mariage ; ainsi à la mort de son père il n'eût eu que neuf ans à peine et serait du même âge que saint Odon. Mais une charte publiée dans le *Gallia Christiana* des frères Sainte-Marthe, t. II, p. 121, fait connaître que Foulques le Roux était issu du mariage d'Ingelger avec une femme nommée Tescende, qui avait dû précéder de plusieurs années celui qu'il contracta avec Adèle, comtesse de Gâtinais. Foulques le Roux était donc plus âgé que saint Odon, mais cependant de peu d'années, et il est impossible d'admettre qu'en 879, l'année qui suivit le second mariage de son père, il ait pu naître à Foulques-le-Roux son troisième fils, qui lui succéda seulement en 938 sous le nom de Foulques le Bon.

Ce sont les mots, *qui eum nutrierat*, interprétés un peu trop largement, qui ont laissé quelque obscurité, que je ne puis complétement dissiper faute de documents; il est probable qu'ils veulent seulement dire qu'Odon fut attaché pendant quelque temps à la suite de Foulques le Roux ; mais Odon était certainement plus âgé de plusieurs années que Foulques le Bon, fils de Foulques le Roux et auteur prétendu de la lettre.

L'auteur du *Traité de la Réversion* a daté les événements qu'il raconte d'une manière si précise, qu'il semble devoir exclure tout doute. Selon lui, la réversion des reliques de saint Martin à Tours eut lieu le 13 décembre 887 (p. 16), l'expédition de Rollon 31 ans auparavant, c'est-à-dire, en 856 (p. 16), et la première invasion normande dirigée par Hasting en 841 (p. 6).

Je vais discuter les dates et les faits de ces trois grands événements en m'appuyant le plus possible sur les chartes, et à leur défaut sur les chroniques les plus rapprochées des événements.

On manque presque complétement de documents sur la première expédition. Radbode est, avec l'auteur que nous examinons, le seul historien qui l'ait décrite au long. Les autres chroniques tourangelles n'ont fait que copier ces deux-là. Radbode fixe la date à l'année de la bataille de Fontenay, en 841, quoique cependant il ne veuille pas la donner pour certaine; c'est cette époque qui a été adoptée par tous les historiens. En étudiant avec attention cependant les chroniques anciennes, en suivant surtout dans l'ouvrage consciencieux de Depping, la suite des invasions des hommes du Nord, on arrive à resserrer les limites et à préciser l'époque probable de l'expédition.

Pour pénétrer jusqu'en Touraine, les Normands n'avaient que deux moyens : le premier, par l'intérieur après quelques grandes expéditions en France; le deuxième en remontant la Loire sur leurs bateaux. Mais les Normands ne pénétrèrent dans l'intérieur des terres que bien postérieurement à 841, et ni les chroniques ni les historiens du Maine, du Blaisois, de l'Orléanais, du Berri et du Poitou n'ont jamais parlé d'invasion normande antérieurement à l'an 853. D'un autre côté, pour pénétrer en remontant par la Loire, il faut traverser la Bretagne et l'Anjou. Les annales de ces contrées sont plus précises et donnent quelques faits. Les pirates du Nord s'emparent en 830 de l'île de Noirmoutier, sise près de l'embouchure de la Loire : c'est un avant-poste dont ils sentent toute l'importance, et où on les voit souvent revenir pour s'élancer de là sur tout le littoral de la Bretagne. Renard, comte d'Herbauge, vient les y attaquer en 835 ; un combat acharné y dure depuis sept heures du matin jusqu'à la nuit, les Normands y perdent quatre cent quatre-vingt-quatre guerriers, mais le comte, blessé et laissant un grand nombre de ses hommes sur le champ de bataille, n'en est pas moins forcé de regagner le continent. Cependant les Normands abandonnent aussi l'île, au bout de quelque temps. Mais on croit qu'ils y reparurent dès l'année suivante. On ne parle plus de leurs courses en Bretagne, jusqu'en l'année 843, où, profitant des guerres qui s'étaient élevées dans le pays, guidés même, suivant une ancienne chronique, par le traître comte Lambert, une flotte normande, composée de soixante-sept bateaux longs, pénètre par la Loire et vient mettre le siége devant Nantes. Ce fut le 24 juin que les barbares s'emparent de la ville, y mettent tout à feu et à sang, massacrent au pied des autels le saint évêque Gunhard avec une multitude de fidèles. Je rattache à expédition la première invasion des pirates du Nord en Touraine, et je crois que l'on peut admettre que la troupe se divisa en deux, la première pillant d'abord tout ce qui entourait la capitale de la Bretagne, et la resserrant peu à peu dans un cercle de dévastation où la ville elle-même finit par être englobée ; la seconde, plus aventurière, composée d'hommes plus jeunes et plus ardents, qui a entendu parler des richesses dont la dévotion des peuples a comblé le tombeau de saint Martin et qui veut à tout prix s'emparer de ses trésors. Celle-ci a pour chef Hasting, elle s'avance rapidement, pille Amboise et toute la campagne qui environne Tours, et vient enfin donner l'assaut le 12 mai. Le choc est terrible, mais les Tourangeaux animés par la vue de la châsse de saint Martin que l'on porte sur les murailles, culbutent les assiégeants, dont on tue environ neuf cents suivant Radbode. Ce nombre que Radbode, du reste, ne veut pas garantir, est empreint d'exagération, car il est très-rare que les troupes des Normands aient été aussi nombreuses. .

La grande objection qu'il y a à faire sur la date de l'année 843 pour la première invasion en Touraine, est que l'attaque de Tours eut lieu le 12 mai, jour de la fête de la Subvention, instituée en souvenir de cette victoire mémorable due à la protection de saint Martin, tandis que la prise de Nantes et la mort de saint Gunhard n'arrivèrent que le 24 juin ; mais on peut supposer que la troupe restée en Bretagne fit pendant le mois de mai et le commencement de juin quelque expédition dont la mémoire ne s'est pas conservée jusqu'à nous. Au moins, en adoptant cette date, lie-t-on l'attaque de Tours avec une occupation de la Bretagne, tandis qu'en la plaçant à une époque antérieure, cette invasion se trouve isolée et on ne sait d'où auraient pu sortir ces farouches envahisseurs dont le passag se reconnaissait aux ravages et à l'incendie qu'ils laissaient partout derrière eux.

Quant à l'année 841, qui semble plus spécialement désignée dans nos chroniques, on ne connaît dans cette année d'autre entreprise des Normands que celle qu'ils firent en Neustrie, où ils s'emparèrent de Rouen le 14 mai et de l'abbaye de Jumiége le 24 ; à la fin du même mois ils étaient déjà rembarqués. Je ne vois pas, je le répète, qu'en cette année 841 ils aient fait d'invasion en Bretagne, ni à plus forte raison en Touraine.

Outre les chroniques particulières à la Touraine, neuf autres chroniques assignent pour date à la seconde invasion normande l'année 853. Les annales de Saint-Bertin, et une chronique des gestes des Normands, qui ne fait que copier le premier ouvrage, ajoutent que ce fut le 8 novembre (*Galliæ scriptores*, t. VII, p. 70, 153). Je trouve une confirmation de cette date de 853 dans un diplôme de Charles le Chauve du 22 août 854 par lequel il confirme tous les priviléges et toutes les possessions de l'église Saint-Martin de Tours, qui vient d'être brulée ainsi que ses archives par les Normands. *Sævissimi atque crudelissimi Turonis surperverent Normanni, et lamentabili excidio concremaverint cum ceteris omnibus monasterium præfati sancti, et ob hanc causam cartarum instrumenta ex rebus præfatæ ecclesiæ pertinentibus perierint.* (*Gall. script.*, VIII, 536). Déjà, comme on le voit, commence le désaccord entre l'auteur du *Traité de la Réversion* et les textes authentiques, puisqu'il place la prise de Tours par Rollon en 856, tandis qu'il faut l'avancer de trois ans d'après les documents dignes de foi.

Mais il est des reproches bien plus graves à adresser à l'auteur supposé de l'ouvrage que j'examine. Il donne à l'évêque d'Auxerre, le nom de Armarius, Abanarius, Abnarius, Aimarus ou Januarius, suivant les diverses versions des manuscrits, mais aucun de ces noms ne se rapproche de celui de Wibaudus qui occupait réellement ce siége en 887; il faut descendre jusqu'à la fin du vi° siècle pour trouver, parmi les évêques d'Auxerre, le nom d'Aunacharius qui ait quelque rapport avec celui qu'a inventé l'auteur pseudonyme du Traité.

Il n'est pas plus heureux lorsqu'il nomme les évêques d'Autun et de Troyes : Syagrius occupa le siége d'Autun à la fin du vi° siècle, et c'est à la même époque, mais parmi les évêques du Mans, qu'on trouve le Domnolus qu'il met sur le siége de Troyes en 887.

Il montre à peu près la même ignorance pour les évêques d'Orléans, du Mans et d'Angers. Il n'y eut jamais d'évêque au Mans du nom de Mainolde. Quant à Raimon, frère d'Adaland, archevêque de Tours, il était évêque d'Angers et non d'Orléans. Pour saint Loup, évêque d'Angers, les historiens ne sont pas encore parfaitement d'accord, les uns le plaçant à la fin du vii° siècle, et les autres en faisant le successeur de Raimon au commencement du x° siècle. J'ai hâte d'en finir avec tous ces anachronismes grossiers, et je n'en citerai plus qu'un. L'auteur en donnant pour date à la réversion des reliques de saint Martin l'année 887 (p. 16), a eu soin de dire auparavant qu'on ne les alla réclamer auprès de l'évêque d'Auxerre que lorsque la paix fut rendue à l'Église par la conversion de Rollon à la foi (p. 10); or, tout le monde sait que cet événement mémorable arriva en 911 seulement, et non pas en 887. L'auteur oubliait également la troisième invasion des Normands en 903. A quelle époque eut donc lieu le retour des reliques de saint Martin? Le jour n'en saurait être douteux, puisque l'Église avait institué le 13 décembre une fête pour en perpétuer le souvenir. Les archives de Saint-Martin font également connaître l'époque du retour des reliques de leur glorieux patron, et ne permettent pas de la reculer plus tard qu'en 884, puisqu'on trouve une charte de son abbé Eudes, du mois d'avril 885, par laquelle restitution en est faite aux chanoines de Saint-Martin et à son tombeau où repose le bienheureux confesseur dans le faubourg de la ville de Tours, *ad sepulchru mubi ipse eximius confessor requiescit in suburbio Turonensis ecclesiæ.*

Ainsi, 12 mai 843, victoire des Tourangeaux sur les Normands, au lieu de 12 mai 841 ; 8 novembre 853, prise de Tours par Rollon, et non 856 ; 13 décembre 884 retour des reliques de saint Martin à Tours, au lieu de 887, telles sont les rectifications que je propose aux dates émises par l'auteur du Traité. Je sais qu'on peut très-bien contester aussi les noms des chefs des deux premières invasions en Touraine, et que le Rollon qui s'empara de Tours en 853 est certainement différent du conquérant de la Neustrie ; mais les faits en eux-mêmes restent et ont laissé des traces profondes et que le temps n'a point encore complétement détruites, la fondation de l'église Saint-Martin-de-la Bazoche, celle de Saint-Martin-le-Beau, l'établissement des deux fêtes de la Subvention et de la Réversion de saint Martin, et enfin les chartes et les chroniques.

Il est certainement impossible que saint Odon, dont la Touraine et le Maine se disputent la naissance, qui a dû assister à la réversion des reliques de saint Martin en 884, qui a vécu dans l'intimité des comtes d'Anjou, qui a passé onze ans de sa vie dans la basilique de Saint-Martin, auprès d'Herberne et des chanoines témoins et acteurs des événements qu'il raconte, ait pu commettre des erreurs pareilles à celles que nous avons signalées sur les personnages, sur les faits et sur les dates. La supposition qu'un pareil ouvrage a été composé plus de deux cents ans après les événements peut seule les expliquer.

Toutes les erreurs qu'on y rencontre, protégées pendant longtemps par le nom de saint Odon, n'ont donc pas empêché qu'il ait été fait de nombreuses éditions du *Traité de la Réversion*. Il a été publié pour la première fois par J. Clichtove dans un recueil d'opuscules, Paris, 1511, in 4°. Il a paru ensuite dans les diverses éditions de la Bibliothèque des Pères, dans la collection de Surius, et dans la Bibliothèque de Cluni (p. 113-123). Enfin il a été inséré en entier, comme nous l'avons dit, dans les *Gesta Consulum Andegavensium*.

Ces nombreuses éditions ne sont cependant point exemptes de fautes, que je me suis efforcé de faire disparaître par la collation des textes de plusieurs manuscrits de la Bibliothèque impériale de Paris et de la bibliothèque de Tours. Outre les éditions, le traité attribué à Odon se trouve traduit dans les nombreuses éditions, devenues très-rares aujourd'hui, de *la Vie et miracles de monseigneur saint Martin de Tours*, publiées au commencement du xvi° siècle. Les manuscrits 5333 et 5334, fonds latin de la Bibliothèque Impériale, écrits au commencement du xiv° siècle, et le n° 797, supplément latin, du xv° siècle, ont été consultés par moi. J'ai relevé aussi à Tours quelques variantes dans le manuscrit 134, du xiv° siècle, et dans la partie du manuscrit 135 écrite à la fin du xiii° siècle. Il existe dans la bibliothèque d'Orléans un manuscrit, sous le n° 293, de la même époque et qui contient aussi le texte de notre chronique. Enfin j'ai consulté également un manuscrit de ma bibliothèque, dans lequel se trouvait un texte du commencement du xiv° siècle.

Il est à remarquer qu'aucun de ces manuscrits n'est contemporain de la rédaction, ils en sont même assez éloignés. Dans presque tous les manuscrits, cet opuscule porte pour titre : *Textus narrationis in reversione beati Martini a Burgundia, editus a beato Odone Cluniacensi abbate.*

III.

RÉCIT DE LA DESTRUCTION ET DU RÉTABLISSEMENT DE L'ABBAYE DE CORMERY ET DE LA DÉDICACE DE SON ÉGLISE.

La narration de la destruction et du rétablissement de Cormery et de la dédicace de son église, en 1054, parle seulement de cet événement. Les détails précis dans lesquels entre l'auteur du récit démontrent qu'il fut écrit par un moine de l'abbaye témoin des faits qu'il raconte. En voici le résumé :

Le monastère de Cormery avait été détruit de fond en comble par diverses causes, lorsque l'abbé Robert I, en succédant à Richard, en entreprit la reconstruction sur un plan plus vaste. Mais la mort l'arrêta en 1048 au milieu de ces grands travaux, qui furent terminés par l'abbé Robert II, frère de Bernard, célèbre philosophe de la ville d'Angers. En effet, le 13 novembre de l'année 1054, l'église fut consacrée sous le vocable de saint Paul apôtre, par Barthélemi, archevêque de Tours, Eusèbe Brunon, évêque d'Angers, et Martin, évêque d'Aleth, en présence d'un immense concours d'abbés, de moines, de clercs et de laïcs. Joachim Périou ajoute à la chronique l'indication des autels consacrés. Le maître-autel fut consacré à saint Paul, et l'autel matutinal à la sainte Trinité, à saint Loup, évêque, et à saint Colombe, abbé. L'autel à droite fut dédié à saint Jean-Baptiste et à saint Jean l'Évangéliste, et celui de gauche à la Vierge. On consacra à tous les saints et à la sainte Croix l'autel du Crucifix, et à saint Nicolas, archevêque, l'autel placé à droite du Crucifix, c'est-à-dire à la gauche de ceux qui entrent dans l'église.

Il est assez facile de faire la restitution et le plan de l'édifice construit en 1054. L'église avait la forme d'une croix dans les bras de laquelle se trouvaient au midi la chapelle de la Croix et de tous les saints, et au nord celle de Saint-Nicolas. Le maître-autel était placé au milieu du chœur, autour duquel régnait un déambulatoire; au fond de l'abside, la chapelle du milieu était dédiée à la Trinité, à sa gauche la chapelle de la Vierge et à droite celle des deux saints Jean.

Cette église était la troisième que l'on construisait dans l'abbaye de Cormery. La première avait eu pour fondateur Ithier en 791 et ne contenait que trois autels. Elle fut remplacée en 819 sous l'abbé Fridugise par un autre édifice, sur les dispositions et le plan duquel tout renseignement nous manque. De l'église de 1054 il existait encore avant la Révolution la tour des cloches et la grande nef qui avait deux bas-côtés assez étroits; le chœur et les sept chapelles qui rayonnaient autour, avec le porche intérieur et extérieur, ont été reconstruits au commencement du xiv° siècle, sauf deux chapelles qui dataient du règne de Charles VIII. De cet immense édifice, il ne reste plus aujourd'hui que la tour et une chapelle.

J'ai tiré ces divers renseignements de l'Histoire de Cormery par Joachim Périou, dont le manuscrit précieux est conservé dans la bibliothèque de la ville de Tours. On trouve aux folios 31, v°, et 32 r°, la chronique elle-même, tirée par lui d'un manuscrit très-ancien. D. Housseau l'avait copiée d'après J. Périou, et sa transcription existe à Paris dans le volume II, n° 544, de sa *Collection sur la Touraine et l'Anjou.*

IV.

CHRONIQUES DE L'ABBAYE ET DES ABBÉS DE SAINT-PIERRE DE BOURGUEIL.

Nous réunissons sous un seul titre cinq chroniques ou mémoires concernant l'une des abbayes les plus puissantes de l'ordre de Saint-Benoît dans nos contrées, parce que pour la plupart des questions sur lesquels nous devons les examiner, une seule et même réponse suffira. Nous exposerons donc d'abord ce qui est relatif à chacune spécialement, puis nous traiterons de ce qu'elles ont de commun, tout en suivant de plus près possible l'ordre adopté dans nos précédentes notices.

I. La première chronique semble avoir été rédigée à diverses époques. Elle est écrite, dans le manuscrit d'où nous l'avons tirée, tantôt en latin, tantôt en français; pour plus d'uniformité nous l'avons mise toute en latin. Elle ne semble pas avoir été écrite par un auteur contemporain, et mérite peu de foi pour les dates qu'elle nous donne. Cette très-courte chronique fait connaître quelques événements des xie, xiie et xiiie siècles.

II. La seconde chronique est la plus importante et la plus authentique de toutes. Elle fut écrite en latin vers le milieu du xve siècle par un moine de l'abbaye. Elle commence à l'année 1257 et se termine au commencement de l'administration de l'abbé Louis Rouaut, vers l'année 1444. L'auteur a sans nul doute puisé dans les anciens manuscrits de l'abbaye les faits antérieurs à son temps, et son ouvrage a servi de guide à ses successeurs ; mais il est surtout très-intéressant pour tout ce qui regarde le xv° siècle, et nous transmet des faits dont il fut certainement le témoin oculaire.

III. L'ouvrage qui suit, écrit aussi en latin, nous semble mériter beaucoup moins de confiance. On y distingue néanmoins quatre rédacteurs, tous moines de l'abbaye, tous peu versés dans la chronologie, et dont on ne peut s'expliquer les erreurs multipliées pour les événements et les personnages de leur temps, qu'en supposant des interpolations postérieures faites par des personnes ignorantes, et voulant à tout prix combler les lacunes qui existaient entre diverses dates. La chronique remonte à la fondation de l'abbaye et se termine à l'abbé commendataire Adrien Lemaître mort en 1603. Son premier rédacteur était probablement archiviste de l'abbaye, du moins il donne l'indication de beaucoup de chartes concernant les abbés : ce premier travail nous semble s'arrêter à l'abbé Raoul Berruier, vers 1425. Quelques additions postérieures ou des interpolations donnent une liste très-fautive des abbés, jusqu'à Étienne Fauquier, vers 1455. Un troisième chroniqueur qui écrivait vers 1580 sous Jean Rosias, qui semble le même que Jean de Sinières ou le procureur de celui-ci, raconte plusieurs des événements qui se passent de 1483 ou 1523 à 1580. Le quatrième annaliste continue cette chronique jusque sous Adrien le Maire mort en 1603. Les guerres civiles exercèrent une fâcheuse influence sur l'abbaye. De plus, parmi les abbés commendataires, plusieurs touchaient les revenus et ne paraissaient pas dans leur abbaye, où ils étaient représentés par un procureur ou économe qui, administrant en leur nom, était souvent qualifié d'abbé par les moines, ce qui occasionne dans les listes d'abbés une grande confusion, à laquelle les derniers annalistes de l'abbaye de Bourgueil n'ont point échappé.

IV. La quatrième chronique donne, comme la précédente, la série des abbés de Bourgueil depuis la fondation et s'arrête à l'année 1678, époque de sa rédaction. L'auteur semble avoir mieux distingué que son prédécesseur les procureurs des abbés; cependant on ne devra adopter sa chronologie qu'avec la plus grande réserve. Cet ouvrage a été écrit en français, mais on a fait à la rédaction primitive de nombreuses additions que nous placerons entre crochets.

V. Enfin la dernière chronique, aussi rédigée en français, donne de très-courtes mentions de quelques-uns des principaux événements qui se passèrent dans l'abbaye de Bourgueil depuis sa fondation jusqu'en l'année 1630.

Toutes ces chroniques ont été composées par des moines de l'abbaye de Bourgueil, mais nous n'avons pu trouver sur ces auteurs aucun renseignement.

Elles sont toutes inédites, et sont conservées dans le

manuscrit n° 192 du fonds Gaignières à la Bibliothèque impériale de Paris. Elles étaient renfervées dans le trésor des archives de l'abbaye de Saint-Pierre de Bourgueil où cet infatigable travailleur les copia et fit copier au commencement du xviii® siècle, et les sauva ainsi de la destruction et de l'oubli.

Maintenant pour mieux faire apprécier la valeur des nombreux et nouveaux renseignements donnés par ces cinq chroniques, nous allons résumer les principaux faits qu'elles nous font connaître, sans s'attacher à la chronologie très-douteuse des abbés.

Le monastère de Saint-Pierre de Bourgueil fut fondé par Emma et par son mari Guillaume Fier-à-Bras, comte de Poitou, en 989 ou 990 au plus tard, et non pas en 996 comme le dit une de nos chroniques.

Le 19 septembre 1061, la ville de Bourgueil est entièrement dévorée par les flammes, et il n'en reste plus que des cendres.

L'an 1093, translation du corps de la fondatrice dans l'église (1).

En 1101, dédicace de la deuxième église de l'abbaye de Bourgueil.

En 1115, nouvelle dédicace de l'église abbatiale, et

---

(1) D'autres manuscrits donnent pour date 1193 et quelques historiens de l'abbaye croient que c'est une faute de copiste et qu'il faudrait lire 1293, époque de la dédicace de l'église du xiii® siècle. Nous préférons ne pas modifier la date de notre annaliste, parce qu'elle fait comprendre la réédification de l'édifice consacré en 1101 ou 1115.

consécration de celle de la paroisse Saint-Germain de Bourgueil (1).

En 1155, le dimanche des Rameaux, Henry II, roi d'Angleterre, comte d'Anjou, tient sa cour à Bourgueil.

L'abbé Hilaire (1185 à 1207) fait rebâtir le dortoir et le chapitre.

L'abbé Hubert fait entourer de murs le monastère (1213 à 1235).

Le 23 juin 1246 (ou moins vraisemblablement en 1254 suivant une de nos chroniques), Michel, évêque d'Angers pose la première pierre d'une nouvelle église pour l'abbaye.

Le 30 avril 1361 cet édifice est consumé par les flammes comme nous l'apprennent ces vers :

> L'an mil trois cent et deux fois trente.
> Avecques ung, que je ne mente,
> Le dernier jour du moys d'apvril,
> Tout droit à heure de mynuit,
> L'église de Bourgueil ardit.

Cet incendie fut commis par les grandes Compagnies qui causèrent tant de dégâts en France.

Mathieu Gaultier (1371-1384) fait don de grosses cloches pour le couvent et a pour successeur Guillaume le Dan qui commença la reconstruction de l'église qui avait été brûlée. Pendant les treize années de son administration il éleva la façade de l'église et les murs qui forment la croix.

---

(1) On a peine à s'expliquer qu'on ait pu faire deux dédicaces de l'église abbatiale à un si petit intervalle de temps.

Pierre Girard (1396 à 1408) continue les travaux de Guillaume, il fait faire tout à neuf et placer des colonnes sculptées en dedans et en dehors de l'église, il fait faire également les stalles des religieux, et il laisse en mourant les sommes nécessaires pour payer en entier l'achèvement de l'édifice sacré.

Un de nos chroniqueurs mentionne ensuite l'assassinat de Louis de Valois, duc d'Orléans, par ordre de Jean sans Terre, duc de Bourgogne, en 1407, le jour de la St-Vincent (22 janvier, 24 mai ou 7 juin), événement rapporté par tous les historiens au 23 novembre de la même année.

La funeste bataille d'Azincourt est datée du 25 octobre 1414 au lieu de 1415 :

Vient ensuite la bataille de Baugé dont on assigne ici la date au Samedi saint 1420 (nouv. style), tandis que presque tous les historiens adoptent celle du Samedi saint de l'année suivante (1).

Le 9 octobre 1425, Pierre, bâtard de Culant, vient à la tête de deux cents cavaliers et prend possession au nom du roi Charles VII de la forteresse de l'abbaye, afin de s'opposer aux courses des Anglais qui tenaient garnison à Château-du-Loir et s'emparèrent aussi du Mans, du Lude et de la *Boissière* (Buseria). L'abbé de Bourgueil Jean Reversé en mourut de chagrin le 23 décembre de cette même année. Pierre de Culant impose alors pour abbé aux moines Raoul Berruier qui avait

---

(1) En 1420, Barthel. Roger, hist. d'Anjou, pag. 327.
En 1421, document anglais cité par M. Marchegay, *Revue d'Anjou*, 1853, p. 80, et *Art de vérifier les dates*, in-fol., t. I, p. 612.

acheté à prix d'or sa dignité, mais qui, ne pouvant remplir ses engagements, permute au bout de cinq mois son abbaye avec Eustache de Maillé pour celle de N. D. de Seuilly. Le bâtard de Culant occupa avec sa troupe pendant deux ans et neuf mois le monastère de Bourgueil, et les ravages qu'il exerça pendant cette longue occupation dans tout le pays entre la Loire et le Loir, depuis Angers jusqu'à Langeais, sont innombrables.

Les Anglais ne l'épargnaient pas non plus, et le 9 octobre 1427, sous la conduite d'un traître nommé Bidayne, originaire de Brain-sur-Alonne, ils firent irruption dans la fertile contrée de la Vallée, et emmenèrent avec eux une telle quantité d'hommes et de bestiaux que la terre de Bourgueil fut plus de douze ans à se relever de ce désastre. Cependant Bidayne subit peu après le châtiment de son crime et fut pendu.

Le chroniqueur mentionne ensuite l'arrivée de Jeanne-d'Arc à Chinon en mars 1429, mais son témoignage est resté tronqué et inachevé. L'abbé Eustache s'attache ensuite à réparer les dégâts causés par les guerres; il fait renfermer le clos du monastère de nouveaux murs, et reconstruire quelques granges et maisons. En l'an 1433, le 20 septembre, une effroyable tempête renverse la flèche de l'église et la plupart des vitraux, brise une des grosses cloches et enlève la toiture du réfectoire : tous ces désastres sont réparés dans la même année. De plus il fait construire un trésor pour déposer des reliques, et donne des orgues à son église qui fut consacrée solennellement (en 1440) sous son administration.

Louis Rouault, son successeur, fit bâtir le logis abbatial et une partie des cloîtres : ces deux bâtiments étaient décorés de ses armes qui sont de sable à deux léopards armés et lampassés de gueules.

Le réfectoire fut lambrissé sous l'abbé Étienne Faulquier, comme on le reconnaissait à un écusson à ses armes, d'azur à trois faulx d'argent.

Philippe Hurault, dernier abbé régulier, fit aussi exécuter de très-grands travaux à Bourgueil. On lui doit l'achèvement du cloître, les chapelles de Notre-Dame et de Saint-Jean-Baptiste, la réparation entière de l'église, le rétable du grand autel, avec ses armes (d'or à la croix pleine d'azur contournée de quatre ombres de soleil de gueules), deux pavillons et de belles galeries au logis abbatial, deux grosses cloches pour la tour de l'église, et la grande grange.

Charles de Pisseleu, premier abbé commendataire, persécuta les religieux et dilapida leurs revenus.

On compte également parmi les abbés commendataires Louis de Clermont de Bussy d'Amboise, dont on relate la fin tragique à la Coutancière, près Bourgueil.

Le tonnerre tombe sur le clocher de l'église en 1612, et cause de grands dégats, qui sont réparés par Leonor d'Estampes de Valençay, qui fit en outre décorer la chapelle Saint-Jean de belles peintures, et magnifiquement orner le logis abbatial. Il introduisit aussi la réforme de saint Maur dans l'abbaye le 9 juillet 1630.

Tels sont les principaux renseignements qu'en dehors de la série des abbés on trouve dans les cinq chroniques de l'abbaye de Bourgueil, et l'on voit qu'elles sont très-importantes pour l'histoire civile, comme aussi pour l'histoire des beaux-arts dans notre province. L'abbaye a été très-dévastée, l'église détruite, mais il reste encore debout quelques parties du monastère, le cloître, une partie du réfectoire, la grande grange, l'église paroissiale du bourg et peut-être encore quelques débris. Or nous trouvons les dates de toutes les constructions dans nos documents et ils servent ainsi de précieux jalons pour l'étude de l'archéologie.

LIBELLUS

CUJUSDAM EPISCOPI TRAJECTENSIS

RADBODI NOMINE

DE QUODAM SANCTI MARTINI MIRACULO.

Novum Christi miraculum, quo in diebus nostris sponsam suam, sanctam videlicet Ecclesiam, honorare dignatus est, sicut nos delectat audire, ita oportet et credere, votorum quoque studiorumque spiritualium gratia his qui prope et his qui longe sunt annuntiare ut divina operatio, quæ est per semetipsam gloriosa, fiat etiam vocis humanæ laudibus ubique celebris et ubique diffusa. Crescit enim quodam modo per hominum linguas invisibilium excellentia rerum, dum quod apud superos sine cessatione laudatur, apud mortales quoque per ora sermocinantia volvitur et usque ad extremum terræ a singulis progressa, et per plures sparsa ac disseminata per omnia dilatatur. Hoc denique modo christiana crevit religio, quæ primum (1) in solis Judæorum terminis angustata paupertatem fidei ob raritatem credentium prætendebat, postmodum vero in universum

---

(1) Variante, *primitus*.

mundum (1) apostolorum prædicatione diffusa, jam non dignata est vocari paupercula, sed potius imperatrix et domina, sane quia multa sibi regna acquisierat, regesque potentissimos vicerat, superborum et sublimium colla propria virtute calcarat. Ergo et usque hodie omnibus populis imperat, non carnali dominatione, sed spirituali potentia, nam et ipsos a quibus plerumque contemnitur, ita sui majestate opprimit, ut dum deliberant (2) pugnare vi majore superati ultro succumbant et miro modo se ipsos vincant, qui aliis invicti esse certabant. Hujus exempli magnificentia, veluti quodam tonitruo excitati, miraculum istud, de quo in sequentibus dicetur, prædicandum esse censemus, multisque (3) relationibus divulgandum, quo per omnium ora volitans et per singula crescens, in aliis quidem timorem, in aliis autem confessionem, in omnibus vero divinæ contemplationis operetur amorem. Dignum enim ducimus tam insigne factum stilo et memoria commendare (4), ut per successiones temporum Christus ubique annuntietur, Christus ubique laudetur, Christus in lingua, Christus in ore, Christus omnium versetur in corde. Huc accedit voti communis non modicum incrementum, dum miraculo, de quo supra et infra scriptum est, nostrum patronum, nostrum defensorem, beatissimum Martinum a Deo honoratum esse indubitanter credimus, ac per hoc sive auditorium libentissime damus, sive id referre aliis cum omni aviditate contendimus. Quis enim de Martino tacet, nisi qui mutus est? Quis eum non laudat, nisi qui non amat? Postremo,

(1) Alias, *orbem.*
(2) Var. *deliberarent.*
(3) Var. *mutuisque.*
(4) Var. *commendari.*

quis de eo narrantem audire fastidit, nisi qui Christum non diligit? Nihil enim Martinum fecisse aliud scimus, nisi quod Christum præcepisse dignoscimus. Atque ideo, qui illi non obtemperat, Christo repugnat; qui ab illo refugit, a Christo discedit, in utroque miser, in utroque infelix, dum conditorem sequitur, ut habeat vitam, nec doctorem imitatur, ut pertingat ad veniam. Age ergo quisquis es. Cur tam delectabilem historiam audire fastidis? Cur te non permulcet tantæ dulcedo materiæ? Forsitan si Tullium Platonemve ratiocinantes audires, ex his tibi verborum gloriolas, quasi quosdam ex prato flores carpere? Si Virgilius tibi aliquid tinnulum decantaret, quasi ex ore ejus mella profluentia (1), hæc avide sorbenda perciperes. Sed crede mihi, inter istas rosas multi laquei irretiti sunt; inter ista mella, multi virus lethale sumpserunt. At non talis exstat Christus Jesus et servorum ejus laudatio divinarumque mirabilium rerum enarratio, quæ primo quidem ob sui celsitudinem difficilis et ardua, ac per hoc ingratis fastidiosa videtur, sed quanto propius accesseris, tanto amplius delectaberis, et cum exteriora summotenus prægustaveris, totum te illico ad ea quæ intrinsecus sunt haurienda submittes, cumque plenus fueris non satiaberis, sed tanquam famelicus longaque inedia coactus, quæ jam te digessisse putaveras in his resumendis avidior alacriorque existes. Et hæc quidem est supernarum vel natura vel dignitas epularum. Quocirca sicut de tenebris ereptus ad lucem, lassus ad requiem, infirmus ad sanitatem, ita vir fidelis congratulatur bona hominis conscientia, nec unquam exsatiari ejus valet dulcedine, cujus desiderium semper habet in mente. Quæ cum ita

---

(1) Var. *profluerent.*

sint, vos fratres, gratanter assistite, aures accommodate, cum silentio audite, et miraculum quod, me referente, audituri estis, ad Jesu Christi domini nostri gloriam et ad Martini merita referendum esse ne dubitetis; cujus narrationis tale erit exordium.

MIRACULUM SANCTI MARTINI EPISCOPI.

Est locus apud Gallias, qui antiquo vocabulo Turonus (1) dicitur, in quo gemma illa pretiosissima sita est, quæ olim a tribus ecclesiæ magnis institutoribus ad cunctas Ægypti atque Græciæ divitias æstimata, nulla unquam fuisse probatur inferior ; Gallum dico, Postumianum atque Sulpitium, qui, sedentes pariter et de ejus pretio diu multumque invicem conferentes, sic postremo diffinierunt, non esse aliquam sub cœlo quæ posset huic æquari : nec immerito, ea namque omnem suo fulgore christiani nominis orbem irradiat, omnes urbes et mancipia, vicos, regiones angelici splendoris lumine circumfundit, sed et ipsos rusticorum agros juxta modum capacitatis eorum, quadam umbratili claritate collustrat, et cuncta quæ attigerit loca, cum luce ætherea, tum etiam pretii magnitudine, plena decoris relinquit et honestatis. Ipsa autem in conspectu Domini quemadmodum sidus principale flammis perennibus ardens, inter choros angelorum splendida, inter patriarcharum decora, inter prophetarum honestissima, inter apostolorum grata, inter martyrum purpurea, inter virginum candida, inter confessorum ha-

(1) Var. *Turonis*.

betur præcipua, omnibus his in cœlesti arce merito comparanda, quorum habitudines in hujus sæculi valle est prosecuta. Illud vero quale est? Quod *in vestitu reginæ*, juxta psalmum, *a dextris Dei adstitit* (1), tantum præstat decoris et pulchritudinis, ut vix illud voce humana valeat explicari, ubi quidem nunc crystallina, nunc nivea, nunc hyacintina videtur aut pallida, et quod fortasse nonnullis incredibile erit, plerumque consideratur et fusca, semper tamen admodum pretiosa. Sed quod fuscam diximus non mœreris, ipsa enim regina de se ait (2) : *Nolite me considerare quod fusca sim, quia decoloravit me sol* (3) : hoc quippe exigit varietas illa, qua eam circumamictam esse Scriptura commemorat. Tu ergo quod in illa reprobare non præsumis, in ceteris ne contemnas, verum hæc de colore dicta sufficiant. Ceterum gemma ista fulget in cœlo, coruscat in terra, in mari obsecratur, in insulis honoratur, ubique diligitur. Si quis istam mercatus fuerit, perenni gaudebit thesauro, si quis possederit non deficiet omni bono. *O filii hominum, ut quid diligitis vanitatem, et quæritis mendacium* (4)! Hanc vobis gemmam lucramini et vitam habetis, hanc possidete et nihil deerit vobis : neque vero in hac negotiatione ulla vobis difficultas obsistit, ipsa se exponit mercibus vestris, quin immo ultro se ingerit quo vel ab invitis possessa, sponte his impendat divitias immortales. Currite, currite, inquam, pauperes, ut hanc assecuti vere divites esse queatis; currite divites, ut per hujus commercium pauperes spiritu esse mereamini; currite infirmi, ut

---

(1) Psalm. xliv, 10.
(2) Var. *dicit*.
(3) Cant. Cant., i, 5.
(4) Psalm. iv, 5.

hac adepta salutem consequi valeatis; currite lassi, ut per hanc inveniatis requiem animabus vestris; omnes pariter currite quos tenet mundus iste captivos, ut hujus obtentu liberi effecti per cœlum discurratis sempiterno gaudio perfruentes, et quocumque ierit agnum sequentes. Non quæritur a vobis in hujus modi commercio aurum obrizum, sed purum bonæ voluntatis ingenium, non argentum electum, sed elogium opportunum, non margarita prolata ex marinis conchulis, sed fides inviolata procedens ex intimo cordis, non diploides sanguineo cocco rubricatæ, sed castitas cum humilitate, patientia cum longanimitate, dilectio sine simulatione. Hæc sunt, fratres charissimi, pretia quibus ista gemma adquiritur; hæ sunt divitiæ quibus annumeratur; et quis non appetit, nisi qui insanit? quis ad ista consequenda non properat, nisi qui per semitam vitæ non ambulat? Nos ergo per vias justitiæ sine offensione gradiamur, ut ad talem gemmam pertingere eamque obtinere possimus. Verum ne diutius auditores simplices, quos magis propria quam figurata delectant, a promissæ relationis intelligentia suspendamus, nudam evidentemque historiam deinceps profitentes, ea quæ hactenus tropica circumlocutione de gemma memoravimus, ad corpus beatissimi Martini, quo patrocinante, inter cuncta pericula tuti sumus, absque ambiguitatis nebula referamus. Hoc siquidem et illi tres institutores, de quibus supra scripsimus, tunc temporis inæstimabili pretio taxarunt, et modo omnes ecclesiæ negotiatores in tantum venerantur et diligunt, ut non solum Ægypti atque Græciæ opibus, verum etiam toto mundo cum omni sua supellectili pretiosius esse fateantur. Per hujus quippe subsidium, omnis ejus potestas deprimitur, omnis ejus superbia conculcatur, omnis amaritudo transitur. Quisquis hujus adminiculo suffultus fuerit, non eum ambitio inflat, non paupertas contristat, non conditio mortalitatis excruciat; quin immo inter hujus vitæ discrimina, ita semper incertos moderatur eventus ut, si ad imperium spirituale spectes, neminem supra, si ad carnalem contumaciam attendas, neminem infra se esse patiatur. Quid tale unquam potuerunt sæculi hujus reges et principes? Magnus ille Alexander, qui totam ferme Asiam bello superavit, inter philosophandum veneno extinctus interiit? Xerxes, qui mare navibus, terram bellatorum catervis impleverat, uno latrunculo cum paucis secum dimicante prædonibus magnam exercitus sui partem amisit? Augustus ipse, qui totum pene orbem senatoriæ ditioni subjecit, Augustusque est appellatus eo quod rempublicam auxerit, multis interea vitiis serviens, ad ultimum mortis vinculis alligatus duram ejus servitutem evadere non potuit? Corpus autem Martini non sic, sed cum parvissima jaceat in theca, terrenorum principum rigida subigit colla, et cum pusillo claudatur in cespite, triumphat ubique. Postremo Alexandrum, Xerxem, Augustum asseclasque eorum comparatione facit inglorios, dum illi a solis scholasticis recitantur, nec tamen laudantur, istius vero virtutes ab universa Ecclesia memorantur, benedicuntur et prædicantur. O felix locus ille qui talem gemmam complectitur! O laudabilis civitas in qua tales divitiæ conservantur! Vere fatebor, Alexandrina dignitate probatur esse sublimior, Carthaginensi urbe famosior, Palestino rure fecundior, auro Arabiæ pretiosior, coloribus Indiæ venustior, Tyro et Sydone locupletior, Fortunatis Insulis multo fortunatior, et ut hoc porismate utar, cuncta rerum mutabilium felicitate felicior! Quod vel maxime ex miraculi, quod superius me narraturum promiseram, liquebit exemplo. Hoc autem ex parte contigisse ut referam, si quis negaverit non me unum homunculum, sed christianorum non modicam plebem, mendacii reum esse, non sine status sui periculo, blasphemantis voce contendet. Porro mihi hoc loco quiddam virilis roboris offunditur quo malignorum susurrationes parvi pendendas esse percenseam ; non enim carmina Marsorum aspidis surdæ et obturantis aures suas decantanda suscepi, sed potius fidelium devotioni, factum Christi mirabile nuntiandum, quod sicut triumphus Josue sole apocatastico stupendus, vel sicut palma Judith pudicitiæ laude ac exemplo venerabilis, immo sicut Constantini sive Theodosii quorum alter cruce, alter divino protectus turbine triumphavit insperatæ victoriæ, ita et hoc insigne miraculum, ob præsentium consolationem et futurorum narretur exemplum, cujus quidem series pro parte maxima ita se habet.

Dani, Suevique quos Theotisci (1) lingua sua Northman (2), id est aquilonares homines appellant, subinde Galliarum provincias usque adeo depopulati sunt ut, ubi quondam agri opulentissimi urbesque speciosissimæ fuerant, nunc bestiarum atque avium vasta sint habitacula, et ubi quondam paradisorum pulchre vernantium seges voluptuosa pollebat, nunc e contrario

Carduus et spinis surgit paliurus acutis (3).

Hæc siquidem deprædatio supradictæ gentis effecerat, quæ ipso, ut ferunt, anno quo reges quatuor,

---

(1) Var., *Theostici*, *Theutisci*.
(2) Var. *Northmannos*, *Normannos*.
(3) Virgilii *Egloga*, v. 39.

uno geniti patre, inter se cum suis exercitibus dimicantes, Fontanidos campos multo christianorum sanguine fœdaverunt, piratica classis Sequanæ fluminis alveo invecta est. Post illum diem quantas Gallorum strages fecerint, quantas urbes regionesque incendio concremaverint, horrendum est scribere, miserum est enarrare. Credo autem hæc divino nutu accidisse peccantibus, ne illorum locorum homines immensa fertilissimi soli pinguedine incrassati rebusque transitoriis usque ad nauseam suffarcinati, juxta Prophetam, recalcitrarent et servirent creaturæ potius quam creatori, qui est benedictus in sæcula. Verum diras mortalium calamitates, quas Galliarum incolas pertulisse non dubium est, nos tragicis lugubriis cantitandas relinquimus et ad priora calamum revocamus.

Cum igitur jam per sexaginta aut amplius annos, memorata Danorum classis, nunc Ligeris, nunc Sequanæ, nunc utriusque fluminis navigio ripas opplesset, tandem nostris diebus quanti beatissimus Martinus apud Deum meriti esset experta est. Nam dum quadam vice vastatis inter duos illos fluvios agris, ultra non reperirent quod in vicinis locis diripere possent, collectis simul armorum copiis, quæque procul posita prædaturi, primo in partes Turonicas iter dirigentes, omnia quæ in suburbio civitatis invenire potuerunt, facta prius miserabili hominum cæde, demoliti sunt. Porro autem Turonici hæc audientes, trepidare, concurrere, quisque alteri adventum hostium nuntiare cœperunt. Tunc, quod facto opus erat, portas obserare, turribus se inserere, propugnacula scutis alioque armorum apparatu munire non cessant. Sed cum pauci admodum essent, cernentes Danorum multitudinem facto impetu ad murum usque proruere totoque nisu urbis sibi polliceri ingressum, jam semetipsos desperantes, extremo consilio, non in viribus humanis, sed potius in Dei auxilio et sancti Martini interventu salutem diffinierunt esse quærendam. Paucis itaque armatis qui tamen promptis animis morti se opposuerunt per propugnacula pugnantibus, clerici qui inibi aderant, juncto sibi totius debilitatis agmine, rapido cursu ad ecclesiam convolantes, sepulchrum defensoris sui undique circumsteterunt pavore nimio simul et dolore perculsi, ubi inter gementes senes, inter plorantes pueros, inter lamentantes feminas, sic conclamabant : « Sancte Dei Mar« tine, quare tam graviter obdormisti? Cur ad pres« suram nostram tibi evigilare non placet? En tradendi « sumus paganis, en captivi abducendi, si quis tamen « gladiorum ictus evaserit ! Et hæc omnia te nosse dis« simulas! Ostende, quæsumus, pietatem, succurre, fer « opem miseris et, qui multa quondam pro alienis « signa fecisti, saltem unum fac modo pro tuis, ut « liberes nos, alioquin et nos peribimus, et civitas tua « redigetur in solitudinem. » His ita flebiliter conclamatis, raptam protinus ex sepulchro cistellam, in qua sacratissimæ sancti Martini reliquiæ servabantur cum luctu et lacrimis ipsos, ut credo, angelos ad compassionem flectentibus, portæ urbis jam multo hostium turbine quassatæ intulerunt. Tum vero oppidani palmas quidem ad sidera, mentes autem ad divinam clementiam subrigentes, qui paulo ante metu propinquæ, ut putabant, mortis exterriti fuerant, mox præsentia tantæ opitulationis animati, simul et corporis vires et animi audaciam resumpserunt. Danis e contrario stupor vehemens injectus est, post stuporem intolerabilis formido, post formidinem, ut plerique asserunt, alienatio mentis obrepsit. Videre videor miseros primum tremere, deinde fugam conari statimque id tentantes ridiculo ambitu circumferri perplexos invicem, cum alter impediretur ab altero, ac si per glaciem currerent præcipites labi, ludumque præbere spectantibus, palam dantes intelligi quantas ejusdem cuniculus ille, quem clerici illuc ob pericula submovenda convexerant, importasset ærumnas. Igitur oppidani Christum sibi per Martini preces propitium sentientes, eruptione facta, prosecuti sunt inimicos, quorum passim per agros palentes et per lucos male latitantes, fere ad DCCCC interfecerunt, detractisque manubiis velociter in urbem regressi sunt, magna voce laudantes et glorificantes Dei misericordiam, qui eis inopinatam victoriæ dederat palmam. Porro corpus beati Martini confestim restituerunt in locum suum, summas etiam ipsi gratias agentes quod eos sua præstantissima interventione satis solemniter adjuvarat.

His ita gestis, ego quoque, vitandi causa fastidii, sermonis finem paulo post facturus, omnes opusculi hujus lectores fraterna voce præmoneo, ne me idcirco contra fidem historiæ fecisse calumnientur, quia quod incertum est eo ordine digessi quo, fama id disseminante, didisceram; qua in re dari mihi veniam obsecro. Habemus tamen in promptu excusationem qua calumnia refellatur: tanto enim spatio ecclesia Trajectensis, cui ego, Deo auctore, deservio, ab urbe Turonica distat, ut vix quempiam reperire possim qui dum res ageretur, se ibidem fuisse totamque ut gesta est vidisse testetur. Profiteor autem me contra veritatem pugnaciter non egisse, cum in his quæ mihi incerta erant, aliorum potius opinionem quam meam posuerim assertionem, ut sunt illa de primo adventu piratarum ad Gallias, itemque de insania Danorum, et de numero occisorum quæ omnia nec affirmo nec abnego, sed scrutatoribus importunis inquirenda relinquo. Ceterum de victoria quam Dominus noster Jesus Christus per merita et præsentiam beati Martini Turonensis concessit Turonensibus, nec ego quicquam dubito, nec quibuslibet aliis dubitandum esse assentior; quoniam quod de ea relatum est, probatissimo illustrium personarum testimonio, comprobatum, inexpugnabilem facit fidem dictorum. Libet autem in fine codicelli admirando intueri, quamvis sit iste bellator de quo hucusque sermocinando processsimus, in quo certe neminem mihi arbitro succensurum, si pauca pro ejus laude subjecero, cum tamen superius terminum in proximo esse spoponderim. Nam cui unquam nimium se proloqui de illo visum est, a quo eidem tanta felicitas subrogatur? Sane mihi videtur quod de eo dictum est, esse paucissimum, quoniam si fieri posset, non modo de eo audire, verum etiam semper ipsum videre optarem; sed quia cujusdam comici proverbio restringor, cum id quod volo fieri non potest, id me debere velle quod possit, tamen etsi dura sit conditio, cedo invitus vultum ejus angelicum inter hujus vitæ immunditias me non visurum, dum tàmen mihi liceat de illo frequentius aut audita referre aut relata ab aliis obtemperanter audire. Itaque si memorandus est in victoria quam exutus corpore fecit, multo magis est laudandus in illis quas in hac carne vivus implevit. Istam enim miseranda suorum exegit necessitas, in illis vero tam erga domesticos quam inter extraneos libera potentissimi hominis operata est facultas, in ista quædam compassio demonstratur, in illis imperiosa voluntas ostenditur ; etenim posse solius Dei est, velle autem et Dei et nostrum est ; unde et Martini virtutes ad se et ad Dominum sunt referendæ quas ipse fecit, ad virtutum vero auctorem solum quas propter illum Dominus ostendit. Quod si miraculum miraculo, id est, si factum illud de pino, facto isti de piratis conferre volueritis, in illo Martinus per gratiam Christi fecit quod voluit, in isto Christus propterMartinum gratiam suam oppressis exhibuit, in isto est gladiis dimicatum, in illo crucis auxilio triumphatum.

Proinde, fratres charissimi, tam validum defensorem tamque pium patrem omnes unanimiter sic adloquamur : Salve ! salve, o bellator invictissime, athleta fortissime, agonista divine, quem nec viventem gentilium infidelitas vicit, nec defunctum sæculo piratarum crudelitas superavit ; in terra manens erudisti nos, in cœlo requiescens defendis nos, istic clemens, illic felix, istic pius, illic beatus, istic utens Dei et hominum gratia, illic æterna perfruens gloria. Esto igitur ubi es et semper intercede pro nobis, statumque regni Francorum, prole Magni quondam Caroli nunquam deficiente, tuis intercessionibus erige, quo in hac vita nec visibilis nec invisibilis hostis sibi addicat nec expugnare prævaleat, sed, te patrocinante, timeatur, ametur, veneretur, firmetur. Amen.

EXPLICIT LIBELLUS DE SANCTI MARTINI MIRACULO.

DE REVERSIONE

BEATI MARTINI A BURGUNDIA TRACTATUS

EPISTOLA FULCONIS COGNOMENTO BONI, ANDEGAVORUM COMITIS, AD ODONEM CLUNIACENSEM ABBATEM.

Venerabili et sancto patri Odoni, Dei gratia Cluniacensi abbati, Fulco Bonus, comes Andegavorum, salutem et debitam reverentiam. Solent quodam favoris præludio comparare benevolentiam, qui non satis præsumunt de amici conscientia. Ego autem, pater venerabilis, vobis scribens, nequaquam id mihi esse necessarium reputavi. Præsumo enim me vobis conjunctissimum compage duntaxat et glutino caritatis, quamvis respectu vestri (1) minor sim dignitate, meritis autem minimus. Non enim semper æqualia sociantur. Certe junguntur in ejusdem constructione tabernaculi saga cilicina cortinis subtilissimis, in arca Noe immitis bellua cum homine mansueto exitialibus undis eripitur. Pulchritudinem creaturarum et formica exornat et angelus. Et, ut domestico abutar exemplo, pulverulentis pedibus lutum oculorum positum in sublime in nobis ipsis exhibet ministerium. Sed quorsum hæc tam longo repetita principio? Nempe ut astruam exemplis et confirmem rationibus, sæpe committi disparia, et sublimia humilibus debere condescendere. Condescendat

---

(1) Var. *Nostri*.

igitur meæ parvitati vestra sublimitas, et præstate quod postulo, qui hoc ipsum præstitistis, ut postulare auderem.

Meminit certe, non ambigo, vestra sancta paternitas, quam dulcibus eloquiis animam meam esurientem reficere solebatis : ut de sancto et mellifluo ore vestro illius ignis sæpius ardorem in me transfundi et accendi sentirem, quem dominus Jesus misit in terra et voluit vehementer accendi. Inter cetera vero vitæ æternæ colloquia, de communi patrono nostro, videlicet Martino, frequens erat nobis et jucunda fabulatio. Porro, inter alia, mihi retulistis reperisse vos, in quibusdam veteribus scedulis, impolito exaratum sermone, qualiter ejusdem beati Martini sacratissimum corpus, ob Barbarorum incursus, in Burgundiam delatum fuit, qualiterque exinde, reddita pace Ecclesiæ, ad propriam urbem relatum. Ego autem et viri sancti amore, et piæ vestræ collocutionis accensus desiderio, rogavi sæpius, et nunc iterum rogo, quatenus antiquitatis historiæ fide servata, suavi vestro dictamine rem ipsam explanetis : quo et tam pia narratione ædificetur Ecclesia, et filii pater expleat desiderium. Quod si ego tanti patris filius appellari non merui, nec mea merita ad id quod postulo impetrandum sufficiunt, certe vel dignitas materiæ, vel Ecclesiæ utilitas obtinebit, quod poscentis vilitas impetrare non meruit. Martinus enim materia, utilitas ecclesiarum ædificatio est. Vos autem quid Martino negabitis? Quid ædificationis ecclesiis subtrahetis? Eia ergo, agite : quod et amicus postulat, Martino præstat, et Ecclesiam ædificat. Quod si jus in amicum pro convictus gratia, pro lactentis infantiæ participatione liceret exigere, nihil credo mihi negaretis, quem materni lactis participem accivistis. Quem ergo materni lactis nutristis participio, matris Ecclesiæ nutrite lacte salutifero : ut sicut corporis mei vitam de matris lacte fovistis, ita animam de lacte Ecclesiæ foveatis.

EPISTOLA ODONIS AD EUNDEM FULCONEM.

Fulconi Bono, gloriosissimo consuli Andegavorum, frater Odo, humilis abbas Cluniacensis, salutem, gratiam et benedictionem. Cum in sublimi humilitas, et in magnis et multis negotiis occupato virtutis studium reperitur, vere fateor, illius opus est, *qui potest de lapidibus suscitare filios Abrahæ* (1). Patet, credo, cur ista præmiserim. Ecce enim *mundus in maligno totus positus est* (2) : nec tamen sibi vendicat generosissimum principem Fulconem Bonum, a quo tamen in parte non minima vendicatur Fulco Bonus, utpote comes præpotens negotia tractat sæcularia : sed hoc, ut perpendo, specie tenus, in divinis vero medullitus occupatur. Placet etiam in his immorari, et Boni Fulconis bonitatem exprimere : sed parco laudibus, ne adulari videar, et parco jussis, ne ingratus existam. Hoc saltem unum me dixisse liceat, rarum, imo fere nullum reperiri, quem ita virtutis æmulatio sæculo subripiat ut mancipet honestati. Sed jam ad imperata respondeo. Siccine, comes gloriosissime, neminem reperiebas, quem de virtute consuleres, et præcipue de viro virtutis Martino, nisi tuum collactaneum Odonem ? Puto deerant præclara Francorum ingenia, qui sublimem materiam sublimi

---

(1) Matth. III, 9.
(2) Johan., *ep.* I, V, 19.

æquipararent eloquentia? Sed ut sentio, quod pace tua dixerim, privatus amor claudit oculum mentis : plusque tibi placet amici rusticitas, quam ceterorum phalerata urbanitas. Sed esto, tibi pareo : aggrediar quod hortaris. Verumtamen quis fidelius tenorem historiæ, quam describi postulas, scire potuit, quam tu ipse, cujus Ingelgerius videlicet doctor et princeps in eadem profectione exstitit? Si igitur excusare liceret, si quid tibi negare nostri esset propositi merito tibi respondere debuerim : *Interroga patrem tuum, et annuntiabit tibi ; majores tuos, et dicent tibi* (1). Sed quia, ut verum fatear, meipsum tibi debeo, etiam ultra vires parere tibi non differam. Etsi enim inest ignorantia quam arguat præsumptio, vera tamen dilectio non horrescit. Parebo itaque, non eloquens erudito, sed ut amico amicissimus. Plus verax, quam eloquens, inveniri conabor. Neque enim nostra patitur professio pompatici sermonis affectare gloriolas, studium est esse potius quam videri. Verum, quia nonnullis mos est scripta aliorum ad unguem limare, cum ipsi lippientibus oculis, si qua forte ediderint, vix respectent, rogo ut privata lectione contentus, et quæ privatim dictavimus, privatim ipse legas, ne si forte in manus alienorum ipse venero, discerpar ab eis, quos non vera, sed vana delectant.

NARRATIO DE REVERSIONE BEATI MARTINI A BURGUNDIA.

Quotiens ergo cujuslibet potentis muneribus vel beneficiis prævenimur, persolvendæ vicis ei obnoxii tene-

(1) Deuter. XXXII, 7.

mur, Eapropter prædecessores nostri domno Turonensi Martino, qui fuit vir potens in opere et sermone, qui etiam tempore necessitatis Turonum (1) suam de manu potentis potenter eripuit, obligatores facti sunt. Inde etiam ereptionis suæ perpetuum memoriale statuentes, annuam in honore ereptoris sui celebritatem iv° idus maii celebriter celebrant, et ereptionis (2) suæ memoriam recolunt, et vota sua liberatori suo solemniter persolvunt. Solemnitas autem ista, non translatio seu ordinatio, non transitus, non exceptio dicitur, sed subventio, ab iis quibus rei gestæ veritas melius innotuit, nominatur. Necessitatis vero superabundantes angustias, et urbis obsessæ calamitates et miserias dicemus, et ereptionis modum, et fugam etiam, qua fugare Rollonem voluit ille, qui Hastinum (3) fugavit. Mansionem etiam, qua in Autisiodoro mansit, reversionem etiam, et exceptionem, qua a suis, Turonensibus videlicet, honorifice est susceptus et in loco, ubi nunc adoratur, Deo annuente, est collocatus, loco sui et ordine, prout Dominus dederit, stilo qualicumque prosequemur.

Igitur quoniam Danorum tellus sibi insufficiens est, moris est apud illos ut per singula lustra multitudo non minima, dictante sortis eventu, a terra sua exsulet, et in alienis terris mansionem sibi quoquomodo, ad propria non reversura, vendicet. Urgente igitur duræ sortis inclementia, Hastingus, cum innumera armatorum manu a finibus suis exsulans, Gallias ingreditur, civi-

---

(1) Var. *Turonim.*
(2) Alias; *exceptionis.*
(3) Var. *Hastingum.*

tates obsidet, mœnia subvertit, turres terræ coæquat : oppida, rura, vicos, ferro, flamma, fame depopulatur.

Contigit autem ut Galliæ superioris partibus incensis Turonum, simili eam exterminio (1) consumpturus, descenderet. Ambazio (2) itaque et universis quæ inter Ligerim et Karum (3) continebantur in favillam redactis, Turonum obsidet. Portis igitur custodias admovet et ne quis tuto exeat magno studiosoque conamine providet (4). Aggeres etiam struit, aspera complanat, et quidquid urbi capiendæ commodum esset, ordinat. Advenientis (5) infortunii rumor delatus obsessis conceptæ formidinis fomitem subministrat (6). Muros tamen reparant, et turrium (7) propugnacula resarciunt, et sagittarum grandine præmissa varios subjungunt assultus. Jam muri crebro quatiuntur ariete et machinarum ictibus cedentes (8) ruinam sui minantur. Obsessi, viribus diffidentes, spei penitus solatio destituuntur. Tandem vero, divina inspirante gratia, in se reversi, beati patroni sui Martini corpus pie rapiunt et, ad locum, quo belli violentior impetus erat, deferentes, mortuum pro vivis propugnatorem opponunt. O admirabilem per omnia virum ! qui dum adviveret signipotens appellatus, fulgorem virtutum astris intulit; defunctus etiam, belli-

---

(1) Var. *incendio.*
(2) Al. *Ambasio.*
(3) Var. *Carum.*
(4) Al. *prœvidet.*
(5) Var. *alieni.*
(6) Al. *rumor delatus obsessis concepit horrorem, horror formidinis fomitem subministrat.*
(7) Var. *et turrim et propugnacula, et turrium deintus propugnacula resciunt. Hostes vero sagittarum grandine præmissa varios a foris subjungunt assultus.*
(8) Var. *cadentes.*

potens triumphator, hostium cuneos sola sui præsentia confecit ! Vere mirabilis Deus in sanctis suis ! Sancti siquidem patrocinante suffragio, et obsessis securitas et confidentia redditur, et obsessoribus formido et pavor non modicus immittitur.

Fugiunt igitur (1) Dani, fugientes Turonici persequuntur ; fugientium pars gladio cadit, pars capta reducitur et pars fugæ subsidio elapsa est ; et usque ad sextum lapidem ab urbe persecuti sunt Danos, triumphatoris sui corpus cum hymnis deferentes et gloria, per quem sibi triumphus cessit et victoria. Unde et in ejusdem belli triumphali memoria, in ipso loco quo sancti substitit corpus, in honore ipsius fabricata est ecclesia, quæ propter belli eventum, Sancti Martini Belli sortita est vocabulum. In eo autem urbis loco quo corpus ejus, supra murum pernoctans, victoriæ primordia initiavit, erant ruinæ maceriarum antiquarum, in quibus ferebant aulam fuisse Valentiniani, in qua sedens nequaquam assurgere est dignatus beato Martino antistiti (2), donec regiam sellam ignis operiret ipsumque regem, ea parte corporis qua sedebat, afflaret incendium solioque suo superbus excuteretur et Martino invitus assurgeret. Ibi archiepiscopus cum populo devoto ecclesiam, quæ Sancti Martini Basilica dicitur, in honore itidem ipsius sancti instauravit. Eapropter igitur synodo celebrata, auctoritate archiepiscopi et episcoporum qui convenerant statutum est ut, singulis annis, deinceps per universam diœcesim subventionis hujus festum iv° idus maii solemniter celebretur, quæ nullo alio nomine rectius quam subventio censetur.

(1) Alias, *ergo.*
(2) Var. *adstanti.*

Elapsis post Hastini (1) incendia tribus lustris, successit, ejusdem (2) gentis (3) et simili sorte a finibus suis exsulans, Rollo, vir armis strenuus, sed circa christianæ professionis homines inhumanus, peditum multitudine, equestris ordinis copia, milite multiplici stipatus. Ille, Flandrensibus, Normannis et Britonibus in martio congressu sæpenumero confectis, civitates eorum et oppida necnon et ecclesias in favillam redigens, non minimas hominum strages dedit. Cenomannis postmodum obsessa, exercitus sui procuratores Turonum usque transmisit ut, urbe pessumdata, auri et argenti affluentem copiam, et cetera ejus bona diriperent, et illius incolas vinculatos secum adducentes captivarent. Dei autem providente clementia, tanta Kari et Ligeris excrevit inundatio ut sui unione pelagus unum efficerent et a civitatis accessu, non minima sui altitudine, cuneos hostiles arcerent. Verum Majus Monasterium, quod non longe a Turonis erat, funditus eversum, centum viginti monachos, bis binos minus, ibidem gladio percusserunt, præter abbatem et viginti alios quatuor qui cavernis terræ latitantes evaserunt. Abbatem tamen a latebris extractum, tormentis et cruciatibus, ab eo exigunt ut thesauros ecclesiæ prodat et monachos, qui in cavernis latebras latebant, in medium deducat. Vir autem Domini abbas Hebernus (4), licet varia et multiplici tormentorum violentia arceretur, nec thesauros declaravit nec filios in latebris latitantes revelavit; qui ad hoc reservati sunt, ut patroni sui corpus et inter alienos prosequerentur. Ita quidem contigit,

(1) Var. *Hastingi.*
(2) Al. *Danorum.*
(3) Var. *genus.*
(4) Var. *Hebernus.*

sed ipse citius (1) comitibus exsilii sui mercedem restituit. Nemo enim illorum residuus fuit, quem Martinus ecclesiæ non proferret (2) regimini, sublimaret dignitate.

Recedentibus Danis, postquam civibus, tumore fluviali represso, libera recurrendi (3) reddita est facultas, auditum Majoris Monasterii infortunium et eversio necnon et abbatis cruciatus et pœnæ et monachorum pretiosa mors et passio, universorum et maxime Sancti Martini canonicorum gaudia obumbrans (4), lacrimosa subministravit suspiria, doloris immodici copiosam materiam propinavit.

Mœstitiæ igitur et mœroris pallio amicti, vultu lugubri assumpto et ornatu, sicut moris est compatientium, *dolere cum dolentibus, flere cum flentibus* (5), dolentes et flentes ad memoratum accedunt locum et doloris intrinseci tumore singultuoso perstillantes (6) foris : lacrimis aliquantisper imminutis, viginti quatuor monachos, qui in cavernarum latebris morabantur, extrahunt; et abbatem una cum ipsis cum debito honore et reverentia ad suam secum deducunt ecclesiam. In omnibus vero eos procurantes, delegerunt ipsis domum ecclesiæ valvis inhærentem, a qua in ecclesiam reciprocus ingressus et regressus secretior haberetur.

Sex vero mensibus emensis, comperto canonici quod Rollo, Cenomannis capta, Turonum captum ire disponeret, communicato cum civibus (7) suis consilio, pre-

---

(1) Var. *potius.*
(2) Al. *præferet.*
(3) Al. *discurrendi.*
(4) Var. *obnubilans.*
(5) Pauli *Ep. ad Rom.*, XII, 15.
(6) Var. *perstilantibus foris lacrimis.*
(7) Var. *communicato concivibus;* alias, *communicato cum concivibus.*

tiosam margaritam et singularem thesaurum, sanctissimi videlicet corpus Martini, Aurelianis usque transmittunt. Hujus latores et custodes exstiterunt Hebernus Majoris Monasterii abbas sæpedictus cum viginti quatuor monachis suis, et duodecim canonici, qui Deo et Christi confessori Martino die ac nocte devote deservirent : comitatui eorum indesinenter adhærentibus duodecim Castri Novi burgensibus, qui sanctis deservitoribus (1) pie deservientes eis necessaria providerent. Famæ vero postmodum præcurrentis relatu edocti quod Dani ad Galliæ superiora processissent, cum thesauro suo ad Sanctum transmeant Benedictum.

Paucis vero elapsis diebus, fama pervigili rursum prænuntiante quod jam Rollo Aurelianis advenisset, sanctarum bajuli reliquiarum Chableiam veniunt.

Tempore autem permodico ibidem commorati, metu iterum invalescente, cum thesauro illo incomparabili Autissiodorum (2) usque perveniunt (3). Episcopus vero, fama præambula præmonitus, et tota civitas obviam ruunt, et tantum hospitem cum honore non indebito deducunt et in ecclesia Beati Germani, secus ejusdem præsulis feretrum, Martini non imparis corpus sancti reponunt.

Per merita igitur beati Martini, virtutes ibidem et miracula innumera (4) fiunt : cæci siquidem visum, claudi gressum, febricitantes sanitatem, aridi sospitatem, leprosi mundationem, paralytici membrorum reintegrationem recipiunt. Fama vero, quæ clam nihil

---

(1) Var. *sancti servitoribus præcurrentes.*
(2) Al. *Autisiodorum.*
(3) Al. *procedunt.*
(4) Var. *miracula fiunt.*

agere consuevit, per universas regiones sanitatum gratiam divulgante, tanta illuc in dies infirmantium multitudo confluebat ut, ex innumera æstimatione, regio cuilibet exercitui assimilata videretur ; et quia civitas, tantæ insufficiens multitudini, universos capere non poterat, per circumjacentes vicos hospitandi gratia diffundebantur. Omnibus autem pro voto, per merita beati Martini antistitis, salus optata reddebatur.

In familiæ vero ejusdem episcopi (1) usum universa infirmantium transibat oblatio. Tantus autem oblatæ pecuniæ excrevit cumulus, ut numerum (2) quantitas excedens Autissiodorensibus clericis invidiæ fomitem ministraret ; unde cupiditatis et invidiæ stimulo perurgente, Martini ministros taliter alloquuntur : « Quoniam « tam a nostro quam a vestro pontifice virtutes et « miracula indifferenter fiunt, æquum est ut, si quid « utilitatis exinde, utriusque (3) ministris in commune « partiantur. » Quibus evidenti ratione satisfacientes illi, postulantes (4) jus communionis in hunc modum dissolvunt (5), dicentes : « Antequam Martinus noster « huc adveniret, vestro hic perordinante Germano, « nullorum mentio miraculorum erat ; in adventu vero « nostri antistitis, piis ejus id obtinentibus meritis, et « signorum frequentia evidens exhibetur, et ex impensæ « per eum salutis respectu hujusmodi nobis beneficia « proveniunt. Ut autem ex animo vestro omnis super « hoc dubietatis scrupulus excludatur, leprosus hic, « qui præ oculis est, in medio, si placet, præsulum

---

(1) Al. *pontificis.*
(2) Var. *munerum.*
(3) Var. *utrisque communiter partiatur.*
(4) Alias, *postulatæ.*
(5) Var. *dissiliunt.*

« sanandus inferatur ; si vero a Martini latere leprosi
« latus positum convaluerit et Germani lateri ejusdem
« latus adjunctum in lepra perstiterit, virtutis auctori
« Martino miraculum adscribatur ; si autem e converso, a
« Martini parte leprosi pars posita non curatur, et Ger-
« mano pars inhærens sanetur, ad Germani meritum
« patefacta virtus et miraculum transferatur. » Adquiescunt utrique, et prolata judicii sententia ab omnibus approbatur.

In argumentum igitur agnoscendæ veritatis, in medio præsulum leprosus ponitur. Decursa (1) itaque nocte illa in vigiliis et orationibus laudibusque, mane illucescente, convenientibus utrinque partibus, medietas hominis a Martini parte posita, sana et incolumis reperitur, pars autem altera, occulto Dei judicio, sananda (2) differtur. Ut autem per miraculum evidentius fides certior clariusque eluceret, leprosi iterum pars sananda versus Martinum vertitur, et mane facto, sub oculis omnium, homo totus ex integro alteratus in salutem invenitur. Sopita est igitur mutualis hæc contentio, et Martini cultoribus extunc et deinceps infirmantium universa cessit in pace oblatio. O admirabilis (3) urbanitatis Germanum pontificem, qui, cum tanti meriti esset ut mortuos suscitaret, in domo sua hospiti suo tantum detulit honorem ut, in signorum exhibitione, eo se videri vellet inferiorem ! O signipotentis Martini attollenda præconia, qui, pontificalis ministerii dignitatem ubique in omnibus, licet exsul, observans, et civitatem exsilii sui susceptricem miraculorum gratia

---

(1) Var. *decursis itaque nocte illa vigiliis.*
(2) Al. *salvanda.*
(3) Var. *admirandæ.*

illustravit et suis sequacibus benignum, largum et affluentem se semper exhibuit !

Elapsis postmodum quampluribus annis, pace Ecclesiæ reddita, Rollone fidei restituto, Turonici viri dominum et patronum suum requirendi gratia Autissiodorum proficiscuntur. Conveniunt igitur Armarium (1), ejusdem urbis episcopum, ut eis, suæ licentia permissionis, proprium reducendi pontificem copia tribuatur. Quibus ille tale fertur dedisse responsum : « Nolo ecclesiam
« meam tanto thesauro defraudari, quam, episcopus
« factus, eo vestitam (2) inveni. »

Videntes itaque Turonici, se per eumdem episcopum nihil proficere, ad regem Francorum, qui tunc temporis erat, meliora sperantes, resiliunt ; humili prece eum rogantes ac obsecrantes interpellunt ut Turonis Martinum suum restitui jubeat et urbi orbatæ luctum pastoris absentia, eo recepto in gaudium convertat. Ad quos rex ait : « Cum utraque civitas regii sit juris,
« et ab utraque nobis indifferenter serviatur, indignum
« ducimus ut Autissiodorum, quæ de thesauri hujus pos-
« sessione saisita est, præjudicii violentia spoliemus, et
« Turonum vestram, quæ huc usque illius investituram
« amisit, investiamus. » Decidentes itaque Turonici a spe sua, ad propria frustrati revertuntur. Cogunt igitur concilium cum Adalando (3) archiepiscopo Turonensi, Raimone (4) Aurelianensi et Mainoldo Cenomannensi (5) et sancto Lupo Andegavensi, cleri plebisque multitudine coacta, consilium ineunt quid facto opus esset.

---

(1) Var. *Januarium*, *Aunarium*, *Aimarum*, *Aimarium*.
(2) Alias, *investitam*.
(3) Var. *Adlando*, *Adalaudo*, *Adlaudo*.
(4) Var. *Reimone*, *Remone*.
(5) Le ms. B. I. 5333 omet Loup, évêque d'Angers.

Eo tempore vir illustris Gastinensis comes Ingelgerius, Hugonis ducis Burgundiæ nepos, Lochiæ et Ambaziæ dominus, strenuus armis, summa potestate et probitate præditus erat et Andegavensem consulatum, ex regio munere nuper sibi impertitum, procurabat. In Autissiodorensi etiam urbe aulam propriam et vineas, vini superlativi bajulas, habebat et prædia suburbana possidebat. Cum igitur in tantum virum hujus negotii peragendi commoda confluerent, allegationis suæ officio fungi ab universis acclamatum est.

Cum autem ad eum ob istiusmodi causam nuntios dirigere procurarent (1), per subvenientem Dei, ut credimus, gratiam, Sancti Martini, ut ei moris erat, oraturus intravit ecclesiam (2). Exiens autem ab ecclesia, ab universis cum gaudio suscipitur et ab omnibus ei honor debitus et reverentia defertur. Cum in medio eorum consedisset, tanquam a Spiritu Sancto præmonitus, in hæc verba prorupit: « Viri Turonici, viri divitiis
« affluentes, cum divite ingenii vena calleatis, et pru-
« dentia et fortitudine polleatis, miror admodum et
« vehementer obstupesco cur gaudium vestrum, lumen
« patriæ vestræ, vestrum, inquam, antistitem Marti-
« num, tam longo exsilio relegatum, vestra id agente
« incuria, reducere neglexistis. » Cui illi cum lacrimis aiunt : « Gratias tibi (3) agimus et primum divinitati,
« quæ tuo id inspiravit cordi ut de talibus nobiscum
« dissereres et nobis, in desiderio positis, desiderii
« nostri desideratum commonitorium faceres. Non est,
« inquiunt, domine mi, nostræ, ut putas, incuriæ ;
« sed regis Franciæ pigra segnities nos impedivit, et

---

(1) Al. *disponerent.*
(2) Var. *moris erat, oraturus intrat.*
(3) Var. *nostri.*

« Autissiodorensis antistitis pervicax violentia nobis
« Martinum nostrum , cum multo labore et instantia
« requirentibus, denegavit. Quoniam igitur obstinati
« illius antistitis cor induratum est et quasi alter
« Pharao factus non vult dimittere virum Dei nisi
« in manu forti, proinde te, domine, cui nobilitas et
« strenuitas, et probitas etiam et potestas suppeditant,
« communi et humili supplicatione rogamus et obse-
« cramus ut, zelo Dei et beati Martini amore ductus,
« huic te conformes allegationi et ipsum, et cum ipso
« gaudium, huic luctuosæ restituas regioni. »

Videns igitur vir illustris Ingelgerius universitatis illius post Deum spem in se penitus poni, lacrimas supplicantium miseratus et vota, promittit se injunctum sibi negotium pro viribus exsecuturum.

Collecta igitur tam proprii quam peregrini exercitus multitudine non minima, sex fere millibus tam militum quam equitum secum electis, Autissiodorum venit. Continuant interim Turonici, ex sui præcepto pontificis, unius hebdomadæ jejunia, et suum sibi reddi Martinum Deo supplicant jugi oratione, et precum instantia.

Stupet Autissiodorum(1) civitas armato milite ex insperato se repleri. Diei igitur crastinæ aurora illucescente, peregrinus comes impiger, postquam in ecclesia, ante dilecti archipræsulis Martini corpus cum lacrimis orans, peregrinationis suæ preces et vota persolvit, convenit episcopum super depositi restitutione, dicens : « Ponti-
« ficis nomen cum te et honor delectet cur, hujus præ-
« nominis etymologia perdita, virtutum pontem non
« facis sed subvertis ; et gregi tuo factus forma decep-
« tionis et doli, vestigiis tuis inhærentem a sublimi

(1) Var. *Autissiodorensis.*

« veritatis via dejicis et in perditionis præcipitium ire
« compellis ? Cur necessitatis tempore thesaurum fidei
« tuæ commissum, dilationis innectens moras, reddere
« contemnis ? Unum ergo tibi ex duobus elige : aut
« Turonicis suum Martinum, dilationis cessante mora,
« restitue, aut te nullatenus redditurum (1) responde. »
Cui episcopus, in his verbis stomachatus, ita respondit :
« Non decet peregrinum cum armata manu loca sancta
« invisere, nec sanctorum pignora viribus et armis
« velle sibi vendicare ; hodie tamen cum tuis patienter
« sustine, et quid super hoc acturus sim crastina tibi
« dies declarabit. » Communicato interim cum coepiscopis, qui tunc forte aderant, consilio, quis actionis hujus exitus vel finis esse valeat, percunctatur. Cui Siagrius Æduensis, una cum Domnolo Tricassensi (2), id ipsum sapienter respondit : « Non decet episcopum
« aliena rapere, vel cujuslibet depositum fraude vel
« violentia velle surripere. Beati siquidem Martini
« corpus, hostili urgente gladio, a Turonicis huc alla-
« tum, et ab eis penes te repositum novimus. Quod
« ergo a fidelibus fideliter tibi commissum est, tu,
« quandoque fidelis, restitue et fidei læsæ damna
« resarciens, exasperato comiti, verbis eum lenibus et
« officiis demulcens, postulata concede ; nisi enim spon-
« tanee et cito reddideris, ad tui dedecus et ignominiam
« ablatum protinus tibi invito videbis. Fac igitur de
« necessitate virtutem, et antequam imminens extor-
« queat necessitas, palliata prudens præstet liberalitas. »
Acquiescit episcopus et Andegavensi, allocutione blanda delinito, optatum exponit thesaurum.

(1) Var. *nullatenus hoc facere.*
(2) Al. *Trecensi.*

Affuit etiam et divinæ memoriæ abbas Hebernus coram episcopis, una cum Ingelgerio, jam sine sociis. Divina siquidem providentia et beati Martini oratione assidua mediante, jam promoti erant per universam (1) Burgundiæ provinciam, omnes et singuli, in episcopatibus et abbatiis scilicet, ut qui cum exsulato exsules advenerant, ab ipso exsulato in ipso exsilii solo divitiis et honoribus sublimarentur. Denique ipsis mandavit per veredarios sæpefatus abbas Hebernus (2) ut interessent ducatui, et ad evehendum corpus sæpenominandi (3) antistitis : ut quem simplices monachi et exsules a loco proprio in exsilium adduxerant, jam episcopi et abbates constituti ipsum solum exsulem loco proprio et civitati restituerent ; quod et factum est.

Celebrata igitur propria de sancto Martino missa solemniter, Ingelgerius Andegavensis et Armarius (4) Autissiodorensis assumptum onus illud nobile, suis imponentes humeris, repatriandi aggrediuntur iter. Deducunt pontifices cum hymnis et laudibus sancti antistitis reliquias necnon et clerus devotus et vulgi undequaque concurrens frequentia. Reversis vero deductoribus illis, Martini exercitus aggressum capit iter et optato potitur triumpho. Debitum servitii pensum ab abbate et monachis necnon et clericis Deo in dies devotissime exhibebatur, et missa quotidie celebrabatur. In nobili illo exercitu nullus mollis vel effeminatus ; nemo ibi feminam, nemo rapinam noverat, sed unusquisque ex mercato competenti vivebat.

Postquam igitur diœcesis suæ fines attigerat sacratis-

---

(1) Var. *universæ.*
(2) Var. *Herbenus.*
(3) Al. *sæpenominati.*
(4) Var. *Abanarius.*

simi præsulis Martini corpus, mirum in modum et oves morbidæ pastoris præsentiam et pastor recognovit quantam ovibus deberet curæ diligentiam. Quamvis enim peregrinus inter extraneos miraculorum floruisset copia, inter suos tamen, utpote sibi a Deo commendatos, et copiosior ei affuit sanitatum gratia et, si dici fas est, propensior (1) benevolentia. Quicumque ergo qualicumque incommodo ægritudinis laborabant, etiam non apportati, etiam non rogantes, dextra lævaque per totam provinciam mirifice sanabantur. Quam vera promissio Salvatoris dicentis : « *Opera*, inquit, *quæ ego* « *facio*, *qui credit in me*, *et ipse faciet*, *et majora horum* « *faciet* (2)! » In signis enim et sanitatibus, quæ ipse Dominus per se dignatus est exhibere, fidem etiam poscentium cooperari voluit, ut crebro evangelia probant, unde est illud : *Fides tua te salvam fecit* (3). Per Martinum vero etiam non petentibus, etiam non accurrentibus, et quod majoris clementiæ est, etiam nolentibus subveniebat.

Dum enim talia, tantaque virtutum insignia agerentur, quæ etsi invideret (4) occultare fama non potuit, ea præcurrente, duo paralytici, qui in villa cui nomen de Hedera (5) est, a prætereuntibus eleemosynam petentes, victitabant, dixerunt alter ad alterum : « Ecce frater, sub molli otio vivimus. Nemo « nos inquietat, omnes miserentur, solus nobis labor est « petere quod optamus ; licet cum libuerit somno « indulgere, quieti vero jugiter ; et, ut breviter dicam,

---

(1) Var. *et fidei sanctæ propensio.*
(2) Johan X, 25.
(3) Matth., IX, 22.
(4) Var. *non videret.*
(5) Var. *Edera.*

« ducimus in bonis dies nostros. Hoc autem totum
« nobis vindicat infirmitas hæc qua jacemus ; quæ si
« curata fuerit, quod absit, necessario nobis incumbet
« labor manuum insolitus, quippe jam mendicare
« inutile erit. Et ecce audivimus de Martino isto, in
« cujus diœcesi degimus, quod revertens ab exsilio in
« toto suo episcopatu neminem decumbentem præterit
« non sanatum. Nunc ergo, frater, acquiesce consiliis
« meis, et dicto citius fugiamus Martinum, ab ejus
« diœcesi exeuntes, ne forte nos sanitatum ejus copia
« comprendat. » Novum sane consilium, vota prorsus
eatenus inaudita, tanto nolle carere incommodo ; se
sibi reddi effugere ! Quid moror ? Placet utrique consultum, et, aptatis baculis sub utraque ascella,
reptando potius quam gradiendo, fugam arripiunt ;
sed Martini pernix potentia prosequitur fugientes, comprehendit refugas, comprehensos et inventos invitos
reparat sanitati (1). Quod illi in sese experientes, nec
dissimulare poterant nec audebant silere ; nimirum
non nescii illum potentem perdere (2) ingratos, qui et
nolentibus subvenisset. Exclamant igitur prædicantes
miraculum, et homines loci illius, quo id contigerat,
ad laudem invitant Martini. Nec sibi integrum fore
arbitrati donec baculos, sui languoris indices, ad Martini matricem ecclesiam detulerunt, palam omnibus
exponentes et suæ perfidiæ fugam et Martini etiam
circa invitos clementiam. Porro incolæ mansionis, in
qua signum hoc sanitatis celebratum est, in nomine
signipotentis Martini ecclesiam condidere, quæ usque
hodie Capella Alba nominatur.

(1) Var. *sospitati*.
(2) Al. *producere*.

Ingresso itaque beato archipræsule Martino propriæ parochiæ fines, mirum in modum res inanimatæ et insensibiles, pastoris sui sentientes adventum, grata congratulationis suæ signa prætendunt. Universæ siquidem arbores et fruteta tempore brumali, repugnante licet natura, redivivis vestita foliis vernant et in sui ornatu quantæ meritorum excellentiæ sit pater patriæ repatrians demonstrarunt. Itidem dextra lævaque in ecclesiis ejusdem parochiæ, sine humano adminiculo, signa divinitus pulsabantur, luminaria tam cereorum quam lampadarum divinitus accendebantur, in duabus maxime ecclesiis quæ nomini ejus dicatæ sunt notæ (1) : in priore, quæ Majus Monasterium nuncupatur, in qua vivens in corpore lectioni, meditationi, vigiliis, jejuniis et orationibus die noctuque Deo incumbebat; in altera, quæ Sancti Martini Divitis Castri Novi dicitur, de qua primo, Rollonem fugiens, sublatus fuerat, in qua etiam ab universis episcopis diœcesis suæ, a clero etiam et populo susceptus, in loco quo (2) nunc adoratur hucusque servatur.

Domino igitur, ut diximus, Turonensi Martino, Turonum suam in millibus suis ingrediente tota civitas obviam ruit, et ab Adalaudo archipræsule Turonensi et fratre ejus Raimone Aurelianensi et Mainoldo Cenomannensi et sancto Lupo Andegavensi et a suffraganeis totius provinciæ episcopis ei congratulanter occurritur, et omnis sexus indifferenter, desiderato diu domino suo lætabundus occurrens, lacrimis quas gaudium extorserat perfunditur. Ab episcopis siquidem et abbatibus, a clero et virginibus, a populis

---

(1) Var. *dicatæ noscuntur.*
(2) Var. *ubi.*

3

et baronibus, a pueris etiam et senibus in ecclesiam suam cum cereis et crucibus, cum hymnis et laudibus gloriosus antistes gloriose deducitur et in propriæ sedis pristino gradu cum debito honore et summa reverentia collocatur.

Hæc est igitur gloriosa solemnisque exceptio qua archipræsul Turonensis Martinus, ab exsilio revertens, ab alumnis suis officiose adeo excipitur, et in propria, ut dictum est, sede residens, omni petenti se, ut sui moris est, plurimum suffragatur. Hoc exceptionis celebre festum, anno ab incarnatione Domini octingentesimo octogesimo septimo (1), a transvectione tricesimo primo (2), idibus decembris, celebriter agi ab Adalaudo archiepiscopo Turonensi et a comprovincialibus episcopis celebrata synodalis sancivit auctoritas ; quæ quando recolitur a Danis facta destructio, et Martini repatriantis celebris et jucunda a suis memorialis exceptio memorantur.

Te igitur, o bone Martine, pie pater, pastor et patrone noster, nobis filiis et alumnis necnon et veneratoribus tuis more tuo bona confer, noxia submove, et orationum jugi instantia gaudia nobis vitæ interminabilis obtine, præstante Domino nostro Jesu Christo, qui cum Patre et Spiritu Sancto vivit et regnat Deus, per omnia sæcula sæculorum. Amen.

---

(1) Le ms. 5333 lat. B. I. porte comme ceux des *Gesta consulum* DCCCLXXVII°.

(2) Le même ms. donne ici en variante *a transvectione XIII°, primo idus.*

DE EVERSIONE ET RESTITUTIONE CORMARICENI CŒNOBII TEMPLIQUE DEDICATIONE.

. . . .
. . Monasterium Cormaricenum tam a Danorum incursionibus quam pro aliis causis, quas enumerare superfluum nobis videtur, pene ad solum usque dirutum est atque a bonæ memoriæ Roberto abbate, successore Richardi prudentissimi abbatis, reædificatum est et amplioribus spatiis, ut modo cernitur, dilatatum est; sed ipse abbas, communi sorte præventus et viam universæ carni debitam ingressus, dedicationem ipsius monasterii implere nequivit.

Deinde post aliquos annos, studio et sollicitudine domini Roberti abbatis, fratris illius Bernardi qui in Andecava civitate studiis philosophiæ effloruit, consecratum vel dedicatum est, summo opifice disponente, tam nobile templum in honore sancti Pauli apostoli, anno ab incarnatione Domini millesimo quinquagesimo quarto, qui est septimus ordinationis ejusdem archimandritæ annus, indictione VII imminente, gubernante etiam sub ipso tempore Francorum monarchiam glorioso rege Henrico, Roberti regis filio, florente quoque in principatu tam in Andecava regione quam in Turonica bellicosissimo comite Gauffredo, Fulconis comitis filio, illius videlicet Fulconis qui obiit peregre dum reverteretur a sepulcro Domini. Celebrata est autem solemniter ac honorifice ipsa dedicatio idibus novembris a nobili archiepiscopo Turonicæ civitatis Bartholomæo, anno secundo ordinationis ejus, et ab aliis duobus religiosis ac sapientissimis episcopis, ab Eusebio scilicet Andegavensis civitatis episcopo cognomento Brunone et a Martino Britannorum præsule, adunato inibi maximo conventu abbatum, monachorum, clericorum vel laicorum quamplurimorum odas Domino commune referentium, cui est honor, virtus, potestas et imperium per infinita sæcula sæculorum, amen (1).

(1) Joachim Périon, historien de l'abbaye de Cormeri, qui nous a transmis cette curieuse chronique, ajoute, à la suite de ce récit, quelques notes qui nous font connaître à peu près le plan de l'église du XIe siècle, dont il ne reste plus aujourd'hui que le clocher; nous les reproduisons ici.

Altare principale consecratum est in honore sancti Pauli apostoli. Altare matutinale consecratum est in honore sanctæ et individuæ Trinitatis et in veneratione sanctorum confessorum Lupi episcopi et Columbani abbatis. Altare de dextro membro consecratum est in honore sancti Johannis Baptistæ et sancti Johannis evangelistæ. Altare de sinistro membro consecratum est in honore sanctæ Dei genitricis Mariæ perpetuæ virginis. Altare de crucifixo sacratum est in honore sanctæ Crucis et in veneratione omnium sanctorum. Altare quidem ad dextram crucifixi, quod est etiam ad lævam intrantibus per portam, consecratum est in honore sancti Nicolai archiepiscopi, mirabilium operum patratoris.

CHRONICA ET MEMORABILIA DE MONASTERIO

ET ABBATIBUS SANCTI PETRI BURGULIENSIS

I.

EXTRAIT D'UN VIEL PAPIER RENTIER.

Anno MLXI°, dominica prima in Septuagesima, visa est luna mutasse colorem suum.

Anno illo, villa quoque Burgulii exitialibus flammis destructa est XIII° calendas octobris, id est XIX° septembris, et præter cineres nihil in ea remansit.

Anno MXCIII° (1), facta fuit translatio corporis Emmæ comitissæ.

Anno MCLV°, Henricus rex Angliæ, dux Normanniæ, comes Andegavensis, dux Aquitaniæ, cum magno militum concursu, pro amore et reverentia monasterii Burguliensis, ibidem curiam tenuit ad Osannam.

Anno MCCLIV, tempore abbatis Gaufridi, incepta est ædificatio ecclesiæ magnæ abbatiæ.

---

(1) Var. MCXCIII.

II.

COPIE D'UN CAHIER DE VIEILLE ÉCRITURE AU DOS DUQUEL EST ÉCRIT : EN CE LIVRE SONT CONTENUS LE NOMBRE DES ABBÉS DE BOURGUEIL AVEC AUCUNS CAS QUI SONT ADVENUS EN LEUR TEMPS AINSI QUE L'ON A PEU RECUEILLIR EN PLUSIEURS INDICES ANTIENS.

Anno MCCLVII°, cessit abbas Gauffredus et Guillelmus ei successit.

Anno MCCLXV°, venditum fuit bannum Burgulii ad XXXII denarios.

Anno MCCLXXIV°, obiit Guillelmus abbas et Hugo ei successit.

Anno MCCXCV°, pridie idus februarii, terra tremuit et audita fuerunt tonitrua magna.

Anno MCCXCVII°, canonizatus fuit sanctus Ludovicus, rex Francorum.

Anno MCCCI°, obiit Hugo et successit ei Gauffridus.

Anno MCCCIV°; obiit Gauffridus et Girbertus ei successit.

Anno MCCCXVI, obiit Girbertus et Gervasius ei successit.

Anno MCCCLX, obiit Gervasius et Bertrandus ei successit.

Anno MCCCLXI, ecclesia Sancti Petri de Burgolio cremata est; unde versus :

> *L'an mil trois cent et deux fois trente*
> *Avecques ung, que je ne mente,*
> *Le dernier jour du moys d'apvril,*
> *Tout droit à heure de mynuit,*
> *L'église de Bourgueil* (1) *ardit.*

---

(1) Var. *de Saint Pierre.*

Anno eodem obiit Bertrandus et Jaucelinus ei successit. Qui Jocelinus obiit, et eodem anno Petrus Le Voyer abbas ei successit. Et fuerunt duo abbates et crematio loci uno anno : quis dolor commendabilis!

Anno MCCCLXXI°, obiit Petrus et successit ei Matheus Lemovicis oriundus, qui tympana grossa et ollas cupri pro conventu atque illam domum quæ Camene Nona nuncupatur construxit.

Et successit ei Guillelmus Le Dan, de Reigleis oriundus, qui XIII annis vel circa vixit, et materiam cum pinaculo et crucem ipsius ecclesiæ novæ totam, post ignis desolationem, construxit; et ob id dignus laude decessit.

Domnus Petrus Girardi, Pictavis oriundus, eidem Guillelmo successit, qui XIII annos vel circa vixit; et columnas intus et exterius, eamdem novam ecclesiam cum tota structura lapidum absque priori materia vel quadratura veteri ædificavit atque sedilia nunc in ea existentia, et licet decesserit ante complexionem supradictorum ædificiorum, tamen totam solutionem operariorum in cautionem consignaverat. Insuper et alia validissima ædificia in domibus abbatialibus intus et exterius ampliavit, unam missam perpetuam per singulos dies dicendam fundavit atque dotavit; et ideo propter tot bona magna recommandatione et laude dignus recessit.

Post quem domnum Petrum domnus Johannes Reverse successit, de villa de Benez oriundus, qui inter cetera mitram in Burgulii dignitate primus adeptus fuit, et quamplurima ædificia fortificata circa monasterium istud ædificavit vixitque annis XVII.

Et nota quod suis temporibus Ludovicus de Valloys, dominus Aurelianensis, occisus fuit Parisius, ex parte

Johannis Burgundiæ ducis, in die sancti Vincentii, anno mccccvii°, unde successit tanta clades per totum Franciæ regnum, quod indicibile exstitit. Et eodem anno hiems atrocissima viguit et dicitur Hiems Magna.

Karolus VI obiit, divino judicio percussus.

Anno mccccxxiv° (1), in festo sanctorum Crispini et Crispiniani, chiliarcha ille illustrissimus dominus dux Aurelianensium cum copioso regalis legionis agmine subditorumque suorum adiit bellum contra regem Angliæ, Henricum nomine, in campum qui dicitur Agincourt, alias Blangy; et eadem die perierunt bellatores Francigenæ xx^m vel circa, unde successit tanta strages tantaque divisio inter residuum dominorum domus Franciæ quod indicibile est. Et ille supradictus dominus Aurelianensis cum pluribus aliis principibus de sanguine regali exeuntibus necnon et pluribus proceribus militibusque et nobilibus fuere detenti captivi et in Anglia ducti longo tempore; illoque anno vel tempore dederunt salices rosas.

Et sciatur quod die sabbato sancto, anno mccccxix°, dux Clarenciæ, frater prædicti regis Angliæ Henrici, destructus fuit apud Baugeium per Francigenas et per Scotos, qui regno Gallicano venerant in succursum cum multitudine copiosa.

Item sciendum est quod, temporibus domni Johannis abbatis, cecidit pluvia rubea in isto monasterio duobus vel tribus vicibus et specialiter in claustro magno et [in] aula de Calido Turtello, et verissime ex ea pluvia non cecidit nisi sola guta citra domum magni dormitorii extra claustrum infirmariæ.

---

(1) Sic, pour MCCCCXV.

Item nota quod anno MCCCCXXV°, in festo sancti Dyonisii, Petrus bastardus de Culant cum ducentis equitibus, ex parte regis Franciæ Karoli VII, intraverunt fortalicium monasterii, ut munitionem tenerent adversus Anglicos, qui glebam Castri supra Lidum tenebant et postmodum villam Cenomanensem, Castrum Ledi et Ludium cum Buxeria occupaverunt. Et dictus Petrus moratur ibi tribus annis vel circa. Qui quidem domnus abbas Johannes obiit eodem anno, XVII die decembris, Johanne Vedart, domino de Valle, capitano; unde accidit quod vacatio fuit in manibus prædicti bastardi, qui eligi fecit in abbatem Radulfum Berruer, illo tunc sacristam tenente, mediantibus illicitis ac monasterii destructis partibus.

Quo Radulpho sic electo et a venerando domino Hardoyno de Bueil, Andegavensi episcopo, jure ordinario confirmato, in monasterium rediit, et solam missam episcopalem celebravit, unum monachum induit, unum fecit professum, et quod pactiones suas prædicto bastardo solvere minime poterat, monasterium fingendo peregrinari exsiliit. Et post V menses suæ promotionis cum nobili viro et reverendo D. D. Eustachio de Maille, pro tempore abbate Beatæ Mariæ de Suilleio, abbatiam permutavit, in mense maio, anno MCCCCXXVI°. Et deinde prædictus Radulphus, abbas de Suilleio factus, cum Guillelmo celerario Sancti Florentii permutavit, ac postea cum prioratu de Offardo super pontem Salmuri et deinde ad prioratum vocatum Murus Sancti Florentii, et statim eleemosynariam de Suilleio supradictam accepit; et sic paulatim de Burgulio in Valleyam lætitiæ recessit in vallem miseriæ, nullaque laude dignus, Giezique lepra obtectus ac Symonis Magi, longo tempore vixit in egestate, miseria et inopia omni confusus opprobrio.

Hæc duo damna feres, fueris si Symonis heres :
Mortuus ardebis et vivus semper egebis.

Itemque quod non prædictus bastardus cum suis turmis istud monasterium duobus annis et ix mensibus, proh dolor! occupavit, totamque patriam a villa Andegavensi usque Langes, intra Ligerim et Lidum, ex grandi parte vastavit ac in monasterio quamplurima et inenarrabilia mala et irrecuperabilia damna peregit.

Item meminisse oportet quod prædicta die sancti Dyonisii, anno MCCCCXXVII° Anglici de Ludio et de toto frontispicio se congregaverunt ut totam terram de Valleya currerent et deprædarent, quod ita factum est mediante quod traditore Bidaynio, qui fuit de Brenio super Alonam; et homines atque bruta animalia secum adducebant in tantum quod vix in xii annis potuit terra Burgulii ab strage restaurari. Et prædictus traditor, qui vocabatur Bidayne, non multum post fuit suspensus patibulo.

Regnat et dominatur Eustachius, qui causa permutationis Radulpho successit; et tertio anno suæ ordinationis, videlicet in mense martio, anno MCCCCXXVIII°, rege Karolo VII Caynonis moram trahente tanquam exsul cum toto regno, dum comes Salisbery regens pro Henrico, filio Henrici Anglorum regis e Catherina sorore dicti Karoli nato et nundum adulto, cum Johanne Talbot milite marescali Angliæ villam Aurelianensem obsessam tenerent et vix caperent, advenit Puella hominis habitu de partibus [Lotharingiæ]...

Et post hæc predictus domnus Eustachius murum novum, qui inter pestum et murum campi nundinarum stat, composuit, grangia illic sita et domibus de Sancto Eligio subversis causa guerrarum ; et post modicum tempus ecclesiam magnam fecit dedicari, unde fit mentio præcedens. Præfata pestilentia viget.

Anno mccccxxxiii°, xii kalendas octobris, [tonitrui fragor] horribilis et inauditus quo [refectorio discooperto et] pinaculo ac vitrariis ecclesiæ prostratis, et unum de tympanis majoribus confractum, tempore quo dominus omnia in prædicto anno restauravit. Sacrarium novum ubi sunt reliquiæ ædificavit, organa dedit, quamplurima bona alia fecit. Et obiit anno mccccxxxiv°.

Cui successit Ludovicus Rouaud, prior de Auzaio, vir magnæ prudentiæ bonusque paterfamilias, quem constituerat Dominus supra familiam suam ut illi daret in tempore tritici mensuram.

III.

COPIE D'UN CAHIER ANCIEN CONTENANT UN CATALOGUE DES ABBEZ ESCRIT DU TEMPS DE ESTIENNE FAUQUIER, ET AUQUEL ON A AJOUTÉ DEPUIS LES AUTRES ABBEZ.

Gosbert premier abbé.

Bernon abbé. En son temps un chevalier nommé Hubert commença la fondation du prieuré de Chinon, par charte qui commence ainsi : *Multiplex omnipotentis Dei gratia.*

En son temps fut changé le bénéfice de Tortenay avec le bénéfice de Longueville qui étoit de ceans, et Tortenay estoit de l'abbaye de Gieumesge, l'abbé nommé Robert.

Et en son temps fut changé le bénéfice de la Rajasse par charte qui commence ainsi : *In nomine unigeniti filii ejus Salvatoris nostri ego quidem Milesendis.*

Theudon abbé. En son temps fut donné par un enfant qu'avoit nouri ledit abbé, qui estoit demouré sans amys et estoit de grans parens, plusieurs droits audit abbé qui sont pour lors au prieuré de Chassaignes, comme appert par la charte : *Fidelibus christiane fidei.*

Rainauld. En son temps fut commencé la fondation du Plessis-aux-Moines par Lovo et son frère Raherius comme appert par la charte qui commence : *Legitur omnium Jesum Christum.*

Witbert ou Guitbert, abbé, qui mourut le jour de Noel de l'année 1089, et eut Baudric pour successeur.

Baudric. En son temps fut fait un traité entre ledit abbé et Payen de Clairvaux touchant les dixmes et vignes et autres choses de Saint Légier, comme par la charte qui commence : *Antiquissime vetustatis... Actum anno Domini* MCXII, *regnante Ludovico rege et Rainaldo Andegavensi episcopo.*

Berus.

Ernaud.

Raymond. Durant la fondation de la Rajasse, trespassa Raymond, et luy succeda Bauldry, par la charte : *Verbo et opere.*

Baudric abbé. En son temps fut baillé la bulle qui commence *Pascasius* portant privilége d'eslire : *Datum anno* MCV; et la bulle de *Urbanus II*, portant privilége d'eslire : *Datum* MXCIII.

En son temps Pierre, évêque de Poitiers, confirma les églises apartenant aux moynes de Bourgueuil *anno* MCII. En son temps fut fait appointement entre ledit abbé et Alo chevalier de Cande, touchant les dixmes de Saint-Léger, commencant : *In nomine sancte et individue Trinitatis.* En son temps fut confirmé par Geofroy de Bloys la donnaison de l'église de Beaulieu près Bressuire et commence : *Verbo et opere*. En la fondation de Chevreuze Bauldry suit l'abbé Raymond.

Guitbert mourut en l'année 1123.

Itier.

Aymeric eslu abbé en 1150. Il y a un appointement de l'an 1167 et 1180.

Hilaire eslu en 1185 mourut en 1207, enterré au prioré de Mirebeau, fit renouveller le chapitre et dortoir. En son temps Barthélemy archevesque de Tours confirma les cures de son évêché appartenant aux moines de Bourgueil et autres biens, commence : *Bartholomeus Turonensis archiepiscopus*,... *anno* MCLXXXVIII. Sous cet abbé fut donnée la bulle de Célestin du 15 des kalendes de juillet, le 6° de son pontificat. Il vivait en 1195.

Lucas mourut en 1212. En son temps la bulle d'Innocent en 1208.

Hubert mourut en 1235. En son temps accord entre le prieuré de Chateaufort et le chapelain dudit lieu en 1219.

Gui décéda en 1238.

Geoffroy 1248, mourut en 1257.

Guillaume mourut en 1274.

Hugues décédé en 1301 : bulle sur le différent entre luy et l'évêque d'Angers, qui les acorde : Martin pape, II *kal. junii*, *pontificatus anno* II°.

Geoffroy II meurt en 1303.

Guibert II décéda en 1316.

Gervais mourut en 1355. Tiltre de 1348 en juillet. Chalone annexé à la table conventuelle par bulle de Clément l'an 1349.

Bertrand de Vignac mourut en 1361.

Jaucelin décéda en 1361, la mesme année de son élection.

Pierre le Voyer mourut en 1371.

Mathieu Gaultier estoit de Limoges, homme fort estimé et d'austère vie, prête serment de fidélité au roy Charles VI comme appert par les lettres royaux le 8 juin 1372, signées Girard.

Guillaume le Dan vesquit 13 ans ou environ. En son temps furent unies deux chapelles qu'avoit fondées Aymery Rougebec, par acte du chapitre en 1391.

Pierre Girard, natif de Poitou, fonda la messe nommée par les anciens religieux, *la messe pour monsieur*, qui se dit tous les jours.

Jehan Reversé, natif de Benès, fut le premier qui porta mitre et en eut privilége. En son temps fut donné par Jehan XXIII privilége pour la mitre et autres ornements pontificaux et donner bénédiction en ses bénéfices et cures dépendant de Bourgueil à l'issue de la grand messe, vespres et matines, s'il n'y avoit évesque et légat du pape. *Datum Bononie V kal. augusti, pontificatus nostri anno I°.*

Raoul Berruyer eslu et confirmé par Hardouin de Bueil évesque d'Angers. Sa mort arriva le 23 avril. Il estoit secretain, avoit eu l'abbaye illicitement, et après 5 mois permuta avec son successeur, mena une vie misérable et mourut tout couvert de lèpre, en punition de ses péchés.

Eustache de Maillé mourut en 1424.

Louis Rouhault prieur d'Auzay et fut abbé par deux fois.

Jehan Heluye.

Guillaume de Cluny.

Estienne Faulquier.

Philippe Hurault, abbé de Bourgeuil, mourut en 1539 le 11 de novembre. Il fit construire le grand autel, la chapelle Saint-Jean-Baptiste, la chapelle Notre-Dame et les petits cloitres et réparer la grande église. Et cy a fait les grandes galeries de la maison de l'abbé, et a fait le grand clous de la plante de Beaune et couvrir la grand' grange et croytre le clos de Panné.

Charles de Pisseleu, évesque de Condom, abbé de Saint-Aubin d'Angers, mourut le 4 septembre 1564.

Louis de Lorraine, qu'on appelait Charles de Guise, succéda à Charles de Pisseleu, et mourut vers la fête de Paques de l'année 1578. Il eut pour successeur Jean Rossias maintenant abbé.

Jean Rossias résigna son abbaye en faveur de Guillaume Bailly, président de la chambre des comptes de Paris et conseiller du roi en ses conseils. Celui-ci prit possession le samedi 5 mai et mourut dans la maison abbatiale le lundi 28 du même mois, 23 jours après sa prise de possession. Son successeur fut Laurent Gillot, doyen de l'église cathédrale de Cambrai.

Laurent Gillot a eu pour successeur Adrien Le Maistre, nommé le 22 juin 1596. Il décéda en la maison de M. de Valencé en Berri, le 20 mars 1603.

IV.

EXTRAIT D'UN LIVRE ESCRIT EN 1641 PAR UN RELIGIEUX.

Gaubert, parent d'Emme fondatrice, estoit religieux de l'abbaye de Saint-Julien de Tours et abbé dudit lieu ; décéda l'an 1006.

Bernon. De son temps quatre actes sans date. Le prieuré de Chinon donné de son temps.

Teudon. Le prieuré de Chassaigne donné de son temps.

Jean.

Rainaud. De son temps fut fondé le Plessis-aux-Moines par Raherius.

Raymond. Plusieurs actes de son temps. Il décéda l'an 1099 le jour de Noel.

Baudric. Des actes depuis 1089 jusqu'en 1106; obtint bulles de Pascaise en 1105 et d'Urbain en 1083, Il fut archevêque de Dol.

Guibert mourut l'an 1115. L'on fit la dédicace en 1115 de l'église de l'abbaye et de la paroisse de Saint Germain de Bourgueil. En 1101 on avait fait une autre dédicace.

Itier. Deux actes de son temps, sans date.

Aimery élu abbé en 1150. Des actes de son temps en 1153, 1161 et 1163.

Hilaire élu en 1185, fit rebastir le dortoir et le chapitre. L'archevêque de Tours confirme toutes les cures de son archevêché appartenant à Bourgueil. Il décéda l'an 1207 et fut enterré à Saint André de Mirebeau.

Lucas. Innocent III confirma toutes les églises de Bourgueil et plusieurs beaux privileges l'an 1208. Il décéda l'an 1212.

Hubert fit enclore le monastère de l'abbaye de Bourgueil. Un acte de 1235.

Gui décéda l'an 1238.

Geofroy décéda l'an 1257.

Guillaume décéda en 1274.

Hugues. Bulle sur son différent avec l'évêque d'Angers. Il décéda l'an 1301.

Geofroy décéda l'an 1303.

Guibert décéda l'an 1316.

Gervais. Trois actes de 1326, 1348 et 1350. Il décéda l'an 1355.

Bertran de Vignac décéda l'an 1361.

Jaucelin décéda l'an 1361, l'an de son élection. La mesme année, la grande église de l'abbaye brusla. (Le 17 avril 1361, l'église fut bruslée et détruite par les guerres, étant fort belle et bastie par la fondatrice.)

Pierre le Voyer décéda l'an 1371.

Mathieu Gautier, natif de Limoges, fort estimé, vivoit fort austère, fit serment au roy en 1372.

Guillaume le Dan, de Rillé, eslu abbé, estant secrétaire, commença à rebastir la grande église de l'abbaye de Bourgueil, qui avoit esté bruslée du temps de Jaucelin. Il y a apparence que plusieurs abbez y ont mis la main. Il se trouve un acte de son temps de l'an 1391. Fut abbé 14 ans. (De son temps, le 30 juillet 1387, les commissaires du roy vinrent visiter l'abbaye. Il presta serment en 1386).

Pierre Girard, natif de Poitou, fonda une messe que nous autres anciens apellions *la messe de deffunt Monsieur*, laquelle se disoit basse. (Mort le 29 novembre. Estant allé à Rome presta serment d'obéissance au pape, comme se justifie par acte du 19 septembre 1397; fonda le 30 juin 1407 une messe dans l'église, apelée *la Messe de Monsieur*; donna au roy déclaration des possessions de Bourgueil, le 9 mars 1408).

Jean Reversé mourut (le 27 décembre) l'an 1425, natif de la paroisse de Benest, premier abbé de Bourgueil qui porta crosse et mitre; estoit secrétaire de l'abbaye. Ses armes se voient à l'autel de saint Thibault, qui sont deux cloches et une clef. (Eslu en 1417, cependant un acte de luy en 1410).

Eustache de Maillé estant infirmier fut élu abbé ; eut de grands différens avec les religieux et prieurs pour les vivres et bois, et s'accordèrent à Loudun, eurent prise de corps contre luy. Il décéda l'an 1434 (alias 1444, le 10 octobre).

Louis Rouault élu l'an 1439, comme paraît par la la lettre testimoniale de l'évesque d'Angers. Fut évêque de Maillezais. Deux actes de son temps, en 1468 et 1470. Fit bastir le grand logis abbatial en partie et partie des grands cloistres. Ses armes sont à l'un et à l'autre, de deux léopards. (Estoit prieur d'Auzay. Fut le premier qui bastit un logis abbatial, où sont ses armes. Le siége abbatial vaquoit le 26 septembre 1468 et dès 1455, 12 octobre. Il vivoit abbé le 10 septembre 1474, mort le 13 mars 1475).

Estienne Faulquier eut de grands procez avec les religieux pour la pitance et bois qu'il vouloit vendre. Il estait moine de Saint-Estienne-deDijon ; selon aucuns, fut religieux de Saint-Bénigne-de-Dijon, et selon d'autres de Saint-Estienne-de-Caen. Fit lambrisser le réfectoire où sont ses armes de trois faulx. Estoit beau et de bonne mine, hault et de belle taille, mourut en grabouille avec ses religieux de Bourgueil et fut enterré au Plessis-aux-Moines et apparement y mourut. Son corps fut raporté à Bourgueil par le commandement de M. Hurault. (Il vivoit le 17 novembre 1450 et fut abbé de Saint-Claude depuis 1447).

Philipes Hurault de Chiverny estoit moine de Saint-Benoist et le dernier abbé portant froc, fut aussy abbé de Marmoutier, de Saint-Martin-d'Angers et de Pontlevoy, célerier de Saint-Florent-le-Vieil, mourut à Paris et gist aux Blancs-Manteaux. Il fit clore le clos des ruines des anciens bâtimens de la maison. (Par bulle de 1513 profès de l'abbaye de Turpenay, fit parachever le cloître, fit faire les chapelles de Notre-Dame et de Saint-Jean-Baptiste, fit réparer l'église et fit faire le retable du grand autel où sont ses armes, augmenta de beaucoup le logis abbatial y faisant faire deux beaux pavillons et de belles galeries, fit faire une grande grange et planter le clos de Beauru, fit faire deux grosses cloches qu'il fit mettre dans la tour en 1537.

Charles de Pisseleu, évêque de Condom, abbé de Bourgueil et Saint-Aubin d'Angers, premier commendataire, despouilla l'aumosnier, le célerier et le prévost et prit un logement dans l'abbatialle. (Mourut l'an 1564, ayant persécuté les religieux).

Louis de Lorraine, cardinal de Guise, mort en 1578, aimoit fort les religieux de Bourgueil. (Il mourut l'an 1578, le 28 mars, à 56 ans, gist à Saint-Victor).

Jean Rosias, custodinos et économat de M. de Simiers.

Guillaume le Bailly, président des comptes, décéda 23 jours après avoir pris possession de l'abbaye qu'il acheta de M. de Simiers. (Il prit possession le 5 may 1596 et mourut dans son logis abbatial, suivant le martirologe manuscrit, le 28 may 1585 ; fut enterré au milieu du chœur).

(Louis de Clermont) de Bussy d'Amboise fut tué à la Cotençière, le 19 août 1579, par ses gens ; fut enterré aux Cordeliers de Saumur, estoit fort habille et gouverneur d'Anjou. N'ay pas ouï dire qui estoit son économat. (Tué par Chambes, comte de Montsoreau, à la Coutensière, le 19 août 1579).

Laurent Gillot, doyen de l'église cathédrale de Cambray, économe de M. de Balagny, gouverneur de Cambray, beau-frère de Bussy d'Amboise. Par les guerres civiles de la ligue le roy Henri III donna l'abbaye de Bourgueil à M. le cardinal de Vendosme. Ce M. de Balagny estoit de la ligue. Ce cardinal en jouit jusqu'à ce que la paix fut faite que l'abbaye retourna à Balagny, il la vendit à M. de Valençay 4,000 fr. (Il portoit d'azur à trois papillons d'or; luy succéda le 20 juin 1596 Jean de Monluc de Balagny, gouverneur de Cambray, neveu de Blaise).

(Ces économes causèrent de grands démêlés avec les religieux.)

Adrien Lemaistre, économat de M. de Valencé, père de l'archevêque de Rheins, qui jouit de l'abbaye de Bourgueil jusqu'à ce que son fils fust en âge de jouir et en prendre possession.

Leonor d'Estampes de Valencé, archevêque de Rheins, abbé de Bourgueil, de la Pelisse et de Saint Martin de Pontoise. (Prit possession de Bourgueil vers 1605, fit faire la levée depuis l'abbaye à la Loire. Fit de grands dégats, mais aussi a refait la charpente de l'église brulée en 1612 avec les voutes du chœur, décoré la chapelle Saint-Jean de belles peintures et donné la plus grande partie des ornemens de l'église, a fait de prodigieuses dépenses au logis abatial, dorer les appartements. Establit la réforme 9 juillet 1614.)

Henry d'Estampes de Valencé, grand-prieur de Champagne puis de France, ambassadeur pour le roy à Rome en 1656, mort à Malte d'une gangrene le 8 avril 1675.

Louis-Nicolas le Tellier, agé de 12 ans, a pris possession en vertu des bulles de Rome le 24 novembre 1678.

V.

Le monastère de Saint-Pierre-de-Bourgueil a esté

fondé par Emme, femme de Guillaume comte de Poitiers et duc d'Aquitaine, en 996, sous le règne de Hugues Capet, roy de France. Cette comtesse étoit fille de Thibault comte de Blois et sœur d'Odon qui succéda aux estats de son père.

Le premier abbé fut Gaubert, proche parent de la comtesse Emme, qui estoit religieux et abbé de Saint-Julien de Tours.

En 1246, les fondements de l'église furent posez et la première pierre mise par Michel, évesque d'Angers, la veille de saint Jean Baptiste; en 1361, elle fust bruslée.

Eustache de Maillé, infirmier et ensuite abbé, a fait lambrisser le grand réfectoire, il mourut en 1444.

Louis Rouault, son successeur, commença à faire bastir le logis abbatial et une partie du cloistre, où sont ses armes, qui sont deux lions rampans; il fut élu évesque de Mailzais.

Philipe Hurault, dernier abbé régulier, fit faire le grand autel où sont ses armes, les chapelles de Notre-Dame et de saint Jean, réparer l'église et parachever le cloistre, les pavillons au logis abbatial, un escalier, la grande grange, et mourut à Paris le 11 novembre 1539.

Charles de Pisseleu, évesque de Condom, abbé de Saint-Aubin-d'Angers, premier abbé commendataire de Bourgueil, mort en 1564.

L'église est bruslée en 1612 par le feu du ciel.

Introduction des religieux de la congrégation de Saint-Maur en 1630 le 9 juillet, par Léonord d'Estampes de Valençay.

INDEX PERSONARUM.

Abraham. 16.
Adalandus, Adlandus, Adalaudus, Adlaudus, archiepiscopus Turonensis, frater Raimonis Aurelianensis episcopi. 26, 33, 34.
Adrien Le Maistre, abbé de Bourgueil. 47. *Adrien Lemaistre, économe de l'abbaye de Bourgueil pour Jean d'Estampes de Valencé.* 52.
Alexander (rex Macedonum). 7.
Alo, chevalier de Cande. 44.
Amboise (d' : voyez Louis de Clermont.
Armarius, Aimarius, Aimarus, Aumarius, Januarius, episcopus Autissiodorensis. 26, 30.
Augustus (imperator Romanorum). 7.
Aymeric, Aymery, abbé de Bourgueil. 45, 48.
Aymery Rougebec. 46.

Bailly, v. *Guillaume.*
Balagny, v. *Jean de Monluc.*
Barthélemy II, archevêque de Tours. 45.
Bartholomæus I, archiepiscopus Turonensis. 36.
Bartholomæus II, archiepiscopus Turonensis. 45.
Baudrie, Bauldry, abbé de Bourgueil. 44, 48.
Bernardus, frater Roberti abbatis Cormariceni. 35.
Bernon, abbé de Bourgueil. 43, 48.
Berruer : vide Radulphus.
Berruyer : v. Raoul.
Bertran, Bertrand de Vignac, abbé de Bourgueil. 45, 49.
Bertrandus, abbas Burguliensis. 38, 39.
Berus, abbas Burguliensis. 44.
Bidaynius, *Bidayne.* 42.

Blaise de Monluc, *oncle de Jean de Monluc de Balagny*. 52.
Bloys (de : v. Geofroy.
Bruno : *v.* Eusebius.
Bueil (de : v. Hardoin.
Bueil : *v.* Hardoynus.
Bussy : v. Louis de Clermont.

Carolus Magnus (rex Francorum). 13.
Catherina, conjux Henrici V regis Anglorum, mater Henrici VI regis Angliæ, soror Karoli VII Franciæ regis. 42.
Célestin III, *pape.* 45.
Chambes, comte de Montsoreau. 51.
Charles VI, roi de France. 46.
Charles de Guise : v. Louis de Lorraine.
Charles de Pisseleu, évêque de Condom, abbé de St-Aubin d'Angers et de St-Pierre de Bourgueil. 47, 51, 53.
Clairvaux : v. Payen.
Clarenciæ dux (Thomas), frater Henrici V regis Angliæ. 40.
Clément VI, pape. 45.
Clermont (de : v. Louis.
Cluny (de : v. Guillaume.
Constantinus (imperator Romanorum). 8.
Culant : *v.* Petrus.

Domnolus, Tricassensis (episcopus). 29.

Emma, comitissa (Pictavensium). 37.
Emme, fondatrice de l'abbaye de Bourgueil, femme de Guillaume II comte de Poitiers et duc d'Aquitaine, fille de Thibault I, comte de Blois et sœur de Odon I, comte de Blois. 47, 53.
Ernault, abbé de Bourgueil. 44.
Estampes (d' : v. Léonor et Henry.
Estienne Fauquier, Faulquier, abbé de Bourgueil. 43, 46.
Eusebius, cognomento Bruno, episcopus Andegavensis. 36.
Eustache de Maillé, abbé de Bourgueil. 46, 50, 53.
Eustachius de Maille, primo abbas de Suilleio et postea de Burgulio. 41. 42.

Fauquier, Faulquier : v. Estienne.
Fulco II Bonus, comes Andegavorum. 14, 16.
Fulco III comes Andegavensis, pater Gauffredi II. 35.

Gallus. 4.
Gaubert, Gosbert, parent d'Emme, comtesse de Poitiers, abbé de St-Julien-de-Tours, et de St-Pierre-de-Bourgueil. 43, 47, 53.
Gaufredus II, comes Andegavensis et Turonensis, filius comitis Fulconis III. 35.
Gauffredus, Gauffridus, abbas Burguliensis. 37, 38.
Gauffridus II, abbas Burguliensis. 38.
Gaultier : v. Mathieu.
Geoffroy I, Geofroy, abbé de Bourgueil. 45, 48.
Geoffroy II, Geofroy, abbé de Bourgueil. 45, 49.
Geofroy de Bloys. 44.

PERSONARUM.

Germanus (Autissiodorensis episcopus). 23, 24, 25.
Gervais, *abbé de Bourgueil.* 45, 49.
Gervasius, abbas Burguliensis. 38.
Giezi. 41.
Gilot : v. *Laurent.*
Girard. 46.
Girard : v. *Pierre.*
Girardi : v. Petrus III.
Girbertus, abbas Burguliensis. 38.
Gui, *abbé de Bourgueil.* 45, 48.
Guillaume II, *comte de Poitiers et duc d'Aquitaine, mari d'Emme.* 53.
Guillaume I, *abbé de Bourgueil.* 45, 48.
Guillaume II, le Dan, *abbé de Bourgueil.* 46, 49.
Guillaume III de Cluny, *abbé de Bourgueil.* 46.
Guillaume Bailly, *Le Bailly*, *président de la Chambre des Comptes de Paris*, *conseiller du roi en ses Conseils*, *abbé de Bourgueil.* 47.
Guillelmus I, abbas Burguliensis. 38.
Guillelmus II, le Dan, abbas Burguliensis. 39.
Guise : v. *Louis de Lorraine.*
Guitbert : v. *Witbert.*
Guitbert I, *Guibert*, *abbé de Bourgueil.* 45, 48.
Guitbert II, *Guibert II*, *abbé de Bourgueil.* 45, 49.

Hardoynus de Bueil, episcopus Andegavensis. 41.
Hardouin de Bueil, *évêque d'Angers.* 46.

Hastinus, Hastingus (dux Danorum). 18, 21.
Hebernus, Herbernus, abbas Majoris Monasterii. 21, 23, 30.
Helaye : v. *Jehan.*
Henricus I, rex Francorum, filius Roberti regis. 35.
Henricus II, rex Angliæ, dux Normanniæ, comes Andegaviæ. 37.
Henricus V, rex Angliæ. 40.
Henricus VI, rex Anglorum, filius Henri VI regis Anglorum et Catherina sorore Karoli VII, regis Franciæ. 42.
Henry III, *roy de France.* 51.
Henry d'Estampes de Valencé, *Grand-Prieur de Champagne*, *puis de France*, *ambassadeur à Rome*, *abbé de Bourgueil.* 52.
Hilaire, *abbé de Bourgueil.* 45, 48.
Hubert, *abbé de Bourgueil.* 45, 48.
Hubert, *chevalier.* 43.
Hugo, abbas Burguliensis. 38.
Hugo (Magnus), dux Burgundiæ, avunculus Ingelgerii comitis. 27.
Hugues, *abbé de Bourgueil.* 45, 48.
Hugues-Capet, *roy de France.* 53.
Hurault : v. *Philippe.*

Ingelgerius, comes Gastinensis, consul Andegavensis, Lochiæ et Ambaziæ dominus, nepos Hugonis ducis Burgundiæ. 17, 27, 28, 30.
Innocent III, *pape.* 45, 48.
Itier, *abbé de Bourgueil.* 45, 48.

Januarius : *v.* Adalaudus.
Jaucelin, *abbé de Bourgueil.* 45, 49.
Jaucelinus, Jocelinus, abbas Burguliensis. 39.
Jean XXIII, pape. 46.
Jean I, *abbé de Bourgueil.* 48.
Jean de Monluc de Balagny, gouverneur de Cambray, beau-frère de Bussy d'Amboise, neveu de Blaise de Monluc, abbé de Bourgueil. 51, 52.
Jean Heluye, abbé de Bourgueil. 46.
Jean Rossias, abbé de Bourgueil. 47. *Jean Rosias, économe de l'abbaye de Bourgueil pour (Jean) de Simiers.* 51.
Jehan II Reversé, abbé de Bourgueil. 46, 49.
Johannes, dux Burgundiæ. 40.
Johannes II Reverse, abbas Burguliensis. 39, 40, 41.
Johannes Talbot, miles, marescalus Angliæ. 42.
Johannes Vedart, dominus de Valle. 41.
Josue. 8.
Judith. 8.

Karolus VI, rex Franciæ. 40.
Karolus VII, rex Franciœ. 41, 42.

Laurent Gillot, doyen de l'église cathédrale de Cambray et abbé de Bourgueil : 47 ; *économe de l'abbaye de Bourgueil pour M. de Balagny.* 51.

Le Dan : v. *Guillaume*, Guillelmus.
Le Maistre : v. *Adrien.*
Leonor, Leonord d'Estampes de Valencé, archevéque de Rheims, abbé de Bourgueil, de la Pelisse et de Saint-Martin-de-Pontoise. 52, 53.
Le Tellier : v. *Louis-Nicolas.*
Le Voyer : v. Petrus, *Pierre.*
Lorraine (de : v: *Louis.*
Louis de Clermont de Bussy d'Amboise, abbé de Bourgueil, gouverneur d'Anjou. 51.
Louis de Lorraine, cardinal de Guise, dit aussi Charles de Guise, abbé de Bourgueil. 47.
Louis-Nicolas Le Tellier, abbé de Bourgueil. 52.
Louis I Rouhault, Rouault, prieur d'Auzay, puis abbé de Bourgueil et évêque de Maillezais. 46, 50, 53.
Lovo, frater Raherii. 44.
Lucas, abbé de Bourgueil. 45, 48.
Ludovicus VII, rex Francorum. 44.
Ludovicus I de Valloys, dominus Aurelianensis. 39.
Ludovicus Rouaud, primo prior de Auzaio, deinde abbas Burguliensis. 43.
Lupus, Andegavensis episcopus 26, 33.
Ludovicus IX, rex Francorum. 38.

Maille (de : v. Eustachius, *Eustache.*
Mainoldus, Cenomannensis episcopus. 26, 33.

Martin IV, pape. 45.
Martinus, Britannorum episcopus. 36.
Martinus, episcopus Turonensis. 1, 2, 3, 4, 6, 7, 9, 11, 12, 13, 14, 15, 16, 17, 19, 20, 23, 24, 25, 26, 27, 28, 29, 30, 31, 32, 33, 34. •
Matheus, abbas Burguliensis. 39.
Mathieu Gaultier, abbé de Bourgueil. 46, 49.
Michel, évêque d'Angers. 53.
Milesendis. 43.
Monluc (de : v. *Jean et Blaise.*

Odo, Cluniacensis abbas : 14, 16.

Pascaise (Palcal II), pape. 48.
Pascasius II, papa. 44.
Payen de Clairvaux. 44.
Petrus, bastardus de Culant. 41, 42.
Petrus III Girardi, abbas Burguliensis. 39.
Petrus II le Voyer, abbas Burguliensis.
Philippe, Philipe Hurault, Philipes Hurault de Chiverny, abbé de Bourgueil, de Saint-Martin d'Angers et de Pontlevoy, célerier de Saint-Florent-le-Vieil. 47, 50, 53.
Pierre II, évêque de Poitiers. 44.
Pierre III Girard, abbé de Bourgueil. 46, 49.
Pierre II le Voyer, abbé de Bourgueil. 46, 49.
Pisseleu (de : v. *Charles.*
Plato. 3.
Posthumianus. 4.
Puella (Aurelianensis). 42.

Radbodus, episcopus Trajectensis. 1.
Radulfus Berruer, primo sacrista et postea abbas Burguliensis, deinde abbas de Suilleio, postea celerarius Sancti Florentii, prior de Offardo super pontem Salmuri, prior Muri Sancti Florentii, denique eleemosynarius de Suilleio. 41, 42.
Raherius, frater Lovonis. 44, 48.
Raimo, Reimo, Remo, Aurelianensis episcopus, frater Adalandi archiepiscopi Turonensis. 26, 33.
Rainaldus, episcopus Andegavensis. 44.
Rainauld, Rainaud, abbé de Bourgueil. 44, 48.
Raoul Berruyer, abbé de Bourgueil. 46.
Raymond, abbé de Bourgueil. 44, 45, 48.
Reversé : v. *Jehan,* Johannes.
Robert, abbé de Gieumesge. 43.
Robertus abbas Cormaricenus, frater Bernardi. 35.
Robertus, rex Francorum, pater Henrici regis. 35.
Rollo (dux Danorum) : 18, 21, 22, 26, 33.
Rosias, Rossias : v. *Jean.*
Rouaud, Rouault, Rouhault : v. *Louis,* Louis.
Rougebec : v. *Aymery.*

Salisbery, regens regni Angliæ. 42.
Siagrius, Æduensis (episcopus). 29.
Simiers (Jean) de, abbé de Bourgueil. 51.

Sulpitius (Severus). 4.
Symo Magus. 41, 42.

Theodosius (imperator Romanorum). 8.
Theudon, Teudon, abbé de Bourgueil. 44.
Thibault I, comte de Blois, père d'Odon et d'Emme. 53.
Talbot : *v.* Johannes.
Tullius (Cicero). 3.

Urbanus II, papa. 44.
Urbain II, pape. 48.

Valencé, Valençay (Jean d'Estampes) de, père de Leonor d'Estampes de Valencé, abbé de Bourgueil. 47, 52.
Valencé (de : v. *Leonor d'Estampes et Henry d'Estampes.*
Valentinianus (imperator Romarum). 20.
Valloys : *v.* Ludovicus.
Vedart : *v.* Johannes.
Vendôme (le cardinal de), abbé de Bourgueil. 52.
Vignac (de : v. *Bertrand.*
Virgilius (Maro). 3.
Witbert, Guitbert, abbé de Bourgueil. 44.

Xerces (rex Persarum). 7.

INDEX

LOCORUM ET POPULORUM.

Æduensis. 29 ; *d'Autun, Saône-et-Loire.*
Ægyptus. 4, 6 ; *L'Egypte.*
Agincourt, 40 ; *Azincourt, Pas-de-Calais.*
Alona : 42 ; *Allonne, riv. de France.*
Ambazia, Ambazium, Ambasium : 19. *Amboise, Indre-et-Loire.* Ambaziæ dominus. 27.
Anglia : 40 ; *l'Angleterre.* Angliæ rex : 37, 30. Angliæ marescali : 42.
Angli, Anglici : 24, 42 ; *les Anglais.* Anglorum rex. 42.
Andecavus, Andegavensis, Angavus : 26, 29, 30 : *d'Anjou, d'Angers.* Andecava civitas : 35. Andecava regio : 35. Andegavensis consulatus : 27. Andegavensis comes : 37. Andegavenses episcopi : 33, 41, 44. Andegavensis civitatis episcopus : 36. Andegavensis villa : 42. Andegavorum comes : 14. Andegavorum consul : 16.
Angers, Maine-et-Loire. Évéques d'Angers. 45, 46, 48, 50, 53.
Anjou, ancienne province de France. Gouverneur d'Anjou. 54.
Aquitania, *l'Aquitaine, anc. prov. de France. Duc d'Aquitaine :* 53. Aquitaniæ dux. 37.
Arabia : 7 ; *l'Arabie.*
Asia : 7 ; *l'Asie.*
Aurelianis : 23 ; *Orléans, Loiret.*
Aurelianensis, *d'Orléans.* Aurelianensis dominus : 39, 40. Aurelianensium dux : 40. Aurelianensis villa : 42. Aurelianensis episcopus : 26, 33.

Autissiodorum, Autisiodorum :
18, 23, 26, 28 ; *Auxerre,
Yonne.* Autisiodori episcopus :
23, 26, 29. Autissiodorum civitas : 28.
Autissiodorensis : 30 ; *d'Auxerre.*
Autissiodorensis civitas, urbs :
27, 28. Autissiodorensis antistes : 28. Autissiodorenses clerici : 24.
Auzaium, *Auzay* : 46, 50 ; *Auzais, dioc. de la Rochelle, prieuré dép. de l'abb. de Bourgueil.* Prior de Auzaio : 43.

Baugeium : 40 ; *Baugé, Maine-et-Loire.*
Beaulieu près Bressuire, Deux-Sèvres : 44.
Beauru (clos de) : 51, *à Bourgueil.*
Benes, Benest, Benez : 39, 46 ; 49 ; *Benais, Indre-et Loire).*
Berri, anc. prov. de France : 47.
Blancs-Manteaux (les) : 50 ; *couv. d'hom., à Paris ; ord. des Guillemites.*
Blangy : 40 ; *Blangy-sur-Ternoise, Pas-de-Calais.*
Blois, Loir-et-Cher. Comtes de Blois. 53.
Bourgueil, Bourgueil, *le monastère de Saint-Pierre-de-Bourgueil* : 38, 46, 48, 49, 50, 51, 52. *Abb. d'hom., ord. de S. Ben., dioc. d'Angers. Eglise abbatiale* : 47, 48, 49, 52, 53. *Grand autel* : 51, 53. *Chapelles de Saint-Thibault* : 49 ; *de Notre-Dame* : 51, 53 ; *de Saint-Jean-Baptiste* : 51, 52, 53. *Tour* : 51.

Cloches : 51. *Chapitre* : 48. *Dortoir* : 48. *Cloîtres* : 47, 50, 53. *Réfectoire* : 50, 53. *Logis abbatial* : 50, 51, 52, 53. *Abbés de Bourgueil* : 43, 44, 45, 46, 47, 48. 49, 50, 51, 52, 53. *Religieux* : 44, 45, 50, 51. *Aumônier* : 51. *Célérier* : 51. *Prévôt* : 51.
Brenium super Alonam : 42 ; *Brain-sur-Allonnes, Maine-et-Loire.*
Bressuire, Deux-Sèvres. 44.
Britones, Britanni : 21 ; *les habitants de la Bretagne, France.* Britannorum præsul. 36.
Burgulium, Burgulium in Valleyam, Bnrgolium : 39, 41 ; v. *Bourgueil.* Burgulii villa : 37. Burgulii bannum : 38. Burgulii terra : 42. Ecclesia Sancti Petri de Burgolio : 38.
Burguliensis, *de Bourgueil.* Burguliensis abbatiæ ecclesia : 37, 39, 42. Burgulienses abbates : 37, 38, 39, 40, 41, 42, 43.
Burgundia : 14, 15, 17 ; *la Bourgogne, anc. prov. de France.* Burgundiæ dux : 27, 40. Burgundiæ provincia : 30.
Buxeria : 41 ; *la Boissière, Mayenne.*

Cambray, *Nord. Doyen de l'égl. cathéd. de Cambray* : 47, 51.
Camene Nona : 37 ; *domaine de l'abbaye de Bourgueil.*
Cande : 44 ; *Candes, Indre-et-Loire.*
Capella Alba, *la Chapelle-Blanche, canton de Bourgueil,*

Indre - et - Loire. Ecclesia in honore Sancti Martini quæ Capella Alba nominatur. 32.

Carthaginensis, *de Carthage, Afrique,* Carthaginensis urbs : 7.

Carus, Karus : 19, 21 ; *le Cher, riv. de France, affluent de la Loire.*

Castrum Novum : 33 ; *Château-neuf, aujourd'hui réuni à Tours.* Castri Novi burgenses. 23.

Castrum supra Lidum, Castrum Ledi : 41 ; *Château-du-Loir, Sarthe.*

Caynonis : 42 ; *Chinon, Indre-et-Loire.*

Cenomannis : 11, 22 ; *Le Mans, Sarthe.*

Cenomannensis : 26 : *du Mans. Sarthe.*

Cenomannensis : 26 ; *du Mans.* Cenomannensis episcopus : 33. Cenomannensis villa : 41.

Chableia : 23 ; *Chablis, Yonne.*

Chalonnes, Maine-et-Loire : 45 ; dépendance de *Bourgueil.*

Chassaignes, Chassaigne : 44, 48 ; *le prieuré de Notre-Dame-de-Chassagnes, dioc. de Poitiers, dépendant de de l'abbaye de Bourgueil.*

Châteaufort : 45 ; *le prieuré de Saint-Christophe de Châteaufort, dioc. de Paris, dép. de l'abb. de Bourgueil.*

Chevreuze : 45 ; *le prieuré de S. Saturnin de Chevreuze, dioc. de Paris, dép. de l'abb. de Bourgueil.*

Chinon (le prieuré de) : 43, 48. *Saint-Mélène de Chinon, dioc. de Tours, dép. de l'abb. de Bourgueil.*

Cluniacensis, *de Cluny,* abb. d'hom., ord. de S. Ben., dioc. de *Mâcon.* Cluniacensis abbas : 14, 16.

Condom, Gers. Évêque de Condom : 47, 53.

Cordeliers de Saumur (les) : 54 ; couv. d'hom., ord. des Fr. Mineurs de S.-François-d'Assise, dioc. d'Angers.

Cormaricenum cœnobium, monasterium : 35 ; *Saint-Paul de Cormeri,* abb. d'hom., ord. de S. Ben., dioc. de Tours. Cormariceni abbates : 35. Cormariceni cœnobi templum, ecclesia : 35, 36.

Coutençière, Coutensière (la) : 54 ; *chat. près Saumur, Maine-et-Loire.*

Dani, seu Nortmanni : 8, 9, 10, 12, 20, 22, 23, 34, 35 ; *les Normands du nord de l'Allemagne.* Danorum tellus : 18.

Dol, Ile-et-Vilaine. Archevêque de *Dol* : 48.

Flandrenses : 21 ; *les habitants de la Flandre.*

Fontanidus, *de Fontenailles, Yonne.* Fontanidi campi : 9.

Fortunatæ Insulæ : 7 ; *les Iles Fortunées, ou Canaries, dans l'Océan Atlantique.*

Francia : 40 ; *la France.* Franciæ rex : 27, 41. Franciæ regnum : 40.

Franci, Francigenæ : 40 ; *les Français.* Francorum regnum : 13. Francorum rex : 26. Francorum monarchia : 35.

Gallia, Galliæ : 4, 8, 12, 18, 19, 23 ; *la Gaule, aujourd'hui la France.* Galliarum incolæ : 9.
Galli : 9; *les habitants de la Gaule.* Gallicanus : *de Gaule.* Gallicanum regnum : 40.
Gatinensis, *du Gâtinais, ancien comté, auj. compris dans les dép. de Seine-et-Marne, Loiret, Yonne et Nièvre.* Gastinensis comes : 27.
Gieumesge : 43 ; *Jumièges, abb. d'hom., ord. de S. Ben., dioc. de Rouen.*
Græcia : 4, 6 ; *la Grèce.*

Hedera, Edera : 31 ; *Neuillé-le-Lierre, Indre-et-Loire.*

India : 7 ; *l'Inde.*

Judæi : *les Juifs.* Judæorum termini. 1.

Langès : 42 ; *Langeais, Indre-et-Loire.*
Lemovicis : 38; *Limoges, Haute-Vienne.*
Lidus : 42; *le Loir, riv. de France.*
Liger : 9, 19, 21, 42 ; *la Loire, fl. de France.*
Limoges, Haute-Vienne : 46, 49.
Lochia. *Loches, Indre-et-Loire.* Lochiæ dominus ! 27.
Loire (la) : 52 ; *riv. de France.*
Longueville : 43 ; *prieuré, dioc. de Bayeux, dépendant de l'abb. de Jumièges.*
Loudun, Vienne : 50.

Ludium : 41, 42 ; *le Lude, Sarthe.*

Maillezais, Mailzais, Vendée. Évêque de Maillezais : 50, 53.
Majus Monasterium : 21, 22, 33. *Marmoutier, abb. d'hom., ord. de S. Benoit, dioc. de Tours.* Majoris Monasterii monachi : 21, 22, 23. Abbates : 21, 22, 23.
Malte : 52 ; *île de la Méditerranée.*
Marmoutier. Abbé de Marmoutier : 50.
Marsi : 8; *les Marses, peuple de l'Italie ancienne.*
Mirebeau : 45 ; *prieuré de S. André de Mirebeau, dioc. de Poitiers, dép. de Bourgueil.* 48.
Murus Sancti Florentii prioratus : 41 ; *le prieuré du château de Saumur, dépendant de l'abbaye de Saint-Florent.*

Normanni, Northmanni, Northman : 8; *les Normands du nord de l'Allemagne.* Dani Suevique quos Theotisci lingua sua Northman, id est, aquilonares homines appellant : 8.
Normanni : 21 ; *les habitants de Neustrie, plus tard la Normandie.*
Notre-Dame (la chapelle : 47 ; *dans l'égl. abbat. de Bourgueil.*

Offardi super pontem Salmuri prioratus : 41 ; *le prieuré*

d'Offard sur le pont de Saumur, dépendant de l'abbaye de Saint-Florent.

Palestinus, *de la Palestine.* Palestinum rus : 7.
Panné (*le clos de* : 47; *dép. de l'abb. de Bourgueil.*
Parisius : 39; *Paris, capitale de la France* : 50, 53.
Pelisse (*la, abb. d'hom., ord. S. Ben , dioc. du Mans. Abbé de la Pelisse* : 52.
Pictavis : 39 ; *Poitiers, Vienne* : 42. *Comté de Poitiers* : 53.
Plessis-aux-Moines (*le*) : 44, 48, 50; *prieuré dans la par. de Chouzé, dioc. d'Angers, aujourd'huy de Tours, dép. de l'abb. de Bourgueil.*
Poitou, *anc. prov. de France* : 46.
Pontlevoy, *abb. d'hom., ord. de S. Ben., dioc. de Blois* : 50.

Rajasse (*la*) : 43 ; *S. Etienne de la Rajasse, prieuré, dioc. de Poitiers, dép. de l'abb. de Bourgveil.*
Reiglei : 39; *Rillé, Indre-et-Loire* : 49.
Rheims, *Marne. Archevéque de Rheims* : 52.
Rome : 52.

Salmurus : 41 ; *Saumur, Maine-et-Loire.*
Scoti : 40 ; *les Écossais.*
Sequana : 9 ; *la Seine, fleuve de France.*
Suevi seu Normanni , 8 ; *les Normands du nord de l'Allemagne.*
Sydo : 7 ; *Sidon, Phénicie, aujourd'hui Séide, Syrie.*
Saint-Aubin *d'Angers, abbaye d'hom., ord. de S. Ben., dioc. d'Angers. Abbé de S. Aubin d'Angers* : 47, 53.
Saint-Bénigne *de Dijon , abb. d'hom., ord de S. Ben., dioc. de Langres (religieux de* : 50.
Saint-Claude, *abb. d'hom., ord. de S. Ben., dioc. de Lyon (Abbé de* : 50.
Saint-Étienne *de Caen, abb. d'hom., ord. de S. Ben., dioc. de Bayeux (religieux de* : 50.
Saint-Estienne *de Dijon, abb. d'hom., ord. de S. Ben,, dioc. de Langres (Religieux de* : 50.
Saint-Florent-le Vieil, *prieuré, dép. de l'abb. de Saint-Florent de Saumur, dioc. d'Angers (célerier de* : 50.
Saint-Germain *de Bourgueil (église paroissiale de* : 48; *Indre-et-Loire.*
Saint Jean-Baptiste (*la chapelle* : 47; *dans l'égl. abbat. de Bourgueil.*
Saint-Julien *de Tours, abb. d'hom., ord. de S. Ben., dioc. de Tours. Religieux de S. Julien* : 47. *Abbé de S. Julien* : 53.
Saint-Léger : 44; *prieuré de S. Léger de la Roche-Rabaste ou de Montbrillais, dioc. de Poitiers, dép. de l'abb. de Bourgueil.*
Saint-Martin-d'Angers , *abbaye d'hom., ord. de S. Ben., dioc. d'Angers. (Abbé de* : 50.

Saint-Martin-de-Pontoise, abb. d'hom , ord. de S. Ben., dioc. du Mans. Abbé de S. Martin de Pontoise : 52.

Saint-Victor : 51 ; abb. d'hom., ord. de S. Augustin, dioc. de Paris.

Sanctus Benedictus : 23 ; Saint-Benoît-sur-Loire, abb. d'hom., ord. de S. Ben., dioc. d'Orléans.

Sancto Eligio (domus de : 42 ; maison de Saint-Eloy, domaine de l'abbaye de Bourgueil.

Sanctus Florentius, Saint-Florent de Saumur, abb. d'hom., ord. de S. Benoît, dioc. d'Angers. S. Florentii celerarius : 41. A S. Florentio prioratus dependentes : 41.

Sancti Germani ecclesia, Autissiodoro : 23 ; Saint-Germain-d'Auxerre, abb. d'hom., ord. de S. Ben., dioc. d'Auxerre.

Sancta Maria de Suilleio : 41 ; Notre-Dame-de-Seuilly, abb. d'hom., ord. de S. Ben., dioc. de Tours. Abbates de Suilleio : Eleemosynaria de Suilleio : 41.

Sancti Martini Basilica, Saint-Martin-de-la-Basoche, egl. coll., à Tours. Ecclesia quæ Sancti Martini Basilica dicitur : 20.

Sanctus Martinus Belli, Saint-Martin-le-Beau, Indre-et-Loire. Sancti Martini Belli ecclesia : 20.

Sanctus Martinus Turonensis : Saint-Martin-de-Tours, d'abord abb. d'hom., puis église collégiale. Sancti Martini canonici : 22,22. Sancti Martini ecclesia : 22, 27, 34. Sancti Martini Divitis Castri Novi ecclesia : 33. Sancti Martini familia : 24. Sancti Martini ministri : 24 Martini matrix ecclesia : 32.

Sancti Pauli templum in Cormariceno cœnobio : v. Cormaricenus.

Sanctus Petrus de Burgolio : v. Burgulium.

Theotisci, Theostici, Theutisci : 8 ; les Allemands.

Tortenay : 43 ; le prieuré de S. Fort de Tourtenay, dioc. de Poitiers, dép. de l'abb. de Bourgueil.

Tours, Indre-et-Loire. Archevêque de Tours : 48.

Trajectensis : d'Utrecht, Hollande. Trajectensis episcopus : 1. Trajectensis ecclesia : 11.

Trecensis, Tricassensis : 29 ; de Troyes, Aube.

Turonis, Turonus : 4, 18, 19, 21, 22, 26. 33; Tours, Indre-et-Loire.

Turonensis, Turonicus : 9, 12, 18, 20, 26, 27, 28, 29, 33 ; de Touraine, de Tours. Turonenses archiepiscopi : 20, 26, 34. Turonensis archipræsul : 33. Turonensis synodus : 20. Turonica regio : 35. Turonicæ partes : 9. Urbs Turonica : 11. Turonicæ civitatis archiepiscopus : 36. Turonicus pontifex : 28.

Turpenay (l'abb. de), hom., ord. de S. Ben., dioc. de Tours : 51.

Tyrus : 7 ; Tyr, Asie-Mineure.

Valleya : 41 ; *la Vallée, petit territoire situé en Anjou et dont les principales villes étaient Beaufort et Bourgueil.* Terra de Valleya : 42. Burgulium in Valleyam : 41.

Emendanda Indici locorum et populorum libri, cui titulus : *Recueil des Chroniques de Touraine.*

Calatonnus, Catalonnus, *est peut-être Chaumont, Loir-et-Cher, où existait avant le X° siècle une église dédiée à saint Martin.*

Sanctus Jacobus de Bevronio, *Saint-James-de-Beuvron, Calvados.*

Sanctus Symphorianus de Porcellis, *Saint-Symphorien-des-Ponceaux, anc. par., aujourd'hui réunie à la commune d'Avrillé, Indre-et-Loire.*

www.ingramcontent.com/pod-product-compliance
Lightning Source LLC
Chambersburg PA
CBHW060905300426
44112CB00011B/1343